Instrumente des individuellen Grundrechtsschutzes in der Russischen Föderation

Studien zum Internationalen, Europäischen und Öffentlichen Recht

Herausgegeben von Eibe Riedel

Band 27

PL ACADEMIC RESEARCH

Anne-Kathrin Rühr

Instrumente des individuellen Grundrechtsschutzes in der Russischen Föderation

Eine rechtsvergleichende Betrachtung

PL ACADEMIC RESEARCH

Bibliografische Information der Deutschen Nationalbibliothek
Die Deutsche Nationalbibliothek verzeichnet diese Publikation in der Deutschen Nationalbibliografie; detaillierte bibliografische Daten sind im Internet über http://dnb.d-nb.de abrufbar.

Zugl.: Greifswald, Univ., Diss., 2015

9
ISSN 1430-5380
ISBN 978-3-631-67117-7 (Print)
E-ISBN 978-3-653-06423-0 (E-Book)
DOI 10.3726/978-3-653-06423-0

PL Academic Research ist ein Imprint der Peter Lang GmbH.

Peter Lang – Frankfurt am Main · Bern · Bruxelles · New York · Oxford · Warszawa · Wien

Diese Publikation wurde begutachtet.

www.peterlang.com

Vorwort

Die vorliegende Arbeit wurde im Sommersemester 2015 von der Rechts- und Staatswissenschaftlichen Fakultät der Ernst-Moritz-Arndt-Universität Greifswald als Dissertation angenommen. Schrifttum und Rechtsprechung befinden sich auf dem Stand vom 15. März 2014. Die Gesetzgebung entspricht dem Stand vom 15. August 2014. Spätere Rechtsentwicklungen, insbesondere die Einführung des russischen Verwaltungsgerichtsgesetzbuchs, sowie Neuerscheinungen in der Literatur wurden punktuell berücksichtigt.

Mein Dank gilt an erster Stelle meinem Doktorvater, Herrn Prof. Dr. Uwe Kischel, für seine frühe fachliche Förderung und die stete Betreuung meines Promotionsvorhabens. Die Tätigkeit als wissenschaftliche Mitarbeiterin an seinem Lehrstuhl für Öffentliches Recht, Europarecht und Rechtsvergleichung wird mir als eine menschlich wertvolle und akademisch lehrreiche Zeit in Erinnerung bleiben. Herrn Prof. Dr. Michael Rodi danke ich für die zügige Erstellung des Zweitgutachtens.

Das Land Mecklenburg-Vorpommern förderte die Fertigstellung des Werkes durch ein Landesgraduiertenstipendium. Dafür bin ich sehr dankbar. Herrn Prof. Dr. Eibe Riedel danke ich für die freundliche Aufnahme in die Schriftenreihe Studien zum Internationalen, Europäischen und Öffentlichen Recht. Besonderer Dank gebührt weiterhin Frau PD Dr. phil. Heidrun Peters, die mir durch ihren Fachsprachekurs „Russisch für Juristen" das essentielle fremdsprachliche Handwerkszeug für diese Arbeit vermittelte. Nur durch ihre Unterstützung war es mir zudem möglich, ein Auslandssemester an der Staatlichen Universität Tomsk zu verbringen.

Mein herzlicher Dank gilt ferner meiner Familie und allen Freunden, die durch ihre vielfältige und unverzichtbare Unterstützung zum Gelingen dieser Arbeit beitrugen. Schließlich danke ich meinem lieben Mann, der mir mit Rat und Tat stets im richtigen Moment zur Seite stand.

Berlin/Greifswald, im Oktober 2015 — Anne-Kathrin Rühr

Inhaltsübersicht

Inhaltsverzeichnis

Abkürzungsverzeichnis*

AEMR	Allgemeine Erklärung der Menschenrechte
AiGP	Arbitražnyj i Graždanskij Process [Arbitrage- und Zivilprozess], juristische Fachzeitschrift
APGB RF	Arbitrageprozessgesetzbuch der Russischen Föderation
APiP	Administrativnoe Pravo i Process [Verwaltungsrecht und -prozess], juristische Fachzeitschrift
APuZ	Aus Politik und Zeitgeschichte
ArbitrageGG RF	Arbitragegerichtsgesetz der Russischen Föderation
BauGB RF	Baugesetzbuch der Russischen Föderation
Begr.	Begründer
BüG SH	Gesetz über die Bürgerbeauftragte oder den Bürgerbeauftragten für soziale Angelegenheiten des Landes Schleswig-Holstein
BürgBG RP	Landesgesetz über den Bürgerbeauftragten des Landes Rheinland-Pfalz
EECR	East European Constitutional Review
EGMR	Europäischer Gerichtshof für Menschenrechte
EVfG RF	Eingabeverfahrensgesetz der Russischen Föderation
GBG RF	Gerichtsbeschwerdegesetz der Russischen Föderation
GiP	Gosudarstvo i Pravo [Staat und Recht], juristische Fachzeitschrift
GVG RF	Gerichtsverfassungsgesetz der Russischen Föderation
GViMS	Gosudarstvennaja Vlast' i Mestnoe Samoupravlenie [Staatsmacht und örtliche Selbstverwaltung], juristische Fachzeitschrift
IGiP	Istorija Gosudarstva i Prava [Die Geschichte von Staat und Recht], juristische Fachzeitschrift
KiMP	Konstitucionnoe i Municipal'noe Pravo [Verfassungs- und Kommunalrecht], juristische Fachzeitschrift
MenschenRBG	Gesetz über den Menschenrechtsbeauftragten

* Zu den hier nicht gesondert aufgeführten Abkürzungen vgl. *Hildebert Kirchner/Dietrich Pannier*: Abkürzungsverzeichnis der Rechtssprache, 7. Auflage 2012. Nähere Angaben zu den russischen Rechtsnormen enthält das Verzeichnis zitierter russischer Rechtsnormen, das der Arbeit angefügt ist.

MenschenRBG RF	Gesetz über den Menschenrechtsbeauftragten der Russischen \Föderation
MEW	Karl Marx und Friedrich Engels Werke
MPiČP	Meždunarodnoe publičnoe i častnoe pravo [Internationales öffentliches Recht und internationales Privatrecht], juristische Fachzeitschrift
OSN	Obščestvennye nauki i sovremennost' [Gesellschaftswissenschaften und Gegenwart], interdisziplinäre Fachzeitschrift
OWiG RF	Ordnungswidrigkeitengesetz der Russischen Föderation
PiE	Pravo i Ėkonomika [Recht und Wirtschaft], juristische Fachzeitschrift
PiO	Pravo i Obrazovanie [Recht und Bildung], juristische Fachzeitschrift
PiOb	Politika i Obščestvo [Politik und Gesellschaft], interdisziplinäre Fachzeitschrift
PiP	Pravo i Politika [Recht und Politik], juristische Fachzeitschrift
Pos.	Position
PV	Predstavitel'naja vlast' [Gesetzgebende Gewalt], interdisziplinäre Fachzeitschrift
REGiAP	Rossijskij ežegodnik graždanskogo i arbitražnogo processa [Russisches Jahrbuch des Zivil- und Arbitrageprozesses], juristische Fachzeitschrift
REPP	Rossijskij ežegodnik predprinimatel'skogo (kommerčeskogo) prava [Russisches Jahrbuch des (Wirtschafts-)Rechts], juristische Fachzeitschrift
RF	Russische Föderation
RG	Rossijskaja Gazeta [Russische Zeitung], Tageszeitung und zugleich amtliches Bekanntmachungsblatt
RiStG RF	Richterstatusgesetz der Russischen Föderation
RJuŽ	Rossijskij Juridičeskij Žurnal [Russisches Juristisches Journal], juristische Fachzeitschrift
RSFSR	Rossijskaja Sovetskaja Federativnaja Socialističeskaja Respublika [Russische Sozialistische Föderative Sowjetrepublik]

SEMP	Sovetskij ežegodnik meždunarodnogo prava [Sowjetisches Jahrbuch des internationalen Rechts], juristische Fachzeitschrift bis 1989, fortgesetzt durch Rossijskij ežegodnik meždunarodnogo prava [Russisches Jahrbuch des internationalen Rechts]
SGiP	Sovetskoe Gosudarstvo i Pravo [Sowjetischer Staat und sowjetisches Recht], juristische Fachzeitschrift bis 1992, fortgesetzt durch GiP
SKO	Sravnitel'noe konstitucionnoe obozrenie [Vergleichende Verfassungsrundschau], juristische Fachzeitschrift
StAG RF	Gesetz über die Staatsanwaltschaft der Russischen Föderation
SteuerGB RF	Steuergesetzbuch der Russischen Föderation
StGB RF	Strafgesetzbuch der Russischen Föderation
StPGB RF	Strafprozessgesetzbuch der Russischen Föderation
SZ RF	Sobranie zakonodatel'stva Rossijskoj Federacii [Sammlung der Rechtsnormen der Russischen Föderation]
u.a.	unter anderem
UdSSR	Union der Sozialistischen Sowjetrepubliken
Verf	Verfassung
Verf RF	Verfassung der Russischen Föderation
Verf RSFSR 1978	Verfassung der Russischen Sozialistischen Föderativen Sowjetrepublik 1978
Verf UdSSR 1977	Verfassung der Union Sozialistischer Sowjetrepubliken 1977
VerfG	Verfassungsgericht der Russischen Föderation
VerfGG	Verfassungsgerichtsgesetz
VerfGG RF	Verfassungsgerichtsgesetz der Russischen Föderation
VerfGG RSFSR 1991	Verfassungsgerichtsgesetz der Russischen Sozialistischen Föderativen Sowjetrepublik 1991
VerfGHG	Gesetz über den Verfassungsgerichtshof
VerwGGB RF	Verwaltungsgerichtsgesetzbuch der Russischen Föderation
VKS RF	Vestnik Konstitucionnogo Suda Rossijskoj Federacii [Bote des Verfassungsgerichts der Russischen Föderation], Entscheidungs- und Aufsatzsammlung des Russischen Verfassungsgerichts

VLU	Vestnik Leningradskogo Universiteta [Bote der Leningrader Universität], interdisziplinäre sowjetische Fachzeitschrift
VMU	Vestnik Moskovskogo Universiteta [Bote der Moskauer Universität], interdisziplinäre Fachzeitschrift
VNGU	Vestnik Novosibirskogo Gosudarstvennogo Universiteta [Bote der Staatlichen Universität Novosibirsk], interdisziplinäre Fachzeitschrift
VSNDVS RSFSR	Vedomosti S"ezda Narodnych Deputatov RSFSR i Verchovnogo Soveta RSFSR [Mitteilungen des Kongresses der Volksdeputierten der RSFSR und des Obersten Sowjets der RSFSR]
VSNDVS SSR	Vedomosti S"ezda Narodnych Deputatov SSR i Verchovnogo Soveta SSR [Mitteilungen des Kongresses der Volksdeputierten der UdSSR und des Obersten Sowjets der UdSSR]
VVAS RF	Vestnik Vysšego Arbitražnogo Suda Rossijskoj Federacii [Bote des Obersten Arbitragegerichts der Russischen Föderation], Entscheidungs- und Aufsatzsammlung des Obersten Arbitragegerichts
VVS RSFSR	Vedomosti Verchovnogo Soveta RSFSR [Mitteilungen des Obersten Sowjets der RSFSR]
VVS SSR	Vedomosti Verchovnogo Soveta SSR [Mitteilungen des Obersten Sowjets der UdSSR]
ZPGB RF	Zivilprozessgesetzbuch der Russischen Föderation
ZiĖ	Zakonodatel'stvo i Ėkonomika [Gesetzgebung und Wirtschaft], juristische Fachzeitschrift
ZiP	Zakon i Pravo [Gesetz und Recht], juristische Fachzeitschrift
ŽKP	Žurnal Konstitucionnogo Pravosudija [Zeitschrift der Verfassungsgerichtsbarkeit], juristische Fachzeitschrift
ŽRP	Žurnal Rossijskogo Prava [Zeitschrift des russischen Rechts], juristische Fachzeitschrift

Einführung

Die russische Verfassung, die am 12. Dezember 1993 im Wege eines Referendums angenommen wurde, bricht in vielen Punkten mit ihren sowjetischen Vorgängern. Das gilt insbesondere mit dem Blick auf die Grundrechte, denn in Art. 2 Verf RF stellt die russische Verfassung unmissverständlich klar: „Der Mensch, seine Rechte und Freiheiten bilden die höchsten Werte. Anerkennung, Wahrung und Schutz der Rechte und Freiheiten des Menschen und Bürgers sind Verpflichtung des Staates." Individuelle Rechte – Grundrechte – bilden damit den Rahmen allen staatlichen Handelns, nicht kollektive, gesamtgesellschaftliche Interessen.

Doch ist Papier bekanntlich geduldig[1]. Eine verlässliche Einschätzung der tatsächlichen Bedeutung der Grundrechte in der gegenwärtigen Russischen Föderation[2] zu geben, fällt schwer. Jede urteilende Betrachtung beruht notwendigerweise auf einer selektiven und keineswegs abschließenden Analyse verschiedenster Einzelfälle. Es ist stets ein lediglich knapper Einblick in eine bedeutend komplexere Verfassungswirklichkeit. Eine anschauliche Bestandsaufnahme zum Ist-Stand des russischen Grundrechtsschutzes gibt der jährlich vorgelegte Bericht des russischen Menschenrechtsbeauftragten[3]. In seinem Bericht für das Jahr 2009 kommt er zu dem Schluss, dass „Russland als Staat und als Gesellschaft im Hinblick auf die Gewährleistung der Rechte und Freiheiten noch große Reserven für eine Selbstvervollkommnung hat"[4]. Auch wenn diese Einschätzung bereits einige Jahre zurückliegt, dürfte sie nicht an Aktualität verloren haben[5]. Verfassungsnormen und Verfassungswirklichkeit fallen zuweilen stark

---

1 Im Russischen heißt es: „Bumaga vsë terpit.", wörtlich übersetzt: „Papier hält alles aus."

2 Dem russischen Wortlaut folgend müsste die korrekte Staatsbezeichnung Russländische Föderation lauten. Jedoch hat sich im deutschen Sprachgebrauch die Bezeichnung Russische Föderation bzw. Russland etabliert. Daran soll in dieser Arbeit festgehalten werden. Weitere russische Namen und Begriffe wurden nach Maßgabe der DIN 1460 transliteriert, soweit im deutschen Sprachgebrauch keine andere Schreibweise besteht.

3 Seit dem 18. März 2014 übt dieses Amt Ėlla Pamfilova aus. Sie ist damit die erste weibliche Menschenrechtsbeauftragte der Russischen Föderation. Da in der Arbeit das Amt an sich im Mittelpunkt steht, wird dennoch zukünftig stellvertretend für beide Geschlechter vom Menschenrechtsbeauftragten gesprochen.

4 Bericht verfügbar unter http://ombudsmanrf.ru/index.php?option=com_content&view=article&id=718:-2009-&catid=6:2009-11-02-08-41-14&Itemid=29.

5 Ernüchternd hierzu etwa *Otto Luchterhandt*: Verhöhnung des Rechts, Osteuropa 2011, S. 3–42.

auseinander[6]. In der Aussage des Menschenrechtsbeauftragten sind implizit zwei wesentliche Faktoren angesprochen, die die faktische Wirksamkeit der Grundrechte maßgeblich bestimmen. Es bedarf – erstens – ihrer tatsächlichen Beachtung durch die öffentliche Gewalt. Zweitens müssen konkret Betroffene auch bereit sein, ihre Grundrechte zu verteidigen. Dazu müssen Grundrechte aber als verteidigungswürdiger Wert wahrgenommen werden. Gerade in diesem Punkt wandelt sich gegenwärtig die Geisteshaltung in der russischen Bevölkerung. Die vielfach konstatierte Passivität und Gleichgültigkeit breiter Bevölkerungsschichten[7] – vor allen Dingen hervorgerufen durch transformationsbedingte, persönliche Konfliktlagen – werden zunehmend verdrängt. Die Menschen im heutigen Russland nehmen wieder aktiver am öffentlichen Leben teil, informieren sich, diskutieren politisch und sind bereit, ihre Auffassung oder ihren Unmut gegebenenfalls auch öffentlich kundzutun. Die für die rechtsstaatliche Entwicklung Russlands viel beschworene Zivilgesellschaft[8] entwickelt sich[9].

Diese gegenwärtigen Entwicklungen bleiben für die Grundrechte und den Grundrechtsschutz nicht ohne Bedeutung. So überrascht es nicht, dass nach einer Umfrage des renommierten Levada-Zentrums Grundrechten aus dem Jahr 2010 in der Bevölkerung eine größere Bedeutung zukommt als noch 1997[10]. Welche Instrumente stehen dem Einzelnen aber konkret zur Verfügung, um seinen

---

6 Dazu etwa *Suren Adibekovič Avakjan*: Die Lücken und Defekte im russischen Verfassungsrecht und die Wege zur Abhilfe, Osteuropa Recht 2007, S. 143 (149 ff.); *Anders Fogelklou*: Constitutional order in Russia, Review of Central and East European Law 2000, Nr. 3, S. 231 (233), m. w. N.; *A. A. Bezuglov/S. A. Soldatov*: Konstitucionnoe pravo Rossii [Das Verfassungsrecht Russlands], Band 1, 2001, S. 382 f.; *I. Kravec*: Rossijskaja Konstitucija i problemy ėffektivnosti ee realizacii, [Die russische Verfassung und Effektivitätsprobleme bei ihrer Verwirklichung], Konstitucionnoe pravo: vostočnoevropejskoe obozrenie 2003, Nr. 4, S. 65–78; *O. E. Kutafin*: Rossijskij konstitucionalizm [Russischer Konstitutionalismus], 2008, S. 149. Mit Blick auf die Grundrechte auch *Angelika Nußberger*, in: Angelika Nußberger (Hrsg.): Einführung in das russische Recht, 2010, § 4, S. 58.

7 Exemplarisch *Marat Mucharovič Utjašev* in seinem Vortrag auf der Tagung „Rechtskultur in Russland" am 15. Mai 2008 in Kiel, veröffentlicht in *ders.*: Das Rechtsbewusstsein der Bevölkerung Russlands aus soziologischer Sicht, in: Otto Luchterhandt (Hrsg.): Rechtskultur in Russland, 2011, S. 64 (75).

8 Vgl. nur *Margareta Mommsen/Angelika Nußberger*: Das System Putin, 2007, S. 178 ff.

9 Aktuelle Beispiele beschreiben *Mommsen/Nußberger* (Fn. 8), S. 178 ff.; ausführlich jüngst auch *Galina Michaleva*: Das politische Potential der Zivilgesellschaft in Russland während der Präsidentschaft von Wladimir Putin und Dmitri Medwedew, 2011, S. 35 ff.

10 Demnach sagten 30% der Befragten, die wichtigste Aufgabe der Verfassung sei es, Grundrechte zu garantieren. 1997 waren es lediglich 12%, vgl. *L. Gudkov/B. Dubin/N. Zorkaja*:

Grundrechten Geltung verschaffen zu können? Welche normativen Fortschritte sind hier zu verzeichnen? Welche rechtskulturellen Entwicklungen lassen sich möglicherweise jenseits des Normativen erkennen? Dieser Fragestellungen nimmt sich die Arbeit aus dem Blickwinkel des deutschen Rechts an. Dieser fortlaufend rechtsvergleichende Blickwinkel ist nicht nur aus rein wissenschaftlicher Neugier interessant. Er zeigt auch, dass heute im deutschen Recht allgemein Anerkanntes nicht immer Konsens war, sondern Ergebnis grundlegender rechtswissenschaftlicher Diskussionen. Oft finden sich diese Diskussionen – zum Teil mit einer überraschend ähnlichen Argumentationsführung – im jungen russischen Recht wieder.

Die Untersuchung stützt sich zum einen auf die Normen des individuellen Grundrechtsschutzes. Zum anderen bezieht sie den gegenwärtigen Stand der rechtswissenschaftlichen Forschung in beiden Vergleichsländern ein. Gerade hier trifft ein rechtsvergleichender Jurist auf rechtskulturelle und stilistische Besonderheiten, die sein Arbeiten fortlaufend beeinflussen (A.). Die konkrete Ausgestaltung eines Grundrechtsschutzsystems ist in einem ganz erheblichen Maße durch das ihm zu Grunde liegende Grundrechtsverständnis geprägt (B.): Nur wenn Grundrechte als individuelle, subjektive und unmittelbar geltende Rechte anerkannt werden, kann überhaupt die Frage nach einem wirkungsvollen Grundrechtsschutzsystem sinnvoll gestellt werden. Nach der sowjetischen Grundrechtslehre galten Grundrechte nur in wenigen Ausnahmefällen unmittelbar. Damit blieben sie für den Einzelnen faktisch oftmals ohne Bedeutung. Den Grundrechten im postsowjetischen Russland reale Bedeutung zu verleihen, war spürbar eine Hauptzielsetzung des russischen Verfassunggebers. Angesichts ihres schweren Erbes beinhaltet die russische Verfassung von Anbeginn verschiedenste Aussagen zu grundrechtsschützenden Mechanismen (C.): Sie betraut spezielle Institutionen mit grundrechtsschützenden Aufgaben; zudem normiert sie verschiedenste verfahrensrechtliche Garantien.

Aus diesen verfassungsrechtlichen Vorgaben folgen für den Einzelnen vielfältige, einfachrechtlich näher ausgestaltete Grundrechtsschutzinstrumente (D.). Von dieser insgesamt gesehen modernen normativen Ausgangslage her kommend, beeinflussen jedoch eine ganze Reihe außerrechtlicher Faktoren die tatsächliche Effektivität des Grundrechtsschutzes. Es sind zum einen rechtskulturelle Besonderheiten, zum anderen strukturelle Probleme in der Judikative (E.).

Rossijskaja sudebnaja sistema v mnenijach obščestva [Das russische Gerichtssystem in der Meinung der Gesellschaft], Vestnik obščestvennogo mnenija 2010, Nr. 4, S. 7 (20).

A. Spezifika des wissenschaftlichen Arbeitens im russischen öffentlichen Recht

Ein Jurist, der sich mit Instrumenten des individuellen Grundrechtsschutzes in Deutschland beschäftigt, ist in seinem Arbeiten vergleichsweise verwöhnt: Er kann neben einer umfassenden Rechtsprechung des Bundesverfassungsgerichts auf eine Fülle von wissenschaftlichen Beiträgen, etwa in Handbüchern, Kommentierungen und Aufsätzen zurückgreifen, die sich mit konkreten Problemstellungen argumentativ auseinandersetzen.

Im russischen Recht ist das Arbeiten ein anderes. Zwar füllt auch das seit 1991 bestehende Russische Verfassungsgericht[1] das Verfassungsrecht mit seiner Rechtsprechung mit Leben. Ebenso wächst die Zahl der Publikationen stetig. Doch kann für die vergleichsweise junge russische Verfassung kein Erkenntnisstand erwartet werden, wie er in über 60 Jahren für das Grundgesetz[2] bereits errungen werden konnte. Ferner stehen beide Länder in einer unterschiedlichen Rechtstradition. Beides sind Faktoren, die sich auch auf die

---

1 Nach einer Änderung von Art. 115 VerfGG RF im Jahr 2007 hat das Russische Verfassungsgericht seinen Sitz nicht mehr in Moskau, sondern in St. Petersburg. In Moskau befindet sich seitdem lediglich eine Außenstelle des Gerichts. Zur Verlegung des Dienstsitzes im Kontext des Verhältnis von Staatsmacht und Verfassungsgericht noch unter E. III.

2 Auch die russische Rechtswissenschaft spricht zum Teil vom Grundgesetz (Osnovnoj zakon), vgl. exemplarisch die Wortwahl bei *F. B. Chašieva*: Zaščita prokurorom konstitucionnych prav i svobod graždan ot nezakonnych dejstvij dolžnostnych lic [Der Schutz der verfassungsmäßigen Rechte und Freiheiten des Bürgers gegen gesetzwidrige Handlungen von Amtspersonen durch den Staatsanwalt], 2001, S. 3; *A. A. Gravina*, in: L. A. Okun'kov (Hrsg.): Kommentarij k Konstitucii Rossijskoj Federacii [Kommentar zur Verfassung der Russischen Föderation], 2002, Art. 120, S. 855; *L. Ju. Grudcyna*: Sudebnaja zaščita prav i svobod [Gerichtlicher Schutz der Rechte und Freiheiten], RJu 2006, Nr. 2, S. 25 (25); *A. A. Jugov*: Konstitucionnyj status ličnosti – jadro pravovoj svobody ličnosti [Der verfassungsmäßige Status der Persönlichkeit – Herzstück der rechtlichen Freiheit der Persönlichkeit], KiMP 2011, Nr. 5, S. 2 (2 ff.); *S. A. Kažlaev*: Genezis pravovych pozicij Konstitucionnogo Suda Rossijskoj Federacii [Die Genese von Rechtspositionen des Verfassungsgerichts der Russischen Föderation], ŽRP 2007, Nr. 3, S. 8 (8); *I. O. Nesterovskij*: Sudebnaja zaščita prav i svobod graždan [Gerichtlicher Schutz der Rechte und Freiheiten des Bürgers], ZiP 2009, Nr. 4, S. 32 (32). Im Folgenden wird der Begriff des Grundgesetzes jedoch ausschließlich im Hinblick auf das deutsche Grundgesetz verwandt.

rechtswissenschaftliche Arbeitsweise niederschlagen: Eine wissenschaftliche Analyse des Rechts und die damit eng verbundene Ausbildung einer eigenständigen Rechtsdogmatik, wie sie sich für das deutsche Recht – gerade auf dem Gebiet des Verfassungsrechts – nur allzu typisch zeigt, ist kein vordergründiges Merkmal der russischen Rechtswissenschaft[3].

I. Nachwirkender Gesetzespositivismus

Die vergleichsweise junge russische Rechtswissenschaft – sie bildete sich in nicht unerheblichem Maße auch von deutschen Rechtsgelehrten geprägt erst im 18. Jahrhundert heraus[4] – blickt auf eine lange Tradition eines nahezu uneingeschränkt geltenden Gesetzespositivismus zurück. Er zeichnet sich durch einen prinzipiellen Glauben an die Richtigkeit und innere Widerspruchsfreiheit der Rechtsordnung aus[5]. Nach diesem Ansatz war somit eine Gesetzesauslegung überflüssig, da die Fragestellung bereits eine abschließende Regelung in Gestalt des konkreten Gesetzes erfahren hatte. Eine Auslegung drohte, die Norm von ihrem ursprünglichen Sinn und Zweck wegzuführen und ihren ursprünglichen Inhalt womöglich gar zu verfremden. Als Folge dieser Sichtweise war bis zur großen Justizreform von 1864 die Rechtsauslegung ausdrücklich verboten[6].

Auch heute lassen sich in der Rechtsprechung des Russischen Verfassungsgerichts und in der russischen Literatur Tendenzen beobachten, die durchaus als Nachwirkung dieser Rechtstradition verstanden werden können. So befassen sich das Russische Verfassungsgericht und die Literatur für einen deutschen

---

3 So auch *Angelika Nußberger*, in: dies. (Hrsg.): Einführung in das russische Recht, 2010, § 1, S. 9.

4 Detailliert zum Ganzen *Michael Silnizki*: Geschichte des gelehrten Recht in Rußland, 1997 sowie *V. A. Tomsinov*: Pravovaja kul'tura [Rechtskultur], in: L. G. Dergačeva/L. V. Košman/D. V. Sarab'janov/E. K. Sysoeva/I. A. Fedosov/V. A. Fedorov/N. I. Cimbaev (Hrsg.): Očerki russkoj kul'tury XIX veka [Überblick über die russische Kultur des 19. Jahrhunderts], Band 2, S. 102 (113 ff.).

5 *Stefan Hans Kettler*: Eigentumsvorbehalt und Sicherungsübereignung an beweglichen Sachen im Recht der Russischen Föderation, 2008, S. 54, m. w. N.; ferner dazu *Dieter Pfaff/Petra Märkl*: Neueste Entwicklungen im russischen Wirtschaftsrecht, WiRO 1995, S. 281 (286).

6 *Angelika Nußberger*: Rechts- und Verfassungskultur in der Russischen Föderation, JöR n. F. 54 (2006), S. 35 (50); *Olga Schwartz*: The Creation of an Independent Judiciary and the Changing Nature of Courts and the Courtroom, in: William Alex Pridemore (Hrsg.): Ruling Russia. Law, Crime, and Justice in a Changing Society, 2005, S. 59 (59); *Richard S. Wortman*: The Development of a Russian Legal Consciousness, 1976, S. 11.

Juristen[7] oftmals vergleichsweise flüchtig und wenig argumentativ mit einer präzisen Normauslegung, obgleich die bekannten fünf Auslegungskanones – es sind die grammatische, die historische, die systematische, die teleologische sowie auch die rechtsvergleichende Auslegung[8] – heute prinzipiell zum Standardrepertoire eines russischen Juristen gehören. Diese Arbeitsweise erscheint zuweilen gerade angesichts der spezifischen Regelungstechnik der russischen Verfassung unbefriedigend. Das wird am Beispiel der Grundrechtsnormierung besonders deutlich: Während in ihrem Ausgangspunkt die Mehrzahl der Grundrechte des Grundgesetzes einen ureigenen Gewährleistungsbereich aufweist, sind in der russischen Verfassung Dopplungen insbesondere bei den Verfahrensgrundrechten angelegt. Sie sind dem Willen des russischen Verfassunggebers geschuldet, Grundrechtsgewährleistungen möglichst ausführlich zu normieren, führen in der Rechtspraxis allerdings zu einer Fülle von Fragen: Im welchen Verhältnis stehen etwa Eingaberecht und Rechtsschutzgarantie zueinander? Welchen eigenständigen Gehalt hat das in Art. 48 Abs. 2 Verf RF gewährleistete Recht auf juristischen Beistand im Strafverfahren, wenn doch Art. 48 Abs. 1 Verf RF bereits ein allgemeines Recht auf qualifizierten juristischen Beistand normiert? In der russischen Rechtsprechung und Literatur spielen derartige Abgrenzungsfragen nur eine untergeordnete Rolle.

II. Entscheidungsstil des Russischen Verfassungsgerichts

1. Urteilsbegründung mittels „normativer Breitseite"

Der eingangs beschriebene Gesetzespositivismus spiegelt sich noch heute im Entscheidungsstil des Russischen Verfassungsgerichts wider. Die Entscheidungen des Gerichts muten oftmals sehr normlastig an, sind aber bei genauerer Untersuchung in ihrer Argumentation wenig normgeleitet, sondern lediglich normativ rückgekoppelt: Mit einer im Kern nicht näher begründeten Aneinanderreihung von Verfassungsnormen[9] schafft sich das Russische Verfassungsgericht häufig

7 Der in dieser Arbeit verwendete Begriff des deutschen Juristen steht verkürzt für jemanden, der seine juristische Ausbildung im deutschen Recht erfahren hat. Gleiches gilt spiegelbildlich für den Begriff des russischen Juristen.

8 Wegweisend für das deutsche Recht *Friedrich Carl von Savigny*: System des heutigen Römischen Rechts, Band 1, 1840, S. 212 ff., der als Auslegungscanones die grammatische, die systematische, die logische und die historische Auslegungsmethode formulierte.

9 Einleitende Formulierungen sind hier oftmals „im Sinne der Artt. …" (Po smyslu statej …) sowie „kraft Artt. …" (V silu statej …).

eine zentrale Argumentationsfigur – meist in Form von bestimmten Rechten oder Prinzipien. Woher es diese Aneinanderreihung von Verfassungsnormen konkret nimmt und in welchem Verhältnis die Normen möglicherweise zueinander stehen, wird nicht näher ausgeführt. Ein anschauliches Beispiel ist das Urteil vom 25. Juni 2001, in dem das Gericht im Wesentlichen unter Verweis auf 18 Verfassungsnormen das Recht des Präsidenten zum Erlass von sogenannten gesetzesvertretenden Dekreten begründete[10]. In einem weiteren Urteil aus dem Jahr 2005[11] leitete das Verfassungsgericht das Recht auf einen modernen und effektiven Vollzug gerichtlicher Entscheidungen unter pauschalem Hinweis auf elf Verfassungsnormen ab. In einem Urteil aus dem Jahr 2012 verwies es unter Rückgriff auf fünf Verfassungsnormen auf ein sogenanntes Prinzip der Unantastbarkeit des Eigentums und der Berufsfreiheit[12]. Bereits für den Vorgänger des Russischen Verfassungsgerichts, das Komitee für Verfassungsaufsicht der UdSSR[13], hat *Alexander Blankenagel* diese Vorgehensweise treffend als Technik der „normativen Breitseite"[14] bezeichnet.

Diese für einen deutschen Juristen ungewöhnliche Arbeitsweise verwendete das Russische Verfassungsgericht bereits in seinen ersten Entscheidungen[15]. In seinen Anfängen war es auf diese Urteilstechnik sogar angewiesen, um die

---

10 Urteil (postanovlenie) des VerfG vom 25.06.2001 Nr. 9-P, SZ RF 2001, Nr. 27, Pos. 2804, S. 5512 (5518); *Bernd Wieser*: Der russische Staatspräsident als Garant der Verfassung, ZaöRV 69 (2009), S. 195 (207, Fn. 33) spricht in diesem Zusammenhang von einem regelrechten Bombardement mit Verfassungsbestimmungen.

11 Urteil des VerfG vom 14.07.2005 Nr. 8-P, SZ RF 2005, Nr. 30, Pos. 3199, S. 8492 (8497).

12 Urteil des VerfG vom 09.02.2012 Nr. 2-P, SZ RF 2012, Nr. 9, Pos. 1152, S. 3141 (3146 f.).

13 Eine Verfassungskontrolle wurde in der Sowjetunion erst 1990 mit dem Komitee für Verfassungsaufsicht (Komitet Konstitucionnogo Nadzora) eingeführt, das allerdings nur bis Dezember 1991 existierte. Umfassend hierzu *Angelika Nußberger*: Verfassungskontrolle in der Sowjetunion und in Deutschland, 1994; *Uwe Steingröver*: Anfänge der Verfassungsgerichtsbarkeit in Rußland, 2000, S. 3 ff.; *Ekaterina Yustus*: Verfassungsgerichtsbarkeit in Russland und Deutschland, 2011, S. 10 ff.; *S. S. Alekseev*: Probleme und Perspektiven eines Verfassungsgerichts in der UdSSR, Osteuropa Recht 1991, S. 196–205; *Alexander Blankenagel*: Verfassungskontrolle in der UdSSR, Der Staat 32 (1993), S. 448–468; *Herman Schwartz*: The Struggle for Constitutional Justice in Post-Communist Europe, 2000, S. 113 ff.; *Bernd Wieser*: Das Komitee für Verfassungsaufsicht in der UdSSR, Osteuropa Recht 1991, S. 174–195. Aus politikwissenschaftlicher Sicht *Klaus von Beyme*: Russland zwischen Anarchie und Autokratie, 2001, S. 111 ff., m. w. N.

14 *Blankenagel* (Fn. 13), S. 459.

15 Vgl. etwa die Urteile des VerfG vom 23.05.1995, Nr. 6-P, SZ RF 1995, Nr. 22, Pos. 2186, S. 4156 (4158 f.); vom 23.06.1995 Nr. 8-P, SZ RF 1995, Nr. 27, Pos. 2622, S. 4955 (4956 ff.); vom 02.02.1996 Nr. 4-P, SZ RF 1996, Nr. 7, Pos. 701, S. 1816 (1819 ff.).

Lückenhaftigkeit des damaligen Verfassungsrechts zu bewältigen: Das Gericht konnte sich zu dieser Zeit noch nicht auf konkrete Verfassungsbestimmungen stützen, da diese in der zunächst fortgeltenden sozialistischen Verfassung oftmals nicht verankert waren[16]. Eine verfassungsgerichtliche Kontrolle bestand in Russland also noch vor einer Verfassung als Kontrollgrundlage[17].

Das Verfassungsgericht musste folglich erst grundlegende, allgemeine Verfassungssätze durch Rückgriff auf die Normen der fortgeltenden sozialistischen Verfassung schaffen. Es stand die verfassungsschöpferische Tätigkeit des Gerichts – wie sie sich heute noch in der Schaffung von bestimmten Rechten und Prinzipien zeigt – im Vordergrund. Hingegen lag der Fokus nicht darauf, bestehende Verfassungssätze zu interpretieren und die zur Entscheidung stehenden Sachverhalte präzise darunter zu subsumieren. Indem das Gericht sich bei seiner de facto verfassungsschöpferischen Tätigkeit auf die Normen der noch geltenden sowjetischen Verfassung bezog, sicherte es seine Entscheidungen nach außen größtmöglich ab[18]. Das Gericht selbst zeigte sich formal verfassungstreu und bewahrte durch diese Gradwanderung nicht zuletzt seine eigene Existenz.

Dass sich diese Arbeitsweise in der heutigen Rechtsprechung fortsetzt, wird in der russischen Literatur nicht kritisch untersucht. Dogmatische Erwägungen stehen hier generell weniger im Vordergrund. Aus dem Blickwinkel der deutschen Rechtsdogmatik erscheint die Technik der „normativen Breitseite" jedoch problematisch. Das Gericht entwickelt aus einer Gesamtschau von Grundrechten und anderen Verfassungsnormen abstrakte Grundrechtspositionen bzw. Prinzipien. Dagegen unterbleibt eine präzise, an den Normen anknüpfende rechtliche Argumentation. Dabei würden die nunmehr in der Verfassung ausdrücklich verankerten Grundrechte eine solche Vorgehensweise ermöglichen. Der konkrete Norminhalt einzelner Verfassungsbestimmungen scheint damit im Ergebnis nahezu beliebig interpretierbar.

---

16 *Tamara G. Morščakova*, in: Angelika Nußberger/Carmen Schmidt/dies. (Hrsg.): Verfassungsrechtsprechung in der Russischen Föderation, 2009, S. 2.

17 *Angelika Nußberger*, in: dies./Carmen Schmidt/Tamara G. Morščakova (Hrsg.): Verfassungsrechtsprechung in der Russischen Föderation, 2009, S. 44.

18 *Steingröver* (Fn. 13), S. 320, der auf ein Gespräch mit dem Verfassungsrichter *Ė. M. Ametistov* verweist. Ähnlich für die gegenwärtige Rechtsprechung *Wieser* (Fn. 10), S. 202.

2. Einbeziehung völkerrechtlicher und rechtsvergleichender Erwägungen

Es wurde bereits erwähnt, dass in den frühen 1990er Jahren eine Verfassung fehlte, die bereits die sich wandelnden gesellschaftlichen Verhältnissen abbildete. Diesem Umstand begegneten das Komitee für Verfassungsaufsicht sowie das Russische Verfassungsgericht[19] zudem mit der intensiven Einbeziehung völkerrechtlicher Normen in die Urteilsbegründung[20], um ihre rechtsschöpfende Tätigkeit wiederum normativ zu untermauern. Noch heute berücksichtigt das Russische Verfassungsgericht häufig völkerrechtliche Normen bei seiner Entscheidungsfindung. Es wendet sie zwar nicht als unmittelbaren Prüfungsmaßstab an, bringt sie aber in Gestalt eines komplementären Belegs in seine Argumentationsführung ein[21].

In vergleichbarer Weise verfährt auch das Bundesverfassungsgericht, das völkerrechtliche Verpflichtungen zwar aufgrund ihrer Rangstellung im deutschen

---

19 Zur sogenannten ersten Phase des Russischen Verfassungsgerichts allgemein etwa *Otto Luchterhandt*: Vom Verfassungskomitee der UdSSR zum Verfassungsgericht Rußlands, AöR 118 (1993), S. 237–288; *Tamara Morschtschakowa*: Das Verfassungsgericht in Rußland, DVBl 1992, S. 818–820; *Theodor Schweisfurth*: Der Start der Verfassungsgerichtsbarkeit in Rußland, EuGRZ 1992, S. 281–297.

20 Detailliert für das Komitee für Verfassungsaufsicht bzw. für die erste Phase des Russischen Verfassungsgerichts (1991–1993) *Wiebke Rückert*: Das Völkerrecht in der Rechtsprechung des Russischen Verfassungsgerichts, 2005, S. 65 ff. bzw. S. 123 ff.; *Anton Burkov*: Das russische Verfassungsgericht und das Völkerrecht, Osteuropa Recht 2011, S. 248 (249 ff.).

21 2001 war das in jedem 2. Urteil der Fall; im Jahr 2002 war es sogar in zwei von drei Urteilen der Fall, vgl. *S. V. Taradonov/D. S. Petrenko*: Nekotorye aspekty meždunarodnogo i zarubežnogo vlijanija na konstitucionnoe pravosudie Rossijskoj Federacii [Einige Aspekte des internationalen und ausländischen Einflusses auf die Verfassungsgerichtsbarkeit der Russischen Föderation], GiP 2007, Nr. 3, S. 57 (58). Detailliert zum Ganzen *Anja Honnefelder*: Staatliche Souveränität vs. Völkerrechtsoffenheit in der Russischen Föderation, 2012, S. 134 ff., m. w. N. Kritisch zu dieser Verweisungspraxis *Nußberger* (Fn. 6), S. 45 ff. sowie *dies.*: Rechtswesen und Rechtskultur, in: Heiko Pleines/Hans-Henning Schröder (Hrsg.): Länderbericht Russland, 2010, S. 131 (137). Ein anschauliches Beispiel, in dem das Russische Verfassungsgericht umfassend zur Bedeutung der Grundrechtsfähigkeit juristischer Personen Stellung nahm und sich dabei auf die Rechtsprechung des Europäischen Gerichtshofs für Menschenrechte bezog, ist sein Urteil vom 18.07.2012 Nr. 19-P, SZ RF 2012, Nr. 31, Pos. 4470, S. 9565 ff., insbesondere S. 9572.

Recht als einfaches Bundesgesetz[22] nicht als tauglichen unmittelbaren, wohl aber als mittelbaren Prüfungsmaßstab heranziehen kann[23]. Auch ist es etwa vor dem Hintergrund der EMRK möglich, unter unmittelbaren Rückgriff auf das einschlägige Konventionsgrundrecht in Verbindung mit dem Rechtsstaatsprinzip entsprechende Verstöße zu rügen[24]. Darüber hinaus können völkerrechtliche Verbürgungen dem Bundesverfassungsgericht als Auslegungshilfe dienen[25]. Tatsächlich sind solche Bezüge in der Judikatur des Bundesverfassungsgerichts aber im Vergleich zur Entscheidungspraxis des Russischen Verfassungsgerichts recht selten[26].

Ähnlich intensiv könnte potentiell das Russische Verfassungsgericht auf die rechtsvergleichende Methode zurückgreifen, also verfassungsrechtsvergleichende Aspekte in seine Betrachtung einbeziehen. Dafür sprechen zwei Gedanken: Erstens wird der Rückgriff auf die Rechtsvergleichung als Auslegungsmethode ähnlich dem deutschen Recht[27] prinzipiell nicht in Zweifel gezogen[28]. Zweitens

---

22 Ausführlich zum Ganzen etwa *Eckart Klein*, in: Ernst Benda/Eckart Klein/Oliver Klein: Verfassungsprozessrecht, 3. Auflage 2012, § 3 Rn. 65 ff., m. w. N.

23 BVerfGE 111, 307 (328 f.); ferner dazu etwa *Klein* (Fn. 22), § 3 Rn. 67, m. w. N.; *Hans-Jürgen Papier*: Umsetzung und Wirkung der Entscheidungen des Europäischen Gerichtshofes für Menschenrechte aus der Perspektive der nationalen deutschen Gerichte, EuGRZ 2006, S. 1 (2); *Andreas Voßkuhle*: Der europäische Verfassungsgerichtsverbund, NVwZ 2010, S. 1 (4 f.), m. w. N.

24 BVerfGE 111, 308 (329 f.).

25 Vgl. *Klein* (Fn. 22), § 3 Rn. 67.

26 Derartige völkerrechtliche Bezüge finden sich etwa in BVerfGE 71, 206 (216); 74, 102 (121); 94, 166 (231 f.); 110, 339 (342); 112, 1 (21).

27 Grundlegend hierzu *Peter Häberle*: Grundrechtsgeltung und Grundrechtsinterpretation im Verfassungsstaat, JZ 1989, S. 913 (916 ff.); *ders.*: Verfassungslehre als Kulturwissenschaft, 2. Auflage, 1998, S. 312 ff.; ferner *Christian Starck*: Rechtsvergleichung im öffentlichen Recht, JZ 1997, S. 1021 (1024); *Bernd Wieser*: Vergleichendes Verfassungsrecht, 2005, S. 34 f., m. w. N. Auf die Grenzen, insbesondere hinsichtlich der Transparenz und Nachvollziehbarkeit, einer rechtsvergleichenden Auslegung weisen hin *Udo Di Fabio*: Das Recht offener Staaten, 1998, S. 11 sowie *Franz C. Mayer*: Die Bedeutung von Rechts- und Verfassungsvergleichung im europäischen Verfassungsverbund, in: Christian Calliess (Hrsg.): Verfassungswandel im europäischen Staaten- und Verfassungsverbund, 2007, S. 167 (170 f.), m. w. N.

28 Vgl. etwa *M. V. Baglaj*: Konstitucionnoe pravo Rossijskoj Federacii [Das Verfassungsrecht der Russischen Föderation], 7. Auflage 2008, S. 101; *D. N. Mironov*: Interpretacionnaja dejatel' nost' Konstitucionnogo Suda Rossijskoj Federacii [Die interpretative Tätigkeit des Verfassungsgerichts der Russischen Föderation], PiP 2011, Nr. 6, S. 974 (975). Die meisten Werke verweisen indes ausschließlich im Kern auf die grammatikalische,

würde sich die rechtsvergleichende Auslegung für das russische Verfassungsrecht im besonderen Maße als eine fruchtbare, obgleich nicht unreflektiert zu übernehmende Erkenntnisquelle anbieten, da auch ausländische Rechtsideen[29] – etwa das Rechtsstaats- und das Sozialstaatsprinzip sowie die Einrichtung einer Verfassungsgerichtsbarkeit aus dem deutschen Verfassungsrecht – als sogenanntes legal transplant[30] in die russische Verfassung eingeflossen sind. Trotz alledem spielt die Verfassungsrechtsvergleichung in der gerichtlichen Entscheidungsfindung offenbar keine Rolle[31]. Auch das Bundesverfassungsgericht greift tendenziell sehr verhalten auf die rechtsvergleichende Methode zurück[32].

III. Die russische Literatur als Erkenntnisquelle

1. Untergeordnete Bedeutung der Standardwerke

Das rechtsvergleichende Interesse am russischen Verfassungsrecht lässt zunächst nach den entsprechenden Standardwerken greifen – es sind im Wesentlichen Lehrbücher und Kommentierungen. Doch führen diese Werke oftmals nur begrenzt weiter, da in der russischen Wissenschaftslandschaft bislang nur wenig umfangreiche und inhaltlich komplexe Schriften zum Verfassungsrecht existieren[33], die im Vertiefungsgrad mit deutschen Werken vergleichbar

---

historische, systematische sowie im Ergebnis die teleologische Auslegungsmethode, vgl. stellvertretend für viele *A. N. Golovistikova/L. Ju. Grudcyna*: Konstitucionnoe pravo Rossii [Das Verfassungsrecht Russlands], 2006, S. 89 f.

29 Umfassend dazu *Matthias Hartwig*: Die Legitimation des Staates durch Verfassungsrezeption in Mittel- und Osteuropa, ZaöRV 59 (1999), S. 919 (insbesondere 923 ff.); ferner *Nußberger* (Fn. 6), S. 37.

30 Der Begriff des legal transplants geht zurück auf *Alan Watson*, vgl. *ders.*: Legal transplants, 1974, insbesondere S. 21 ff.

31 In den für die Arbeit gesichteten Entscheidungen konnten in keiner rechtsvergleichende Aspekte gefunden werden. Zur fehlenden Einbeziehung rechtsvergleichender Aspekte ebenso *Steingröver* (Fn. 13), S. 277 sowie *Hartwig* (Fn. 29), S. 929.

32 Exemplarisch aus der bundesverfassungsgerichtlichen Rechtsprechung BVerfGE 7, 198 (208); 16, 27, (34 ff.); 39, 1 (68 ff.); 48, 127 (185 ff.); 73, 339 (375 f.). Eine Tendenz zur steigenden Berücksichtigung rechtsvergleichender Aspekte spürt indes *Aura María Cárdenas Paulsen* auf, vgl. *dies.*: Über die Rechtsvergleichung in der Rechtsprechung des Bundesverfassungsgerichts, 2009, insbesondere S. 40 f.

33 Ausnahmen bilden die mehrbändigen Werke von *A. A. Bezuglov/ S. A. Soldatov*: Konstitucionnoe pravo Rossii [Das Verfassungsrecht Russlands], Bände 1–3, 2001 sowie von *S. A. Avak'jan*: Konstitucionnoe pravo Rossii [Das Verfassungsrecht Russlands], Bände 1–2, 4. Auflage 2011.

wären[34]. Den bestehenden Standardwerken fehlt oftmals nicht nur eine präzise Auseinandersetzung mit dem Wortlaut der Norm, etwa in der Form, dass Definitionen für die einzelnen Begriffe angegeben werden. Auch werden die zur Norm geführten Diskussionen nur allzu selten nachgezeichnet oder gar kontrovers fortgesetzt[35]. Häufig gibt ein Werk lediglich die Auffassung des jeweiligen Autors wieder, ohne dies allerdings kenntlich zu machen. Die Werke enthalten zudem - wenn überhaupt - nur spärlich Fußnoten, die Fundstellen belegen oder auf weiterführende Literatur hinweisen[36]. Damit wird oftmals der Eindruck einer einseitigen Darstellung von Rechtsfragen vermittelt.

Beispielhaft für diese Arbeitsweise stehen auch die Kommentierungen zur russischen Verfassung, die als Gattung in Russland jedoch auf noch keine lange Tradition zurückblicken können. Erste Kommentierungen zur sowjetischen Verfassung erschienen erst in den 1980er Jahren[37]. Einen wirklichen Bedeutungszuwachs erlebten sie dann unter der Geltung der postsowjetischen russischen Verfassung. Formal betrachtet ist der Grundaufbau einer Kommentierung zum Verfassungstext in Russland und Deutschland zunächst vergleichbar: Üblicherweise wird jeder Artikel separat untersucht. Allgemeine Vorbemerkungen kennen russische Kommentierungen allerdings nicht. Diese finden sich stattdessen oftmals integriert in der konkreten Kommentierung zu einem bestimmten Artikel. Das ist zwar ungewohnt, behindert aber nicht die Arbeit. Erschwerend tritt jedoch hinzu, dass den Kommentierungen - wie im Übrigen auch den meisten anderen umfassenden Werken - meist ein Stichwortverzeichnis fehlt[38].

---

34 So im Hinblick auf die russische Kommentarliteratur auch *Michael Geistlinger*: Die Rechtswissenschaft: institutionelle Strukturen und typische Züge ihrer Literatur, in: Otto Luchterhandt (Hrsg.): Rechtskultur in Russland, 2011, S. 349 (377 ff.).

35 Umfassend zu diesem Phänomen in der russischen rechtswissenschaftlichen Literatur auch *Kettler* (Fn. 5), S. 46 ff., m. w. N.

36 Zu dieser Besonderheit auch *Bernd Wieser*: Rezension zu V. D. Zor'kin/L. V. Lazarev (Red.): Kommentarij j Konstitucii Rossijskoj Federacii (Kommentar zur Verfassung der Russländischen Föderation), 2009, Osteuropa Recht 2011, S. 97 (98).

37 Als eine der ersten Kommentierungen zur sowjetischen Verfassung gilt das Werk von B. N. Ponomarev (Hrsg.): Konstitucija SSSR [Die Verfassung der UdSSR], 1982.

38 Eine Ausnahme bildet etwa der Kommentar zur russischen Verfassung von *L. A. Okun'kov* (Hrsg.): Kommentarij k Konstitucii Rossijskoj Federacii [Kommentar zur Verfassung der Russischen Föderation], 2002 und die Kommentierung zum russischen Verfassungsgerichtsgesetz von *N. V. Vitruk/L. V. Lazarev/B. S. Ėbzeev* (Hrsg.): Federal'nyj konstitucionnyj zakon o Konstitucionnom Sude Rossijskoj Federacii. Kommentarij [Föderales Verfassungsgesetz über das Verfassungsgericht der Russischen Föderation], 1996.

Auch sind die einzelnen Kommentierungen in sich nicht thematisch gegliedert, sondern es wird allenfalls die Kommentierung eines neuen Absatzes der Norm angezeigt. Durch das Zusammenspiel dieser Besonderheiten ist eine gezielte Suche nach bestimmten Informationen, etwa nach dem Charakter der Grundrechte als subjektiver Rechte, kaum ohne eine umfassende, detektivische Lektüre möglich. Eine weitere Besonderheit liegt in der auffälligen Kürze der meisten Bearbeitungen: Zur Einführung wiederholen die Kommentierungen häufig den Wortlaut der Norm. Hinter dem Wortlaut stehende Wertungen, Interpretationsmöglichkeiten und Diskussionen werden auch hier nicht aufzeigt. Es wird nicht untersucht, wie sich das Verhältnis der kommentierten Norm zu anderen Bestimmungen darstellt und wie die Norm damit letztlich in den Gesamtkontext der Verfassung einzuordnen ist.

2. Sonderstellung von Habilitationen, Dissertationen sowie Zeitschriftenbeiträgen

Im Unterschied zu den beschriebenen Besonderheiten, die bei der Arbeit mit russischen Standardwerken bestehen, erweisen sich Habilitationen, Dissertationen sowie Zeitschriftenbeiträge mittlerweile als ergiebige Informationsquelle. Es sind derzeit am ehesten ihre Inhalte, die den aktuellen Stand der rechtswissenschaftlichen Forschung in Russland reflektieren. Zwar wiesen auch diese Werke bis vor wenigen Jahren nahezu keine Fußnoten auf; die wenigen vorhandenen bezogen sich fast ausschließlich auf sowjetische Quellen. Seither hat sich die Arbeitsweise hier jedoch deutlich gewandelt. Im Vergleich zu den Defiziten der Standardwerke wird die russische Rechtslage in Habilitationen, Dissertationen und Zeitschriftenbeiträgen inzwischen durchaus kritisch untersucht. Sie stellen unter anderem verschiedene Auslegungsmöglichkeiten oder gar Streitstände dar – wenngleich die argumentative Auseinandersetzung mit Rechtsproblemen vor dem Hintergrund der deutschen Literatur noch deutlich mehr Gewicht erhalten könnte.

Bis vor Kurzem war es jedoch mühsam, auf Dissertationen oder Habilitationen zurückzugreifen. Häufig befanden sie sich in gedruckter Form ausschließlich im Bestand derjenigen Universitätsbibliothek, an deren Universität die Arbeit betreut wurde. Die einzige Bibliothek in Russland, die einen umfassenden, wenn auch nicht vollständigen Bestand an Dissertationen und Habilitationen in jedenfalls elektronischer Form aufwies, war die Russische Staatsbibliothek in Moskau. Doch auch dieser Bestand war lange Zeit nur in den Räumen der Staatsbibliothek sowie einiger anderer Bibliotheken der GUS zugänglich. Wissenschaftliche Erkenntnisse blieben daher bislang im flächenmäßig größten Land der Erde faktisch regional begrenzt; eine umfassende Berücksichtigung verschiedener Werke war kaum realistisch. Seit Kurzem kann sich nunmehr jeder registrierte Nutzer der Russischen Staatsbibliothek einen digitalen, vergleichsweise kostengünstigen Volltextzugriff verschaffen. Er kostet für ein Jahr 1.000 Rubel, also etwa 25 Euro.

Auch die gezielte Suche nach bestimmten Zeitschriftenbeiträgen erleichtern im digitalen Zeitalter mittlerweile verschiedene russische Datenbanken[39]. Als besonders wertvoll hat sich hier die wissenschaftliche elektronische Bibliothek „Elibray.ru"[40] erwiesen, die – vergleichbar mit der deutschen Rechtsdatenbank „juris" – Auskunft über die bestehende Literatur erteilt.

IV. Verhältnis zwischen Verfassungsgericht und Schrifttum

Für die Arbeitsweise des Bundesverfassungsgerichts ist unter anderem prägend, dass das Gericht die gegenwärtigen Erkenntnisse des rechtswissenschaftlichen Schrifttums in seine Entscheidungsfindung einbezieht. Nach außen hin wird dies kenntlich, wenn Urteilsbegründungen konkrete Zitate[41] oder Fundstellenhinweise[42] enthalten.

Blickt man dagegen auf die Entscheidungspraxis des Russischen Verfassungsgerichts, sucht man dort vergeblich Hinweise, die das Schrifttum einbeziehen[43].

---

39 Die bedeutendsten Datenbanken für das russische Recht sind „Garant" (www.garant.ru) sowie „Konsultant Plus" (www.consultant.ru), die zu bestimmten Zeiten teilweise auch kostenfrei zugänglich sind.

40 Sie wurde 1998 auf Initiative der Russischen Gesellschaft für Quellenforschung gegründet. Eine umfassende Literatursuche ist über die Suchmaske ihrer Internetseite unter www.elibrary.ru verfügbar.

41 Exemplarisch sei verwiesen auf die von *Günter Dürig* geprägte Formel: „ [...] Art. 19 IV gewährt Schutz *durch* den Richter, nicht *gegen* den Richter.", *ders.*, in: Theodor Maunz/Günter Dürig (Begr.): Grundgesetz, *Erstbearbeitung*, Art. 19 Abs. 4 Rn. 17 (Hervorhebungen im Original) in BVerfGE 15, 275 (280 f.) Zum Ganzen weiterführend *Peter Häberle*: Die Verfassungsbeschwerde im System der bundesdeutschen Verfassungsgerichtsbarkeit, JöR 45 (1997), S. 89 (113), m. w. N.

42 In der gegenwärtigen Judikatur findet sich in den Entscheidungen oftmals eine Vielzahl von Fundstellen, vgl. stellvertretend BVerfGE 132, 1 (19); 131, 239 (256 f.); 125, 39 (81); 123, 148 (179) sowie 111, 307 (320 f.).

43 In den für diese Arbeit gesichteten Entscheidungen konnte in keiner ein Hinweis auf das Schrifttum ausgemacht werden. Auch *J. Vivika Kutter* und *Tim Schröder* können in ihrem Werk ausschließlich auf das Sondervotum des Verfassungsrichters Nikolaj V. Vitruk zum Urteil vom 11.12.1998 Nr. 28-P verweisen, *J. Vivika Kutter/Tim Schröder*: Die Rechtsprechung des russischen Verfassungsgerichts 1995–1999, 2000, S. 20.

Das Schrifttum scheint daher in der Praxis des Russischen Verfassungsgerichts keine bedeutende, jedenfalls keine nach außen erkennbare Rolle zu spielen. Diese Arbeitsweise war angesichts der massiven gesellschaftlichen Umbrüche und der damit verbundenen Fülle neuartiger Normen für die erste Phase des Russischen Verfassungsgerichts bis 1993 verständlich[44]: Es gab keine oder nur sehr wenig Literatur, die sich mit den neu entstandenen Problemstellungen bereits hinreichend vertieft hätte befassen können. Die Lage ist heute aber eine andere: Die Zahl qualitativ anspruchsvoller Dissertationen und Habilitationen steigt stetig. Die soeben geschilderte Rechtsprechungspraxis hat sich indes nicht verändert; sie wirkt recht pragmatisch, d. h. vorrangig auf die Lösung rechtspraktischer Problemlagen orientiert. Dabei scheint kein Raum für eine umfassende wissenschaftliche Auseinandersetzung zu bestehen.

Auch wenn diese Arbeitsweise zunächst also ungewöhnlich und auch unbefriedigend erscheint, besteht entgegen einiger Stimmen[45] keine gesetzliche Verpflichtung des Gerichts, das Schrifttum in seine Entscheidungsfindung einzubeziehen. Befürworter einer solchen Pflicht ziehen Art. 74 Abs. 2 VerfGG RF heran. Nach dieser Norm ist das Russische Verfassungsgericht verpflichtet, „[...] vom wörtlichen Sinn des verhandelten Aktes sowie vom Sinn, die ihm in der offiziellen Auslegung oder der festen Rechtsanwendungspraxis gegeben wird, [...]" in seiner Entscheidungsfindung auszugehen. Bereits diesem Wortlaut nach ist zweifelhaft, ob die Norm tatsächlich die Berücksichtigung des rechtswissenschaftlichen Schrifttums in den Blick nimmt, denn das Schrifttum schafft weder eine offizielle Auslegung noch formt es eine feste Rechtsanwendungspraxis. Letzteres ist ausschließlich Aufgabe der Gerichte. Zudem spricht entscheidend gegen eine allgemeine Berücksichtigungspflicht aus Art. 74 Abs. 2 VerfGG RF, dass sich die Norm nur zum verhandelten Akt, also zur angegriffenen Norm des einfachen Rechts, äußert. Sie kann dem Gericht somit keineswegs auftragen, bei seiner Auslegung konkreter Verfassungsnormen auf das Schrifttum zurückzugreifen.

Spiegelbildlich zur fehlenden Einbindung des Schrifttums in die verfassungsgerichtliche Judikatur setzt sich aber auch das Schrifttum kaum kritisch mit der verfassungsgerichtlichen Rechtsprechung auseinander[46]. Selbst die ständige

---

44 *Alexander Blankenagel* bezeichnet das damalige Russische Verfassungsgericht daher als „ersten Forscher" auf dem Gebiet ernsthafter Grundrechte, *Aleksandr Blankenagel'*: „Detstvo, otročestvo i junost'" Rossijskogo Konstitucionnogo Suda [„Die Kindheit, Pubertät und Jugend" des Russischen Verfassungsgerichts], 1996, S. 39.

45 So aber *Kutter/Schröder* (Fn. 43), S. 20.

46 Vgl. auch *Angelika Nußberger*, in: dies. (Hrsg.): Einführung in das russische Recht, 2010, § 3, S. 18; *Nußberger* (Fn. 21), S. 143. Eine Ausnahme bildet hier zum Teil das

Rechtsprechung des Gerichts, die sich in den nunmehr zwanzig Jahren seiner Existenz herausgebildet hat, findet nur vereinzelt Eingang in die Standardwerke zum Verfassungsrecht. Das mag angesichts des bereits geschilderten Vertiefungsgrads der russischen Standardwerke[47] nicht verwundern. Doch beziehen auch Beiträge in renommierten juristischen Fachzeitschriften, etwa in der Zeitschrift *Gosudarstvo i Pravo* (Staat und Recht) oder in der Zeitschrift *Konstitucionnoe i municipal'noe pravo* (Verfassungs- und Kommunalrecht), nur vereinzelt die aktuelle Rechtsprechung in ihre Betrachtung ein. Auch eine Besprechung verfassungsgerichtlicher Urteile, wie sie aus dem deutschen Recht vertraut ist, findet sich in den Zeitschriften bislang nur selten[48].

In der russischen juristischen Fachliteratur gibt es schließlich Werke, die sich – zumindest dem Titel nach – dezidiert der Rechtsprechung des Russischen Verfassungsgerichts widmen[49]. Dahinter verbirgt sich indes oftmals eher eine thematisch sortierte Entscheidungssammlung denn eine kritische Urteilsanalyse.

umfassende Werk zum russischen Verfassungsrecht von *Bezuglov/Soldatov* (Fn. 33) sowie die wissenschaftlich vielfach herausragenden Beiträge in der seit 2009 erscheinenden Zeitschrift Žurnal Konstitucionnogo Pravosudija [Zeitschrift der Verfassungsgerichtsbarkeit].

47 Dazu bereits unter A. III. 1.

48 Ausnahmen bilden die Zeitschriften *Rossijskaja Justicija, Pravo i Politika, Graždanin i Pravo* sowie *Sravnitel'noe Konstitucionnoe Obozrenie*, die jedenfalls vereinzelt Urteilsbesprechungen enthalten.

49 Vgl. etwa *Central'naja Izbiratel'naja Komissija Rossijskoj Federacii* [Zentrale Wahlkommission der Russischen Föderation] (Hrsg.): Izbiratel'noe pravo i izbiratel'nyj process v rešenijach Konstitucionnogo Suda Rossijskoj Federacii 2000–2007 [Das Wahlrecht und der Wahlprozess in den Entscheidungen des Verfassungsgerichts der Russischen Föderation 2000–2007], 2 Bände, 2008. Anschaulich zum Ganzen ferner *Wieser* (Fn. 36), S. 98 f.

B. Das moderne russische Grundrechtsverständnis als Zeichen des Wandels

Ein Vergleich grundrechtsschützender Instrumente setzt in einem ersten Gedankenschritt voraus, dass Grundrechte im jeweiligen Staat überhaupt als wehrhafte Rechtspositionen verstanden werden. Ein solches Grundrechtsverständnis ist aber insbesondere für das russische Verfassungsrecht angesichts seiner Rechtstradition nicht selbstverständlich.

Russland und Deutschland blicken gleichermaßen auf eine wechselvolle, im Einzelnen aber auch sehr unterschiedliche Grundrechtsgeschichte zurück. Noch vor wenigen Jahrzehnten standen sich das eher kollektivistische Grundrechtsverständnis marxistisch-leninistischer Prägung in der Sowjetunion und die eher individualistische Grundrechtskonzeption in der damaligen Bundesrepublik in weiten Teilen scheinbar unvereinbar gegenüber. Formen des Kollektivismus hielten jedoch nicht erst mit der Schaffung der Sowjetunion Einzug in das russische Recht: Als Beispiel sei die Pflicht genannt, Steuern zu zahlen oder Abgaben zu entrichten. Im Mittelalter wurde diese Pflicht durch die zentrale Fürstenmacht kollektiv den verschiedenen örtlichen Gemeinschaften[1] auferlegt. Erst die örtliche Gemeinschaft gab diese Pflicht dann an ihre jeweiligen Mitglieder weiter[2]. Pflichtiger war also in erster Linie die Gemeinschaft. Der Einzelne hatte im Denken der Herrschenden keine Bedeutung. Zwar waren ähnliche Strukturen auch im westeuropäischen Feudalismus anzutreffen, doch sollte sich das russische System ungewöhnlich lange, bis weit in das 17. Jahrhundert hinein, bewahren[3]. Selbst im zaristischen Russland wurde vereinzelt noch darauf zurückgegriffen[4].

Eine jahrhundertelange Mongolenherrschaft – sie währte von der Mitte des 13. Jahrhunderts bis weit in das 15. Jahrhundert – schnitt Russland zudem von

---

1 Etwa der sogenannte *mir*.

2 Umfassend hierzu *Herbert Küpper*: Einführung in die Rechtsgeschichte Osteuropas, 2005, S. 72 f. Die kollektivistische Prägung des russischen Rechts hebt ferner hervor *Valery Zorkin*: Rule of law and legal awareness, in: Pieter van Dijk/Simona Granata-Menghini (Hrsg.): Liber amicorum Antonio La Pergola, 2. Auflage 2009, S. 331 (343).

3 *Küpper* (Fn. 2), S. 72 f., 109.

4 Dazu *Küpper* (Fn. 2), S. 135 f.

sämtlichen geistigen und politischen Entwicklungen Westeuropas ab[5]. Die Beziehungen zwischen Westeuropa und Russland sollten sich erst im 18. Jahrhundert unter dem Zaren Peter dem Großen und der Zarin Katharina der Großen intensivieren. In dieser Zeit hielten so auch liberale Ideen, die das Individuum und seine persönliche Freiheit zunehmend in den Blickpunkt rückten, Einzug in das russische Rechtsdenken[6]. Ein wahrnehmbarer Einfluss dieser Ideen auf die existierenden Verhältnisse gelang jedoch nur sehr zögerlich, etwa mit der im gesamteuropäischen Vergleich späten Aufhebung der Leibeigenschaft 1861[7] sowie mit der erstmaligen Normierung von Grundrechten in der kurzlebigen Verfassung von 1906[8]. Diese Entwicklungen wurden durch die Oktoberrevolution 1917 und die darauf folgenden gesellschaftspolitischen Umwälzungen unterbrochen. Die Gemeinschaft und damit verbunden das Wohl aller bestimmte fortan primär das Denken. Fragen nach individuellen Rechten und ihrem Schutz waren in diesem Denken zunächst untergeordnet. Auch trat der Staat von der Rolle des potentiell Grundrechtsgefährdenden in die Rolle des Grundrechtsgewährleistenden zum Wohle aller. Diese Denkweise hat eine Vielzahl von Menschen im heutigen postsowjetischen Russland geprägt, nicht zuletzt auch die Mütter und Väter der geltenden russischen Verfassung. Inwiefern gelang es ihnen dennoch ein neues Denken unter gänzlich anderem politischen Vorzeichen in der Verfassung zu verankern? Welche Bedeutung sollten insbesondere die Grundrechte im neuen Staat erlangen?

Die postsowjetische russische Verfassung sollte einerseits den sich bereits faktisch vollziehenden politischen Paradigmenwechsel normativ nachvollziehen. Andererseits galt es, grundlegende staatsorganisationsrechtliche Entscheidungen erstmalig zu regeln. Der verfassunggebende Prozess wurde jedoch alsbald zur Machtfrage und drohte, das Land 1992/1993 in bürgerkriegsähnliche Zustände zu versetzen (I.).

Das Grundrechtsverständnis der heutigen Verfassung steht im Zeichen eines grundrechtstheoretischen Wandels, der bereits in der sowjetischen Rechtswissenschaft einsetzte. Die Entwicklungen in der sowjetischen Staats- und

5 Eingehend zur wirtschaftlichen Entwicklung während der mongolischen Herrschaft *Manfred Alexander/Günther Stökl*: Russische Geschichte, 7. Auflage 2009, S. 120 ff.

6 Zum Ganzen etwa *S. I. Gluškova*: Prava čeloveka v Rossii [Menschenrechte in Russland], 2003, S. 18 ff., m. w. N.

7 Hierzu etwa *Küpper* (Fn. 2), S. 135 f. In den deutschen Ländern setzte die Aufhebung der Leibeigenschaft bereits ab 1750 ein.

8 Weiterführend *Küpper* (Fn. 2), S. 172 ff. sowie *Angelika Nußberger*, in: dies. (Hrsg.): Einführung in das russische Recht, 2010, § 1, S. 3 f.

Rechtstheorie[9] stellten jedoch den überragenden Stellenwert gemeinschaftlicher Belange noch nicht prinzipiell in Frage. Sie modifizierten lediglich das unumstritten geltende marxistisch-leninistische Grundrechtsverständnis.

Durch den nunmehr auch ideologischen Paradigmenwechsel schreibt die russische Verfassung ein neues Kapitel der Staats- und Rechtstheorie des Landes. Sie legt den Grundstein für ein Grundrechtsverständnis, das sich dabei in vielen seiner Facetten mit dem deutschen Grundrechtsverständnis überschneidet. Von besonderem Interesse sind hier vor der Folie des individuellen Grundrechtsschutzes die konzeptionellen Grundlegungen des Grundrechtsverständnisses (II.) sowie die Frage nach möglichen Grundrechtsinhalten (III.), auf die sich ein potentieller Grundrechtsschutz beziehen kann. Auf bemerkenswerte Weise wurden von der russischen Verfassung zudem Grundpflichten als eine sowjetisch anmutende Rechtsfigur in die neue Zeit übertragen. Aus dem Blickwinkel des deutschen Rechts, das vergleichbare Grundpflichten kaum kennt, erscheinen sie zunächst wie ein antiliberaler Fremdkörper. Sie scheinen nicht zum Anspruch an eine freiheitssichernde Verfassung zu passen. Doch welche Funktionen kommen den russischen Grundpflichten tatsächlich zu (IV.)?

I. Der schwierige Weg zur sogenannten Verfassung des Menschen

Der Zusammenbruch der Sowjetunion im Dezember 1991 und die damit einhergehende Entlassung der damaligen Russischen Sozialistischen Föderativen Sowjetrepublik (RSFSR) in ihre Eigenstaatlichkeit markieren für das moderne

9 Den Begriff *Staatsrecht* (gosudarstvennoe pravo) verwendet die heutige russische Rechtswissenschaft nicht. Stattdessen wird hier – in Fortführung der sowjetischen Terminologie – von der *Staats- und Rechtstheorie* gesprochen. Sie verbindet klassisch rechtstheoretische Aspekte mit der allgemeinen Staatslehre. Gedanklicher Ausgangspunkt für diese spezifische Verbindung war die marxistisch-leninistische These, dass Staat und Recht als Merkmale der Klassenherrschaft nicht separat betrachtet werden könnten, sondern ineinander verwoben seien, vgl. zu diesem ideologischen Hintergrund *Friedrich-Christian Schroeder*: Überlebenskampf der „Staats- und Rechtstheorie" in Russland, JZ 2008, S. 882 (882), m. w. N., der daher zu Recht die uneingeschränkte Fortführung der Bezeichnung kritisch betrachtet. Kritisch zur Fortführung ferner *Roman Romashov*: Das Verhältnis der Begriffe Verfassungsrecht und Staatsrecht im Kontext des Westens und Russlands, in: Carola Schulze (Hrsg.): Aktuelle Probleme des Öffentlichen Rechts in Deutschland und Russland, 2011, S. 221 (233 f.).

Russland den Aufbruch, einen demokratischen Rechtstaat zu schaffen. Bis zur Verabschiedung einer neuen russischen Verfassung galt die bereits mehrfach modifizierte[10] Verfassung der RSFSR von 1978[11] fort, die im Übrigen mit der Verfassung der UdSSR von 1977[12] nahezu wort- und inhaltsgleich[13] war.

Eine erste und durchgreifende Revision des Status des Individuums erfolgte auf föderaler Ebene bereits 1991 durch die „Deklaration der Rechte und Freiheiten des Menschen“[14]. Auch wenn der Rechtscharakter der Deklaration – Verfassungsänderung zur Unionsverfassung, einfaches Gesetz oder lediglich politische Absichtserklärung – nicht eindeutig bestimmt wurde[15], beschrieb sie doch bereits auf höchster politischer Ebene eine erste grundlegende Kehrtwende in der bisherigen Grundrechtskonzeption[16]. Unter anderem waren mit der Deklaration individuelle Rechte nicht länger vorrangig ein Zugeständnis eines fürsorglichen Staates, sondern dem Menschen kraft seines Menschseins

---

10 Einen detaillierten Überblick über die Vielzahl der Verfassungsänderungen geben *Dietrich Frenzke*: Die russischen Verfassungen von 1978 und 1993, 1995, S. 17 ff.; *Otto Luchterhandt*, in: Bernd Wieser (Hrsg.): Handbuch der russischen Verfassung, 2014, Einleitung Rn. 11 ff. sowie *O. E. Kutafin*: Rossijskij konstitucionalizm [Russischer Konstitutionalismus], 2008, S. 127 ff.

11 VVS RSFSR 1978, Nr. 15, Pos. 407, S. 257 ff.

12 VVS SSSR 1977, Nr. 41, Pos. 617, S. 671 ff. Eine deutsche Übersetzung gibt unter anderem *Boris Meissner*, in: JöR n. F. 27 (1978), S. 431–451 und *Dietrich Frenzke*, in: Herwig Roggemann (Hrsg.): Die Gesetzgebung der sozialistischen Staaten, Band 3, UdSSR; Staatsrecht, 1.0.0.

13 *Nußberger* (Fn. 8), § 4, S. 19.

14 Abgedruckt in VSNDVS SSR 1991, Nr. 37, Pos. 1083, S. 1489 ff. Eine deutsche Übersetzung findet sich in EuGRZ 1991, S. 433 f. Vertiefend zum Inhalt der Deklaration aus dem Schrifttum *Alexander Blankenagel*: Verfassungskontrolle in der UdSSR, Der Staat 32 (1993), S. 448 (460 f.); *B. S. Ėbzeev*: Ličnost' i gosudarstvo v Rossii: vzaimnaja otvetstvennost' i konstitucionnye objazannosti [Individuum und Staat in Russland: gegenseitige Verantwortung und verfassungsrechtliche Pflichten], 2007, S. 163 ff.; *Gilles Lebreton*: Un legs de l'U.R.S.S. à la C. E. I.: La Déclaration soviétique des droits de l'homme du 5 septembre 1991, Revue du droit public et de la science politique en France et à l'étranger 1992, S. 281–306; *Wiebke Rückert*: Das Völkerrecht in der Rechtsprechung des Russischen Verfassungsgerichts, 2005, S. 60 f., m. w. N.; *Theodor Schweisfurth*: Moskau nach dem Putsch-Debakel, EuGRZ 1991, S. 409 (412 ff.).

15 *Blankenagel* (Fn. 14), S. 460; für eine unmittelbare und allgemein verbindliche Geltung *Rückert* (Fn. 14), S. 61.

16 So auch *Ferdinand Feldbrugge*: Law in Medieval Russia, 2009, S. 233.

innewohnende Rechte[17]. Die tatsächliche Durchsetzbarkeit dieser Rechte wurde jedoch nicht durch Schutzmechanismen, etwa in Form einer Verfassungsbeschwerde, gestärkt[18].

Die meisten der bis 1993 erfolgten Verfassungsänderungen symbolisierten lediglich ein „Stopfen von Löchern“[19] im sich bereits faktisch grundlegend wandelnden Staat. Es mangelte vor allen Dingen an umfassenden staatsorganisationsrechtlichen Vorgaben, insbesondere zur Staatsform als parlamentarischer oder präsidentieller Demokratie. Dieses Vakuum führte in den Jahren 1992/1993 zu einem erbitterten Machtkampf zwischen der Exekutive – vornehmlich in Person des damaligen Präsidenten *Boris Jelzin* – und der Legislative – namentlich dem Kongress der Volksdeputierten und dem Obersten Sowjet. Der bereits angestoßene verfassunggebende Prozess[20] geriet in eine tiefe Krise. Vor allen Dingen der Kongress der Volksdeputierten wehrte sich zunehmend gegen den

---

17 Art. 1 Abs. 1 der Deklaration; vgl. auch *Ėbzeev* (Fn. 14), S. 164.

18 Allerdings kann die Deklaration bereits eine Rechtsschutzgarantie, Art. 32 der Deklaration.

19 So – wohl zu Recht – *M. V. Baglaj*: Konstitucionnoe pravo Rossijskoj Federacii [Das Verfassungsrecht der Russischen Föderation], 7. Auflage 2008, S. 105. Zum immensen Regelungsbedarf damals auch *S. S. Alekseev*: Probleme und Perspektiven eines Verfassungsgerichts in der UdSSR, Osteuropa Recht 1991, S. 196 (203); *E. I. Kozlova/ O. E. Kutafin*: Konstitucionnoe pravo Rossii [Das Verfassungsrecht Russlands], 4. Auflage 2008, S. 93; *Otto Luchterhandt*: Vom Verfassungskomitee der UdSSR zum Verfassungsgericht Rußlands, AöR 118 (1993), S. 237 (252 ff.); *W. A. Tchetvernin*: Menschenrechtsideologie und Prinzipien der Rechtsstaatlichkeit in dem ehemaligen russischen Grundgesetz, den letzten drei Verfassungsentwürfen und der neuen Verfassung, in: Christian Tomuschat/Hein Kötz/Bernd von Maydell (Hrsg.): Europäische Integration und nationale Rechtskulturen, 1995, S. 159 (160); *Manfred Uhl*: Verfassungen in den politischen Systemtransformationen Osteuropas, 1999, S. 100 f.; a. A. *Dietrich Frenzke*: Die russischen Verfassungen von 1978 und 1993, 1995, S. 254.

20 Zum verfassunggebenden Prozess exemplarisch *Baglaj* (Fn. 19), S. 104 ff.; *Georg Brunner*: Verfassunggebung in Osteuropa, Osteuropa Recht 1995, S. 258 (274 ff.); *Luchterhandt* (Fn. 10), Rn. 20 ff.; *Theodor Schweisfurth*: Die Verfassung Rußlands vom 12. Dezember 1993, EuGRZ 1994, S. 473 (474 ff.), *Tchetvernin* (Fn. 19), S. 161; *Uhl* (Fn. 19), S. 95 ff. Eine Auswahl der bedeutendsten Verfassungsentwürfe sind veröffentlicht in *R. A. Romašov* (Hrsg.): Istorija Konstitucii Rossii [Die Geschichte der Verfassung Russlands], 2010, S. 304 ff.; deutsche Übersetzungen der Entwürfe finden sich in *Johannes Ch. Traut* (Hrsg.): Verfassungsentwürfe der Russischen Föderation, 1994.

endgültigen Abbau rätedemokratischer Elemente[21]. *Boris Jelzin* hingegen kämpfte für ein neues Russland in Gestalt einer präsidentiellen Demokratie. In diesem Machtkampf war es schließlich *Jelzin*, der sich am 21. September 1993 unter Bruch des damals geltenden Verfassungsrechts seiner Dekretgewalt bediente[22] und die Suspendierung der Legislative verfügte[23]. Das politische Kräftemessen kulminierte in den unmittelbar darauffolgenden Tagen in der gewaltsamen Auflösung der Legislative.

Bereits im Juni 1993 hatte *Boris Jelzin* – unabhängig von den bereits offiziell aufgenommenen Arbeiten an einer neuen Verfassung durch den Kongress der Volksdeputierten – eine verfassunggebende Versammlung (konstitucionnoe soveščanie) einberufen[24]. Am 12. Dezember 1993 fand schließlich der von ihr maßgeblich ausgearbeitete Verfassungsentwurf im Referendum die erforderliche Mehrheit in der Bevölkerung. Die neue, sich unter anderem in Art. 1 Abs. 1 Verf RF erstmalig zum Rechtsstaats- und Demokratieprinzip bekennende russische Verfassung wurde geltendes Recht. Sie ist das Ergebnis des eben skizzierten Ringens um Staatsform und Macht. Dass sie vor diesem Hintergrund gleichwohl nicht nur als Mittel zur Machtverfestigung konzipiert war, sondern in umfassenden und ausgewogenen Beratungen unter breiter Beteiligung von Juristen und Nicht-Juristen entstand, belegen zahlreiche zeitgenössische Dokumente[25]. Die heutige russische Verfassung rückt den Menschen und seine individuellen

---

21 *S. Alekseev/A. Sobčak*: Die Verfassung Rußlands, Osteuropa Recht 1994, S. 374 (375); *Tchetvernin* (Fn. 19), S. 161.

22 Dekret „Über die etappenweise Verfassungsreform in der Russischen Föderation" vom 21. September 1993, RG vom 23.09.1993; eine deutsche Übersetzung findet sich in *Frenzke* (Fn. 19), S. 243 ff.

23 Zur fehlenden Legalität der Vorgehensweise *Boris Jelzins* und ihrer Rechtfertigung im Hinblick auf ihre Legitimität *Schweisfurth* (Fn. 20), S. 480; ferner *Frenzke* (Fn. 19), S. 33, 255.

24 Sie repräsentierte ihrerseits ein breites Spektrum der politischen und gesellschaftlichen Gruppierungen. Eine Liste ihrer Vertreter veröffentlichte die russische Tageszeitung Rossijskie Vesti am 05.06.1993.

25 Etwa das umfassende Werk des Fond Konstitucionnych reform (Hrsg.): Iz istorii sozdanija Konstitucii Rossijskoj Federacii [Aus der Geschichte der Entstehung der Verfassung der Russischen Föderation], Band 1–10, 2007–2010; zur Verfassungsberatung im Besonderen S. A. Filatov/V. S. Černomyrdin/S. M. Šachraj/Ju. F. Jarov/A. A. Sobčak/V. F. Šumejko (Hrsg.): Konstitucionnoe Soveščanie [Verfassungsberatung], Band 1–20, 1995–1996.

Interessen in den Mittelpunkt[26]; die Freiheit des Einzelnen ist das „Herzstück der Verfassungsordnung“[27].

II. Heutiges Grundrechtsverständnis in seinem historisch-ideologischen Kontext

1. Historische Bezugspunkte für das moderne russische Grundrechtsverständnis

In der politisch wechselvollen jüngeren Geschichte Russlands stand die Bedeutung individueller Rechte unter verschiedensten Vorzeichen. Daher bestehen für das moderne russische Grundrechtsverständnis unterschiedliche potentielle Anknüpfungspunkte.

Bereits im zaristischen Russland kam individuellen Rechten, die hoheitliche Gewalt wirksam beschränken sollten, große wissenschaftliche Aufmerksamkeit zu[28]. Für das heutige russische Grundrechtsverständnis bleibt jedoch die konkrete Bedeutung dieses vorrevolutionären Forschungsstandes noch in weiten Teilen unklar. Seine Aufarbeitung und Untersuchung stehen heute erst an ihren Anfängen[29].

---

26 Vgl. *Alekseev/Sobčak* (Fn. 21), S. 376, 378, die an der Ausarbeitung der konzeptionellen Grundlagen der russischen Verfassung beteiligt waren, *I. V. Rostovščikov/V. A. Usanova*: Pravo čeloveka na samozaščitu [Das Menschenrecht auf Selbstschutz], 2006, S. 3 sowie *Rainer Arnold/Helena Sieben*, in: Bernd Wieser (Hrsg.): Handbuch der russischen Verfassung, 2014, Art. 2 Rn. 1, m. w. N.; ähnlich ferner *A. A. Jugov*: Konstitucionnyj status ličnosti – jadro pravovoj svobody ličnosti [Der verfassungsmäßige Status der Persönlichkeit – Herzstück der rechtlichen Freiheit der Persönlichkeit], KiMP 2011, Nr. 5, S. 2 (2).

27 So *Baglaj* (Fn. 19), S. 185.

28 Einen Überblick geben etwa *V. P. Basik*: Ėvoljucija pravovogo statusa ličnosti i ego otražanie v rossijskoj pravovoj nauke [Die Evolution des rechtlichen Status der Persönlichkeit und seine Widerspiegelung in der russischen Rechtswissenschaft], Pravovedenie 2005, Nr. 1, S. 21 (28 f.), m. w. N.; *A. N. Golovistikova/L. Ju. Grudcyna*: Konstitucionnoe pravo Rossii [Das Verfassungsrecht Russlands], 2006, S. 263 f., m. w. N.; *Andrzej Walicki*: Intellektual'naja tradicija dorevoljucionnoj Rossii [Die intellektuelle Tradition des vorrevolutionären Russlands], Obščestvennye nauki i sovremennost' 1991, Nr. 10, S. 145 (157 f.); vertiefend zum russischen Liberalismus als Ganzheit in der Zarenzeit *Andrzej Walicki*: Legal Philosophies of Russian Liberalism, 1987.

29 So auch *A. S. Kunicyn*: Problema estestvennych prav čeloveka v otečestvennoj pravovoj mysli [Das Problem der natürlichen Rechte des Menschen in der vaterländischen Rechtskonzeption], PiO 2011, Nr. 1, S. 84 (88).

Die vorrevolutionären Diskussionen um die Entwicklung individueller Rechte wurden faktisch durch die sich grundlegend wandelnden politischen Verhältnisse nach der Oktoberrevolution 1917 überholt. Das wissenschaftliche Interesse folgte nunmehr der marxistisch-leninistischen Doktrin[30] und suchte die Stellung des Individuums in einer Gemeinschaft, die die Existenz eines Staates auf Dauer gänzlich überflüssig machen sollte[31]. In der Übergangsphase sollte der Staat eine Freiheitsausübung in der Gemeinschaft zum Wohle aller gewähren. Er gefährdete damit also gerade nicht potentiell individuelle Freiheit, sondern stellte sie überhaupt erst zur Verfügung. Staat, Bürger und Gemeinschaft waren nach dieser Sichtweise keine gegensätzlichen Pole, sondern verfolgten gleichermaßen das Interesse der Gemeinschaft[32].

Diese idealtypische Sichtweise sollte sich allerdings in den 1960er Jahren grundlegend wandeln, als die Aufarbeitung der stalinistischen Säuberungen und Repressionen ihren Anfang nahm. Die kritische Betrachtung der Stalin-Zeit hatte in der sowjetischen Rechtswissenschaft einen weitgreifenden Entideologisierungsprozess zur Folge, in dessen Ergebnis sich die bisher herrschende Doktrin zur Beziehung zwischen Bürger und Staat grundlegend veränderte: Abweichend von der zuvor prinzipiell unterstellten Interessenharmonie zwischen Staat, Bürger und Gesellschaft wurde nunmehr die Gefahr anerkannt, dass sich auch der Staat interessenwidrig verhalten und Rechte des Einzelnen verletzen kann[33]. Der Staat war damit nicht länger vorrangig Förderer und Gestalter der Grundrechte, sondern oberster Garant für ihre Wahrung und ihren Schutz[34].

---

30 Zur Grundrechtslehre der marxistisch-leninistischen Theorie für die sozialistische Staatengemeinschaft im Allgemeinen vgl. insbesondere *Georg Brunner*: Grundrechtstheorie im Marxismus-Leninismus, in: Detlef Merten/Hans-Jürgen Papier (Hrsg.): Handbuch der Grundrechte, Band 1, 2004, § 13.

31 Etwa N. P. Faberow (Red.): Marxistisch-leninistische allgemeine Theorie des Staates und des Rechts, Band 3, 1975, S. 297 f.; zum Ganzen *Klaus Westen*, in: Martin Fincke (Red.): Handbuch der Sowjetverfassung, 1983, Vor Art. 39, S. 485, m. w. N.

32 Vgl. *V. M. Čchikvadze*: Ličnost' i gosudarstvo [Die Persönlichkeit und der Staat], SGiP 1971, Nr. 1, S. 19 (20) sowie *N. I. Matuzov*: Socialističeskaja demokratija i sub"ektivnye prava graždan [Die sozialistische Demokratie und die subjektiven Rechte des Bürgers], SGiP 1972, Nr. 6, S. 19 (23). Detailliert zum Ganzen sogleich unter B. II. 3. a).

33 *Westen* (Fn. 31), Vor Art. 39, S. 485.

34 Zur vorrangig grundrechtssichernden Verantwortung des Staates aus dem zeitgenössischen Schrifttum etwa *L. D. Voevodin*: Konstitucionnye prava i objazannosti sovetskich graždan [Die Verfassungsrechte und -pflichten der sowjetischen Bürger], 1972, S. 102 f.

Die Rechtsstellung des Einzelnen wurde in der Folge erheblich aufgewertet: Grundrechte wurden als subjektive Rechte anerkannt[35], der Blickpunkt der Verfassungsrechtswissenschaft verstärkt auf grundrechtsschützende Mechanismen gelenkt[36]. Im Ergebnis der XIX. Parteikonferenz 1988 wurde schließlich das Konzept eines sozialistischen Rechtsstaats verabschiedet[37]. Wenige Jahre später kulminierte die zunehmende Lösung von der bisher geltenden politischen Doktrin in der bereits erwähnten Deklaration der Rechte und Freiheiten des Menschen[38]. Es war zugleich die Geburtsstunde des neuen russischen Grundrechtsverständnisses.

2. Begriffliche Grundlegungen: Grundrechte, Rechte und Freiheiten

a) Begriffshistorischer Kontext

Auf den vorherigen Seiten fand stets der Begriff „Grundrechte" Verwendung, wenn von den individuellen Gewährleistungen der russischen Verfassung die Rede war. Das zweite Kapitel der russischen Verfassung ist indes nicht den Grundrechten, sondern seinem Wortlaut nach den „*Rechten und Freiheiten des Menschen und des Bürgers*"[39] gewidmet. Den Grundrechtsbegriff, den das Grundgesetz in sprachlicher Tradition der Paulskirchenverfassung von 1848/49

Zum Ganzen eingehend *Alexander Blankenagel*: Sowjetische Grundrechtstheorie im Fluß, JOR 1976, Heft 2, S. 27 (32), m. w. N.

35 Dazu sogleich unter B. II. 6. b).

36 Zu diesen Entwicklungen in ihren einzelnen grundrechtsspezifischen Facetten auch C. II.

37 Tezisy Central'nogo Komiteta KPSS k XIX Vsesojuznoj Partijnoj Konferencii [Thesen des Zentralkomitees der KPdSU zum 19. Unionsparteitag], in: Institut Marksizma-Leninizma pri CK KPSS (Hrgs.) [Institut für Marxismus-Leninismus beim Zentralkomitee der KPdSU]: KPSS v rezoljucijach i rešenijach s"ezdov, konferencii i plenumov CK [Die KPdSU in Resolutionen, Entscheidungen der Kongresse, Konferenzen und Plena des Zentralkomitees], Band 15, 1989, S. 595 (611 f.). Vgl. zu dieser ideologischen Wende und ihrer Entfaltung insbesondere *Otto Luchterhandt*: Die Sowjetunion auf dem Weg zum Rechtsstaat?, JöR n. F. 39 (1990), S. 157–234; *Theodor Schweisfurth*: Die Sowjetunion im Aufbruch zum sozialistischen Rechtsstaat, in: Kay Hailbronner/Georg Ress/Torsten Stein (Hrsg.), Staat und Völkerrechtsordnung. Festschrift für Karl Doehring, 1989, S. 903–921.

38 Zur Deklaration schon unter B. I.

39 Die in der Arbeit angeführten Übersetzungen des Wortlauts der russischen Verfassung lehnt sich überwiegend an die Wortwahl der Übersetzung des Lehrstuhls Professor Martin Fincke an, verfügbar unter http://constitution.ru/de/index.htm.

und auch der späteren Weimarer Reichverfassung gebraucht[40], verwendet die russische Verfassung nicht[41]. Die Wortwahl der heutigen russischen Verfassung findet sich in ähnlicher Weise bereits in der Verfassung der UdSSR von 1977 wieder: Sie sprach von Grundrechten, Grundfreiheiten und Grundpflichten. Nach der marxistisch-leninistischen Grundrechtskonzeption[42] bezogen sich die Gewährleistungen bzw. Verpflichtungen allerdings nicht auf den Menschen allgemein, sondern ausschließlich auf Bürger der UdSSR.

Zum Teil wird die konkrete Wortwahl der heutigen russischen Verfassung als eine Anlehnung an die französische Erklärung der Menschen- und Bürgerrechte von 1789 gedeutet[43]. In jedem Fall steht die Wortwahl in unmittelbarer Tradition der „Deklaration der Rechte und Freiheiten des Menschen" von 1991, die wiederum den Wortlaut völkerrechtlicher Dokumente zum Schutz der Menschenrechte aufgreift, etwa der Allgemeinen Erklärung der Menschenrechte 1948 oder des Internationalen Pakts über wirtschaftliche, soziale und kulturelle Rechte 1966. Mit der Formulierung ordnet sich Russland zugleich in die Menschenrechtskonzeption der internationalen Völkergemeinschaft ein[44].

---

40 *Josef Isensee*: Positivität und Überpositivität der Grundrechte, in: Detlef Merten/Hans-Jürgen Papier (Hrsg.): Handbuch der Grundrechte, Band 2, 2006, § 26 Rn. 5; ähnlich *Hartwig Brandt*: Urrechte und Bürgerrechte im politischen System vor 1848, in: Günter Birtsch (Hrsg.): Grund- und Freiheitsrechte im Wandel von Gesellschaft und Geschichte, 1981, S. 460 (460, Fn. 1); *Gerd Kleinheyer*: Stichwort: Grundrechte, Menschen- und Bürgerrechte, Volksrechte, in: Otto Brunner/Werner Conze/Reinhart Koselleck (Hrsg.): Geschichtliche Grundbegriffe, Band 2, 1975, S. 1047 (1075 ff.).

41 Teilweise spricht die russische Verfassung zumindest von „Grundrechten und -freiheiten", etwa in Art. 17 Abs. 2 Verf RF oder Art. 55 Abs. 1 Verf RF. Zum Begriff der Grundrechte im Ausland allgemein *Detlef Merten*: Begriff und Abgrenzung der Grundrechte, in: Detlef Merten/Hans-Jürgen Papier (Hrsg.): Handbuch der Grundrechte, Band 1, 2004, § 35 Rn. 41 ff.

42 Hierzu umfassend sogleich unter B. II. 3. a).

43 *J. Vivika Kutter/Tim Schröder*: Die Rechtsprechung des russischen Verfassungsgerichts 1995–1999, 2000, S. 9, ohne dies allerdings zu belegen.

44 Zu dieser Bestrebung auch *S. A. Avak'jan*: Konstitucija Rossijskoj Federacii [Verfassung der Russischen Föderation], in: ders.: Konstitucionnoe pravo. Ėnciklopedičeskij slovar' [Verfassungsrecht. Enzyklopädisches Wörterbuch], 2001, S. 317; *Wolfgang Kahl*: Das Grundrechtsverständnis der postsozialistischen Verfassungen Osteuropas, 1994, S. 69 f.

b) *Rechte und Freiheiten als Grundrechte*

Auch wenn das Grundgesetz von Grundrechten spricht und die russische Verfassung von Rechten und Freiheiten, ist der darin aufscheinende Unterschied zunächst ausschließlich formaler Natur[45] und regt eine genauere inhaltliche Betrachtung an. Welche konkreten Inhalte verbergen sich hinter den Begriffen *Rechte* und *Freiheiten*? Weisen diese Begriffe inhaltlich möglicherweise mehr Gemeinsamkeiten mit dem Grundrechtsbegriff auf als die unterschiedliche Wortwahl zunächst nahe zu legen scheint?

Die russischen Begriffe der *Rechte* und der *Freiheiten* stellen insoweit Synonyme dar, als dass sie subjektive Rechte formen[46]. In diesem wesentlichen Merkmal sind sie also mit dem Grundrechtsbegriff des Grundgesetzes deckungsgleich[47]. Große Teile der russischen Literatur sprechen daher häufig – ohne näher zu differenzieren – von (Grund-)Rechten und Freiheiten[48]. Teilweise wird auch ausschließlich auf den Begriff des Grundrechts (osnovnoe pravo) zurückgegriffen[49].

---

45 Anschaulich zu typischen Fehlerquellen in der Rechtsvergleichung *Uwe Kischel*: Vorsicht, Rechtsvergleichung!, ZVglRWiss 104 (2005), S. 10–30.

46 Vgl. etwa *V. I. Červonjuk*: Prava čeloveka [Menschenrechte], in: ders. (Hrsg.): Konstitucionnoe Pravo Rossii. Ėnciklopedičeskij slovar' [Das Verfassungsrecht Russlands. Enzyklopädisches Wörterbuch], 2002, S. 245; *Kozlova/Kutafin* (Fn. 19), S. 217. Zu diesem Kontext auch *V. A. Kikot'*, in: L. V. Lazarev (Hrsg.): Kommentarij k Konstitucii Rossijskoj Federacii [Kommentar zur Verfassung der Russischen Föderation], 3. Auflage 2008, Art. 2, S. 21; *E. A. Lukaševa*, in: B. N. Topornin (Hrsg.): Konstitucija Rossijskoj Federacii [Die Verfassung der Russischen Föderation], 3. Auflage 2003, Art. 2, S. 95.

47 Zu den Grundrechten als subjektiven Rechten im deutschen Recht exemplarisch *Horst Dreier*, in: ders. (Hrsg.): Grundgesetz, Band 1, 3. Auflage 2013, Vorbemerkung vor Artikel 1 GG Rn. 66; *Axel Hopfauf*, in: Bruno Schmidt-Bleibtreu/Franz Klein (Begr.): Kommentar zum Grundgesetz, 12. Auflage 2011, Einleitung Rn. 87; *Josef Isensee*: Das Grundrecht als Abwehrrecht und staatliche Schutzpflicht, in: ders./Paul Kirchhof (Hrsg.): Handbuch des Staatsrechts der Bundesrepublik Deutschland, 3. Auflage 2011, Band 9, § 191 Rn. 10; *Michael Sachs*, in: ders (Hrsg.): Grundgesetz Kommentar, 6. Auflage 2011, Vor Art. 1 Rn. 39 f.; *Klaus Stern/Michael Sachs*: Handbuch des Staatsrechts der Bundesrepublik Deutschland, Band III/1, 1988, S. 530 ff.

48 Ewa bei *N. V. Vitruk*: Obščaja teorija pravovogo položenija ličnosti [Allgemeine Theorie der Rechtsstellung des Individuums], 2008, S. 234 sowie bei *G. G. Arutjunjan*: Osnovnye prava i svobody čeloveka [Grundrechte und -freiheiten des Menschen], in: ders./M. V. Baglaj: Konstitucionnoe [Verfassungsrecht], 2006, S. 306.

49 Beispielsweise bei *Tchetvernin* (Fn. 19), S. 164 f.

Ungeachtet dieser wesentlichen Gemeinsamkeit lassen sich beide russischen Begriffe aber auch präzise unterscheiden. Es handelt sich dabei um eine Differenzierung, die für den Einzelnen im Rechtsalltag weniger spürbar ist, allerdings für den Staat als Verpflichteter große Relevanz hat: Als Rechte werden all diejenigen Gewährleistungen bezeichnet, die an die Möglichkeit des Einzelnen anknüpfen, konkrete, staatlich gewährleistete und institutionalisierte Handlungen vorzunehmen[50]. Als Beispiel lassen sich etwa das Wahlrecht oder das Eingaberecht anführen. Mit dem Freiheitsbegriff wird hingegen die Möglichkeit des Einzelnen verbunden, nach seinem Belieben und frei von staatlicher Intervention zu handeln[51]. Zudem vermitteln sie auch die Möglichkeit - vergleichbar mit dem Begriff der negativen Freiheit im deutschen Recht[52] - bestimmte Verhaltensweisen gerade auch nicht auszuführen[53]. Für den Staat ergeben sich aus diesem inhaltlichen Unterschied folgende konkrete Konsequenzen: Als Recht in der Verfassung formuliert übernimmt er - vorrangig in Gestalt des Gesetzgebers - die Verpflichtung, dass solche Rechte existieren und wahrgenommen werden können. Als Freiheit bezeichnet wacht der Staat darüber, dass ihre Ausübung nicht behindert wird[54].

---

50 *S. A. Avak'jan*: Konstitucionnoe pravo Rossii [Das Verfassungsrecht Russlands], Band 1, 4. Auflage 2011, S. 666; *A A. Bezuglov/S. A. Soldatov*: Konstitucionnoe pravo Rossii [Das Verfassungsrecht Russlands], Band 1, 2001, S. 360; *F. B. Chašieva*: Zaščita prokurorom konstitucionnych prav i svobod graždan ot nezakonnych dejstvij dolžnostnych lic [Der Schutz der verfassungsmäßigen Rechte und Freiheiten des Bürgers gegen gesetzwidrige Handlungen von Amtspersonen durch den Staatsanwalt], 2001, S. 15; *Golovistikova/Grudcyna* (Fn. 28), S. 278; *Lukaševa* (Fn. 46), Art. 2, S. 95; *A. Ju. Semenova*: Upolnomočennyj po pravam čeloveka v mechanizme obespečenija prav i svobod čeloveka i graždanina v Rossijskoj Federacii [Der Menschenrechtsbeauftragte im Mechanismus der Gewährleistung der Rechte und Freiheiten des Menschen und des Bürgers in der Russischen Föderation], 2006, S. 52, m. w. N.

51 Vgl. etwa *Bezuglov/Soldatov* (Fn. 50), Band 1, S. 360; *Kikot'* (Fn. 46), Art. 2, S. 21; *Kozlova/Kutafin* (Fn. 19), S. 217; *S. A. Pjatkina*, in: L. A. Okun'kov (Hrsg.): Kommentarij k Konstitucii Rossijskoj Federacii [Kommentar zur Verfassung der Russischen Föderation], 2002, Art. 2, S. 43; ähnlich *Chašieva* (Fn. 50), S. 14; *Semenova* (Fn. 50), S. 52, m. w. N.

52 Ausführlich hierzu *Detlef Merten*: Negative Grundrechte, in: ders./Hans-Jürgen Papier, (Hrsg.): Handbuch der Grundrechte, Band 2, 2006, § 42, m. w. N.

53 *Bezuglov/Soldatov* (Fn. 50), Band 1, S. 360 f. sowie *N. S. Bondar'/V. I. Kruss*, in: V. D. Zor'kin (Hrsg.): Kommentarij k Konstitucii Rossijskoj Federacii [Kommentar zur Verfassung der Russischen Föderation], 2. Auflage 2011, Art. 18, S. 178.

54 *Golovistikova/Grudcyna* (Fn. 28), S. 278.

Soweit das Grundgesetz den Begriff der Grund*rechte* verwendet, liegt dem ein anderes Begriffsverständnis zu Grunde. Denn die Grundrechte des Grundgesetzes beinhalten nicht nur Rechte, bestimmte staatlich gewährleistete Handlungsweisen auszuüben, sondern sind zugleich auch Freiheitsrechte[55]. Anschaulich wird dies, wenn man die deutsche Begrifflichkeit genauer betrachtet. So wird etwa im Hinblick auf Art. 8 GG gern auch vom Grund*recht* der Versammlungs*freiheit* gesprochen[56]. Diese Wortwahl ist bereits in Art. 8 Abs. 1 GG angelegt. Hier heißt es nämlich: „Alle Deutschen haben das *Recht*, sich ohne Anmeldung oder Erlaubnis friedlich und ohne Waffen zu versammeln." Diese Formulierung ist indes keinesfalls widersprüchlich, denn der Begriff des Grund*rechts* kennzeichnet im deutschen Recht eine Mehrheit von verschiedensten Einzelpositionen, die die freie Entfaltung der Persönlichkeit gewährleisten sollen und im Grunde genommen aus dem Blickwinkel eines russischen Juristen Rechte *und* Freiheiten zugleich sind. Der deutsche Grundrechtsbegriff sowie der russische Begriff der Rechte und Freiheiten sind also inhaltlich vergleichbar. Vor diesem Hintergrund und im Interesse einer vereinfachten Lesbarkeit werden in dieser Arbeit daher auch die russischen Rechte und Freiheiten als Grundrechte bezeichnet.

3. Dimensionen der naturrechtlichen Grundrechtsidee

a) Grundrechtsidee im Kontext des sowjetischen Grundrechtsverständnisses

In Art. 1 Abs. 2 GG bekennt sich das deutsche Volk „[...] zu unverletzlichen und unveräußerlichen Menschenrechten als Grundlage jeder menschlichen

---

55 Etwa *Dreier* (Fn. 47), Vorbemerkung vor Artikel 1 GG Rn. 75; *Sachs* (Fn. 47), Vor Art. 1 Rn. 43; *Hans Heinrich Rupp*: Einteilung und Gewichtung der Grundrechte, in: Detlef Merten/Hans-Jürgen Papier (Hrsg.): Handbuch der Grundrechte, Band 2, 2006, § 36 Rn. 8 ff.

56 Vgl. etwa die Wortwahl bereits im Titel des Werkes von *Ulrich Schwäble*: Das Grundrecht der Versammlungsfreiheit (Art. 8 GG), 1975. In der Wortwahl ebenso etwa *Konrad Hesse*: Grundzüge des Verfassungsrechts der Bundesrepublik Deutschland, 20. Auflage 1999, Rn. 406: „[...] kann das Grundrecht des Art. 8 Abs. 1 GG durch Gesetz oder auf Grund eines Gesetzes *beschränkt* werden" (Hervorhebungen im Original); *Wolfgang Hoffmann-Riem*: Versammlungsfreiheit, in: Detlef Merten/Hans-Jürgen Papier (Hrsg.): Handbuch der Grundrechte, Band 4, 2011, § 106 Rn. 5: „Die Versammlungsfreiheit als verbürgtes Grundrecht [...]" *Bodo Pieroth/Bernhard Schlink/Thorsten Kingreen/Ralf Poscher*: Grundrechte, 29. Auflage 2013, Rn. 748: „Das Grundrecht der Versammlungsfreiheit [...]".

Gemeinschaft, des Friedens und der Gerechtigkeit in der Welt." Damit akzeptiert das Grundgesetz den überpositiven Charakter der Menschenrechte und zugleich eine naturrechtsgeprägte Leitidee[57], ohne ihr aber eine selbstständige und insbesondere von den positiv-rechtlichen Normierungen des Grundgesetzes abweichende Bedeutung zukommen zu lassen[58]. Denn Art. 1 Abs. 3 GG bestimmt, dass ausschließlich die Art. 1 GG *nachfolgenden* Grundrechte eine unmittelbare, justiziable Geltung entfalten. Damit unterscheidet das Grundgesetz zwischen der prinzipiellen Anerkennung vorstaatlicher Rechte einerseits und ihrer rechtsverbindlichen Positivierung durch das Grundgesetz andererseits[59].

Für das russische Recht beschreibt Art. 17 Abs. 2 Verf RF die konzeptionelle Basis der Grundrechte: „Grundrechte und -freiheiten des Menschen sind unveräußerlich und stehen jedem von Geburt an zu." Die russischen Grundrechte sind damit also vorstaatliche, natürliche Rechte[60]. Die russische Verfassung differenziert also anders als das deutsche Recht nicht zwischen naturrechtlicher Leitidee und rechtsverbindlicher Konkretisierung der Grundrechte in der Verfassung.

Warum sich die russische Verfassung in Art. 17 Abs. 2 Verf RF so deutlich auf das Naturrecht bezieht, wird erst angesichts der sowjetischen Grundrechtslehre verständlich. Anders als die deutsche Grundrechtslehre, die auf eine bis in das 17. Jahrhundert zurückreichende naturrechtlich geprägt Grundrechtskonzeption zurückblickt[61], kam dem Naturrecht in der russischen bzw. sowjetischen

---

57 Vgl. *Dreier* (Fn. 47), Art. 1 II Rn. 13, m. w. N.; *Erhard Denninger*: Die Wirksamkeit der Menschenrechte in der deutschen Verfassungsrechtsprechung, JZ 1998, S. 1129 (1130 f.), m. w. N.; *Dietrich Murswiek*: Zu den Grenzen der Abänderbarkeit von Grundrechten, in: Detlef Merten/Hans-Jürgen Papier (Hrsg.): Handbuch der Grundrechte, Band 2, 2006, § 28 Rn. 11, m. w. N.

58 Deutlich hier *Isensee* (Fn. 40), § 26 Rn. 80, m. w. N.

59 *Christoph Enders*, in: Karl Heinrich Friauf/Wolfram Höfling (Hrsg.): Berliner Kommentar zum Grundgesetz, Vorbemerkung vor Art. 1 Rn. 37.

60 Dazu auch *Baglaj* (Fn. 19), S. 188; *N. S. Bondar'*: Vlast' i svoboda na vesach konstitucionnogo pravosudija [Macht und Freiheit auf der Waagschale der Verfassungsgerichtsbarkeit], 2005, S. 215; *B. S. Ėbzeev*, in: V. D. Zor'kin (Hrsg.): Kommentarij k Konstitucii Rossijskoj Federacii [Kommentar zur Verfassung der Russischen Föderation], 2. Auflage 2011, Art. 17, S. 172; *V. A. Kartaškin/E. A. Lukaševa*, in: B. N. Topornin (Hrsg.): Konstitucija Rossijskoj Federacii [Die Verfassung der Russischen Föderation], 3. Auflage 2003, Art. 17, S. 186 f.; *E. V. Ponomarenko*: Koncepcija estestvennogo prava v konstitucionno-pravovoj nauke i estestvennye prava i svobody čeloveka [Die Konzeption des Naturrechts in der Verfassungsrechtswissenschaft und naturrechtliche Rechte und Freiheiten des Menschen], KiMP 2006, Nr. 4, S. 26 (29).

61 Eingängig dieser Entwicklung *Stern/Sachs* (Fn. 47), Band III/1, S. 71 ff.

Rechtsphilosophie ein Schattendasein zu[62]. Mit dem sowjetischen Grundrechtsverständnis war eine naturrechtliche Grundrechtsidee nicht kompatibel[63], denn es unterstellte eine prinzipielle Zusammengehörigkeit, ein wechselseitiges Aufeinanderangewiesensein und ein harmonisches Miteinander aller Menschen[64]. Das Individuum war ein „Ensemble der gesellschaftlichen Verhältnisse"[65]. Die Wahrnehmung von Freiheit wurde an eine Persönlichkeitsentwicklung in der Gemeinschaft zur Gestaltung der Gemeinschaft geknüpft[66]. Die Rechte des Einzelnen waren daher im Ergebnis dynamisch. Ihr Inhalt orientierte sich sowohl an den wandelnden Bedürfnissen der Gesellschaft als auch an dem ideologischen Fortschritt. Die Vorstellung von Grundrechten als von äußeren Einflüssen unabhängigen, schlicht existierenden Rechten passte nicht in diese Denkweise.

Die sowjetischen Verfassungen formulierten daher ihre Grundrechte als Bürgerrechte, also gerade nicht als universell geltende Menschenrechte. In der sowjetischen Rechtswissenschaft wurde die Naturrechtsdoktrin überwiegend als typisches Produkt der bürgerlichen Revolutionen gewertet[67]. Dennoch war auch sie nicht gänzlich frei von naturrechtlichen Denkansätzen. Es existierte eine starke Fraktion der „Quasinaturrechtler"[68], die die Ansicht vertrat, dass die Grundlage der Grundrechte nicht im Willen des Gesetzgebers, sondern im Leben selbst

---

62 Zu dieser Einschätzung gelangt für das russische Recht *A. V. Poljakov*: Peterburgskaja škola filosofii prava i zadači sovremennogo pravovedenija [Die Petersburger Schule der Rechtsphilosophie und Aufgaben der heutigen Rechtskunde], Pravovedenie 2000, Nr. 2, S. 4 (10 f.).

63 Vgl. aus dem zeitgenössischen ost- und westdeutschen Schrifttum *Hermann Klenner*: Marxismus und Menschenrechte, 1982, S. 124, 126; *Otto Luchterhandt*: Grundpflichten und Grundrechte, in: Dieter Nohlen (Hrsg.): Pipers Wörterbuch zur Politik, Band 4, Sozialistische Systeme, 1986, S. 166 f. Ferner *Kahl* (Fn. 44), S. 2; *O. V. Martyšin*: Nravstvennye osnovy teorii gosudarstva i prava [Moralische Grundlagen der Theorie von Staat und Recht], GiP 2005, Nr. 7, S. 5 (9).

64 Vgl. *Uwe Volkmann*: Grundrechte und Sozialismus, in: Detlef Merten/Hans-Jürgen Papier (Hrsg.): Handbuch der Grundrechte, Band 1, 2004, § 12 Rn. 11.

65 *Karl Marx*: 6. These über Feuerbach, in: MEW, Band 3, 1969, S. 6.

66 Zur Stellung des Einzelnen in der sozialistischen Gesellschaft aus der damaligen Literatur exemplarisch *Alfred Kosing*: Menschenrechte, in: ders.: Wörterbuch der marxistisch-leninistischen Philosophie, 3. Auflage 1987, S. 342, für die Sowjetunion aus der russischen Literatur rückblickend *Bezuglov/Soldatov* (Fn. 50), Band 1, S. 374.

67 *Alexander Blankenagel*: Zur Funktion der Grundrechte in der UdSSR, 1975, S. 102; einen alternativen Ansatz vertrat *Georg Brunner*: Naturrecht und Sowjetideologie, 1966; aus dem jüngeren Schrifttum *Basik* (Fn. 28), S. 32.

68 Begriff entlehnt von *Otto Luchterhandt*: Entwicklung und Schwerpunkte in der sowjetischen Grundrechtsdiskussion, 1977, S. 38, der einen eingehenden Blick auf die

und in der Entwicklung der gesellschaftlichen Verhältnisse liege[69]. Diese Ansicht verdrängte den Staat also aus der Position des Grundrechtsgewährenden[70]. Dennoch unterschied auch sie sich maßgeblich von westlichen Gedankenmodellen, weil sie ebenfalls an gesellschaftlich-politischen Bezügen bei der Grundrechtsbegründung festhielt[71].

b) Die Bedeutung des Naturrechts für das Grundrechtsverständnis

Auch wenn das Grundgesetz eine naturrechtlich-geprägte Grundrechtsidee in Art. 1 Abs. 2 GG formuliert, kommt dem Naturrecht im deutschen Verfassungsrecht nur dann eine eigenständige Bedeutung zu, wenn die positive Rechtsordnung an ihre Grenzen stößt, etwa aus zeitlichen Gründen im Fall der Überprüfung nationalsozialistischen Unrechts[72].

Im Gegensatz dazu übt das Naturrecht im russischen Verfassungsrecht – jedenfalls theoretisch – einen steten Einfluss auf die Grundrechtsfortentwicklung aus, denn Art. 55 Abs. 1 Verf RF bestimmt: „Die Aufzählung der Grundrechte und -freiheiten in der Verfassung der Russischen Föderation darf nicht als Verneinung oder Schmälerung anderer allgemein anerkannter Rechte und Freiheiten des Menschen und Bürgers ausgelegt werden.“[73] Die Norm ist eine Öffnungsklausel, die gerade nicht nur allgemein anerkannte Rechte und Freiheiten im Sinne des Völkerrechts in den Blick nimmt[74]. Ihr Regelungsgehalt wird in der Literatur vor allen Dingen zukunftsgerichtet, d. h. die Zeit nach der Verfassunggebung betreffend verstanden[75]: Hätte der Verfassunggeber von der Existenz anderer allgemein anerkannter Grundrechte Kenntnis gehabt, so hätte er sie bereits

---

damalige Diskussion verschafft. Zur damaligen Diskussion ferner *Blankenagel* (Fn. 34), S. 37 ff., m. w. N.

69 *Luchterhandt* (Fn. 68), S. 38, m. w. N.

70 Zur Rolle des Staates in der Sowjetunion bereits B. II. 1.

71 Daraufhin deutet auch *Blankenagel* (Fn. 34), S. 38 ff.

72 Ausführlich zum Ganzen etwa *Dreier* (Fn. 4747), Art. 1 II Rn. 14, *Christian Starck*, in: Hermann von Mangoldt/Friedrich Klein/ders. (Hrsg.): Kommentar zum Grundgesetz, Band 1, 6. Auflage 2010, Art. 1 Rn. 129, m. w. N.

73 Eine vergleichbare Regelung enthält im Übrigen Art. 16 Abs. 1 Verf Portugal: „Durch die in der Verfassung verankerten Grundrechte werden keine anderen durch Gesetz oder durch die anwendbaren Vorschriften des internationalen Rechts festgelegten Rechte ausgeschlossen.“

74 Zum Begriff der „allgemein anerkannten Rechte und Freiheiten“ jüngst auch *Rainer Arnold/Anastasia Berger*, in: Bernd Wieser (Hrsg.): Handbuch der russischen Verfassung, Art. 55 Rn. 4, m. w. N.

75 *Avak'jan* (Fn. 50), Band 1, S. 586.

in der Verfassung festgehalten[76]. Somit ist die russische Verfassung primäre, aber gerade nicht abschließende Quelle der russischen Grundrechte.

Dagegen verlangt das Grundgesetz vom Bundesverfassungsgericht eine Grundrechtsweiterentwicklung im System der Grundrechte, d. h. dass das Gericht neue Aussagen aus den Grundrechten entwickeln muss[77]. Dogmatische Grundlage hierfür ist die Bindung aller staatlicher Gewalt an die nachfolgenden Grundrechte, Art. 1 Abs. 3 GG. Durch Art. 55 Abs. 1 Verf RF genießt das Russische Verfassungsgericht hier deutlich mehr Freiraum, da es sich jedenfalls nicht an den in der Verfassung niedergeschriebenen Gewährleistungen festhalten lassen muss[78]. Trotz dieses Potentials ist die tatsächliche Bedeutung von Art. 55 Abs. 1 Verf RF für die Grundrechtsfortentwicklung bislang gering. Wann es sich konkret um ein allgemein anerkanntes Recht im Sinne der Norm handelt, ist noch nicht abschließend geklärt. Erfasst sein sollen jedenfalls grundlegende Völkerrechtsprinzipien, etwa die UN-Charta, sowie menschenrechtliche Gewährleistungen[79]. Auch das Russische Verfassungsgericht hat sich bislang in keiner Entscheidung explizit auf ein solches Recht bezogen. Vielmehr entwickelt es die russischen Grundrechte fort, indem es sich der bereits geschilderten Technik der „normativen Breitseite“[80] bedient. Es unterlegt neue Grundrechte oder Prinzipien mit einer kaum nachzuvollziehenden Normenkette, der es durch einen Rückgriff auf Art. 55 Abs. 1 Verf RF gerade nicht zwingend bedürfte.

---

76 *Baglaj* (Fn. 19), S. 188; ähnlich *L. V. Lazarev*, in: ders. (Hrsg.): Kommentarij k Konstitucii Rossijskoj Federacii [Kommentar zur Verfassung der Russischen Föderation], 3. Auflage 2008, Art. 55, S. 322.

77 Hierzu kritisch etwa *Andreas Voßkuhle*: Stabilität, Zukunftsoffenheit und Vielfaltsicherung, JZ 2009, S. 917 (920 f.) sowie auch *Christian Pestalozza*: Die echte Verfassungsbeschwerde, 2007, S. 37.

78 So für die estnische Verfassung auch *Peter Häberle*: Verfassungsentwicklungen in Osteuropa – aus Sicht der Rechtsphilosophie und der Verfassungslehre, AöR 117 (1992), S. 169 (197); *ders.*: Verfassungsentwürfe und Verfassungen ehemals sozialistischer Staaten, JöR n. F. 43 (1995), S. 105 (117 f.). Er prägte für diese Verfassungsnorm den Begriff einer *Grundrechtsentwicklungsklausel*, ebenda.

79 *Anja Honnefelder*: Staatliche Souveränität vs. Völkerrechtsoffenheit in der Russischen Föderation, 2012, S. 154.

80 Dazu bereits der Abschnitt A. II. 1.

4. Der Mensch als Grundrechtsträger

a) Grundrechtsberechtigung

Die russische Grundrechtslehre unterscheidet mit Blick auf die Grundrechtsberechtigung – vergleichbar der deutschen Systematik – zwischen Menschen- und Bürgerrechten. Die russische Verfassung formuliert die weit überwiegende Anzahl ihrer Grundrechte als Menschenrechte. Diese Regelungstechnik ist logische Folge der bereits umrissenen naturrechtlichen Grundrechtskonzeption: Wenn geschriebene Grundrechte ihren Ursprung in vorstaatlichen Rechten haben, wäre es sinnwidrig, würden sie als Bürgerrechte normiert. Hingegen kannte die sowjetische Vorgängerverfassung von 1977 – bedingt durch die sozialistische und gerade nicht naturrechtliche Grundrechtsbegründung[81] – ihrem Wortlaut nach nahezu ausschließlich[82] Bürgerrechte. Dennoch war seit langem auch im sowjetischen Recht der sogenannte Grundsatz der prinzipiellen Gleichstellung des Ausländers anerkannt[83], der schließlich in Art. 37 Verf UdSSR 1977 verfassungsrechtlich verankert wurde. Für die wenigen Bürgerrechte der heutigen russischen Verfassung, etwa die Versammlungsfreiheit oder das Eingaberecht, enthält Art. 62 Abs. 3 Verf RF zudem eine weiterreichende Gleichstellung zu den Menschenrechten. Die Norm beschreibt in Anlehnung an seinen Vorgänger Art. 37 Verf UdSSR 1977 das sogenannte Prinzip des nationalen Regimes[84]. Nach Art. 62 Abs. 3 Verf RF genießen Ausländer und Staatenlose in der Russischen Föderation die gleichen Rechte und trag die gleichen Pflichten wie die Bürger der Russischen Föderation, außer in den durch Bundesgesetz oder völkerrechtlichen Vertrag festgelegten Fällen.

---

81 Hierzu schon unter B. II. 3. a).

82 Die einzige Ausnahme bildete Art. 53 Verf UdSSR 1977 über die Ehe und Familie.

83 Etwa *L. N. Galenskaja*: K voprosu o pravovom položenii inostrancev v SSSR [Zur Frage der Rechtsstellung von Ausländern in der UdSSR], VLU 1968, Nr. 11, S. 112 (116); ferner *Dirk Budde*: Die Rechtsstellung des Ausländers in der Sowjetunion, 1981, S. 42; *Teresa Pusylewitsch*, in: Martin Fincke (Red.): Handbuch der Sowjetverfassung, 1983, Art. 37 Rn. 8; jeweils m. w. N.

84 Urteil des VerfG vom 23.04.2004 Nr. 8-P, SZ RF 2004, Nr. 18, Pos. 1833, S. 3862 (3866), vgl. auch *Avak'jan* (Fn. 50), Band 1, S. 827; *O. E. Kutafin*, in: V. D. Zor'kin (Hrsg.): Kommentarij k Konstitucii Rossijskoj Federacii [Kommentar zur Verfassung der Russischen Föderation], 2. Auflage 2011, Art. 62, S. 508.

b) Exkurs: Grundrechtsdrittwirkung?

Mit der vielfach diskutierten und bislang nicht abschließend erörterten Frage[85] nach der sogenannten Drittwirkung[86] der deutschen Grundrechte befasste sich das Bundesverfassungsgericht erstmals im sog. Lüth-Urteil[87]. In diesem Urteil hob es den Charakter der Grundrechte als Teil einer objektiven Wertordnung hervor[88]. Zudem erkannte es eine Grundrechtswirkung auf Privatrechtsbeziehungen an, vermittelt durch die Generalklauseln des bürgerlichen Rechts[89]. Die Wirkung der Grundrechte in Privatrechtsbeziehungen ist hiernach also lediglich eine mittelbare. Diese Ansicht ist heute ständige Rechtsprechung[90] und wird auch von der überwiegenden Lehre vertreten[91].

---

85 Grundlegend dazu *Günter Dürig*: Grundrechte und Zivilrechtsprechung, in: Theodor Maunz (Hrsg.): Vom Bonner Grundgesetz zur gesamtdeutschen Verfassung. Festschrift zum 75. Geburtstag von Hans Nawiasky, 1956, S. 157–190; *Hans Carl Nipperdey*: Grundrechte und Privatrecht, 1961, insbesondere S. 14 ff.; *Jürgen Schwabe*: Die sogenannte Drittwirkung der Grundrechte, 1971; *Claus-Wilhelm Canaris*: Grundrechte und Privatrecht, AcP 184 (1984), S. 201–246; aus dem jüngeren Schrifttum ferner etwa *Claus Dieter Classen*: Drittwirkung der Grundrechte in der Rechtsprechung des Bundesverfassungsgerichts, AöR 122 (1997), S. 65–107; *Michael Dolderer*: Objektive Grundrechtsgehalte, 2000, S. 201 ff.; *Thorsten Koch*: Der Grundrechtsschutz des Drittbetroffenen, 2000, S. 435 ff.; *Sebastian Müller-Franken*: Bindung Privater an Grundrechte? in: Steffen Detterbeck/Jochen Rozek/Christian von Coelln (Hrgs.): Recht als Medium der Staatlichkeit. Festschrift für Herbert Bethge zum 70. Geburtstag, 2009, S. 223–250; *Hans-Jürgen Papier*: Drittwirkung der Grundrechte, in: Detlef Merten/Hans-Jürgen Papier (Hrsg.): Handbuch der Grundrechte, Band 2, 2006, § 55; *Matthias Ruffert*: Vorrang der Verfassung und Eigenständigkeit des Privatrechts, 2001, S. 61 ff.

86 Zur Begrifflichkeit *Papier* (Fn. 85), Rn. 1. Kritisch zum Begriff und zur Notwendigkeit der Rechtsfigur der „mittelbaren Drittwirkung“ etwa *Jörn Ipsen*: Staatsrecht II, 15. Auflage 2012, § 2 Rn. 70; *Wolfgang Rüfner*: Grundrechtsadressaten, in: Josef Isensee/Paul Kirchhof (Hrsg.): Handbuch des Staatsrechts der Bundesrepublik Deutschland, Band 9, 3. Auflage 2011, § 197 Rn. 88 f., m. w. N.

87 BVerfGE 7, 198 ff.

88 BVerfGE 7, 198 (205 ff.). Zur Bedeutung der Wertordnungsjudikatur für die Begründung von Grundrechtsfunktionen noch B. III. 2.

89 BVerfGE 7, 198 (206).

90 Aus der weiteren Judikatur sei exemplarisch verwiesen auf BVerfGE 25, 256 (263); 42, 143 (148); 52, 131 (165 f.); 73; 261 (269); 81, 242 (253); 86, 122 (128 f.); 102, 347 (362); 107, 275 (280); 112, 332 (358).

91 Etwa *Dolderer* (Fn. 85), S. 204; *Matthias Herdegen*, in: Theodor Maunz/Günter Dürig (Begr.): Grundgesetz, Art. 1 Abs. 3 Rn. 59; *Ipsen* (Fn. 86), § 2 Rn. 68 ff.; *Albert Bleckmann*,

Die Frage der Grundrechtswirkung zwischen Privaten wird im russischen Recht hingegen nicht diskutiert[92]. Das russische Recht ist – anders als das deutsche Recht – an dieser Stelle von einem Grundrechtsverständnis geprägt, das nicht durchweg zwischen staatlicher Grundrechtsbindung einerseits und Wirkung der Grundrechte zwischen Privatpersonen andererseits unterscheidet. Gerade in der sowjetischen Grundrechtslehre entfalteten die Grundrechte als Rechte in Staat und Gesellschaft notwendigerweise eine Drittwirkung[93]. Von einer nicht durchgängig vollzogenen Trennung in der heutigen russischen Verfassung zeugen die Pflicht zur Achtung der Verfassung (Art. 15 Abs. 2 Verf RF) sowie die Pflicht zur Achtung der Grundrechte Dritter (Art. 17 Abs. 3 Verf RF)[94]. Da diese beiden Pflichten ebenso wie alle anderen Verfassungsnormen eine unmittelbare Geltung nach Art. 15 Abs. 1 Verf RF für sich beanspruchen[95], ist der Einzelne gegebenenfalls auch ohne ein vermittelndes Gesetz[96] unmittelbar verpflichtet, die Verfassung und Grundrechte des Anderen zu beachten[97].

in: ders. (Hrsg): Staatsrecht II, 4. Auflage 1997, § 10 Rn. 76; *Konrad Hesse*: Bedeutung der Grundrechte, in: Ernst Benda/Werner Maihofer/Hans-Jochen Vogel (Hrsg.): Handbuch des Verfassungsrechts der Bundesrepublik Deutschland, 2. Auflage 1994, § 5 Rn. 58 ff.; *Hans D. Jarass*, in: ders./Bodo Pieroth: Grundgesetz für die Bundesrepublik Deutschland, 12. Auflage 2012, Art. 1 Rn. 50 ff.; *Hans-Jürgen Papier*: Grundrechtsschutz durch die Fachgerichtsbarkeit, in: Detlef Merten/Hans-Jürgen Papier (Hrsg.): Handbuch der Grundrechte, Band 3, 2009, § 79 Rn. 11; *Pieroth/Schlink/Kingreen/Poscher* (Fn. 56), Rn. 196 ff. A. A. *Jürgen Schwabe*: Probleme der Grundrechtsdogmatik, 2. Auflage 1997, S. 105, 211 f., 221 ff. sowie *ders.*: Grundkurs Staatsrecht, 5. Auflage 1995, S. 109 ff.

92 Zu diesem Ergebnis gelangen auch *Angelika Nußberger* und *Yury Safoklov*, *dies.*, in: Bernd Wieser (Hrgs.): Handbuch der russischen Verfassung, 2014, Art. 15 Rn. 10. Vertiefend zur Frage der Drittwirkung im russischen und deutschen Recht jüngst *Anastasia Berger*: Die Bindung der Bürger an die Grundrechte, 2014.

93 *Blankenagel* (Fn. 34), S. 47; *Westen* (Fn. 31), Vor Art. 39, S. 487.

94 Zu ihrer Bedeutung noch unter B. IV.

95 Zu dieser Wirkung der Pflicht aus Art. 15 Abs. 2 Verf RF ausdrücklich auch der Beschluss des VerfG vom 11.07.2006 Nr. 374-O, http://www.ksrf.ru/ru/Decision/Pages/default.aspx.

96 Auf ein solches stellt aber maßgeblich ab *Valery Zorkin*: Axiological Aspects of the Russian Constitution, in: András Sajó/Renáta Uitz (Hrsg.): Constitutional Topography, 2010, S. 169 (172).

97 Das legt auch nahe *D. I. Lukovskaja*: Garantii prav ličnosti [Garantien der Rechte der Persönlichkeit], IGiP 2007, Nr. 16, S. 35 (35), die im Kontext einer Kultur der Menschenrechte unter anderem davon spricht, dass auch der Einzelne seine Verpflichtungen gegenüber anderen Menschen erfüllen muss.

Grundrechte verpflichten daher nicht nur staatliche Organe. Auch Private haben jedenfalls die Obliegenheit, Grundrechte zu achten[98]. Damit wirken die russischen Grundrechte im Kern unmittelbar auf privatrechtliche Beziehungen ein, auch wenn diese Wirkung oftmals faktisch durch das einfache Recht vermittelt wird und dadurch kaum deutlich zutage tritt.

5. Die Grundrechte der russischen Verfassung im Überblick

Für eine moderne Verfassungsstaatlichkeit ist ein Katalog von Grund- und Menschenrechten, die die freie Entfaltung der Persönlichkeit garantieren, unabdingbar[99]. Der russische Grundrechtskatalog[100] enthält mit seinen 36 Grundrechtsartikeln[101] formal betrachtet nahezu doppelt so viele Grundrechtsartikel wie das Grundgesetz[102]. Die auf den ersten Blick vergleichsweise große Zahl russischer Grundrechte ist zum einen dem Umstand geschuldet, dass sich die russische Verfassung angesichts der jüngeren Geschichte des Landes deutlich umfassender dem Recht auf Privateigentum und der Freiheit des unternehmerischen Handels, aber auch sozialen Grundrechten widmet. Zum anderen ist die russische Verfassung deutlich jünger als das Grundgesetz. Daher konnten neuartige Grundrechte, etwa das Recht auf eine wohlbehaltene Umwelt (Art. 42 Verf RF) in den Verfassungstext aufgenommen werden[103].

---

98 Vgl. *N. I. Matuzov*: O kategorijach „sub"ektivnoe pravo" i „juridičeskaja objazannost'" v svete sovremennogo pravovogo razvitija [Über die Kategorien „subjektives Recht" und „juristische Verantwortung" im Lichte der gegenwärtigen Rechtsentwicklung], in: Ju. P. Eremenko/V. T. Kabyšev (Hrsg.): Ličnost' i vlast' [Persönlichkeit und Macht], 1995, S. 25 (27); jüngst auch *Anastasia Berger*: Das Konzept des russischen Konstitutionalismus im Sinne des Art. 2 der Verfassung der Russländischen Föderation, Osteuropa Recht 2013, S. 326 (340).

99 Ähnlich auch *Klaus Stern*: Ausstrahlungswirklichkeit des Grundgesetzes auf ausländische Verfassungen, in: Bundesministerium des Innern (Hrsg.): Bewährung und Herausforderung, 1999, S. 247 (252).

100 Zu ausgewählten Grundrechten der russischen Verfassung auch *Angelika Nußberger*, in: dies. (Hrsg.): Einführung in das russische Recht, 2010, § 4, S. 51 ff.

101 Artt. 19–54 Verf RF.

102 Zur bislang nicht abschließend geklärten Frage, ob die Menschenwürde des Art. 1 Abs. 1 GG als Grundrecht anzusehen sei, vgl. nur *Dreier* (Fn. 47), Art. 1 I Rn. 121 ff., m. w. N.

103 Vgl. zu einem Grundrecht auf Umweltschutz im deutschen Recht etwa *Udo Di Fabio*, in: Theodor Maunz/Günter Dürig (Begr.): Grundgesetz, Art. 2 Abs. 2 Satz 1 Rn. 95, m. w. N.

Das russische Schrifttum unterteilt die Grundrechte überwiegend in drei Gruppen – in die Gruppe der persönlichen Freiheitsrechte, der politischen Grundrechte und schließlich in die Gruppe der ökonomischen, sozialen sowie kulturellen Grundrechte[104]. Die Terminologie erinnert gerade im Hinblick auf die Gruppe der ökonomischen, sozialen sowie kulturellen Grundrechte an die Klassifizierung der sowjetischen Grundrechtslehre. Trotz dieser terminologischen Kontinuität hat sich die Gewichtung der einzelnen Gruppen zueinander stark gewandelt. Wurde der Grundrechtskatalog der sowjetischen Verfassungen von ökonomischen und sozialen Grundrechten angeführt, eröffnen ihn heute – in Anlehnung an westliche Vorbilder[105] – die persönlichen Freiheitsrechte (Art. 20 bis Art. 30 Verf RF).

Die persönlichen Freiheitsrechte der russischen Verfassung weisen in weiten Teilen große Überschneidungen zu den Freiheitsrechten des Grundgesetzes auf: Als erstes Grundrecht garantiert die russische Verfassung das Recht auf Leben (Art. 20 Verf RF), gefolgt von der Menschenwürde (Art. 21 Verf RF), dem Recht auf Freiheit und persönliche Unversehrtheit (Art. 22 Verf RF), dem Recht auf Unverletzlichkeit des Privatlebens (Art. 23 Verf RF), dem Schutz vor jedweder Weitergabe privater Informationen (Art. 24 Verf RF), der Unverletzlichkeit der Wohnung (Art. 25 Verf RF), dem Schutz der Staatsangehörigkeit und der eigenen Nationalität (Art. 26 Verf RF), dem Recht auf Freizügigkeit (Art. 27 Verf RF), der Gewissens- und Glaubensfreiheit (Art. 28 Verf RF), der Meinungsfreiheit (Art. 29 Verf RF) sowie schließlich der Vereinigungsfreiheit (Art. 30 Verf RF).

Diesen persönlichen Freiheitsrechten folgen die politischen Grundrechte. Es sind im Einzelnen die Versammlungsfreiheit (Art. 31 Verf RF), das aktive und passive Wahlrecht (Art. 32 Verf RF) sowie das Grundrecht auf Eingabe (Art. 33 Verf RF). Die sozial-ökonomischen Grundrechte (Art. 34 bis Art. 43 Verf RF) sowie die kulturellen Grundrechte (Art. 44 Verf RF) schließen sich an. Es seien hier der Schutz des Eigentums (Art. 35 Verf RF), soziale Grundrechte (Artt. 37–41 Verf RF) sowie das Grundrecht auf eine wohlbehaltene Umwelt (Art. 42 Verf RF) erwähnt. Den Abschluss des russischen Grundrechtskatalogs bilden die Justizgrundrechte (Art. 45 bis Art. 51 Verf RF), die in ihrer Gestalt als Verfahrensgarantien des individuellen Grundrechtsschutzes in der Arbeit noch gesondert betrachtet werden[106].

---

104 Vgl. etwa *Baglaj* (Fn. 19), S. 215 ff.; *Bezuglov/Soldatov* (Fn. 50), Band 1, S. 428 ff.; *Kozlova/Kutafin* (Fn. 19), S. 218 ff.; *Pjatkina* (Fn. 51), Vorbemerkung zum 2. Kapitel der russischen Verfassung, S. 125.

105 *Basik* (Fn. 28), S. 31, m. w. N.

106 Dem widmet sich Kapitel C der Arbeit.

6. Unmittelbare Einklagbarkeit der russischen Grundrechte

Grundvoraussetzung eines individuellen Grundrechtsschutzes ist es, dass Grundrechte aus sich heraus einklagbare Rechtspositionen vermitteln, sie also unabhängig von ihrer einfachgesetzlichen Konkretisierung unmittelbar als subjektive Rechte wirken.

a) Unmittelbare Grundrechtsgeltung

Der Grundsatz der unmittelbaren Geltung der Grundrechte ist ein Rechtsprinzip, das sich sowohl im russischen als auch im deutschen Verfassungsrecht erst spät durchzusetzen vermochte. Als unmittelbare Vorgängerverfassung zum Grundgesetz enthielt die Weimarer Reichsverfassung keine Aussagen zur Grundrechtsgeltung. Nach der überwiegenden Lehre konnten die Verfassung und damit auch ihre Grundrechte die staatliche Gewalt nicht umfassend binden[107]. Es war vielmehr Aufgabe der Legislative, Ausführungsgesetze zu erlassen, die ihrerseits verbindliche Handlungsvorgaben für die Exekutive enthielten[108]. Für die Legislative waren Grundrechte indes eher Direktiven als verbindliche Aussagen[109]. Grundrechte galten damit im Ergebnis nur im Rahmen der Gesetze[110].

Auch die sowjetischen Verfassungen enthielten keine Regelungen zur Grundrechtsgeltung. In der Lehre war die unmittelbare Wirkung der Grundrechte stark umstritten[111]. Nach wohl herrschender Ansicht bildeten sie zwar prinzipiell

---

107 Vgl. etwa *Gerhard Anschütz*: Die Verfassung des Deutschen Reiches vom 11. August 1919, 12. Auflage 1930, S. 453 ff; *Richard Thoma*, in: Hans Carl Nipperdey (Hrsg.): Die Grundrechte und Grundpflichten der Reichsverfassung, Band 1, 1929, S. 33; *Carl Schmitt*: Inhalt und Bedeutung des zweiten Hauptteils der Reichsverfassung, in: Gerhard Anschütz/Richard Thoma (Hrsg.): Handbuch des Deutschen Staatsrechts, Band 2, 1932, § 101, S. 572 (598). Anders hingegen *Julius Hatschek*, der bereits 1922 eine Grundrechtsbindung auch des Gesetzgebers vertrat, vgl. *ders.*: Deutsches und preußisches Staatsrecht, 1922, Band 1, S. 173. Eingehend zur damaligen Diskussion *Stern/Sachs* (Fn. 47), Band III/1, S. 483, 1188 ff., m. w. N.

108 *Stern/Sachs* (Fn. 47), Band III/1, S. 483.

109 Etwa *Stern/Sachs* (Fn. 47), Band III/1, S. 483; *Wolfram Höfling*, in: Michael Sachs (Hrsg.): Grundgesetz Kommentar, 6. Auflage 2011, Art. 1 Rn. 80, m. w. N.

110 Diese Formulierung geht zurück auf *Herbert Krüger*: Die Einschränkung von Grundrechten nach dem Grundgesetz, DVBl 1950, S. 625 (626).

111 Zum Ganzen *Blankenagel* (Fn. 67), S. 74 f., 155 ff., m. w. N.; *Luchterhandt* (Fn. 68), S. 35 f.

unmittelbar geltendes Recht[112]. Das galt aber nur dann, wenn die Grundrechtsnorm keinen Vorbehalt hinsichtlich einer einfachrechtlichen Ausgestaltung beinhaltete[113]. Einen solchen Gesetzesvorbehalt enthielt aber die Mehrzahl der sowjetischen Grundrechte. In der Lesart der sowjetischen Rechtswissenschaft bedeutete diese gravierende Einschränkung des Unmittelbarkeitsgrundsatzes aber keine Schwächung der normativen Grundrechtsgeltung, da der Staat – wie bereits erwähnt – als Förderer und Gestalter der Grundrechte, als ein Sprachrohr des Volkswillens und des Einzelnen zugleich galt[114]. Die Verfassungsnormen traten damit in den Hintergrund – sie wirkten faktisch eher als politische Deklaration denn als geltendes Recht[115]. Ausführungsgesetze, Partei- oder Regierungserlasse bestimmten den Rechtsalltag. Da diese Normen wiederum nicht durchweg veröffentlicht wurden, entstand zum Ende der Sowjetunion ein kaum noch zu überschauendes Normengeflecht[116].

---

112 Etwa *A. B. Vengerov*: O primenenii konstitucionnych norm sudebnymi organami [Über die Anwendung der Verfassungsnormen durch die Gerichtsorgane], SGiP 1969, Nr. 10, S. 42 (47 ff.); *N. V. Vitruk*: Pravovoj status ličnosti v SSSR [Der Rechtsstatuts der Persönlichkeit in der UdSSR], 1985, S. 89; ähnlich *Voevodin* (Fn. 34), S. 49 ff., der in Grundrechten Rechte von höchster juristischer Kraft sieht.

113 *V. A. Pertcik/L. P. Šmajlova*: Realizacija konstitucionnych norm [Die Verwirklichung von Verfassungsnormen], SGiP 1979, Nr. 5, S. 3 (9); aus der deutschsprachigen Literatur dazu *Klaus-Jürgen Kuss*: Rechtsstaatliche Wurzeln in den osteuropäischen Staaten, JöR n. F. 34 (1985), S. 589 (605), m. w. N.; *Boris Meissner*: Die neue Bundesverfassung der UdSSR, JöR n. F. 27 (1978), S. 321 (430), m. w. N.; *Westen* (Fn. 31), Vor Art. 39 Rn. 38 sowie Art. 58 Rn. 33. Auf das einfache Recht verwiesen aber etwa Art. 55 Verf UdSSR 1977 (Unverletzlichkeit der Wohnung), Art. 56 Verf UdSSR 1977 (Schutz der Privatsphäre, des Brief-, Telefon- und Telegrammgeheimnisses) und Art. 58 Abs. 1 und 2 Verf UdSSR 1977 (Eingaberecht sowie Rechtsschutzgarantie).

114 Vgl. etwa die Ausführungen bei *Čchikvadze* (Fn. 32), S. 20 sowie *Matuzov* (Fn. 32), S. 23; ferner dazu *Luchterhandt* (Fn. 68), S. 35 f., m. w. N.

115 *Lazarev* (Fn. 76), Art. 18, S. 111; *V. A. Krjažkov/L. V. Lazarev*: Verfassungsgerichtsbarkeit in der Russischen Föderation, 2001, S. 7 f.; *D. Tumanov*: K voprosu o primenenii Konstitucii Rossijskoj Federacii v slučae probelov v prave, a takže o roli Konstitucionnogo Suda Rossijskoj Federacii v vyjavlenii takich probelov [Zur Frage der Anwendung der Verfassung der Russischen Föderation im Falle von Rechtslücken sowie zur Rolle des Verfassungsgerichts der Russischen Föderation bei der Ermittlung solcher Lücken], AiGP 2009, Nr. 6, S. 6 (6); ähnlich ferner *Basik* (Fn. 28), S. 30. Zur Anwendung von Verfassungsnormen durch die (einfachen) Gerichte detailliert *Blankenagel* (Fn. 67), S. 155 ff.

116 Dazu *Georg Brunner*: Die Sowjetunion: ein „sozialistischer Rechtsstaat"?, in: Ellen Schlüchter/Klaus Laubenthal (Hrsg.): Recht und Kriminalität. Festschrift für Friedrich-Wilhelm Krause zum 70. Geburtstag, 1990, S. 177 (179 f.), m. w. N.

In beiden Rechtsordnungen sind Grundrechte heute – auch geprägt durch die bitteren Erfahrungen der jüngeren Geschichte – unmittelbar geltendes Recht. Im Grundgesetz ist es vorrangig[117] Art. 1 Abs. 3 GG[118], der eine unmittelbare Grundrechtsgeltung anordnet. Sein Pendant findet er in zwei russischen Verfassungsnormen. Die unmittelbare Geltung der Verfassung im Allgemeinen normiert Art. 15 Abs. 1 Verf RF. Für die Grundrechtsgeltung im Besonderen hält Art. 18 Verf RF fest: „Die Rechte und Freiheiten des Menschen und Bürgers gelten unmittelbar. Sie bestimmen den Sinn, den Inhalt und die Anwendung der Gesetze, die Tätigkeit der gesetzgebenden und der vollziehenden Gewalt sowie der örtlichen Selbstverwaltung und werden durch die Rechtsprechung gewährleistet." Die russischen Grundrechte gelten damit – anders als ihre sowjetischen Vorgänger – gänzlich unabhängig vom Vorhandensein einfachgesetzlicher Regelungen[119]. Das einfache Recht hat lediglich die Aufgabe, grundrechtliche Wertungen zu präzisieren und auszugestalten[120].

Diese in Art. 18 Verf RF verankerte Grundrechtsgeltung verlangt jedoch von allen Organen der staatlichen Gewalt in ihrem täglichen Handeln ein besonderes Maß an Sensibilität hinsichtlich der Bedeutung und der Tragweite von Grundrechten – eine Sensibilität, die im heutigen Russland noch nicht uneingeschränkt selbstverständlich ist[121]. So wird oftmals eine bestehende einfachgesetzliche, grundrechtskonkretisierende Regelung in der Rechtsanwendung als Maßstab

---

117 Weiterführend *Rainer Wahl*: Die praktische Wirksamkeit von Verfassungen: Der Fall des Grundgesetzes, in: in: Michael Sachs/Helmut Siekmann (Hrsg.): Der grundrechtsgeprägte Verfassungsstaat. Festschrift für Klaus Stern zum 80. Geburtstag, 2012, S. 233 (242 f.), m. w. N.

118 *Stern/Sachs* (Fn. 47), Band III/1, S. 1191 ff.; *Dreier* (Fn. 47), Art. 1 III Rn. 32; *Pieroth/Schlink/Kingreen/Poscher* (Fn. 56), Rn. 180.

119 Im Hinblick auf die russische Verfassung *Tumanov* (Fn. 115), S. 7, m. w. N.; *Golovistikova/Grudcyna* (Fn. 28), S. 131; *E. V. Gricenko*: Rol' konstitucionnogo suda v obespečenii prjamogo dejstvija Konstitucii v Germanii i Rossii [Die Rolle des Verfassungsgerichts bei der Sicherung der unmittelbaren Verfassungsgeltung in Deutschland und Russland], ŽKP 2013, Nr. 1, S. 14 (15 f.).

120 Anschaulich zum Ganzen *B. S. Ėbzeev*: Konstitucija Rossijskoj Federacii: Prjamoe dejstvie i uslovy realizacii [Die Verfassung der Russischen Föderation: Unmittelbare Geltung und Realisierungsbedingungen], GiP 2008, Nr. 7, S. 5 (8); ferner *Gricenko* (Fn. 119), S. 16; *Lazarev* (Fn. 76), Art. 18, S. 112; *Krjažkov/Lazarev* (Fn. 115), S. 7; *Lukaševa* (Fn. 46), Art. 18, S. 193; *Pjatkina* (Fn. 51), Art. 18, S. 135 f.; *Rostovščikov/Usanova* (Fn. 26), S. 76.

121 Ähnlich dazu auch *Lazarev* (Fn. 76), Art. 18, S. 112; *Krjažkov/Lazarev* (Fn. 115), S. 8; *Lukaševa* (Fn. 46), Art. 18, S. 193.

genommen, ohne ihre Verfassungsmäßigkeit in Frage zu stellen. Vielmehr scheint das einfache Recht in sowjetischer Art den Inhalt der Grundrechte zu bestimmen[122]. Die unmittelbare Grundrechtsgeltung des Art. 18 Verf RF wird in ihr Gegenteil verkehrt.

Auch in der russischen Rechtsprechung bestehen noch Defizite. So wurden etwa in der Zeit vor der Verabschiedung des russischen Zivildienstgesetzes im Juli 2002 Klagen, in denen die Zuweisung eines Ersatzdienstes angestrebt wurde, von den Gerichten überwiegend abgewiesen. Dies wurde damit begründet, dass eine entsprechende einfachgesetzliche Regelung über den Ersatzdienst fehle[123]. Diese Judikatur wirkt angesichts der unmittelbaren Geltung der Grundrechte mehr als unverständlich, gewährt doch Art. 59 Abs. 3 Verf RF ausdrücklich das Recht, im Falle einer Kollision mit Überzeugungen oder mit dem Glaubensbekenntnis einen zivilen Ersatzdienst leisten zu können.

b) Grundrechte als subjektive Rechte

Doch selbst bei uneingeschränkter unmittelbarer Grundrechtsgeltung erstarken Grundrechte noch nicht aus sich heraus zu wehrhaften Rechtspositionen. Erst mit einem Verständnis, dass Grundrechte dem Einzelnen auch einen unmittelbar aus der Verfassung folgenden Rechtsanspruch, ein subjektives-öffentliches Recht, vermitteln, sind Grundrechte (verfassungs-)gerichtlich durchsetzbar.

In der russischen, vorsowjetischen Rechtswissenschaft war der Charakter der Grundrechte als subjektive Rechte umstritten[124]. Entscheidend prägte hier *Vladimir M. Gessen* – unter dem Einfluss *Georg Jellineks*[125] – für die russische

---

122 Bei *Rostovščikov/Usanova* (Fn. 26), S. 82 klingt diese Sichtweise an, die hier formulieren, dass die Gewissens- und Glaubensfreiheit (Art. 28 Verf RF) *im Sinne des Gesetzes* „Über die Gewissensfreiheit und der Freiheit religiöser Vereinigungen" vom 26.09.1997 ausgelegt werden muss.

123 Detailliert zum Ganzen *Tumanov* (Fn. 115), S. 8.

124 Einen guten Überblick geben etwa *R. V. Kiselev*: Sub"ektivnye prava i ich garantii v traktovke predstavitelej školy vozroždennogo estestvennogo prava v Rossii v načale XX v. [Subjektive Rechte und ihre Sicherung im Verständnis der Vertreter der wiederauferstandenen Naturrechtsschule in Russland zu Beginn des 20. Jahrhunderts], IGiP 2009, Nr. 13, S. 45–46 sowie *Ž. I. Ovsepijan*: Razvitie učenija o sub"ektivnom charaktere osnovnych (konstitucionnych) prav i svobod v klassičeskoj naučnoj teorii [Die Entwicklung der Lehre vom subjektiven Charakter der Grund- (Verfassungs-) Rechte und -freiheiten in der klassischen wissenschaftlichen Theorie], KiMP 2009, Nr. 13, S. 2–8.

125 *Kuss* (Fn. 113), S. 596.

Rechtswissenschaft den Begriff der subjektiv-öffentlichen Rechte, die er in Anlehnung an *Jellinek* in Freiheitsrechte, öffentliche (Vornahme-)Rechte und politische Rechte unterteilte[126].

Da im sozialistischen Recht bereits die grundlegende Unterteilung der Rechtsgebiete in öffentliches Recht und Privatrecht abgelehnt wurde, konnte es unter Geltung der sowjetischen Verfassung kein subjektives *öffentliches* Recht geben[127]. Die Rechtsnatur der Grundrechte musste somit von einer anderen Systematik her bestimmt werden, die wiederum dem privatrechtlichen Denken entsprang. Danach konnten subjektive Rechte nur in einer *konkreten* Rechtsbeziehung bestehen[128]. Als abstrakt formulierte und allgemeingültige Rechtssätze konnten Grundrechte aber dieses Kriterium gerade nicht erfüllen. Erst im Zuge des Wandels in der sowjetischen Grundrechtslehre und der damit einhergehenden Aufwertung der Rechtsstellung des Individuums[129] wurde erkannt, dass auch dem Einzelnen Rechte gegen den Staat zustehen müssten. Aus dieser Erkenntnis heraus wurden Grundrechte schließlich losgelöst von der bisherigen Bindung an die privatrechtliche Definition als subjektive Rechte anerkannt[130]. Der Charakter der Grundrechte als subjektive Rechte ist heute fester Bestandteil des russischen Verfassungsrechts[131].

---

126 *M. V. Gessen*: O pravovom gosudarstve [Über den Rechtsstaat], ca. 1905, S. 24–26.

127 *Blankenagel* (Fn. 34), S. 29.

128 Diese Sichtweise kommt beispielsweise zum Ausdruck bei *N. S. Malein*: Graždansko-pravovoe položenie ličnosti v SSSR [Die zivilrechtliche Stellung der Persönlichkeit in der UdSSR], 1975, S. 16 f.; ausführlich dazu *Blankenagel* (Fn. 67), S. 29, m. w. N.; *Luchterhandt* (Fn. 68), S. 33, m. w. N.

129 Hierzu bereits B. II. 1.

130 Vgl. etwa *I. E. Farber*: Svoboda i prava čeloveka i sovetskom gosudarstve [Freiheit und Recht des Menschen im sowjetischen Staat], 1974, S. 30 f., 74; *Matuzov* (Fn. 32), S. 20 f.; *V. A. Patjulin*: Sub"ektivnye prava graždan [Subjektive Rechte des Bürgers], SGiP 1971, Nr. 6, S. 24 (27); *ders.*: Gosudarstvo i ličnosť v SSSR [Der Staat und die Persönlichkeit in der UdSSR], 1974, S. 205 ff.; *Voevodin* (Fn. 34), S. 92 f.; *L. D. Voevodin*, in: ders. (Hrsg.): Juridičeskie garantii konstitucionnyj prav i svobod ličnosti v socialističeskom obščestve, 1987, S. 8 ff. Ausführlich zur damaligen Diskussion *G. M. Badirjan*: Prava ličnosti: Istoričeskie i teoretičeskie aspekty obosnovanija i priznanija [Persönlichkeitsrechte: Historische und theoretische Aspekte der Begründung und der Anerkennung], GiP 2006, Nr. 8, S. 54 (57 f.), m. w. N.; *Blankenagel* (Fn. 34), S. 28 ff., m. w. N.; *Luchterhandt* (Fn. 68), S. 32 ff.

131 Vgl. etwa die Ausführungen bei *V. A. Četvernin*: Stichwort: Sub"ektivnoe pravo [Subjektives Recht], in: B. N. Topornin (Hrsg.): Juridičeskaja Ėnciklopedija [Juristische Enzyklopädie], 2001, S. 1053 (1054); *Ėbzeev* (Fn. 120), S. 7; *Krjažkov/Lazarev* (Fn. 115), S. 8; *Lukaševa* (Fn. 46), Art. 18, S. 193; *Matuzov* (Fn. 98), S. 36;

7. Zwischenergebnis

Das in der russischen Verfassung zum Ausdruck kommende Grundrechtsverständnis steht im Zeichen eines tiefgreifenden, bereits in der späten Sowjetunion einsetzenden Wandels. Durch die heutige Loslösung von der marxistisch-leninistischen Staatslehre ist das postsowjetische russische Grundrechtsverständnis in vielen seiner Facetten mit dem deutschen Grundrechtsverständnis vergleichbar. Bestehende Unterschiede zwischen beiden Rechtsordnungen schlagen sich jedoch nicht auf das Grundverständnis von Grundrechten, ihrer Rolle und Bedeutung nieder. Damit ist die eingangs des Kapitels formulierte Grundvoraussetzung für den weiteren Gang der Untersuchung, dass in Russland und Deutschland ein prinzipiell vergleichbares Grundrechtsverständnis herrscht, erfüllt.

Anknüpfend an die Begrifflichkeit der „Deklaration der Rechte und Freiheiten des Menschen" bezeichnet die russische Verfassung – anders als das Grundgesetz – ihre Grundrechte als Rechte und Freiheiten. Mit dieser Begrifflichkeit geht aber kein unterschiedliches Begriffsverständnis einher. Auch die Grundrechte des Grundgesetzes sind – der russischen Terminologie folgend – gleichermaßen Rechte und Freiheiten. Die naturrechtliche Grundrechtsidee kommt in der russischen Verfassung in Art. 17 Abs. 2 Verf RF deutlich zum Ausdruck, während das Grundgesetz sich hierzu nicht ausdrücklich äußert. Durch Art. 55 Abs. 1 Verf RF erhält das Naturrecht ferner über die Funktion des Geltungsgrundes hinaus eine entscheidende Funktion für die Grundrechtsfortentwicklung, die bislang aber nicht vom Russischen Verfassungsgericht genutzt wird. Mit der naturrechtlichen Grundrechtsidee sind die Grundrechte der russischen Verfassung überwiegend Menschenrechte. Wie das Grundgesetz versteht die russische Verfassung ihre Grundrechte als unmittelbar geltendes Verfassungsrecht und bricht so mit der sowjetischen Tradition der Ausführungsgesetze. Diese Grundrechtswirkung findet allerdings nur zögerlich Eingang in das gelebte russische Verfassungsrecht.

A. T. Ragimov: Osobennosti juridičeskoj prirody prav čeloveka [Besonderheiten der juristischen Natur der Menschenrechte], KiMP 2011, Nr. 8, S. 15 (15). Jüngst hierzu auch sowie jüngst *Rainer Arnold/Anastasia Berger*, in: Bernd Wieser (Hrsg.): Handbuch der russischen Verfassung, 2014, Art. 18 Rn. 2, m. w. N.

III. Inhalte der russischen Grundrechte als potentielles Schutzziel

Ziel des individuellen Grundrechtsschutzes ist stets der Schutz eines *konkreten* subjektiv-rechtlichen Grundrechtsinhalts. Oftmals stehen dabei die Grundrechte in ihrer Eigenschaft als Abwehrrechte im Vordergrund. Im russischen und im deutschen Recht bestehen in dieser Eigenschaft die größten inhaltlichen Überschneidungen (1.). Darüber hinaus kennen beide Rechtsordnungen weitere Grundrechtsinhalte, etwa in Gestalt leistungsrechtlich geprägter sozialer Grundrechte sowie in Gestalt von Schutzrechten. Die konkrete dogmatische Herleitung unterscheidet sich indes in beiden Rechtsordnungen erheblich (2.). Ist das Grundgesetz hinsichtlich der Normierung sozialer Grundrechte sehr zurückhaltend, bilden soziale Grundrechte hingegen einen wichtigen Bestandteil des russischen Grundrechtskatalogs (3.). Ferner kennt das russische Recht in Art. 45 Abs. 1 Verf RF ein allgemeines Recht auf staatlichen Schutz, das aus der Perspektive des deutschen Rechts im ersten Moment an den Schutzpflichtgedanken der deutschen Grundrechtsdiskussion erinnert. Tatsächlich wird der Schutzgedanke im russischen Recht jedoch aus einem gänzlich anderen Blickwinkel betrachtet (4.).

1. Grundrechte als Abwehrrechte

Die Grundrechte des Grundgesetzes als Abwehrrechte zu verstehen, entspricht einer langen deutschen Rechtstradition. Grundrechte dienten vorrangig dazu, die Freiheitssphäre des Einzelnen vor hoheitlichen Eingriffen zu bewahren[132]. Dies ist auch heute noch ihr primärer Sinngehalt[133].

Die russische Verfassung kann nur eingeschränkt auf eine vergleichbare Tradition zurückblicken, denn gerade im sowjetischen Recht hatten Grundrechte eine grundlegend andere Funktion: Sie dienten vornehmlich der Entfaltung des Individuums in der Gesellschaft; mit ihrer Hilfe sollten aber auch materielle und intellektuelle Klassenunterschiede überwunden werden. Daher beinhalteten die sowjetischen Grundrechte nicht nur bestimmte Freiheiten, sondern vermittelten

---

132 Ähnlich auch BVerfGE 75, 192 (195). Kritisch zum Begriff der Grundrechte als sogenannte klassische Abwehrrechte *Horst Dreier*: Dimensionen der Grundrechte, 1993, S. 27 ff.; *Stern/Sachs* (Fn. 47), Band III/1, S. 471 ff.

133 Vgl. etwa BVerfGE 7, 198 (204); 21, 362 (369); 50, 290 (337); 68, 193 (205); 75, 192 (195) sowie *Dreier* (Fn. 47), Vorbemerkung vor Artikel 1 GG Rn. 84; *Hans D. Jarass*: Funktionen und Dimensionen der Grundrechte, in: Detlef Merten/Hans-Jürgen Papier (Hrsg.): Handbuch der Grundrechte, Band 2, 2006, § 38 Rn. 1.

zugleich – in Gestalt von Leistungsrechten – Ansprüche auf konkrete, für die Grundrechtsausübung benötigte Güter. Besonders deutlich wird dieser Aspekt in den frühen sowjetischen Verfassungen. So garantierte etwa Art. 125 Abs. 1 Verf UdSSR 1936 die Rede-, Presse- und Versammlungsfreiheit. Hier hieß es dann in einem zweiten Absatz: „Diese Rechte der Bürger werden dadurch gewährleistet, dass den Werktätigen und ihren Organisationen die Druckereien, Papiervorräte, öffentlichen Gebäude, Straßen, das Post- und Fernmeldewesen und andere materielle Bedingungen, die zur Ausübung dieser Rechte notwendig sind, zur Verfügung gestellt werden."[134]

Von dieser Konzeption her kommend wandelten sich Grundrechte im sowjetischen Recht jedoch zunehmend in Rechte, die in Staat und Gesellschaft gewährt, nicht gewährleistet, wurden[135]. Erst im Zuge der Anerkennung ihrer subjektiv-rechtlichen Eigenschaft[136] trat der grundrechtliche Abwehrgehalt wieder in den Vordergrund. Die heutigen russischen Freiheitsgrundrechte sind durchweg als Abwehrrechte konzipiert.

2. Herleitung weiterer Grundrechtsinhalte

Auch wenn unter Geltung der russischen Verfassung und des Grundgesetzes verschiedene, über den abwehrrechtlichen Gehalt hinausgehende Grundrechtsinhalte prinzipiell anerkannt sind, unterscheidet sich ihre konkrete Herleitung. Die Grundrechte des Grundgesetzes sind ihrem Wortlaut folgend zunächst vorrangig als Abwehrrechte konzipiert. Einen entscheidenden Schritt zur Anerkennung weiterer Grundrechtsinhalte unternahm das Bundesverfassungsgericht in seinem Lüth-Urteil 1958[137]. Hierin stellte es im Wesentlichen fest, dass den Grundrechten ein Doppelcharakter als subjektive Abwehrrechte einerseits und als objektive Wertentscheidung andererseits innewohne[138]. Das Grundgesetz habe in seinem Grundrechtsabschnitt auch eine objektive Wertordnung aufgerichtet[139]. Dieses Wertsystem müsse als verfassungsrechtliche Grundentscheidung für alle Bereiche des Rechts gelten[140]. Dieser Wertordnungsansatz prägt

134 „Ėti prava graždan obespečivajutsja predostavleniem trudjaščimsja i ich organizacijam tipografij, zapasov bumagi, obščestvennych zdanij, ulic, sredstv svjazi i drugich material'nych uslovij, neobchodimych dlja ich osuščestvlenija."

135 Vgl. *Westen* (Fn. 31), Vor Art. 39, S. 485; *Luchterhandt* (Fn. 68), S. 37 f., m. w. N.

136 Hierzu bereits unter B. II. 6. b).

137 BVerfGE 7, 198 ff.

138 BVerfGE 7, 198 (204 f.).

139 BVerfGE 7, 198 (205).

140 Ebenda.

auch heute unter verschiedensten Stichworten die Rechtsprechung des Bundesverfassungsgerichts[141]. In der Literatur wird diese Judikatur anhaltend kontrovers diskutiert[142].

Als Erweiterung der ursprünglich abwehrrechtlichen Grundrechtskonzeption wirkt sich der Wertordnungsansatz – zunächst als Ergänzung eines objektiv-rechtlichen Inhalts angelegt – heute auf nahezu alle zentralen Gebiete des deutschen Verfassungsrechts aus, etwa auf die Abwägungslehre, die Drittwirkungsproblematik sowie auf die hier sogleich näher in den Blick zu nehmenden subjektiven Grundrechtsinhalte[143].

Die Begrifflichkeit ist bei dieser Thematik im deutschen Recht heute keinesfalls einheitlich: Je nach theoretischem Ausgangspunkt ist etwa von „Grundrechtsdimensionen"[144], von „Bedeutungsschichten" der Grundrechte[145] oder von den „Grundrechtsfunktionen"[146] die Rede. Gegenwärtig höchst

---

141 Zum Topos der Wertordnung der Grundrechte etwa noch BVerfGE 33, 303 (330); 35, 79 (114); zu den Grundrechten als objektiven Wert- oder Grundentscheidungen BVerfGE 49, 89 (141 f.); 81, 242 (255); 94, 268 (285); zu den Grundrechten als wertentscheidenen Grundsatznormen BVerfGE 31, 58 (67); 62, 323 (329); zu den Grundrechten als objektiven Prinzipien BVerfGE 50, 290 (337); 115, 320 (358).

142 Verwiesen sei exemplarisch auf *Ernst Forsthoff*: Die Umbildung des Verfassungsgesetzes (1959/1976), in: Manfred Friedrich (Hrsg.): Verfassung, 1978, S. 117–152; *Helmut Goerlich*: Wertordnung und Grundgesetz, 1973; *Ernst-Wolfgang Böckenförde*: Zur Kritik der Wertbegründung des Rechts (1987), in: ders.: Recht, Staat, Freiheit, 1991, S. 67 (insbesondere 87 ff.); eingängig *ders.*: Zur Lage der Grundrechtsdogmatik nach 40 Jahren Grundgesetz, 1990, insbesondere S. 24 ff. Jüngst insbesondere zur Gefahr, die Grundrechtsnormen dadurch zu verklären *Günter Krings*: Die subjektiv-rechtliche Rekonstruktion der Schutzpflichten aus dem grundrechtlichen Freiheitsbegriff, in: Michael Sachs/Helmut Siekmann (Hrsg.): Der grundrechtsgeprägte Verfassungsstaat. Festschrift für Klaus Stern zum 80. Geburtstag, 2012, S. 424 (432), m. w. N.

143 Aus dem umfassenden Schrifttum zur Wertordnungsdebatte im Kontext der Grundrechtsfunktionen sei verwiesen auf die in Arbeiten von *Wolfram Cremer*: Freiheitsgrundrechte, 2003; *Michael Dolderer*: Objektive Grundrechtsgehalte, 2000; *Ralf Poscher*: Grundrechte als Abwehrrechte, 2000.

144 Vgl. nur *Horst Dreier*: Dimensionen der Grundrechte, 1993; ferner *Dreier* (Fn. 47), Vorbemerkung vor Artikel 1 GG Rn. 82 ff.; *Lerke Osterloh*, in: Bundesministerium des Innern (Hrsg.), Bewährung und Herausforderung, 1999, S. 79 (86 f.); *Klaus Stern*: Die Schutzpflichtenfunktion der Grundrechte, DÖV 2010, S. 241 (246); *Voßkuhle* (Fn. 77), S. 921 f.

145 *Hesse* (Fn. 56), Rn. 279.

146 Etwa *Bleckmann* (Fn. 91), § 11 Rn. 1 ff.; *Jarass* (Fn. 91), Vorb. vor Art. 1 Rn. 3 ff.; *Pieroth/Schlink/Kingreen/Poscher* (Fn. 56), Rn. 75 ff.; *Stern/Sachs* (Fn. 47), Band III/1,

umstritten ist unter dem Stichwort der Resubjektivierung objektiv-rechtlicher Grundrechtsinhalte[147] insbesondere, inwieweit aus den Grundrechten – über ihren abwehrrechtlichen Gehalt hinaus – als Teil einer objektiven Wertordnung wiederum subjektiv-rechtliche Funktionen und damit subjektive Rechte des Einzelnen folgen[148]; im Vordergrund der Fragestellung stehen dabei grundrechtliche Leistungs- und Schutzgehalte[149]. Insbesondere ist umstritten, welche Voraussetzungen dafür erfüllt sein müssen[150]. Für den Gang der weiteren Untersuchung kann hier zumindest festgehalten werden, dass Grundrechte durch die denkbare Zuweisung weiterer Gehalte multifunktional sind[151]: Grundrechten werden über ihren – oftmals abwehrrechtlichen – Gehalt hinaus weitere Aussagen entnommen.

Eine vergleichbare Diskussion findet sich in der russischen Rechtswissenschaft nicht. Dieser Umstand ist nicht allein der oftmals eher pragmatischen

---

S. 921. Eine grundlegende Klassifizierung der Grundrechtsfunktionen traf bereits *Georg Jellinek*, indem er drei Gruppen unterschied – den die staatsfreie Sphäre des Einzelnen sichernden status negativus, den positive Ansprüche in Form von staatlichen Leistungen zuerkennenden status positivus und schließlich den status activus, der dem Einzelnen eine aktive Rolle als Staatsbürger gewährleistet, vgl. *Georg Jellinek*: System der subjektiven öffentlichen Rechte, 2. Auflage 1919 (2. Neudruck 1979), S. 87, 94 ff., 114 ff., 136 ff. Zur umstrittenen Anwendbarkeit seiner Lehre auf die heutigen Grundrechte *Starck* (Fn. 72), Art. 1 Rn. 182.

147 Der objektive Grundrechtsgehalt ist zunächst eine deutsche Rechtsfigur, die mittlerweile allerdings auch in anderen Rechtsordnungen rezipiert wird, vgl. dazu *Rainer Wahl*: Die objektiv-rechtliche Dimension der Grundrechte im internationalen Vergleich, in: Detlef Merten/Hans-Jürgen Papier (Hrsg.): Handbuch der Grundrechte, Band 1, 2004, § 19 Rn. 1, 28 ff.; ferner *Matthias Herdegen*: Verfassungsinterpretation als methodische Disziplin, JZ 2004, S. 873 (877).

148 In der Tendenz befürwortet einen solchen Rückschluss *Robert Alexy*: Grundrechte als subjektive Rechte und als objektive Normen, Der Staat 29 (1990), S. 49 (60 ff.); für den Teilaspekt der Schutzpflichten insbesondere *Johannes Dietlein*: Die Lehre von den grundrechtlichen Schutzpflichten, 2. Auflage 2005, S. 144 ff., 159 ff., 173 ff.; *Sachs* (Fn. 47), Vor Art. 1 Rn. 41, m. w. N.; *Isensee* (Fn. 47), § 191 Rn. 184. Für eine das konkrete Grundrecht in den Blick nehmende Bestimmung *Stern/Sachs* (Fn. 47), Band III/1, S. 991; ähnlich *Arno Scherzberg*: „Objektiver" Grundrechtsschutz und subjektives Grundrecht, DVBl 1989, S. 1128 (1133, 1136).

149 *Hans D. Jarass*: Funktionen und Dimensionen der Grundrechte, in: Detlef Merten/Hans-Jürgen Papier (Hrsg.): Handbuch der Grundrechte, Band 2, 2006, § 38 Rn. 7. Zum Aspekt der Resubjektivierung noch unter B. III. 4. b).

150 Vertiefend dazu sogleich unter B. III. 3. und 4.

151 Begriff entlehnt bei *Stern* (Fn. 144), S. 242 f.

denn dogmatischen Art der russischen Rechtswissenschaft[152] geschuldet. Weitere Grundrechtsinhalte sind in der deutlich jüngeren russischen Verfassung teilweise bereits als solche angelegt: Aus ihrer Rechtstradition folgend enthält die russische Verfassung zum einen soziale Grundrechte und bekennt sich so zu leistungsrechtlichen Aspekten. Zum anderen normiert sie in Art. 45 Abs. 1 Verf RF ein allgemeines Recht auf staatlichen Schutz, Art. 45 Abs. 1 Verf RF. *Einem* Grundrecht werden daher im russischen Recht nicht - wie nach der deutschen Dogmatik denkbar - verschiedene Funktionen zugewiesen. Vielmehr schafft gerade Art. 45 Abs. 1 Verf RF eine grundrechtsübergreifende Spezialregelung. Dogmatisch könnte diese Norm also stets als Ergänzung zu abwehrrechtlichen Grundrechten herangezogen werden. So könnte etwa dem Grundrecht auf persönliche Unversehrtheit (Art. 22 Abs. 1 Verf RF) i. V. m. dem Grundrecht auf staatlichen Schutz (Art. 45 Abs. 1 Verf RF) eine subjektiv-rechtliche Schutzpflicht entnommen werden. Ob das Russische Verfassungsgericht diesen methodisch denkbaren Weg tatsächlich beschreitet, wird sogleich untersucht[153].

3. Soziale Leistungsrechte im grundrechtlichen Gewand

Für eine effektive Grundrechtsausübung des Einzelnen genügt es nicht in jedem Fall, seine Freiräume in Form von subjektiven Abwehrrechten zu sichern. Bisweilen vermag erst eine gewisse materielle Grundabsicherung die Möglichkeit zu einer realen Freiheitsausübung zu schaffen. Gerade in der russischen Literatur wird eben dieser Zusammenhang zwischen Freiheit des Einzelnen einerseits und staatlichen sowie sozialen Gewährleistungen andererseits heute besonders hervorgehoben[154] – wohl auch um klarzustellen, dass trotz der Normierung sozialer Grundrechte, die an den sozialistischen Geist sowjetischer

152 Diesen rechtskulturellen Spezifika widmet sich das Kapitel A.

153 Dazu unter B. III. 4. b).

154 Vgl. *B. N. Alejnikov*: Social'noe gosudarstvo i sobstvennost', GiP 2008, Nr. 1, S. 5 (5); *Baglaj* (Fn. 19), S. 141, 272 f.; *Bondar'* (Fn. 60), S. 482 ff.; ähnlich *R. I. Ivanova/A. F. Nurtdinova*, in: L. V. Lazarev (Hrsg.): Kommentarij k Konstitucii Rossijskoj Federacii [Kommentar zur Verfassung der Russischen Föderation], 3. Auflage 2008, Art. 7, S. 50 f.; *E. A. Lukaševa*: Prava čeloveka i socialnoe gosudarstvo [Menschenrechte und Sozialstaat], in: (Hrsg.): Prava čeloveka [Menschenrechte], 2004, S. 210, 214; *Lukovskaja* (Fn. 97), S. 35. Oftmals wird in diesem Zusammenhang auch eine Abgrenzung zur „Gleichmacherei" (uravnilovka) gesucht, vgl. etwa *N. V. Putilo*, in: L. A. Okun'kov (Hrsg.): Kommentarij k Konstitucii Rossijskoj Federacii [Kommentar zur Verfassung der Russischen Föderation], 2002, Art. 7, S. 72.

Vorgängerverfassungen erinnern könnte, heute die individuelle Freiheit des Einzelnen im Vordergrund steht.

Den Grundstein für eine Politik des sozialen Ausgleichs legt in Russland das in Art. 7 Abs. 1 Verf RF verankerte Sozialstaatsprinzip. Danach ist die Russische Föderation ein Sozialstaat, dessen Politik darauf gerichtet ist, Bedingungen zu schaffen, die ein würdiges Leben und die freie Entwicklung des Menschen gewährleisten. Als Novum im russischen Verfassungsrecht erinnert es an das Sozialstaatsprinzip des Grundgesetzes (Art. 20 Abs. 1 GG). Die Normierung des russischen Sozialstaatsprinzips war zur Zeit des verfassunggebenden Prozesses allerdings noch umstritten. Teilweise wurde befürchtet, dass mit seiner Verankerung prosowjetische Elemente in die neue Verfassung einbezogen und so Teile der sozialistischen Ideologie fortgeführt werden könnten[155]. Im Ergebnis wurde jedoch ein unmittelbarer Zusammenhang zwischen sozialistischer Ideologie und dem Bekenntnis zum Sozialstaat nicht zuletzt unter Hinweis auf vergleichbare Regelungen in westlichen Verfassungen verneint[156].

Das heutige russische Sozialstaatsprinzip wird in der Lehre vorrangig als Handlungsauftrag an die Sozialpolitik der Regierung gesehen[157]. Dieses

---

155 Vgl. etwa den Redebeitrag von *S. S. Alekseev* in der Sitzung der Arbeitsgruppe zur Erarbeitung eines Verfassungsprojekts der Russischen Föderation vom 15.10.1993, in: S. A. Filatov/V. S. Černomyrdin/S. M. Šachraj/Ju. F. Jarov/A. A. Sobčak/V. F. Šumejko (Hrsg.): Konstitucionnoe Soveščanie [Verfassungsberatung] Band 18, 1996, S. 77 ff.

156 In diese Richtung weist bereits ein Redebeitrag von *B. S. Ėbzeev* in der Sitzung der Arbeitsgruppe zur Erarbeitung eines Verfassungsprojekts der Russischen Föderation vom 21.10.1993, in: S. A. Filatov/V. S. Černomyrdin/S. M. Šachraj/Ju. F. Jarov/A. A. Sobčak/V. F. Šumejko (Hrsg.): Konstitucionnoe Soveščanie [Verfassungsberatung] Band 18, 1996, S. 436; die abschließende Diskussion zur Regelung des Sozialstaatsprinzips ist veröffentlicht in: S. A. Filatov/V. S. Černomyrdin/S. M. Šachraj/Ju. F. Jarov/A. A. Sobčak/V. F. Šumejko (Hrsg.): Konstitucionnoe Soveščanie [Verfassungsberatung] Band 19, 1996, S. 4–11. Aus der jüngeren Literatur dazu auch *M. V. Baglaj*: Social'noe gosudarstvo [Sozialstaat], in: G. G. Arutjunjan/M. V. Baglaj: Konstitucionnoe Pravo. Ėnciklopedičeskij slovar' [Verfassungsrecht. Enzyklopädisches Wörterbuch], 2006, S. 460; *William Burnham/Peter B. Maggs/Gennady M. Danilenko*: Law and legal system of the Russian Federation, 4. Auflage 2009, S. 299 f.; *Otto Luchterhandt*, in: Bernd Wieser (Hrgs.): Handbuch der russischen Verfassung, 2014, Art. 7 Rn. 1, m. w. N.

157 Vgl. beispielsweise *Alejnikov* (Fn. 154), S. 5; *Baglaj* (Fn. 19), S. 142; *Bezuglov/Soldatov* (Fn. 50), Band 1, S. 286 ff.; *B. S. Ėbzeev*: Ličnost' i gosudarstvo v Rossii [Individuum und Staat in Russland], 2007, S. 84 f., 88; *Lukaševa* (Fn. 154), S. 213 f.; *Ivanova/Nurtdinova* (Fn. 154), Art. 7, S. 51; *Putilo* (Fn. 154), Art. 7, S. 69 f.; *Luchterhandt* (Fn. 156), Rn. 2, m. w. N. Ausführlich zum russischen Sozialstaatsbegriff *M. M. Rassolov/V. P.*

Begriffsverständnis ähnelt dem deutschen; dieses versteht das Sozialstaatsprinzip ebenfalls primär als gesetzgeberischen Gestaltungsauftrag[158]. In Anbetracht der immer wieder deutlich gewordenen Machtlosigkeit des noch jungen russischen Staates, auf soziale Missstände adäquat zu reagieren, betont das Russische Verfassungsgericht in seiner ständigen Rechtsprechung zudem, dass aus Art. 7 Abs. 1 Verf RF nicht nur ein gesetzgeberischer Gestaltungsauftrag folge. Vielmehr enthielte die Norm auch die Verpflichtung, durch Gesetzgebung und Verwaltung Strukturen zu schaffen, die den tatsächlichen Vollzug dieser Gesetze sichern[159].

a) Die sozialen Grundrechte der russischen Verfassung im Überblick

Die russische Verfassung normiert verschiedene soziale Leistungsrechte[160], etwa das Recht auf Erholung (Art. 37 Abs. 5 Verf RF), das Recht auf soziale Sicherheit (Art. 39 Verf RF), das Recht auf Wohnung (Art. 40 Verf RF), das Recht auf medizinische Versorgung (Art. 41 Abs. 1 Verf RF) und das Recht auf Bildung (Art. 43 Abs. 1 Verf RF)[161]. Damit knüpft die russische Verfassung an die Tradition sowjetischer Verfassungen an[162], deren soziale Inhalte bis heute in der Bevölkerung

---

Malachov/A. A. Ivanov: Aktual'nye problemy teorii gosudarstva i prava [Aktuelle Probleme der Theorie von Staat und Recht], 2. Auflage 2010, S. 385 ff.

158 Vgl. hierzu etwa BVerfGE 50, 57 (108); 59, 231 (263); 100, 271 (281); 110, 412 (445).

159 Dazu exemplarisch die Urteile des VerfG Nr. 20-P vom 16.12.1997, SZ RF 1997, Nr. 51, Pos. 5878, S. 10380 (10383); vom 15.05.2006 Nr. 5-P, VKS RF 2006, Nr. 3, S. 68 (72); der Beschluss des VerfG Nr. 149-O vom 06.11.1998, verfügbar unter http://www.ksrf.ru/ru/Decision/Pages/default.aspx sowie *Baglaj* (Fn. 19), S. 142; *Baglaj* (Fn. 156), S. 461; *Bezuglov/Soldatov* (Fn. 50), Band 1, S. 286 f.

160 Zum hier verwendeten Begriff des Leistungsrechts in Abgrenzung zu Teilhaberechten eingehend *Dietrich Murswiek*: Grundrechte als Teilhaberechte, soziale Grundrechte, in: Josef Isensee/Paul Kirchhof (Hrsg.): Handbuch des Staatsrechts der Bundesrepublik Deutschland, Band 9, 3. Auflage 2011, § 192 Rn. 5 ff., 21 sowie auch *Wolfgang Rüfner*: Leistungsrechte, in: Detlef Merten/Hans-Jürgen Papier (Hrsg.): Handbuch der Grundrechte, Band 2, 2006, § 40 Rn. 1.

161 Umfassend und mit einer Reihe von Beispielen aus dem russischen Rechtsalltag *V. E. Čirkin*: Konstitucionnye social'no-ėkonomičeskie prava čeloveka i graždanina [Die verfassungsmäßigen sozio-ökonomischen Rechte des Menschen und des Bürger], Graždanin i Pravo 2010, Nr. 10, S. 3–18.

162 Vergleichbare Inhalte fanden sich bereits in Art. 40 Verf UdSSR 1977 (Recht auf Arbeit); Art. 41 Verf UdSSR 1977 (Recht auf Erholung); Art. 43 Verf UdSSR 1977 (Recht auf soziale Absicherung); Art. 44 Verf UdSSR 1977 (Recht auf Wohnung).

geschätzt werden[163]. Auf die Normierung sozialer Grundrechte gänzlich zu verzichten, hätte wohl die für das Verfassungsreferendum 1993 erforderliche Mehrheit in der Bevölkerung gefährdet[164]. Anders als die sowjetischen Verfassungen[165] kennt die russische Verfassung jedoch kein Recht auf Arbeit. Die Verankerung von sozialen Grundrechten ist in Russland aber nicht nur durch sein historisches Erbe bedingt. So zeigt etwa auch die Diskussion um soziale Grundrechte in Deutschland, dass diese Fragestellung durchaus vielschichtiger ist und gerade keine rein ideologische Grundentscheidung verkörpert[166].

b) Grundproblem: Die inhaltliche Bestimmbarkeit sozialer Grundrechte

Die Aussagen des Grundgesetzes zu sozialen Grundrechten sind im Vergleich zur russischen Verfassung spärlich. Allenfalls vereinzelt lassen sich den deutschen Grundrechten soziale Komponenten entnehmen, etwa Art. 6 Abs. 4 GG, der jeder Mutter einen Anspruch auf den Schutz und die Fürsorge der Gemeinschaft gewährt. Dieser Befund lässt sich in Teilen mit den enttäuschenden Erfahrungen aus der Weimarer Republik erklären. Die in der Reichsverfassung verankerten sozialen Grundrechte[167] blieben meist uneingelöste Versprechungen[168]. Vor diesem

---

163 *E. A. Lukaševa*: Predislovie [Vorwort], in: dies. (Hrsg.): Social'noe gosudarstvo i zaščita prav čeloveka [Sozialstaat und der Schutz der Menschenrechte], 1994, S. 3 (3). So für den postsozialistischen Raum allgemein *Theodor Schweisfurth/Ralf Alleweldt*: Die neuen Verfassungsstrukturen in Osteuropa, in: Georg Brunner, (Hrsg.): Politische und ökonomische Transformation in Osteuropa, 2. Auflage 1997, S. 41 (80); *Kahl* (Fn. 44), S. 81 f., m. w. N.

164 *Schweisfurth* (Fn. 20), S. 486. Kritisch zur Verankerung sozialer Grundrechte in der neuen ungarischen Verfassung *Georg Brunner*, der sie als „leidige Problematik […] aus dem propagandistischen Erbe des gescheiterten Sozialismus" bezeichnet, vgl. *Georg Brunner*: Vier Jahre ungarische Verfassungsgerichtsbarkeit, in: Georg Brunner/ László Sólyom (Hrsg.): Verfassungsgerichtsbarkeit in Ungarn, 1995, S. 13 (52).

165 Vgl. etwa Art. 40 Verf UdSSR 1977 und parallel dazu Art. 38 Verf RSFSR 1978.

166 So auch *Thilo Marauhn*: Wirtschaftliche und soziale Rechte im Spiegel der Verfassungsrechtsprechung mittel- und osteuropäischer Staaten unter vergleichender Berücksichtigung der deutschen Verfassungsgerichtsbarkeit, in: Jochen Abr. Frowein/ Thilo Marauhn (Hrsg.): Grundfragen der Verfassungsgerichtsbarkeit in Mittel- und Osteuropa, 1998, S. 135 (188). Zur deutschen Diskussion sogleich unter B. III. 3. b).

167 So kannte die Weimarer Reichsverfassung etwa ein Recht auf Arbeit (vgl. Art. 163 Abs. 2 Weimarer Reichsverfassung).

168 *Murswiek* (Fn. 160), Rn. 50, m. w. N.; *Ute Sacksofsky*, in: Rudolf Dolzer/Wolfgang Kahl/Christian Waldhoff/Karin Graßhof (Hrsg.): Bonner Kommentar zum Grundgesetz, Art. 142 Rn. 24, m. w. N.; differenzierend *Rüfner* (Fn. 160), Rn. 2. Die Debatten

Hintergrund lehnt das heutige Schrifttum eine verfassungsrechtliche Verankerung sozialer Grundrechte mit folgender Kernüberlegung überwiegend ab: Soziale Grundrechte könnten bereits wegen ihrer vagen Formulierung[169] nicht – wie für die deutschen Grundrechte maßgeblich – als unmittelbar gerichtlich durchsetzbare subjektiv-rechtliche Ansprüche wirken[170]. Es wäre zwar juristisch nicht ausgeschlossen, soziale Grundrechte inhaltlich so präzise zu formulieren, dass aus ihnen unmittelbare Ansprüche folgen könnten. Das würde jedoch den Verfassungstext in Umfang, Komplexität und der Notwendigkeit zeitgemäßer Flexibilität überfordern[171]. Ein anderer Ansatz wäre es, stattdessen auf unbestimmte Rechtsbegriffe und Generalklauseln zurückzugreifen. Diese Regelungstechnik würde aber die Rechtspraxis vor große Schwierigkeiten stellen, wenn es darum ginge, die sozialen Inhalte verfassungskonform zu konkretisieren. Während Freiheitsgrundrechte als prinzipielle Eingriffsverbote vornehmlich vom Abwehrgedanken getragen seien, fehle sozialen Grundrechten nämlich entsprechend klare verfassungsrechtliche Vorgaben; ihre Ausgestaltung müsse daher vorrangig im politischen Gestaltungsspielraum stehen[172]. Damit seien aber soziale Grundrechte gerade keine subjektiven Rechte[173]. Vielmehr wären soziale Grundrechte einzig Staatszielbestimmungen und damit eine Aufforderung an den Gesetzgeber, konkrete Leistungsansprüche einfachgesetzlich zu normieren[174].

---

des Parlamentarischen Rates hierzu zeichnet nach *Rainer Geesmann*: Soziale Grundrechte im deutschen und französischen Verfassungsrecht und in der Charta der Grundrechte der Europäischen Union, 2005, S. 181 ff., m. w. N.

169 Zur Notwendigkeit ihrer vagen Formulierung etwa auch *Ernst-Wolfgang Böckenförde*: Staat, Verfassung, Demokratie, 2. Auflage 1992, S. 152; *Starck* (Fn. 72), Art. 1 Rn. 190, m. w. N.

170 Vgl. *Herbert Bethge*: Aktuelle Probleme der Grundrechtsdogmatik, Der Staat 24 (1985), S. 351 (378 f.); *Hesse* (Fn. 56), Rn. 208 ; *ders.* (Fn. 91), § 5 Rn. 32; *Dreier* (Fn. 47), Vorbemerkung vor Artikel 1 GG Rn. 81.

171 *Murswiek* (Fn. 160), Rn. 55.

172 *Ingo von Münch/Philip Kunig*, in: dies. (Begr./Hrsg.): Grundgesetz-Kommentar, 6. Auflage 2012, Vorb Art. 1–19 Rn. 9; *Murswiek* (Fn. 160), Rn. 57, m. w. N.; ähnlich *Hesse* (Fn. 56), Rn. 208.

173 Wegen der fehlenden subjektiv-rechtlichen Eigenschaft hält die Lehre bereits die Bezeichnung als soziale *Grundrechte* für irreführend, vgl. etwa *Hans Michael Heinig*: Der Sozialstaat im Dienst der Freiheit, 2008, S. 360.

174 Aus der Fülle der Literatur sei verwiesen auf *Dreier* (Fn. 47), Vorbemerkung vor Artikel 1 GG Rn. 81; *Heinig* (Fn. 173), S. 360, m. w. N.; *Hesse* (Fn. 56), Rn. 208. Für eine Aufnahme sozialer Grundrechte in das Grundgesetz aber etwa *Eberhard Eichenhofer*: Sozialrecht, 8. Auflage 2012, Rn. 109 ff.

Als denkbarer Weg bleibt der deutschen Dogmatik, den als Freiheitsrechten konzipierten Grundrechten soziale Leistungsansprüche zu entnehmen. Gegen eine solche Vorgehensweise wird jedoch entscheidend vorgebracht, dass durch eine solche Interpretation der Freiheitsrechte[175] die Gestaltungsfreiheit des parlamentarischen Gesetzgebers[176] sowie sein Budgetrecht[177] verletzt werden würde, wenn das Bundesverfassungsgericht diese Interpretation letztlich verbindlich vornehmen würde. Daher werden im deutschen Recht nur in wenigen Einzelfällen soziale Leistungsansprüche aus den Grundrechten abgeleitet. Voraussetzung dafür ist, dass sich aus einem Grundrecht eine zwingend erforderliche materielle Sicherung der grundrechtlich gewährleisteten Freiheit ableiten lässt[178]. Anerkannt ist dies für den Anspruch auf Sicherung des Existenzminimums aus Art. 1 Abs. 1 GG i. V. m. dem Sozialstaatsprinzip[179].

c) Soziale Grundrechte als subjektiv-öffentliche Rechte?

Vor dem soeben für das deutsche Recht umrissenen Problem der inhaltlichen Bestimmbarkeit sozialer Grundrechte steht auch das russische Verfassungsrecht[180]. Dennoch hat sich der russische Verfassunggeber – unter Verwendung von unbestimmten Rechtsbegriffen und Generalklauseln – für die Verankerung sozialer Grundrechte entschieden. Entscheidender als ihre Verankerung ist aber die Frage nach ihrer konkreten Bedeutung, ihrem Inhalt. Konkretisieren sie allein den gesetzgeberischen Handlungsauftrag aus dem Sozialstaatsprinzip des Art. 7 Abs. 1 Verf RF oder stellen sie als Bestandteil des russischen

---

175 Einen Widerspruch zu ihrer logischen und juristischen Struktur beschreibt etwa Starck (Fn. 72), Art. 1 Rn. 188, m. w. N.; ähnlich auch *Dreier* (Fn. 47), Vorbemerkung vor Artikel 1 GG Rn. 90, m. w. N.

176 Das legen nahe *Roman Herzog/Bernd Grzeszick*, in: Theodor Maunz/Günter Dürig (Begr.): Grundgesetz, Art. 20 VIII Rn. 50.

177 *Dreier* (Fn. 47), Vorbemerkung vor Artikel 1 GG Rn. 90; ähnlich *Starck* (Fn. 72), Art. 1 Rn. 189, m. w. N.

178 *Starck* (Fn. 72), Art. 1 Rn. 192.

179 Vgl. etwa BVerfGE 45, 187 (228); 82, 60 (85); 91, 93 (111); 113, 88 (108 f.); 123, 267 (363); 125, 175 (222); aus der Literatur *Dreier* (Fn. 47), Art. 1 I Rn. 155; *Herdegen* (Fn. 91), Art. 1 Abs. 1 Rn. 121; *Höfling* (Fn. 109), Art. 1 Rn. 31 f.; *Starck* (Fn. 72), Art. 1 Rn. 41 ff.; *Pieroth/Schlink/Kingreen/Poscher* (Fn. 56), Rn. 372, 378 f., m. w. N.; *Philip Kunig*, in: Ingo von Münch/Philip Kunig (Begr./Hrsg.): Grundgesetz-Kommentar, Band 1, 6. Auflage 2012, Art. 1 Rn. 30.

180 Etwa *Baglaj* (Fn. 19), S. 273; ähnlich *Putilo* (Fn. 154), Art. 7, S. 74.

Grundrechtskatalogs – wie alle anderen russischen Grundrechte[181] – subjektive Rechte des Einzelnen dar?

Einig ist man sich in der russischen Literatur darin, dass soziale Grundrechte den Staat verpflichten, alles zu unternehmen, um ihnen Geltung zu verschaffen, insbesondere durch ihre einfachgesetzliche Konkretisierung[182]. Ob soziale Grundrechte allerdings subjektive Rechte darstellen, aus denen sich konkrete Ansprüche begründen lassen, ist in der russischen Literatur stark umstritten. Eine Ansicht sieht in bestimmten sozialen Grundrechten solche mit *lebensnotwendiger Bedeutung*. Das sei beispielsweise beim Recht auf Erholung und beim Recht auf soziale Sicherheit der Fall. Diese Grundrechte hätten den Charakter subjektiver Rechte, deren konkreter Inhalt sich allerdings ausschließlich aus der einfachen Gesetzgebung ergebe[183]. Den verbleibenden sozialen Grundrechten, etwa dem Recht auf Wohnung, komme allein eine den Staat verpflichtende Funktion zu, eine Sozialpolitik im Sinne des Grundrechts zu betreiben.

Beide Grundrechtsgruppen bleiben jedoch im Ergebnis auf eine einfachgesetzliche Präzisierung angewiesen. Welche tatsächliche Privilegierung also mit der Einordnung in die Gruppe lebensnotwendiger sozialer Grundrechte verbunden ist, erläutern ihre Vertreter nicht. Denkbar ist allenfalls, dass in dieser Gruppe der gesetzgeberische Gestaltungsspielraum geringer ist. Maßgeblich für diese Differenzierung zwischen einzelnen sozialen Grundrechten ist nach der Ansicht die mutmaßliche Bedeutung in der Rechtspraxis: Diejenigen Grundrechte, die intensiv gewährleistet würden, bewiesen damit ihre *lebensnotwendige Bedeutung*, während andere lediglich auf dem Papier stünden[184]. Eine Präzisierung, wie das der Ansicht nach entscheidende Kriterium der lebensnotwendigen Bedeutung konkret zu bestimmen ist, wird nicht gegeben[185]. So bleibt insbesondere unverständlich, warum – wie von der Ansicht angeführt – das Recht auf Wohnung weniger lebensnotwendig sein soll als das Recht auf Erholung.

---

181 Zur Rechtsnatur der russischen Grundrechte als subjektive Rechte schon unter B. II. 6. b).

182 Vgl. etwa *Ėbzeev* (Fn. 157), S. 87; *E. V. Aristov*: Social'nye prava čeloveka i graždanina v Rossijskoj Federacii [Soziale Rechte der Menschen und des Bürgers in der Russischen Föderation], 2005, S. 8, 20.

183 So *Marat V. Baglaj*, von 1997 bis 2003 Präsident des Russischen Verfassungsgerichts, in seinem Standardwerk zum russischen Verfassungsrecht *Baglaj* (Fn. 19), S. 273 f.

184 *Baglaj* (Fn. 19), S. 274.

185 So auch die Kritik bei *Bezuglov/Soldatov* (Fn. 50), Band 1, S. 511; ähnlich *N. D. Tereščenko*: Konstitucionnye social'nye prava ličnosti [Die verfassungsmäßigen sozialen Rechte der Persönlichkeit], 2004, S. 66 f.

Auch andere Stimmen verneinen den Charakter sozialer Grundrechte als subjektiv-öffentliche Rechte, aus denen sich konkrete Ansprüche begründen lassen. Sie seien – anders als die übrigen russischen Grundrechte – lediglich *abstrakte* subjektive Rechte, deren Inanspruchnahme sich allein nach Maßgabe des einfachen Rechts bestimme[186]. Nach beiden Ansichten soll also im Ergebnis nur das einfache Recht soziale Leistungsansprüche begründen. Sie erinnern damit an das eben dargestellte deutsche Verständnis, soziale Grundrechte als Handlungsauftrag an den einfachen Gesetzgeber zu begreifen[187].

Gegen ein solches Verständnis spricht aber entscheidend, dass die russische Verfassung ihre Grundrechte nicht in unmittelbar geltende Grundrechte und lediglich mittelbar wirkende Grundrechte unterteilt[188]. Im Gegenteil: Art. 18 Satz 1 Verf RF bestimmt die unmittelbare Grundrechtsgeltung allgemein für alle nachfolgenden Grundrechte[189]. Dieser Geltungsanspruch würde jedoch gefährdet, wenn mit ihm nicht das Recht des Einzelnen verknüpft wäre, soziale Grundrechte in ihrer Eigenschaft als subjektive Rechte gegebenenfalls einzufordern. Mit dieser Überlegung können also soziale Grundrechte – anders als im deutschen Recht – im russischen Recht nicht lediglich als gesetzgeberischer Handlungsauftrag verstanden werden. So sieht es auch eine weit verbreitete Ansicht in der russischen Literatur, die soziale Grundrechte wie alle übrigen russischen Grundrechte als unmittelbar geltende subjektive Rechte versteht[190]. Auch das Russische Verfassungsgericht hat diese Eigenschaft sozialer Grundrechte in seiner Rechtsprechung bereits mehrfach bestätigt, indem es Verfassungsbeschwerden, die sich auf soziale Grundrechte stützten, uneingeschränkt entschied[191].

---

186 Dazu *Četvernin* (Fn. 131), S. 1054; im Ergebnis wohl auch *Aristov* (Fn. 182), S. 28, 32.

187 Hierzu bereits unter B. III. 3. b).

188 Ähnlich *Ėbzeev* (Fn. 157), S. 123.

189 Zur unmittelbaren Grundrechtsgeltung schon unter B. II. 6. a).

190 Vgl. etwa im Ergebnis *Bezuglov/Soldatov* (Fn. 50), Band 1, S. 510 f.; *Ėbzeev* (Fn. 157), S. 123; *O. M. Gvozdeva*: K voprosu o konstitucionno-pravovom mechanizme obespečenija social'no-ėkonomičeskich prav čeloveka vo vnutrigosudarstvennoj sfere [Zur Frage des verfassungsrechtlichen Gewährleistungsmechanismus sozioökonomischer Menschenrechte im innerstaatlichen Bereich], KiMP 2011, Nr. 6, S. 25 (25 f.); *Tereščenko* (Fn. 185), S. 68 f.; ohne Nennung des konkreten Autors unter dem Stichwort Social'nye prava čeloveka [Soziale Rechte des Menschen]: *A. Ja. Sucharev/V. E. Krutskich* (Hrsg.): Bol'šoj juridičeskij slovar' [Großes juristisches Wörterbuch], 2. Auflage 2004, S. 579.

191 Exemplarisch die Urteile des VerfG vom 16.12.1997 Nr. 20-P, SZ RF 1997, Nr. 51, Pos. 5878, S. 10380 ff. (zu Art. 37 Abs. 3 Verf RF sowie Art. 39 Abs. 1 und 2 Verf RF);

Die notwendige Einschränkung findet sich im russischen Recht auf der Stufe des Gesetzesvorbehalts: Alle Grundrechte unterliegen dem qualifizierten Gesetzesvorbehalt des Art. 55 Abs. 3 Verf RF, wonach Grundrechte nur soweit eingeschränkt werden dürfen, wie dies zum Schutz der Grundlagen der Verfassungsordnung, der Moral, der Gesundheit, der Rechte und gesetzlichen Interessen anderer sowie zur Gewährleistung der Landesverteidigung und Staatssicherheit notwendig ist. Die sozialen Grundrechte stehen aber zudem jeweils unter speziellem Gesetzesvorbehalt[192]. So bestimmt etwa Art. 39 Abs. 2 Verf RF in Ergänzung zum Grundrecht auf soziale Absicherung des Art. 39 Abs. 1 Verf RF: „Die staatlichen Renten und die sozialen Beihilfen werden durch Gesetz festgelegt." In diesen Regelungen erblickt das Russische Verfassungsgericht jeweils einen weiten Gestaltungsspielraum des Gesetzgebers[193], der gerichtlich nur begrenzt überprüfbar ist[194]. So wird zwar der Charakter der sozialen Grundrechte als subjektive Rechte nicht in Frage gestellt, gleichwohl aber die Möglichkeit, aus ihnen konkrete Ansprüche folgen zu lassen, faktisch begrenzt[195].

4. Das Grundrecht auf staatlichen Schutz

a) Staatliche Schutzpflichten

Formal betrachtet kennen sowohl die russische Verfassung als auch das Grundgesetz spezielle staatliche Schutzpflichten, etwa gegenüber der Mutter sowie der

---

vom 22.03.2007 Nr. 4-P, SZ RF 2007, Nr. 14, Pos. 1742, S. 3400 ff. (zu Art. 39 sowie Art. 41 Verf RF); vom 11.04.2011 Nr. 4-P, SZ RF 2011, Nr. 16, Pos. 2309, S. 5748 ff. (zu Art. 40 Abs. 1 Verf RF); vom 09.02.2012 Nr. 2-P, SZ RF 2012, Nr. 9, Pos. 1152, S. 3141 ff. (zu Art. 37 Abs. 5 Verf RF sowie Art. 41 Abs. 1). Zum Ganzen auch *Ėbzeev* (Fn. 157), S. 90 sowie *Nußberger* (Fn. 100), § 4, S. 52.

192 Vgl. weiterhin etwa Art. 40 Abs. 3 Verf RF: „Bedürftigen und anderen durch Gesetz bezeichneten Bürgern, die eine Wohnung benötigen, wird diese unentgeltlich oder zu einem erschwinglichen Preis aus staatlichen, kommunalen oder anderen Wohnungsbeständen nach gesetzlich festgelegten Normen bereitgestellt."

193 In diesem Sinne bereits das Urteil des VerfG vom 11.03.1996, VKS RF 1996, Nr. 2, S. 26 (28); ferner die Beschlüsse des VerfG vom 08.06.2000 Nr. 103-O, SZ RF 2000, Nr. 33, Pos. 3430, S. 6864 (6868) sowie vom 11.05.2006 Nr. 88-O, VKS RF 2006, Nr. 5, S. 9 (12).

194 Darauf weist zu Recht hin *Schweisfurth* (Fn. 20), S. 486; ähnlich *L. S. Mamut*: Social'noe gosudarstvo s točki zrenija prava [Der Sozialstaat aus rechtlicher Sicht], GiP 2001, Nr. 7, S. 5 (8).

195 In diese Richtung deuten auch *Burnham/Maggs/Danilenko* (Fn. 156), S. 300.

Familie[196]. Darüber hinaus normiert die russische Verfassung in Art. 45 Abs. 1 Verf RF ein allgemeines Recht auf staatlichen Schutz[197]: „Der staatliche Schutz der Rechte und Freiheiten des Menschen und Bürgers in der Russischen Föderation wird garantiert." Die Norm garantiert also einen staatlichen Schutz aller Grundrechte der russischen Verfassung[198]. Obwohl sie als Grundrecht formuliert ist, beinhaltet die Norm nach der Rechtsprechung und Literatur primär eine objektiv-rechtliche Schutzpflicht, einen staatlichen Handlungsauftrag[199]: Über die allgemeine Grundrechtsbindung nach Art. 2 Satz 2[200] sowie Art. 15 Abs. 1 i. V. m. Art. 18 Verf RF hinaus verpflichtet Art. 45 Abs. 1 Verf RF alle Zweige der staatlichen Gewalt, einen Beitrag dazu zu leisten, dass die Grundrechte der russischen Verfassung nicht zu deklarativen Aussagen degradiert werden[201]. Nach dem Russischen Verfassungsgericht ist der Gesetzgeber zudem nach Art. 45 Abs. 1 Verf RF in besonderer Weise gehalten, effektive rechtliche, insbesondere prozessuale Mechanismen zu schaffen, um als Betroffener gegen eine mögliche Missachtung von Grundrechten vorzugehen[202].

Ein vergleichbares Grundrecht auf staatlichen Schutz ist im Grundgesetz nicht ausdrücklich normiert. Es war im deutschen Recht das Bundesverfassungsgericht, das maßgeblich aus Art. 2 Abs. 2 Satz 1 GG und Art. 1 Abs. 1 Satz 2

---

196 Art. 38 Abs. 1 Verf RF bzw. Art. 6 Abs. 1 GG.

197 Ähnlich bereits Art. 57 Abs. 1 Verf UdSSR 1977: „Die Achtung der Persönlichkeit, der Schutz der Rechte und Freiheiten der Bürger ist die Pflicht aller Staatsorgane, gesellschaftlichen Organisationen und Funktionäre."

198 Exemplarisch hierzu die Urteile des VerfG vom 05.06.2012 Nr. 13-P, SZ RF 2012, Nr. 24, Pos. 3256, S. 7712 (7714); vom 17.10.2011 Nr. 22-P, SZ RF 2011, Nr. 43, Pos. 6123, S. 13981 (13984); vom 02.03.2010 Nr. 5-P, SZ RF 2010, Nr. 11, Pos. 1256, S. 3235 (3237); vom 12.07.2007 Nr. 10-P, SZ RF 2007, Nr. 30, Pos. 3988, S. 8280 (8281 f.). *Wolfgang Kahl* nimmt hingegen noch an, Art. 45 Abs. 1 Verf RF beziehe sich allein auf soziale Grundrechte, vgl. *Kahl* (Fn. 44), S. 83.

199 In diesem Sinne auch die ständige Rechtsprechung des Russischen Verfassungsgericht, vgl. etwa die Urteile des VerfG RF vom 18.07.2012 Nr. 19-P, SZ RF 2012, Nr. 31, Pos. 4470, S. 9565 (9566 ff.); vom 18.05.2012 Nr. 12-P, SZ RF 2012, Nr. 22, Pos. 2921, S. 6733 (6734); vom 23.01.2007 Nr. 1-P, SZ RF 2007, Nr. 6, Pos. 828, S. 1751 (1753 f.).

200 Zur Bedeutung von Art. 2 Satz 2 Verf RF im Hinblick auf eine allgemeine staatliche Schutzpflicht vgl. jüngst *Berger* (Fn. 98), S. 331, m. w. N.

201 *Ch. B. Šejnin*, in: L. V. Lazarev (Hrsg.): Kommentarij k Konstitucii Rossijskoj Federacii [Kommentar zur Verfassung der Russischen Föderation], 3. Auflage 2008, Art. 45, S. 263; ähnlich *Lukaševa* (Fn. 46), Art. 45, S. 372.

202 Urteil des VerfG vom 02.02.1996 Nr. 4-P, SZ RF 1996, Nr. 7, Pos. 701, S. 1816 (1820).

GG[203] den Schutzpflichtgedanken entwickelte[204]. Weit überwiegend anerkannt ist heute, dass sich der Schutzpflichtgedanke als Teil des objektiv-rechtlichen Grundrechtsgehalts - im Grunde wie nach Art. 45 Abs. 1 Verf RF - auf alle Freiheitsgrundrechte des Grundgesetzes erstreckt[205]. Neben der Pflicht, sich aus dem freiheitlich geschützten Bereich des Einzelnen herauszuhalten, tritt also in beiden Rechtsordnungen eine konkrete Handlungsaufforderung, sich schützend vor seine Bürger zu stellen.

b) *Subjektives Recht auf staatlichen Schutz?*

Ausgehend vom Schutzpflichtgedanken in beiden Rechtsordnungen stellt sich weiterhin die Frage, ob daraus auch für den Einzelnen ein subjektives Recht auf staatlichen Schutz folgt. Im deutschen Recht ist diese Frage - oftmals geführt unter dem Stichwort der Resubjektivierung objektiver Schutzpflichten - stark umstritten[206]. Das Bundesverfassungsgericht und die Literatur kennen prinzipiell ein subjektives Recht auf die Erfüllung der objektiven Schutzpflicht[207]. Dahinter

---

203 Aber nicht ausschließlich aus diesen Normen, vgl. beispielsweise zu Art. 4 Abs. 1 und Abs. 2 GG: BVerfGE 41, 29 (49); 93, 1 (16); 125, 39 (79). Zu Art. 14 Abs. 1 GG: BVerfGE 114, 1 (41); 114, 73 (90 ff.).

204 Vgl. etwa BVerfGE 35, 202 (221); 39, 1 (41 ff.); 46, 160 (164 f.); 49, 24 (53 ff.); 53, 30 (57); 77, 170 (214 ff.); 88, 203 (251); 115, 25 (49 f.); 115, 118 (152 f.); 115, 320 (346 f.); 120, 274 (319 f.). Eingehend zum Ganzen *Claus Dieter Classen*: Die Ableitung von Schutzpflichten des Gesetzgebers aus den Freiheitsrechten - ein Vergleich von deutschem und französischem Verfassungsrecht sowie der Europäischen Menschenrechtskonvention, JöR n. F. 36 (1987), S. 29 (32 ff.), m. w. N.; *Isensee* (Fn. 47), § 191 Rn. 146 ff., m. w. N.; *Christian Calliess*: Schutzpflichten, in: Detlef Merten/Hans-Jürgen Papier (Hrsg.): Handbuch der Grundrechte, Band 2, 2006, § 44 Rn. 5 ff.

205 Unter anderem *Cremer* (Fn. 143), S. 229 ff, insbesondere S. 264; *Dietlein* (Fn. 148), S. 74 ff.; *Dreier* (Fn. 47), Vorbemerkung vor Artikel 1 GG Rn. 104, m. w. N.; *Herdegen* (Fn. 91), Art. 1 Abs. 3 Rn. 20; *Isensee* (Fn. 47), § 191 Rn. 192, 222; *Stern* (Fn. 144), S. 246, m. w. N.; *Stern/Sachs* (Fn. 47), Band III/1, S. 944, m. w. N.; *Franz Dirnberger*: Recht auf Naturgenuß und Eingriffsregelung, 1991, S. 157. Einschränkend hingegen etwa *Schwabe*: Grundrechtsdogmatik (Fn. 91), S. 240.

206 Vgl. etwa *Dreier* (Fn. 47), Vorbemerkung vor Artikel 1 GG Rn. 90; *Starck* (Fn. 72), Art. 1 Abs. 3 Fn. 186. Eingehend zur Problematik ferner *Herdegen* (Fn. 91), Art. 1 Abs. 3 Rn. 25 ff., m. w. N.

207 BVerfGE 77, 170 (214). Aus dem Schrifttum *Dietlein* (Fn. 148), S. 144 ff., 159 ff., 173 ff.; *Herdegen* (Fn. 91), Art. 1 Abs. 3 Rn. 27; *Volker Epping*: Grundrechte, 5. Auflage 2012, S. 63; *Eckart Klein*: Grundrechtliche Schutzpflicht des Staates, NJW 1989, S. 1633 (1637), m. w. N. Kritisch indes *Starck* (Fn. 72), Art. 1 Abs. 3 Rn. 194, m. w. N., der auf die unzureichende dogmatische Absicherung dieser Interpretation hinweist.

steht folgende Überlegung: Soweit sich aus dem objektiven Grundrechtsgehalt eine staatliche Schutzpflicht ergebe, müsse auch ein konkreter subjektiv-rechtlicher Anspruch auf ihre Erfüllung existieren. Andernfalls würden etwaige Verstöße gegen staatliche Schutzpflichten folgenlos bleiben, ihre tatsächliche Bedeutung wäre damit gefährdet[208].

Im russischen Recht ist Art. 45 Abs. 1 Verf RF als Grundrecht normiert. Daher müsste die Norm – wie alle anderen russischen Grundrechte auch – ein subjektives Recht, also ein Recht auf staatlichen Schutz vermitteln. Tatsächlich wurden ihre subjektiven Rechtswirkungen in der russischen Rechtswissenschaft bislang kaum erörtert. Nur vereinzelt wird festgehalten, dass Art. 45 Abs. 1 Verf RF neben seiner eben skizzierten objektiv-rechtlichen Dimension als Grundrecht ein subjektives Recht auf staatlichen Schutz beinhalte[209], jedenfalls wenn es sich um Grundrechtsverletzungen durch staatliche Organe handele[210]. Diese Ansicht spiegelt sich auch in der verfassungsgerichtlichen Judikatur wider, die Art. 45 Abs. 1 Verf RF oftmals komplementär zu anderen *verfahrensbezogenen Garantien*, vor allem zum Recht auf gerichtlichen Rechtsschutz[211], heranzieht. Art. 45 Abs. 1 Verf RF bildet damit im russischen Recht in erster Linie die Grundlage allgemein grundrechtsschützender Maßnahmen des Staates. In diesem Sinne entfaltet es auch eine subjektiv-rechtliche Wirkung.

c) Recht auf Schutz zulasten Dritter als Frage der Grundrechtswirkung

Im deutschen Recht richtet sich ein etwaiges Recht auf staatlichen Schutz in der Mehrzahl der Fälle auf den Schutz eines Freiheitsgrundrechts, etwa des Rechts auf körperliche Unversehrtheit. Entspricht der Staat jedoch diesem Recht, beschränkt er oftmals zugleich die Freiheit eines anderen. Der Staat steht also in einem nur schwer zu lösenden Spannungsverhältnis zwischen einer

---

208 Vgl. *Epping* (Fn. 207), S. 63, m. w. N.; ähnlich ferner *Christian Starck*: Grundrechte und Gesetz, in: Michael Sachs/Helmut Siekmann (Hrsg.): Der grundrechtsgeprägte Verfassungsstaat. Festschrift für Klaus Stern zum 80. Geburtstag, 2012, S. 197 (215), m. w. N.

209 So *Ėbzeev* (Fn. 157), S. 119.

210 *B. S. Ėbzeev*: Čelovek, narod, gosudarstvo v konstitucionnom stroe Rossijskoj Federacii [Mensch, Volk, Staat in der verfassungsrechtlichen Ordnung der Russischen Föderation], 2. Auflage 2013, S. 187, zitiert nach *Berger* (Fn. 98), S. 333.

211 Vgl. etwa die Urteile des VerfG vom 27.06.2005 Nr. 7-P, SZ RF 2005, Nr. 28, Pos. 2904, S. 7588 (7590); vom 12.07.2007 Nr. 10-P, SZ RF 2007, Nr. 30, Pos. 3988, S. 8280 (8282); vom 18.07.2012, Nr. 19-P, SZ RF 2012, Nr. 31, Pos. 4470, S. 9565 (9566 f.).

anerkannten Schutzpflicht[212] und einem prinzipiellen Eingriffsverbot gegenüber dem Dritten[213]. Schutzrechtliche Aspekte aus Grundrechten herzuleiten, bedeutet somit also anzuerkennen, dass die Grundrechte des einen zugleich eine Ermächtigungsgrundlage für Grundrechtseingriffe gegenüber einem anderen schaffen – eine Folge, die nur schwer mit dem freiheitssichernden Charakter der Grundrechte zu vereinbaren scheint. Durch die Drittbetroffenheit verschmilzt die Frage nach einem subjektiven Recht auf staatlichen Schutz mit der Frage der Grundrechtswirkung gegenüber Eingriffen Privater, vermittelt durch den Staat[214]. Ob und unter welchen Voraussetzungen sich ein Einzelner gegenüber dem Staat zulasten Dritter auf ein Recht auf staatlichen Schutz berufen kann, ist angesichts dieser Probleme im deutschen Recht bislang nicht zufriedenstellend gelöst[215]. Einigkeit besteht heute darin, dass ein subjektives Recht auf staatlichen Schutz tatbestandlich einen rechtswidrigen Eingriff – auch von Privaten – in ein grundrechtliches Schutzgut voraussetzt[216]. Auf der Rechtsfolgenseite steht dem Gesetzgeber bei der Auswahl potentieller Schutzmaßnahmen ein „weiter Einschätzungs-, Wertungs- und Gestaltungsraum"[217] zu, in welcher Form er aus der Fülle denkbarer Handlungsmöglichkeiten, seinem Schutzauftrag nachkommt. Ein konkreter Anspruch des Einzelnen besteht nur, soweit der Mindeststandard an notwendigen staatlichen Schutz unterschritten wurde[218].

Im russischen Recht stößt man auf keine vergleichbare Diskussion. Das beruht auf zwei Gründen: Zum einen ist die Diskussion zu den Schutzpflichten,

212 Etwa aus Art. 2 Abs. 2 Satz 1 i. V. m. Art. 1 Abs. 1 Satz 2 GG. Zur strittigen Frage einer allgemeinen staatlichen Schutzpflicht im deutschen Recht vgl. insbesondere bereits die Nachweise in Fn. 205.

213 Eingängig zu dieser Problematik *Dietlein* (Fn. 148), S. 133 ff. sowie *Krings* (Fn. 142), S. 438 f.; jeweils m. w. N.

214 Vgl. *Hans-Jürgen Papier*: Drittwirkung der Grundrechte, in: Detlef Merten/Hans-Jürgen Papier (Hrsg.): Handbuch der Grundrechte, Band 2, 2006, § 55 Rn. 9; *Christian Armbrüster*, in: Franz Jürgen Säcker/Roland Rixecker (Hrsg.): Münchener Kommentar zum Bürgerlichen Gesetzbuch, Band 1, 6. Auflage 2012, § 134 Rn. 34; jeweils m. w. N.

215 *Calliess* (Fn. 204), Rn. 3; *Dreier* (Fn. 47), Vorbemerkung vor Artikel 1 GG Rn. 101.

216 Ausführlich zum Ganzen *Isensee* (Fn. 47), § 191 Rn. 222 ff., m. w. N.

217 BVerfGE 125, 39 (78); ähnlich bereits etwa BVerfGE 56, 54 (80 f.); 77, 170 (214); 79, 174 (202); BVerfGE 88, 203 (254); 96, 56 (64); 117, 202 (227).

218 Vgl. nur BVerfGE 88, 203 (254 f.) sowie *Callies* (Fn. 204), Rn. 26.; *Dreier* (Fn. 47), Vorbemerkung vor Artikel 1 GG Rn. 103. Dahinter steht das sogenannte Untermaßverbot. Zur Genese des Begriffs *Dreier* (Fn. 47), Vorbemerkung vor Artikel 1 GG Rn. 103, m. w. N.

wie sie in der deutschen Grundrechtsdogmatik anzutreffen ist, allgemein in der Grundrechtsdogmatik anderer europäischer Staaten allenfalls in Ansätzen bekannt[219]. Sie ist also ein Spezifikum der deutschen Grundrechtslehre. Mit besonderem Augenmerk auf Russland nimmt zum anderen das Russische Verfassungsgericht auf Art. 45 Abs. 1 Verf RF gerade im Zusammenhang mit anderen Verfahrensrechten Bezug[220]. Nach dieser Judikatur besteht aber gerade keine unmittelbare Rückwirkung auf Freiheitsrechte Dritter und damit keine vergleichbare Konfliktlage.

5. Exkurs: Russische Grundrechte als Werte

Auf die Bedeutung der Grundrechte als Teil einer objektiven Wertordnung wurde bereits eingegangen[221]. Auch das russische Recht verbindet mit seinen Grundrechten einen Wertbegriff, der allerdings weniger der Verfassungsfortentwicklung denn einer ideologischen Abgrenzung zur sowjetischen Grundrechtsdoktrin dient. Art. 2 Satz 1 Verf RF bestimmt: „Der Mensch, seine Rechte und Freiheiten bilden die höchsten Werte."[222] Damit löst sich die russische Verfassung vom marxistisch-leninistischen Grundrechtsverständnis[223], das den Einzelnen und seine Rechte im Kontext der gesellschaftlichen Verhältnisse und nicht als Individuum sah[224]. Die Rechte und Freiheiten des Einzelnen genießen nach Art. 2 Satz 1 Verf RF nunmehr uneingeschränkt oberste Priorität[225].

Trotz dieser Grundaussage mehren sich im jüngeren russischen Schrifttum Stimmen, die bei der Grundrechtsausübung wieder eine stärkere Berücksichtigung

219 *Calliess* (Fn. 204), Rn. 15 ff., m. w. N.

220 Hierzu bereits unter B. III. 4. b).

221 Hierzu bereits B. III. 2.

222 In diesem Zusammenhang wird in der russischen Literatur teilweise die Einbeziehung weiterer Werte gefordert, vgl. *V. I. Jakunin*: Gosudarstvennaja ideologija i nacional'naja ideja [Staatliche Ideologie und nationale Idee], GiP 2007, Nr. 5, S. 5–12.

223 So auch *Nußberger* (Fn. 100), § 4, S. 31 f.

224 Dazu bereits B. II. 3. a). Einige stellten indes bereits damals die Persönlichkeit an die oberste Stelle der Werthierarchie, etwa *M. F. Orzich*: Ličnost' i pravo [Persönlichkeit und Recht], 1975, S. 80. Zur damaligen Diskussion *Luchterhandt* (Fn. 68), S. 39, m. w. N.

225 *Lukaševa* (Fn. 46), Art. 2, S. 92; *Pjatkina* (Fn. 51), Art. 2, S. 41; *I. O. Nesterovskij*: Sudebnaja zaščita prav i svobod graždan [Gerichtlicher Schutz der Rechte und Freiheiten des Bürgers], ZiP 2009, Nr. 4, S. 32 (32); ähnlich auch *Baglaj* (Fn. 19), S. 121 f.; *Kikot'* (Fn. 46), Art. 2, S. 19; *Basik* (Fn. 28), S. 33.

gesellschaftlicher Interessen fordern[226]. Auch in der russischen Verfassungsgerichtsbarkeit lässt sich eine ähnliche Tendenz ausmachen[227]. Ein aktuelles Beispiel ist der streitbare[228] Beschluss im Fall Markin aus dem Jahr 2009[229]. Dem Beschluss lag der Fall eines russischen Offiziers, Konstantin A. Markin, zugrunde. Der Offizier hatte als alleinerziehender Vater von drei kleinen Kindern eine mehrjährige Erziehungszeit, die Frauen etwa gemäß Art. 11 Nr. 13 Soldatenstatusgesetz RF gewährt werden kann, erfolglos beantragt. Mit seiner Verfassungsbeschwerde griff er nun unter anderem ebendiese gesetzliche Regelung an und berief sich dabei auf die Gleichheit von Mann und Frau (Art. 19 Abs. 3 Verf RF). Das Gericht bestätigte jedoch die Verfassungsmäßigkeit der umstrittenen Regelung mit der Begründung, dass das individuelle Interesse des Beschwerdeführers an der Kinderbetreuung mit einer „effektiven und professionellen Tätigkeit eines Armeeangehörigen, der seine Pflicht gegenüber dem Vaterland erfülle", unvereinbar sei[230].

6. Zwischenergebnis

Grundrechte vermitteln im russischen und im deutschen Recht nicht nur Abwehrrechte. In beiden Rechtsordnungen sind sie auch Grundlage für Leistungs- und Schutzrechte, die als solche durch den Einzelnen gegebenenfalls auch gerichtlich eingefordert und durchgesetzt werden können. Die konkrete dogmatische Herleitung dieser über den abwehrrechtlichen Gehalt hinausgehenden Inhalte ist in beiden Rechtsordnungen indes sehr unterschiedlich. Während das Grundgesetz seine Grundrechte nahezu vollständig als Abwehrrechte formuliert, normiert die russische Verfassung neben Abwehrrechten verschiedene soziale Grundrechte sowie ein allgemeines Recht auf staatlichen Schutz. Vergleichbare

---

226 Die gesellschaftlichen Interessen nimmt etwa stärker in den Blick *V. E. Čirkin*: Obščečelovečeskie cennosti i sovremennoe gosudarstvo [Menschheitliche Werte und der moderne Staat], GiP 2002, Nr. 2, S. 5 (8 f.), m. w. N.

227 Detailliert zum Ganzen vor dem Hintergrund der Stellung des Verfassungsgerichts im erstarkenden Staat noch unter E. III.

228 Zur Entscheidung und dem daraufhin ergangenen Urteil des EGMR ausführlich aus dem deutsch-sprachigem Schrifttum *Caroline von Gall*: Vaterland oder Familie?, Osteuropa Recht 2010, S. 457–461 sowie auch *Anton Burkov*: Das russische Verfassungsgericht und das Völkerrecht, Osteuropa Recht 2011, S. 248 (251 f.). Zu der Entscheidung unter dem Gesichtspunkt des Rechts auf internationalen gerichtlichen Rechtsschutz, Art. 46 Abs. 3 Verf RF noch C. II. 1. d) (2).

229 Beschluss des VerfG vom 15.01.2009 Nr. 187-O-O, verfügbar unter http://www.ksrf.ru/ru/Decision/Pages/default.aspx.

230 Vgl. Punkt 2. 2 des Beschlusses.

Grundrechtsinhalte müssen im deutschen Recht vergleichsweise mühsam aus den überwiegend als Abwehrrechte konzipierten Grundrechten gewonnen werden. Ihre präzise Bestimmung bildet nach wie vor eine der zentralen Fragen der aktuellen Grundrechtsdogmatik.

Die konkrete Bedeutung dieser über den abwehrrechtlichen Gehalt hinaus gehenden Grundrechtsinhalte unterscheidet sich im russischen und deutschen Recht. Besonders interessant ist dabei der Blick auf die Regelung sozialer Grundrechte in der russischen Verfassung, da die Möglichkeit, sie überhaupt regeln zu können, von der deutschen Rechtswissenschaft weit überwiegend abgelehnt wird. Demgegenüber sind die sozialen Grundrechte der russischen Verfassung nach der Rechtsprechung des Verfassungsgerichts prinzipiell umfassend justitiabel, d. h. sie können als subjektive Rechte gegebenenfalls auch (verfassungs-)gerichtlich geltend gemacht werden. Diese prinzipielle Justitiabilität muss allerdings im Kontext der konkreten Regelungstechnik gesehen werden: In der russischen Verfassung stehen die sozialen Grundrechte jeweils unter einem besonderen Gesetzesvorbehalt. Dadurch besteht in der konkreten Ausgestaltung ein erheblicher Gestaltungsspielraum, der wiederum nur begrenzt gerichtlich überprüfbar ist. Im Ergebnis können daher im russischen Recht aus sozialen Grundrechten nur eingeschränkt konkrete Ansprüche folgen.

Weiterhin kennen beide Rechtsordnungen die Rechtsfigur einer objektiven staatlichen Schutzpflicht. Die russische Verfassung normiert neben besonderen Schutzpflichten ein allgemeines Recht auf staatlichen Schutz (Art. 45 Abs. 1 Verf RF). Die damit verbundene und im deutschen Recht hochumstrittene Frage eines subjektiven Schutzrechts zulasten Dritter ist der russischen Rechtswissenschaft jedoch fremd. Das Recht auf staatlichen Schutz steht hier in engem Zusammenhang mit anderen verfahrensbezogenen Garantien, weshalb sich eine Drittproblematik wie im deutschen Recht bereits nicht ergeben kann.

Beide Rechtsordnungen verbinden mit den Grundrechten schließlich Werte. Der Wertbegriff ist in der deutschen Rechtswissenschaft vornehmlich mit einer Weiterentwicklung in der Grundrechtsdogmatik verbunden. Im russischen Recht beschreibt er vor allen Dingen die Abkehr vom sowjetischen Grundrechtsverständnis, das gesamtgesellschaftlichen Belangen einen vorrangigen Stellenwert beimaß. Heute nennt Art. 2 Satz 1 Verf RF ausdrücklich den Menschen und seine Grundrechte als höchste Werte. Es bestehen in Literatur und verfassungsgerichtlicher Rechtsprechung jedoch Tendenzen, die Grundentscheidung des Art. 2 Satz 1 Verf RF zu relativieren und gemeinschaftlichen Interessen größeres Gewicht zu verleihen.

IV. Grundpflichten als antiliberaler Gegenpol im russischen Verfassungsrecht?

Die Betrachtung von Grundpflichten führt im deutschen Recht – gemessen am großen Interesse an den Grundrechten – ein Schattendasein, das nur von einer vergleichsweise überschaubaren Anzahl von Abhandlungen beleuchtet wird[231]. Auch das Grundgesetz rückt die Grundrechte in den Vordergrund. Damit knüpft es also – dem ersten Anschein nach – gerade nicht an die Grundpflichtentradition[232] der Weimarer Republik an[233]. Lediglich in Art. 12a GG – allgemeine Wehrpflicht – sowie in Art. 14 Abs. 2 Satz 1 GG – Eigentum verpflichtet – begründet es Pflichten des Einzelnen. Gedanklicher Ausgangspunkt ist im heutigen Verfassungsrecht, dass der Staat vorrangig durch die Verfassung verpflichtet wird, nicht das Individuum. Demgegenüber ließ noch die Weimarer Reichsverfassung Grundpflichten deutlicher neben Grundrechte treten. So war etwa ihr zweiter Hauptteil mit dem Titel „Grundrechte und Grundpflichten der Deutschen"

---

231 Prägend etwa zu den Grundpflichten des Grundgesetzes *Hans H. Klein*: Über Grundpflichten, Der Staat 14 (1975), S. 153–168; *Rolf Stober*: Grundpflichten und Grundgesetz, 1979; *Peter Badura*: Grundpflichten als verfassungsrechtliche Dimension, DVBl 1982, S. 861–872; *Christoph Gusy*: Grundpflichten und Grundgesetz, JZ 1982, S. 657–663; *Volkmar Götz*: Grundpflichten als verfassungsrechtliche Dimension, VVDStRL 41 (1983), S. 7–37; *Hasso Hofmann*: Grundpflichten als verfassungsrechtliche Dimension, VVDStRL 41 (1983), S. 42–83; *Herbert Bethge*: Die verfassungsrechtliche Problematik der Grundpflichten, JA 1985, S. 249–259; *Otto Luchterhandt*: Grundpflichten als Verfassungsproblem in Deutschland, 1988. Aus dem jüngeren Schrifttum *Thorsten Ingo Schmidt*: Grundpflichten, 1999; *Florian Dühr*: Prinzip und System der Grundpflichten, 2002; *Albrecht Randelzhofer*: Grundrechte und Grundpflichten, in: Detlef Merten/Hans-Jürgen Papier (Hrsg.): Handbuch der Grundrechte, Band 2, 2006, § 37.

232 Zu den Grundpflichten in der deutschen Verfassungsgeschichte eingehend *Luchterhandt* (Fn. 231), S. 95–283; *Hasso Hofmann*: Grundpflichten und Grundrechte, in: Josef Isensee/Paul Kirchhof (Hrsg.): Handbuch des Staatsrechts der Bundesrepublik Deutschland, Band 9, 3. Auflage 2011, § 195 Rn. 10–15, m. w. N.

233 So auch *Hofmann* (Fn. 232), § 195 Rn. 1; *Randelzhofer* (Fn. 231), Rn. 3. Unmittelbar aus dem Grundgesetz ergibt sich die Pflicht zur elterlichen Pflege und Erziehung der Kinder (Art. 6 Abs. 2 Satz 1 GG), die allgemeine Dienstleistungspflicht (Art. 12 Abs. 2 GG), die allgemeine Wehrpflicht (Art. 12a GG), die Verpflichtung aus dem Eigentum (Art. 14 Abs. 2 GG) sowie die Treuepflicht der Beatmen (Art. 33 Abs. 4 GG).

überschrieben. Vergleichbare Überschriften finden sich noch heute in den Verfassungen einiger Bundesländer[234].

Anders als das Grundgesetz verankert die russische Verfassung eine Reihe von Grundpflichten. Auch die russische Literatur schenkt Grundrechten und Grundpflichten nahezu gleichermaßen große Aufmerksamkeit, denn Grundlage des russischen Grundrechtsverständnisses ist die Auffassung, dass erst die Gesamtschau von Grundrechten und Grundpflichten den verfassungsrechtlichen Status des Individuums formt[235]. Wirkliche Freiheit könne erst existieren, wenn sie in einem auf einer Einheit von Rechten und Pflichten basierenden Ordnungssystem eingekleidet sei[236]. Die russische Lehre stützt sich damit auf das sogenannte Prinzip der Einheit von Rechten und Pflichten, das dem sowjetischen Recht entstammt. Faktisch bedeutet diese Sichtweise, dass Grundpflichten als Regulierung und somit möglicherweise auch als Beschränkung von Freiheit verstanden werden müssen. Grundpflichten erscheinen somit als antiliberaler Gegenpol im russischen Verfassungsrecht. Ob dies tatsächlich der Fall ist, vermittelt aber erst ein Blick auf ihre konkrete Funktion im russischen Verfassungsrecht (1.), ihre verfassungsrechtliche Ausgestaltung (2.) sowie ihre rechtliche Wirkungsweise (3.).

1. Grundpflichten als Bindeglied zwischen Individuum und Gesellschaft

Es mag verwundern, dass die heutige Lehre dem Prinzip der „Einheit von Rechten und Pflichten“ folgt. Eine konkrete normative Verankerung hat das Einheitsprinzip allerdings nicht mehr. Zuletzt fand es sich in Art. 59 Abs. 1 Verf UdSSR 1977. Danach war die Verwirklichung der Rechte und Freiheiten durch den Bürger nicht zu trennen von der Erfüllung der ihm obliegenden Pflichten[237]. Das

---

234 Es sind die Bayerische Verfassung, die Verfassung von Rheinland-Pfalz, die Verfassung der Freien Hansestadt Bremen sowie die Saarländische Verfassung.

235 Vgl. etwa *Baglaj* (Fn. 19), S. 322; *Bezuglov/Soldatov* (Fn. 50), Band 1, S. 554; *Golovistikova/Grudcyna* (Fn. 28), S. 275, m. w. N.; *Kozlova/Kutafin* (Fn. 19), S. 183, 249; *Vitruk* (Fn. 48), S. 248, 254; *A. B. Barichin*: Konstitucionnye objazannosti graždanina Rossii [Grundpflichten des Bürgers Russlands], in: ders.: Bol'šaja juridičeskaja ėnciklopedija [Große juristische Enzyklopädie], 2010, S. 345; *V. E. Čirkin*: Konstitucionnoe pravo Rossii [Das Verfassungsrecht Russlands], 6. Auflage 2009, S. 164.

236 *Baglaj* (Fn. 19), S. 322; ähnlich *Golovistikova/Grudcyna* (Fn. 28), S. 434 f.; *O. V. Kabakova*: Konstitucionnye objazannosti graždan v Rossii [Grundpflichten der Bürger in Russland], 2006, S. 152.

237 Vgl. Art. 59 Abs. 1 Verf UdSSR 1977.

hierin zum Ausdruck kommende Einheitsprinzip beruhte unter anderem auf der auf Friedrich Engels zurückgehenden Prämisse, dass in bürgerlichen Gesellschaften Rechte und Pflichten auseinanderfielen[238]: Rechte würden ausschließlich die Herrschenden genießen, während alle Pflichten an die Beherrschten gerichtet seien. Überwiegend wurde das Einheitsprinzip in der sowjetischen Rechtswissenschaft jedoch als Klarstellung verstanden, dass jeder Bürger nicht nur Rechte besitze, sondern auch Pflichten erfüllen müsse[239]. Es bedeutete also, dass Grundrechte nicht unter dem Hinweis auf die Nichterfüllung von Grundpflichten versagt werden konnten. Dies ist insbesondere deshalb wichtig, weil die sowjetische Verfassung unter anderem in Art. 59 Abs. 2, 3. Variante Verf UdSSR 1977 die Pflicht, die Regeln des sozialistischen Gemeinlebens zu achten, formulierte. Mit einer Verknüpfung zwischen Grundrechten und Grundpflichten hätten also Andersdenkenden jegliche Grundrechte verweigert werden können. Eine solche Vorgehensweise war aber – nach dem Verständnis vom Einheitsprinzip in der sowjetischen Lehre – nicht möglich.

Im heutigen russischen Verfassungsrecht schaffen Grundpflichten vorrangig ein Bindeglied zwischen dem Einzelnen und der Gesellschaft – sie sollen eine Balance zwischen individuellen und gesellschaftlichen Interessen sichern[240]. Der Einzelne soll seine individuellen Ziele verfolgen können, trägt jedoch dabei in eng gezogenen Grenzen ebenfalls eine gesellschaftliche Verantwortung.

Blickt man auf das deutsche Verfassungsrecht, so findet man gedankliche Parallelen. Auch wenn sich direkt aus dem Grundgesetz nur einige wenige spezielle Grundpflichten ergeben[241], ist das Menschenbild des Grundgesetzes mit

---

238 *Friedrich Engels*: Der Ursprung der Familie, des Privateigentums und des Staats, MEW, Band 21, 1962, S. 25 (172). Zum Ganzen ferner *Alexander Blankenagel*, in: Martin Fincke (Hrsg.): Handbuch der Sowjetverfassung, 1983, Art. 59, S. 646; *Luchterhandt* (Fn. 231), S. 533 f.

239 Zu diesem Ergebnis gelangen *Georg Brunner*: Die Grundrechte, Osteuropa Recht 1978, S. 70 (77); *Blankenagel* (Fn. 238), Art. 59, S. 646. Anders für die Grundpflichten in den sozialistischen Systemen allgemein wohl *Otto Luchterhandt*: Grundpflichten und Grundrechte, in: Dieter Nohlen (Hrsg.): Pipers Wörterbuch zur Politik, Band 4, Sozialistische Systeme, 1986, S. 168. Zweifelnd ebenso *Schweisfurth* (Fn. 20), S. 486. Detailliert zu den verschiedenen Ansichten etwa *Blankenagel* (Fn. 67), S. 51 ff., m. w. N. sowie *ders.* (Fn. 238), Art. 59, S. 646.

240 *Ėbzeev* (Fn. 157), S. 14; *Kozlova/Kutafin* (Fn. 19), S. 250; ähnlich auch *Kabakova* (Fn. 236), S. 151; *L. I. Gluchareva*: Objazannosti čeloveka i graždanina v kontekste teorii prav čeloveka [Die Pflichten des Menschen und des Bürgers im Kontext der Menschenrechtstheorie], IGiP 2009, Nr. 7, S. 25 (25 f.).

241 Siehe dazu bereits die Angaben in Fn. 233.

den Worten des Bundesverfassungsgerichts „[...] nicht das des selbstherrlichen Individuums, sondern das der in der Gemeinschaft stehenden und ihr vielfältig verpflichteten Persönlichkeit."[242] Der Einzelne wird also auch hier – in gewissen Grenzen – im Interesse eines funktionierenden Gemeinwesens verpflichtet[243]. Dieser Gedanke wird in der Rechtspraxis selten hervorgehoben. Gleichwohl schwingt er stetig mit und findet sich insbesondere in der Abwägungslehre wieder.

2. Russische Grundpflichten und ihre Besonderheiten

Die russische Verfassung kennt wie ihre sowjetischen Vorgänger eine Reihe von Grundpflichten[244]. Ihre Anzahl ist jedoch durch den Wegfall sozialistisch-geprägter Verpflichtungen deutlich gesunken. Die heutigen Grundpflichten finden zum Teil Entsprechungen im Grundgesetz. So normiert die russische Verfassung etwa in Art. 38 Abs. 2 Verf RF eine Pflicht zur elterlichen Sorge und Erziehung der Kinder, vergleichbar mit Art. 6 Abs. 2 Satz 1 GG. Auch kennt die russische Verfassung in Art. 59 Verf RF eine allgemeine Wehrpflicht, die an Art. 12a GG erinnert. Zudem normiert die russische Verfassung die Pflicht zur Erhaltung des historischen und kulturellen Erbes (Art. 44 Abs. 3 Verf RF), die Pflicht, gesetzlich festgesetzte Steuern und Abgaben zu zahlen (Art. 57 Verf RF) sowie die Pflicht, die Umwelt zu schützen (Art. 58 Verf RF). Vergleichbare Regelungen finden sich im Grundgesetz nicht.

---

242 BVerfGE 12, 45 (51); ferner BVerfGE 28, 175 (189). Zur Gemeinschaftsbezogenheit und Gemeinschaftsgebundenheit der Person etwa bereits BVerfGE 4, 7 (15 f.); 8, 274 (329); ferner BVerfGE 30, 1 (20); 32, 373 (379), 65, 1 (44); 100, 313 (376); 125, 260 (369).

243 Vgl. auch *Randelzhofer* (Fn. 231), Rn. 57, m. w. N.; etwa *Götz* (Rn. 231), S. 12; ähnlich *Hofmann* (Fn. 232), § 195 Rn. 35, 41, m. w. N.

244 Eine einheitliche Klassifizierung der russischen Grundpflichten besteht bislang nicht. *B. S. Ėbzeev* spricht von bürgerlichen, ethisch-sozialen, sozio-kulturellen und ökologischen Grundpflichten, vgl. *ders.*: Čelovek, narod, gosudarstvo v konstitucionnom stroe Rossijskoj Federacii [Der Mensch, das Volk, der Staat im Verfassungsaufbau der Russischen Föderation], 2005, S. 227 f. *L. I. Glucharеva* trifft eine Einteilung in Grundpflichten des Menschen gegenüber sich selbst, in Grundpflichten gegenüber Dritten, der Gesellschaft als Gesamtheit sowie in Grundpflichten des Bürgers, vgl. *dies.* (Fn. 240), S. 26 f. *A. N. Golovistikova* und *L. Ju. Grudcyna* differenzieren zwischen allgemeinen und konkreten Grundpflichten, vgl. *dies.*: Prava čeloveka [Menschenrechte], 2006, S. 238. *L. D. Voevodin* hingegen unterteilt Grundpflichten nach verschiedenen Lebenssphären, vgl. *ders.*: Juridičeskij status ličnosti v Rossii [Der juristische Status der Persönlichkeit in Russland], 1997, S. 190 ff.

Darüber hinaus enthält die russische Verfassung zwei Grundpflichten, die zunächst ungewöhnlich erscheinen. So verpflichtet Art. 15 Abs. 2 Verf RF neben dem Staat und seinen Organen auch Bürger und ihre Vereinigungen, die russische Verfassung und die Gesetze zu achten[245]. Die Norm unterscheidet also gerade nicht zwischen der Verpflichtung des Staates und der Verpflichtung des Individuums. Die Pflicht ist vielmehr gleichermaßen an den Staat wie an seine Bürger gerichtet. Zudem darf die Wahrnehmung der Rechte und Freiheiten des Menschen und Bürgers nach Art. 17 Abs. 3 Verf RF die Rechte und Freiheiten anderer nicht verletzen. Beide Grundpflichten sind aus zweierlei Gründen auch für das russische Verfassungsrecht atypisch. Zum einen sind sie dem eigentlichen Grundrechtsteil, der mit Art. 18 Verf RF beginnt, und somit auch dem dort integrierten Katalog von Grundpflichten vorgelagert. Zum anderen haben sie im Gegensatz zu den übrigen Grundpflichten inhaltlich eine andere Stoßrichtung: Beide Normen verlangen nicht eine konkrete Handlung des Einzelnen, etwa Abgaben zu entrichten, sondern haben das Verhältnis des Individuums zur Verfassung zum Gegenstand.

Die allgemeine Pflicht zur Achtung der Verfassung und der Gesetze des Art. 15 Abs. 2 Verf RF wird in der russischen Literatur überwiegend als eine allgemeine Pflicht zum Gesetzesgehorsam verstanden[246]. Diese Pflicht beziehe sich allerdings primär auf die Einhaltung der ausdrücklichen Verbote der russischen Verfassung[247], etwa des Verbots, eine auf die gewaltsame Änderung der Verfassungsordnung gerichtete Vereinigung zu bilden (Art. 13 Abs. 5 Verf RF). Hintergrund für die Normierung dieser Grundpflicht war aber das Bestreben, die in Russland andauernde Tradition bewusster Rechtsmissachtung zu überwinden[248] und den Einzelnen aktiv in die weitere rechtsstaatliche Entwicklung Russlands

---

245 Ähnlich im Übrigen Art. 54 Abs. 1 Verf Italien: „Alle Staatsbürger haben die Pflicht, der Republik treu zu sein und ihre Verfassung und Gesetze zu beachten."

246 *Baglaj* (Fn. 19), S. 323; *Ėbzeev* (Fn. 157), S. 298; implizit ebenso *Bezuglov/Soldatov* (Fn. 50), Band 1, S. 556 ff. Anders hingegen *V. V. Oksamytnyj/T. N. Rachmanina*, in: L. A. Okun'kov (Hrsg.): Kommentarij k Konstitucii Rossijskoj Federacii [Kommentar zur Verfassung der Russischen Föderation], 2002, Art. 15, S. 114. Nach ihnen ist die Verfassung Ausfluss eines allgemeinen Gerechtigkeitsgedankens, den Art. 15 Abs. 2 Verf RF nochmals betont.

247 *Baglaj* (Fn. 19), S. 323 sowie jüngst auch *Nußberger/Safoklov* (Fn. 92), Rn. 10, m. w. N.

248 Detailliert dazu *Bezuglov/Soldatov* (Fn. 50), Band 1, S. 556 ff.

einzubeziehen. Das Russische Verfassungsgericht beschrieb in diesem Kontext die Pflicht zur Achtung des Rechts als oberste Bürgerpflicht[249].

Eine vergleichbare Grundpflicht normiert das Grundgesetz seinem Wortlaut nach nicht. Dennoch kennt das deutsche Recht eine Grundpflicht zum Gesetzesgehorsam, auch wenn sie nur selten als solche in den Vordergrund tritt. Ihre Existenz ergibt sich einer Ansicht nach aus ihrer Eigenschaft als selbstverständliche Bedingung der Staatlichkeit des Verfassungsstaates, die Grundlage und nicht Thema der Gesetze sei[250]. Andere sehen in ihr eine im Gegenseitigkeitsprinzip des Art. 2 Abs. 1 GG und im allgemeinen Gleichheitsgrundsatz angelegte Grundpflicht[251], denn die verfassungsstaatliche Freiheit des Einzelnen sei nur eine Freiheit im Miteinander, Gegeneinander und Zueinander mit anderen, die in gleicher Weise frei seien und gleichsam die Last, verschiedene Freiheitsansprüche miteinander in Einklag zu bringen, tragen[252].

Art. 17 Abs. 3 Verf RF bezweckt mit seiner Pflicht zur Achtung der Grundrechte Dritter bei der eigenen Grundrechtsausübung vorrangig, die abstrakte Gefahr eines anarchischen Freiheitsgebrauchs, eines uneingeschränkten Egoismus zu bannen[253]. Die Norm soll es ermöglichen, verschiedenste Interessen harmonisch auszugleichen[254]. Sie appelliert vornehmlich an den Einzelnen, keinen Grundrechtsmissbrauch zu üben[255]. Sie stellt darüber hinaus aber objektivrechtlich an den Gesetzgeber die Aufgabe, Konfliktfälle kollidierender Grundrechte a priori zu lösen[256]. In der Terminologie des deutschen Verfassungsrechts ist Art. 17 Abs. 3 Verf RF damit nicht ausschließlich Grundpflicht, sondern

---

249 Beschluss des VerfG vom 21.05.1999 Nr. 76-O, http://www.ksrf.ru/ru/Decision/Pages/default.aspx.

250 *Josef Isensee*: Die verdrängten Grundpflichten des Bürgers, DÖV 1982, S. 609 (612); implizit *Herbert Bethge*: Die verfassungsrechtliche Problematik der Grundpflichten, JA 1985, S. 249 (256).

251 *Hofmann* (Fn. 231), S. 74 f., m. w. N.; *Rolf Stober*: Grundpflichten und Grundgesetz, S. 30 f.

252 So *Hofmann* (Fn. 231), S. 74 f., m. w. N.

253 *Kikot'* (Fn. 46), Art. 17, S. 110; *Lukaševa* (Fn. 46), Art. 17, S. 191; ähnlich *Pjatkina* (Fn. 51), Art. 17, S. 133.

254 *Lukaševa* (Fn. 46), Art. 17, S. 191.

255 *Golovistikova/Grudcyna* (Fn. 28), S. 290.

256 Ähnlich *Vitruk* (Fn. 48), S. 107 sowie *G. D. Sadovnikova*: Kommentarij k Konstitucii Rossijskoj Federacii [Kommentar zur Verfassung der Russischen Föderation], 2001, Art. 17, S. 57.

Grundrechtsschranke[257]. Diese Annahme bestätigt auch ein Blick in die Judikatur des Russischen Verfassungsgerichts: Das Gericht beurteilt die Verfassungsmäßigkeit einer Grundrechtsbeschränkung oftmals unter Hinweis auf die allgemein für alle Grundrechte geltende Grundrechtsschranke des Art. 55 Abs. 3 Verf RF *sowie* auf Art. 17 Abs. 3 Verf RF[258].

3. Rechtliche Wirkung

Die russische Verfassung enthält keine Aussagen über die Wirkungsweise ihrer Grundpflichten. Insbesondere sieht sie keine Sanktionsmöglichkeiten vor, sollte einer Grundpflicht zuwider gehandelt werden. Art. 6 Abs. 2 Verf RF gibt lediglich Auskunft darüber, dass die Grundpflichten für alle Bürger sowie für ausländische Staatsbürger und Staatenlose nach Maßgabe des Gleichstellungsgedankens (Art. 62 Abs. 3 Verf RF) gleichermaßen gelten[259].

Im deutschen Recht haben Grundpflichten nach überwiegender Ansicht einen eigenständigen Rechtscharakter[260]: Sie begründen eine verfassungsrechtlich verankerte Rechtspflicht gegenüber dem Staat, die allerdings häufig durch den Gesetzgeber in Form von einfachrechtlichen Duldungs- oder Leistungspflichten konkretisiert wird[261]. Entscheidend für die Rechtspraxis sind also die Vorgaben des einfachen Rechts. In der russischen Rechtswissenschaft wird der Rechtscharakter der Grundpflichten kaum diskutiert[262]. Das verwundert gerade vor dem bereits geschilderten Hintergrund, dass Grundpflichten im russischen Recht gerade eine herausgehobene Bedeutung für den Rechtsstatus des Individuums zukommen soll[263]. Ursächlich für eine fehlende Beleuchtung ihrer konkreten

---

257 So auch *Schweisfurth* (Fn. 20), S. 486 sowie jüngst *Rainer Arnold/Anastasia Berger*, in: Bernd Wieser (Hrsg.): Handbuch der russischen Verfassung, 2014, Art. 17 Rn. 16.

258 Vgl. etwa die Urteile des VerfG vom 16.07.2008 Nr. 9-P, VKS RF 2008 Nr. 4, S. 14 (16 f.); vom 24.06.2009 Nr. 11-P, VKS RF 2009, Nr. 4, S. 35 (38 f.); vom 20.07.2010 Nr. 17-P, SZ RF 2010, Nr. 31, Pos. 4297, S. 8482 ff., (insbesondere S. 8487); vom 31.01.2011 Nr. 1-P, SZ RF 2011, Nr. 6, Pos. 897, S. 2093 (2097) sowie vom 20.12.2011 Nr. 29-P, SZ RF 2012, Nr. 2, Pos. 397, S. 759 (761).

259 Zum Gleichstellungsgedanken des Art. 62 Abs. 3 Verf RF bereits unter B. II. 4. a).

260 *Randelzhofer* (Fn. 231), Rn. 58; verhaltener *Gusy* (Fn. 231), S. 662; differenzierend *Hofmann* (Fn. 232), § 195 Rn. 47, m. w. N.

261 *Badura* (Fn. 231), S. 868; *Stern/Sachs* (Fn. 47), Band III/2, S. 1021, 1025.

262 Von den umfangreicheren Werken scheint sich allein *Boris S. Ėbzeev* der konkreten Rechtswirkung verfassungsrechtlicher Grundpflichten detailliert zu widmen, vgl. *ders.* (Fn. 157), S. 287 ff.

263 Dazu bereits die Einführung zu B. IV.

Rechtsnatur in der Literatur ist möglicherweise, dass auch in Russland die konkreten Rechtswirkungen der Grundpflichten im erheblichen Maße gesetzesmediatisiert sind[264]. Angesichts gegenwärtig drängenderer Fragestellungen in der Rechtspraxis spielt der Rechtscharakter der Grundpflichten bislang eine untergeordnetere Rolle.

4. Zwischenergebnis

Die russischen Grundpflichten bilden einen integralen Bestandteil des Rechtsstatus der Persönlichkeit und werden daher in der Literatur oftmals in einem Atemzug mit Grundrechten erwähnt. Dem liegt der Gedanke zu Grunde, dass wahre Freiheit nur bestehen könne, wenn sie sich in einem bestimmten, auch durch Grundpflichten beschriebenen Ordnungssystem bewegt. Diese vordergründige Betonung der Grundpflichten mag irritieren. Hinter ihr steht jedoch ein Gedanke, der sich auch im deutschen Recht wiederfindet. In beiden Rechtsordnungen bezwecken Grundpflichten vornehmlich die gesellschaftliche Einbindung des Individuums, ohne dabei seine Freiheit grundlegend in Frage zu stellen. Die wenigen ausdrücklichen Grundpflichten des Grundgesetzes finden in weiten Teilen eine Entsprechung in der russischen Verfassung. Doch auch diejenigen Grundpflichten, die zunächst kein Pendant im Grundgesetz zu finden scheinen – die Pflicht zum Gesetzesgehorsam in Art. 15 Abs. 2 Verf RF und die Pflicht zur Achtung der Grundrechte Dritter in Art. 17 Abs. 3 Verf RF – sind dem deutschen Recht ihrer Funktion nach nicht fremd.

Die Pflicht zum Gesetzesgehorsam hat im noch jungen postsowjetischen Russland, das sich einer Tradition des Rechtsnihilismus gegenüber sieht, eine herausragende Bedeutung für die Entwicklung rechtsstaatlicher Verhältnisse. Die Pflicht zur Achtung der Grundrechte Dritter bezweckt, verschiedene Interessen zu mediatisieren und erfüllt damit auch die Aufgabe einer Grundrechtsschranke. Trotz der vordergründigen Verknüpfung zwischen Grundrechten und Grundpflichten erweisen sich die russischen Grundpflichten also gerade nicht als antiliberaler Gegenpol zu den russischen Grundrechten. Wie im deutschen Recht wird die konkrete Wirkung der Grundpflichten durch das einfache Recht bestimmt.

264 *Ėbzeev* (Fn. 157), S. 287 ff., 312.

V. Zusammenfassung

Die russische Verfassung setzt den bereits in der Sowjetunion eingeschlagenen Kurs fort, individuelle Rechtspositionen gegenüber gemeinschaftlichen Interessen aufzuwerten. Zudem steht sie heute unter einem anderen ideologischen Vorzeichen als ihre sowjetischen Vorgänger, indem sie die Basis für ein marktwirtschaftlich orientiertes, demokratisches und rechtsstaatliches Russland legt. Auf der Grundlage dieses politischen Paradigmenwechsels eröffnet die heutige russische Verfassung – trotz einiger historischer Vorläufer im sowjetischen Verfassungsrecht – ein neues Kapitel des postsowjetischen russischen Verfassungsrechts. In einem Ringen um Macht im zukünftigen Russland entstanden darf die heutige russische Verfassung nicht als voreilige Übergangsverfassung begriffen werden. Sie begründet heute ein modernes russisches Grundrechtsverständnis, das eine Vielzahl von Gemeinsamkeiten zur deutschen Grundrechtskonzeption aufweist, etwa in der naturrechtlichen Begründung der Grundrechte sowie in der Anerkennung der Grundrechte als unmittelbar geltende subjektive Rechte. Dass der Verfassungstext dabei nicht von Grundrechten, sondern von Rechten und Freiheiten spricht, ist unter funktionaler Betrachtungsweise unerheblich, da die Begriffe inhaltlich das Gleiche in den Blick nehmen.

Tatsächlich spürbar bleibt die sowjetische Grundrechtstradition für das moderne russische Grundrechtsverständnis in einigen wenigen Bereichen. So unterscheidet auch das heutige russische Recht nicht deutlich zwischen der staatlichen Grundrechtsbindung und einer Grundrechtswirkung zwischen Privaten. Diese fehlende Unterscheidung hat aber auf das hier im Blickpunkt stehende Verhältnis zwischen Individuum und Staat keinen maßgeblichen Einfluss. Ferner normiert die russische Verfassung wie ihre sowjetischen Vorgängerverfassungen zwar verschiedene soziale Grundrechte, die nach der Rechtsprechung des Russischen Verfassungsgerichts umfassend justitiabel sind. Im Ergebnis bleibt ihre konkrete Regelung aber dem einfachen Gesetzgeber überlassen. Entscheidend für soziale Gewährleistungen bleiben damit im russischen Recht – wie im deutschen Recht auch – die Normen des einfachen Rechts. Anknüpfend an die sowjetische Rechtstradition formuliert die heutige Verfassung schließlich eine Reihe von Grundpflichten, die in der Literatur als wesentlicher Bestandteil der Rechtsstellung des Individuums verstanden werden. Mit ihren Grundpflichten setzt die russische Verfassung aber nur dem ersten Anschein nach eine das sowjetische Recht prägende Tradition fort. Inhaltlich finden sie durchaus Anknüpfungspunkte auch im deutschen Recht und stehen keinesfalls einer Freiheitsausübung grundlegend entgegen.

Im Ergebnis lässt sich festhalten, dass beide Rechtsordnungen trotz unterschiedlicher Verfassungstraditionen heute ein im Wesentlichen vergleichbares Grundrechtsverständnis aufweisen: Grundrechte bestimmen und begrenzen unmittelbar staatliche Macht und sind notwendigenfalls durch verschiedenste Instrumente des individuellen Grundrechtsschutzes als subjektive Rechte durchsetzbar. Als solche haben sie in beiden Rechtsordnungen einen abwehrrechtlichen sowie – in bestimmtem Maße – auch leistungs- und schutzrechtlichen Gehalt.

C. Verfassungsrechtliche Vorgaben für einfachrechtliche Schutzinstrumente

Die russische Verfassung und das Grundgesetz formulieren eine Reihe von institutionell-verfahrensmäßigen Garantien, die für die Ausgestaltung eines einfachrechtlichen Grundrechtsschutzes wesentlich sind. Die Notwendigkeit, derartige Garantien überhaupt in einer Verfassung zu normieren, ergibt sich aus einer einfachen Erkenntnis: Grundrechte gelten nur beschränkt aus sich heraus. Um ihnen tatsächliche Geltung zu verschaffen, bedarf es zusätzlicher grundrechtsschützender Mechanismen[1].

Der Ruf, grundrechtsschützende Garantien in der Verfassung zu verankern, erstarkte in der Sowjetunion mit der wachsenden Bedeutung individueller Rechtspositionen[2]. Etwa normierte daraufhin Art. 57 Abs. 2 Verf UdSSR 1977 ein Recht auf gerichtlichen Rechtsschutz sowie Art. 49 Verf UdSSR 1977 ein Eingabe- und Vorschlagsrecht. Zudem wurde zunehmend gefordert, einen

---

1 Für das russische Recht etwa *S. S. Kupreev*: Administrativnoe pravo i zaščita prav i svobod čeloveka i graždanina v sovremennyj period [Verwaltungsrecht und Schutz der Rechte und Freiheiten des Menschen und des Bürgers in der gegenwärtigen Zeit], APiP 2011, Nr. 9, S. 16 (16); *E. I. Lyskova*: Pravo graždan na obraščenie v sud i juridičeskie metody ego zaščity [Das Recht der Bürger zur gerichtlichen Eingabe und juristische Methoden seines Schutzes], GiP 2008, Nr. 11, S. 109 (114); *Ch. B. Šejnin*, in: L. V. Lazarev (Hrsg.): Kommentarij k Konstitucii Rossijskoj Federacii [Kommentar zur Verfassung der Russischen Föderation], 3. Auflage 2008, Art. 48 Abs. 1, S. 287; *M. S. Smol'janov*: Juridičeskaja procedura kak garantija prav čeloveka [Juristische Verfahrensweisen als Garantie der Menschenrechte], PiP 2011, Nr. 5, S. 849 (850); *E. E. Žerebcova*: Rol' Konstitucionnogo Suda Rossijskoj Federacii v implementacii rešenij Evropejskogo Suda po Pravam Čeloveka [Die Rolle des Verfassungsgerichts der Russischen Föderation bei der Implementierung der Entscheidungen des Europäischen Gerichtshofs für Menschenrechte], PiP 2011, Nr. 1, S. 61 (61 f.), m. w. N.; ähnlich für das sowjetische Recht bereits *S. N. Bratus'*: Juridičeskaja otvetstvennost' i zakonnost' [Juristische Verantwortlichkeit und Gesetzlichkeit], 1976, S. 78 f., m. w. N.
Zu diesem Gedanken für das deutsche Recht *Klaus Stern/Michael Sachs*: Handbuch des Staatsrechts der Bundesrepublik Deutschland, Band III/2, 1994, S. 1137.

2 Zum Wandel in der sowjetischen Grundrechtslehre bereits unter B. II. 1.

allgemeinen Verwaltungsrechtsschutz[3] sowie eine Verfassungskontrolle[4] zu schaffen. Die heutige russische Verfassung greift diese Anfänge auf und ergänzt sie durch eine Vielzahl weiterer Regelungen. Um Grundrechte zu tatsächlich wehrhaften Rechtspositionen erstarken zu lassen, bedient sich die russische Verfassung in ihrer Regelungstechnik einer institutionellen sowie einer individuellen Komponente: Zum einen überträgt sie in einer für das russische Recht neuartigen Form konkreten Institutionen eine besondere Verantwortlichkeit für die Grundrechtssicherung (I.). Zum anderen werden Grundrechte durch prozessuale Garantien flankiert und abgesichert. Sie sollen es dem Einzelnen ermöglichen, gegen eine Grundrechtsverletzung effektiv vorzugehen (II.).

I. Institutionen der Grundrechtssicherung

Die russische Verfassung betraut verschiedene Institutionen mit der Aufgabe der Grundrechtssicherung (1.). Eine Sonderrolle nimmt dabei der Präsident ein, den Art. 80 Abs. 2 Satz 1 Verf RF als „Garant[en] der Verfassung der Russischen Föderation sowie der Rechte und Freiheiten des Menschen und des Bürgers" bestimmt (2.).

1. Überblick über die grundrechtssichernden Institutionen

Bei der Lektüre der russischen Verfassung treten drei Institutionen in ihrer grundrechtssichernden Funktion in Erscheinung: Es sind das Russische

---

3 Etwa *A. A. Mel'nikov*: Pravovoe položenie ličnosti v sovetskom graždanskom processe [Die Rechtslage der Persönlichkeit im sowjetischen Zivilprozess], 1969, S. 16–21, 191, 201 f.; ähnlich bereits *V. A. Patjulin*: Vsemernoe rasširenie prav i svobod sovetskich graždan [Größtmögliche Erweiterung der Rechte und Freiheiten der sowjetischen Bürger], in: Akademija Nauk SSSR – Institut gosudarstva i prava [Akademie der Wissenschaften der UdSSR – Institut für Staat und Recht] (Hrsg.): Ličnost', obščestvo i gosudarstvo [Persönlichkeit, Gesellschaft und Staat], 1966, S. 231 (236); kritisch hingegen *V. I. Remnev*: Pravo žaloby i administrativnaja justicija v SSSR [Beschwerderecht und die Verwaltungsgerichtsbarkeit in der UdSSR], SGiP 1986, Nr. 6, S. 22–32. Ausführlich zum Ganzen *Alexander Blankenagel*: Zur Funktion der Grundrechte in der UdSSR, 1975, S. 236 f., m. w. N.; ferner *Georg Brunner*: Die Sowjetunion: ein „sozialistischer Rechtsstaat"?, in: Ellen Schlüchter/Klaus Laubenthal (Hrsg.): Recht und Kriminalität, 1990, S. 177 (191 f.), m. w. N.

4 Zum Wandel in der sowjetischen Staatstheorie von einem nahezu vollständigen Desinteresse an einer Verfassungsgerichtsbarkeit zu einer im Ergebnis befürwortenden Diskussion eingehend *Angelika Nußberger*: Verfassungskontrolle in der Sowjetunion und in Deutschland, 1994, S. 35 ff., m. w. N.

Verfassungsgericht mit Sitz in St. Petersburg, der Menschenrechtsbeauftragte der Russischen Föderation (upolnomočennyj po pravam čeloveka Rossijskoj Federacii) sowie der russische Staatspräsident. Die zahlreichen Kompetenzen des Verfassungsgerichts ergeben sich primär, aber nicht ausschließlich aus Art. 125 Abs. 2 bis Abs. 5 und Abs. 7 Verf RF[5]. Es entscheidet – vergleichbar mit dem Tätigkeitsspektrum des Bundesverfassungsgerichts – insbesondere über Verfassungsbeschwerden (Art. 125 Abs. 4 Verf RF 1. Halbsatz) sowie abstrakte oder konkrete Normenkontrollanträge, (Art. 125 Abs. 2 Verf RF bzw. Art. 125 Abs. 4 2. Halbsatz Verf RF)[6]. Art. 103 Abs. 1 lit. e) Verf RF erwähnt den Menschenrechtsbeauftragten, der als Leihgabe des schwedischen Rechts in Gestalt des *Ombudsmans* Einzug in die russische Rechtsordnung gehalten hat[7].

Aus der russischen Verfassung nicht unmittelbar ersichtlich ist die grundrechtsschützende Aufgabe der Staatsanwaltschaft. Anders als im deutschen Recht wacht auch sie als Organ der allgemeinen Rechtsaufsicht über die Wahrung der russischen Verfassung im Allgemeinen und der Grundrechte im Besonderen[8].

---

5 So bestimmt unter anderem Art. 128 Abs. 3 Verf RF, dass die Zuständigkeiten durch ein föderales Verfassungsgesetz festgelegt werden. Das russische Verfassungsgerichtsgesetz enthält als Gesetz im Sinne des Art. 128 Abs. 3 Verf RF wiederum in Art. 3 Abs. 1 Nr. 7 VerfGG RF eine allgemeine Öffnungsklausel, sodass die Befugnisse des Russischen Verfassungsgerichts durch die Verfassung selbst, durch einen Föderationsvertrag oder durch ein föderales Verfassungsgesetz erweitert werden können. Dazu *Uwe Steingröver*: Anfänge der Verfassungsgerichtsbarkeit in Rußland, 2000, S. 339 sowie S. 345 f.

6 Detailliert zu den verschiedenen Verfahrensarten des heutigen Verfassungsgerichts aus dem deutsch-sprachigen Schrifttum *V. A. Krjažkov/L. V. Lazarev*: Verfassungsgerichtsbarkeit in der Russischen Föderation, 2001, S. 119 ff., S. 233 ff.; *Tamara G. Morschtschakowa*: Das Verfassungsgericht der Russländischen Föderation, in: Otto Luchterhandt/Christian Starck/Albrecht Weber (Hrsg.): Verfassungsgerichtsbarkeit in Mittel- und Osteuropa, Teilband 1, 2007, S. 129 (143); *Carmen Schmidt*: Organisation und Verfahren der russischen Verfassungsgerichtsbarkeit, in: Angelika Nußberger/Carmen Schmidt/Tamara G. Morščakova (Hrsg.): Verfassungsrechtsprechung in der Russischen Föderation, 2009, S. 21 ff. Zum individuellen Grundrechtsschutz durch das Russische Verfassungsgericht noch unter D. I.

7 Zur individuell-grundrechtsschützenden Tätigkeit der Menschenrechtsbeauftragten noch D. VI.

8 Die grundrechtsschützende Tätigkeit der Staatsanwaltschaft wird unter D. V. noch gesondert betrachtet.

2. Die Sonderrolle des Präsidenten als „Garant der Verfassung"

Die russische Verfassung bestimmt den Präsidenten in Art. 80 Abs. 2 Satz 1 Verf RF als „Garant[en] der Verfassung der Russischen Föderation sowie der Rechte und Freiheiten des Menschen und des Bürgers". Entgegen erster Vermutungen beinhaltet diese Formulierung weitaus mehr als nur „schöne Worte". Tatsächlich ist der Präsident eine der wichtigsten grundrechtsschützenden Institutionen in Russland[9]. So ist es durchaus üblich, eine Beschwerde gegen eine Grundrechtsverletzung direkt an ihn zu richten. Die jährlichen Beschwerdezahlen sind anhaltend hoch – im Jahr 2014 waren es insgesamt 987.775 Beschwerden[10]. Für die Bewältigung dieser regelrechten Beschwerdeflut ist heute im Kern eine Abteilung der Präsidialverwaltung verantwortlich[11].

Die Stellung des russischen Staatspräsidenten als Garant der Verfassung mag aus dem Blickwinkel des heutigen deutschen Rechts ungewöhnlich erscheinen. Rechtsvergleichend bestehen indes Parallelen zum französischen Recht. In Art. 5 Abs. 1 Satz 1 der französischen Verfassung heißt es: „Le Président de la République veille au respect de la Constitution." Die Regelung gilt als eine der unbestimmtesten Normen der französischen Verfassung[12]. Nach der wohl überwiegenden Literatur lassen sich aus ihr aber gerade keine weiteren Kompetenzen ableiten[13]. Die Norm ist damit vorrangig von symbolischer Natur.

---

9 So zählt seine Tätigkeit gemäß Art. 80 Abs. 2 Satz 1 Verf RF auch zu den Mechanismen des Menschenrechtsschutzes, vgl. *M. N. Semjakin*: Stichwort: Mechanizmy zaščity prav čeloveka [Mechanismen des Menschenrechtsschutzes], in: S. S. Alekseev (Hrsg.): Prava čeloveka [Menschenrechte], 2009, S. 356 f.

10 Vgl. die statistischen Angaben für das Jahr 2014 auf der Internetseite der Präsidialadministration zuständig für die Bearbeitung der Beschwerden, http://letters.kremlin.ru/digests/periodic/141.

11 Die zentrale normative Grundlage ist das Dekret „Über die Präsidialadministration zur Bearbeitung von Beschwerden von Bürgern und Organisationen" vom 17.02.2010, SZ RF 2010, Nr. 8, Pos. 838.

12 Vgl. *Louis Favoreu/Patrick Gaïa/Richard Ghevontian/Jean-Louis Mestre/Otto Pfersmann/André Roux/Guy Scoffoni*: Droit constitutionnel, 12. Auflage 2009, Rn. 930; *Thierry S. Renoux/Michel de Villiers*: Code constitutionnel, 2004, Constitution du 4 octobre 1958, art. C. 5, Rn. 0744 ff., m. w. N.

13 *Marie-Anne Cohendet*: Droit constitutionnel, 4. Auflage 2008, S. 345; *Vlad Constantinesco/Stéphane Pierré-Caps*: Droit constitutionnel, 2004, S. 394. Weiterführend insbesondere *Renoux/de Villiers* (Fn. 12), Constitution du 4 octobre 1958, art. C. 5, Rn. 0744, m. w. N.

Möglicherweise diente diese französische Regelung dem russischen Verfassunggeber als Vorbild[14]. Einen unmittelbaren Anknüpfungspunkt für die Normierung der heutigen Garantenstellung im russischen Recht bot zudem bereits Art. 127.3 Nr. 1 Verf UdSSR 1977, die im Zuge der Einführung des Präsidentenamtes 1990 in die sowjetische Verfassung aufgenommen worden war. Auch die russische Formulierung gibt der präsidialen Garantenstellung keine klaren Konturen. Zum einen tritt die präsidiale Garantenstellung wegen Kompetenzkonflikten in ein Spannungsverhältnis mit dem Russischen Verfassungsgericht (a). Zum anderen ist im russischen Recht - neben anerkannten Befugnissen zur Wahrnehmung der Garantenstellung - stark umstritten, welche Kompetenzgrenzen bestehen (b).

a) Präsident und Verfassungsgericht als „Verfassungshüter"?

Dass die französische und die russische Verfassung vom Präsidenten als Garant der Verfassung sprechen, erinnert auch an die Weimarer Staatsrechtslehre. Nach der damals herrschenden Lehre galt der Reichspräsident als „Hüter der Verfassung"[15]. Im Unterschied zur heutigen russischen und französischen Verfassung war in der Weimarer Reichsverfassung diese Funktion allerdings nicht ausdrücklich angelegt, sondern beruhte im Kern auf einer exzessiven Auslegung von Art. 48 Abs. 2 WRV. Danach konnte der Reichspräsident „[...], wenn im Deutschen Reiche die öffentliche Sicherheit und Ordnung erheblich gestört oder gefährdet wird, die zur Wiederherstellung der öffentlichen Sicherheit und Ordnung nötigen Maßnahmen treffen, erforderlichenfalls mit Hilfe

---

14 Laut *Matthias Schmoll* geht der Begriff des Garanten in der russischen Verfassung eindeutig auf die französische Verfassung zurück, *Matthias Schmoll*: Die Dekretmacht des russischen Präsidenten, 2003, S. 33; relativierend hingegen *Bernd Wieser*: Der russische Staatspräsident als Garant der Verfassung, ZaöRV 69 (2009), S. 195 (196). Zum Einfluss der französischen Verfassung auf die Genese der russischen Verfassung im Allgemeinen *Sylvia von Steinsdorff*: Die Verfassungsgenese der Zweiten Russischen und der Fünften Französischen Republik im Vergleich, ZParl 26 (1995), S. 486 (488 ff.).

15 Prägend waren unter anderem die Schriften von *Carl Schmitt*: Der Hüter der Verfassung, AöR 55 (1929), S. 161–237 und von seinen beiden Opponenten *Ernst Rudolf Huber* (unter dem Pseudonym Manfred Wild): Der Hüter der Verfassung, Der Ring 1931, S. 328–330 und *Hans Kelsen*: Wer soll der Hüter der Verfassung sein?, Die Justiz 6 (1930/31), S. 576–628. Zur damaligen Auseinandersetzung eingehend *Axel-Johannes Korb*: Kelsens Kritiker, 2010, S. 228 ff. sowie *Ralf Walkenhaus*: Konservatives Staatsdenken, 1997, S. 88 ff.; jeweils m. w. N.

der bewaffneten Macht einschreiten […].“ Als Vorkehrung für das Versagen der „Normalverfassung“ konzipiert[16], ermöglichte diese Formulierung letztlich die Diktaturgewalt des Präsidenten und führte damit faktisch zum Ende der Weimarer Republik[17]. Die Rolle des „Hüters der Verfassung“ beansprucht heute das Bundesverfassungsgericht für sich[18]. Alternativ spricht es von sich als „Hüter der Grundrechte“[19] oder als „Garant der Bundesverfassung“[20]. In der Literatur werden diese Selbsttitulierungen allerdings oftmals als missverständlich empfunden, da sich das Gericht nicht, wie die Formulierung nahelegt, über die Verfassung stelle, sondern denselben verfassungsrechtlichen Bindungen unterliege wie alle anderen Staatsorgane[21].

Im russischen Recht könnte der Wortlaut des Art. 80 Abs. 2 Satz 1 Verf RF suggerieren, dass vorrangig der Staatspräsident über die Einhaltung der Verfassung wache. Dass allerdings auch das Russische Verfassungsgericht die Rolle des Verfassungshüters für sich beanspruchen kann, zeigt ein Blick auf seinen umfassenden Zuständigkeitskatalog in Art. 125 Abs. 2–6 Verf RF[22]. In der russischen

---

16 *Christoph Gusy*: Die Weimarer Reichsverfassung, 1997, S. 114.

17 Zu dieser Einschätzung gelangt *Michael Stolleis*: Geschichte des öffentlichen Rechts in Deutschland, Band 3, 1999, S. 115 f., m. w. N.; ähnlich *Gusy* (Fn. 16), S. 114. Äußerst kritisch zu einem bestehenden Zusammenhang zwischen der exzessiven Auslegung des Art. 48 WRV und der Machtergreifung Hitlers hingegen *Rudolf Haugg*: Die Anwendung des Art. 48 WRV, 1976, S. 181 ff., m. w. N.; in der Tendenz ebenso *Hans Schneider*: Die Reichsverfassung vom 11. August 1919, in: Josef Isensee/Paul Kirchhof (Hrsg.): Handbuch des Staatsrechts der Bundesrepublik Deutschland, Band 1, 3. Auflage 2003, § 5 Rn. 87, m. w. N.

18 Eindrucksvoll dazu die „Status-Denkschrift“ des BVerfG vom 27.06.1952, *Bundesverfassungsgericht*: Denkschrift des Bundesverfassungsgerichts, JöR n. F. 6 (1957), S. 144–148; vgl. zudem die vorangegangenen Entscheidungen BVerfGE 1, 184 (195 ff.); 1, 396 (408); 6, 300 (304); ferner BVerfGE 33, 52 (87); 119, 247 (258).

19 BVerfGE 17, 108 (118) sowie 30, 173 (202).

20 BVerfGE 96, 103 (138).

21 Vgl. etwa *Andreas Voßkuhle*: Stabilität, Zukunftsoffenheit und Vielfaltsicherung, JZ 2009, S. 917 (918), m. w. N. sowie *ders.*, in: Hermann von Mangoldt/Friedrich Klein/Christian Starck: Kommentar zum Grundgesetz, Band 3, 6. Auflage 2010, Art. 93 Rn. 18, m. w. N.; *Wolfgang Meyer*, in: Ingo von Münch/Philip Kunig (Begr./Hrsg.): Grundgesetz-Kommentar, Band 2, 6. Auflage 2012, Art. 93 Rn. 2; *Alfred Rinken*, in: Rudolf Wassermann (Hrsg.): Kommentar zum Grundgesetz für die Bundesrepublik Deutschland, Reihe Alternativkommentare, 2. Band, 1989, vor Art. 93 Rn. 75.

22 So bereits *Theodor Schweisfurth*: Die Verfassung Rußlands vom 12. Dezember 1993, EuGRZ 1994, S. 473 (489), der erstmals im deutschsprachigen Schrifttum auf dieses Konfliktpotential hinweist. Ferner *Wieser* (Fn. 14), S. 196 sowie *V. O. Lučin*: Konsti-

Literatur wird es daher – vergleichbar mit der Begrifflichkeit im Hinblick auf das Bundesverfassungsgericht – teilweise als „Hüter der Verfassung" (chranitel' Konstitucii) bezeichnet[23]. *Matthias Hartwig* hat die Funktionsdopplung bei Präsidenten und Verfassungsgericht prägnant als Beispiel eines „verfassungsrechtlichen Eklektizismus" bezeichnet[24]. Er beschreibt damit eine Situation, in der Rechtsfiguren und Rechtsinstitute verschiedener ausländischer Verfassungen aus ihren Zusammenhängen gerissen worden sind. In der neuen verfassungsrechtlichen Normierung werden sie dann so zusammengetragen, dass sie sich gegenseitig behindern, wenn nicht gar widersprechen. Für die hier im Blick stehende Aufgabenkollision zwischen Staatspräsidenten und föderalem Verfassungsgericht bedeutet das konkret: Die wohl dem französischen Recht entlehnte Garantenstellung sieht sich mit einer kompetenzreichen Verfassungsgerichtsbarkeit konfrontiert, wie sie das französische Recht in seinem Ausgangspunkt gerade nicht kennt. Die Überprüfung bereits in Kraft getretener Gesetze war in der französischen Verfassung ursprünglich nicht vorgesehen. Erst mit der Verfassungsreform 2008[25] sowie der entsprechenden Anpassung des Prozessrechts

---

tucija Rossijskoj Federacii [Die Verfassung der Russischen Föderation], 2002, S. 451; *A. V. Zinov'ev*: Status Konstitucionnogo Suda Rossii i ego dejatel'nost' nuždajutsja v soveršenstvovanija [Der Status des Verfassungsgerichts Russlands und die Notwendigkeit der Vervollkommnung seiner Tätigkeit], Pravovedenie 2007, Nr. 5, S. 4 (5 f.).

23 Vgl. die Ausführungen bei *S. A. Kažlaev*: Genezis pravovych pozicij Konstitucionnogo Suda Rossijskoj Federacii [Die Genese von Rechtspositionen des Verfassungsgerichts der Russischen Föderation], ŽRP 2007, Nr. 3, S. 8 (8); *T. Morščakova*: Konstitucionnaja zaščita prav i svobod graždan sudami Rossijskoj Federacii [Der verfassungsrechtliche Schutz der Rechte und Freiheiten des Bürgers durch die Gerichte der Russischen Föderation], SKO 2004, Nr. 4, S. 124 (125); *N. V. Vitruk*: Neobchodimo prinjatie novogo Federal'nogo konstitucionnogo zakona „O Konstitucionnom Sude Rossijskoj Federacii" [Es ist geboten, ein neues Föderales Verfassungsgesetz „Über das Verfassungsgericht der Russischen Föderation" zu verabschieden], ŽKP 2011, Nr. 6, S. 5 (6); ferner jüngst in der deutschsprachigen Literatur *Ekaterina Yustus*: Verfassungsgerichtsbarkeit in Russland und Deutschland, 2011, S. 16. Ähnlich *N. S. Bondar'*: Sudebnyj konstitucionalizm v Rossii [Gerichtlicher Konstitutionalismus in Russland], 2011, S. 219, der vom Verfassungsgericht als Hüter des russischen Konstitutionalismus spricht.

24 *Matthias Hartwig*: Die Legitimation des Staates durch Verfassungsrezeption in Mittel- und Osteuropa, ZaöRV 59 (1999), S. 919 (933).

25 Eingehend zur Reform, ihren Gründen und Folgen etwa *Friederike Valerie Lange*: Grundrechtsbindung des Gesetzgebers, 2010, S. 143 ff., m. w. N.; *Federico Fabbrini*: Kelsen in Paris, German Law Journal 2008, S. 1297–1312, m. w. N.; *Hans-Georg Franzke*: Die französische Verfassungsreform 2008, insbesondere die 2010 eingeführte gerichtliche Normenkontrolle, EuGRZ 2010, S. 414–417, m. w. N.

2010 kann nunmehr auch vor dem Conseil constitutionnel die Verletzung der in der Verfassung verankerten Rechte und Freiheiten gerügt werden[26]. Im deutschen Recht hingegen wird dem Staatspräsidenten im Grunde gerade keine Tätigkeit als Verfassungshüter zugewiesen[27]. Dies ist Aufgabe der Verfassungsgerichtsbarkeit, die in ihren Grundstrukturen und in ihrem Selbstverständnis der heutigen russischen Verfassungsgerichtsbarkeit Modell gestanden hat.

Der Konflikt zwischen Verfassungsgericht als Verfassungshüter und Präsidenten als Garanten der Verfassung ist nicht nur hinsichtlich seiner rechtsvergleichend prägnanten Normgenese interessant, sondern hat auch für das heutige Institutionengefüge Russlands praktische Relevanz: Wäre der Präsident „oberster" Garant der russischen Verfassung, könnte das Verfassungsgericht in der Konsequenz die Verfassungsmäßigkeit präsidialer Maßnahmen nicht überprüfen. Das Russische Verfassungsgericht hat diesen Konflikt bereits früh durch eine konsequente und selbstbewusste Haltung entschärft, indem es die Ausübung der Garantenstellung gerade nicht zur political question im Sinne des Art. 3 Abs. 3 VerfGG RF[28] erklärte, sondern präsidiale Maßnahmen einer verfassungsgerichtlichen Überprüfung unterzieht[29]. Dadurch konnte es sich als tatsächlicher Hüter der Verfassung behaupten[30]. Gleichwohl kann seine Rechtsprechung zu den präsidialen Kompetenzgrenzen im Einzelnen bislang kaum als eine reale Begrenzung präsidialer Macht gesehen werden. Besonders deutlich wird dies, wenn man seine Judikatur der Jahre 1995–2001 in den Blick nimmt. In diesen Jahren brachte es sich selbst in eine schwere Glaubwürdigkeitskrise, indem es auffallend

---

26 Vertiefend hierzu *Claus Dieter Classen*, in: Hans Jürgen Sonnenberger/ders. (Hrsg.): Einführung in das französische Recht, 4. Auflage 2012, 1. Kapitel, § 8, S. 72 ff., m. w. N.

27 Zur umstrittenen materiellen Prüfungskompetenz des Bundespräsidenten im deutschen Recht etwa *Hartmut Bauer* in: Horst Dreier (Hrsg.): Grundgesetz, Band 2, 2. Auflage 2006, Art. 82 Rn. 13; *Brun-Otto Bryde*, in: Ingo von Münch/Philip Kunig (Begr./Hrsg.): Grundgesetz-Kommentar, Band 2, 6. Auflage 2012, Art. 82 Rn. 6; *Theodor Maunz*, in: Theodor Maunz/Günter Dürig (Begr.): Grundgesetz, Art. 82 Rn. 2; jeweils m. w. N.

28 Art. 3 Abs. 3 VerfGG RF lautet: „Das Verfassungsgericht der Russischen Föderation entscheidet ausschließlich über Fragen des Rechts."

29 Vgl. das Tschetschenien-Urteil des VerfG vom 31.07.1995 Nr. 10-P, SZ RF 1995, Nr. 33, Pos. 3424, S. 6293 ff. sowie die Urteile vom 28.11.1995 Nr. 15-P, SZ RF 1995, Nr. 49, Pos. 4868, S. 8957 ff.; vom 25.06.2001 Nr. 9-P, SZ RF 2001, Nr. 27, Pos. 2804, S. 5512 ff.; zum Ganzen *Wieser* (Fn. 14), S. 197 f.

30 Zur auffallend loyalen Rechtsprechungspraxis sogleich unter C. I. 2. b) (2).

loyal und wenig argumentativ präsidiale Maßnahmen für verfassungsgemäß erklärte. Diese Judikatur lässt sich allenfalls mit einem damaligen Bestreben des Gerichts erklären, durch den Präsidenten forcierte und dringend notwendige Reformprozesse in der Transformationsphase nicht zu behindern.

b) Befugnisse und Kompetenzgrenzen des Garanten

Eine der wenigen Standardstreitigkeiten im russischen Verfassungsrecht ist die Frage, welche konkreten Befugnisse und Kompetenzgrenzen aus der präsidialen Garantenstellung folgen sollen[31]. Unumstritten nimmt der russische Präsident im Staatsgefüge eine besondere Rolle ein: Als einzige Institution trägt er die Gesamtverantwortung für den Staat[32]. Art. 80 Abs. 2 Satz 1 Verf RF enthält dabei als Teilausschnitt dieser präsidialen Verantwortung die spezifische Pflicht des Präsidenten, einen Zustand zu schaffen, in dem alle Staatsorgane ihre verfassungsrechtlichen Verpflichtungen erfüllen[33], sie also insbesondere verfassungsgemäß handeln. Im Falle einer Zuwiderhandlung folgt aus der Garantenstellung eine aktive Handlungspflicht des Präsidenten[34]. Höchst umstritten ist jedoch, wie er dieser Pflicht konkret nachkommen soll, da ihm von der Verfassung keine gesonderten Befugnisse zur Seite gestellt werden.

(1) Anerkannte formlose und förmliche Befugnisse

In der russischen Literatur sind eine Reihe von formlosen, in der Verfassung nicht ausdrücklich geregelten Befugnisse anerkannt: So ist der Präsident etwa befugt,

---

31 Sehr anschaulich und umfassend hierzu jüngst *Bernd Wieser*, in: ders. (Hrsg.): Handbuch der russischen Verfassung, 2014, Art. 80 Rn. 5 ff., m. w. N.

32 Anschaulich bringen das zum Ausdruck *A. A. Bezuglov/S. A. Soldatov*: Konstitucionnoe pravo Rossii [Das Verfassungsrecht Russlands], Band 2, 2001, S. 192.

33 Vgl. *M. V. Baglaj*: Konstitucionnoe pravo Rossijskoj Federacii [Das Verfassungsrecht der Russischen Föderation], 7. Auflage 2008, S. 480; *E. I. Kozlova/O. E. Kutafin*: Konstitucionnoe pravo Rossii [Das Verfassungsrecht Russlands], 4. Auflage 2008, S. 379, ähnlich *Bezuglov/Soldatov* (Fn. 32), Band 2, S. 192 f.; *Lučin* (Fn. 22), S. 453; *M. A. Krasnov*, in: B. N. Topornin (Hrsg.): Konstitucija Rossijskoj Federacii [Die Verfassung der Russischen Föderation], 3. Auflage 2003, Art. 80, S. 558.

34 *Baglaj* (Fn. 33), S. 481; *J. I. Lejbo*: Semipräsidialpolitik in Rußland, Osteuropa Recht 1997, S. 33 (39); *E. A. Tichon*: Prezident Rossijskoj Federacii – garant prav i svobod čeloveka i graždanina [Der Präsident der Russischen Föderation], 2006, S. 62, m. w. N.; *Wieser* (Fn. 14), S. 211; zustimmend auch *Bezuglov/Soldatov* (Fn. 32), Band 2, S. 193.

sich an ein beliebiges Staatsorgan mit der unverbindlichen Aufforderung[35] zu wenden, Akte oder Handlungen in Einklang mit der Verfassung zu bringen[36]. Ebenso formlos nimmt er – wie bereits angesprochen[37] – Beschwerden von Bürgern entgegen und trägt zu ihrer Lösung bei[38]. Unstrittig kann sich der Präsident in Wahrnehmung seiner Garantenstellung weiterhin auf diejenigen förmlichen Kompetenzen stützen, die in der Verfassung als präsidiale Befugnisse in der Verfassung ausdrücklich genannt werden[39]: Um etwa eine verfassungswidrige Rechtslage auf föderaler Ebene zu verhindern, kann der Präsident im Gesetzgebungsverfahren sein Vetorecht aus Art. 107 Abs. 3 Verf RF ausüben oder eine eigene Gesetzesinitiative gemäß Art. 84 lit. d) i. V. m. Art. 104 Abs. 1 Verf RF einbringen. Derartige Gesetzesinitiativen sind in der Rechtspraxis im Übrigen keine Seltenheit. Auf einer solchen Gesetzesinitiative beruht beispielsweise das russische Parteiengesetz[40]. Ferner kann er im Wege einer abstrakten Normenkontrolle das Russische Verfassungsgericht zur Überprüfung eines föderalen oder eines regionalen Gesetzes[41] anrufen (Art. 125 Abs. 2 Verf RF). Von diesem Recht machte der russische Präsident bislang nur in wenigen Fällen, vorrangig in den Jahren 1995 bis 1999, Gebrauch. Aus der jüngeren Zeit existieren keine auf ihn zurückgehende Normenkontrollentscheidungen[42].

(2) Kompetenzgrenzen

Auf welche Kompetenzgrenzen der Präsident in Ausübung seiner Garantenstellung trifft, ist in der russischen Rechtswissenschaft hingegen stark umstritten. Eine Erweiterung des Kompetenzkatalogs um *formlose* Kompetenzen ist noch allgemein denkbar, da diese keine rechtliche Bindungswirkung auslösen.

35 Darauf weist zu Recht hin *Wieser* (Fn. 14), S. 210.

36 *Baglaj* (Fn. 33), S. 480 f.; *Tichon* (Fn. 34), S. 70.

37 Vgl. hierzu bereits die Einführung zu C. I. 2.

38 *Krasnov* (Fn. 33), Art. 80, S. 557.

39 Dazu umfassend *Lučin* (Fn. 22), S. 453 ff.; *Tichon* (Fn. 34), S. 70 ff.; *G. V. Vasil'eva*, in: L. V. Lazarev (Hrsg.): Kommentarij k Konstitucii Rossijskoj Federacii [Kommentar zur Verfassung der Russischen Föderation], 3. Auflage 2008, Art. 80, S. 495 ff.; ferner *Kozlova/Kutafin* (Fn. 33), S. 379; *Wieser* (Fn. 14), S. 208 ff.

40 Weitere, auf dieses Initiativrecht zurückgehende Gesetze nennt *Vasil'eva* (Fn. 39), Art. 80, S. 496.

41 Art. 125 Abs. 2 lit. a) bzw. lit. b) Verf RF.

42 Eine offizielle Statistik ist nicht verfügbar. Der Befund beruht auf einer Recherche, basierend auf der elektronischen Entscheidungssammlung des Russischen Verfassungsgerichts unter www.http://www.ksrf.ru/ru/Decision/Pages/default.aspx. Kritisch zur heutigen Passivität des Präsidenten *Lučin* (Fn. 22), S. 462.

Umstritten ist indes, in welcher Weise *förmliche* Kompetenzen aus Art. 80 Abs. 2 Satz 1 Verf RF[43] abgeleitet werden können. Der wohlklingende Wortlaut der Norm entpuppt sich so als wahre Belastungsprobe für das neue, sich zum Demokratie- und Rechtsstaatsprinzip bekennende Russland.

Hinsichtlich förmlicher Kompetenzen hat der Präsident nach dem Russischen Verfassungsgericht und großen Teilen des Schrifttums das Recht, durch Dekret zu entscheiden, auch wenn förmlich durch Gesetz entschieden werden müsste. Das Russische Verfassungsgericht äußerte sich zu dem Fall solch gesetzesvertretender Dekrete erstmals in dem mit acht Sondervoten ergangenen Tschetschenien-Urteil[44]. In dem Urteil ging es im Kern um die Frage, ob der Präsident, unter anderem gestützt auf Art. 80 Abs. 2 Verf RF, allein durch Dekret[45] eine Rechtsgrundlage für einen militärischen Einsatz der Streitkräfte schaffen konnte. Die Verfassungsmäßigkeit dieses Dekrets stand jedoch hier in Frage, weil der Präsident für die Begründung eines Militäreinsatzes nach den Artt. 87 Abs. 2, 88,

---

43 Das russische Verfassungsgericht stellt hier allgemein auf Art. 80 Abs. 2 Satz 1 und 2 Verf RF ab, vgl. etwa die Urteile vom 31.07.1995 Nr. 10-P, SZ RF 1995, Nr. 33, Pos. 3424, S. 6293 ff. sowie vom 25.06.2001 Nr. 9-P, SZ RF 2001, Nr. 27, Pos. 2804, S. 5512 ff. Einzig in einem Urteil bezieht es sich auf Art. 80 Abs. 2 Satz 1 Verf RF, das Urteil des VerfG vom 28.11.1995 Nr. 15-P, SZ RF 1995, Nr. 49, Pos. 4868, S. 8957 ff. Ob Art. 80 Abs. 2 Satz 2 Verf RF indes eine Konkretisierung der Garantenstellung darstellt oder ob der Regelung ein vollkommen selbstständiger Gehalt zu entnehmen ist, bleibt insofern unklar. Insofern kritisch auch *Wieser* (Fn. 14), S. 199.

44 Urteil des VerfG Nr. 10-P vom 31.07.1995, SZ RF 1995, Nr. 33, Pos. 3424, S. 6293 ff., deutsche Übersetzung einschließlich der Sondervoten durch *Dmitry Marenkov/Carmen Schmidt,* in: Angelika Nußberger/Carmen Schmidt/Tamara G. Morščakova (Hrsg.): Verfassungsrechtsprechung in der Russischen Föderation, 2009, S. 129 ff. Eine umfassende Erörterung und Analyse des Urteils geben u.a. *Jens Deppe*: Das „Tschetschenien-Urteil" des Verfassungsgerichts der Russischen Föderation und das Sondervotum des Verfassungsrichters Lučin, Osteuropa Recht 1999, S. 109–135; *Tigran Beknazar*: Übergesetzliches Notstandsrecht in Rußland, ZaöRV 57 (1997), S. 161–193; *Angelika Nußberger*: Rechts- und Verfassungskultur in der Russischen Föderation, JöR n. F. 54 (2006), S. 35 (42 ff.); *William E. Pomeranz*: Judicial review and the Russian Constitutional Court, Review of Central and East European Law 1997, S. 9–48; *Wieser* (Fn. 14), S. 201 ff. Eine Analyse aus völkerrechtlicher Sicht trifft *Paola Gaeta*: The Armed Conflict in Chechnya before the Russian Constitutional Court, European Journal of International Law 1996, S. 563–570.

45 Es war unter anderem das Dekret „Über Maßnahmen zur Unterbindung der illegalen Milizen auf dem Territorium der Tschetschenischen Republik und in der Zone des ossetisch-inguschetischen Konflikts vom 09.12.1994, SZ RF 1994, Nr. 33, Pos. 3422, S. 4889 ff.

102 Abs. 1 lit. b) und c) Verf RF zunächst den Kriegs- oder Ausnahmezustand durch Dekret erklären muss, welches dann der Bestätigung des Föderationsrats[46] unterliegt. Eine solche Bestätigung wurde in diesem Fall jedoch nicht eingeholt.

Das Russische Verfassungsgericht urteilte, dass statt eines Kriegs- oder Ausnahmezustands ein Drittes vorgelegen habe – nämlich eine Situation, in der der Präsident, auch unter Berufung auf Art. 80 Abs. 2 Verf RF, ohne parlamentarische Beteiligung den Einsatz des Militärs verfügen dürfe[47]. Es leitete dabei ohne fundierte Argumentation, sondern im Kern aus einer pauschalen Verweisung auf sechs Verfassungsnormen[48] – unter anderem auf Art. 80 Abs. 2 Verf RF – den Grundsatz ab, dass der Präsident verpflichtet sei, Maßnahmen zum Schutz der Souveränität der Russischen Föderation, ihrer Unabhängigkeit und Sicherheit zu treffen. Das Gericht legte die herangezogenen Normen dabei weder aus, noch subsumierte es sie unter den konkreten Sachverhalt[49]. Die Grenzen der ungeschriebenen Befugnisse bildeten nach dem Russischen Verfassungsgericht ausschließlich der Grundsatz der Gewaltenteilung (Art. 10 Verf RF) sowie Art. 90 Abs. 3 Verf RF[50], der bestimmt, dass Dekrete und Verfügungen des Präsidenten der Verfassung und den föderalen Gesetzen nicht widersprechen dürfen. Ob diese Grenzen im konkreten Fall möglicherweise überschritten worden waren, wurde vom Verfassungsgericht nicht untersucht.

Auch in seiner weiteren Judikatur zog das Russische Verfassungsgericht Art. 80 Abs. 2 Verf RF als Legitimationsgrundlage heran, um präsidiale Befugnisse zulasten der föderalen oder regionalen Legislative zu erweitern[51]. Seine letzte

46 Der Föderationsrat ist die zweite Parlamentskammer in Russland neben der Duma. Sie besteht aus Abgeordneten aus den einzelnen Subjekten.

47 Urteil des VerfG Nr. 10-P vom 31.07.1995, SZ RF 1995, Nr. 33, Pos. 3424, S. 6298.

48 Zu dieser Arbeitsweise bereits ausführlich unter A. II. 1.

49 So auch *Nußberger* (Fn. 44), S. 44 ff. sowie *dies.*, in: dies./Carmen Schmidt/Tamara G. Morščakova, (Hrsg.): Verfassungsrechtsprechung in der Russischen Föderation, 2009, S. 65; *Wieser* (Fn. 14), S. 202 f.

50 Urteil des VerfG vom 31.07.1995 Nr. 10-P, SZ RF 1995, Nr. 33, Pos. 3424, S. 6298. Gemäß Art. 90 Abs. 3 Verf RF dürfen Dekrete und Verfügungen des Präsidenten nicht mit der Verfassung und den Gesetzen der Russischen Föderation im Widerspruch stehen.

51 Etwa das Urteil des VerfG vom 28.11.1995 Nr. 15-P, SZ RF 1995, Nr. 49, Pos. 4868, S. 8957 ff, in dem es eine Änderung der Bezeichnung eines Föderationssubjekts – faktisch also eine Verfassungsänderung – per Dekret für verfassungsmäßig erklärte. Kritisch zu diesem Urteil *Wieser* (Fn. 14), S. 204 f; zur Verfassungsmäßigkeit eines Dekrets über das Wahlverfahren in den Subjekten, vgl. das Urteil des VerfG vom 30.04.1997 Nr. 7-P, SZ RF 1997, Nr. 20, Pos. 2383, S. 4043 ff. In einem anderen Urteil erklärte das Russische Verfassungsgericht ein Dekret, in dem der Präsident entgegen eindeutiger

Entscheidung zur Verfassungsmäßigkeit eines Präsidialdekrets im Zusammenhang mit Art. 80 Abs. 2 Verf RF datiert aus dem Jahr 2001[52]. Dieser Umstand lässt eine Entspannung des Verhältnisses zwischen Präsidenten und Legislative vermuten. Tatsächlich bemühte sich bereits Präsident *Wladimir W. Putin* – anders als noch sein Vorgänger *Boris N. Jelzin* – um eine aktivere Zusammenarbeit mit dem Parlament, indem er verstärkt vom präsidialen Gesetzesinitiativrecht Gebrauch machte[53]. Ein vergleichbarer Weg scheint gegenwärtig fortgesetzt zu werden.

Im Schrifttum ist die Judikatur des Russischen Verfassungsgerichts umstritten. Teilweise wird eine Kompetenzerweiterung aus Art. 80 Abs. 2 Verf RF gänzlich abgelehnt, da die Norm ausschließlich eine allgemeine Status- und Aufgabenbeschreibung enthalte[54]. Das ganz überwiegende Schrifttum stimmt indes der verfassungsgerichtlichen Judikatur zu[55]. Für eine solche Kompetenzerweiterung spreche der Grundsatz der unmittelbaren Geltung der Verfassung, Art. 15 Abs. 1 Verf RF[56]: Der Präsident sei unmittelbar aus Art. 80 Abs. 2 Verf RF für die Achtung der Verfassung und ihrer Grundrechte verantwortlich. Ihn nunmehr allein auf die explizit aus der Verfassung folgenden Kompetenzen zu verweisen, würde die Ausübung seiner Pflichten als Garant behindern. Damit sei sonst die

---

gesetzlicher Regelungen dem Pensions-Fond zusätzliche Aufgaben übertrug, für verfassungsgemäß, Urteil vom 25.06.2001 Nr. 9-P, SZ RF 2001, Nr. 27, Pos. 2804, S. 5512 ff.

52 Urteil des VerfG vom 25.06.2001 Nr. 9-P, SZ RF 2001, Nr. 27, Pos. 2804, S. 5512 ff.

53 Art. 84 lit. d) i. V. m. Art. 104 Abs. 1 Verf RF. Zum Ganzen auch *G. V. Dëgtev*: Stanovlenie i razvitie instituta prezidentstva v Rossii [Die Entstehung und Entwicklung des Instituts der Präsidentschaft in Russland], 2006, S. 76, 78; *L. A. Okun'kov*, in: ders. (Hrsg.): Kommentarij k Konstitucii Rossijskoj Federacii [Kommentar zur Verfassung der Russischen Föderation], 2002, Vorbemerkung zum 4. Kapitel der russischen Verfassung, S. 590, 592.

54 Darin erschöpft sich nach Ansicht des Verfassungsrichters *V. O. Lučin* auch der Gehalt von Art. 80 Abs. 2 Verf RF, vgl. *V. O. Lučin* in seinem Sondervotum zum Tschetschenien-Urteil, SZ RF 1995, Nr. 33, Pos. 3424, S. 6323 (6326); sowie *ders.* (Fn. 22), S. 465; ähnlich *Dëgtev* (Fn. 53), S. 76.

55 *Baglaj* (Fn. 33), S. 482; *Krasnov* (Fn. 33), Art. 80, S. 560; *Vasil'eva* (Fn. 39), Art. 80, S. 496 f.; *M. G. Kubataev*,: Pravotvorčeskaja dejatel'nost' Presidenta Rossijskoj Federacii [Die gesetzgeberische Tätigkeit des Präsidenten der Russischen Föderation], Jurist 2000, Nr. 5, S. 2 (3); *Ju. A. Tichomirov*/*I. V. Kotelevskaja*: Pravovye akty [Rechtsakte], 1999, S. 154.

56 Etwa *Krasnov* (Fn. 33), Art. 80, S. 560; *Vasil'eva* (Fn. 39), Art. 80, S. 496 f.

unmittelbare Geltung des Art. 80 Abs. 2 Verf RF selbst in Frage gestellt[57]. Wenn die Verfassung dem Präsidenten zur Wahrnehmung seiner Verpflichtungen keine konkreten Handlungsbefugnisse aufzeige, sei er daher – unter Beachtung der Verfassung – in der Wahl der institutionellen und funktionellen Mittel frei[58]. In diesem Duktus formuliert der angesehene russische Rechtswissenschaftler *Marat V. Baglaj* mit Blick auf das Tschetschenien-Urteil des Russischen Verfassungsgerichts, dass „jeder, dem die Interessen Russlands am Herzen liegen, anerkennen muss, dass die verfassungsmäßige Gesetzlichkeit keinen Heller wert ist, wenn der Präsident nicht seine allgemein umschriebene, verfassungsmäßige Funktion erfüllt und so der Staat zerfällt, äußere Einmischung in innere Angelegenheiten, Separatismus und organisierter Terrorismus eintreten."[59]

Doch selbst wenn aus der Garantenstellung weitere Befugnisse hergeleitet werden können, wie es das Russische Verfassungsgericht und Teile der Literatur bejahen, müssen sich die Kompetenzen, die sich aus der Auslegung der Garantenstellung ergeben, in das Gesamtgefüge der Verfassung, insbesondere in die Kernkompetenzen anderer Staatsorgane, eingliedern. Darin sind sich im Grunde alle einig. Warum jedoch in Fällen, in denen der Präsident unter Berufung auf Art. 80 Abs. 2 Verf RF als Quasi-Gesetzgeber tätig wird, die Beachtung dieser Schranke nicht genauer untersucht wird, bleibt unklar. Hier tolerieren das Verfassungsgericht und die überwiegende Ansicht in der Literatur einen zentralen Eingriff in die Handlungsprärogative des föderalen Parlaments und der Regierung[60], ohne ihn argumentativ zu untermauern. Auch der Verweis auf die unmittelbare Geltung der Verfassung ist kaum in der Lage, derartige Übergriffe in fremde Kompetenzbereiche zu rechtfertigen[61]. Eine Erklärung dürfte jenseits des Rechtlichen liegen: Es herrscht – wie in der Bevölkerung allgemein[62] – in

---

57 Diese Argumentationsführung impliziert *Vasil'eva* (Fn. 39), Art. 80, S. 496

58 *Krasnov* (Fn. 33), Art. 80, S. 560; ähnlich *Baglaj* (Fn. 33), S. 482; *ders.*: Verfassungsgerichtsbarkeit und Gewaltenteilung in Rußland, in: Johannes Ch. Traut (Hrsg.): Föderalismus und Verfassungsgerichtsbarkeit in Rußland, 1997, S. 13 (17).

59 *Baglaj* (Fn. 33), S. 482. Wörtlich heißt hier es: „Každyj, komu dorogi interesy Rossii, dolžen priznat', čto groš cena vsej konstitucionnoj zakonnosti, esli Prezident ne realizuet svoju konstitucionnuju funkciju, chotja i sformulirovannuju v ves'ma obščich vyraženijach, i dopustit territorial'nyj raspad gosudarstva, vnešnee vmešatel'stvo vo vnutrennie dela, razvitie separatizma, organizovannogo terrorizma."

60 Dies kritisiert implizit auch *N. V. Vitruk* in seinem Sondervotum zum Tschetschenien-Urteil, SZ RF 1995, Nr. 33, Pos. 3424, S. 6304 (6309).

61 *Dëgtev* (Fn. 53), S. 77 f.

62 Im Vergleich zu anderen staatlichen Institutionen genießt der russische Staatspräsident anhaltend das mit Abstand meiste Vertrauen in der Bevölkerung, vgl. etwa die

der überwiegenden Rechtswissenschaft die Idealvorstellung von einem starken, integrativen und die Geschicke des Landes verantwortungsvoll leitenden Präsidenten. Eine Kompetenzbegrenzung präsidialer Macht, sei sie auch dogmatisch geboten, passt nicht in dieses Bild.

Andere fordern daher eine Begrenzung der präsidialen Macht aus Art. 80 Abs. 2 Verf RF[63]. Allein der Umstand, dass bestimmte Kompetenzen - etwa in Notlagen Beschlüsse zu fassen, um damit die staatliche Handlungsfähigkeit zu erhalten - notwendig seien, um die Garantenstellung effektiv wahrzunehmen, impliziere nicht ihre Verfassungsmäßigkeit[64]. Das diesem Gedanken zugrunde liegende Prinzip „alles ist erlaubt, was nicht verboten ist" kann nicht auf Organe der öffentlichen Gewalt angewendet werden[65], da sonst die für einen Rechtsstaat prägenden Kompetenzgrenzen verwischt würden[66].

II. Verfahrensbezogene Garantien der russischen Verfassung

Neben den eben erwähnten grundrechtssichernden Institutionen enthält die russische Verfassung einen Katalog verfahrensbezogener Grundrechte. Sie sollen es dem Einzelnen ermöglichen, die Wahrung seiner materiellen Grundrechte gegebenenfalls zu erzwingen. Diese Garantien wirken insofern also grundrechtsflankierend. Darin liegt die Spezifik der hier im Blickpunkt stehenden Rechte[67]. Es sind im Einzelnen die Rechtsschutzgarantie, Art. 46 Verf RF (1.), das Eingaberecht, Art. 33 Verf RF (2.), das Recht auf eigene Verteidigung der Grundrechte,

---

Umfrageergebnisse der zwischen dem 01. und 17.06.2012 durchgeführten Umfrage des Levada-Instituts, http://www.levada.ru/26-06-2012/instituty-vlasti-teryayut-doverie-grazhdan; auf deutsch veröffentlicht in Russland-Analysen Nr. 242 vom 13.07.2012, S. 17.

63 Kritisch indes etwa *S. A. Avak'jan*: Prezident Rossijskoj Federacii [Der Präsident der Russischen Föderation], VMU 1998, Serie 11, Nr. 1, S. 8 (30 ff.); *Dëgtev* (Fn. 53), S. 77 f.; *E. I. Koljušin*: Konstitucionnoe (gosudarstvennoe) pravo Rossii [Das Verfassungsrecht (Staatsrecht) Russlands], 1999, S. 230 f; *Lučin* (Fn. 22), S. 464 f.; *Okun'kov* (Fn. 53), Vorbemerkung zum 4. Kapitel der russischen Verfassung, S. 589 ff.

64 Ähnlich auch *Okun'kov* (Fn. 53), Vorbemerkung zum 4. Kapitel der russischen Verfassung, S. 592.

65 *Lučin* in seinem Sondervotum (Fn. 54), S. 6326; *Lučin* (Fn. 22), S. 464; *Okun'kov* (Fn. 53), Vorbemerkung zum 4. Kapitel der russischen Verfassung, S. 592; *Dëgtev* (Fn. 53), S. 76; ähnlich *Vitruk* (Fn. 60), S. 6308.

66 Vgl. *Lučin* (Fn. 22), S. 464.

67 Spezielle Verfahrensgarantien - besonders im Strafverfahren -, die die russische Literatur zu Recht ebenfalls als Garantien des Grundrechtsschutzes versteht, sollen hier bewusst nicht untersucht werden.

Art. 45 Abs. 2 Verf RF (3.) sowie das Recht auf qualifizierten juristischen Beistand, Art. 48 Verf RF (4.).

Partiell knüpft die russische Verfassung hier an sowjetische Vorgängernormen an, die im Zuge der neuen sowjetischen Grundrechtslehre[68] in die Verfassung von 1977 Einzug gehalten hatten. Neben diese Garantien treten in der heutigen Verfassung aber auch solche, die – anderen Rechtsordnungen entlehnt – für das russische Recht neuartig sind. Dieses Konglomerat aus Tradition und Adaption ist es, das die maßgeblichen Vorgaben für den individuellen Grundrechtsschutz im heutigen Russland bereit hält. In der Literatur werden diese Rechte oftmals zusammenfassend als Verfassungsgarantien der Rechte und Freiheiten (konstitucionnye garantii prav i svobod)[69] oder gar als separate vierte Grundrechtskategorie[70] unter dem Begriff „Grundrechte zum Schutze anderer Grundrechte" (osnovnye prava po zaščite drugich prav i svobod graždan)[71] aufgeführt.

1. Die Rechtsschutzgarantie, Art. 46 Verf RF

Die Rechtsschutzgarantie bildet den Grundstein eines jeden rechtsstaatlichen Systems[72]: Mit ihr verpflichtet sich der Staat nicht nur zur Beachtung der in der Verfassung niedergelegten Grundrechte, sondern schafft darüber hinaus Mittel,

---

68 Hierzu bereits B. II. 1.

69 Etwa *A. N. Golovistikova/L. Ju. Grudcyna*: Konstitucionnoe pravo Rossii [Das Verfassungsrecht Russlands], 2006, S. 460 ff. Eine Ausnahme bildet das hier ebenso erörterte Eingaberecht, das auch als politisches Freiheitsrecht verstanden wird, vgl. etwa die Einteilung bei *Baglaj* (Fn. 33), S. 7 f., 271 f.

70 Zur Einteilung der russischen Grundrechte bereits unter B. II. 5.

71 Vgl. *S. A. Avak'jan*: Konstitucionnoe pravo Rossii [Das Verfassungsrecht Russlands], Band 1, 4. Auflage 2011, S. 669 f., 784 ff.

72 Für das russische Recht hierzu etwa *O. N. Doronina*: Sudebnaja zaščita osnovnych prav i svobod čeloveka i graždanina v sisteme gosudarstvennoj zaščity prav i svobod čeloveka i graždanina v Rossii i postsocialističeskich gosudarstvach Evropy [Gerichtlicher Schutz der Grundrechte und -freiheiten des Menschen und des Bürgers im System des staatlichen Schutzes der Rechte und Freiheiten des Menschen und des Bürgers in Russland und in postsozialistischen Staaten Europas], PiOb 2011, Nr. 7, S. 99 (99); ähnlich *L. Ju. Grudcyna*: Sudebnaja zaščita prav i svobod ličnosti [Gerichtlicher Schutz der Rechte und Freiheiten der Persönlichkeit], Zakonodatel'stvo i Ėkonomika 2003, Nr. 8, S. 70 (72).
Für das deutsche Recht etwa BVerfGE 107, 299 (311); *Helmuth Schulze-Fielitz*, in: Horst Dreier (Hrsg.): Grundgesetz, Band 1, 2. Auflage 2013, Art. 19 IV Rn. 35, m. w. N.; *Ernst Benda*: Der soziale Rechtsstaat, in: ders./Werner Maihofer/Hans-Jochen Vogel (Hrsg): Handbuch des Verfassungsrechts der Bundesrepublik Deutschland, 2. Auflage 1994, § 17 Rn. 42; *Karl Albrecht Schachtschneider*: Prinzipien des Rechtsstaates, 2006, S. 139.

um ihre Beachtung einzufordern und durchzusetzen. Die russische Verfassung enthält in Art. 46 Verf RF ein Recht auf gerichtlichen Schutz (pravo na sudebnuju zaščitu), das – wie auch die Rechtsschutzgarantie des Art. 19 Abs. 4 GG – als Grundrecht ausgestaltet ist[73]. Die Norm gehört zu denjenigen Grundrechten, die die russische Verfassung in Art. 56 Abs. 3 Verf RF als notstandsfest ausweist[74].

Erste Vorläufer der Rechtsschutzgarantie finden sich bereits im sowjetischen Verfassungsrecht (a). Die heutige russische Rechtsschutzgarantie besteht aus insgesamt drei Absätzen, die jeweils eine andere inhaltliche Facette beschreiben. Art. 46 Abs. 1 Verf RF formuliert eine allgemeine Rechtsschutzgarantie (b). Einen spezifischen Rechtsschutz gegen Akte der öffentlichen Gewalt garantiert Art. 46 Abs. 2 Verf RF (c). Schließlich verankert Art. 46 Abs. 3 Verf RF ein Recht auf internationalen gerichtlichen Schutz (d).

a) *Normgenese*

Bereits die sowjetische Vorgängerverfassung normierte in Art. 58 Abs. 2 Verf UdSSR 1977 ein Recht auf gerichtlichen Rechtsschutz. Es war ein spezifischer Rechtsschutz gegen hoheitliche Handlungen von Amtsträgern. Dieser Artikel revolutionierte – jedenfalls formal – das sowjetische Rechtsschutzsystem, das einen verwaltungsrechtlichen Rechtsschutz bislang nur fragmentarisch kannte[75]. Die Regelung verdeutlicht zugleich den bereits skizzierten Entideologisierungsprozess

---

73 Heute ist ihre Zugehörigkeit zum Grundrechtskatalog allgemein anerkannt, vgl. etwa BVerfGE 69, 220 (229); 96, 27 (39); 101, 106 (123); 110, 77 (85); 125, 104 (121, 136); *Peter Michael Huber*, in: Hermann von Mangoldt/Friedrich Klein/Christian Starck (Hrsg.): Kommentar zum Grundgesetz, Band 1, 6. Auflage 2010, Art. 19 Rn. 367, m. w. N.; *Michael Sachs*, in: ders. (Hrsg.): Grundgesetz Kommentar, 6. Auflage 2011, Art. 19 Rn. 7, m. w. N.; *Eberhard Schmidt-Aßmann*, in: Theodor Maunz/Günter Dürig (Begr.): Grundgesetz, Art. 19 Abs. 4 Rn. 7; *Schulze-Fielitz* (Fn. 72), Art. 19 IV Rn. 39, m. w. N.
Einen Rückblick zur dogmatischen Einordnung von Art. 19 Abs. 4 GG gibt *Rüdiger Zuck*: Das Recht der Verfassungsbeschwerde, 4. Auflage 2013, Rn. 385, m. w. N.

74 Vgl. auch *Lyskova* (Fn. 1), S. 110.

75 Zu den damals justitiablen Verwaltungssachen *Učenyj Sovet Instituta gosudarstva i prava Akademii Nauk SSSR* [Gelehrtenrat des Instituts für Staat und Recht der Akademie der Wissenschaften der UdSSR]: Konstitucija SSSR i rasširenie sudebnoj zaščity prav graždan [Die Verfassung der UdSSR und die Erweiterung des gerichtlichen Rechtsschutzes des Bürgers], SGiP 1978, Nr. 11, S. 63 (64); *Klaus-Jürgen Kuss*: Gerichtliche Verwaltungskontrolle in der Sowjetunion, JOR 1987, S. 271 (272); *Klaus Westen*, in: Martin Fincke (Red.): Handbuch der Sowjetverfassung, 1983, Art. 58 Rn. 22 f.

in der sowjetischen Rechtswissenschaft. Mit ihr wurde der Staat nicht länger allein als Grundrechtsgewährender, sondern auch als potentieller Grundrechtsgefährder wahrgenommen, gegen den gerichtliche Rechtsschutzmöglichkeiten bestehen müssen[76].

Trotz ihrer verfassungsrechtlichen Verankerung in Art. 58 Abs. 2 Verf UdSSR 1977 war die Bedeutung der Rechtsschutzgarantie für den Rechtsalltag recht gering, da die Norm unter dem Vorbehalt stand, dass „[…] in der gesetzlich festgelegten Ordnung vor Gericht Einspruch erhoben werden kann." Aufgrund dieses Vorbehalts konnte die Norm nach ganz herrschender Meinung nicht unmittelbar angewendet werden[77]. Es dauerte jedoch weitere zehn Jahre, bis schließlich 1987 ein entsprechendes Gesetz in Gestalt des Gerichtsbeschwerdeverfahrensgesetzes[78] verabschiedet wurde[79]. Eine Vielzahl von Beschränkungen blieben allerdings auch nach der Verabschiedung eines weiteren, erneuten Gerichtsbeschwerdeverfahrensgesetzes 1989 erhalten[80]. So konnten etwa schulische oder universitäre Entscheidungen generell nicht angefochten werden.

Der heutige Art. 46 Verf RF greift diese sowjetischen Anfänge auf und entwickelt sie fort. Anders als sein sowjetischer Vorgänger wirkt die heutige russische Rechtsschutzgarantie als unmittelbar geltendes Verfassungsrecht[81], das zugleich in vielfältigen Spezialregelungen eine einfachrechtliche

76 Dazu bereits der Abschnitt B. II. 1.

77 Zur Einschränkung der prinzipiell anerkannten unmittelbaren Geltung der sowjetischen Grundrechte bereits B. II. 6. a). Spezifisch zu Art. 58 Abs. 2 Verf UdSSR 1977 retrospektiv auch *V. M. Savickij*: Sudebnaja zaščita prav i svobod čeloveka i graždanina [Gerichtlicher Schutz der Rechte und Freiheiten des Menschen und des Bürgers], in: E. A. Lukaševa (Hrsg.): Prava čeloveka [Menschenrechte], 2004, S. 367.

78 Gerichtsbeschwerdeverfahrensgesetz vom 30.06.1987, VVS SSR 1987, Nr. 26, Pos. 388.

79 Dazu auch *Herman Schwartz*: The Struggle for Constitutional Justice in Post-Communist Europe, 2000, S. 113, m. w. N.

80 Gesetz der UdSSR „Über die Beschwerdeführung bei Gericht gegen unrechtmäßige Handlungen von Organen der staatlichen Verwaltung und von Amtspersonen, die die Rechte der Bürger schmälern", VSNDVS SSR 1989, Nr. 22, Pos. 416. Vgl. aber zu den danach weiterhin geltenden Beschränkungen *Savickij* (Fn. 77), S. 367 f.

81 Zur unmittelbaren Geltung der russischen Grundrechte bereits der Abschnitt B. II. 6. a). Zur Rechtsschutzgarantie im Besonderen *Lyskova* (Fn. 1), S. 110.

Konkretisierung erfahren hat[82]. Eine allgemeine Regelung schafft hier zudem das Gerichtsbeschwerdegesetz aus dem Jahre 1993 in Verbindung mit zivil- und arbitrageprozessrechtlichen[83] Normen[84].

b) Allgemeine Rechtsschutzgarantie, Art. 46 Abs. 1 Verf RF

In Art. 46 Abs. 1 Verf RF heißt es: „Jedem wird der gerichtliche Schutz seiner Rechte und Freiheiten garantiert.“ Die Norm formuliert ihrem Wortlaut nach eine allgemeine Rechtsschutzgarantie, die sich gerade nicht in einem Rechtsschutz gegen Akte staatlicher Gewalt erschöpft, sondern auch Rechtsschutz gegen Private garantiert[85]. So wird die Rechtsschutzgarantie in der russischen Literatur unkommentiert und ganz selbstverständlich auch im Rahmen von klassisch privatrechtlichen Verfahren erörtert[86]. Blickt man auf die Ausgestaltung der Rechtsschutzgarantie des Grundgesetzes, gewährleistet sie hingegen Rechtsschutz ausschließlich gegen die *öffentliche Gewalt*. Die spezifische Ausgestaltung der russischen Rechtsschutzgarantie ist indes logische Folge des russischen

---

82 Etwa gewährt Art. 51 Abs. 1 BauGB RF Rechtsschutz gegen das Versagen einer Baugenehmigung; Artt. 137 ff. SteuerGB RF Rechtsschutz in Steuerangelegenheiten; Art. 12 Abs. 6 des Gesetzes über die bäuerliche (und farmische) Wirtschaft RF Rechtsschutz gegen das Versagen einer Genehmigung, um einen landwirtschaftlichen Betrieb zu bewirtschaften, sowie Art. 11 des Beschäftigungsgesetzes RF unter anderem Rechtsschutz im Zusammenhang mit einer Arbeitsvermittlungsmaßnahme.

83 Die russische Arbitragegerichtsbarkeit darf nicht mit der Schiedsgerichtsbarkeit im deutschen Recht verwechselt werden. In Russland ist ein Arbitragegericht ein staatliches Gericht zu Entscheidung über wirtschaftliche Streitigkeiten, vgl. dazu auch *Dmitry Marenkov*, in: Angelika Nußberger (Hrsg.): Einführung in das russische Recht, 2010, § 26, S. 290; *Jurij Starilow*: Gerichtliche Verwaltungskontrolle im System des russischen Staats- und Verwaltungsrechts, 1999, S. 57, m. w. N.

84 Umfassend dazu noch der Abschnitt D. III.

85 So auch *Matthias Hartwig*: Gerichtliche Kontrolle der Verwaltung unter besonderer Berücksichtigung von Ermessensentscheidungen in Rußland, in: Otto Luchterhandt (Hrsg.): Verwaltung und Verwaltungsrecht im Erneuerungsprozeß Osteuropas, 2001, S. 345 (349); *Christian Reitemeier*: Verwaltungsgerichtlicher Rechtsschutz durch die Wirtschaftsgerichte in der Russischen Föderation, 2013, S. 45.

86 Vgl. etwa *Golovistikova/Grudcyna* (Fn. 69), S. 480 f. Ähnlich *L. F. Lesnickaja/B. G. Manov*, in: L. A. Okun'kov (Hrsg.): Kommentarij k Konstitucii Rossijskoj Federacii [Kommentar zur Verfassung der Russischen Föderation], 2002, Art. 46, S. 356, 358; *I. O. Nesterovskij*: Sudebnaja zaščita prav i svobod graždan [Gerichtlicher Schutz der Rechte und Freiheiten des Bürgers], ZiP 2009, Nr. 4, S. 32 (35), der auch Rechte aus individuellen Rechtsgeschäften als Rechte im Sinne des Art. 46 Abs. 1 Verf RF versteht.

Grundrechtsverständnisses, wonach Grundrechte stets eine besondere Drittwirkung entfalten, die weit über das Verständnis einer mittelbaren Drittwirkung im deutschen Recht hinausgeht[87]. So ist es für das russische Verfassungsrecht nur konsequent, gerichtlichen Schutz auch gegen Rechtsverletzungen auf privatrechtlicher Ebene zu garantieren.

Schutzgut des Art. 46 Abs. 1 Verf RF sind alle Grundrechte der russischen Verfassung. Hierin unterscheidet sich die heutige Norm von ihrem unmittelbaren Vorgänger des Art. 57 Abs. 2 Verf UdSSR 1977, wonach Rechtsschutz nur bezogen auf bestimmte Grundrechte verfassungsrechtlich garantierte[88]. Taugliches Schutzgut der heutigen Norm sind nach der Literatur zudem durch einfaches Recht verliehene Rechte (otraslevye prava i svobody)[89].

Inhaltlich kommen Art. 46 Abs. 1 Verf RF vorrangig zwei Stoßrichtungen zu[90]: Zum einen berechtigt die Norm jeden, sich mit seinem Anliegen an das entsprechende Gericht zu wenden. Sie gewährleistet also überhaupt eine Rechtswegeröffnung; einen Instanzenzug hingegen gewährleistet sie genauso wenig wie Art. 19 Abs. 4 Satz 1 GG[91]. Zum anderen hat der Bürger einen Anspruch

---

87 Zur Grundrechtsdrittwirkung im russischen Recht bereits der Abschnitt B. II. 4. b).

88 Art. 57 Abs. 2 Verf UdSSR 1977 garantierte Rechtsschutz gegen Verletzungen der Ehre und Würde, des Lebens und der Gesundheit, der persönlichen Freiheit und des Vermögens.

89 Vgl. etwa *Golovistikova/Grudcyna* (Fn. 69), S. 480; *Grudcyna* (Fn. 72), S. 72; *Lyskova* (Fn. 1), S. 110; *Morščakova* (Fn. 23), S. 124 (124); *I. L. Petruchina*, in: B. N. Topornin (Hrsg.): Konstitucija Rossijskoj Federacii [Die Verfassung der Russischen Föderation], 3. Auflage 2003, Art. 46, S. 376 f.; *Nesterovskij* (Fn. 86), S. 35.

90 Ausführlich *Ch. B. Šejnin*: Novye aspekty sudebnoj zaščity prav i svobod graždan [Neue Aspekte des gerichtlichen Rechtsschutzes der Rechte und Freiheiten des Bürgers], Rossijskaja Justicija 1996, Nr. 8, S. 48 (48); ferner *ders.* (Fn. 1), Art. 46 Abs. 1 und 2, S. 267; *Lyskova* (Fn. 1), S. 109; *Savickij* (Fn. 77), S. 317 f.

91 Von zentraler Bedeutung ist der Beschluss des VerfG vom 13.01.2000 Nr. 6-O, SZ RF 2000, Nr. 11, Pos. 1244, S. 2620 (2621); aus der nunmehr ständigen Rechtsprechung ferner die unter http://www.ksrf.ru/ru/Decision/Pages/default.aspx verfügbaren Beschlüsse vom 27.05.2010 Nr. 781-O-O; vom 01.03.2011 Nr. 283-O-O; vom 24.09.2012 Nr. 1510-O sowie das Urteil vom 17.01.2008 Nr. 1-P, SZ RF 2008, Nr. 4, Pos. 300, S. 963 (969), dessen Begründung findet sich in deutscher Sprache bei *Antje Himmelreich*: Russische Föderation, Chronik der Rechtsentwicklung, WiRO 2008, S. 248 (249).
Im deutschen Recht entspricht dies der ganz herrschenden Meinung, vgl. nur BVerfGE 49, 329 (343); 87, 48 (61), 92, 365 (410); 104, 220 (231 f.); 125, 104 (136 f.) sowie *Schmidt-Aßmann* (Fn. 77), Art. 19 Abs. 4 Rn. 179, m. w. N. Anders hingegen *Horst Bauer*: Gerichtsschutz als Verfassungsgarantie, 1973, S. 100 f., m. w. N.; *Andreas*

darauf, dass sein Anliegen überprüft und eine gesetzliche, gerechte und begründete Entscheidung in der Sache getroffen wird[92]. Diese beiden Grundaussagen wurden mittlerweile durch eine umfangreiche Rechtsprechung des Russischen Verfassungsgerichts präzisiert. Aus rechtsvergleichender Sicht ist hier besonders interessant: Es finden sich zum Teil deutliche inhaltliche Überschneidungen zur Judikatur des Bundesverfassungsgerichts. So betonen beide Gerichte das Erfordernis eines effektiven Rechtsschutzes[93]. Ein solcher wird nach der Judikatur beider Gerichte gewährleistet, wenn die Wiederherstellung eines grundrechtskonformen Zustands durch den gerichtlichen Rechtsschutz tatsächlich ermöglicht wird[94]. Die Garantie des Rechtswegs darf somit in beiden Rechtsordnungen nicht zu einer rein formalen Möglichkeit, gerichtlichen Rechtsschutz überhaupt zu erlangen, degradiert werden. Sie ist keine bloße Formalie, sondern jedenfalls ihrer Konzeption nach in beiden Vergleichsländern scharfschneidiges Schwert des Grundrechtsschutzes[95].

c) Rechtschutz gegen Akte der öffentlichen Gewalt, Art. 46 Abs. 2 Verf RF

Art. 46 Abs. 2 Verf RF garantiert in spezifischer Weise Rechtsschutz gegen Akte der öffentlichen Gewalt, indem es heißt: „Gegen Entscheidungen und Handlungen (oder die Untätigkeit) der Organe der Staatsgewalt, der Organe der örtlichen

---

Voßkuhle: Rechtsschutz gegen den Richter, 1993, S. 255 ff. sowie S. 298 ff.; *Dieter Lorenz*: Der Rechtsschutz des Bürgers und die Rechtweggarantie, 1973, S. 243 ff., m. w. N., der die Garantie des Instanzenzugs allerdings ausschließlich als Auftrag an den Gesetzgeber versteht.

92 Vgl. hierzu jüngst auch *Rainer Arnold/Anastasia Berger*, in: Bernd Wieser (Hrsg.): Handbuch der russischen Verfassung, 2014, Art. 46 Rn. 3, m. w. N.

93 Vgl. für das Russische Verfassungsgericht nur die Urteile vom 03.02.1998 Nr. 5-P, SZ RF 1998, Nr. 6, Pos. 784, S. 1543 (1546); vom 16.07.2008 Nr. 9-P, SZ RF 2008, Nr. 30, Pos. 3695, S. 9972 (9979); ähnlich die Urteile vom 02.02.1999 Nr. 3-P, SZ RF 1999, Nr. 6, Pos. 867, S. 1318 (1324) sowie vom 26.05.2011 Nr. 10-P, SZ RF 2011, Nr. 23, Pos. 3356, S. 7708 (7711).
Für das deutsche Recht BVerfGE 35, 263 (274); 49, 329 (341); 65, 76 (90); 84, 34 (49); 104, 220 (227 f.); 110, 77 (85 f.); 119, 292 (295 f.).

94 Vgl. für das russische Recht etwa die Urteile des VerfG vom 02.02.1996 Nr. 4-P, SZ RF 1996, Nr. 7, Pos. 701, S. 1816 (1820 f.); vom 02.02.1999 Nr. 3-P, SZ RF 1999, Nr. 6, Pos. 867, S. 1318 (1324); vom 03.07.2001 Nr. 10-P, SZ RF 2001, Nr. 29, Pos. 3058, S. 5980 (5985); vom 25.04.2011 Nr. 6-P, SZ RF 2011, Nr. 19, Pos. 2769, S. 6629 (6634) sowie vom 01.03.2012 Nr. 5-P, SZ RF 2012, Nr. 11, Pos. 1366, S. 3588 (3590).
Für das deutsche Recht BVerfGE 35, 263 (274); 49, 329 (341); 84, 34 (49).

95 Zu den faktischen Problemen im russischen Rechtsalltag noch der Abschnitt E. II.

Selbstverwaltung, der gesellschaftlichen Vereinigungen und Amtsträger steht der Rechtsweg offen." Die Norm bildet somit das eigentliche Pendant zu Art. 19 Abs. 4 Satz 1 GG. Gemeinsame Voraussetzung beider Rechtsordnungen für die Garantie eines Rechtswegs ist die Verletzung eines subjektiven Rechts[96]. Beide Normen unterscheiden sich aber auch in wesentlichen Punkten. So gewährleistet Art. 46 Abs. 2 Verf RF bereits seinem Wortlaut nach auch Rechtsschutz gegen Akte gesellschaftlicher Vereinigungen. Derartige Akte – es sind etwa solche von politischen Parteien, Verbänden sowie Tarifpartnern – werden im deutschen Recht hingegen gerade nicht von Art. 19 Abs. 4 Satz 1 GG erfasst, denn sie sind keine Akte der vollziehenden Gewalt[97]. Weitere, signifikante Unterschiede ergeben sich im Hinblick auf das Verständnis vom Begriff der „öffentlichen Gewalt" (1) sowie hinsichtlich der Beziehung zwischen Verfassungsbeschwerde und Rechtsschutzgarantie (2).

(1) Weites Verständnis vom Begriff der „öffentlichen Gewalt"

Art. 46 Abs. 2 Verf RF und Art. 19 Abs. 4 Satz 1 GG gewährleisten gleichermaßen Rechtsschutz gegen Akte der öffentlichen Gewalt. Das konkrete Verständnis vom Begriff der „öffentlichen Gewalt" unterscheidet sich aber in beiden Rechtsordnungen erheblich. Seinem Wortlaut nach gewährleistet Art. 19 Abs. 4 Satz 1 GG Rechtsschutz, wenn „jemand durch die *öffentliche Gewalt* in seinen Rechten verletzt [ist]"[98]. Trotz dieser offenen Formulierung erfasst der Begriff der „öffentlichen Gewalt" – im Gegensatz zum Begriffsverständnis der Artt. 1 Abs. 3, 20 Abs. 2 sowie 93 Abs. 1 Nr. 4a GG – nach weit verbreiteter, aber keineswegs zweifelsfreier Ansicht nicht alle drei staatlichen Gewalten, sondern ausschließlich die vollziehende Gewalt. Nicht von Art. 19 Abs. 4 Satz 1 GG

---

96 Für das russische Recht etwa *Petruchina* (Fn. 89), Art. 46, S. 377.
Für das deutsche Recht *Sachs* (Fn. 73), Art. 19 Rn. 126 ff.; *Schmidt-Aßmann* (Fn. 73), Art. 19 Abs. 4 Rn. 116 ff.; *Schulze-Fielitz* (Fn. 72), Art. 19 IV Rn. 60 ff.; jeweils m. w. N.

97 Detailliert dazu *Schmidt-Aßmann* (Fn. 73), Art. 19 Abs. 4 Rn. 104 ff.; *Schulze-Fielitz* (Fn. 72), Art. 19 IV Rn. 54 sowie *Wolf-Rüdiger Schenke*, in: Wolfgang Kahl/Christian Waldhoff/Christian Walter (Hrsg.): Bonner Kommentar zum Grundgesetz, Art. 19 Abs. 4 Rn. 254 ff.; jeweils m. w. N.

98 Hervorhebungen hinzugefügt.

erfasst werden somit Akte der Judikative[99] sowie Rechtsetzungsakte des formellen Gesetzgebers[100].

Der Normgehalt des Art. 46 Abs. 2 Verf RF umfasst hingegen ausnahmslos jeden Akt der öffentlichen Gewalt[101]. Prägnant formuliert vor diesem Hintergrund das Russische Verfassungsgericht: „Das Recht auf gerichtlichen Schutz beabsichtigt nicht nur den Schutz der Rechte und gesetzlichen Interessen des Bürgers vor der Willkür der legislativen und exekutiven Gewalt, sondern auch vor fehlerhaften Gerichtsentscheidungen."[102]

---

99 Etwa BVerfGE 15, 275 (280); 49, 329 (340 f.); 76, 93 (98); *Hans Hofmann*, in: Bruno Schmidt-Bleibtreu/Franz Klein (Begr.): Kommentar zum Grundgesetz, 12. Auflage 2011, Art. 19 Rn. 44, m. w. N.; *Bodo Pieroth/Bernhard Schlink/Thorsten Kingreen/Ralf Poscher*: Grundrechte, 29. Auflage 2013, Rn. 1099, m. w. N.; *Schenke* (Fn. 97), Art. 19 Abs. 4 Rn. 371 ff., m. w. N.; *Uwe Kischel*: Die Begründung, 2003, S. 89 f., m. w. N.; a. A. etwa *Huber* (Fn. 73), Art. 19 Rn. 442, m. w. N.; *Voßkuhle* (Fn. 91), insbesondere S. 255 ff.; *Martin Ibler*, in: Karl Heinrich Friauf/Wolfram Höfling (Hrsg.): Berliner Kommentar zum Grundgesetz, Art. 19 IV Rn. 91 ff., m. w. N.
Eine Ausnahme besteht nach jüngerer Rechtsprechung, wenn es sich um entscheidungserhebliche Verstöße des Richters gegen Art. 103 Abs. 1 GG handelt, vgl. BVerfGE 107, 395 ff.

100 Etwa BVerfGE 24, 33 (49 ff.); 24, 367 (401); 67, 26 (37); 75, 108 (165); 95, 1 (22); *Konrad Hesse*: Grundzüge des Verfassungsrechts der Bundesrepublik Deutschland, 20. Auflage 1999, Rn. 337, m. w. N.; *Hofmann* (Fn. 99), Art. 19 Rn. 45, m. w. N.; *Hans D. Jarass*, in: ders./Bodo Pieroth: Grundgesetz für die Bundesrepublik Deutschland, 12. Auflage 2012, Art. 19 Rn. 44, m. w. N.; *Pieroth/Schlink/Kingreen/Poscher* (Fn. 99), Rn. 1100, m. w. N.; *Sachs* (Fn. 73), Art. 19 Rn. 123 f., m. w. N.; a. A. etwa *Ibler* (Fn. 99), Art. 19 IV Rn. 82 ff., m. w. N.; *Kischel* (Fn. 99), S. 91, m. w. N.; *Hartmut Maurer*: Rechtsstaatliches Prozessrecht, in: Peter Badura/Horst Dreier (Hrsg.): Festschrift 50 Jahre Bundesverfassungsgericht, Band 2, 2001, S. 467 (479 ff.), m. w. N.; *Schenke* (Fn. 97), Art. 19 Abs. 4 Rn. 338 ff., m. w. N.; *Wolf-Rüdiger Schenke*: Zulässigkeitsprobleme der Rechtssatzverfassungsbeschwerde, in: Gerrit Manssen/Monika Jachmann/Christoph Gröpl (Hrsg.): Nach geltendem Verfassungsrecht. Festschrift für Udo Steiner zum 70. Geburtstag, 2009, S. 683 (698 f.); *Schmidt-Aßmann* (Fn. 73), Art. 19 Abs. 4 Rn. 93 ff., m. w. N.; *Schulze-Fielitz* (Fn. 72), Art. 19 Abs. 4 Rn. 50.

101 Vgl. etwa *Baglaj* (Fn. 33), S. 310; *N. V. Vitruk*: Obščaja teorija pravovogo položenija ličnosti [Allgemeine Theorie der Rechtsstellung des Individuums], 2008, S. 111 f.; implizit *Šejnin* (Fn. 1), Art. 46 Abs. 1 und 2, S. 269.

102 Urteil vom 28.05.1999 Nr. 9-P, SZ RF 1999, Nr. 23, Pos. 2890, S. 5266 (5271). Zum Rechtsschutz gegen fehlerhafte Gerichtsentscheidungen bereits die Urteile des VerfG vom 02.02.1996 Nr. 4-P, SZ RF 1996, Nr. 7, Pos. 701, S. 1816 (1820 f.) und vom 03.02.1998 Nr. 5-P, SZ RF 1998, Nr. 6, Pos. 784, S. 1543 (1546); zum Ganzen ferner die Urteile des VerfG vom 11.05.2005 Nr. 5-P, SZ RF 2005, Nr. 22, Pos. 2194, S. 5741

(2) Verfassungsbeschwerde und Rechtsschutzgarantie

Gerichtlichen Rechtsschutz im Sinne des Art. 46 Abs. 2 Verf RF gewährleisten in Russland vorrangig die ordentlichen Gerichte und die Arbitragegerichte[103]. Diese Gerichte entscheiden – da es an einer selbstständigen Verwaltungsgerichtsbarkeit (bislang) fehlt[104] – auch öffentlich-rechtliche Streitigkeiten[105]. Einheitlich ist die Rechtsprechung nur auf höchstinstanzlicher Ebene, da durch eine eher fragwürdige Verfassungsänderung im Februar 2014[106] das neben dem Obersten Gerichtshof bestehende Oberste Arbitragegericht aufgelöst wurde[107]. Es hat seine Arbeit zum 6. August 2014 eingestellt[108]. Seine Kompetenzen wurden dem Obersten Gerichtshof übertragen. In den unteren Instanzen bestehen aber Arbitragegerichte als Fachgerichte für sogenannte wirtschaftliche Streitigkeiten[109] weiterhin neben den ordentlichen Gerichten.

Die russische Rechtsschutzgarantie geht mit der herrschenden Ansicht jedoch über die Gewähr eines fachgerichtlichen Rechtsschutzes hinaus. Sie garantiert

---

(5746) sowie vom 19.03.2010, Nr. 7-P, SZ RF 2010, Nr. 14, Pos. 1737, S. 3817 (3819). Zur Thematik jüngst auch *Reitemeier* (Fn. 85), S. 49 sowie zur Einbeziehung der Legislative *Arnold/Berger* (Fn. 92), Rn. 21 ff., m. w. N.

103 Zum Begriff der Arbitragegerichtsbarkeit vgl. bereits C. II. 1. a), Fn. 83. Aus der deutschsprachigen Literatur zum russischen Gerichtssystem umfassend *Carmen Schmidt*, in: Angelika Nußberger (Hrsg.): Einführung in das russische Recht, 2010, § 6, S. 66 ff.; *Jurij Starilow*: Gerichtliche Verwaltungskontrolle im System des russischen Staats- und Verwaltungsrechts, 1999, S. 53 ff.; *Andreas Steininger*: Der Gerichtsaufbau der Russischen Föderation unter besonderer Berücksichtigung der Wirtschafts- und Schiedsgerichtsbarkeit, Osteuropa Recht 1997, S. 281–304.

104 Zu den konkreten Folgen für den einfachgerichtlichen Grundrechtsschutz noch unter D. III. 2. b).

105 Diese Ausgestaltung des Rechtsschutzes wurde durch das Russische Verfassungsgericht bestätigt, vgl. etwa die Urteile vom 16.06.1998, Nr. 19-P, SZ RF 1998, Nr. 25, Pos. 3004, S. 5478 (5483) sowie vom 17.01.2008, Nr. 1-P, SZ RF 2008, Nr. 4, Pos. 300, S. 963 (967).

106 Vgl. nur die richtigen Anmerkungen zu den Umständen der Verfassungsänderung und ihren Folgen von Peter H. Solomon, in *ders.*: Das unerwartete Ende des Obersten Arbitrage-Gerichts in Russland und die Politisierung der Justizreform, Russland-Analysen Nr. 280 vom 04.07.2014, S. 2–5.

107 Verfassungänderndes Gesetz „Über den Obersten Gerichtshof der Russischen Föderation und über die Staatsanwaltschaft der Russischen Föderation" vom 05.02.2014, SZ RF 2014, Nr. 6, Pos. 548.

108 Vgl. Art. 2 Abs. 2 des Gesetzes, der nach Inkrafttreten –am 05.02.2014 – eine 6-monatige Übergangsfrist vorsieht.

109 Dies ergibt sich aus Art. 2 APGB RF.

auch den Rechtsweg zum Verfassungsgericht[110]. Zwar kann die russische Verfassungsbeschwerde als außerordentlicher Rechtsbehelf verstanden werden, der neben die Instanzen des fachgerichtlichen Rechtsschutzes tritt[111]. In der russischen Literatur findet sich dieses Verständnis allerdings nicht wieder.

Blickt man auf das deutsche Recht, bestimmt hier der Charakter der Verfassungsbeschwerde als außerordentlicher Rechtsbehelf die deutsche Diskussion. Dabei ist die Frage, ob die Rechtsschutzgarantie auch ein Recht zur Verfassungsbeschwerde umfasst, keineswegs abschließend geklärt[112]. Kernargument derer,

---

110 Vgl. etwa *Krjažkov/Lazarev* (Fn. 6), S. 64, 259, 264; *Šejnin* (Fn. 1), Art. 46 Abs. 1 und 2, S. 273; *N. S. Bondar'*: Vlast' i svoboda na vesach konstitucionnogo pravosudija [Macht und Freiheit auf der Waagschale der Verfassungsgerichtsbarkeit], 2005, S. 40, 43; *R. M. Džavachjan*: Proverka Konstitucionnym Sudom Rossijskoj Federacii konstitucionnosti zakona, primenennogo ili podležaščego primeneniju v konkretnom dele [Die Überprüfung der Verfassungsmäßigkeit eines Gesetzes, das angewandt wurde oder der Anwendung im konkreten Sachverhalt unterliegt, durch das Verfassungsgericht der Russischen Föderation], KiMP 2011, Nr. 6, S. 40 (40, 42); *E. V. Gerasimova*: Konstitucionnaja žaloba kak polnomočie Konstitucionnogo Suda Rossii i Federal'nogo konstitucionnogo suda Germanii [Die Verfassungsbeschwerde als Kompetenz des Verfassungsgerichts Russlands und des Bundesverfassungsgerichts Deutschlands], SKO 2010, Nr. 4, S. 87 (89); implizit *S. D. Knjazev*: Konstitucionnaja žaloba v Rossijskoj Federacii [Die Verfassungsbeschwerde in der Russischen Föderation], Žurnal konstitucionnogo pravosudija 2011, Nr. 1, S. 25 (25). Auf diese Sichtweise deutet ferner das Urteil des VerfG vom 17.02.1998 Nr. 6-P, SZ RF 1998, Nr. 9, Pos. 1142, S. 2124 (2125). Anders hingegen wohl *A. N. Golovistikova/L. Ju. Grudcyna*: Prava čeloveka [Menschenrechte], 2006, S. 222, die die Verfassungsbeschwerde nicht als Form des gerichtlichen Grundrechtsschutzes im Sinne der Rechtsschutzgarantie benennen.

111 So *Theodor Schweisfurth*: Der Start der Verfassungsgerichtsbarkeit in Rußland, EuGRZ 1992, S. 281 (293).

112 Gegen die Einbeziehung der Verfassungsbeschwerde in Art. 19 Abs. 4 Satz 1 GG etwa *Klaus Schlaich/Stefan Korioth*: Das Bundesverfassungsgericht, 9. Auflage 2012, Rn. 202 sowie *Christoph Gusy*: Die Verfassungsbeschwerde, in: Peter Badura/Horst Dreier (Hrsg.): Festschrift 50 Jahre Bundesverfassungsgericht, Band 1, 2001, S. 641 (645 ff.); *Wolfgang Löwer*: Zuständigkeiten und Verfahren des Bundesverfassungsgerichts, in: Josef Isensee/Paul Kirchhof (Hrsg.): Handbuch des Staatsrechts der Bundesrepublik Deutschland, Band 3, 3. Auflage 2005, § 70 Rn. 171; *Sachs* (Fn. 73), Art. 19 Rn. 134; *Herbert Bethge*: Die materielle Verfassungsstreitigkeit zwischen Verfassungsgerichtsbarkeit und Fachgerichtsbarkeit, in: Peter Baumeister/Wolfgang Roth/Josef Ruthig (Hrsg.): Staat, Verwaltung und Rechtsschutz. Festschrift für Wolf-Rüdiger Schenke zum 70. Geburtstag, 2011, S. 61 (75); *Horst Dreier*, in: ders. (Hrsg.): Grundgesetz, Band 1, 3. Auflage 2013, Art. 1 III Rn. 28; *Michael Kloepfer*: Ist die Verfassungsbeschwerde unentbehrlich?, DVBl 2004, 676 (678) sowie *Peter Häberle*: Die

die den Rechtsweg zum Bundesverfassungsgericht nicht von Art. 19 Abs. 4 Satz 1 GG umfasst sehen, ist, dass die Verfassungsbeschwerde gerade ein *außerordentlicher* Rechtsbehelf[113] sei, eine besondere Vorkehrung zur Grundrechtsdurchsetzung[114]. Als solcher setze die Verfassungsbeschwerde den in Art. 19 Abs. 4 Satz 1 GG garantierten Rechtsweg voraus, sei jedoch gerade nicht Teil davon[115]. Hingegen verweisen die Gegner dieser Ansicht unter anderem darauf, dass Art. 93 Abs. 1 Nr. 4 GG seiner Formulierung folgend („soweit nicht ein anderer Rechtsweg gegeben ist") gerade davon ausgehe, dass auch zum Bundesverfassungsgericht ein Rechtsweg bestehe[116]. Diesem Argument liegt die Prämisse zugrunde, dass der Rechtswegbegriff einheitlich verwendet wird. Zwingend ist dies jedoch nicht. Entscheidend spricht gegen die Einbeziehung des verfassungsgerichtlichen Rechtswegs, dass auf diese Weise gerichtliche Entscheidungen sowie formelle Gesetze angegriffen werden könnten, was Art. 19 Abs. 4 Satz 1 GG aber nach herrschender Ansicht gerade nicht gewährleistet[117]. Der Rechtsweg zum Verfassungsgericht geht damit also gerade über die Rechtsschutzgarantie hinaus und kann damit nicht von ihr garantiert sein.

d) Recht auf internationalen gerichtlichen Schutz, Art. 46 Abs. 3 Verf RF

Im russischen Recht tritt neben die allgemeine Rechtsschutzgarantie (Art. 46 Abs. 1 Verf RF) und die spezifische Rechtsschutzgarantie gegen Akte der öffentlichen Gewalt (Art. 46 Abs. 2 Verf RF) eine weitere, sehr praxisrelevante Gewährleistung: Art. 46 Abs. 3 Verf RF berechtigt jeden, sich nach Maßgabe bestehender völkerrechtlicher Verträge an zwischenstaatliche Rechtsschutzorgane zu wenden, wenn der innerstaatliche Rechtsweg erschöpft ist.

Verfassungsbeschwerde im System der bundesdeutschen Verfassungsgerichtsbarkeit, JöR 45 (1997), S. 89 (116) jeweils m. w. N. Anders hingegen etwa *Huber* (Fn. 73), Art. 19 Rn. 449; *Schmidt-Aßmann* (Fn. 73), Art. 19 Abs. 4 Rn. 175, m. w. N. sowie *Schenke* (Fn. 97), Art. 19 Abs. 4 Rn. 89 ff.

113 Vgl. bereits BVerfGE 2, 287 (291); ferner etwa BVerfGE 18, 315 (325); 94, 166 (213); 103, 111 (139); 107, 257 (267); 107, 395 (413); 115, 81 (92); *Löwer* (Fn. 112), Rn. 171, m. w. N.; *Zuck* (Fn. 73), Rn. 18 f.

114 BVerfGE 107, 395 (413).

115 Vgl. die Argumentation etwa bei *Sachs* (Fn. 73), Art. 19 Rn. 134; *Häberle* (Fn. 112), S. 116; *Schlaich/Korioth* (Fn. 112), Rn. 202.

116 *Schenke* (Fn. 97), Art. 19 Abs. 4 Rn. 89.

117 Dazu bereits unter C. II. 1. c) (1).

(1) *Früher: Umfassende Einordnung in die internationale Rechtsordnung*

Im deutschen Recht bestimmt sich der internationale Rechtsschutz ausschließlich nach seiner konkreten sach- und regelungsspezifisch ausgeformten völkerrechtlichen Verankerung in dem jeweiligen Vertragsdokument[118], ohne dass eine übergeordnete Garantie eines internationalen Rechtsschutzes im Grundgesetz verankert wäre. Auch wenn es in beiden Rechtsordnungen im Ergebnis auf die konkrete völkerrechtliche Verankerung eines internationalen Rechtsschutz ankommt, unternimmt die russische Verfassung für ihre noch junge Rechtsordnung einen bedeutenden Schritt, da die Norm die nationale Rechtsordnung unmissverständlich gegenüber internationalen Rechtsschutzmöglichkeiten öffnet. Damit verpflichtet sich das junge Russland zugleich, sein eigenes Staatshandeln einer vorbehaltslosen externen Kontrolle zu unterwerfen und Einordnung in die internationale Staatengemeinschaft voranzutreiben.

(2) *Heute: Rückgewinnung verloren geglaubter Autonomie?*

Zwar ist das Recht auf internationalen gerichtlichen Schutz gegenüber dem nationalen Rechtsweg subsidiär. Dennoch kommt ihm – insbesondere durch die Möglichkeit, Beschwerde zum Europäischen Gerichtshof für Menschenrechte (EGMR) in Straßburg zu erheben – im heutigen russischen Rechtsalltag größte Bedeutung zu[119]. Seit dem Beitritt Russlands zur EMRK 1998 haben sich die Verfahrenszahlen des EGMR drastisch erhöht[120]. 2013 waren vor dem EGMR die meisten Verfahren gegen Russland anhängig[121]. Angesichts dieser Situation

---

118 Vgl. *Schulze-Fielitz* (Fn. 72), Art. 19 IV Rn. 14.

119 Hierzu etwa *I. C. Gerasimova*: Nekotorye voprosy zaščity konstitucionnych prav i svobod graždan Rossii v Evropejskom Sude po Pravam Čeloveka [Einige Aspekte des Schutzes der Grundrechte und -freiheiten der Bürger Russlands durch den Europäischen Gerichtshof für Menschenrechte], KiMP 2010, Nr. 4, S. 22–27, die einen umfassenden, auch statistischen Einblick vermittelt; *B. L. Zimnenko*: Rešenija Evropejskogo Suda po Pravam Čeloveka i pravovaja sistema Rossijskoj Federacii [Die Entscheidungen des Europäischen Gerichtshofs für Menschenrechte und das Rechtssystem der Russischen Föderation], GiP 2008, Nr. 7, S. 32–38. Aus dem deutschsprachigen Schrifttum etwa *Angelika Nußberger*: Ende des Rechtsstaats in Russland?, 2007, S. 52 ff.; *Marike Pietrowicz*: Die Umsetzung der zu Art. 6 Abs. 1 EMRK ergangenen Urteile des EGMR in der Russischen Föderation, 2010.

120 Vgl. die Statistik zu den Entscheidungen der Jahre 1959–2011, S. 4, http://www.echr.coe.int/NR/rdonlyres/E58E405A-71CF-4863-91EE-779C34FD18B2/0/APERCU_19592011_EN.pdf.

121 Vgl. die Statistik des EGMR, http://www.echr.coe.int/Documents/Stats_pending_2013_BIL.pdf.

gewinnt man den Eindruck, ein großer Teil des effektiven Menschenrechtsschutzes läge faktisch gegenwärtig nicht bei den vorrangig verantwortlichen russischen Gerichten, sondern beim EGMR[122].

Tatsächlich steht Russland wegen der Fülle dieser nicht zuletzt auch kostenintensiven Verfahren erheblich unter nationalem und internationalem Druck. In Reaktion darauf wurde der russische Gesetzgeber in jüngerer Zeit mehrfach tätig: Beispielsweise wurde 2010 ein Gesetz auf den Weg gebracht, das für eine Vielzahl der anhängigen Verfahren – sie betreffen eine überlange Verfahrensdauer sowie die Nicht-Vollstreckung von Urteilen[123] – Abhilfe schaffen soll[124]. Dieses sogenannte Verfahrens- und Vollstreckungskompensationsgesetz (Kompensationsgesetz) sieht in diesen Fällen nunmehr ein besonderes Schadensersatzrecht vor[125]. Inhaltlich orientiert es sich an der Rechtsprechung des EGMR[126] sowie an bereits bestehende Normierungen anderer Staaten[127]. Auf Antrag des Betroffenen stellen hiernach Gerichte den fehlenden Urteilsvollzug fest und bestimmen eine finanzielle Entschädigung, unabhängig vom Verschulden der Behörden. Die tatsächliche Durchschlagskraft dieser Gesetzesnovelle bleibt abzuwarten. Der EGMR hat sie prinzipiell als effektiv gewertet, indem er in nachfolgenden Verfahren die Opfereigenschaft der Beschwerdeführer verneinte[128]. Er betonte in seiner weiteren Rechtsprechung aber zugleich, dass allein eine finanzielle Entschädigung nach dem Kompensationsgesetz nicht zwingend dazu führt, dass der Betroffene seinen Opferstatus verliert, zumal wenn ihm immaterielle Schäden entstanden sind[129].

---

122 So auch *Angelika Nußberger*, in: dies. (Hrsg.): Einführung in das russische Recht, 2010, § 5, S. 65.

123 Zur dieser Problematik ausführlich unter E. II. 2. a).

124 *I. N. Poljakov*: Zakonodatel'stvo o razumnych srokach sudoproizvodstva – popytka bor'by s sudebnoj volokitoj [Die Gesetzgebung zu angemessenen gerichtlichen Verfahrensfristen – Versuch des Kampfes gegen gerichtliche Willkür], Rossijskij Sud'ja 2011, Nr. 4, S. 9 (10) sowie *Nußberger* (Fn. 122), § 5, S. 65.

125 Zur Normgenese anschaulich *Pietrowicz* (Fn. 119), S. 153 ff.

126 Vgl. insbesondere das gegen Russland ergangene Urteil vom 15.01.2009 (Nr. 33509/04), *Burdov v. Russia (no.2)*.

127 *Alexej Laptew*: Das Recht auf ein faires Gerichtsverfahren (Art. 6 Abs. 1 EMRK) und sein Einfluss auf das russische Zivilprozess- und Zwangsvollstreckungsrecht, 2013, S. 208, m. w. N.

128 Vgl. die Entscheidungen vom 23.09.2010 (Nr. 27451/09 u. a.), *Nagovitsyn and Nalgiyev v. Russia*; vom 02.12.2010 (Nr. 9610/05), *Balagurov v. Russia*; so auch *Laptew* (Fn. 127), S. 264 sowie *Pietrowicz* (Fn. 119), S. 154 f.

129 Entscheidung vom 20.02.2014 (Nr. 9117/04 u. a.), *Nosov and others v. Russia*.

Ferner wachsen in Russland aber auch Bestrebungen, einen Teil der an Straßburg verloren geglaubten Autonomie zurückzugewinnen. So war es jüngst der Präsident des Russischen Verfassungsgerichts *Valerij D. Zor'kin*, der die Frage aufwarf, inwiefern die Entscheidungen des Gerichtshofs in jedem Fall durch Russland befolgt werden müssten[130]. Den Anlass gab der bereits angesprochene Beschluss des Verfassungsgerichts im Fall Markin[131], der durch den EGMR für konventionswidrig erklärt wurde[132]. *Zor'kin* kritisierte implizit zunächst das Urteil des EGMR als nicht vereinbar mit den kulturellen, moralischen und religiösen Grundfesten der russischen Nation. Vor diesem Hintergrund deutete er an, dass es aus seiner Sicht auch Situationen geben könne, in denen Entscheidungen des EGMR nicht zwingend zu befolgen seien oder es jedenfalls denkbar sei, dass Entscheidungen zuvor an das russische Rechtsverständnis angepasst werden müssten[133]. Es ist das erste Mal überhaupt in der jüngeren russischen Geschichte, dass sich ein Vertreter des Verfassungsgerichts öffentlich gegen die Rechtsprechung des EGMR wendet. Diese Äußerungen, die kurz darauf vom damaligen Präsidenten *Medwedew* unterstützt wurden[134], stießen in der russischen Literatur nur vereinzelt auf Kritik[135]; es überwog das Schweigen.

---

130 *V. D. Zor'kin*: Dialog Konstitucionnogo Suda Rossijskoj Federacii i Evropejskogo Suda po pravam čeloveka v kontekste konstitucionnogo pravosudija [Der Dialog von Russischem Verfassungsgericht und Europäischen Gerichtshof für Menschenrechte im Kontext der Verfassungsrechtsprechung], SKO 2011, Nr. 1, S. 105–114 sowie *V. D. Zor'kin*: Predel ustupčivosti [Grenze der Willfährigkeit], RG vom 29. 10.2010, http://www.rg.ru/2010/10/29/zorkin.html. Umfassend zum Ganzen aus dem deutschsprachigen Schrifttum jüngst auch *Caroline von Gall*: Russland und der Europäische Gerichtshof für Menschenrechte – Wer hat das letzte Wort?, Osteuropa Recht 2012, S. 40–54.

131 Beschluss des VerfG vom 15.01.2009 Nr. 187-O-O, http://www.ksrf.ru/ru/Decision/Pages/default.aspx. Zum Sachverhalt bereits B. III. 5.

132 Entscheidung des EGMR vom 07.10.2010, Konstantin Markin v. Russia, Nr. 30078/06.

133 Dieses Argument findet sich bereits ähnlich in einem Interview mit *V. D. Zor'kin* organisiert von der Rechtsdatenbank ConsultantPlus und Kadis am 15.06.2009: Interv'ju s Predsedatelem Konstitucionnogo Suda RF [Interview mit dem Präsidenten des Verfassungsgerichts der RF], http://www.kadis.ru/columns/ column.php?id=67597.

134 Vgl. *Dmitri Medwedew*: Protokoll des Treffens mit Verfassungsrichtern am 11.12.2010 in Gorki, http://eng.kremlin.ru/news/1464.

135 Etwa *E. A. Luk'janova*: Krušenie konstitucionnych osnov? [Untergang der verfassungsmäßigen Grundfesten?], PiP 2011, Nr. 1, S. 106–113, m. w. N.; aus den oppositionellen Medien etwa die Juristin und Anwältin *K. A. Moskalenko*: Ėvolucija Zor'kina možet zakončit'sja podryvom konstitucionnych osnov Rossii [Die Evolution Zor'kins

Aus dem Blickwinkel des deutschen Rechts sind die Äußerungen des Verfassungsgerichtspräsidenten besonders interessant, denn er nahm in seinen Ausführungen ausdrücklich auf den sogenannten Görgülü-Beschluss des Bundesverfassungsgerichts vom 14. Oktober 2004[136] Bezug[137]. Ausgangspunkt des Beschlusses ist die im deutschen Recht vorherrschende dualistische Konzeption des Verhältnisses von Völkerrecht und nationalem Recht[138]. Dazu hielt das Gericht in einem ersten Schritt fest: „Dem Grundgesetz liegt deutlich die klassische Vorstellung zu Grunde, dass es sich bei dem Verhältnis des Völkerrechts zum nationalen Recht um ein Verhältnis zweier unterschiedlicher Rechtskreise handelt und dass die Natur dieses Verhältnisses aus der Sicht des nationalen Rechts nur durch das nationale Recht selbst bestimmt werden kann [...]"[139]. Weiterhin stellte es dann fest, dass sich das Grundgesetz zwar in den einheitlichen europäischen Raum einfüge; es „[...] will jedoch keine jeder verfassungsrechtlichen Begrenzung und Kontrolle entzogene Unterwerfung unter nichtdeutsche Hoheitsakte"[140].

Im Hinblick auf Entscheidungen des EGMR fordert das Bundesverfassungsgericht dann, dass rechtsanwendende Stellen sich für jeden Einzelfall intensiv und argumentativ mit dem Einfluss der Konvention sowie der Entscheidung des EGMR auseinandersetzen[141]. In diese Auseinandersetzung müssen auch die Auswirkungen auf die nationale Rechtsordnung einbezogen werden[142]. Einer rein

---

kann mit der Aushöhlung der verfassungsmäßigen Grundfesten Russlands enden], Eždnevnyj Žurnal vom 02.12.2010, http://www.ej.ru/?a=note&id=10609. Differenzierend *S. M. Šachraj*: Zaslugi i zadači Konstitucionnogo Suda Rossii [Verdienste und Aufgaben des Verfassungsgerichts Russlands], ŽKP 2011, Nr. 5, S. 17 (18).

136 BVerfGE 111, 307 ff. – Fall Görgülü; im Russischen zum Urteil *Angelika Nußberger*: Revoljucionnaja filosofija evropejskoj Konvencii o zaščite prav čeloveka [Die revolutionäre Philosophie der Europäischen Menschenrechtskonvention], SKO 2011, Nr. 1, S. 86 (91 ff.).

137 *Zor'kin* (Fn. 130), S. 109 f.

138 Vgl. etwa *Hans D. Jarass/Saša Beljin*: Die Bedeutung von Vorrang und Durchführung des EG-Rechts für die nationale Rechtsetzung und Rechtsanwendung, NVwZ 2004, S. 1 (1 f.), m. w. N.; *Philip Kunig*: Völkerrecht und Staatsrecht, in: Wolfgang Graf Vitzthum (Hrsg.): Völkerrecht, 5. Auflage 2010, Rn. 28 ff., m. w. N.; *Heiko Sauer*: Staatsrecht III, 2. Auflage 2013, S. 83, m. w. N.; *Michael Schweitzer*: Staatsrecht III, 10. Auflage 2010, S. 15 f.

139 BVerfGE 111, 307 (318).

140 BVerfGE 111, 307 (319).

141 BVerfGE 111, 307 (324); ähnlich bereits BVerfG EuGRZ 2004, S. 317 (319).

142 Vgl. BVerfGE 111, 307 (327). Zur durch das Urteil angestoßenen Diskussion etwa *Marten Breuer*: Karlsruhe und die Gretchenfrage: Wie hast du's mit Straßburg?, NVwZ 2005, S. 412–414; *Jochen Frowein*: Die traurigen Missverständnisse, in: Klaus

schematischen Befolgung der EGMR-Rechtsprechung erteilt das Bundesverfassungsgericht damit eine Absage[143] und verlangt eine komplexe Abwägung[144]. Gegen die Missachtung dieser komplexen Berücksichtigungspflicht stehe jedem das Rechtsmittel der Verfassungsbeschwerde – gestützt auf das betreffende Grundrecht in Verbindung mit dem Rechtsstaatsprinzip – zur Verfügung[145].

Indem der Russische Verfassungsgerichtspräsident *Zor'kin* auf den Beschluss Bezug nahm, auch um eine denkbare Nichtbefolgung oder eine modifizierte Befolgung von EGMR-Urteilen in Russland zu untermauern, verknappt er die wesentlichen Aussagen des Görgülü-Beschlusses[146]. Zwar ist es richtig, dass auch im Görgülü-Beschluss das Bundesverfassungsgericht keine absolute Befolgungspflicht postuliert. Jedoch stellt es im Ergebnis hohe Anforderungen an eine abweichende Entscheidung, die wiederum selbst der verfassungsgerichtlichen Prüfung unterliegt. Diese Aspekte finden sich in *Zor'kins* Argumentation nicht wieder. Ob es im russischen Recht allein bei der Andeutung bleibt oder tatsächlich eine Abkehr von der bisherigen Verfahrensweise bevorsteht, wird die Zukunft zeigen.

e) Zwischenergebnis

Die russische Verfassung kennt mit Art. 46 Verf RF eine Rechtsschutzgarantie, die im Vergleich zu ihrem Pendant in Art. 19 Abs. 4 Satz 1 GG ein breites Spektrum an gerichtlichem Rechtsschutz gewährleistet. Art. 46 Verf RF garantiert sowohl Rechtsschutz in privatrechtlichen Streitigkeiten als auch Rechtsschutz gegen alle Maßnahmen der öffentlichen Gewalt. Ferner wird nach einhelliger Ansicht die Verfassungsbeschwerde als Rechtsweg im Sinne der Rechtsschutzgarantie verstanden. Anders als das Grundgesetz normiert die russische

---

Dicke/Stephan Hobe/Karl-Ulrich Meyn/Anne Peters/Eibe Riedel/Hans-Joachim Schütz/Christian Tietje (Hrsg.): Weltinnenrecht, 2005, S. 279–287 sowie ausführlich jüngst *Jan Moritz Schilling*: Deutscher Grundrechtsschutz zwischen staatlicher Souveränität und menschenrechtlicher Europäisierung, 2010.

143 Es bestätigte diese Rechtsprechung im Urteil zur Sicherheitsverwahrung, BVerfGE 128, 326 (370).

144 Vgl. auch BVerfGE 111, 307 (323 f.). Zu den damit verbundenen methodischen Problemen *Sauer* (Fn. 138), S. 117, m. w. N.

145 BVerfGE 111, 307 (316, 329 f.). Klarstellend insofern *Frowein* (Fn. 142), S. 287 sowie *Hans-Jürgen Papier*: Umsetzung und Wirkung der Entscheidungen des Europäischen Gerichtshofes für Menschenrechte aus der Perspektive der nationalen deutschen Gerichte, EuGRZ 2006, S. 1 (2).

146 Kritisch hierzu auch *Caroline von Gall*: Vaterland oder Familie, Osteuropa Recht 2010, S. 457 (461) sowie *Nußberger* (Fn. 136), S. 92.

Verfassung zudem ein Recht auf internationalen Rechtsschutz (Art. 46 Abs. 3 Verf RF). Es ist eine Gewährleistung, die für die Rechtspraxis - gerade im Hinblick auf Beschwerden zum EGMR - von enormer Bedeutung ist. Die große Anzahl russischer Beschwerden vor dem EGMR zieht die Wirksamkeit eigener Grundrechtsschutzmechanismen kontinuierlich in Zweifel. Dem begegnet Russland gegenwärtig durch gesetzliche Neuerungen, deren Erfolg noch abzuwarten bleibt. Ferner bestehen Tendenzen, die Befolgung der Straßburger Urteile in Russland generell in Frage zu stellen.

2. Das Eingaberecht, Art. 33 Verf RF

Das Eingaberecht des Art. 33 Verf RF wird von einigen Stimmen als das wichtigste Mittel des Grundrechtsschutzes bezeichnet[147]. Nach der Norm haben die Bürger der Russischen Föderation das Recht, sich persönlich an Organe der Staatsgewalt und der örtlichen Selbstverwaltung zu wenden sowie individuelle und kollektive Eingaben an sie zu richten. Mit einer solchen Eingabe (obraščenie) können alle anderen in der Verfassung genannten Grundrechte sowie jegliche andere Interessen - vom Zugang zur Elektrizitätsversorgung bis zur Qualität des Fernsehempfangs[148] - zu Gehör gebracht werden. Jährlich erreichen etwa 10–15 Millionen Eingaben verschiedenste öffentliche Stellen[149]. Hinter dem allgemeinen Oberbegriff der Eingabe, den die Verfassung verwendet, verbergen sich mehrere konkrete Handlungsformen. Es sind beispielsweise Vorschläge (predloženija) im Bereich der Gesetzgebung sowie Beschwerden (žaloby) gegen konkrete Verwaltungshandlungen.

---

147 Etwa *Šejnin* (Fn. 1), Art. 33, S. 194; *O. Valueva*: Pravo graždan na obraščenie [Das Recht des Bürgers auf Eingabe], SKO 2007, Nr. 4, S. 26 (26); ähnlich *L. A. Nudenko/N. Ju. Chamaneva*: Novyj zakon ob obraščenijach graždan [Das neue Gesetz über die Eingaben der Bürger], GiP 2007, Nr. 3, S. 5 (6).

148 Anschaulich *Valueva* (Fn. 147), S. 26; ferner *M. A. Mironov*: Obraščenija graždan kak ėlement sistemy zaščity prav čeloveka i osnovnych svobod [Eingaben der Bürger als Element des Schutzsystems der Menschenrechte und Grundfreiheiten], 2001, S. 205 ff.

149 *A. V. Kirilin*: V porjadke predislovie [in Form eines Vorworts], in: ders.: Obraščenija graždan v gosudarstvennye organy i organy mestnogo samoupravlenija [Eingaben der Bürger zu Staatsorganen und Organen der örtlichen Selbstverwaltung], 2006, S. 3.

Das Eingaberecht ist ein in der russischen Rechtsgeschichte fest verankertes Rechtsinstitut[150], das an zwei sowjetische Vorgängernormen anknüpft. Es ist das Beschwerderecht (Art. 58 Abs. 1 Verf UdSSR 1977) sowie das Eingabe- und Vorschlagsrecht (Art. 49 Verf UdSSR 1977). Die sowjetische Verfassung von 1977 normierte diese Rechte erstmalig, um individuelle Rechtspositionen verfassungsrechtlich aufzuwerten[151]. Einfachrechtlich bestanden diese Gewährleistungen bereits seit den frühen Jahren der Sowjetunion. Vorrangige Zielsetzung dieser Rechte war es zunächst gewesen, durch kritische Bürger dem bestehenden Bürokratismus zu begegnen[152]. Entgegen dieser ursprünglichen Konzeption entwickelte sich das Eingaberecht im sowjetischen Rechtsalltag bald zum Hauptrechtsschutzinstrument gegen Verwaltungsentscheidungen[153].

Aus dem Blickwinkel des deutschen Rechts weckt das russische Eingaberecht Assoziationen zum Petitionsrecht des Art. 17 GG. Beide Grundrechte gewährleisten in ihrem Ausgangspunkt eine Form der Teilhabe gegenüber hoheitlicher Gewalt. Ausgehend von dieser grundlegenden Gemeinsamkeit erweist sich das Eingaberecht bei genauer Betrachtung jedoch als eine typisch russische Rechtsfigur. Das zeigt sich sowohl im Hinblick auf die Einordnung des Eingaberechts als politisches Freiheitsrecht (a) als auch in seinem Verhältnis zur Rechtsschutzgarantie (b). Diese hier bereits anklingende Bedeutungsvielfalt des Eingaberechts stellte den russischen Gesetzgeber vor erhebliche Schwierigkeiten, ein einheitliches Eingabeverfahrensgesetz zu verabschieden (c).

a) Einordnung als politisches Freiheitsrecht

Das Petitionsrecht des Art. 17 GG steht nach seinem Wortlaut „jedermann" zu. Es wird als multifunktionales Grundrecht[154] verstanden, das es dem Einzelnen

---

150 Zu den rechtshistorischen Wurzeln des russischen Beschwerderechts ausführlich *A. V. Novikov*: Obraščenija graždan [Bürgereingaben], 2007, S. 100 ff., m. w. N. Zur Entwicklung des sowjetischen Beschwerderechts im Besonderen *Klaus-Jürgen Kuss*: Das Beschwerde- und Antragsrecht in der sowjetischen Verwaltungspraxis, ROW 1985, S. 128 (128 ff.); *Westen* (Fn. 75), Art. 58 Rn. 7 ff.

151 Dazu bereits ausführlich der Abschnitt B. II. 1.

152 *Andreas Bilinsky*: Rechtsmittel im sowjetischen Verwaltungsverfahren, JOR 1972, S. 77 (78); *Kuss* (Fn. 150), S. 128; *Westen* (Fn. 75), Art. 58 Rn. 7 sowie jüngst *Caroline von Gall*, in: Bernd Wieser (Hrsg.): Handbuch der russischen Verfassung, 2014, Art. 33 Rn. 2.

153 *Kuss* (Fn. 150), S. 135.

154 Zur Funktionsvielfalt des Petitionsrechts eingehend etwa *Bauer* (Fn. 27), Art. 17 Rn. 13, m. w. N.

unter anderem ermöglicht, sich zu verschiedensten Belangen zu äußern und Einfluss zu nehmen. Im Vergleich zu anderen Grundrechten ist seine tatsächliche Bedeutung in Rechtspraxis und Rechtswissenschaft aber vergleichsweise gering. Anders verhält es sich mit dem russischen Eingaberecht. Ihm wird eine wesentliche Funktion sowohl für den individuellen Grundrechtsschutz als auch für die nachhaltige Entwicklung rechtsstaatlicher Verhältnisse zugeschrieben[155]. Entsprechend groß ist die Aufmerksamkeit in Literatur und Rechtsprechung.

Das Eingaberecht postuliert eine aktive Form der Bürgerbeteiligung[156] sowie der Kontrolle durch die Bürger[157] auf allen Gebieten staatlicher Tätigkeit. Als politisches Freiheitsrecht[158] steht es prinzipiell nur den Bürgern der Russischen Föderation zu. Nach Maßgabe des Art. 62 Abs. 3 Verf RF[159] können sich allerdings auch ausländische sowie staatenlose Personen darauf berufen[160].

b) Eingaberecht und Rechtsschutzgarantie

Ob auch gerichtliche Klagen – als im Zweifel wirkungsvollste Form der Grundrechtsverteidigung – Eingaben im Sinne des Art. 33 Verf RF darstellen, ist umstritten. Der Streit hat zwar auf die faktische Möglichkeit zur Klageerhebung

---

155 Das Russische Verfassungsgericht spricht hier von der Eingabe „als Mittel zur Optimierung der Tätigkeit der öffentlichen Gewalt", vgl. das Urteil des VerfG vom 18.07.2012 Nr. 19-P, SZ RF 2012, Nr. 31, Pos. 4470, S. 9565 (9567).

156 Diese Funktion heben hervor *Avak'jan* (Fn. 71), Band 1, S. 751; *Golovistikova/Grudcyna* (Fn. 110), S. 171; *Novikov* (Fn. 150), S. 17 ff., m. w. N.; *Nudenko/Chamaneva* (Fn. 147), S. 5; *Valueva* (Fn. 147), S. 27; *S. A. Pjatkina*, in: L. A. Okun'kov (Hrsg.): Kommentarij k Konstitucii Rossijskoj Federacii [Kommentar zur Verfassung der Russischen Föderation], 2002, Art. 33, S. 258 f.

157 Ähnlich *Šejnin* (Fn. 1), Art. 33, S. 194. Zur Bedeutung des Eingaberechts für die rechtsstaatliche Entwicklung Russlands auch *N. Ju. Chamanëva*, in: B. N. Topornin (Hrsg.): Konstitucija Rossijskoj Federacii [Die Verfassung der Russischen Föderation], 3. Auflage 2003, Art. 33, S. 290; *S. G. Solov'ev/I. E. Popov*: O soveršenstvovanii zakonodatel'stva ob obraščenijach graždan [Zur Vervollkommnung der Gesetzgebung zu den Bürgereingaben], Rossijskij juridičeskij žurnal 2010, Nr. 2, S. 139 (139).

158 So auch die einhellige Literatur, vgl. etwa *Avak'jan* (Fn. 71), Band 1, S. 723, 747 ff.; *Baglaj* (Fn. 33), S. 271; *Nudenko/Chamaneva* (Fn. 147), S. 5; *Valueva* (Fn. 147), S. 27; *Golovistikova/Grudcyna* (Fn. 110), S. 170; *E. I. Lyskova*: Pravo graždan na obraščenie v organy publičnoj vlasti [Das Eingaberecht des Bürgers zu Organen der öffentlichen Gewalt], GiP 2009, Nr. 9, S. 105 (107).

159 Zur Gleichstellung durch Art. 62 Abs. 3 Verf RF bereits unter B. II. 4. a).

160 Vgl. auch die einschlägige einfachgesetzliche Konkretisierung in Art. 1 Abs. 3 EVfG RF.

faktisch keine Auswirkung, da der Rechtsweg in jedem Fall die Rechtsschutzgarantie in Art. 46 Verf RF gewährleistet wird. Einige Stimmen sehen den gerichtlichen Rechtsschutz ausschließlich in Art. 46 Verf RF verankert. Dabei ziehen sie sich auf das Argument zurück, die Garantie des Rechtsschutzes sei nun einmal selbstständig in Art. 46 Verf RF normiert[161]. Eine andere Ansicht plädiert demgegenüber dafür, jedenfalls die Verfassungsbeschwerde aus Art. 33 Verf RF herauszunehmen, da sie lediglich in der Rechtsschutzgarantie verankert sei[162]. Das Eingaberecht sei in seiner grundrechtsschützenden Funktion vorrangig als Rechtsinstitut des Verwaltungsrechts und damit des einfachen Rechts zu verstehen. Tatsächlich würde diese Sichtweise dem ursprünglichen sowjetischen Verständnis vom Eingaberecht als Recht des Einzelnen gegenüber der *Verwaltung* nahekommen[163].

Gegen beide Ansichten spricht entscheidend der Wortlaut des Art. 33 Verf RF, denn er beschränkt das Recht zur Eingabe nicht auf außergerichtliche Stellen. Die ganz überwiegende Meinung greift vor diesem Hintergrund auf den Grundsatz *lex specialis derogat legi generali* zurück[164]: Art. 33 Verf RF verbürge sowohl sämtliche gerichtliche als auch außergerichtliche Rechtsbehelfe gegen hoheitliche Handlungen[165]. Allerdings stelle Art. 46 Verf RF gegebenenfalls das

---

161 *Pjatkina* (Fn. 156), Art. 33, S. 259.

162 *Valueva* (Fn. 147), S. 31; ähnlich *Gerasimova* (Fn. 110), S. 89, m. w. N.

163 Zur Rolle des sowjetischen Beschwerderechts als Rechtsschutzinstrument gegen Verwaltungsentscheidungen bereits die Einführung zu C. II. 2.

164 So im Kern *Knjazev* (Fn. 110), S. 25 sowie *S. V. Narutto*: Obraščenie graždan v Konstitucionnyj Sud Rossijskoj Federacii [Die Eingabe von Bürgern zum Verfassungsgericht der Russischen Föderation], 2011, S. 20. Implizit wohl auch *Šejnin* (Fn. 1), Art. 33, S. 195; *Bondar'* (Fn. 110), S. 43 sowie *V. V. Kravčenko*: Pravo graždan Rossijskoj Federacii na obraščenie [Das Recht der Bürger der Russischen Föderation auf Eingabe], GViMS 2010, Nr. 4, S. 6 (7), die unter anderem das Verfassungsgerichtsgesetz als einfachgesetzliche Konkretisierung des Eingaberechts aufführen.

165 Nicht mehr gesetzlich geregelt sind Eingaben an nicht-staatliche Stellen, etwa Unternehmen oder auch gesellschaftliche Vereinigungen wie Gewerkschaften, was in der russischen Literatur vor der Folie des Gleichheitssatzes (Art. 19 Verf RF) äußerst kontrovers diskutiert wird, vgl. etwa *Nudenko/Chamaneva* (Fn. 147), S. 9; *Solov'ev/Popov* (Fn. 157), S. 140, 143; *N. I. Gritčina*: Sootnošenie realizacii prava na obraščenie graždan v organy vlasti i k juridičeskim licam [Wechselbeziehung in der Verwirklichung des Eingaberechts des Bürgers an Organe der Staatsgewalt und an juristische Personen], VNGU, Serija: Pravo 2011, Band 7, Nr. 2, S. 30–35. Diese Beschränkung des Adressatenkreises entspricht zum einen dem Wortlaut des Art. 33 Verf RF. Zum anderen ist sie wohl damit zu erklären, dass der Gesetzesentwurf in seinem Ausgangspunkt als Teil eines Verwaltungsverfahrensgesetzes entstanden ist

speziellere Grundrecht dar. Diese dem russischen Eingaberecht innewohnende Rechtsschutzfunktion unterscheidet es zugleich vom deutschen Petitionsrecht, das ein Bitt- und Beschwerderecht gerade jenseits Verwaltungs-, Rechtsbehelfs- und Gerichtsverfahren garantiert[166]. Aus dem Blickwinkel des deutschen Rechts vereint das russische Eingaberecht somit Funktionen, die im Grundgesetz dem Petitionsrecht einerseits und der Rechtsschutzgarantie andererseits zugeordnet werden.

c) Einfachgesetzliche Konkretisierung

Trotz der überragenden Bedeutung des Eingaberechts für den russischen Rechtsalltag stützten sich allgemeine Eingaben bis weit in die 2000er Jahre auf das von den gesellschaftlichen Verhältnissen überholte Dekret des Präsidiums des Obersten Sowjets der UdSSR vom 12. April 1968[167]. Daneben bestanden im jungen postsowjetischen Russland Spezialregelungen auf föderaler Ebene sowie auf regionaler Ebene[168]. Erst mit dem 2006 verabschiedeten allgemeinen Eingabeverfahrensgesetz (EVfG RF) konnte das Grundrecht auf Eingabe nach einem langwierigen und debattenreichen Gesetzgebungsprozess[169] eine einheitliche und zeitgemäße Ausgestaltung erfahren. Heute noch relevante föderale Regelungen zum Eingabeverfahren, die nach dem Subsidiaritätsprinzip des Art. 1 Abs. 2 EVfG RF Vorrang genießen, enthalten etwa das Gerichtsbeschwerdegesetz mit

---

und konsequenterweise ausschließlich eine Verfahrensregelung in einem Verwaltungsverfahren im Blick hatte. In diese Richtung deutet jedenfalls *Valueva* (Fn. 147), S. 27.

166 *Bauer* (Fn. 27), Art. 17 Rn. 13; *Michael Brenner*, in: Hermann von Mangoldt/Friedrich Klein/Christian Starck (Hrsg.): Kommentar zum Grundgesetz, Band 1, 6. Auflage 2010, Art. 17 Rn. 12; *Franz-Wilhelm Dollinger*, in: Dieter C. Umbach/Thomas Clemens (Hrsg.): Grundgesetz, 2002, Art. 17 Rn. 9; *Zuck* (Fn. 73), Rn. 312, m. w. N.; *Christine Langenfeld*: Das Petitionsrecht, in: Josef Isensee/Paul Kirchhof (Hrsg.): Handbuch des Staatsrechts der Bundesrepublik Deutschland, Band 3, 3. Auflage 2005, § 39 Rn. 9; *Hans H. Klein*, in: Theodor Maunz/Günter Dürig (Begr.): Grundgesetz, Art. 17 Rn. 138.

167 O porjadke rassmotrenija predloženij, zajavlenij i žalob graždan, VVS SSR 1968, Nr. 17, Pos. 144; deutsche Übersetzung von *Herwig Roggemann*, in: Herwig Roggemann (Hrsg.): Die Gesetzgebung der sozialistischen Staaten, Band 3, UdSSR, Staatsrecht, 1.1.3.

168 *L. A. Nudenko* und *N. Ju. Chamaneva* sprechen von über 80 Rechtsakten zum Eingaberecht, *Nudenko/Chamaneva* (Fn. 147), S. 7.

169 Zu verschiedensten rechtstheoretischen sowie konzeptionellen Problemen *Valueva* (Fn. 147), S. 27 sowie *Nudenko/Chamaneva* (Fn. 147), S. 7.

seinen entsprechenden Präzisierungen in dem russischen Zivil- bzw. Arbitrageprozessgesetzbuch sowie das Gesetz über den Menschenrechtsbeauftragten der Russischen Föderation[170].

Die regionalen Eingabeverfahrensgesetze[171] waren vorrangig verabschiedet worden, um zumindest subjektsintern einheitliche Verfahrensregelungen für die Bearbeitung von Eingaben zu schaffen. Ihre Verfassungsmäßigkeit war jedoch bedenklich, da sie im Ergebnis auf keine einschlägige Kompetenzgrundlage gestützt werden konnten. Art. 71 lit. c) 1. Halbsatz Verf RF[172] weist die ausschließliche Gesetzgebungskompetenz, *Grundrechte zu regeln*, der Föderation zu[173]. Ob eine Gesetzgebungskompetenz sich aus der gemeinsamen Gesetzgebungskompetenz des Art. 72 Abs. 1 lit. b) Verf RF ableiten ließe, die *Regelungen zum Grundrechtsschutz* den Subjekten und der Föderation überträgt, war zweifelhaft, da die Gesetze das Eingaberecht an sich überhaupt einfachgesetzlich verankerten. Das 2006 verabschiedete föderale Eingabeverfahrensgesetz hat in seinem Art. 3 Abs. 2 EVfG RF nunmehr einen salomonischen Weg eingeschlagen, der mittlerweile auch vom Russischen Verfassungsgericht bestätigt worden ist: Die Subjekte können in ihren Gesetzen Regelungen treffen, die auch diejenigen des EVfG RF ergänzen, solange sie dadurch nicht das Wesen dieses oder anderer Grundrechte ändern oder das föderale Schutzniveau des Grundrechts modifizieren[174].

Ob das Eingaberecht seiner Bedeutung als relevantes grundrechtsschützendes Instrument gerecht werden kann, hängt allerdings nicht allein von der Qualität seiner gesetzlichen Grundlagen ab. Entscheidend ist auch, dass es von allen

---

170 Zu einzelnen Spezialregelungen *M. Mironov/A. Surkov/S. Popov*: Naučno-praktičeskij kommentarij k Federal'nomu zakonu „O porjadke rassmotrenija obraščenij graždan Rossijskoj Federacii" [Praktisch-wissenschaftlicher Kommentar zum föderalen Gesetz „Über das Verfahren der Bearbeitung der Eingaben der Bürger der Russischen Föderation"], 2006, Art. 1, S. 25 ff., 32; *Novikov* (Fn. 150), S. 86 ff. sowie *R. Č. Bondarčuk/E. V. Prokop'ev*: Kommentarij k Federal'nomu zakonu „O porjadke rassmotrenija obraščenij graždan Rossijskoj Federacii" [Kommentar zum föderalen Gesetz „Über das Verfahren der Bearbeitung der Eingaben der Bürger der Russischen Föderation"], 2007, Art. 1, S. 7 f.

171 Der Begriff der Subjekte bezeichnet die einzelnen territorialen Einheiten der Russischen Föderation, die mit einer gewissen Autonomie ausgestattet sind. Aus der Fülle der Literatur zum russischen Föderalismus weiterführend *Nußberger* (Fn. 122), § 4, S. 34 ff., m. w. N.

172 Dem russischen Alphabet folgend ist es Art. 71 lit. v) 1. Halbsatz Verf RF.

173 Darauf weisen zu Recht hin *Nudenko/Chamaneva* (Fn. 147), S. 7.

174 Urteil des VerfG vom 18.07.2012 Nr. 19-P, SZ RF 2012, Nr. 31, Pos. 4470, S. 9565 (9570 f.).

Seiten als effektives, grundrechtsschützendes Mittel ernst genommen wird[175] und eingereichte Eingaben entsprechend sorgsam bearbeitet werden[176].

3. Das Selbstschutzrecht, Art. 45 Abs. 2 Verf RF

Eine weitere, dem deutschen Recht in dieser Weise nicht bekannte verfahrensbezogene Garantie ist das sogenannte Recht des Menschen auf die Verteidigung der eigenen Rechte und Freiheiten (pravo čeloveka zaščiščat' svoi prava i svobody) des Art. 45 Abs. 2 Verf RF. In der Literatur wird es häufig verkürzt als Recht zum Selbstschutz (pravo na samozaščitu) bezeichnet[177]. Konkret berechtigt es jeden „[…] seine Rechte und Freiheiten mit allen Mitteln, die gesetzlich nicht verboten sind, zu verteidigen." Konkret ermöglicht Art. 45 Abs. 2 Verf RF vielfältige Schutzmaßnahmen, die oftmals eng mit anderen verfahrensbezogenen Garantien der russischen Verfassung verwoben sind[178]. So wird etwa auch der in Art. 46 Verf RF garantierte Rechtsweg als Mittel des Selbstschutzes im Sinne des Art. 45 Abs. 2 Verf RF angesehen[179]. Weitere Schutzmaßnahmen sind beispielsweise Beschwerden im Sinne des Art. 33 Verf RF, die Gründung von Bürgerinitiativen, die Durchführung von Versammlungen sowie gegebenenfalls sogar die Selbstverteidigung mithilfe einer Waffe[180].

---

175 Ähnlich auch *Baglaj* (Fn. 33), S. 272; *Valueva* (Fn. 147), S. 32, 34.

176 Hierauf wird bei der Untersuchung konkreter individualrechtsschützender Instrumente, in denen sich auch das Grundrecht auf Eingabe wiederfindet, noch einzugehen sein. Dazu insbesondere die Abschnitte D. IV., D. V. 3. sowie E. II.

177 Vgl. *Baglaj* (Fn. 33), S. 309 sowie die Titelwahl bei *A. Ju. Orobinskij*: Konstitucionnoe pravo čeloveka i graždanina Rossijskoj Federacii na samozaščitu prav i svobod [Das Verfassungsrecht des Menschen und des Bürgers der Russischen Föderation zum Selbstschutz der Rechte und Freiheiten], 2009 sowie bei *V. A. Usanova*: Konstitucionnoe pravo čeloveka na samozaščitu v Rossijskoj Federacii [Das Verfassungsrecht des Menschen auf Selbstschutz in der Russischen Föderation], 2003.

178 Das stellen zu Recht heraus *Lyskova* (Fn. 158), S. 109 sowie *G. D. Sadovnikova*: Kommentarij k Konstitucii Rossijskoj Federacii [Kommentar zur Verfassung der Russischen Föderation], 2001, Art. 45, S. 122.

179 Vgl. dazu das Urteil des VerfG vom 16.07.2004, Nr. 15-P, SZ RF 2004, Nr. 31, Pos. 3282, S. 6840 (6843). In der Literatur ist die Einbeziehung des gerichtlichen Rechtsschutzes indes umstritten. Befürwortend *S. A. Pjatkina/I. L. Marogulova*, in: L. A. Okun'kov (Hrsg.): Kommentarij k Konstitucii Rossijskoj Federacii [Kommentar zur Verfassung der Russischen Föderation], 2002, Art. 45, S. 353; *Orobinskij* (Fn. 177), S. 43, 73 ff.; ablehnend etwa *Usanova* (Fn. 177), S. 85, 121, m. w. N.

180 Mit einer Fülle von Beispielen *Baglaj* (Fn. 33), S. 309; *Bezuglov/Soldatov* (Fn. 32), Band 1, S. 594 f.; *Sadovnikova* (Fn. 178), Art. 45, S. 122; *Šejnin* (Fn. 1), Art. 45,

a) *Schutzgut: Individuelle Rechtspositionen*

Schutzgut des Art. 45 Abs. 2 Verf RF sind seinem Wortlaut folgend individuelle Rechtspositionen[181]. Eine ähnliche Regelung enthält etwa Art. 21 der portugiesischen Verfassung[182]. Das Selbstschutzrecht erinnert zudem an das Widerstandsrecht des Art. 20 Abs. 4 GG. Beide Normen verfolgen allerdings grundlegend verschiedene Zwecke. Anders als Art. 45 Abs. 2 Verf RF ist Art. 20 Abs. 4 GG nicht auf den Schutz subjektiver Rechte gerichtet, sondern formuliert ein Recht zum Widerstand gegen jeden, der die objektive Verfassungsordnung zu beseitigen versucht[183].

Ein anderes Bild ergibt sich allerdings für das deutsche Recht, wenn man den Blick auf die Landesverfassungen richtet: Hier sind teilweise sehr wohl Widerstandsrechte im Falle einer Grundrechtsverletzung normiert[184].

S. 265 ff.; *Vitruk* (Fn. 101), S. 113 f.; *E. A. Lukaševa*, in: B. N. Topornin (Hrsg.): Konstitucija Rossijskoj Federacii [Die Verfassung der Russischen Föderation], 3. Auflage 2003, Art. 45, S. 375 f.; *Ju. A. Šachbanova*: Samozaščita konstitucionnych prav i svobod čeloveka i graždanina v Respublike Dagestan [Selbstverteidigung der verfassungsrechtlichen Rechte und Freiheiten des Menschen und des Bürgers in der Republik Dagestan], ZiP 2011, Nr. 3, S. 30 (30 f.). Einen Überblick über die Vielzahl einschlägiger einfachgesetzlicher Normen gibt *S. M. Michajlov*: Normativno-pravovaja zaščita prav i svobod čeloveka i graždanina [Normativ-rechtlicher Schutz der Rechte und Freiheiten des Menschen und des Bürgers], 2005, S. 44 ff.

181 Zur großen Bedeutung für den Grundrechtsschutz etwa *Michajlov* (Fn. 180), S. 42 und 132; *D. A. Jagofagov*: Stichwort: Samozaščita prav i svobod [Selbstschutz der Rechte und Freiheiten], in: S. S. Alekseev (Hrsg.): Prava čeloveka [Menschenrechte], 2009, S. 366.

182 Hierin heißt es: „Jedermann hat das Recht, gegen jeglichen Befehl, der seine Rechte, Freiheiten und Garantien verletzt, Widerstand zu leisten und jeden Angriff mit Gewalt abzuwehren, sofern es ihm nicht möglich ist, sich an die Behörden zu wenden."

183 Dazu für das deutsche Recht etwa *Roman Herzog/Bernd Grzeszick*, in: Theodor Maunz/Günter Dürig (Begr.): Grundgesetz, Art. 20 IX Rn. 12 ff.; *Friedrich E. Schnapp*, in: Ingo von Münch/Philip Kunig (Begr./Hrsg.): Grundgesetz-Kommentar, Band 1, 6. Auflage 2012, Art. 20 Rn. 80; *Karl-Peter Sommermann*, in: Hermann von Mangoldt/Friedrich Klein/Christian Starck (Hrsg.): Kommentar zum Grundgesetz, Band 2, 6. Auflage 2010, Art. 20 Abs. 4 Rn. 346 ff., m. w. N.

184 Art. 36 Abs. 3 Verf Berlin; Art. 19 Verf Bremen; Art. 147 Abs. 1 Verf Hessen („Widerstand gegen verfassungswidrig ausgeübte öffentliche Gewalt"). Zum Ganzen exemplarisch für die Berliner Verfassung etwa *Hans-Joachim Driehaus*, in: ders. (Hrsg.): Verfassung von Berlin, 3. Auflage 2009, Art. 36 Rn. 7 sowie *Karl-Josef Stöhr*, in: Gero Pfennig/Manfred J. Neumann (Hrsg.): Verfassung von Berlin, 3. Auflage 2000, Art. 36 Rn. 9.

b) Verhältnis zu Art. 45 Abs. 1 Verf RF

Die verfassungstextliche Nähe des Rechts auf Selbstschutz zum bereits betrachteten Recht auf staatlichen Schutz (Art. 45 Abs. 1 Verf RF)[185] ist nicht zufällig, sondern entspricht einem engen inhaltlichen Zusammenhang: Der Einzelne ist nicht allein Objekt der aus dem Schutzrecht fließenden staatlichen Schutzpflicht des Art. 45 Abs. 1 Verf RF, sondern wird durch Art. 45 Abs. 2 Verf RF befähigt, selbst Maßnahmen zur Grundrechtsverteidigung zu ergreifen. Nach ganz einhelliger Meinung im russischen Schrifttum garantiert Art. 45 Abs. 2 Verf RF sämtliche einfachrechtliche Selbsthilferegelungen, unter anderem im russischen Privatrecht[186], sowie strafrechtliche Notwehr- und Notstandsregelungen[187].

In welchem Verhältnis das Recht auf staatlichen Schutz (Art. 45 Abs. 1 Verf RF) und das Recht auf Selbstschutz (Art. 45 Abs. 2 Verf RF) konkret zueinander stehen, ist jedoch in der russischen Literatur umstritten. Vereinzelt wird davon ausgegangen, dass nach Art. 45 Abs. 2 Verf RF der Einzelne als gleichberechtigter Partner neben dem Staat auftrete. Er dürfe also unabhängig von grundrechtsschützenden Handlungen des Staates, die sich möglicherweise aus Art. 45 Abs. 1 Verf RF ableiten ließen, tätig werden[188]. Diese Sichtweise ist aber bereits deshalb zu weit, weil Art. 45 Abs. 2 Verf RF bereits seinem Wortlaut nach nur Selbstschutzhandlungen in den Grenzen der Gesetze erlaubt. Von einer gleichberechtigten Stellung im Hinblick auf den Grundrechtsschutz kann vor diesem Hintergrund also keine Rede sein. Richtiger dürfte deshalb die Annahme sein, dass die Verantwortung für den Grundrechtsschutz primär beim Staat liegt, die durch Art. 45 Abs. 2 Verf RF von der Eigeninitiative des Einzelnen flankiert

---

185 Dazu bereits B. III. 4.

186 Weiterführend etwa *B. B. Arabuli*: Samozaščita kak forma zaščity graždanskich prav v graždanskom kodekse Rossijskoj Federacii [Selbstverteidigung als Form des Schutzes bürgerlicher Rechte nach dem Zivilgesetzbuch der Russischen Föderation], PiO 2010, Nr. 7, S. 104–113.

187 *Pjatkina/Marogulova* (Fn. 179), Art. 45, S. 354 ff.; *A. A. Jugov*: Mechanizm realizacii konstitucionnych (osnovnych) prav, svobod i objazannostej – ključevoj komponent podlinnogo narodovlastija [Mechanismus zur Verwirklichung der verfassungsmäßigen (Grund-)Rechte, -Freiheiten und -Pflichten – Schlüsselkomponente einer wahrhaftigen Volksherrschaft], KiMP 2008, Nr. 7, S. 2 (4).

188 Vgl. *Pjatkina/Marogulova* (Fn. 179), Art. 45, S. 350; *I. V. Rostovščikov/V. A. Usanova*: Pravo čeloveka na samozaščitu[Das Menschenrecht auf Selbstschutz], 2006, S. 134.

wird[189]. Dort, wo staatliche Hilfe zur Grundrechtsverteidigung fehlt, kann der Einzelne im Rahmen der Gesetze selbst aktiv werden.

Die naheliegende Folgerung, Art. 45 Abs. 2 Verf RF stelle somit lediglich klar, was auch ohne eine entsprechende verfassungsrechtliche Normierung ohnehin gelten würde, greift indes zu kurz. Denn die Norm verpflichtet zugleich den Gesetzgeber, entsprechende Regelungen, in deren Rahmen das Selbstschutzrecht ausgeübt werden kann, zu normieren.

4. Das Recht auf qualifizierten juristischen Beistand, Art. 48 Verf RF

In Art. 48 Verf RF normiert die russische Verfassung als weiteres formelles Grundrecht ein Recht auf qualifizierten juristischen Beistand. Aus dem Blickwinkel des deutschen Rechts erscheint zunächst die konkrete Normstruktur ungewöhnlich (a). Ferner unterscheidet sich das Recht auf qualifizierten juristischen Beistand von den bislang betrachteten Gewährleistungen, da es keine verfahrensbezogene Garantie an sich darstellt, sondern diese Garantien wiederum flankiert (b). Nicht weniger interessant ist schließlich, inwiefern das Recht auf juristischen Beistand nicht nur formal ein Recht auf Rechtsbeistand garantiert, sondern im Rechtsalltag die Qualität des Rechtsbeistands gesichert ist (c).

a) Normstruktur

Art. 48 Abs. 1 Satz 1 Verf RF hält zunächst allgemein fest: „Jedem wird das Recht garantiert, qualifizierten juristischen Beistand zu erhalten." Nach dem Russischen Verfassungsgericht garantiert die Norm juristische Hilfe, sobald der Betroffene in seinen Rechten beeinträchtigt ist[190]. Auf eine bestimmte formale oder gar prozessuale Stellung des Betroffenen kommt es nicht an[191]. Weiter heißt es in Art. 48 Abs. 1 Satz 2 Verf RF: „In den durch Gesetz vorgesehenen Fällen wird der juristische Beistand unentgeltlich geleistet." Diese Bestimmung, die sich im Übrigen in ähnlicher Weise in Art. 29 Abs. 3 Satz 2 Schweizer Bundesverfassung[192]

---

189 Zu diesem Ergebnis gelangt *Šejnin* (Fn. 1), Art. 45, S. 265; ähnlich *Lukaševa* (Fn. 180), Art. 45, S. 375 sowie *Usanova* (Fn. 177), S. 79 f.

190 Entscheidend dazu das Urteil des VerfG vom 27.06.2000 Nr. 11-P, SZ RF 2000, Nr. 27, Pos. 2882, S. 5498 (5500).

191 Ebenda, S. 5498 (5500) sowie *I. L. Marogulova*, in: L. A. Okun'kov (Hrsg.): Kommentarij k Konstitucii Rossijskoj Federacii [Kommentar zur Verfassung der Russischen Föderation], 2002, Art. 48, S. 381 f.

192 In Art. 29 Abs. 3 Verf Schweiz heißt es: „Jede Person, die nicht über die erforderlichen Mittel verfügt, hat Anspruch auf unentgeltliche Rechtspflege, wenn ihr

findet, bereitete im russischen Recht lange Zeit größte Schwierigkeiten. Insbesondere blieb eine Vielzahl von Verfahrens- und Kostenfragen ungeklärt[193]. Abhilfe schafft nun das 2011 verabschiedete Gesetz über kostenlose juristische Hilfe.

Im deutschen Verfassungsrecht finden sich – wenngleich ohne explizite Regelung –durchaus ähnliche Grundaussagen: So ist es nach Art. 3 Abs. 1 GG i. V. m. dem Sozialstaatsprinzip vor dem Hintergrund der Artt. 19 Abs. 4, 93 Abs. 1 Nr. 4a GG geboten[194], nicht nur den gleichen Zugang zu den Gerichten zu gewährleisten, sondern diesen Zugang unter Umständen durch Prozesskostenhilfe abzusichern[195]. Weiterhin garantiert Art. 48 Abs. 2 Verf RF – als Spezialfall zum allgemeinen Recht auf juristischen Beistand – ein Recht auf juristischen Beistand im Strafverfahren. Angesichts der potentiell hohen Eingriffsintensität – etwa in Form des Freiheitsentzugs – ist auch im deutschen Recht vor dem Hintergrund des Rechts auf ein rechtsstaatliches, faires gerichtliches Verfahren (Art. 2 Abs. 1 GG i. V. m. dem Rechtsstaatsprinzip)[196] für das Strafverfahren das Recht anerkannt, einen Verteidiger hinzuziehen zu dürfen[197].

Die Normierung des Art. 48 Abs. 2 Verf RF erscheint jedoch aus dem Blickwinkel des deutschen Rechtsdenkens überflüssig, da Art. 48 Abs. 2 Verf RF im Grunde genommen keinen eigenen Gewährleistungsinhalt besitzt, der nicht bereits von Art. 48 Abs. 1 Verf RF abgedeckt wäre. An diesem Beispiel wird die

---

Rechtsbegehren nicht aussichtslos erscheint. Soweit es zur Wahrung ihrer Rechte notwendig ist, hat sie außerdem Anspruch auf unentgeltlichen Rechtsbeistand."

193 Detailliert dazu etwa *Golovistikova/Grudcyna* (Fn. 69), S. 417 f.; *E. B. Abrosimova*: Besplatnaja juridičeskaja pomošč' i dostup k pravosudiju [Kostenloser juristischer Beistand und Zugang zur Rechtsprechung], SKO 2011, Nr. 3, S. 115–126; *O. Ju. Krivonosova*: Finansovoe obespečenie konstitucionnogo prava na besplatnuju juridičeskuju pomošč' [Finanzielle Deckung des Verfassungsrechts auf einen kostenlosen juristischen Beistand], KiMP 2007, Nr. 11, S. 13–15.

194 Etwa BVerfGE 9, 124 (131); 22, 83 (86); 56, 139 (143 f.); 81, 347 (356 f.); 117, 163 (187); 122, 39 (48 f.).

195 *Werner Heun*, in: Horst Dreier (Hrsg.): Grundgesetz, Band 1, 3. Auflage 2013, Art. 3 Rn. 96, m. w. N.

196 Etwa BVerfGE 26, 66 (71); 39, 156 (163); 57, 250 (274 f.); 63, 45 (60); 101, 397 (404); 122, 248 (270). Weiterführend zum Fairnessbegriff *Peter J. Tettinger*: Fairness als Rechtsbegriff im deutschen Recht, Der Staat 36 (1997), S. 575–595.

197 BVerfGE 38, 105 (111); 66, 313 (318 f.); 68, 237 (255); 110, 226 (253 f.); *Christian Starck*, in: Hermann von Mangoldt/Friedrich Klein/ders. (Hrsg.): Kommentar zum Grundgesetz, Band 1, 6. Auflage 2010, Art. 2 Abs. 1 Rn. 128, m. w. N.

spezifische Regelungstechnik der russischen Verfassung deutlich[198]: Die russische Verfassung beruht nicht durchweg auf einem streng dogmatischen Gedankengebäude. Entscheidend ist also nicht allein eine schlüssige dogmatische Normstruktur, sondern dass bestimmte Aussagen aufgrund ihrer großen Bedeutung gegebenenfalls nochmals ausdrücklich festgehalten werden. Nach der Rechtsprechung des Russischen Verfassungsgerichts bildet Art. 48 Abs. 2 Verf RF eine Konkretisierung des Art 48 Abs. 1 Verf RF[199].

b) Besondere Bedeutung für verfahrensbezogene Garantien im engen Sinne

Bislang standen solche Verfahrensgarantien im Mittelpunkt, die grundrechtsschützende Handlungen gezielt ermöglichen, etwa die Rechtsschutzgarantie[200] oder das Eingaberecht[201]. Sie können daher als verfahrensbezogene Garantien im engeren Sinne bezeichnet werden. Das Recht auf qualifizierten juristischen Beistand ist in seiner Funktionsweise anders, denn es flankiert verfahrensbezogene Garantien, indem es ihre sachgerechte Wahrnehmung durch eine rechtliche, oftmals anwaltliche Begleitung erstarken lässt[202]. In dieser Weise soll eine effektive Grundrechtsdurchsetzung verfassungsrechtlich verankert werden. Mit dieser Funktion versehen formuliert Art. 48 Verf RF als Kehrseite zugleich eine besondere Verantwortung der Anwaltschaft, im Sinne des Grundrechtsschutzes pflichtbewusst tätig zu werden[203]. Eine vergleichbare Verpflichtung leitet sich

---

198 Vgl. auch schon die Einführung zum Teil A der Arbeit.

199 Urteil des VerfG vom 27.06.2000 Nr. 11-P, SZ RF 2000, Nr. 27, Pos. 2882, S. 5498 (5500); weiterführend *Urs Kramer/Theresa Lauterbach*, in: Bernd Wieser (Hrsg.): Handbuch der russischen Verfassung, 2014, Art. 48 Rn. 2, m. w. N.

200 Hierzu bereits C. II. 1.

201 Zum Eingaberecht bereits C. II. 2.

202 Zu dieser Normfunktion etwa *K. F. Gucenko/M. A. Kovalev*: Pravoochranitel'nye organy [Rechtsschützende Organe], 2009, S. 412; *A. L. Mironov*: Vzaimodejstvie prava na polučenie kvalificirovannoj juridičeskoj pomošči s inymi konstitucionnymi pravami i svobodami čeloveka i graždanina [Die Wechselwirkungen des Rechts auf qualifizierten juristischen Beistand mit anderen Verfassungsrechten und -freiheiten des Menschen und des Bürgers], ZiP 2008, Nr. 9, S. 21 (24); *Golovistikova/Grudcyna* (Fn. 110), S. 412. Zur Bedeutung für die Rechtsschutzgarantie insbesondere *L. Ju. Grudcyna*: Sudebnaja zaščita prav i svobod [Gerichtlicher Schutz der Rechte und Freiheiten], RJu 2006, Nr. 2, S. 25 (26).

203 *E. V. Semenjakov*: Pravovaja priroda dejatel'nosti advokata [Die Rechtsnatur der anwaltlichen Tätigkeit], GiP 2009, Nr. 9, S. 38 (42 f.); *M. P. Potanina*: Advokatura kak garant realizacii konstitucionnogo prava čeloveka i graždanina na juridičeskuju pomošč' v Rossijskoj Federacii [Die Rechtsanwaltschaft als Garant zur Verwirklichung

im deutschen Recht aus der Stellung des Anwalts als unabhängigem Organ der Rechtspflege[204] ab[205].

Dieser Zusammenhang zwischen Grundrechtsschutzinstrumenten als solchen und ihrer verstärkten Wirkungsweise durch eine anwaltliche Vertretung kommt nicht nur in der russischen Verfassung zum Ausdruck. Mit Art. 48 Abs. 1 Verf RF vergleichbare Regelungen enthalten etwa Art. 18 Abs. 1 der niederländischen Verfassung[206], Art. 20 Abs. 2 der portugiesischen Verfassung[207] sowie Art. 24 Abs. 2 Satz 1 der spanischen Verfassung[208]. Auch im deutschen Recht wird die Bedeutung eines juristischen Beistandes für eine effektive Grundrechtssicherung erkannt[209]. Umstritten ist indes, ob neben dem bereits angesprochenen Recht auf Hinzuziehung eines Verteidigers im Strafverfahren aus Art. 2 Abs. 1 GG i. V. m. dem Rechtsstaatsprinzip ein *allgemeines* Recht auf juristischen Beistand existiert, das gegebenenfalls aus Art. 103 Abs. 1 GG entnommen werden kann. Das Bundesverfassungsgericht und Teile der Literatur lehnen eine solche Auslegung des Art. 103 Abs. 1 GG ab: Die Norm gewährleiste ein Recht auf rechtliches Gehör als solches, nicht aber rechtliches Gehör vermittelt durch

---

des Verfassungsrechts des Menschen und des Bürgers auf juristischen Beistand in der Russischen Föderation], 2009, S. 115. Ähnlich auch *Gucenko/Kovalev* (Fn. 202), S. 415; *A. G. Manafov*: Konstitucionnoe pravo graždan na kvalificirovannuju juridičeskuju pomošč' v Rossijskoj Federacii [Das Verfassungsrecht des Bürgers auf qualifizierten juristischen Beistand in der Russischen Föderation], 2002, S. 57, m. w. N. und *A. G. Kučerena*: Advokatura v uslovijach sudebno-pravovoj reformy v Rossii [Die Rechtsanwaltschaft unter den Bedingungen der Gerichtsreform in Russland], 2009, S. 43, die diese Verpflichtung jedoch nicht explizit auf Art. 48 Verf RF zurückführen.

204 Vgl. auch § 1 BRAO.

205 Exemplarisch zur Rolle des Anwalts im Verfassungsstaat *Klaus Stern*: Anwaltschaft und Verfassungsstaat, 1980, S. 12 ff.

206 Art. 18 Abs. 1 Verf Niederlande lautet: „Jeder kann sich in Rechts- und Verwaltungssachen beistehen lassen."

207 In Art. 20 Abs. 2 Verf Portugal heißt es: „Allen steht, nach Maßgabe der Gesetze, das Recht auf juristische Information und Beratung und auf rechtlichen Schutz zu."

208 Art. 24 Abs. 2 Satz 1 Verf Spanien lautet: „Ebenso haben alle das Recht auf einen vom Gesetz bestimmten ordentlichen Richter, auf Verteidigung und *Beistand durch einen Rechtsanwalt*, auf Information über die gegen sie erhobene Anklage, auf einen öffentlichen Prozess ohne ungebührliche Verzögerungen und mit allen Garantien, auf Verwendung von zur Sache gehörenden Beweismitteln für ihre Verteidigung, auf Nichtaussage gegen sich selbst, darauf, sich nicht schuldig zu bekennen, und auf die Vermutung der Unschuld.", Hervorhebungen hinzugefügt.

209 Unter dem Blickwinkel des Anwaltszwangs *Max Vollkommer*: Die Stellung des Anwalts im Zivilprozess, 1984, S. 16 f.

einen Anwalt[210]. Wahrlich entkräften vermag dieses eher formale Argument die Gründe, die für einen Anspruch auf Beiziehung eines Anwalts sprechen, aber kaum, kann doch auch im deutschen Recht oftmals erst durch den Einsatz eines professionellen Beistands die Komplexität des formellen und materiellen Rechts angemessen bewältigt werden[211].

c) *Schutzqualität*

Art. 48 Abs. 1 Satz 1 Verf RF garantiert seinem Wortlaut nach einen *qualifizierten* juristischen Beistand. Die Rechtspraxis stellt die Gewährleistung eines bestimmten Qualitätsstandards jedoch zum Teil vor erhebliche Schwierigkeiten. Bislang existiert in Russland kein mit dem deutschen Recht vergleichbares Rechtsberatungsmonopol[212], sodass Rechtsberatung und außergerichtliche Vertretung auch von Nicht-Anwälten und sogar Nicht-Juristen ausgeübt werden kann[213]. Das fehlende Rechtsberatungsmonopol ist wohl vorrangig ein transformationsbedingtes Phänomen, denn nach dem Systemwechsel in den 1990er Jahren gab es schlicht noch keine Juristen, denen das sich wandelnde Recht vertraut war. Die russischen Juristen hatten ihre Ausbildung im sowjetischen Recht erfahren.

---

210 BVerfGE 9, 124 (132); 31, 297 (301); 38, 105 (118); 39, 156 (168); *Hinrich Rüping*, in: Wolfgang Kahl/Christian Waldhoff/Christian Walter (Hrsg.): Bonner Kommentar zum Grundgesetz, Art. 103 Abs. 1 Rn. 36, 69.

211 Vgl. auch *Schmidt-Aßmann* (Fn. 73), Art. 103 Abs. 1 Rn. 103 ff., m. w. N.; *Philip Kunig*, in: Ingo von Münch/Philip Kunig (Begr./Hrsg.): Grundgesetz-Kommentar, Band 2, 6. Auflage 2012, Art. 103 Rn. 15, m. w. N.; *Bodo Pieroth*, in: Hans D. Jarass/ders.: Grundgesetz für die Bundesrepublik Deutschland, 12. Auflage 2012, Art. 103 Rn. 34, m. w. N.; *Georg Nolte*, in: Hermann von Mangoldt/Friedrich Klein/Christian Starck (Hrsg.): Kommentar zum Grundgesetz, Band 3, 6. Auflage 2010, Art. 103 Rn. 66, m. w. N.

212 Ein entsprechender Gesetzesentwurf aus dem Jahr 2008 „Über die Erbringung qualifizierten juristischen Beistands in der Russischen Föderation" führte zu einer intensiv diskutierten Kontroverse, in deren Ergebnis der Gesetzesentwurf nicht verabschiedet wurde. Zum Ganzen *Semenjakov* (Fn. 203), S. 38–43, m. w. N. Auf einer Pressekonferenz am 07.07.2012 begrüßte nunmehr aber auch der russische Justizminister *A. V. Konovalov* im Grunde die Einführung eines Anwaltsmonopols, sah darin aber ein langfristiges Vorhaben, vlg. http://pravo.ru/news/view/77082/.

213 Vgl. *Semenjakov* (Fn. 203), S. 38 sowie *Jan D. Karraß/Rainer Wedde*: Das Berufsrecht der Anwälte in der Russischen Föderation. Einführung und Textsammlung, 2005, S. 15. Zum Ganzen jüngst auch *Veronika Horrer/Pavel Maguta*: Anwaltschaft und anwaltliches Berufsrecht der Russischen Föderation, BRAK-Mitteilungen 2013, S. 106 (108).

Eine gesetzliche Regelung, die ausschließlich eben diesem Personenkreis eine rechtsberatende Tätigkeit gestattete, hätte wohl dem enorm wachsenden Bedarf an juristischer Expertise in der Kürze der Zeit kaum gerecht werden können[214]. Auch betraten Juristen sowie Nicht-Juristen in den stark von der Transformation geprägten ersten Jahren rechtliches Neuland. Für das heutige Russland können diese Erwägungen indes nur noch eingeschränkt gelten, schließlich wurde in den vergangenen knapp zwanzig Jahren bereits eine große Zahl an jungen Juristen ausgebildet.

5. Zwischenergebnis

Auch wenn die verfahrensbezogenen Garantien der russischen Verfassung nur kursorisch betrachtet worden sind, wird deutlich, wie vielfältig die Regelungen der russischen Verfassung an dieser Stelle sind. Sie nehmen eine zentrale Stellung in der Verfassung ein. Die betrachteten Garantien weisen dem Einzelnen allesamt eine aktive Rolle in der Grundrechtsverteidigung zu, indem sie ihm verschiedenste Handlungsmöglichkeiten eröffnen. Zentrales Element zur Grundrechtssicherung ist in der russischen Verfassung und im Grundgesetz die Rechtsschutzgarantie. Darüber hinaus enthält die russische Verfassung eine Reihe weiterer grundrechtsschützender Garantien, die das Grundgesetz nicht normiert – etwa das Eingaberecht oder das Selbstschutzrecht.

Teilweise knüpfen die heutigen russischen Garantien an bereits vorhandene Ausprägungen des sowjetischen Rechtsschutzes an und entwickeln sie in einer modernen Weise fort. Diese Charakteristik zeigt sich besonders anschaulich am Beispiel des Eingaberechts (Art. 33 Verf RF). Andere verfahrensbezogene Verbürgungen, etwa das Recht auf eigene Verteidigung der Grundrechte (Art. 45 Abs. 2 Verf RF) sowie das Recht auf qualifizierten juristischen Beistand (Art. 48 Verf RF) bilden ein Novum im russischen Verfassungsrecht. Parallelen bestehen hier aber durchaus zu anderen europäischen Verfassungen. Mit ihren verfahrensbezogenen Garantien schließt die russische Verfassung damit zu anderen europäischen Verfassungen auf, zeigt sich modern und ist auf eine effektive Grundrechtssicherung angelegt. Gleichwohl stellt diese Vielfalt der zum Teil stark ineinander greifenden Garantien die Rechtswissenschaft und -praxis vor erhebliche Abgrenzungsprobleme, die in der russischen Rechtswissenschaft bislang noch nicht abschließend gelöst sind.

---

214 Eine zahlenmäßige Entwicklung geben *Karraß/Wedde* (Fn. 213), S. 11 Fn. 15, m. w. N.

III. Zusammenfassung

Die russische Verfassung präsentiert sich im Hinblick auf die von ihr bereitgestellten Grundlagen für einen individuellen Grundrechtsschutz als eine Verfassung, die einer effektiven Grundrechtssicherung oberste Priorität einräumt, indem sie sowohl in institutioneller als auch in verfahrensbezogener Hinsicht vielfältige Regelungen trifft. Dabei übernimmt sie bereits existierende und in den letzten Jahren erheblich aufgewertete sowjetische Schutzinstrumente und vereint diese – als Novum für die russische Rechtsordnung – mit Leihgaben anderer Rechtsordnungen. Dadurch entsteht ein spezifisch russisches Grundrechtssicherungssystem.

In einer im russischen Recht bislang nicht bestehenden Form überträgt die russische Verfassung bestimmten Institutionen, insbesondere dem Staatspräsidenten, eine besondere Verantwortlichkeit für die Grundrechtssicherung. Seine Rolle als „Garant der Verfassung" (Art. 80 Abs. 2 Satz 1 Verf RF) erweist sich allerdings in der Rechtspraxis als problematisch. Der Garantenstellung wurden in der Vergangenheit weitreichende Kompetenzen entnommen, die in Zeiten des ungebremsten Transformationsprozesses andere Staatsorgane, insbesondere das russische Parlament, faktisch entmachteten. Dass der russische Präsident nunmehr bereits über Jahre von diesen umstrittenen Kompetenzen keinen Gebrauch macht, muss vorrangig im Kontext einer deutlichen Verlangsamung des Transformationsprozesses gesehen werden. Die eigentliche Problematik – sei sie gegenwärtig auch nur theoretischer Natur –, seine präsidialen Machtbefugnisse gegebenenfalls unter Rückgriff auf die Garantenstellung zum Wohle des Landes zu erweitern, wird von der ganz herrschenden Meinung nicht ernsthaft kritisiert.

Die vielfältigen verfahrensbezogenen Garantien stellen das einfachrechtliche System eines individuellen Grundrechtsschutzes auf ein breites verfassungsrechtliches Fundament, das es dem Einzelnen aus der Perspektive des Normativen ermöglichen sollte, seine Grundrechte effektiv durchzusetzen.

D. Konkrete individualrechtsschützende Instrumente

Die im vorstehenden Kapitel illustrierte Vielfalt grundrechtssichernder Mechanismen findet sich im einfachgesetzlichen Grundrechtsschutz wieder. Sein Kernelement bildet – wie im deutschen Recht – der gerichtliche Grundrechtsschutz. In spezifischer Weise ist damit das Russische Verfassungsgericht betraut. Es entscheidet wie das Bundesverfassungsgericht über Verfassungsbeschwerden (I.). Vergleichbare Institutionen wurden in einigen Subjekten – in Anlehnung an das Russische Verfassungsgericht – ins Leben gerufen. Jedoch sind sie gegenwärtig noch weit davon entfernt, einen Grundrechtsschutz zu vermitteln, der der Tätigkeit des Russischen Verfassungsgerichts annähernd vergleichbar wäre. Bereits ihre Institutionalisierung ist bei weitem noch nicht abgeschlossen. Zudem werden selbst die bereits über mehrere Jahre bestehenden Subjektsverfassungsgerichte weder in der Bevölkerung noch von anderen Subjektsorganen tatsächlich als grundrechtsschützende Instanzen wahrgenommen (II.).

Die überwiegende Verantwortung für den gerichtlichen Grundrechtsschutz tragen im Rechtsalltag indes nicht die Verfassungsgerichte, sondern die Fachgerichte. Trotzdem führt die wissenschaftliche Untersuchung ihrer grundrechtsschützenden Tätigkeit bislang in der russischen Literatur überwiegend ein Schattendasein, das nur sehr selten erhellt wird (III.).

Flankiert wird der gerichtliche Grundrechtsschutz in Russland zum einen durch eine vom Grundrechtsbetroffenen angestoßene verwaltungsinterne Kontrolle (IV.), die in ihren Grundzügen Ähnlichkeiten zum deutschen Widerspruchsverfahren aufzuweisen scheint. Zum anderen kann der Betroffene sich an die in besonderer Weise mit den Grundrechtsschutz betraute Staatsanwaltschaft (V.) sowie an den Menschenrechtsbeauftragten (VI.) wenden. Während sowohl die verwaltungsinterne Kontrolle als auch die rechtsschützende Aufgabe der Staatsanwaltschaft ihren Ursprung bereits im sowjetischen Recht finden, ist der Menschenrechtsbeauftragte eine für das russische Recht neuartige Einrichtung, die aufgrund ihrer ideologischen Unbelastetheit in der Bevölkerung großes Vertrauen genießt.

I. Individueller Grundrechtsschutz durch das Russische Verfassungsgericht

Die Möglichkeit des Einzelnen, sich mit einer Verfassungsbeschwerde gegen eine vermeintliche Grundrechtsverletzung zur Wehr zu setzen, ist in Russland noch jung – so jung wie die Institution des Verfassungsgerichts selbst. Das Russische Verfassungsgericht kann auf keine lange[1], aber dennoch sehr wechselvolle Vergangenheit zurückblicken[2]. Seine Existenzberechtigung sowie seine Stellung als Gericht und Verfassungsorgan, als das es – wie das Bundesverfassungsgericht[3]

---

1 Zu den Vorläufern in der Sowjetunion aus dem deutschsprachigen Schrifttum *Bernd Wieser*: Normenkontrolle unter der sowjetischen Unionsverfassung von 1924, ROW 1991, S. 372–379.

2 Zur wechselvollen Geschichte des Russischen Verfassungsgerichts eingehend *Matthias Hartwig*: Verfassungsgerichtsbarkeit in Rußland, EuGRZ 1996, S. 177 (177 ff.), m. w. N.; *Antti Korkeakivi*: The Russian Constitutional Court and Human Rights, Parker School Journal of East European Law 1994, Nr. 5/6, S. 591 (592 ff.); *V. A. Krjažkov/L. V. Lazarev*: Verfassungsgerichtsbarkeit in der Russischen Föderation, 2001, S. 14 ff.; *Tamara G. Morschtschakowa*: Das Verfassungsgericht der Russländischen Föderation, in: Otto Luchterhandt/Christian Starck/Albrecht Weber (Hrsg.): Verfassungsgerichtsbarkeit in Mittel- und Osteuropa, Teilband 1, 2007, S. 129 (130 ff.); *T. Morstschakowa*: Das Verfassungsgericht der Russischen Föderation, in: Johannes Ch. Traut (Hrsg.): Föderalismus und Verfassungsgerichtsbarkeit in Rußland, 1997, S. 26 (26 ff.); *Angelika Nußberger*, in: Angelika Nußberger/Carmen Schmidt/Tamara G. Morščakova (Hrsg.): Verfassungsrechtsprechung in der Russischen Föderation, 2009, S. 43 ff.; *Uwe Steingröver*: Anfänge der Verfassungsgerichtsbarkeit in Rußland, 2000, S. 28 ff. Aus dem russischen Schrifttum etwa *A. A. Bezuglov/S. A. Soldatov*: Konstitucionnoe pravo Rossii [Das Verfassungsrecht Russlands], Band 3, 2001, S. 116 ff; *I. A. Ledjach*: Konstitucionnyj kontrol' [Verfassungskontrolle], in: E. A. Lukaševa (Hrsg.): Prava čeloveka [Menschenrechte], 2004, S. 280 ff.; *Ju. L. Šul'ženko*: Konstitucionnyj kontrol' v Rossii [Verfassungskontrolle in Russland], 1995, S. 50 ff.

3 Vgl. nur § 1 Abs. 1 BVerfGG. Zum verfassungsrechtlichen Status des Bundesverfassungsgerichts eingehend *Herbert Bethge*, in: Theodor Maunz/Bruno Schmidt-Bleibtreu/Franz Klein/Herbert Bethge (Hrsg.): Bundesverfassungsgerichtsgesetz, § 1 Rn. 1 ff., m. w. N.; *Christian Pestalozza*: Verfassungsprozeßrecht, 3. Auflage 1991, § 2 Rn. 13; *Gerd Roellecke*: Aufgaben und Stellung des Bundesverfassungsgerichts im Verfassungsgefüge, in: Josef Isensee/Paul Kirchhof (Hrsg.): Handbuch des Staatsrechts der Bundesrepublik Deutschland, Band 3, 3. Auflage 2005, § 67 Rn. 15 ff., m. w. N.; *Klaus Schlaich/Stefan Korioth*: Das Bundesverfassungsgericht, 9. Auflage 2012, Rn. 26 ff., m. w. N.

– weit überwiegend verstanden wird[4], musste es zunächst behaupten. Besonders deutlich zeigt sich die Suche nach Akzeptanz und Rückhalt noch heute in der breiten normativen Unterfütterung seiner Entscheidungen[5].

1. Vorbilder und gegenwärtige Bedeutung der Verfassungsbeschwerde

Während das Grundgesetz erst durch die Einfügung von Art. 93 Abs. 1 Nr. 4 a) GG 1969 die bereits seit 1951 bestehenden einfachgesetzlichen Regelungen des Bundesverfassungsgerichtsgesetzes verfassungsrechtlich rückkoppelte[6],

---

4 *G. A. Gadžiev/S. P. Mavrin*, in: G. A. Gadžiev (Hrsg.): Kommentarij k Federal'nomu konstitucionnomu zakonu „O Konstitucionnom Sude Rossijskoj Federacii" [Kommentierung zum föderalen Verfassungsgesetz „Über das Verfassungsgericht der Russischen Föderation"], 2012, Art. 79, S. 419; *B. S. Ėbzeev*: Čelovek, narod, gosudarstvo v konstitucionnom stroe Rossijskoj Federacii [Der Mensch, das Volk, der Staat im Verfassungsaufbau der Russischen Föderation], 2005, S. 509; *L. V. Lazarev*: Konstitucionno-pravovye osnovyj organizacii i dejatel'nosti Konstitucionnogo Suda Rossijskoj Federacii [Verfassungsrechtliche Grundlagen der Organisation und der Tätigkeit des Verfassungsgerichts der Russischen Föderation], GiP 1996, Nr. 6, S. 3 (3 f.), m. w. N. sowie *Christina Maier*: Bindungskraft der Entscheidungen des Verfassungsgerichts der Russischen Föderation und ihre Umsetzung in der Rechtsanwendungspraxis, Osteuropa Recht 2006, S. 84 (85), m. w. N.; *Morstschakowa* (Fn. 2), S. 34 f.; *Carmen Schmidt*, in: Angelika Nußberger/Carmen Schmidt/Tamara G. Morščakova (Hrsg.): Verfassungsrechtsprechung in der Russischen Föderation, 2009, S. 13; *Ekaterina Yustus*: Verfassungsgerichtsbarkeit in Russland und Deutschland, 2011, S. 18, m. w. N. Vom Staatsorgan spricht *N. V. Vitruk*: Konstitucionnoe pravosudie [Verfassungsgerichtsbarkeit], 1998, S. 85.
Andere Stimmen ordnen das Verfassungsgericht ausschließlich der Judikative zu, vgl. *Šul'ženko* (Fn. 2), S. 147 f. Zum Streitstand *A. I. Chorošil'cev*: Konstitucionnyj Sud Rossijskoj Federacii kak organ gosudarstvennoj konstituirujuščej vlasti [Das Verfassungsgericht der Russischen Föderation als Organ der staatskonstituierenden Macht], KiMP 2011, Nr. 7, S. 44 (44 f.), m. w. N.

5 Vgl. zur daraus resultierenden Arbeitstechnik der „normativen Breitseite" sowie der umfassenden Einbeziehung völkerrechtlicher Normen in die Entscheidungsfindung bereits A. II.

6 *Roellecke* (Fn. 3), Rn. 12. Zum Ganzen auch *Christoph Gusy*: Die Verfassungsbeschwerde, in: Peter Badura/Horst Dreier (Hrsg.): Festschrift 50 Jahre Bundesverfassungsgericht, Band 1, 2001, S. 641 (641 f.); *Hans Lechner/Rüdiger Zuck*: Bundesverfassungsgerichtsgesetz, 6. Auflage 2011, § 90 Rn. 5; *Wolfgang Löwer*: Zuständigkeiten und Verfahren des Bundesverfassungsgerichts, in: Josef Isensee/Paul Kirchhof (Hrsg.): Handbuch des Staatsrechts der Bundesrepublik Deutschland, Band 3, 3. Auflage 2005, § 70 Rn. 163;

normiert die deutlich jüngere russische Verfassung von Beginn an ein Recht zur Verfassungsbeschwerde in Art. 125 Abs. 4 1. Halbsatz Verf RF[7]. Nachdem 1993 die Verfassung und ein Jahr darauf das zweite Verfassungsgerichtsgesetz[8] in Kraft getreten waren, konnte das Russische Verfassungsgericht im Februar 1995 seine Tätigkeit wieder aufnehmen, nachdem es im Zuge des politischen Machtkampfs[9] 1993 suspendiert worden war[10].

Äußerst aufschlussreich für das Verständnis des heutigen Verfassungsbeschwerdeverfahrens und seiner einzelnen Zulässigkeitsvoraussetzungen ist seine Entstehungsgeschichte: Der Gesetzentwurf zum neuen Verfassungsgerichtsgesetz wurde nicht nur von den Richtern des zuvor suspendierten Verfassungsgerichts ausgearbeitet, die ihre Erfahrungen mit der Vorgängerregelung einfließen lassen konnten. Der Gesetzentwurf wurde auch mit den Richtern des deutschen Bundesverfassungsgerichts diskutiert[11]. Bereits bei der Aufnahme der

---

jeweils m. w. N. Ausführlich zur Entwicklung der deutschen Verfassungsbeschwerde etwa *Sabine Hain*: Die Individualverfassungsbeschwerde nach Bundesrecht, 2002; *Pestalozza* (Fn. 3), § 12 Rn. 1; *Klaus Stern/Michael Sachs*: Handbuch des Staatsrechts der Bundesrepublik Deutschland, Band III/2, 1994, S. 1267 ff.; *Rüdiger Zuck*: Das Recht der Verfassungsbeschwerde, 4. Auflage 2013, Rn. 144 ff., m. w. N.

7 Die einschlägigen Normen sind Artt. 3 Abs. 1 Nr. 3, 96 ff. VerfGG RF. Hinzu tritt die Geschäftsordnung des Russischen Verfassungsgerichts (reglament Konstitucionnogo Suda Rossijskoj Federacii), in der Fassung vom 24.01.2011, veröffentlicht in VKS 2011, Nr. 1, S. 3 ff. sowie unter http://www.ksrf.ru/ru/Info/LegalBases/Reglament/Pages/default.aspx.

8 Sein Vorgänger war das Gesetz der Russischen Sozialistischen Föderativen Sowjetrepublik „Über das Verfassungsgericht der RSFSR“, VSNDVS RSFSR 1991, Nr. 30, Pos. 1017. Eine Einführung und eine deutsche Übersetzung gibt *Otto Luchterhandt*: Verfassungsgerichtsgesetz von 1991, JOR 1992, S. 169–216. Einen ausführlichen Vergleich beider Verfassungsgerichtsgesetze unternimmt *Steingröver* (Fn. 2), S. 327 ff.

9 Zum Ringen um Macht im jungen postsowjetischen Russland bereits B. I.

10 Zur Suspendierung des Russischen Verfassungsgerichts insbesondere *Herman Schwartz*: The Struggle for Constitutional Justice in Post-Communist Europe, 2000, S. 132 ff.; *Alexei Trochev*: Judicial Self-Empowerment under Authoritarian Rule, in: Åke Frändberd/Stefan Hedlund/Torben Spaak (Hrsg.): Festskrift till Anders Fogelklou, 2008, S. 287 (294 ff.), m. w. N. Zur ersten Phase der russischen Verfassungsgerichtsbarkeit bis 1993 vgl. die Nachweise in Fn. 19 des Teils A.

11 Zum Ganzen *M. A. Mitjukov*: Zarubežnye ocenki zakonodatel'nogo regulirovanija konstitucionnogo pravosudija Rossii [Ausländische Einschätzungen zur gesetzlichen Normierung der Verfassungsgerichtsbarkeit Russlands], GViMS 2007, Nr. 1, S. 10 (10 f.), m. w. N.; *Tamara G. Morščakova*, in: Angelika Nußberger/Carmen Schmidt/Tamara G. Morščakova (Hrsg.): Verfassungsrechtsprechung in der Russischen Föde-

Verfassungsbeschwerde in das erste russische Verfassungsgerichtsgesetz hatte insbesondere die deutsche Verfassungsbeschwerde als Vorbild gedient[12].

Vergleichbar mit dem Tätigkeitsschwerpunkt des Bundesverfassungsgerichts[13] stellen Verfassungsbeschwerden (konstitucionnye žaloby) vor dem Russischen Verfassungsgericht das Gros der Verfahren dar. Allein 2013 verzeichnete das Russische Verfassungsgericht weit über 15.000 Verfahrenseingänge[14], in der Mehrzahl waren es Verfassungsbeschwerden. Zum Vergleich: Das Bundesverfassungsgericht spricht mit Blick auf seine Belastbarkeit von einer „kritischen Grenze" bei mehr als 6.000 Verfassungsbeschwerden im Jahr[15]. Eine offizielle Statistik über die Erfolgsquote der eingelegten russischen Verfassungsbeschwerden ist nicht verfügbar. Schätzungen zufolge werden aber bereits nach der Vorprüfung durch das verfassungsgerichtliche Sekretariat jährlich nur zwischen 3–5 Prozent[16] der Beschwerden an den Senat weitergegeben. Um ein weiteres geringer

ration, 2009, S. 5; *Hartwig* (Fn. 2), S. 178; *Dieter Grimm*: Hütet die Grundrechte!, Die Zeit vom 18.04.1997, http://www.zeit.de/1997/17/Huetet_die_Grundrechte_.

12 Dazu *Mitjukov* (Fn. 11), S. 11; *E. V. Gerasimova*: Konstitucionnaja žaloba kak polnomočie Konstitucionnogo Suda Rossii i Federal'nogo konstitucionnogo suda Germanii [Die Verfassungsbeschwerde als Kompetenz des Verfassungsgerichts Russlands und des Bundesverfassungsgerichts Deutschlands], SKO 2010, Nr. 4, S. 87 (89), m. w. N.; *S. Pašin*: Konstitucionnyj Sud Rossii [Das Verfassungsgericht Russlands], Sovetskaja Justicija 1992, Nr. 2, S. 11 (11); *Theodor Schweisfurth*: Der Start der Verfassungsgerichtsbarkeit in Rußland, EuGRZ 1992, S. 281 (293), m. w. N.; *Steingröver* (Fn. 2), S. 132.

13 Vgl. nur die Statistik des Bundesverfassungsgerichts über die Verfahren bis zum 31.12.2013, http://www.bundesverfassungsgericht.de/organisation/gb2013/A-I-1.html.

14 Die Statistik des Russischen Verfassungsgerichts, http://www.ksrf.ru/ru/Petition/Pages/Statistic.aspx.

15 Vgl. das Bundesverfassungsgericht in seinem Vorwort zur Jahresstatistik 2011: 60 Jahre Bundesverfassungsgericht, http://www.bundesverfassungsgericht.de/organisation/gb2011/vorwort.html.

16 Von 3 Prozent spricht der Stellvertretende Leiter des verfassungsgerichtlichen Sekretariats *L. V. Lazarev*: Pravovye pozicii Konstitucionnogo Suda Rossii [Rechtspositionen des Verfassungsgerichts Russlands], 2. Auflage 2008, S. 41. *Lev Ivanov*, langjähriger wissenschaftlicher Mitarbeiter am Russischen Verfassungsgericht und leitender Spezialist des Instituts für Recht und öffentliche Politik, nannte indes im Juni 2010 einen Schnitt von 5 Prozent, http://rapsinews.ru/judicial_analyst/20100602/250202073.html.

dürfte dann der Anteil an tatsächlich erfolgreichen Verfassungsbeschwerden ausfallen. In Deutschland liegen die Erfolgsaussichten bei ca. 2 Prozent[17].

2. Die Zulässigkeit als Zugangshürde zum Verfassungsgericht

Die Zulässigkeitsanforderungen bilden die erste und wohl auch größte zu überwindende Hürde für die Betroffenen, um verfassungsgerichtlichen Grundrechtsschutz zu erlangen. Vor der Folie des eben skizzierten Einflusses des Bundesverfassungsgerichtsgesetzes[18] ist es nicht verwunderlich, dass das heutige russische Verfassungsgerichtsgesetz die Zulässigkeit einer Verfassungsbeschwerde an prinzipiell vergleichbare Kriterien knüpft. So finden sich auch im russischen Verfassungsprozessrecht Elemente der Beschwerdefähigkeit (a), des Beschwerdegegenstandes (b), der Beschwerdebefugnis (c), der Rechtswegerschöpfung und der Subsidiarität (d) sowie der Verfahrenskosten und der Beschwerdefrist (e) wieder. Die hier verwandte Terminologie ist allerdings an die verbreitete Begrifflichkeit im deutschen Verfassungsprozessrecht angelehnt. In der russischen Literatur tragen die einzelnen Zulässigkeitsvoraussetzungen als solche keine einheitliche Bezeichnung.

a) Beschwerdefähigkeit: Bekannte Strukturen und russische Besonderheiten

(1) Ausländische Staatsangehörige und Staatenlose

Hinsichtlich der Beschwerdefähigkeit mutet der Wortlaut des § 90 Abs. 1 BVerfGG denkbar einfach an: „*Jedermann* kann [...] die Verfassungsbeschwerde

17 Vgl. die Statistik von 1987 bis 2013, http://www.bundesverfassungsgericht.de/organisation/gb2013/A-IV-2.html. Zweifel am individualrechtsschützenden Sinn der Verfassungsbeschwerde erhebt daher *Pestalozza* (Fn. 3), § 12 Rn. 7; verhaltener jüngst *Zuck* (Fn. 6), Rn. 109, 324 ff., m. w. N. Gegen die Abschaffung der Urteilsverfassungsbeschwerde deutlich etwa *Löwer* (Fn. 6), Rn. 163; *Peter Häberle*: Die Verfassungsbeschwerde im System der bundesdeutschen Verfassungsgerichtsbarkeit, JöR 45 (1997), S. 89 (112); *Eckart Klein*: Die Zukunft der Verfassungsbeschwerde, in: Michael Piazolo (Hrsg.): Das Bundesverfassungsgericht, 1995, S. 227 (236), m. w. N.; *Michael Kloepfer*: Ist die Verfassungsbeschwerde unentbehrlich?, DVBl 2004, 676 (680); *Ernst Gottfried Mahrenholz*: Zur Funktionsfähigkeit des BVerfG, ZRP 1997, S. 129 (130); *Stern/Sachs* (Fn. 6), Band III/2, S. 1289 ff. Zu den unter anderem hierauf gestützten Zweifeln an der Existenzberechtigung der Urteilsverfassungsbeschwerde sogleich unter D. I. 2. b).

18 Dazu bereits der Abschnitt D. I. 1.

zum Bundesverfassungsgericht erheben."[19] Jedermann ist jedenfalls jede natürliche Person, die grundrechtsfähig ist[20].

Im russischen Recht ist es hinsichtlich der Beschwerdefähigkeit natürlicher Personen wesentlich diffiziler. So heißt es in Art. 125 Abs. 4 1. Halbsatz Verf RF: „Das Verfassungsgericht überprüft [...] Beschwerden gegen die Verletzung verfassungsmäßiger Rechte und Freiheiten *der Bürger* [...]"[21]. Dem Wortlaut nach scheint die Beschwerdefähigkeit also auf russische Staatsbürger beschränkt zu sein. Dies wäre aber insbesondere deshalb verwunderlich, weil die russische Verfassung im weit überwiegenden Maße ihre Grundrechte als Menschenrechte formuliert[22]. Ihnen nunmehr durch Art. 125 Abs. 4 1. Halbsatz Verf RF den verfassungsgerichtlichen Schutz zu verweigern, erscheint widersprüchlich. Der Wortlaut der Verfassung findet sich aber auch im Verfassungsgerichtsgesetz wieder[23]. Auch aus Art. 96 Abs. 1 VerfGG RF ergibt sich, dass ausländische Staatsangehörige und Staatenlose nur beschwerdefähig sind, wenn dies eine entsprechende einfachgesetzliche Regelung vorsieht. Eine solche existiert indes nicht. Die Beschwerdefähigkeit von Ausländern und Staatenlosen bildet daher eine gern und viel diskutierte Frage im russischen Verfassungsprozessrecht.

Ausgangspunkt des Streits bildet der Wortlaut des Art. 125 Abs. 4 1. Halbsatz Verf RF, aus dem vereinzelt gefolgert wird, dass Ausländer und Staatenlose generell nicht beschwerdefähig sein könnten[24]. Nach nunmehr ständiger Rechtsprechung des Verfassungsgerichts[25] sowie nach dem heute einhelligen Schrifttum[26]

---

19 Hervorhebung hinzugefügt.

20 BVerfGE 3, 383 (391 f.); 6, 273 (277); 21, 362 (367); 39, 302 (312); 78, 350 (354); 115, 205 (227) sowie etwa *Lechner/Zuck* (Fn. 6), § 90 Rn. 32, m. w. N.; *Pestalozza* (Fn. 3), § 12 Rn. 18; *Schlaich/Korioth* (Fn. 3), Rn. 206; *Zuck* (Fn. 6), Rn. 627, m. w. N.

21 Hervorhebungen hinzugefügt.

22 Dazu bereits B. II. 4. a).

23 Vgl. Artt. 3 Abs. 1 Nr. 3, 96 Abs. 1 VerfGG RF.

24 In diese Richtung deutet *Korkeakivi* (Fn. 2), S. 613.

25 Entscheidend dazu das Urteil des VerfG vom 17.02.1998 Nr. 6-P, SZ RF 1998, Nr. 9, Pos. 1142, S. 2124 (2125) sowie die Beschlüsse des VerfG vom 01.03.2007 Nr. 333-O-P, SZ RF 2007, Nr. 28, Pos. 3478, S. 7361 ff.; vom 21.10.2008 Nr. 794-O-O; vom 19.05.2009 Nr. 545-O-O und vom 22.03.2011 Nr. 432-O-O; die Beschlüsse sind verfügbar unter http://www.ksrf.ru/ru/Decision/Pages/default.aspx.

26 Etwa *Krjažkov/Lazarev* (Fn. 2), S. 259 f.; *V. A. Krjažkov/M. A. Mitjukov*: Konstitucionnyj Sud Rossijskoj Federacii [Das Verfassungsgericht der Russischen Föderation], GiP 2011, Nr. 10, S. 12 (20); *L. V. Lazarev*, in: ders. (Hrsg.): Kommentarij k Konstitucii Rossijskoj Federacii [Kommentar zur Verfassung der Russischen Föderation], 3. Auflage 2008, Art. 125, S. 736; *S. M. Kazancev*, in: G. A. Gadžiev (Hrsg.): Kommentarij k

können jedoch auch ausländische Staatsangehörige und Staatenlose Verfassungsbeschwerde erheben, ohne sich auf eine entsprechende einfachgesetzliche Regelung berufen zu müssen. Die herrschende Meinung stellt unter anderem darauf ab, dass der Wortlaut von Art. 125 Abs. 4 1. Halbsatz Verf RF in keiner Weise gegen die Erweiterung der Beschwerdefähigkeit auf ausländische Staatsangehörige und Staatenlose spreche. Hätte die Verfassung an dieser Stelle die Beschwerdefähigkeit von Ausländern ausschließen wollen, so hätte die Norm nicht allein von „Bürgern", sondern – wie sonst auch üblich – von „Bürgern der Russischen Föderation" sprechen müssen. Dieses zunächst eher formale Argument wird um ein weiteres, überzeugenderes ergänzt: Die russische Verfassung sieht in Art. 62 Abs. 3 Verf RF eine prinzipielle Gleichstellung von Bürgern und ausländischen Staatsangehörigen bzw. Staatenlosen vor[27]. Eine *Ungleichbehandlung* bedürfte danach einer einfachrechtlichen Normierung. Jedoch trifft das Verfassungsgerichtsgesetz eine solche Anordnung gerade nicht[28]. Vielmehr kehrt es in Art. 96 Abs. 1 VerfGG RF die verfassungsrechtliche Grundentscheidung um, indem sie als einfachgesetzliche Regelung nunmehr für eine *Gleichstellung* eine Spezialregelung verlangt. An der Verfassungsmäßigkeit des Art. 96 Abs. 1 VerfGG RF könnten also Zweifel bestehen; sie werden indes nicht erhoben. Mit gewissem Pragmatismus wird Art. 96 Abs. 1 VerfGG RF durch das Russische Verfassungsgericht – im Widerspruch zu seinem ausdrücklichen Wortlaut und ohne eine nähere Begründung – „nach seinem Sinn und Zweck in Verbindung mit Artt. 46, 17 Abs. 2, 62 Abs. 3 und Art. 125 Abs. 4 Verf RF"[29] ausgelegt. Das Gericht entschied also auch diese Fragestellung in seinem gewohnten Duktus der „normativen Breitseite"[30].

Federal'nomu konstitucionnomu zakonu „O Konstitucionnom Sude Rossijskoj Federacii" [Kommentierung zum föderalen Verfassungsgesetz „Über das Verfassungsgericht der Russischen Föderation"], 2012, Art. 96, S. 518 ff.; *I. A. Kravec*: Konstitucionnaja žaloba [Die Verfassungsbeschwerde], ŽRP 2003, Nr. 8, S. 19 (21); *T. G. Morščakova*, in: N. V. Vitruk/L. V. Lazarev/B. S. Ėbzeev (Hrsg.): Federal'nyj konstitucionnyj zakon o Konstitucionnom Sude Rossijskoj Federacii [Föderales Verfassungsgesetz über das Verfassungsgericht der Russischen Föderation], 1996, Art. 96, S. 297. Aus dem deutschsprachigen Schrifttum *Schmidt* (Fn. 4), S. 33; *Yustus* (Fn. 4), S. 89.

27 Hierzu bereits B. II. 4. a).

28 *Kravec* (Fn. 26), S. 21, *Krjažkov/Lazarev* (Fn. 2), S. 259 f.; *Morščakova* (Fn. 26), Art. 96, S. 297. Aus dem deutschsprachigen Schrifttum *Hartwig* (Fn. 2), S. 183.

29 Urteil des VerfG vom 17.02.1998 Nr. 6-P, SZ RF 1998, Nr. 9, Pos. 1142, S. 2124 (2125).

30 Zu dieser Arbeitsweise bereits unter A. II. 1.

Entscheidend für den Zugang zur deutschen Verfassungsgerichtsbarkeit ist für ausländische Beschwerdeführer ihre Grundrechtsfähigkeit[31]. Der Beschwerdeführer muss demnach geltend machen, hinsichtlich der vorgetragenen Grundrechte grundrechtsfähig zu sein. Es ist eine Fragestellung, die sich vor dem Hintergrund der Vielzahl sogenannter Deutschengrundrechte im Grundgesetz in besonderem Maße stellt. Art. 2 Abs. 1 GG kommt hier gegebenenfalls als Auffanggrundrecht eine unverzichtbare rechtsschutzvermittelnde Funktion zu[32]. Im russischen Verfassungsprozessrecht wird die Frage der Grundrechtsfähigkeit nicht diskutiert, da die russische Verfassung – anders als das Grundgesetz – nahezu alle Grundrechte, insbesondere auch die Berufsfreiheit (Art. 37 Abs. 1 Verf RF) und die Vereinigungsfreiheit (Art. 30 Verf RF), als Jedermann-Grundrechte formuliert. Die wenigen Bürgerrechte der russischen Verfassung sind staatsbürgerliche Rechte im klassischen Sinne, etwa das Wahlrecht (Art. 32 Verf RF), oder sie sind zumindest eng mit einer politischen Teilhabe verflochten, etwa die Versammlungsfreiheit (Art. 31 Verf RF).

(2) Personenvereinigungen

Wie ausländische Staatsangehörige sind auch Personenvereinigungen (obedinenie graždan) nach Art. 96 Abs. 1 VerfGG RF nur beschwerdefähig, wenn eine

31 Ob die Frage der Grundrechtsfähigkeit im Rahmen der Beschwerdefähigkeit oder der Beschwerdebefugnis erörtert wird, ist in der Literatur unterschiedlich. Wie hier im Rahmen der Beschwerdefähigkeit etwa *Oliver Klein*, in: Ernst Benda/Eckart Klein/Oliver Klein: Verfassungsprozessrecht, 3. Auflage 2012, § 19 Rn. 509; *Häberle* (Fn. 17), S. 116; *Lechner/Zuck* (Fn. 6), § 90 Rn. 35; *Löwer* (Fn. 6), Rn. 178, m. w. N.; *Schlaich/Korioth* (Fn. 3), Rn. 206; *Zuck* (Fn. 6), Rn. 621 ff. Im Rahmen der Beschwerdebefugnis hingegen etwa *Pestalozza* (Fn. 3), § 12 Rn. 18; *Michael Sachs*: Verfassungsprozessrecht, 3. Auflage 2010, Rn. 508.

32 Zur Bedeutung von Art. 2 Abs. 1 GG als grundrechtsschutzvermittelndes Auffanggrundrecht etwa *Schlaich/Korioth* (Fn. 3), Rn. 206; *Stern/Sachs* (Fn. 6), Band III/1, S. 1041; *Horst Dreier*, in: ders. (Hrsg.): Grundgesetz, Band 1, 3. Auflage 2013, Vorbemerkung vor Artikel 1 GG Rn. 115 ff.; *Bodo Pieroth/Bernhard Schlink/Thorsten Kingreen/Ralf Poscher*: Grundrechte, 29. Auflage 2013, Rn. 387 ff., m. w. N.; *Wolfgang Rüfner*: Der personale Grundzug der Grundrechte und der Grundrechtsschutz juristischer Personen, in: Peter Badura/Horst Dreier (Hrsg.): Festschrift 50 Jahre Bundesverfassungsgericht, Band 2, 2001, S. 55 (71); jeweils m. w. N. Aus der Rechtsprechung illustrativ BVerfGE 35, 382 (399) – Art. 2 Abs. 1 und Art. 11 GG; BVerfGE 78, 179 (196 f.) sowie 104, 337 (346) – Art. 2 Abs. 1 und Art. 12 Abs. 1 GG. Kritisch zum Ganzen *Hans-Uwe Erichsen*: Staatsrecht und Verfassungsgerichtsbarkeit, Band 1, 3. Auflage 1982, S. 142 f.

Norm dies bestimmt. Das Russische Verfassungsgericht problematisiert die Beschwerdefähigkeit juristischer Personen in seinen Entscheidungen insgesamt selten und stellt – abermals entgegen dem eindeutigen Wortlaut der Norm – insbesondere nicht auf die Existenz einer spezialgesetzlichen Grundlage ab. In seiner Rechtsprechung hat es unproblematisch bislang Verfassungsbeschwerden von gesellschaftlichen Vereinigungen[33], Religionsgemeinschaften[34], juristischen Personen des Privatrechts[35], Parteien[36], Gewerkschaften[37] sowie staatlichen Unternehmen[38], Universitäten und anderen Forschungseinrichtungen[39] behandelt. Gelegentlich stellt das Gericht zudem darauf ab, ob die juristische Person gerade

33 Zur Terminologie *Gerasimova* (Fn. 12), S. 90, m. w. N.; *Lazarev* (Fn. 16), S. 44; *M. A. Mitjukov*: Konstitucija RF 1993 g. i razvitie polnomočij Konstitucionnogo Suda Rossii [Die Verfassung der RF von 1993 und die Entwicklung der Befugnisse des Verfassungsgerichts Russlands], GViMS 2004, Nr. 6, S. 36 (38).

34 Etwa das Urteil des VerfG vom 23.11.1999 Nr. 16-P, SZ RF 1999, Nr. 51, Pos. 6363, S. 11338 ff.; die Beschlüsse vom 13.04.2000, Nr. 46-O, SZ RF 2000, Nr. 19, Pos. 2101, S. 4277 ff.; vom 07.02.2002 Nr. 7-O, SZ RF 2002, Nr. 9, Pos. 963, S. 2777 ff. sowie vom 25.01.2012, Nr. 115-O-O, http://www.ksrf.ru/ru/Decision/Pages/default.aspx.

35 Entscheidend dazu die Urteile des VerfG vom 24.10.1996 Nr. 17-P, SZ RF 1996, Nr. 45, Pos. 5202, S. 10184 (10185 f.) – zu einer AG und einer GmbH; vom 20.12.2011 Nr. 29-P, SZ RF 2012, Nr. 2, Pos. 397, S. 759 ff. – AG; vom 23.01.2007 Nr. 1-P, SZ RF 2007, Nr. 6, Pos. 828, S. 1751 ff. – GmbH; vom 11.05.2005 Nr.5-P, SZ RF 2005, Nr. 22, Pos. 2194, S. 5741 ff. Ferner zum Ganzen etwa *Kravec* (Fn. 26), S. 21; *S. D. Knjazev*: Konstitucionnaja žaloba v Rossijskoj Federacii [Die Verfassungsbeschwerde in der Russischen Föderation], Žurnal konstitucionnogo pravosudija 2011, Nr. 1, S. 25 (27).

36 Etwa die Urteile des VerfG vom 16.07.2007 Nr. 11-P, SZ RF 2007, Nr. 30, Pos. 3989, S. 8287 ff. und vom 11.03.2008 Nr. 4-P, SZ RF 2008, Nr. 11, Pos. 1073, S. 3860 ff.

37 Urteil des VerfG vom 17.05.1995, Nr. 5-P, SZ RF 1995, Nr. 21, Pos. 1976, S. 3948 ff.; Beschluss vom 18.01.2005 Nr. 8-O, VKS 2005, Nr. 3, S. 89 ff.

38 Hierzu etwa die Urteile des VerfG vom 12.10.1998 Nr. 24-P, SZ RF 1998, Nr. 42, Pos. 5211, S. 9608 ff. sowie vom 27.12.2005 Nr. 503-O, SZ RF 2006, Nr. 8, Pos. 945, S. 3193 ff; der Beschluss vom 04.07.2002, Nr. 202-O, VKS 2003, Nr. 1, S. 85 ff.

39 Vgl. etwa das Urteil vom 22.06.2009 Nr.10-P, SZ RF 2009, Nr. 27, Pos. 3383, S. 8156 ff. – Universität sowie ein Institut; den Beschluss vom 17.12.2008 Nr. 1060-O-P, SZ RF 2009, Nr. 14, Pos. 1774, S. 4304 ff. – Forschungsinstitut. Unter kritischer Würdigung dieser Rechtsprechung des Russischen Verfassungsgerichts *O. V. Romanovskaja*: Ponjatie „ob"edinenie graždan" v rešenijach Konstitucionnogo Suda Rossijskoj Federacii [Der Begriff der „Bürgervereinigungen" in den Entscheidungen des Verfassungsgerichts der Russischen Föderation], RJuŽ 2009, Nr. 5, S. 196–204.

zur Verwirklichung der gerügten Verfassungsrechte durch die hinter ihr stehenden Personen gegründet wurde[40].

Diese Anforderungen erinnern an die Judikatur des Bundesverfassungsgerichts. Das Bundesverfassungsgericht greift zur Bestimmung der Beschwerdefähigkeit juristischer Personen auf die hinter ihr stehenden natürlichen Personen, auf das sogenannte personale Substrat, zurück: So formulierte es in seiner umstrittenen Rechtsprechung[41] bereits 1967, dass ein Grundrecht dann dem Wesen nach auf eine juristische Person anwendbar sei, „[...] wenn ihre Bildung und Betätigung Ausdruck der freien Entfaltung der natürlichen Personen sind, besonders wenn der ‚Durchgriff' auf die hinter den juristischen Personen stehenden Menschen dies als sinnvoll oder erforderlich erscheinen läßt"[42].

(3) Besondere Beschwerdefähigkeit grundrechtsschützender Organe

Neben natürlichen und juristischen Personen sind nach Art. 96 Abs. 1 Verf RF Organe fähig, Verfassungsbeschwerde zu erheben, wenn eine entsprechende Norm dies vorsieht[43]. Hinter dieser abstrakt anmutenden Formulierung verbirgt sich die Möglichkeit des Menschenrechtsbeauftragten und des Generalstaatsanwalts als Beschwerdeführer auftreten zu können.

---

40 Entscheidend dazu das Urteil des VerfG vom 24.10.1996 Nr. 17-P, SZ RF 1996, Nr. 45, Pos. 5202, S. 10184 (10186); zustimmend *Krjažkov/Lazarev* (Fn. 2), S. 260 f.; *Morščakova* (Fn. 26), Art. 96, S. 296 f.; *S. V. Narutto*: Obraščenie graždan v Konstitucionnyj Sud Rossijskoj Federacii [Die Eingabe von Bürgern zum Verfassungsgericht der Russischen Föderation], 2011, S. 181; *Ju. B. Fogel'son*: O konstitucionnoj zaščite prav juridičeskich lic [Über den verfassungsmäßigen Schutz der Rechte von juristischen Personen], GiP 1996, Nr. 6, S. 37 (38 ff.). Aus dem deutschsprachigen Schrifttum hierzu *Yustus* (Fn. 4), S. 90.

41 Auf eine grundrechtstypische Gefährdungslage stellen stattdessen ab *Dreier* (Fn. 32), Art. 19 III Rn. 33 f., m. w. N.; *Albert von Mutius*, in: Wolfgang Kahl/Christian Waldhoff/Christian Walter (Hrsg.): Bonner Kommentar zum Grundgesetz, Art. 19 Abs. 3 Rn. 37; *Lothar Michael/Martin Morlok*: Grundrechte, 3. Auflage 2012, Rn. 458, m. w. N. sowie *Karl August Bettermann*: Juristische Personen des öffentlichen Rechts als Grundrechtsträger, NJW 1969, 1321 (1324, 1326 ff.); kritisch zur sog. Durchgriffstheorie des Bundesverfassungsgerichts unter anderen auch *Friedrich Klein*: Gleichheitssatz und föderative Struktur der Bundesrepublik Deutschland, in: Norbert Achterberg (Hrsg.): Öffentliches Recht und Politik. Festschrift für Konrad Redeker zum 70. Geburtstag, 1973, S. 165 (167 f.).

42 BVerfGE 21, 362 (369); ähnlich BVerfGE 61, 82 (101); 68, 193 (205 f.); 75, 192 (195 f.).

43 Kritisch zu dieser Regelung *Steingröver* (Fn. 2), S. 359 f.

Für den Menschenrechtsbeauftragten hält Art. 29 Abs. 1 Nr. 5 MenschenRBG RF eine solche normative Grundlage bereit. Durch ihn wurden 1999 bis einschließlich Juli 2014 insgesamt 32 Verfassungsbeschwerdeverfahren eingeleitet. Drei dieser Verfahren waren erfolgreich[44], in acht weiteren Verfahren konnte zumindest ein Teilerfolg erzielt werden[45]. Seit 2002 ist auch der Generalstaatsanwalt gemäß Art. 96 Abs. 1 VerfGG RF i. V. m. Art. 35 Abs. 6 StAG RF beschwerdefähig. Im Gegensatz zur regen Tätigkeit des Menschenrechtsbeauftragten hat der Generalstaatsanwalt von seinem Beschwerderecht bislang nur in einem einzigen Fall Gebrauch gemacht[46]. Stimmen in der russischen Literatur sprechen angesichts dessen von einer ausgesprochenen Initiativlosigkeit[47] und Passivität[48] des Generalstaatsanwalts.

Die Kritik schließt dabei die Arbeit des Menschenrechtsbeauftragten teilweise mit ein. Danach sei gegenwärtig die grundrechtsschützende Tätigkeit des Menschenrechtsbeauftragten und des Generalstaatsanwalts im Wesentlichen nutzlos, da sie stets an eine konkrete Grundrechtsverletzung gekoppelt sei. Gegen eine solche Grundrechtsverletzung könne sich der Betroffene aber auch selbstständig

---

44 Urteil des VerfG vom 14.11.2005 Nr. 10-P, SZ RF 2005, Nr. 47, Pos. 4968, S. 14265 ff.; Beschlüsse vom 16.12.2008 Nr. 1085-O-P, SZ RF 2009, Nr. 16, Pos. 1967, S. 4724 ff. sowie vom 15.01.2009 Nr. 144-O-P, SZ RF 2009, Nr. 18, Pos. 2267, S. 6033 ff.

45 Urteile des VerfG vom 08.04.2014 Nr. 10-P, SZ RF 2014, Nr. 16, Pos. 1921, S. 4133 ff.; vom 05.12.2012 Nr. 30-P, SZ RF 2012, Nr. 51, Pos. 7324, S. 17334 ff.; vom 01.03.2012 Nr. 6-P, SZ RF 2012, Nr. 14, Pos. 1720, S. 4560 ff.; vom 07.07.2011 Nr. 15-P, SZ RF 2011, Nr. 29, Pos. 4557, S. 9487 ff.; vom 02.03.2010 Nr. 5-P, SZ RF 2010, Nr. 11, Pos. 1256, S. 3235 ff.; vom 11.05.2005 Nr. 5-P, SZ RF 2005, Nr. 22, Pos. 2194, S. 5741 ff.; Beschlüsse vom 02.11.2006 Nr. 444-O, SZ RF 2007, Nr. 2, Pos. 407, S. 976 ff. sowie vom 05.12.2003 Nr. 447-O, http://www.ksrf.ru/ru/Decision/Pages/default.aspx.

46 Vgl. den daraufhin ergangenen Beschluss des VerfG vom 16.12.2004, Nr. 394-O, SZ RF 2005, Nr. 10, Pos. 897, S. 2719 ff. Zur vergleichbaren Situation bei den regionalen Verfassungsgerichten *A. Caliev/O. Kačmazov*: Pravozaščitnaja funkcija organov konstitucionnoj justicii i prokuratury [Die Rechtsschutzfunktion der Verfassungsgerichtsorgane und der Staatsanwaltschaft], Zakonnost' 2010, Nr. 7, S. 12 (13 f.); *V. P. Rjabcev*, in: A. Ja. Sucharev (Hrsg.): Prokurorskij nadzor [Staatsanwaltschaftliche Aufsicht], 3. Auflage 2009, S. 407 ff., *A. Ju. Vinokurov*: Učastie prokurora v konstitucionnom sudoproizvodstve [Die Beteiligung des Staatsanwalts am verfassungsgerichtlichen Verfahren], ZiĖ 2007, Nr. 1, S. 19 (21).

47 *Kravec* (Fn. 26), S. 23.

48 *Vinokurov* (Fn. 46), S. 20.

zur Wehr setzen[49]. Ihr Beschwerderecht scheint daher den bereits bestehenden Grundrechtsschutz lediglich „zu verdoppeln", ohne dass damit ein wesentlicher Mehrwert verbunden wäre. Kritiker fordern daher, dass Menschenrechtsbeauftragter und Generalstaatsanwalt zudem ein abstraktes Normenkontrollverfahren initiieren können sollten[50].

Die Akzessorietät zwischen konkreter Grundrechtsverletzung und Beschwerderecht des Menschenrechtsbeauftragten oder des Generalstaatsanwalts mag tatsächlich auf den ersten Blick als Nachteil erscheinen. Sie ist jedoch notwendig, wenn das Verfassungsgerichtsgesetz das Beschwerderecht als besondere Form der Individualverfassungsbeschwerde – und gerade nicht als Form der abstrakten Grundrechtskontrolle – normiert. Auch kommt diesem Beschwerderecht trotz seiner vermeintlich nachteilhaften Akzessorietät eine große faktische Bedeutung im noch jungen russischen Rechtsstaat zu: Der einzelne Beschwerdeführer würde möglicherweise die offene und traditionell nicht unproblematische Konfrontation[51] mit dem Staat meiden, wenn ihm nicht die Verfahrenslast genommen

---

49 In diese Richtung deutet *Kravec* (Fn. 26), S. 22 f.; zustimmend *V. V. Ėmich*: Kompetencija upolnomočennych po pravam čeloveka v Rossijskoj Federacii [Die Kompetenz der Menschenrechtsbeauftragten in der Russischen Föderation], 2008, S. 133.

50 Für den Menschenrechtsbeauftragten etwa *Kravec* (Fn. 26), S. 23; *S. N. Beljasov*: Institut Upolnomočennogo po pravam čeloveka [Das Institut des Menschenrechtsbeauftragten], Graždanin i Pravo 2010, Nr. 10, S. 86 (91); *M. D. Dadaševa*: Stanovlenie i razvitie instituta Upolnomočennogo po pravam čeloveka v sub"ektach Rossijskoj Federacii [Entstehung und Entwicklung des Instituts des Menschenrechtsbeauftragten in den Subjekten der Russischen Föderation], 2006, S. 76; *N. V. Korneeva:* Konstitucionno-pravovye osnovy dejatel'nosti Upolnomočennogo po pravam čeloveka v Rossijskoj Federacii [Verfassungsrechtliche Grundlagen der Tätigkeit des Menschenrechtsbeauftragten der Russischen Föderation], 2002, S. 136; zustimmend auch *A. Ju. Semenova*: Upolnomočennyj po pravam čeloveka v mechanizme obespečenija prav i svobod čeloveka i graždanina v Rossijskoj Federacii [Der Menschenrechtsbeauftragte im Mechanismus der Gewährleistung der Rechte und Freiheiten des Menschen und des Bürgers in der Russischen Föderation], 2006, S. 101.
Für den Generalstaatsanwalt etwa *Kravec* (Fn. 26), S. 23; *D. N. Voronenko/S. A. Komarov*: Konstitucionnyj kontrol' kak sredstvo demokratizacii rossijskoj gosudarstvennosti [Verfassungskontrolle als Mittel zur Demokratisierung der russischen Staatlichkeit], in: Konstitucionnyj Sud Rossijskoj Federacii [Verfassungsgericht der Russischen Föderation] (Hrsg.): Konstitucija Rossijskoj Federacii [Die Verfassung der Russischen Föderation], S. 302 (313).

51 Zur ideologischen Prämisse der Interesseneinheit zwischen Staat, Gesellschaft und Individuum im Wandel der sowjetischen Grundrechtslehre bereits unter B. II. 1.

sowie rechtlicher und mentaler Beistand geleistet werden würde[52]. Auch ein Blick in die tatsächliche Rechtspraxis spricht entscheidend gegen das Argument der Kritiker, Rechtsschutz würde durch Menschenrechtsbeauftragten und Generalstaatsanwalt „nur verdoppelt“: Der Betroffene legte oftmals keine separate Verfassungsbeschwerde mehr ein, sondern übertrug die Wahrnehmung seines Anliegens vollständig auf den Menschenrechtsbeauftragten bzw. den Generalstaatsanwalt[53]. Im Ergebnis lässt sich festhalten, dass ihre Tätigkeit einen verfassungsgerichtlichen Grundrechtsschutz oftmals erst überhaupt stimuliert. Hierin liegt ein signifikanter Mehrwert, der jedenfalls im gegenwärtigen Russland eine grundrechtsschützende Tätigkeit des Generalstaatsanwalts und des Menschenrechtsbeauftragten trotz aller Kritik durchaus sinnvoll erscheinen lässt.

b) Eng gefasster Beschwerdegegenstand

Verfassungsbeschwerden zum Bundesverfassungsgericht können sich im Kern gegen jede Handlung der deutschen öffentlichen Gewalt richten, die die grundrechtliche Freiheit beschränkt[54]. Im Vergleich dazu ist der Beschwerdegegenstand im russischen Recht sehr eng gefasst: Der Beschwerdeführer kann gemäß Art. 125 Abs. 4 1. Halbsatz Verf RF i. V. m. Artt. 96 Abs. 1, 97 VerfGG RF eine Verfassungsbeschwerde nur mit der Behauptung erheben, die im konkreten Fall angewandte gesetzliche Grundlage sei verfassungswidrig.

(1) Theoretische Grundlegungen zum Beschwerdegegenstand

Das russische Verfassungsbeschwerdeverfahren ist nach Art. 125 Abs. 4 1. Halbsatz Verf RF i. V. m. Artt. 96 Abs. 1, 97 VerfGG RF ein konkretes Normenkontrollverfahren[55]. Aus dem Blickwinkel des deutschen Rechts liegt es daher

---

52 Zur Staatsanwaltschaft noch D. V. 3. und zum Menschenrechtsbeauftragten noch D. VI. 1.

53 Beispielsweise trat in folgenden Entscheidungen allein der Menschenrechtsbeauftragte als Beschwerdeführer auf: Urteil des VerfG vom 14.11.2005 Nr. 10-P, SZ RF 2005, Nr. 47, Pos. 4968, S. 14265 ff. sowie vom 02.03.2010 Nr. 5-P, SZ RF 2010, Nr. 11, Pos. 1256, S. 3235 ff.

54 Anschaulich zu verschiedensten Fallkonstellationen *Zuck* (Fn. 6), Rn. 541 ff., m. w. N.; ferner *Löwer* (Fn. 6), Rn. 184; *Schlaich/Korioth* (Fn. 3), Rn. 213 f., m. w. N.; *Andreas Voßkuhle*, in: Hermann von Mangoldt/Friedrich Klein/Christian Starck (Hrsg.): Kommentar zum Grundgesetz, Band 3, 6. Auflage 2010, Art. 93 Rn. 175, m. w. N.

55 *Lazarev* (Fn. 26), Art. 125, S. 737; *Morščakova* (Fn. 26), Art. 96, S. 296; *Morschtschakowa* (Fn. 2), S. 145; *Morstschakowa* (Fn. 2), S. 45; *Anvar Gadžiev*: Sudebnyj kontrol' za zakonnost'ju normativnych aktov po žalobam častnych lic [Gerichtliche Kontrolle

nahe, die russische Verfassungsbeschwerde als *Rechtssatzverfassungsbeschwerde* zu bezeichnen, denn sie richtet sich auf den ersten Blick wie die Rechtssatzverfassungsbeschwerde zum Bundesverfassungsgericht unmittelbar gegen ein grundrechtsbeschränkendes Gesetz. Trotz dieser prinzipiellen Vergleichbarkeit unterscheidet sich die Konzeption der russischen Verfassungsbeschwerde von ihrem deutschen Pendant in einem ganz wesentlichen Punkt, der für die nachfolgende Betrachtung – insbesondere im Hinblick auf die Entscheidungsfolgen – von zentraler Bedeutung ist: Im russischen Recht richtet sich der Beschwerdeführer stets unmittelbar gegen das vermeintlich verfassungswidrige Gesetz, auch wenn er es – im Regelfall mittelbar – bereits mit anderen Rechtsbehelfen vor Fachgerichten angegriffen hat und daher bereits etwaige Gerichtsentscheidungen ergangen sind. Die Existenz derartiger Einzelakte ist für den Verfassungsgerichtsprozess an sich unbedeutend; sie schlagen sich aber dann in den konkreten Entscheidungsfolgen nieder[56]. Im deutschen Recht würde die Verfassungsbeschwerde in solchen Fällen – dies ist im Übrigen aufgrund der Subsidiaritätsrechtsprechung des Bundesverfassungsgerichts der Regelfall[57] – als

---

über die Gesetzmäßigkeit von Normativakten auf Beschwerden von Privatpersonen], Konstitucionnoe Pravo: Vostočnoevropejskoe obozrenie 2003, Nr. 4, S. 149 (150); *E. I. Lyskova*: Pravo graždan na obraščenie v sud i juridičeskie metody ego zaščity [Das Recht des Bürgers zur gerichtlichen Eingabe und juristische Methoden seines Schutzes], GiP 2008, Nr. 11, S. 109 (111).

56 Zu diesem Gesichtspunkt insbesondere noch unter D. I. 5. b).

57 Eingehend zur Subsidiaritätsrechtsprechung etwa *Bethge* (Fn. 3), § 90 Rn. 401 ff.; *Gusy* (Fn. 6), S. 659 ff., m. w. N.; *Lechner/Zuck* (Fn. 6), § 90 Rn. 157 ff.; m. w. N.; *Löwer* (Fn. 6), Rn. 195 ff., m. w. N.; *Schlaich/Korioth* (Fn. 3), Rn. 244 ff., m. w. N.; *Ulf Buermeyer*: Die Subsidiarität der Verfassungsbeschwerde in Strafsachen, in: Hartmut Rensen/Stefan Brink (Hrsg.): Linien der Rechtsprechung des Bundesverfassungsgerichts – erörtert von den wissenschaftlichen Mitarbeitern, 2009, S. 35–57; *Peter Lerche*: Aspekte verfassungsgerichtlicher Subsidiarität in Deutschland und Österreich, in: Dieter Wilke (Hrsg.): Festschrift zum 125jährigen Bestehen der Juristischen Gesellschaft zu Berlin, 1984, S. 369–380; *Herbert Posser*: Die Subsidiarität der Verfassungsbeschwerde, 1993; *Alfred Rinken*: Ist das Bundesverfassungsgericht „Herr seines Verfahrens"?, in: Heiko Faber/Götz Frank (Hrsg.): Demokratie in Staat und Wirtschaft. Festschrift für Ekkehart Stein zum 70. Geburtstag am 24.9.2002, 2002, S. 411 (420 f.), m. w. N.; *Helge Sodan*: Der Grundsatz der Subsidiarität der Verfassungsbeschwerde, DÖV 2002, S. 925–935; *Peter Sperlich*, in: Dieter C. Umbach/Thomas Clemens/Franz-Wilhelm Dollinger (Hrsg.): Bundesverfassungsgerichtsgesetz, 2. Auflage 2005, § 90 Rn. 130 ff.; *Reinhard Warmke*: Die Subsidiarität der Verfassungsbeschwerde, 1993; *Zuck* (Fn. 6), Rn. 28 ff., m. w. N. Detailliert zu den Auswirkungen

Urteilsverfassungsbeschwerde das vermeintlich verfassungswidrige Gesetz nur noch mittelbar angreifen[58].

Der im Weiteren relevante Vergleichsgegenstand im deutschen Recht ist daher nicht die Verfassungsbeschwerde zum Bundesverfassungsgericht im Allgemeinen, sondern die Verfassungsbeschwerde in Form der Rechtssatzverfassungsbeschwerde.

Die Konzeption der russischen Verfassungsbeschwerde als konkretes Normenkontrollverfahren ist bereits in Art. 125 Abs. 4 Verf RF angelegt, der die Verfassungsbeschwerde (1. Halbsatz) und die gerichtlich veranlasste Normenkontrolle (2. Halbsatz) zusammenhängend normiert. Bis zur Reform des Verfassungsgerichtsgesetzes im November 2010[59] war in beiden Verfahren der Beschwerdegegenstand identisch, sodass in der Rechtspraxis oftmals sogar eine Verfassungsbeschwerde mit einer richterlichen Vorlage verbunden wurde[60]. Nicht selten beruhten diese Verfahren sogar auf ein und demselben Ausgangsverfahren[61].

Auch im deutschen Recht ist die Konzeption der Verfassungsbeschwerde ausschließlich als Form der konkreten Normenkontrolle nicht fremd. Sie wurde insbesondere im Gesetzgebungsverfahren zum Bundesverfassungsgerichtsgesetz

---

der Subsidiaritätsrechtsprechung auf die Zulässigkeit der Verfassungsbeschwerde noch unter D. I. 2. d).

58 Etwa BVerfGE 24, 104 ff.; 30, 409 ff.; 31, 33 ff.; 31, 185 ff.; 31, 297 ff.; 41, 399 ff.; 44, 1 ff.; 56, 185 ff.; 63, 88 ff.; 81, 242 ff.; 98, 163 ff.; 116, 1 ff.; 123, 90 ff.

59 Es ist das Änderungsgesetz zum Verfassungsgesetz vom 03.11.2010, SZ RF 2010, Nr. 45, Pos. 5742.

60 Aus der Fülle der daraufhin ergangenen Judikatur sei exemplarisch verwiesen auf die Urteile des VerfG vom 12.05.1998 Nr. 14-P, SZ RF 1998, Nr. 20, Pos. 2173, S. 4217 ff. (mehrere Verfassungsbeschwerden verbunden mit der Vorlage eines Kreisgerichts (rajonyj sud); vom 24.10.2000 Nr. 13-P, SZ RF 2000, Nr. 44, Pos. 4399, S. 8603 ff. (zwei Verfassungsbeschwerden verbunden mit der Vorlage eines Kreisgerichts); vom 08.12.2003 Nr. 18-P, SZ RF 2003, Nr. 51, Pos. 5026, S. 12398 ff. (mehrere Verfassungsbeschwerden verbunden mit mehreren Vorlage von verschiedenen Gerichten der allgemeinen Gerichtsbarkeit); vom 14.07.2005 Nr. 9-P, SZ RF 2005, Nr. 30, Pos. 3200, S. 8505 ff. (Verfassungsbeschwerde verbunden mit der Vorlage eines Arbitragerichts); vom 10.11.2009 Nr. 17-P, SZ RF 2009, Nr. 48, Pos. 5866, S. 14260 ff. (zwei Verfassungsbeschwerden verbunden mit der Vorlage eines Stadtgerichts); vom 20.04.2010 Nr. 9-P, SZ RF 2010, Nr. 18, Pos. 2277, S. 4703 ff. (zwei Verfassungsbeschwerden verbunden mit Vorlagen von zwei Kreisgerichten). Vgl. zum Ganzen auch *Schmidt* (Fn. 4), S. 31 f., m. w. N.

61 Etwa die Urteile des VerfG vom 12.05.1998 Nr. 14-P, SZ RF 1998, Nr. 20, Pos. 2173, S. 4217 ff. sowie vom 24.10.2000 Nr. 13-P, SZ RF 2000, Nr. 44, Pos. 4399, S. 8603 ff.

ernsthaft verfolgt, aber letztendlich nicht umgesetzt[62]. Wahrhaftig erloschen sind die Diskussionen um ihre Konzeption jedoch bis heute nicht: Angesicht der enormen Arbeitsbelastung des Bundesverfassungsgerichts durch Urteilsverfassungsbeschwerden, die mit den tatsächlichen Erfolgsaussichten der Verfahren in keinem Verhältnis stehen, wird die bestehende Konzeption teilweise erheblich kritisiert[63].

(2) Beweggründe für den eng gefassten Beschwerdegegenstand

Der heutige Beschwerdegegenstand beruht entscheidend auf den Erfahrungen aus der ersten, vorkonstitutionellen Phase der russischen Verfassungsgerichtsbarkeit. Hier war es insbesondere die rechtlich kaum handhabbare Vorgängerregelung des Art. 66 Abs. 1 VerfGG RSFSR 1991, wonach das Russische Verfassungsgericht die „Verfassungsmäßigkeit der *Rechtsanwendungspraxis* aufgrund von Individualbeschwerden […]“[64] überprüfte. Die Verfassungsbeschwerde richtete sich also im Wesentlichen gegen behördliche oder gerichtliche Einzelakte. Zudem musste der angegriffene Einzelakt gemäß Art. 66 Abs. 2 VerfGG RSFSR 1991 Ausdruck einer ständigen, eine Gewohnheit (obyknovenie) vermittelnden Rechtsanwendungspraxis (pravoprimenitel'naja praktika) sein bzw. eine solche zumindest potentiell begründen können. Zentraler Normzweck war es, dem rechtlichen Transformationsprozess das Verfassungsgericht als Kontrollinstanz zur Seite zu stellen: Es sollte darüber wachen, ob in der Rechtsanwendungspraxis entgegen des neuen Normgerüsts weiterhin sowjetische und nunmehr möglicherweise verfassungswidrige Rechtsnormen fortlebten, die dem verfassungsmäßigen Gesetzesvollzug entgegenstanden[65].

Das Erfordernis einer Gewohnheit vermittelnden Rechtsanwendungspraxis erwies sich allerdings als untaugliches Zulässigkeitskriterium, da es faktisch nicht bestimmbar war[66]. Es konnte im Grunde nahezu jede behördliche oder

62 Konkret favorisierte der Bundesrat noch im Gesetzgebungsverfahren diese Ausgestaltung. Zum Ganzen etwa *Löwer* (Fn. 6), Rn. 163, Fn. 1277, m. w. N.

63 Vgl. nur *Rüdiger Zuck*: Die Stellung des Bundesverfassungsgerichts im Verfassungsgefüge, DVBl 1979, 383 (388); *ders.*: Das Bundesverfassungsgericht zwischen Macht und Ohnmacht, MDR 1984, S. 800 (801); *Peter Kauffmann*: Die Abschaffung der Urteilsverfassungsbeschwerde, RuP 1998, S. 29 (31 ff.).

64 Hervorhebung hinzugefügt.

65 *Schweisfurth* (Fn. 12), S. 293.

66 Ähnlich auch *V. M. Zujkov*: Sudebnaja zaščita prav graždan i juridičeskich lic [Gerichtlicher Schutz der Rechte der Bürger und der juristischen Personen], 1997, S. 207. Zum Ganzen aus dem deutsch-sprachigen Schrifttum insbesondere *Schmidt* (Fn. 4),

gerichtliche Entscheidung als Rechtsanwendungspraxis im Sinne der Norm gewertet werden, da sie eine solche zumindest potentiell begründete. Als Folge verneinte daher auch das erste Russische Verfassungsgericht in keiner Entscheidung die Zulässigkeit unter Hinweis auf eine fehlende gewohnheitsmäßige Rechtsanwendungspraxis[67].

Faktisch wurde zudem die Beschwerde oftmals gerade nicht gegen die Rechtsanwendungspraxis, sondern gegen die ihr zu Grunde liegenden Normativakte geführt[68]. Im Falle einer festgestellten Verfassungswidrigkeit dieser Normativakte besaß das Verfassungsgericht aber keine Normverwerfungskompetenz, sodass sie in der Rechtspraxis weiterhin angewandt wurden[69]. Hierdurch drohte eine Überlastung des Gerichts mit Fällen, die im Grundsatz bereits zuvor entschieden worden waren. Um Abhilfe zu schaffen, konnte das Russische Verfassungsgericht lediglich das Urteil in der Sache mit einer verpflichtenden Aufforderung an das jeweils gesetzgebende Organ verbinden, gleichsam die gesetzliche Grundlage zu überprüfen[70].

S. 31; *Steingröver* (Fn. 2), S. 136 f.; *Georg Brunner*: Grundrechtsschutz durch Verfassungsgerichtsbarkeit in Osteuropa, in: Joachim Burmeister (Hrsg.): Verfassungsstaatlichkeit. Festschrift für Klaus Stern zum 65. Geburtstag, 1997, S. 1041 (1053 f.); *Otto Luchterhandt*: Vom Verfassungskomitee der UdSSR zum Verfassungsgericht Rußlands, AöR 118 (1993), S. 237 (271 f.); *Tamara Morschtschakowa*: Das Verfassungsgericht in Rußland, DVBl 1992, S. 818 (819); *Schweisfurth* (Fn. 12), S. 293.

67 *Morščakova* (Fn. 26), Art. 96, S. 295, *Morstschakowa* (Fn. 2), S. 47.

68 *Morschtschakowa* (Fn. 2), S. 146; ähnlich *Krjažkov/Lazarev* (Fn. 2), S. 63. Kritisch zu diesem Phänomen *Aleksandr Blankenagel'*: „Detstvo, otročestvo i junost'" Rossijskogo Konstitucionnogo Suda [„Die Kindheit, Pubertät und Jugend" des Russischen Verfassungsgerichts], 1996, S. 87.

69 *Kazancev* (Fn. 26), Art. 96, S. 516; *Morstschakowa* (Fn. 2), S. 46.

70 Diese Vorgehensweise stützte sich auf Art. 73 Abs. 4 VerfGG RSFSR 1991. Die Norm lautete äußerst umständlich: „Die Entscheidung des Verfassungsgerichts der RSFSR in der betreffenden Sache über die Feststellung, dass die ständige Rechtsanwendungspraxis verfassungswidrig ist, verpflichtet das Organ oder die Amtsperson, die den Normativakt, die Entscheidung, Erläuterung oder Weisung, die einer solchen Praxis zugrundeliegen, erlassen hat, die Frage der Erforderlichkeit ihrer Aufhebung oder Änderung nur dann zu untersuchen, wenn in der Entscheidung des Verfassungsgerichts der RSFSR unmittelbar ein Hinweis darauf enthalten ist." Übersetzung nach *Luchterhandt* (Fn. 8), S. 210. Zum Ganzen *Kravec* (Fn. 26), S. 20; *Morstschakowa* (Fn. 2), S. 47.
Vgl. aus der Rechtspraxis etwa das Urteil vom 05.02.1993 Nr. 2-P, SZ RF 1993, Nr. 12, Pos. 445, S. 744 (750).

Vor diesem Hintergrund mutet das heutige Verfassungsbeschwerdeverfahren wie eine vollständige Kehrtwendung an. Aus einem Verfahren zur Überprüfung von Einzelakten wurde eine konkrete Normenkontrolle, initiiert durch den Betroffenen. Die heutige Ausgestaltung verspricht eine deutlichere Abgrenzung zwischen Verfassungsgerichtsbarkeit und Fachgerichtsbarkeit[71], da der Fachgerichtsbarkeit nunmehr abschließend die Kontrolle der Rechtsanwendungspraxis obliegt. Sie erscheint als bedeutender Fortschritt im Dienste der Praktikabilität sowie der quantitativen Entlastung des Verfassungsgerichts. Es ist jedoch zugleich ein Fortschritt auf Kosten des individuellen Grundrechtsschutzes gegen grundrechtswidrige Einzelakte.

(3) Der Grundsatz: Das formelle Gesetz als Beschwerdegegenstand

Allein die Einordnung der russischen Verfassungsbeschwerde als konkretes Normenkontrollverfahren sagt aufgrund der Vielfältigkeit des Normbegriffs noch wenig über den konkreten Beschwerdegegenstand aus. Entscheidend für den verfassungsgerichtlichen Rechtsschutz ist daher, welcher konkrete Normbegriff zu Grunde liegt. Die entscheidende Norm, Art. 96 Abs. 1 VerfGG RF, gibt hier wenig Auskunft, denn sie verwendet den Begriff „zakon", dem die deutsche Bedeutung des Gesetzes am nächsten kommt. Wenngleich dieser Begriff in der russischen Terminologie häufig im Zusammenhang mit formellen Gesetzen gebraucht wird, kann seine Übersetzung auch „Recht", „Rechtsvorschrift" oder „gesetzliche Bestimmung" lauten[72].

Als Gesetz im Sinne des Art. 96 Abs. 1 VerfGG RF wird in der Rechtswissenschaft jedenfalls jeder Normativakt verstanden, der durch einen föderalen oder regionalen Gesetzgeber verabschiedet worden ist[73]. Tauglicher Beschwerdegegenstand ist damit nach einhelliger Ansicht zumindest jedes formelle Gesetz[74]. Im Einzelnen kann sich eine Verfassungsbeschwerde also gegen föderale Verfassungsgesetze – sie stehen in der Normenhierarchie zwischen Verfassung

---

71 *Hartwig* (Fn. 2), S. 184; *Krjažkov/Lazarev* (Fn. 2), S. 63, 273; *Lazarev* (Fn. 26), Art. 125, S. 736; *Morschtschakowa* (Fn. 2), S. 129, 146; *Schmidt* (Fn. 4), S. 31; *Ju. L. Šul'ženko*: Zakon o Konstitucionnom Sude Rossijskoj Federacii 1994 g. [Das Gesetz über das Verfassungsgericht der Russischen Föderation aus dem Jahre 1994], GiP 1995, Nr. 7, S. 3 (5).

72 Vgl. L. Bergston (Hrsg.): Russko-nemeckij juridičeskij slovar' [Russisch-deutsches juristisches Wörterbuch], 2000, S. 136.

73 Zu den Modifikationen durch die Rechtsprechung des Russischen Verfassungsgerichts sogleich unter D. I. 2. b) (4).

74 So auch *Schmidt* (Fn. 4), S. 32; *Yustus* (Fn. 4), S. 92.

und einfachem Recht –, föderale Gesetze, Gesetze der Föderationssubjekte[75] sowie auch gegen Verfassungen bzw. Statute[76] der Föderationssubjekte richten[77]. Im Umkehrschluss können mit einer Verfassungsbeschwerde prinzipiell weder Präsidialdekrete, Regierungs- oder Parlamentsbeschlüsse, Rechtsverordnungen, Satzungen oder sonstige Akte der Exekutive[78] noch beliebige Akte der Judikative angegriffen werden[79].

Eine weitere Frage betrifft die Angreifbarkeit verfassungsändernder Gesetze. Im deutschen Recht ist seit langem umstritten, ob verfassungswidriges Verfassungsrecht existieren kann und damit – unter dem Gesichtspunkt des Individualrechtsschutzes – verfassungsändernde Gesetze einen tauglichen Beschwerdegegenstand bilden können. Die heute wohl überwiegende Ansicht bejaht die Möglichkeit verfassungswidrigen Verfassungsrechts jedenfalls für den Fall, dass verfassungsändernde

75 Wie weit die Prüfungskompetenz des Russischen Verfassungsgerichts hier reicht, bleibt im Einzelnen unklar. Zum Ganzen *Barbara Gäßner*: Zur Verfassungsgerichtsbarkeit in den Subjekten der Russischen Föderation unter besonderer Berücksichtigung der Normenhierarchie, 2004, S. 223, m. w. N.; *V. V. Gošuljak/L. E. Chovrina/T. I. Gevokjan*: Konstitucionnoe pravosudie v sub"ektach Rossijskoj Federacii [Verfassungsgerichtsbarkeit in den Subjekten der Russischen Föderation], 2006, S. 77 f., 81 f.; *V. Krjažkov*: Regional'naja konstitucionnaja justicija v Rossijskoj Federacii [Regionale Verfassungsjustiz in der Russischen Föderation], SKO 2007, Nr. 3, S. 156 (159).
Für eine umfassende Prüfungskompetenz etwa *Krjažkov/Mitjukov* (Fn. 26), S. 20 f.; *N. S. Bondar'*: Vlast' i svoboda na vesach konstitucionnogo pravosudija [Macht und Freiheit auf der Waagschale der Verfassungsgerichtsbarkeit], 2005, S. 80 sowie *K. A. Budaev*: Zaščita prav i svobod čeloveka i graždanina – odna iz glavnych zadač konstitucionnych (ustavnych) sudov sub"ektov Rossijskoj Federacii [Der Schutz der Rechte und Freiheiten des Menschen und des Bürgers – eine der Hauptaufgaben der Verfassungs- (Statuten-)Gerichte der Subjekte der Russischen Föderation], KiMP 2009, Nr. 5, S. 26 (27).

76 Das Recht, sich eine eigene Verfassung zu geben, ist ausschließlich den russischen Republiken vorbehalten. Alle anderen Subjekte geben sich Statute, Art. 66 Abs. 1 und 2 Verf RF.

77 *Gerasimova* (Fn. 12), S. 91; *Knjazev* (Fn. 35), S. 29, m. w. N.; *Kravec* (Fn. 26), S. 23; *Krjažkov/Lazarev* (Fn. 2), S. 63, 262; *Lazarev* (Fn. 26), Art. 125, S. 737.

78 Diese Beschränkungen waren bereits in den Gesetzesberatungen stark umstritten, weiterführend *M. A. Mitjukov*: O nekotorych aspektach diskusii o polnomočijach Konstitucionnogo Suda Rossii [Zu einigen Aspekten in der Diskussion über die Kompetenzen des Verfassungsgerichts Russlands], KiMP 2011, Nr. 5, S. 50 (57 f.), m. w. N.

79 Zu den Durchbrechungen in der Judikatur des Russischen Verfassungsgerichts vgl. sogleich unter D. I. 2. b) (4).

Vorschriften gegen Art. 79 Abs. 3 GG verstoßen[80]. Daher kann im deutschen Recht ein verfassungsänderndes Gesetz prinzipiell auch Gegenstand einer Verfassungsbeschwerde sein[81]. Blickt man auf das russische Recht, ergibt sich in diesem Punkt ein anderes Bild. Da hier nach allgemeiner Ansicht das verfassungsändernde Gesetz mit seiner Verabschiedung zu einem Bestandteil der Verfassung wird, die den Prüfungsmaßstab und nicht den Prüfungsgegenstand der verfassungsgerichtlichen Kontrolle bildet[82], können verfassungsändernde Gesetze im russischen Recht keinen tauglichen Beschwerdegegenstand bilden. Diese Sichtweise überrascht vor dem Hintergrund der deutschen Rechtslage gerade deshalb, weil auch die russische Verfassung eine mit der deutschen Ewigkeitsklausel vergleichbare Regelung in Art. 135 Abs. 1 Verf RF kennt[83]. Hierin heißt es nämlich: „Die Bestimmungen der Kapitel 1, 2 und 9 der Verfassung der Russischen Föderation können von der Bundesversammlung nicht revidiert werden." Somit bestünde für Verfassungsbeschwerden, die ein verfassungsänderndes Gesetz angreifen, ebenso im russischen Recht ein denkbarer Prüfungsmaßstab. Diese Rechtsschutzlücke wurde in der russischen Rechtswissenschaft jedoch bislang noch nicht erkannt.

---

80 Vgl. *Peter Badura*: Verfassungsänderung, Verfassungswandel, Verfassungsgewohnheitsrecht, in: Josef Isensee/Paul Kirchhof (Hrsg.): Handbuch des Staatsrechts, Band 7, 1. Auflage 1992, § 160 Rn. 29; *Horst Dreier*, in: ders. (Hrsg.): Grundgesetz, Band 2, 2. Auflage 2006, Art. 79 III Rn. 14, m. w. N. In diese Richtung deutet auch *Roman Herzog*: Hierarchie der Verfassungsnormen und ihre Funktion beim Schutz der Grundrechte, EuGRZ 1990, S. 483 (485) sowie *Klein* (Fn. 31), § 19 Rn. 546. In seiner frühen Rechtsprechung hielt das Bundesverfassungsgericht diese Konstellation noch für theoretisch denkbar, allerdings für praktisch unmöglich, vgl. BVerfGE 3, 225 (233). Zum Ganzen grundlegend *Otto Bachof*: Verfassungswidrige Verfassungsnormen?, 1951; aus der jüngeren Literatur etwa *Eckart Klein*: Stufen der Verfassungsverletzung?, in: Otto Depenheuer/Markus Heintzen/Matthias Jestaedt/Peter Axer (Hrsg.): Staat im Wort. Festschrift für Josef Isensee, 2007, S. 169 (176 f.), m. w. N.

81 *Klein* (Fn. 31), § 19 Rn. 546, m. w. N.; *Badura* (Fn. 80), Rn. 29; vgl. etwa auch BVerfGE 30, 1 (17); 94, 49 (102 ff.); 94, 115 (148); 109, 279 (310).

82 *Kazancev* (Fn. 26), Art. 96, S. 531, m. w. N.; *A. V. Mazurov*: Kommentarij k federal'nomu konstitucionnomu zakonu „O Konstitucionnom Sude Rossijskoj Federacii" [Kommentar zum föderalen Verfassungsgesetz „Über das Verfassungsgericht der Russischen Föderation"], 2. Auflage 2009, Art. 96, S. 417 f.; *Yustus* (Fn. 4), S. 93, m. w. N. sowie die Beschlüsse des VerfG vom 29.05.2007 Nr. 348 O-O und vom 16.07.2009 Nr. 922-O-O; beide verfügbar unter http://www.ksrf.ru/ru/Decision/Pages/default.aspx.

83 *Wolfgang Kahl*: Das Grundrechtsverständnis der postsozialistischen Verfassungen Osteuropas, 1994, S. 86.

(4) Durchbrechung in der verfassungsgerichtlichen Judikatur

Der eben beschriebene Grundsatz, dass sich eine Verfassungsbeschwerde nur gegen formelle Gesetze richten kann, wird in der jüngeren Rechtsprechung des Russischen Verfassungsgerichts bisweilen jedoch durchbrochen[84]. Nach dem Russischen Verfassungsgericht kann mit einer Verfassungsbeschwerde beispielsweise auch ein Amnestiebeschluss der Staatsduma angegriffen werden, wenn er eine mit formellen Gesetzen vergleichbare Wirkung erzeugt[85]. Prinzipiell würde über die Verfassungsmäßigkeit solcher Beschlüsse der Oberste Gerichtshof nach Art. 2 Abs. 4 Nr. 1 des Gesetzes über den Obersten Gerichtshof entscheiden. Weitere, allerdings noch in der Entwicklung begriffene Durchbrechungen betreffen die Angreifbarkeit von Regierungsbeschlüssen (aa) und Präsidialdekreten (bb).

(aa) Angreifbarkeit von Regierungsbeschlüssen

Das Russische Verfassungsgericht hat 2004 in einem Grundsatzurteil zunächst festgehalten, dass es auch Regierungsrechtsakte, vorrangig Regierungsbeschlüsse, einer verfassungsgerichtlichen Prüfung unterzieht, wenn sie für die Anwendung des strittigen Gesetzes maßgeblich sind und ohne ihre Berücksichtigung die Verfassungsmäßigkeit des Gesetzes nicht beurteilt werden kann[86]. Das sei gerade bei solchen Regierungsbeschlüssen denkbar, bei denen es sich um einen Fall der delegierten Gesetzgebung handelt und somit die Regierung als eigentlicher Gesetzgeber tätig wird[87]. Das Gericht verweist zur Begründung auf seine ausschließliche Kompetenz, föderale Gesetze einer abschließenden Verfassungskontrolle zu unterziehen. Somit könne ein Regierungsbeschluss, der im Rahmen

---

84 Hierauf verweisen *Mitjukov* (Fn. 33), S. 38 sowie *Svetlana Narutto*: Kritisches Nachdenken über aktuelle Tendenzen der Verfassungsgerichtsbarkeit in Russland, in: Carola Schulze (Hrsg.): Aktuelle Probleme des Öffentlichen Rechts in Deutschland und Russland, 2011, S. 201 (207); ähnlich ferner *Gerasimova* (Fn. 12), S. 91 f.

85 Grundlegend das Urteil des VerfG vom 05.07.2001 Nr. 11-P, SZ RF 2001, Nr. 29, Pos. 3059, S. 5989 (5991 ff.); ferner *Kravec* (Fn. 26), S. 26; *Mitjukov* (Fn. 33), S. 38; *Schmidt* (Fn. 4), S. 33.

86 Urteil des VerfG vom 27.01.2004 Nr. 1-P, SZ RF 2004, Nr. 5, Pos. 403, S. 1407 (1412).

87 So und zum Weiteren das Urteil des VerfG vom 27.01.2004 Nr. 1-P, SZ RF 2004, Nr. 5, Pos. 403, S. 1407 (1412). Vgl. ferner das Urteil vom 03.02.2010 Nr. 3-P, SZ RF 2010, Nr. 7, Pos. 774, S. 2308 (2310) und den Beschluss vom 16.07.2009 Nr. 947-O-O, http://www.ksrf.ru/ru/Decision/Pages/default.aspx; *Kazancev* (Fn. 26), Art. 96, S. 536 f.; *Mitjukov* (Fn. 33), S. 38. Weiterführend auch *N. S. Bondar*: Mestnoe samoupravlenie i konstitucionnoe pravosudie [Örtliche Selbstverwaltung und Verfassungsgerichtsbarkeit], 2008, S. 279 ff.; *Narutto* (Fn. 84), S. 207.

der delegierten Gesetzgebung getroffen wurde und faktisch somit Regelungen eines formellen Gesetzes beinhaltet, ausschließlich durch das Verfassungsgericht abschließend geprüft werden. Im Umkehrschluss hat diese Argumentation zwei wesentliche Folgen: Erstens muss eine verfassungsgerichtliche Überprüfung versagt werden, wenn trotz Delegation bereits das föderale Gesetz ausführliche Regelungen zu der Fragestellung beinhaltet[88]. Vorrangig bleibt es hier dann also bei der Angreifbarkeit des formellen Gesetzes. Zweitens lehnt das Gericht Verfassungsbeschwerden gegen Regierungsbeschlüsse ab, die ihrerseits auf der Grundlage eines *Präsidialdekrets* ergangen sind[89]. Hier bildet bereits die Delegationsgrundlage – Präsidialdekret und nicht formelles Gesetz – keinen tauglichen Beschwerdegegenstand[90].

Von diesem Grundsatzurteil wich das Russische Verfassungsgericht allerdings bereits ein Jahr darauf ab, indem es ohne Rückgriff auf seine bisherige Argumentation umfassend die Verfassungsmäßigkeit eines durch Verfassungsbeschwerde angegriffenen Regierungsbeschlusses prüfte und ihn – ebenso wie auch einen Teil der angefochtenen gesetzlichen Bestimmungen – für verfassungswidrig erklärte[91]. Seiner Rechtsprechung folgend hätte eine Prüfung des formellen Gesetzes hier die eben beschriebene Sperrwirkung gegenüber der Überprüfbarkeit des Regierungsbeschlusses entfalten müssen, da das formelle Gesetz selbst die entscheidenden Regelungen traf. Auf das Verhältnis zwischen dem formellen Gesetz und dem Regierungsbeschluss ging das Gericht jedoch wider Erwarten nicht ein. Es argumentierte schlicht unter Rückgriff auf die Verweisung des Art. 99 VerfGG RF auf Art. 86 VerfGG RF mit folgendem Gedanken: Nach Art. 86 Abs. 1 Nr. 1 VerfGG RF überprüfe das Verfassungsgericht den Inhalt der Norm. Zu dieser Überprüfung gehöre ebenso die Überprüfung weiterer zur Norm erlassener Rechtsakte[92]. Hier beinhalte der Regierungsbeschluss gerade weitere Detailregelungen[93]. Da dies allerdings gerade die Spezifik zur Norm erlassener Rechtsakte

88 In diesem Sinne auch das Urteil des VerfG vom 03.02.2010 Nr. 3-P, SZ RF 2010, Nr. 7, Pos. 774, S. 2308 (2310 f.).

89 So der Beschluss des VerfG vom 20.12.2005 Nr. 499-O, verfügbar unter http://www.ksrf.ru/ru/Decision/Pages/default.aspx. Kritisch *Kazancev* (Fn. 26), Art. 96, S. 539, der zugleich eine verfassungsgerichtliche Kontrolle durch Präsidialdekret delegierter Regierungsbeschlüsse fordert.

90 Zur Angreifbarkeit von Präsidialdekreten sogleich unter D. I. 2. b) (4) (aa).

91 Urteil des VerfG vom 14.07.2005 Nr. 8-P, SZ RF 2005, Nr. 30, Pos. 3199, S. 8492 (8502 ff.).

92 Ebenda, S. 8495.

93 Ebenda, S. 8502.

ist, schien es nach dieser verfassungsgerichtlichen Argumentation nunmehr denkbar, dass Regierungsbeschlüsse – jedenfalls gemeinsam mit einem formellen Gesetz – mit einer Verfassungsbeschwerde angegriffen werden konnten.

Dieses Urteil ist jedoch in der verfassungsgerichtlichen Judikatur einmalig. In seiner jüngeren Rechtsprechung zog das Russische Verfassungsgericht wiederum die bereits in dem Grundsatzurteil aus dem Jahr 2004 gebildeten Grenzen heran[94]. Auch wenn die isolierte Angreifbarkeit von Regierungsbeschlüssen somit nur in engen Grenzen möglich ist, ist diese Durchbrechung gleichwohl relevant für die Rechtspraxis: Der russische Gesetzgeber kann sich nunmehr nicht mehr einer Überprüfung im Verfassungsbeschwerdeverfahren entziehen, indem er möglicherweise umstrittene Regelungen an die Regierung delegiert.

(bb) Angreifbarkeit von Präsidialdekreten

Im noch jungen postsowjetischen Russland ersetzten Präsidialdekrete zum Teil gesetzliche Regelungen, um mit dem hohen Tempo der faktischen Transformation normativ Schritt halten zu können[95]. Auch wenn heute eine Fülle von formell-gesetzlichen Regelungen besteht, sind Präsidialdekrete im Rechtsalltag noch heute von großer Bedeutung. Nimmt man die Möglichkeit in den Blick, Präsidialdekrete mit einer Verfassungsbeschwerde anzugreifen, müssen zwei verschiedene Ausgangssituationen unterschieden werden. Die erste betrifft die Angreifbarkeit von Begnadigungsakten (ukazy o pomilovanii). In ihnen erblickt das Russischen Verfassungsgericht zu Recht konkrete Rechtsanwendungsakte, die als solche keinen tauglichen Beschwerdegegenstand bilden[96].

Weitaus diffuser ist die Rechtsprechung zur Angreifbarkeit anderer Präsidialdekrete, die keine Begnadigungsakte sind. In Verfassungsbeschwerdeverfahren, in denen diese Fragestellung aufgeworfen wurde, ließ das Russische Verfassungsgericht die erwartete Antwort offen und lehnte die Verfassungsbeschwerden aus inhaltlichen Gründen ab[97]. Aus dem Blickwinkel des deutschen Rechts setzt

---

94 Urteil des VerfG vom 03.02.2010 Nr. 3-P, SZ RF 2010, Nr. 7, Pos. 774, S. 2308 ff., insbesondere S. 2310.

95 Zum Ganzen bereits unter C. I. 2. b).

96 Vgl. etwa die Beschlüsse vom 21.12.2004 Nr. 466-O, VKS 2005, Nr. 3, S. 70 (73); vom 17.07.2007 Nr. 616-O-O; vom 25.02.2010 Nr. 262-O-O sowie vom 16.02.2012 Nr. 300-O-O; letztere verfügbar unter http://www.ksrf.ru/ru/Decision/Pages/default.aspx.

97 Es verwies etwa unter anderem darauf, dass der Präsident in dem angegriffenen Dekret seine aus Art. 80 Verf RF folgenden Aufgaben wahrnehme, vgl. den Beschluss des VerfG vom 15.01.2009 Nr. 189-O-O sowie jüngst vom 24.09.2012 Nr. 1533–0; ebenso

diese inhaltliche Auseinandersetzung jedoch voraus, dass zuvor die Zulässigkeit der Verfassungsbeschwerde bejaht werden konnte, also die angegriffenen Präsidialdekrete einen tauglichen Beschwerdegegenstand bilden. Auch die russische Literatur deutet diese Rechtsprechung zum Teil dahingehend, dass andere Präsidialdekrete als Begnadigungsakte einen tauglichen Beschwerdegegenstand bilden können[98].

(5) Folgen für den individuellen Grundrechtsschutz

Nach der russischen Konzeption ist das Verfassungsbeschwerdeverfahren ein individuelles Normenkontrollverfahren. Die verfassungsrechtliche Überprüfung eines Einzelaktes wird damit den allgemeinen Rechtsschutzmechanismen, allen voran der Fachgerichtsbarkeit, übertragen. Es ist eine gewaltige Aufgabe, gerade weil ein Grundrechtsbewusstsein nicht nur in der Gesellschaft, sondern auch in den zum Grundrechtsschutz bestellten Organen nach wie vor in der Entwicklung begriffen ist[99]. Zudem werden Grundrechte im russischen Rechtsalltag gerade nicht vorrangig durch formelle Gesetze, sondern durch die konkrete Rechtsanwendung verletzt[100]. Bereits während der Beratungen zum russischen Verfassungsgerichtsgesetz sahen daher einige Delegierte in der grundlegenden Neukonzeption des Verfassungsbeschwerdeverfahrens - von der Kontrolle der Rechtsanwendung hin zur konkreten Normenkontrolle - eine erhebliche Gefahr für den Grundrechtsschutz[101]. Auch heute wird vereinzelt gefordert, die Urteilsverfassungsbeschwerde wieder einzuführen[102]. Nach der damaligen Gesetzesbegründung sollte das entstandene Defizit unter anderem durch ein spezifisches Beschwerderecht des Menschenrechtsbeauftragten ausgeglichen werden. Er sollte als Institution neben seinem allgemeinen Beschwerderecht, das bereits

---

stützt sich auf eine materielle Prüfung der Beschluss vom 13.10.2009 Nr. 1084-O-O. Alle verfügbar unter http://www.ksrf.ru/ru/Decision/Pages/default.aspx.

98 Etwa *Knjazev* (Fn. 35), S. 30. In diese Richtung weist auch *Kazancev* (Fn. 26), Art. 96, S. 534. Tendenziell gegen eine solche Erweiterung hingegen *Bondar'* (Fn. 75), S. 96.

99 Ähnlich bereits *Hartwig* (Fn. 2), S. 184.

100 *Vitruk* (Fn. 4), S. 299 f.; *Hartwig* (Fn. 2), S. 184; *S. Pašin*: Konstitucionnyj Sud v „novoj redakcii" [Das Verfassungsgericht in „neuer Fassung"], Konstitucionnoe pravo: vostočnoevropejskoe obozrenie 1994, S. 27 (28); ähnlich *Gerasimova* (Fn. 12), S. 94.

101 Einen Einblick in die damalige Diskussion gibt *Mitjukov* (Fn. 78), S. 51, m. w. N.

102 Vgl. etwa *S. A. Tatarinov*: K voprosu o rasširenii polnomočij Konstitucionnogo Suda Rossijskoj Federacii po rassmotreniju i razrešeniju del v svjazi s žalobami graždan [Zur Frage der Kompetenzerweiterung des Verfassungsgerichts der Russischen Föderation bei der Überprüfung und bei der Entscheidung von Verfassungsbeschwerdeverfahren], KiMP 2011, Nr. 6, S. 44 (45).

betrachtet wurde[103], auch gegen konkrete Rechtsanwendungsakte Verfassungsbeschwerde erheben können[104]. Ein solches Beschwerderecht existiert jedoch bis heute nicht.

c) Beschwerdebefugnis

Hinsichtlich der Beschwerdebefugnis besteht in Russland und Deutschland eine wesentliche Überschneidung: Es muss in beiden Vergleichsländern die Möglichkeit einer eigenen Grundrechtsverletzung bestehen (1). Darüber hinaus muss der Beschwerdeführer im deutschen Recht geltend machen, selbst, gegenwärtig und unmittelbar betroffen zu sein[105]. Das russische Verfassungsprozessrecht kennt diesen Dreiklang nicht[106]. Es bestehen jedoch prozessuale Anknüpfungspunkte, die im Kern eine parallele Funktion erfüllen, die Verfassungsbeschwerde von einer abstrakten Normenkontrolle bzw. von einer Popularbeschwerde[107] abzugrenzen. Es sind das Kriterium der Gegenwärtigkeit (2) sowie das Erfordernis einer offiziellen Bescheinigung (3).

(1) Mögliche Verletzung eigener Grundrechte

Nach dem Wortlaut von Art. 93 Abs. 1 Nr. 4 a) GG sowie von § 90 Abs. 1 BVerfGG muss der Beschwerdeführer behaupten können, in seinen Grundrechten oder grundrechtsgleichen Rechten verletzt zu sein. Ausreichend ist es nach absolut herrschender Meinung, dass die Möglichkeit einer Grundrechtsverletzung dargelegt wird[108].

---

103 Dazu bereits unter D. I. 2. a) (3).

104 Stenogramma soveščanija sudej Konstitucionnogo Suda Rossijskoj Federacii ot 15.12.1993 [Stenogramm zur Versammlung der Richter des Verfassungsgerichts der Russischen Föderation vom 15.12.1993], S. 45, zitiert nach *Mitjukov* (Fn. 78), S. 50.

105 Eine umfassende Darstellung geben *Klein* (Fn. 31), § 19 Rn. 556 ff.; *Pestalozza* (Fn. 3), § 12 Rn. 27 ff.; *Schlaich/Korioth* (Fn. 3), Rn. 231 ff.

106 So für das Verfassungsprozessrecht der Subjekte so auch *Gäßner* (Fn. 75), S. 176; anders für das föderale Verfassungsprozessrecht *Yustus* (Fn. 4), S. 95, die diese Terminologie unkommentiert überträgt.

107 Eine Popularbeschwerde kennen beide Verfahrensordnungen nicht, vgl. für das deutsche Recht etwa BVerfGE 43, 291 (386); 60, 360 (370); 79, 1 (14); *Bethge* (Fn. 3), Vorbemerkung Rn. 146, m. w. N.; *Löwer* (Fn. 6), Rn. 188, m. w. N.; für das russische Recht *Kravec* (Fn. 26), S. 21, m. w. N.; *Vitruk* (Fn. 4), S. 236 f.

108 Dazu etwa *Klein* (Fn. 31), § 19 Rn. 557, m. w. N.; *Lechner/Zuck* (Fn. 6), § 90 Rn. 64a; *Pestalozza* (Fn. 3), § 12 Rn. 27.

Im russischen Recht ist hingegen umstritten, welche Kriterien die Verfassungsbeschwerde erfüllen muss. Ausgangspunkt des Streits sind in sich widersprüchliche Formulierungen in den entscheidenden Normen: Nach Art. 125 Abs. 4 1. Halbsatz Verf RF sowie Art. 96 Abs. 1 VerfGG RF sind Bürger, „[...] deren Rechte und Freiheiten durch das *Gesetz verletzt sind* [...]"[109] (č'i prava i svobody narušajutsja zakonom), beschwerdebefugt. Hingegen spricht Art. 97 Nr. 1 VerfGG RF davon, dass das angegriffene Gesetz die Grundrechte des Bürgers *berühren* (zatragivaet) muss[110]. Das Russische Verfassungsgericht geht auf den unterschiedlichen Wortlaut der Normen in seinen Entscheidungen nicht ein, sondern stellt in seiner gewohnt pragmatischen Art[111] allein darauf ab, ob Grundrechte berührt worden sind[112].

In der russischen Literatur wird Art. 97 Nr. 1 VerfGG RF teilweise im Sinne des Art. 125 Abs. 4 1. Halbsatz Verf RF verfassungskonform ausgelegt: Ein Berühren im Sinne des Art. 97 Nr. 1 VerfGG RF könne nur vorliegen, wenn das Berühren den Charakter einer Grundrechtsverletzung trage[113]. Gegen eine solche Sichtweise spricht jedoch, dass eine Verfassungsbeschwerde gerade eingereicht wird, um verfassungsgerichtlich in einem ersten Schritt eine Grundrechtsverletzung überhaupt feststellen zu lassen, um dann in einem zweiten Schritt erwirken zu können, dass die Grundrechtsverletzung abgestellt wird. Es festzustellen, ob eine Grundrechtsverletzung in der Sache tatsächlich vorliegt, obliegt dem Verfassungsgericht. Die Existenz einer Grundrechtsverletzung also kann als solche schwerlich bereits ein Zulässigkeitskriterium sein. Gewichtige Stimmen in der russischen Literatur kommen daher zum Ergebnis, dass ein Berühren der Grundrechte im Sinne des Art. 97 Nr. 1 VerfGG RF vorliegt, wenn durch das angegriffene Gesetz unmittelbar die *Möglichkeit einer Grundrechtsverletzung* besteht[114]. Eine andere Sichtweise

---

109 Hervorhebungen hinzugefügt.

110 Zum Ganzen anschaulich *Kazancev* (Fn. 26), Art. 97, S. 544 ff.

111 Zur Arbeitsweise des Russischen Verfassungsgerichts sowie zu seinem Verhältnis zur Literatur bereits das Kapitel A. dieser Arbeit.

112 Vgl. etwa die Urteile vom 21.03.2007 Nr. 3-P, SZ RF 2007, Nr. 14, Pos. 1741, S. 3389 (3391 f.); vom 30.06.2011 Nr. 14-P, SZ RF 2011, Nr. 28, Pos. 4261, S. 9046 (9048); vom 24.10.2012 Nr. 23-P, SZ RF 2012, Nr. 45, Pos. 6313, S. 12925 (12926) sowie die Beschlüsse vom 02.04.2001 Nr. 81-O, VKS 2001, Nr. 4, S. 45 (46); vom 01.10.1997 Nr. 91-O; vom 01.04.1996 Nr. 27-O; letztere verfügbar unter http://www.ksrf.ru/ru/Decision/Pages/default.aspx.

113 *Mazurov* (Fn. 82), Art. 97, S. 422.

114 Vgl. etwa *Narutto* (Fn. 40), S. 75 f., m. w. N.; *Kazancev* (Fn. 26), Art. 97, S. 546; verhaltener noch *Morščakova* (Fn. 26), Art. 96, S. 298; nunmehr aber *Morstschakowa* (Fn. 2), S. 46; *Morschtschakowa* (Fn. 2), S. 145.

kann aufgrund der Aufgabenstellung des Verfassungsgerichts auch Art. 125 Abs. 4 1. Halbsatz Verf RF nicht in den Blick nehmen.

(2) Kriterium der Gegenwärtigkeit

Vor der umfassenden Gesetzesreform zum VerfGG RF im November 2010 verlangte Art. 97 Nr. 2 VerfGG RF a. F. wörtlich, dass das angegriffene Gesetz entweder in einem gerichtlichen oder einem anderen (behördlichen) Verfahren bereits angewandt worden wäre oder eine solche Anwendung jedenfalls bevorstünde. Die Norm setzte also nicht zwingend eine vorherige gerichtliche Befassung voraus. Zudem war prinzipiell auch das Einreichen einer präventiven Verfassungsbeschwerde in den Fällen möglich, in denen eine Anwendung bevorstand[115]. Eine tatsächlich aktuelle Betroffenheit, wie sie im deutschen Recht für eine gegenwärtige Beschwer verlangt wird[116], setzte die russische Prozessordnung also bis zum November 2010 nicht voraus. Rein zahlenmäßig machten solche präventiven Verfassungsbeschwerden allerdings nur einen Bruchteil der Verfahren aus[117].

Nunmehr hat Art. 97 Nr. 2 VerfGG RF durch die Reform eine äußerlich knappe, aber gravierende Änderung erfahren, die die bisherige Konzeption der russischen Verfassungsbeschwerde grundlegend modifiziert. Die Norm verlangt in ihrer neuen Fassung, dass es sich um ein Gesetz handelt, das „[...] in einer konkreten Sache angewendet worden ist, deren Verhandlung vor einem Gericht abgeschlossen ist." Mit der Neufassung des Art. 97 Nr. 2 VerfGG RF entfällt also zum einen die Möglichkeit der präventiven Verfassungsbeschwerde[118]. Zum anderen liegt eine Beschwer nur noch vor, wenn ein *gerichtliches Verfahren* unter Anwendung des Gesetzes durchgeführt und beendet worden ist[119].

---

115 Vgl. *Morschtschakowa* (Fn. 2), S. 145, 151; *Steingröver* (Fn. 2), S. 357.

116 Hierzu bereits BVerfGE 1, 97 (102); *Bethge* (Fn. 3), § 90 Rn. 366 ff.; *Löwer* (Fn. 6), Rn. 194, m. w. N.; *Schlaich/Korioth* (Fn. 3), Rn. 234, m. w. N. Detailliert zur diffizilen Beurteilung des Kriteriums der Gegenwärtigkeit bei Rechtssatzverfassungsbeschwerden *Zuck* (Fn. 6), Rn. 709, m. w. N.

117 *S. M. Kazancev* beziffert insgesamt 22 Verfassungsbeschwerden, die auf diese Weise Erfolg hatten. Das entspricht nach seinen Angaben wiederum 12,5 % aller erfolgreichen Beschwerden, vgl. *Kazancev* (Fn. 26), Art. 96, S. 540.

118 So auch *O. V. Brežnev*: Reformirovanie konstitucionnogo pravosudija v Rossii v 2009–2010 godach [Neuerungen in der Verfassungsgerichtsbarkeit in Russland in den Jahren 2009–2010], PiP 2011, Nr. 9, S. 1492 (1495). Zu den Auswirkungen dieser Änderung auf den vorläufigen Rechtsschutz noch unter D. I. 3.

119 Ebenso auch *Brežnev* (Fn. 118), S. 1495. Zu den Auswirkungen dieser Neufassung unter Rechtsweggesichtspunkten noch unter D. I. 2. d).

Hauptzielsetzung der Änderung war es, eine deutlichere Kompetenzabgrenzung zwischen den Fachgerichten und dem Verfassungsgericht zu treffen[120]. Als Kehrseite wird die Möglichkeit des Betroffenen, Verfassungsbeschwerde zu erheben, stark beschränkt. Da die Verfassungsbeschwerde – anders als im deutschen Recht – als Rechtsweg im Sinne der Rechtsschutzgarantie des Art. 46 Verf RF verstanden wird[121], wird teilweise daher die Verfassungsmäßigkeit der Gesetzesänderung bezweifelt[122]. Dieses Problem wird in der Literatur jedoch lediglich angerissen, ohne es vertieft zu diskutieren.

Deutlicher wird die Kritik indes vor der Folie des Art. 125 Abs. 4 Verf RF. Nach dieser recht schwergängig formulierten Norm überprüft das Verfassungsgericht „in dem durch ein Bundesgesetz festgelegten Verfahren auf Beschwerden gegen die Verletzung verfassungsmäßiger Rechte und Freiheiten der Bürger oder auf Ersuchen von Gerichten die Verfassungsmäßigkeit eines Gesetzes, das in einem konkreten Fall *angewendet worden ist* oder *angewendet werden soll.*“[123] Art. 125 Abs. 4 Verf RF differenziere gerade nicht zwischen einer konkreten Normenkontrolle, angestoßen durch eine Verfassungsbeschwerde oder durch eine richterliche Vorlage, sondern formuliere für beide Konstellationen die Voraussetzung, dass das Gesetz angewendet worden ist oder angewendet werden soll[124].

---

120 Pojasnitel'naja zapiska k proektu federal'nogo konstitucionnogo zakona „O vnesenii izmenenij v Federal'nyj konstitucionnyj zakon ‚O Konstitucionnom Sude Rossijskoj Federacii'“ [Gesetzesbegründung zum föderalen Verfassungsgesetzesprojekt „Über die Einführung von Änderungen zum Föderalen Verfassungsgesetz ‚Über das Verfassungsgericht der Russischen Föderation'“], Žurnal konstitucionnogo pravosudija 2010, Nr. 5, S. 20 (20). Kritisch zur tatsächlichen Existenz solcher Kompetenzprobleme in der Rechtspraxis indes *Krjažkov/Mitjukov* (Fn. 26), S. 22 sowie *V. A. Krjažkov*: Zakonodatel'naja modernizacija statusa Konstitucionnogo Suda Rossijskoj Federacii [Gesetzgeberische Modernisierung des Status des Verfassungsgerichts der Russischen Föderation], KiMP 2011, Nr. 10, S. 29 (30).

121 Hierzu bereits ausführlich unter C. II. 1. c) (2).

122 Zweifelnd etwa *Krjažkov* (Fn. 120), S. 30 sowie *Krjažkov/Mitjukov* (Fn. 26), S. 22.

123 Hervorhebungen durch Verfasser.

124 So *S. A. Avak'jan*: Konstitucionnyj Sud Rossijskoj Federacii: neodnoznačnye zakonodatel'nye novelly [Das Russische Verfassungsgericht: nichteindeutige Gesetzesnovellen], KiMP 2011, Nr. 1, S. 3 ff.; *R. M. Džavachjan*: Proverka Konstitucionnym Sudom Rossijskoj Federacii konstitucionnosti zakona, primenennogo ili podležaščego primeneniju v konkretnom dele [Die Überprüfung der Verfassungsmäßigkeit eines Gesetzes, das angewandt wurde oder der Anwendung im konkreten Sachverhalt unterliegt, durch das Verfassungsgericht der Russischen Föderation], KiMP 2011, Nr. 6, S. 40 (42). Von einem deutlichen Widerspruch zum Wortlaut des Art. 125 Abs. 4 Verf RF sprechen *A. E. Tarasova/D. K. Vlasenko*: Publičnyj kontrol'

Für die richterliche Vorlage wurden die Anforderungen indes nicht verändert. Durch die Änderung in Art. 97 Nr. 2 VerfGG RF habe der einfache Gesetzgeber den ihm durch Art. 125 Abs. 4 Verf RF übertragenen Regelungsauftrag überschritten[125]. Tatsächlich lassen sich diese Bedenken nicht von der Hand weisen. Sinnvoller wäre es aus dem Blickwinkel des deutschen Rechts gewesen, vor dem Hintergrund der Reform des VerfGG RF zuvor über eine Verfassungsänderung nachzudenken und die Verfassungsbeschwerde von der richterlichen Normenkontrolle zu entkoppeln.

(3) Bescheinigung als faktischer Ausschlussgrund?

Ein besonderes Zulässigkeitskriterium, das im deutschen Recht keine unmittelbare Entsprechung findet, ergibt sich aus Art. 96 Abs. 2 Satz 1 VerfGG RF. Danach muss der Beschwerdeführer eine Bescheinigung derjenigen staatlichen Stelle beibringen, die das fragliche Gesetz in seinem konkreten Fall angewendet hat. In der Funktionsweise ähnelt dieses Erfordernis der Notwendigkeit einer eigenen und gegenwärtigen Beschwer: Durch beide Kriterien soll der Beschwerdeführer nachweisen, dass er durch das in Frage stehende Gesetz in seiner konkreten Rechtsstellung aktuell berührt wird, es sich also gerade nicht um eine abstrakte Normenkontrolle im Gewand einer Verfassungsbeschwerde handelt[126].

Während der Beschwerdeführer im deutschen Verfassungsprozessrecht in die Lage versetzt wird, die eigene, gegenwärtige und unmittelbare Beschwer durch seinen Beschwerdevortrag selbst darzulegen, scheint die Zulässigkeit einer Verfassungsbeschwerde im russischen Recht von der Mitwirkung offizieller Stellen abhängig zu sein. In der deutschsprachigen Literatur ist die Norm zum Teil stark kritisiert worden: Sie beschwöre Willkürhandlungen staatlicher Stellen herauf[127]. Ferner sei sie unnötig, da es Verfassungsrichtern durchaus zugemutet werden dürfe, die Entscheidungserheblichkeit einer Rechtsnorm für den konkreten Fall

za konstitucionnost'ju pravoprimenenija: kompetencija Konstitucionnogo Suda RF [Die öffentliche Kontrolle der verfassungsmäßigen Rechtsanwendung: Kompetenz des Verfassungsgerichts RF], ŽRP 2012, Nr. 3, S. 70 (70).

125 *Avak'jan* (Fn. 124), S. 5; *Krjažkov/Mitjukov* (Fn. 26), S. 22, m. w. N.

126 Zum russischen Recht vgl. etwa den Beschluss des VerfG vom 22.04.2004 Nr. 115-O, verfügbar unter http://www.ksrf.ru/ru/Decision/Pages/default.aspx. Zum deutschen Recht etwa *Bethge* (Fn. 3), § 90 Rn. 336; vorrangig steht hier im deutschen Recht aber die Abgrenzung zur Popularbeschwerde, vgl. ebenda Rn. 336 sowie *Schlaich/Korioth* (Fn. 3), Rn. 234.

127 *Brunner* (Fn. 66), S. 1054; *Steingröver* (Fn. 2), S. 358.

zu würdigen[128]. Schließlich entstehe zudem ein anscheinend kaum aufzulösender Widerspruch: Das Gericht, das das möglicherweise verfassungswidrige Gesetz angewendet hat, soll nach der Norm durch seine Bestätigung – jedenfalls mittelbar – am Verfassungsbeschwerdeverfahren mitwirken, obwohl es selbst das Gesetz nicht dem Verfassungsgericht vorgelegt hat.

Sicherlich sind diese Bedenken nicht unberechtigt, sie müssen jedoch relativiert werden. Denn eine Bescheinigung im Sinne des Art. 96 Abs. 2 Satz 1 VerfGG RF muss nicht zwingend ein gesondertes Dokument sein. Vielmehr genügt auch eine Kopie der normanwendenden Entscheidung, also im Regelfall des Gerichtsurteils[129]. Spätestens nach der Gesetzesreform zum VerfGG RF vom November 2010, wonach ein gerichtliches Verfahren stets abgeschlossen sein muss, ist das Erfordernis einer Bescheinigung somit zu einem „Papiertiger“ geworden, der dem Beschwerdeführer lediglich aufträgt, die gegen ihn ergangene Gerichtsentscheidung zu kopieren und seiner Verfassungsbeschwerde beizufügen.

d) Rechtswegerschöpfung und Subsidiarität: Grundsatz und Ausnahme

In Russland und Deutschland sind es ausschließlich die föderalen Verfassungsgerichte, die verfassungswidrige formelle Gesetze verwerfen können[130]. Damit besteht in beiden Vergleichsländern kein fachgerichtlicher Rechtsweg gegen vermeintlich verfassungswidrige formelle Gesetze. So ist es nur konsequent, dass die Erschöpfung des Rechtswegs in beiden Verfassungsprozessordnungen für die

---

128 *Steingröver* (Fn. 2), S. 358.

129 Vgl. *Kazancev* (Fn. 26), Art. 96, S. 542; *Krjažkov/Lazarev* (Fn. 2), S. 268; *Morščakova* (Fn. 26), Art. 96, S. 298.

130 Für das russische Recht leitet das sich nicht unmittelbar aus der Verfassung ab. Entscheidend hierzu das Urteil des VerfG vom 16.06.1998, Nr. 19-P, SZ RF 1998, Nr. 25, Pos. 3004, S. 5478 (5080); ferner das Urteil vom 27.01.2004, Nr. 1-P, SZ RF 2004, Nr. 5, Pos. 403, S. 1407 (1410); vgl. auch *Krjažkov/Lazarev* (Fn. 2), S. 263, 273; *Morschtschakowa* (Fn. 2), S. 145; *Christian Reitemeier*: Untergesetzliche Rechtsakte, Normenhierarchie und Normenkontrollrechtsschutz in der Russländischen Föderation, in: Otto Luchterhandt (Hrsg.): Rechtskultur in Russland, 2011, S. 133 (150).
Für das deutsche Recht ergibt sich diese Normverwerfungskompetenz des Bundesverfassungsgerichts bereits aus Art. 100 Abs. 1 GG. Zum sogenannten Normverwerfungs- bzw. Entscheidungsmonopol des Bundesverfassungsgerichts bereits BVerfGE 10, 124 (127 f.); 70, 35 (57 f.); ausführlich zum Ganzen *Theodor Maunz*, in: ders./Günter Dürig (Begr.): Grundgesetz, Art. 100 Rn. 1; *Jan-R. Siekmann*, in: Hermann von Mangoldt/Friedrich Klein/Christian Starck (Hrsg.): Kommentar zum Grundgesetz, Band 3, 6. Auflage 2010, Art. 100 Rn. 2, m w. N.; *Joachim Wieland*, in: Horst Dreier (Hrsg.): Grundgesetz, Band 3, 2. Auflage 2008, Art. 100 Rn. 6.

Rechtssatzverfassungsbeschwerde im Grunde kein Zulässigkeitskriterium bildet. Dieser Grundsatz wurde jedoch erheblich modifiziert. Ohne ein vorheriges Gerichtsverfahren kann heute in beiden Rechtsordnungen keine zulässige Verfassungsbeschwerde erhoben werden.

Die deutsche Rechtslage wird durch die sogenannte Subsidiaritäts-Rechtsprechung des Bundesverfassungsgerichts geprägt[131]. Danach muss der Beschwerdeführer bis auf wenige Ausnahmen vor Erhebung der Verfassungsbeschwerde alle ihm zur Verfügung stehenden und zumutbaren Möglichkeiten des fachgerichtlichen Rechtsschutzes in Anspruch genommen haben[132]. Im Detail besteht heute eine kaum zu überschauende Kasuistik[133]. Obwohl der Beschwerdeführer durch die Norm bereits unmittelbar und gegenwärtig betroffen ist und somit grundsätzlich alle Zulässigkeitsvoraussetzungen einer Rechtssatzverfassungsbeschwerde erfüllt, ist er gehalten, weitere Schritte zu unternehmen, etwa eine inzidente Normenkontrolle zu initiieren[134]. Faktisch wird durch die Subsidiaritäts-Rechtsprechung so der gesetzliche Regelfall einer unmittelbar gegen formelle Gesetze gerichteten Verfassungsbeschwerde zur Ausnahme; eine fachgerichtliche Vorbefassung wird zur Regel[135]. Als Hintergrund dieser Rechtsprechung wird die quantitative Entlastung des Bundesverfassungsgerichts benannt, da letztlich ein Quorum der erhobenen Verfassungsbeschwerden am Grundsatz der Subsidiarität scheitern wird[136]. Jedoch bleibt unklar, ob es in der Rechtspraxis tatsächlich zu einer solchen Entlastung kommt, da auch das Fachgericht nach Art. 100

---

131 Etwa BVerfGE 69, 122 (125 f.); 71, 305 (334 ff.); 74, 69 (74 ff.); 85, 80 (85 f.); 90, 128 (136 f.); 102, 26 (32 f.); 114, 258 (279 ff.); 123, 148 (172 ff.).

132 Vgl. etwa BVerfGE 69, 122 (125 f.); 71, 305 (334 ff.); 74, 69 (74 ff.); 85, 80 (85 f.); 102, 26 (32 f.); 114, 258 (279 ff.); 123, 148 (172 ff.).

133 Erhellend hier aber insbesondere *Zuck* (Fn. 6), Rn. 36 ff.

134 Kritisch zu dieser faktischen Neuordnung der Zulässigkeitsvoraussetzungen etwa *Gusy* (Fn. 6), S. 661 f.; *Schlaich/Korioth* (Fn. 3), Rn. 253 ff sowie *Posser* (Fn. 57), S. 387 ff., S. 444; *Warmke* (Fn. 57), S. 72 ff., S. 270 f.; *Harald Klein*: Funktionell- und verfahrensrechtliche Probleme der Rechtssatzverfassungsbeschwerde, in: Walther Fürst/Roman Herzog/Dieter C. Umbach (Hrsg.): Festschrift für Wolfgang Zeidler, Band 2, 1987, S. 1325 (1336 f., 1339 ff.); *Tade Matthias Spranger*: Die Verfassungsbeschwerde im Korsett des Prozeßrechts, AöR 127 (2002), S. 27 (60 f.), m. w. N. Die Rechtsprechungspraxis befürworten indes *Gertrude Lübbe-Wolff*: Substantiierung und Subsidiarität der Verfassungsbeschwerde, EuGRZ 2004, S. 669 ff.; *Buermeyer* (Fn. 57), S. 36 f., 57; *Löwer* (Fn. 6), Rn. 198, m. w. N.

135 Ähnlich auch *Löwer* (Fn. 6), Rn. 198; *Lechner/Zuck* (Fn. 6), § 90 Rn. 167, m. w. N.

136 Zu diesem Zweck etwa *Hans Joachim Faller*: Das Ringen um Entlastung des Bundesverfassungsgerichts, in: Eckart Klein (Hrsg.): Grundrechte, soziale Ordnung und

GG vorlegen oder der Beschwerdeführer nach der Erschöpfung des Rechtswegs Verfassungsbeschwerde einreichen kann[137]. Eine weitere Zielsetzung des Subsidiaritätsprinzips wird darin erblickt, dass das Bundesverfassungsgericht durch eine instanzielle Prüfung des Sachverhalts bereits auf ein fachgerichtlich aufgearbeitetes Fallmaterial zurückgreifen und so jedenfalls eine partielle qualitative Entlastung verzeichnen kann[138]. Als Kehrseite wird dem betroffenen Grundrechtsträger der Zugang zu einer abschließenden verfassungsgerichtlichen Entscheidung erheblich erschwert und von ihm jedenfalls deutlich mehr Zeit und Geduld abverlangt[139].

Die konkrete normative Verankerung der Subsidiaritäts-Rechtsprechung bleibt bislang unklar[140]. Ein Teil der Literatur verortet sie in § 90 Abs. 2 Satz 1 BVerfGG[141]: Das Erfordernis der Rechtswegerschöpfung sei auch auf Rechtssatzverfassungsbeschwerden anwendbar, die Verfassungsbeschwerde sei damit in diesen Fällen

---

Verfassungsgerichtsbarkeit. Festschrift für Ernst Benda zum 70. Geburtstag, 1995, S. 43 (49 f.).

137 *Schlaich/Korioth* (Fn. 3), Rn. 255. Gegen diese Bedenken hingegen deutlich *Wolf-Rüdiger Schenke*: Zulässigkeitsprobleme der Rechtssatzverfassungsbeschwerde, in: Gerrit Manssen/Monika Jachmann/Christoph Gröpl (Hrsg.): Nach geltendem Verfassungsrecht. Festschrift für Udo Steiner zum 70. Geburtstag, 2009, S. 683 (716 ff.).

138 In diese Richtung deuten BVerfGE 47, 144 (145 f.); 68, 143 (151); 72, 39 (43 f.); 74, 102 (113 f.); ferner *Schenke* (Fn. 137) S. 716 f.

139 *Schlaich/Korioth* (Fn. 3), Rn. 255, ähnlich *Klein* (Fn. 134), S. 1325 (1326 f.).

140 *Bethge* (Fn. 3), § 90 Rn. 412, m. w. N.; *Lechner/Zuck* (Fn. 6), § 90 Rn. 174; *Löwer* (Fn. 6), Rn. 198, m. w. N.; *Pestalozza* (Fn. 3), § 12 Rn. 12; *Schlaich/Korioth* (Fn. 3), Rn. 244, m. w. N.; *Posser* (Fn. 57), S. 76 ff. *Spranger* (Fn. 134), S. 60, m. w. N. bezeichnet die Handhabung des Verfassungsgerichts daher als verfassungswidrig. Anders indes *Lübbe-Wolff* (Fn. 134), S. 669 f.

141 So *Schenke* (Fn. 137),S. 710, m. w. N.; *Steffen Detterbeck*: Der allgemeine Grundsatz der Subsidiarität der Rechtssatzverfassungsbeschwerde nach Art. 93 Abs. 1 Nr. 4a GG, DÖV 1990, S. 558 (562), m. w. N.; *Apostolos Gerontas*: Zur Subsidiarität der Verfassungsbeschwerde gegen ein Gesetz, DÖV 1982, S. 440 (443 ff.); *Thomas Lapp*: Vorbeugender Rechtsschutz gegen Normen, 1994, S. 248 ff.; *Wolf-Rüdiger Schenke*: Die Subsidiarität der Verfassungsbeschwerde gegen Gesetze, NJW 1986, S. 1451 (1456 ff.). Für eine analoge Anwendung des § 90 Abs. 2 Satz 1 BVerfGG *Hubertus Gersdorf*: Der Grundsatz der Subsidiarität der Rechtssatzverfassungsbeschwerde, Jura 1994, S. 398 (404 f.).
Gegen eine solches Normverständnis aber etwa *Lechner/Zuck* (Fn. 6), § 90 Rn. 167a, m. w. N.; *Schlaich/Korioth* (Fn. 3), Rn. 252 ff.; *Spranger* (Fn. 134), S. 60, m. w. N.; *Siegward Henning*: Die besonderen Zulässigkeitsvoraussetzungen der Rechtssatz-Verfassungsbeschwerde in der Rechtsprechung des Bundesverfassungsgerichts, 1981, S. 236 f., m. w. N.

ebenfalls subsidiär. Auch das Bundesverfassungsgericht erklärte die Norm im Rechtssatzverfassungsbeschwerdeverfahren in einigen Entscheidungen für entsprechend anwendbar[142].

Auch im russischen Recht ist nach der Reform des Verfassungsgerichtsgesetzes vom November 2010 eine Verfassungsbeschwerde nur noch zulässig, wenn ein gerichtliches Verfahren *bereits abgeschlossen* wurde (Art. 97 Nr. 2 VerfGG RF). Die Argumente der deutschen Diskussion finden sich zum Teil in der russischen Auseinandersetzung wieder. Die Diskussion ist noch jung, denn sie wurde maßgeblich durch die Gesetzesreform – insbesondere durch die Änderung der Artt. 97 Nr. 2 und 98 VerfGG RF – erst angestoßen. Zum einen ist umstritten, ob nunmehr nicht nur eine fachgerichtliche Vorbefassung in der Sache allgemein, sondern darüber hinaus ein Instanzenzug beschritten und der Rechtsweg letztlich erschöpft sein muss. Gegen die Notwendigkeit der Rechtswegerschöpfung spricht, dass der Wortlaut von Art. 97 Nr. 2 VerfGG RF an dieser Stelle gerade nicht verändert worden ist. Bereits vor der Novellierung konnte nach der Norm Verfassungsbeschwerde erhoben werden, wenn der zugrundeliegende Sachverhalt in einem – so wörtlich – „abgeschlossenen Gerichtsverfahren" erörtert worden war. Einer vorherigen *Rechtswegerschöpfung* bedurfte es dazu jedoch nach ganz allgemeiner Ansicht nicht[143]. So erscheint es vor diesem Hintergrund nur schwer erklärlich, warum sich aus der Norm nunmehr das Erfordernis der Rechtswegerschöpfung ableiten lassen sollte.

Anders verhält es sich aber, wenn man den durch die Gesetzesreform auch grundlegend neugefassten Art. 98 Satz 1 VerfGG RF zurate zieht. Hiernach zeigt das Russische Verfassungsgericht die Beschwerdeannahme demjenigen Gericht an, das das *letzte Urteil* gegen den Beschwerdeführer getroffen hat. Diese Formulierung fand sich in der alten Fassung der Norm nicht. Nach der alten Fassung zeigte das Verfassungsgericht die Beschwerdeannahme gegenüber dem Gericht

---

142 In diese Richtung deuten BVerfGE 95, 193 (207 f.); 98, 17 (35). Zu dieser Entwicklung auch *Schenke* (Fn. 137), S. 710; *Schlaich/Korioth* (Fn. 3), Rn. 255, m. w. N.

143 *Džavachjan* (Fn. 124), S. 43; ferner *Knjazev* (Fn. 35), S. 31; *Kazancev* (Fn. 26), Art. 97, S. 547. Anders hingegen *Konstantin Surkov*, Mitglied des Föderationsrats, gegenüber der RG, zitiert nach *V. Petrov*: Pravosudie bez vozrasta [Rechtsprechung ohne Altersbegrenzung], RG vom 27.10.2010, http://www.rg.ru/2010/10/27/sud.html. Er erblickt in der Neuregelung die Notwendigkeit eines generellen Instanzenzugs. Vgl. zur Rechtslage vor der Gesetzesnovelle *Morstschakowa* (Fn. 2), S. 45 f.; *Schmidt* (Fn. 4), S. 34; *Šul'ženko* (Fn. 2), S. 155; *Yustus* (Fn. 4), S. 97.

an, das das angegriffene Gesetz angewendet hatte[144]. Teilweise wird in der russischen Literatur daher aus der Neuformulierung geschlussfolgert, dass der heutige Art. 98 Satz 1 VerfGG RF also weitere, vorangegangene Gerichtsurteile voraussetze, wenn es vom *letzten Gerichtsurteil* spreche[145]. Doch selbst diejenigen Stimmen, die eine solche Interpretation des Art. 98 Satz 1 VerfGG RF grundsätzlich für möglich erachten, bezweifeln ihre Verfassungsmäßigkeit: Maßgeblich wird von der Mehrheit im Schrifttum angeführt, dass das Erfordernis der Rechtswegerschöpfung gegen das Gebot eines effektiven Grundrechtsschutzes (Art. 46 Verf RF) verstoßen würde. Dieses Erfordernis würde das Verfahren in jedem Fall bedeutend verlängern und damit nicht mehr effektiv gestalten[146]. Das in der deutschen Diskussion zentrale Argument der Befürworter der Subsidiaritätsrechtsprechung, nach dem das Verfassungsgericht durch eine mehrinstanzliche fachgerichtliche Vorprüfung quantitativ und qualitativ entlastet werden könnte, wird zwar vereinzelt angeführt, hat in der russischen Diskussion kein reales Gewicht. Denn allein die Existenz von Rechtsmitteln bietet im russischen Recht keine Gewähr für eine erneute, unabhängige Prüfung. Etwa 90% der höherinstanzlichen Gerichte bestätigen das vorinstanzliche Urteil, wobei sie sogar häufig ungezwungen die entscheidungserheblichen Passagen der vorangegangenen Instanz Wort für Wort wiederholen[147]. Das Russische Verfassungsgericht selbst ist auch in der Frage der Rechtswegerschöpfung in gewohnter Art pragmatisch. Es ließ nach der Gesetzesnovelle – ohne sich mit der Problematik des neuformulierten Art. 98 Satz 1 VerfGG RF auseinanderzusetzen oder auf die Diskussion im Schrifttum einzugehen[148] – Verfassungsbeschwerden gegen erstinstanzliche Urteile zu[149].

144 Wörtlich hieß es in Art. 98 Abs. 1 Satz 1 a. F.: „Wenn das Verfassungsgericht der Russischen Föderation eine Beschwerde über die Verletzung von verfassungsmäßigen Rechten und Freiheiten der Bürger durch ein Gesetz zur Verhandlung angenommen hat, setzt es davon das Gericht oder dasjenige Organ in Kenntnis, das die Sache verhandelt, in der das angegriffene Gesetz angewendet worden ist oder angewendet wird."

145 *Avak'jan* (Fn. 124), S. 4; im Ergebnis offen hingegen *Brežnev* (Fn. 118), S. 1495.

146 Vgl. *Avak'jan* (Fn. 124), S. 4.

147 Zu diesem Gesichtspunkt insbesondere *Avak'jan* (Fn. 124), S. 4.

148 Zur Arbeitsweise des Russischen Verfassungsgerichts sowie seinem Verhältnis zur Literatur grundlegend bereits unter A. II. und IV.

149 Vgl. die Urteile vom 29.06.2012 Nr. 16-P, SZ RF 2012, Nr. 29, Pos. 4168, S. 9005 (insbesondere S. 9006) sowie vom 01.03.2012 Nr. 5-P, SZ RF 2012, Nr. 11, Pos. 1366, S. 3588 (insbesondere S. 3589).

e) *Gerichtsgebühr und Beschwerdefrist*

(1) *Gerichtsgebühr als Schutzgebühr?*

Das Verfahren vor dem Bundesverfassungsgericht ist nach § 34 Abs. 1 BVerfGG kostenfrei[150]. Das beruht auf zwei wesentlichen Erwägungen. Zum einen liegt die Tätigkeit des Gerichts überwiegend im öffentlichen Interesse, sodass es unbillig wäre, die Verfahrenskosten einer Partei aufzubürden[151]. Zum anderen soll der ungehinderte Zugang Jedermanns zum Verfassungsgericht nicht durch die Angst vor finanziellen Belastungen behindert werden[152].

Anders verhält es sich im russischen Recht. Hier muss der Beschwerdeführer grundsätzlich eine Gerichtsgebühr entrichten (Art. 39 Abs. 1 VerfGG RF). Die Norm verweist auf die Gesetzgebung zu Steuern und Abgaben, wo sich eine entsprechende Regelung in Art. 333.23 des russischen Steuergesetzbuchs findet. Die dort festgesetzten Gebühren sind für heutige russische Verhältnisse eher moderat: Die von juristischen Personen zu entrichtende Gerichtsgebühr beträgt gegenwärtig 4.500 Rubel (ca. 105 Euro), die von natürlichen Personen 300 Rubel (ca. 7 Euro). Nach Art. 39 Abs. 2 VerfGG RF kann das Russische Verfassungsgericht zudem die konkreten materiellen Verhältnisse des Beschwerdeführers berücksichtigen und durch Beschluss die Gebühr erlassen oder jedenfalls herabsetzen[153]. Die Norm sieht diese Möglichkeit allerdings nur bei natürlichen Personen vor. Im Rechtsalltag dürften materielle Gründe den Weg zum Russischen Verfassungsgericht im Ergebnis kaum versperren. Die eher geringe Gebühr öffnet als Kehrseite möglicherweise aber auch unreflektierten Verfassungsbeschwerden Raum und schützt das Verfassungsgericht nicht vor einer unnötigen Mehrbelastung. Dieser Gedanke ist gerade vor dem Hintergrund interessant, dass das russische Verfassungsgerichtsgesetz keine Missbrauchsgebühr kennt – anders als noch sein Vorgänger in Art. 56 VerfGG RSFSR 1991. Im deutschen

---

150 Anderweitige Kosten, die etwa aus Versäumnissen oder verfahrenswidrigen Maßnahmen entstehen, trägt der Bund nicht, vgl. etwa *Lechner/Zuck* (Fn. 6), § 34 Rn. 1; *Zuck* (Fn. 6), Rn. 1214; *Karin Graßhof*, in: Theodor Maunz/Bruno Schmidt-Bleibtreu/Franz Klein/Herbert Bethge (Hrsg.): Bundesverfassungsgerichtsgesetz, § 34 Rn. 14; jeweils m. w. N.

151 *Klein* (Fn. 31), § 17 Rn. 385; *Lechner/Zuck* (Fn. 6), § 34 Rn. 1.

152 *Klein* (Fn. 31), § 17 Rn. 385.

153 Es ist eine der bereits eingangs unter D. I. 1. angedeuteten Regelungen, die auf Vorschlag deutscher Verfassungsrechtler in das VerfGG RF eingeflossen sind, vgl. *Mitjukov* (Fn. 11), S. 10 f. sowie *Gerasimova* (Fn. 12), S. 89.

Recht sieht § 34 Abs. 2 BVerfGG eine Missbrauchsgebühr bis zu 2.600 € vor[154]. Eine tatsächliche Entlastung des Verfassungsgerichts dahingehend, sich nicht mit völlig aussichtslosen Verfassungsbeschwerden befassen zu müssen, schafft aber auch sie nicht[155].

(2) Beschwerdefrist

Hinsichtlich der Beschwerdefrist unterschieden sich bislang beide Rechtsordnungen. Im deutschen Recht muss der Beschwerdeführer nach § 93 Abs. 3 BVerfGG binnen eines Jahres Rechtssatzverfassungsbeschwerde erheben. Zwar erlaubt das Prozessrecht unter den Voraussetzungen des § 93 Abs. 2 BVerfGG eine Wiedereinsetzung in den vorherigen Stand. Allerdings findet die Norm nach ganz herrschender Ansicht nicht zuletzt aufgrund ihrer systematischen Stellung nur in Verfassungsbeschwerdeverfahren gegen gerichtliche und behördliche Entscheidungen Anwendung[156]. Für Rechtssatzverfassungsbeschwerden gilt daher ausnahmslos die Jahresfrist. Im russischen Verfassungsgerichtsgesetz war lange keine Beschwerdefrist normiert[157]. Damit wird im Ergebnis dem Grundrechtsschutz absoluter Vorrang vor der Rechtssicherheit eingeräumt[158]. Seit der Neufassung des Art. 97 Abs. 2 VerfGG RF im Juni 2014[159] kann nunmehr auch in Russland nur noch binnen eines Jahres seit der Gerichtsentscheidung Verfassungsbeschwerde beim Verfassungsgericht erhoben werden.

---

154 Derart hohe Gebühren sind jedoch äußerst selten. Vgl. exemplarisch die Statistik des Bundesverfassungsgerichts der Jahre 2012 sowie 2013, http://www.bundesverfassungsgericht.de/organisation/gb2013/A-VIII-2.html.

155 *Löwer* (Fn. 6), Rn. 164, m. w. N.; *Zuck* (Fn. 6), Rn. 1216. Für ihre Abschaffung plädieren daher *Lechner/Zuck* (Fn. 6), § 34 Rn. 5.

156 Vgl. BVerfGE 109, 1 (12) sowie *Klein* (Fn. 31), § 19 Rn. 608, m. w. N.; *Dieter Hömig*, in: Theodor Maunz/Bruno Schmidt-Bleibtreu/Franz Klein/Herbert Bethge (Hrsg.): Bundesverfassungsgerichtsgesetz, § 93 Rn. 39, m. w. N.; *Eckart Klein*: Verfahrensgestaltung durch Gesetz und Richterspruch: Das „Prozeßrecht" des Bundesverfassungsgerichts, in: Peter Badura/Horst Dreier (Hrsg.): Festschrift 50 Jahre Bundesverfassungsgericht, Band 1, 2001, S. 507 (521); *Dieter Dörr*: Die Verfassungsbeschwerde in der Prozeßpraxis, 2. Auflage, 1997, Rn. 284, m. w. N. Kritisch indes *Lechner/Zuck* (Fn. 6), § 93 Rn. 45.

157 *Mazurov* (Fn. 82), Art. 96, S. 408.

158 Ähnlich auch *Gerasimova* (Fn. 12), S. 94; *Yustus* (Fn. 4), S. 103. Umfassend zur Thematik im deutschen Recht *Schenke* (Fn. 137), S. 719 ff., 729 ff., m. w. N.

159 Änderungsgesetz zum Verfassungsgerichtsgesetz vom 04.06.2014, SZ RF 2014, Nr. 23, Pos. 2922.

3. Vorzeitige Abwehr des Grundrechtseingriffs?

a) Vorläufiger oder präventiver Rechtsschutz?

Eine eingereichte Verfassungsbeschwerde entfaltet weder im russischen noch im deutschen Recht aufschiebende Wirkung[160]. Faktisch besteht damit bis zur Urteilsverkündung in beiden Rechtsordnungen eine Vermutung für die Verfassungsmäßigkeit des angegriffenen Rechtsakts bzw. Gesetzes. Gleichwohl kann es bestimmte Situationen geben, in denen ein vorläufiges Handeln zur Abwehr schwerer Nachteile geboten ist. Dem tragen im deutschen Recht die Regelungen zum vorläufigen Rechtsschutz (§ 93d Abs. 2 i. V. m. § 32 BVerfGG) Rechnung. Danach kann das Bundesverfassungsgericht die Anwendung eines Gesetzes einstweilig aussetzen, wenn dies zur Abwehr schwerer Nachteile, zur Verhinderung drohender Gewalt oder aus einem anderen wichtigen Grund zum gemeinen Wohl dringend geboten ist. In seiner Judikatur legt das Bundesverfassungsgericht hierfür einen besonders strengen Maßstab an[161] und entscheidet mit „größter Zurückhaltung"[162], da eine solche Anordnung vor der Verhandlung in der Hauptsache erheblich in den Gestaltungsspielraum des Gesetzgebers greift[163]. Es ist eine Selbstbeschränkung im Lichte des Gewaltenteilungsprinzips. Diese Selbstbeschränkung führt indes nicht dazu, dass in der Rechtspraxis der Erlass einer einstweiligen Anordnung faktisch unmöglich ist. Immer wieder muss auch

---

160 Dazu für das russische Recht *Kazancev* (Fn. 26), Art. 98, S. 549 ff., m. w. N. Für das deutsche Recht etwa BVerfGE 93, 381 (385); *Gusy* (Fn. 6), S. 649, m. w. N.; *Löwer* (Fn. 6), Rn. 171, m. w. N.; *Bodo Pieroth*, in: Hans D. Jarass/ders.: Grundgesetz für die Bundesrepublik Deutschland, 12. Auflage 2012, Art. 93 Rn. 45, m. w. N.; *Axel Hopfauf*, in: Bruno Schmidt-Bleibtreu/Franz Klein (Begr.): Kommentar zum Grundgesetz, 12. Auflage 2011, Art. 93 Rn. 149, m. w. N.; *Andreas Voßkuhle*, in: Hermann von Mangoldt/Friedrich Klein/Christian Starck (Hrsg.): Kommentar zum Grundgesetz, Band 3, 6. Auflage 2010, Art. 93 Rn. 170, m. w. N.; *Zuck* (Fn. 6), Rn. 1099.

161 BVerfGE 3, 41 (44); 46, 337 (340); 64, 67 (69); 71, 350 (351); 81, 53 (54); 82, 310 (313); 83, 162 (171); 108, 45 (48).

162 BVerfGE 3, 52 (55); 46, 337 (340); 82, 310 (313); 104, 23 (27); 112, 321 (331); 122; 343 (361); 122, 374 (384).

163 BVerfGE 3, 52 (55); 104, 23 (27); 104, 51 (55); 106, 351 (355); 106, 359 (363); 112, 284 (292); 122, 342 (361); 122, 374 (384). Ausführlich hierzu etwa *Hans-Uwe Erichsen*: Die einstweilige Anordnung, in: Christian Starck (Hrsg.): Bundesverfassungsgericht und Grundgesetz. Festgabe aus Anlaß des 25jährigen Bestehens des Bundesverfassungsgerichts, Band 1, 1976, S. 170–193; *Schlaich/Korioth* (Fn. 3), Rn. 465, m. w. N.; *Friedrich Schoch*: Einstweilige Anordnung, in: Peter Badura/Horst Dreier (Hrsg.): Festschrift 50 Jahre Bundesverfassungsgericht, Band 1, 2001, S. 695–723.

das Bundesverfassungsgericht zum Ergebnis kommen, dass eine einstweilige Anordnung geboten ist. So hat das Bundesverfassungsgericht etwa in jüngerer Zeit im Wege der einstweiligen Anordnung bestimmte Bußgeldvorschriften des bayerischen Versammlungsgesetzes außer Kraft gesetzt[164].

Eine vergleichbare Möglichkeit, Rechtsschutz auf dem Weg eines vorläufigen und verbindlichen Verfahrens zu ersuchen, fehlt im russischen Verfassungsprozessrecht. Wie bereits gesehen konnte der Betroffene zwar bis zur Reform des Verfassungsgerichtsgesetzes im November 2010 bereits bei drohender Normanwendung – also präventiv – Verfassungsbeschwerde erheben[165]. Grundlegend anders als im deutschen Recht bewirkte der Beschwerdeführer mit einer solchen Beschwerde aber gerade keine vorläufige Entscheidung des Verfassungsgerichts, da auch über diese Beschwerden im Rahmen des regulären Verfahrens entschieden wurde. Eine Verkürzung der Verfahrensdauer ging damit also gerade nicht einher. Es handelte sich vielmehr um ein weites Verständnis vom Begriff der gegenwärtigen Betroffenheit. Durch die Gesetzesreform wurde die Möglichkeit, präventiv Verfassungsbeschwerde zu erheben, gänzlich abgeschafft.

b) Vorzeitige Abwehr auf Initiative des Verfassungsgerichts?

Ob das Russische Verfassungsgericht indes von Amts wegen den Vollzug des angegriffenen Gesetzes aussetzen und damit einen möglichen Grundrechtseingriff verhindern kann, ist in der Literatur umstritten. Dass das Gericht lediglich eine unverbindliche Aussetzung anordnen kann, legt Art. 98 Satz 1 VerfGG RF nahe. Nach dieser Norm informiert das Verfassungsgericht das letzte in der Sache entscheidende Gericht und – auf Antrag des Beschwerdeführers – die mit dem Urteilsvollzug betraute Instanz über die Annahme der Beschwerde zur Entscheidung. Weiter heißt es dann in Art. 98 Satz 2 VerfGG RF, dass durch das Fachgericht bzw. das Vollzugsorgan der Vollzug ausgesetzt werden kann[166]. Die Entscheidung über eine tatsächliche Aussetzung stünde demnach also im Ermessen der vollziehenden Stelle.

---

164 BVerfGE 122, 342 (362); ferner die Anordnungen zur Vorratsdatenspeicherung BVerfGE 121, 1 ff. sowie BVerfGE 122, 120 ff.

165 Vgl. dazu bereits D. I. 2. c) (2).

166 Kritische Stimmen plädieren für die Normierung einer Aussetzungspflicht, etwa *B. A. Osipjan*: Nekotorye važnye problemy ukreplenija pravovych osnov Rossijskogo gosudarstva organami konstitucionnogo pravosudija [Einige wichtige Probleme bei der Festigung der russischen Staatlichkeit durch die Verfassungsrechtsprechung], KiMP 2008, Nr. 10, S. 18 (22).

Ein anderer Anknüpfungspunkt findet sich jedoch in der allgemeinen Verfahrensnorm des Art. 42 Abs. 3 VerfGG RF. Danach kann sich das Gericht an die jeweils zuständige Stelle mit dem Vorschlag (predloženie) wenden, den Gesetzesvollzug des angegriffenen Gesetzes einstweilen auszusetzen[167]. Im Schrifttum ist umstritten, ob dieser Vorschlag als verpflichtende verfassungsgerichtliche Anweisung verstanden werden kann. Ein Teil der Stimmen verweist insoweit auf die Regelung des § 30 Abs. 1 GO VerfG RF, wonach neben weiteren Entscheidungsformen auch ein Vorschlag als verfassungsgerichtliche Entscheidung ergehe. Als solche sei sie wiederum gemäß Art. 6 VerfGG RF verpflichtend[168]. Andere gewichtige Stimmen stellen hingegen auf den Wortlaut des Art. 42 Abs. 3 VerfGG RF ab, der gerade von einem Vorschlag und gerade nicht von einer verpflichtenden Aufforderung spricht[169].

Die Befürworter einer verbindlichen Anordnung sehen gewiss ihre große praktische Notwendigkeit. Ohne die Möglichkeit, in engen Grenzen auch Anwendung eines mutmaßlich verfassungswidrigen Gesetzes auszusetzen, bleibt der verfassungsgerichtliche Rechtsschutz lückenhaft. Gleichwohl kann die Argumentation der Befürworter aus dem Blickwinkel des deutschen Rechts nicht überzeugen. Dass sich eine Verbindlichkeit der Anordnung im Ergebnis lediglich mittelbar aus der Geschäftsordnung des Russischen Verfassungsgerichts ergibt, kann allenfalls als Indiz gewertet werden. Die Normen der Geschäftsordnung dienen vorrangig dem gerichtsinternen Verfahrensgang. Sie sind aber nicht dazu bestimmt, das Außenverhältnis zu regeln. Zudem würde eine verpflichtende verfassungsgerichtliche Aussetzungsanordnung nicht nur den eben skizzierten Regelungen des Art. 98 VerfGG entgegenstehen, sondern damit zugleich eine

---

167 Wörtlich heißt es in Art. 42 Abs. 3 VerfGG RF: „In dringenden Fällen kann sich das Verfassungsgericht der Russischen Föderation an die entsprechenden Organe und Amtspersonen mit dem Vorschlag wenden, die Wirkung des angegriffenen Aktes oder des Verfahrens der Inkraftsetzung eines angegriffenen völkerrechtlichen Vertrages der Russischen Föderation bis zum Abschluss der Behandlung der Sache durch das Verfassungsgericht der Russischen Föderation auszusetzen."

168 *S. D. Knjazev*, in: G. A. Gadžiev (Hrsg.): Kommentarij k Federal'nomu konstitucionnomu zakonu „O Konstitucionnom Sude Rossijskoj Federacii" [Kommentierung zum föderalen Verfassungsgesetz „Über das Verfassungsgericht der Russischen Föderation"], 2012, Art. 42, S. 253 f. In Bezug auf die Vorgängerfassung der GO VerfG RF bereits *Mazurov* (Fn. 82), Art. 42, S. 175.

169 So *Ju. V. Kudrjavcev*, in: N. V. Vitruk/L. V. Lazarev/B. S. Ėbzeev (Hrsg.): Federal'nyj konstitucionnyj zakon o Konstitucionnom Sude Rossijskoj Federacii [Föderales Verfassungsgesetz über das Verfassungsgericht der Russischen Föderation], 1996, Art. 42, S. 157; *Yustus* (Fn. 4), S. 159.

wesentliche Ausnahme zur vermuteten Verfassungsmäßigkeit des Gesetzes schaffen. Dass eine solch durchgreifende Durchbrechung sich allein mittelbar aus der Geschäftsordnung des Verfassungsgerichts herleiten ließe, ohne eine konkrete normative Anknüpfung im Verfassungsgerichtsgesetz selbst zu finden, erscheint wenig plausibel.

4. Prüfungsgegenstand und -maßstab

a) Auswirkungen des eingeschränkten Beschwerdegegenstands

Der eingeschränkte Beschwerdegegenstand im russischen Recht wirkt in verschiedenster Weise auf den Prüfungsgegenstand ein. Prüfungsgegenstand ist zwar grundsätzlich das angegriffene formelle Gesetz, jedoch gibt es Fallkonstellationen, in denen das Russische Verfassungsgericht auch die konkrete Normanwendung in den Blick nimmt.

Eine solche Fallkonstellation betrifft die Anwendung der verfassungskonformen Auslegung. Wie das Bundesverfassungsgericht[170] bedient sich das Russische Verfassungsgericht dem Instrument der verfassungskonformen Auslegung[171], ohne allerdings ausdrücklich von einer solchen zu sprechen. Prüfungsgegenstand bleibt in dieser Konstellation zwar die angegriffene *Norm*, doch wird durch die verfassungskonforme Auslegung die *zukünftige Rechtsanwendungspraxis* antizipiert. Allerdings kehrt das Gericht den hinter der verfassungskonformen Auslegung stehenden Grundsatz „Die Norm ist verfassungsgemäß, solange eine

---

170 Vgl. bereits BVerfGE 2, 266 (267). Aus der Fülle der Literatur sei für das deutsche Recht verwiesen auf *Wolf-Dieter Eckardt*: Die verfassungskonforme Gesetzesauslegung, 1964; *Reinhold Zippelius*: Verfassungskonforme Auslegung von Gesetzen, in: Christian Starck (Hrsg.): Bundesverfassungsgericht und Grundgesetz, Band 2, 1976, S. 108–124; *Karl August Bettermann*: Die verfassungskonforme Auslegung, 1986. Zum Ganzen aus der neueren Literatur *Ulrike Lembke*: Einheit aus Erkenntnis?, 2009; *Andreas Voßkuhle*: Theorie und Praxis der verfassungskonformen Auslegung von Gesetzen durch Fachgerichte, AöR 125 (2000), S. 177 (insbesondere S. 194 ff.).

171 Vgl. etwa die Urteile des VerfG Nr. 2-P vom 04.03.2003, SZ RF 2003, Nr. 12, Pos. 1176, S. 2938 ff. (2943 f.); vom 23.12.2004, Nr. 19-P, SZ RF 2004, Nr. 52, Pos. 5585, S. 13138 (13144); vom 24.06.2009 Nr. 11-P, SZ RF 2009, Nr. 28, Pos. 3581, S. 8299 (8306 f.); ähnlich bereits der Beschluss vom 15.06.1995 Nr. 29-0, VKS 1995, Nr. 2/3, S. 66 (68 f.). Zum Ganzen auch *E. V. Gricenko*: Rol' konstitucionnogo suda v obespečenii prjamogo dejstvija Konstitucii v Germanii i Rossii [Die Rolle des Verfassungsgerichts bei der Sicherung der unmittelbaren Verfassungsgeltung in Deutschland und Russland], ŽKP 2013, Nr. 1, S. 14 (28).

verfassungskonforme Auslegung möglich ist." bisweilen in sein Gegenteil, da es in seinen Urteilen zuweilen annimmt, die Norm sei verfassungswidrig, soweit sie eine verfassungswidrige Auslegung erlaubt[172].

Von der verfassungskonformen Auslegung sind die Fälle zu unterscheiden, in denen das Russische Verfassungsgericht eine *konkrete Normanwendung* in seinen Entscheidungen für verfassungswidrig erklärt[173]. Hier prüft es im Grunde nicht nur das angegriffene Gesetz, sondern auch seine konkrete Rechtsanwendung. Anders als im Fall der verfassungskonformen Auslegung steht diese Vorgehensweise also prinzipiell im Widerspruch zur Konzeption der Verfassungsbeschwerde als konkreter Normenkontrolle. Zur Begründung seiner Entscheidungspraxis zieht das Russische Verfassungsgericht vereinzelt Art. 74 Abs. 2 VerfGG RF[174] heran[175]. Nach dieser Norm liegt der gerichtlichen Sachentscheidung der Wortlaut des zur Prüfung stehenden Aktes sowie seine konkrete Auslegung zu Grunde, die er durch eine offizielle oder sonstige Auslegung oder durch eine feste Rechtsanwendungspraxis erfahren hat[176]. Zur Rechtspraxis im Sinne dieser Norm zählen unter anderem auch sämtliche

---

172 Darauf verweist zu Recht *Gricenko* (Fn. 171), S. 28, m. w. N.

173 Etwa die Urteile des VerfG vom 06.06.1995 Nr. 7-P, VKS 1995, Nr. 2/3, S. 57 (62); vom 13.11.1995 Nr. 13-P, SZ RF 1995, Nr. 47, Pos. 4551, S. 8445 (8447); vom 26.12.2005 Nr. 14-P, SZ RF 2006, Nr. 3, Pos. 337, S. 1411 (1417 f.); vom 08.06.2010 Nr. 13-P, SZ RF 2010, Nr. 25, Pos. 3246, S. 6510 (6518); vom 17.10.2011. Nr. 22-P, SZ RF 2011, Nr. 43, Pos. 6123, S. 13981 (13990) sowie der Beschluss vom 01.03.2007 Nr. 333-O-P, SZ RF 2007, Nr. 28, Pos. 3478, S. 7361 (7365). Zu dieser Praxis der Präsident des Russischen Verfassungsgerichts *V. D. Zor'kin*: Konstituciju nado menjat' liš' togda, kogda ee uže nel'zja ne menjat' [Die Verfassung darf man nur dann ändern, wenn man sie bereits nicht nicht ändern kann], Zakon 2006, Nr. 11, S. 5 (9); ferner *Gerasimova* (Fn. 12), S. 92, m. w. N.; *Gricenko* (Fn. 171), S. 27.

174 Zur Bedeutung der Norm im Hinblick auf eine Pflicht, auch das rechtswissenschaftliche Schrifttum in die Entscheidungsfindung einzubeziehen, bereits A. IV.

175 Etwa der Beschluss des VerfG 15.06.1995 Nr. 29-0, VKS 1995, Nr. 2/3, S. 66 (68).

176 Konkret heißt es in Art. 74 Abs. 2 VerfGG RF: „Das Verfassungsgericht der Russischen Föderation fällt eine Sachentscheidung, indem es von dem wörtlichen Sinn des verhandelten Aktes sowie von dem Sinn, der ihm in der offiziellen Auslegung und in sonstiger Auslegung oder in der festen Rechtsanwendungspraxis gegeben wird, und von seinem Platz im System der Rechtsakte ausgeht."

durch Ministerien und andere Behörden verfasste Regelungen[177] sowie die gerichtliche Rechtsanwendungspraxis[178].

Diese Rechtsprechung wird in der Literatur kritiklos übernommen. Strittig ist allein, in welchem Umfang sich das Russische Verfassungsgericht mit der Rechtsanwendung befassen muss. Einige halten es für erforderlich, dass der Beschwerdeführer den Umfang durch seinen Vortrag festlegt, indem er die gerichtliche Praxis in seiner Beschwerde darlegt und auswertet[179]. Jedoch würde dieses Erfordernis dem Beschwerdeführer nicht nur ein hohes Maß an juristischem Sachverstand auferlegen[180]. Auch könnte dadurch der Einzelne in seiner Beschwerde faktisch selbst bestimmen, welche Rechtsanwendungspraxis der Entscheidung zu Grunde gelegt werden soll. Das Verfassungsbeschwerdeverfahren würde als konkrete Normenkontrolle ad absurdum geführt werden, da es sich auf keine objektive Entscheidungsgrundlage stützen könnte. Richtiger dürfte es daher sein, dass das Russische Verfassungsgericht unabhängig vom Beschwerdevortrag jedenfalls die Rechtsprechung oberster Gerichte einbeziehen muss[181].

---

177 Vgl. *P. E. Kondratov*, in: N. V. Vitruk/L. V. Lazarev/B. S. Ėbzeev (Hrsg.): Federal'nyj konstitucionnyj zakon o Konstitucionnom Sude Rossijskoj Federacii [Föderales Verfassungsgesetz über das Verfassungsgericht der Russischen Föderation], 1996, Art. 74, S. 232.

178 Im Urteil des VerfG vom 30.01.2009 Nr. 1-P nahm das Verfassungsgericht die Rechtsanwendungspraxis verschiedener Gebietsgerichte zur Grundlage im Sinne des Art. 74 Abs. 2 VerfGG RF. Zum Ganzen auch *G. A. Gadžiev/V. A. Krjažkov*, in: G. A. Gadžiev (Hrsg.): Kommentarij k Federal'nomu konstitucionnomu zakonu „O Konstitucionnom Sude Rossijskoj Federacii" [Kommentierung zum föderalen Verfassungsgesetz „Über das Verfassungsgericht der Russischen Föderation"], 2012, Art. 74, S. 395.

179 *V. A. Maksimov* im Rahmen eines runden Tisches zum Thema „Praktika obraščenija v Konstitucionnyj Sud RF: aktual'nye problemy" [Praxis der Beschwerde zum Verfassungsgericht der Russischen Föderation: aktuelle Probleme], veröffentlicht in: *E. S. Šugrina*: Praktika obraščenij v Konstitucionnyj Sud RF: aktual'nye problemy [Beschwerdepraxis zum Verfassungsgericht der RF: aktuelle Probleme], PiP 2004, Nr. 3, S. 133 (135).

180 Das sieht auch diese Ansicht, vgl. *V. A. Maksimov*, ebenso im Rahmen des runden Tisches, veröffentlicht in: *Šugrina* (Fn. 179), S. 135.

181 So auch *Tamara G. Morščakova*, ebenso im Rahmen des runden Tisches „Praktika obraščenija v Konstitucionnyj Sud RF: aktual'nye problemy" [Praxis der Beschwerde zum Verfassungsgericht der Russischen Föderation: aktuelle Probleme], veröffentlicht in: *Šugrina* (Fn. 179), S. 135.

b) *Weiter Prüfungsmaßstab als Konsequenz der individuellen Normenkontrolle*

Über den konkreten Prüfungsmaßstab geben im russischen Recht Art. 99 i. V. m. Art. 86 VerfGG RF Auskunft. Zentrale Regelungen enthält Art. 86 Abs. 1 VerfGG, der in seinen Nummerierungen einen detaillierten Prüfungskatalog auflistet. Daraus wird deutlich, dass das Verfassungsgericht nicht etwa nur die Vereinbarkeit des Gesetzes mit den Grundrechten überprüft, sondern seine Vereinbarkeit mit dem gesamten formellen Verfassungsrecht[182]. Wie im deutschen Recht gibt also auch im russischen Recht eine vermeintliche Verletzung individueller Grundrechte Anlass zur verfassungsgerichtlichen Kontrolle formeller Verfassungsdirektiven. Damit trägt die russische Verfassungsbeschwerde ebenfalls die aus dem deutschen Recht bekannte Doppelfunktion: Sie dient neben dem Individualrechtsschutz auch dem Schutz des objektiven Verfassungsrechts[183]. Im russischen Recht wird diese Doppelfunktion praktiziert, ohne dass sie als Spezifikum benannt wird.

Im deutschen Recht hat die Doppelfunktion hingegen keine unmittelbare normative Verankerung erfahren, sondern wurde durch die bundesverfassungsgerichtliche Judikatur entwickelt. Den Ausgangspunkt dafür bildete bereits in den späten 1950er Jahren das Elfes-Urteil[184], zunächst im Hinblick auf die allgemeine Handlungsfreiheit (Art. 2 Abs. 1 GG)[185]: Die allgemeine Handlungsfreiheit finde nach dem Grundgesetz ihre Grenzen in der sogenannten Schrankentrias, d. h. in den Rechten anderer, im Sittengesetz und in der verfassungsmäßigen Ordnung. Unter dem Begriff der verfassungsmäßigen Ordnung könne indes „[…] nur die allgemeine Rechtsordnung verstanden werden, die die materiellen und formellen Normen der Verfassung zu beachten hat, also eine verfassungsmäßige

---

182 Vgl. insbesondere Art. 86 Abs. 1 Nr. 2–6 VerfGG RF; ferner *Gerasimova* (Fn. 12), S. 91; *Kravec* (Fn. 26), S. 26 f.; *Krjažkov/Lazarev* (Fn. 2), S. 270; *Steingröver* (Fn. 2), S. 356 f.; *Yustus* (Fn. 4), S. 98; *Schmidt* (Fn. 4), S. 34.

183 Vertiefend zur Funktion des Individualrechtsschutzes *Gusy* (Fn. 6), S. 644 ff., m. w. N.; zum Schutz des objektiven Verfassungsrechts insbesondere BVerfGE 33, 247 (259); 45, 63 (74); 79, 365 (367); 85, 109 (113); 98, 163 (167); *Lechner/Zuck* (Fn. 6), § 90 Rn. 9 ff., m. w. N.; *Löwer* (Fn. 6), Rn. 171, m. w. N. sowie Rn. 204; *Schlaich/Korioth* (Fn. 3), Rn. 205; *Voßkuhle* (Fn. 160), Art. 93 Rn. 172, m. w. N.; *Zuck* (Fn. 6), Rn. 75 ff., 84 ff., m. w. N.

184 BVerfGE 6, 32 ff.

185 Vgl. im Weiteren etwa BVerfGE 25, 371 (407); 65, 196 (210). Zum Ganzen etwa *Gusy* (Fn. 6), S. 655 f., m. w. N.; *Häberle* (Fn. 17), S. 118, 122 f.

Rechtsordnung sein muß."[186] Das Bundesverfassungsgericht erweiterte diese bis heute umstrittene[187] Konstruktion bald auf alle Freiheitsrechte[188]: Ein Grundrecht sei auch dann verletzt, wenn es durch eine verfassungswidrige Regelung beschränkt werde[189].

5. Entscheidungsfolgen und ihre Durchbrechungen

Die Folgen einer verfassungsgerichtlichen Entscheidung ergeben sich im russischen Recht maßgeblich aus Art. 100 VerfGG RF. Im Fall einer Verfassungswidrigkeit erklärt das Russische Verfassungsgericht das Gesetz oder einzelne seiner Bestimmungen für verfassungswidrig. Im gleichen Fall erklärt das Bundesverfassungsgericht ein Gesetz gemäß § 95 Abs. 3 Satz 1 BVerfGG prinzipiell[190] für nichtig.

Die konkreten Entscheidungsfolgen des Ausspruchs, zu denen weder das russische noch das deutsche Verfassungsgerichtsgesetz abschließende Regelungen enthalten, sind in beiden Rechtsordnungen komplex und zum Teil stark umstritten. Insbesondere ist in beiden Rechtsordnungen umstritten, welche konkreten Bindungswirkungen von verfassungsgerichtlichen Entscheidungen ausgehen[191].

---

186 BVerfGE 6, 32 (37 f).

187 Vgl. etwa *Christian Pestalozza*: Die echte Verfassungsbeschwerde, 2007, S. 20 ff. sowie *Konrad Hesse*: Grundzüge des Verfassungsrechts der Bundesrepublik Deutschland, 20. Auflage 1999, Rn. 427.

188 *Löwer* (Fn. 6), Rn. 190, m. w. N. Eine umfassende Systematisierung gelingt *Christian Hillgruber*, in: Dieter C. Umbach/Thomas Clemens (Hrsg.): Grundgesetz, Band 1, 2002, Art. 2 Rn. 162 ff.

189 Etwa zum Grundrecht auf informationelle Selbstbestimmung, Art. 2 Abs. 1 i. V. m. Art. 1 Abs. 1 GG, BVerfGE 120, 378 (401 ff.); zu Art. 10 Abs. Satz 1 GG BVerfGE 125, 260 (313); zu Art. 12 GG BVerfGE 9, 83 (87 f.); 13, 181 (190); 13, 237 (239); 40, 371 (377 ff.); 110, 141 (157 ff.); zu Art. 14 GG BVerfGE 24, 367 (384 f.); 34, 139 (146).

190 Zur Fülle weiterer Entscheidungsvarianten, die das Bundesverfassungsgericht in seiner Judikatur geschaffen hat, *Jörn Ipsen*: Rechtsfolgen der Verfassungswidrigkeit von Norm und Einzelakt, 1980, insbesondere S. 95 ff.; ferner *Schlaich/Korioth* (Fn. 3), Rn. 378 ff.; *Hömig* (Fn. 156), § 95 Rn. 41 ff.; jeweils m. w. N. Insbesondere zur Problematik der Unvereinbarkeitserklärung aus der jüngeren Literatur *Martin Dietz*: Verfassungsgerichtliche Unvereinbarerklärungen, 2011.

191 Zum russischen Recht hierzu ausführlich unter anderem *Krjažkov/Lazarev* (Fn. 2), S. 212 ff., m. w. N.; *V. Anišina*: Pravovye pozicii Konstitucionnogo Suda Rossii [Die Rechtspositionen des Verfassungsgerichts Russlands], RJu 2000, Nr. 7, S. 11–12; *Ju. V. Gavrjusov*: O nekotorych vzgljadach na pravovuju prirodu rešenij organov konstitucionnoj justicii [Über einige Ansichten zur Natur der Entscheidungen von

Unter dem Blickpunkt des Grundrechtsschutzes interessieren vorrangig drei Aspekte: die Grundstrukturen der allgemeinen Entscheidungswirkungen (a), die konkreten Entscheidungsfolgen für den obsiegenden Beschwerdeführer (b) sowie die Bedeutung der Entscheidung für bereits anhängige, parallel gelagerte Verfahren (c).

a) Allgemeine Entscheidungsfolgen

(1) Unmittelbare Wirkung der Entscheidung

Gemäß Art. 79 Abs. 2 Satz 1 VerfGG RF wirken die Entscheidungen des Russischen Verfassungsgerichts unmittelbar[192]. Diese heute selbstverständlich anmutende Bestimmung war noch im Gesetzgebungsprozess zum heutigen Verfassungsgerichtsgesetz umstritten[193]. Eine Reihe von Parlamentariern sah in der Regelung die Gefahr, dass das Verfassungsgericht durch die ureigene und insbesondere von der Legislativen unabhängigen Kompetenz zur Normverwerfung in

---

Verfassungsgerichtsorganen], KiMP 2010, Nr. 7, S. 51–55; *S. A. Kažlaev*: Genezis pravovych pozicij Konstitucionnogo Suda Rossijskoj Federacii [Die Genese von Rechtspositionen des Verfassungsgerichts der Russischen Föderation], ŽRP 2007, Nr. 3, S. 8–15; *K. N. Koroteev*: Opredelenie Konstitucionnogo Suda RF ot 11 nojabrja 2008 goda Nr. 556-O-R [Beschluss des Verfassungsgerichts der RF vom 11. November 2008 Nr. 556-O-R], SKO 2009, Nr. 3, S. 173–180; *O. A. Koževnikov*: Juridičeskaja sila rešenij Konstitucionnogo Suda Rossijskoj Federacii [Die Rechtskraft der Entscheidungen des Verfassungsgerichts der Russischen Föderation], PiO 2008, Nr. 8, S. 74–81; *S. É. Nesmejanova/T. Ja. Chabrieva*, in: M. S. Salikov (Hrsg.): Konstitucionnyj sudebnyj process [Der Verfassungsgerichtsprozess], 2003, S. 157; *Maier* (Fn. 4), S. 88, m. w. N.

Im deutschen Recht ist insbesondere hochumstritten, inwiefern Tenor *und* die tragenden Gründe Bindungswirkung entfalten. Befürwortend etwa BVerfGE 19, 377 (391 f.); 20, 56 (87); 24, 289 (297); 40, 88 (93); 112, 268 (277); *Lechner/Zuck* (Fn. 6), § 31 Rn. 30; *Zuck* (Fn. 6), Rn. 1079, m. w. N.; *Andreas Heusch*, in: Dieter C. Umbach/ Thomas Clemens/Franz-Wilhelm Dollinger (Hrsg.): Bundesverfassungsgerichtsgesetz, 2. Auflage 2005, § 31 Rn. 59 m. w. N. Gegen die Bindungswirkung der tragenden Gründe etwa *Häberle* (Fn. 17), S. 128. Weiterführend zum Ganzen *Rinken* (Fn. 57), S. 424 ff., m. w. N.; *Schlaich/Korioth* (Fn. 3), Rn. 485 ff., m. w. N.; *Uwe Kischel*: Darf der Gesetzgeber das Bundesverfassungsgericht ignorieren?, AöR 131 (2006), S. 219 (251), m. w. N.; *Helmuth Schulze-Fielitz*: Wirkung und Befolgung verfassungsgerichtlicher Entscheidungen, in: Peter Badura/Horst Dreier (Hrsg.): Festschrift 50 Jahre Bundesverfassungsgericht, Band 1, 2001, S. 385 (390 f.), m. w. N.

192 So der Beschluss des VerfG vom 07.10.1997 Nr. 88-O, SZ RF 1997, Nr. 42, Pos. 4901, S. 8704 (8707).

193 Hierzu *Kondratov* (Fn. 177), Art. 79, S. 246.

die Prärogative des Gesetzgebers eingreifen würde. Das Verfassungsgericht würde sich die Rolle des „negativen Gesetzgebers"[194] anmaßen. Dem wurde jedoch entscheidend entgegengebracht, dass das Verfassungsgericht in Abgrenzung zu den gesetzgeberischen Kompetenzen keine Normerlassbefugnis habe, sondern allein über die Verfassung wache; ein tatsächlicher Übergriff in absolute Kompetenzbereiche des Gesetzgebers sei daher nicht möglich[195]. Heute gilt die unmittelbare Wirkung der Entscheidungen als eine der wichtigsten Bedingungen für die Autorität und Effektivität der russischen Verfassungsrechtsprechung[196]. Durch die Gesetzesnovelle vom November 2010 sind alle rechtsanwendenden Organe nicht mehr nur an den Entscheidungsausspruch gebunden. Nach dem neu eingefügten Art. 79 Abs. 5 VerfGG RF ist auch die im Urteil getroffene verfassungskonforme Auslegung bindend.

Die Entscheidungen des Russischen Verfassungsgerichts entfalten gemäß Art. 6 VerfGG RF unmittelbare Wirkung gegenüber allen Organen der öffentlichen Gewalt, vergleichbar mit § 31 Abs. 1 BVerfGG. In beiden Rechtsordnungen wirkt die Entscheidung also über die im Verfahren beteiligten Parteien hinaus[197]. Sie bindet nach Art. 6 VerfGG RF darüber hinaus auch Privatpersonen. Dieser Grundgedanke findet sich weniger vordergründig auch im deutschen Recht wieder. Zwar nimmt das deutsche Verfassungsprozessrecht in § 31 Abs. 1

---

194 Der Begriff des negativen Gesetzgebers wird in der Literatur auch heute noch verwandt, vgl. die Wortwahl im Standardlehrbuch zum russischen Verfassungsprozessrecht von *V. A. Krjažkov/L. V. Lazarev*: Konstitucionnaja justicija v Rossijskoj Federacii [Verfassungsgerichtsbarkeit in der Russischen Föderation], 1998, S. 242 sowie bei *D. Tumanov*: K voprosu o primenenii Konstitucii Rossijskoj Federacii v slučae probelov v prave, a takže o roli Konstitucionnogo Suda Rossijskoj Federacii v vyjavlenii takich probelov [Zur Frage der Anwendung der Verfassung der Russischen Föderation im Falle von Rechtslücken sowie zur Rolle des Verfassungsgerichts der Russischen Föderation bei der Ermittlung solcher Lücken], AiGP 2009, Nr. 7, S. 5 (6). Kritisch zu dieser Terminologie im deutschen Recht etwa *Schlaich/Korioth* (Fn. 3), Rn. 496 sowie *Karl August Bettermann*: Richterliche Normenkontrolle als negative Gesetzgebung?, DVBl 1982, S. 91–95.

195 Ähnlich aus der neueren Literatur auch *Gavrjusov* (Fn. 191), S. 51, m. w. N.; für die Subjektsverfassungsgerichtsbarkeit *Gošuljak/Chovrina/Gevokjan* (Fn. 75), S. 103.

196 *Kondratov* (Fn. 177), Art. 79, S. 246.

197 Für das russische Recht dazu das Urteil des VerfG vom 16.06.1998 Nr. 19-P, SZ RF 1998, Nr. 25, Pos. 3004, S. 5478 (5481); *A. M. Kal'jak*: O sfere dejstvija rešenij Konstitucionnogo Suda Rossii po delam o normokontrole [Über den Wirkungsbereich der Entscheidungen des Verfassungsgerichts Russlands in Normenkontrollangelegenheiten], GViMS 2006, Nr. 6, S. 25 (25).
Für das deutsche Recht etwa *Schulze-Fielitz* (Fn. 191), S. 388, m. w. N.

BVerfGG vorrangig die Bindung staatlicher Organe in den Blick. Nach § 31 Abs. 2 Satz 2 BVerfGG haben Entscheidungen, in denen das Bundesverfassungsgericht ein Gesetz als mit dem Grundgesetz vereinbar, unvereinbar oder für nichtig erklärt, Gesetzeskraft. In diesem Fall trifft die Rechtskraft damit – über die Regelung des § 31 Abs. 1 BVerfGG hinaus – auch und vor allem Privatpersonen[198]. Ein normbestätigendes oder normverwerfendes Urteil erlangt dadurch in beiden Rechtsordnungen die gleiche Kraft und den gleichen Stellenwert wie das zur Prüfung gestellte Gesetz[199].

(2) Nichtigkeit des Gesetzes ex nunc

Als Rechtsfolge des Ausspruchs, dass das Gesetz verfassungswidrig ist, ordnet Art. 79 Abs. 3 VerfGG RF an, dass das Gesetz seine normative Wirkung verliert. In welcher Weise dies geschieht – ob ex nunc oder ex tunc – lässt sich dem Gesetzeswortlaut nicht unmittelbar entnehmen. Ohne nähere Begründung gehen das Russische Verfassungsgericht und das ganz überwiegende Schrifttum im Regelfall[200] von einer ex nunc-Nichtigkeit aus[201]. Als Argument wird in der russischen Literatur dafür vereinzelt der Wortlaut der Art. 125 Abs. 6 Verf

---

198 *Schlaich/Korioth* (Fn. 3), Rn. 496; *Zuck* (Fn. 6), Rn. 1080; *Eckart Klein*, in: Ernst Benda/ders./Oliver Klein: Verfassungsprozessrecht, 3. Auflage 2012, § 40 Rn. 1440; jeweils m. w. N.

199 Vgl. für das russische Recht grundlegend das Urteil des VerfG vom 16.06.1998 Nr. 19-P, SZ RF 1998, Nr. 25, Pos. 3004, S. 5478 (5481); ferner *Gricenko* (Fn. 171), S. 26, m. w. N.
Für das deutsche Recht etwa *Schlaich/Korioth* (Fn. 3), Rn. 496.

200 Ausnahmen, etwa die Anordnung eines späteren Zeitpunkts der Unwirksamkeit, sind nach Art. 75 Abs. 1 Nr. 12 VerfGG RF prinzipiell möglich, vgl. aus der Rechtspraxis etwa die Beschlüsse des VerfG vom 04.05.2000 Nr. 101-O, VKS 2000, Nr. 6, S. 21 (24) und vom 05.02.2004 Nr. 78-O, VKS 2004, Nr. 5, S. 32 (34). Aus der Literatur hierzu *Bondar'* (Fn. 75), S. 155; *Mazurov* (Fn. 82), Art. 75, S. 307 ff., m. w. N.; *Schmidt* (Fn. 4), S. 29; *Yustus* (Fn. 4), S. 54; *G. A. Gadžiev*: Celi, zadači i prednaznačenie Konstitucionnogo Suda Rossijskoj Federacii – čast‘ 2 [Ziele, Aufgaben und Bestimmung des Verfassungsgerichts der Russischen Föderation – Teil 2], Žurnal konstitucionnogo pravosudija 2008, Nr. 2, S. 8 (9).

201 Ausführlich dazu der Beschluss des VerfG vom 05.02.2004 Nr. 78-O, VKS 2004, Nr. 5, S. 32 (33 f.); ferner der Beschluss vom 11.11.2008 Nr. 565-O-R, SZ RF 2008, Nr. 48, Pos. 5722, S. 14589 (14593); aus dem Schrifttum dazu *Bondar'* (Fn. 75), S. 143; *Gadžiev/Mavrin* (Fn. 4), Art. 79, S. 421, 425; *Kondratov* (Fn. 177), Art. 79, S. 247 f.; *Mazurov* (Fn. 82), Art. 79, S. 326; *Narutto* (Fn. 40), S. 34; *Schmidt* (Fn. 4), S. 29. Kritisch hingegen *Tatarinov* (Fn. 102), S. 47, der anregt, dass für die Wirkungskraft einer verfassungsgerichtlichen Entscheidung eine ex tunc-Nichtigkeit vorzuziehen wäre.

RF und Art. 79 Abs. 3 VerfGG RF angeführt, die beide eine verfassungswidrige Norm „außer Kraft treten" lassen[202]. Das Außerkrafttreten setze jedoch in einem ersten Schritt eine zuvor gültige verfassungswidrige Norm voraus. Interessant ist diese Argumentation gerade unter rechtsvergleichenden Gesichtspunkten, denn sie ähnelt einer traditionellen Auffassung im österreichischen Recht: Auch der Österreichische Verfassungsgerichtshof hebt nach Art. 140 Abs. 7 Bundesverfassungsgesetz verfassungswidrige Gesetze auf, die daraufhin ex nunc oder zu einem späteren, gerichtlich festgelegten Zeitpunkt außer Kraft treten[203]. Die Konzeption im österreichischen Recht geht ihrerseits auf die folgende These *Kelsens* zurück: „Die sogenannten ‚verfassungswidrigen' Gesetze sind verfassungsmäßige, aber in einem besonderen Verfahren aufhebbare Gesetze."[204]

Anders verhält es sich im deutschen Recht. Hier ist das verfassungswidrige Gesetz ex tunc und ipso iure nichtig[205]. Dieser Grundsatz ist nicht ausdrücklich normativ verankert, findet sich in seinem Grundgedanken allerdings in Art. 100 Abs. 1 GG wieder, der davon ausgeht, dass verfassungswidrige Gesetze ungültig sind[206].

(3) Wirkung der ex nunc-Nichtigkeit

Im russischen Recht bewirkt die Nichtigkeit ex nunc vorrangig, dass das verfassungswidrige Gesetz in der Zukunft nicht mehr angewendet oder vollzogen

---

Eine ex tunc-Nichtigkeit nimmt hingegen noch *Matthias Hartwig* an, *ders.* (Fn. 2), S. 189.

202 *Schmidt* (Fn. 4), S. 29.

203 Zum Ganzen *Gerhart Holzinger/Martin Hiesel*: Verfahren vor den Gerichtshöfen des öffentlichen Rechts, Band 1, 3. Auflage 2009, Art. 139 Anmerkung 9 lit. a) sowie 140 Entscheidung 368 ff.; *Heinz Mayer*: Das österreichische Bundes-Verfassungsrecht, 4. Auflage 2007, Art. 140 B-VG V. 4; *Robert Walter/Heinz Mayer/Gabriele Kucsko-Stadlmayer*: Grundriss des österreichischen Bundesverfassungsrechts, 10. Auflage 2007, Rn. 1170.

204 *Hans Kelsen*: Reine Rechtslehre, 2. Auflage 1960, S. 278. Zu diesem Zusammenhang im österreichischen Recht etwa *Ipsen* (Fn. 190), S. 49, m. w. N.; *Schlaich/Korioth* (Fn. 3), Rn. 379.

205 Grundlegend bereits BVerfGE 1, 14 (37). Zur Wirkung der Nichtigerklärung eingehend etwa *Hömig* (Fn. 156), § 95 Rn. 37 ff.; *Schlaich/Korioth* (Fn. 3), Rn. 379 ff.; *Klein* (Fn. 198), § 39 Rn. 1375 ff.; jeweils m. w. N.

206 Vgl. *Schlaich/Korioth* (Fn. 3), Rn. 379, m. w. N. Entscheidend ist hier die Formulierung in Art. 100 Abs. 1 GG „[...] ein Gesetz, auf dessen Gültigkeit es bei der Entscheidung ankommt [...]".

werden darf[207]. Auf bereits ergangene Entscheidungen hat die Normverwerfung damit prinzipiell keinen Einfluss. Blickt man auf das deutsche Recht, zeigen sich trotz der – im Vergleich zu Russland – unterschiedlichen Nichtigkeitsanordnung große Ähnlichkeiten: Logische Folge der ex tunc-Nichtigkeit müsste im deutschen Recht im Grunde sein, dass alle bis zur verfassungsgerichtlichen Entscheidung ergangenen Akte ihre Gültigkeit verlieren. Jedoch bleiben nach § 95 Abs. 3 Satz 3 i. V. m. § 79 Abs. 2 Satz 1 BVerfGG alle auf der angegriffenen Norm beruhenden Entscheidungen, die mit Rechtsmitteln nicht mehr angegriffen werden können, grundsätzlich[208] unberührt. Sie können lediglich nicht mehr vollstreckt werden (§ 79 Abs. 2 Satz 2 und 3 BVerfGG). Von der eigentlichen ex tunc-Nichtigkeit eines verfassungswidrigen Gesetzes bleibt also im deutschen Recht nicht viel[209]. In beiden Rechtsordnungen wird damit der Rechtssicherheit im Verhältnis zur materiellen Gerechtigkeit eine höhere Bedeutung eingeräumt, bei der die Aufhebung eines auf dem verfassungswidrigen Gesetz beruhenden Einzelakts die Ausnahme, der Bestand einer unanfechtbaren, gleichwohl im Grunde verfassungswidrigen Situation zur Regel wird.

b) *Konkrete Entscheidungsfolgen für den obsiegenden Beschwerdeführer*

Im deutschen Recht sind die konkreten Rechtsfolgen für den in einer Verfassungsbeschwerde obsiegenden Beschwerdeführer in ihrer Struktur vergleichsweise einfach: Gemäß § 95 Abs. 3 Satz 1 BVerfGG erklärt das Bundesverfassungsgericht die verfassungswidrige Norm prinzipiell für nichtig[210].

---

207 *Krjažkov/Lazarev* (Fn. 2), S. 217 f.; *Nesmejanova/Chabrieva* (Fn. 191), S. 153 f.; ferner *Bondar'* (Fn. 75), S. 143; *Maier* (Fn. 4), S. 87, m. w. N.; implizit ferner *L. V. Lazarev*, in: N. V. Vitruk/L. V. Lazarev/B. S. Ėbzeev (Hrsg.): Federal'nyj konstitucionnyj zakon o Konstitucionnom Sude Rossijskoj Federacii [Föderales Verfassungsgesetz über das Verfassungsgericht der Russischen Föderation], 1996, Art. 6, S. 56.

208 Gegen ein rechtskräftiges, aber auf einer verfassungswidrigen Norm beruhendes Strafurteil ist im deutschen Recht allgemein eine Wiederaufnahme zulässig, § 95 Abs. 3 Satz 3 i. V. m. § 79 Abs. 1 BVerfGG.

209 So auch *Schlaich/Korioth* (Fn. 3), Rn. 390, 393, m. w. N.; ähnlich bereits *Udo Steiner*: Wirkung der Entscheidungen des Bundesverfassungsgerichts auf rechtskräftige und unanfechtbare Entscheidungen (§ 79 BVerfGG), in: Christian Starck (Hrsg.): Bundesverfassungsgericht und Grundgesetz. Festgabe aus Anlaß des 25jährigen Bestehens des Bundesverfassungsgerichts, Band 1, 1976, S. 628 (661 f.).

210 Die Nichtigkeitsfolge sieht das Bundesverfassungsgericht allerdings nicht als ausschließlichen Urteilsspruch an. Zur mittlerweile ausdifferenzierten Tenorierungspraxis, vgl. insbesondere die Nachweise in Fn. 190.

Durch die ex tunc-Nichtigkeit der Norm wird die Grundrechtsverletzung, die sich ja allein aus der Norm ergab, gegenüber dem Beschwerdeführer beseitigt.

Anders verhält es sich im russischen Recht. Hier wird allein die Nichtigkeitsanordnung dem Rechtsschutzbegehren des Beschwerdeführers nur selten gerecht. Anders als bei einer unmittelbaren Rechtssatzverfassungsbeschwerde zum Bundesverfassungsgericht ist hier ein normanwendender Einzelakt oftmals bereits ergangen, der aber aufgrund des auf formelle Gesetze beschränkten Beschwerdegegenstandes gerade nicht Gegenstand des Verfahrens ist[211]. Mit der ex nunc-Nichtigkeit des verfassungswidrigen Gesetzes würden diese Einzelakte fortbestehen, selbst wenn der Beschwerdeführer für sich genommen mit seiner Verfassungsbeschwerde Erfolg hatte. Für den einzelnen Beschwerdeführer formuliert Art. 100 Abs. 2 VerfGG RF deshalb eine entscheidende Durchbrechung der ex nunc-Nichtigkeit. Nach dieser Vorschrift hat die Normverwerfung für den einzelnen Beschwerdeführer zur Folge, dass sein Sachverhalt einer erneuten – oftmals fachgerichtlichen – Überprüfung zu unterliegen hat[212]. Die Überprüfung ist also damit gerade nicht an die allgemeinen (Wiederaufnahme-)Voraussetzungen des Prozessrechts geknüpft[213]. Hierin liegt eine deutliche Privilegierung des Beschwerdeführers gegenüber anderen, von der verfassungswidrigen Norm Betroffenen. Diese Abweichung vom Grundsatz der ex nunc-Nichtigkeit rechtfertigt sich jedoch nicht nur aus dem Gebot eines effektiven Grundrechtsschutzes[214], sondern ist mit den Worten den Russischen Verfassungsgerichts zugleich „Anerkennung und Belohnung für die rechtliche Aktivität des Beschwerdeführers", eine verfassungswidrige Norm als solche zu erkennen und deren Verwerfung durch ein Verfahren anzuregen[215].

---

211 Zu dieser Besonderheit bereits der Abschnitt D. 2. b).

212 Diese Anordnung trifft das Russische Verfassungsgericht nochmals explizit, vgl. etwa die Urteile des VerfG vom 20.07.2011 Nr. 21-P, SZ RF 2011, Nr. 33, Pos. 4949, S. 10824 (10828); vom 30.06.2011 Nr. 13-P, SZ RF 2011, Nr. 27, Pos. 3991, S. 8682 (8687); vom 08.06.2010 Nr. 13-P, SZ RF 2010, Nr. 25, Pos. 3246, S. 6510 (6518); vom 23.12.2004, Nr. 19-P, SZ RF 2004, Nr. 52, Pos. 5585, S. 13138 (13144); allgemein dazu auch Beschluss des VerfG vom 05.02.2004 Nr. 78-O, VKS 2004, Nr. 5, S. 32 (35); ferner *Kravec* (Fn. 26), S. 27; *Krjažkov/Lazarev* (Fn. 2), S. 271. Weiterführend zur konkreten verfahrensmäßigen Umsetzung *Schmidt* (Fn. 4), S. 35.

213 Die normverwerfende Entscheidung des Verfassungsgerichts selbst bildet zugunsten des Beschwerdeführers einen Wiederaufnahmegrund, vgl. etwa Art. 392 Abs. 2 Nr. 5 ZPGB RF, Art. 413 Abs. 4 Nr. 1 StPGB RF sowie Art. 311 Abs. 3 Nr. 3 APGB.

214 Vgl. den Beschluss des VerfG vom 14.01.1999 Nr. 4-O, VKS 1999, Nr. 2, S. 48 (49).

215 Beschluss des VerfG vom 14.01.1999 Nr. 4-O, VKS 1999, Nr. 2, S. 48 (49).

Schließlich werden dem erfolgreichen Beschwerdeführer in beiden Rechtsordnungen die Verfahrenskosten erstattet, vgl. Art. 100 Abs. 3 VerfGG RF[216] bzw. § 34a Abs. 2 BVerfGG[217].

c) *Bedeutung für bereits anhängige, parallel gelagerte Verfahren*

Die jeweiligen Entscheidungsfolgen sind für bereits anhängige, parallel gelagerte Verfahren in beiden Rechtsordnungen identisch: Eine allgemeine Pflicht, abgeschlossene parallel gelagerte Verfahren, in denen das verfassungswidrige Gesetz angewandt wurde, wiederaufzugreifen, besteht weder im russischen[218] noch im deutschen Recht[219]. In anhängigen, parallel gelagerten Verwaltungs- oder Fachgerichtsverfahren kann im russischen und im deutschen Recht das verfassungswidrige Gesetz hingegen nicht mehr angewendet werden[220]. Denkbare Folgen können dann ein richterlicher Lückenschluss oder eine Verfahrensaussetzung sein.

6. Zwischenergebnis

Das Verfassungsbeschwerdeverfahren beruht in Russland und in Deutschland auf einer vergleichbaren Grundkonzeption. Dabei ist der Einfluss des deutschen Rechts auf das russische in vielen Teilbereichen spürbar. In beiden Rechtsordnungen können ausländische Staatsangehörige, Staatenlose und juristische

---

216 Als solche Kosten nennt Art. 100 Abs. 3 VerfGG RF die Gerichtsgebühr, die Kosten der rechtlichen Dienstleistungen, die Reise- und Aufenthaltskosten sowie Postgebühren. Ferner gewährt die Norm ihrem Wortlaut nach auch eine Entschädigung für die tatsächlich aufgewendete Zeit.

217 Weiterführend etwa *Graßhof* (Fn. 150), § 34a Rn. 38 ff.; *Lechner/Zuck* (Fn. 6), § 34a Rn. 19 ff.; *Zuck* (Fn. 6), Rn. 1228 ff.; *Wolfgang Kunze*, in: Dieter C. Umbach/Thomas Clemens/Franz-Wilhelm Dollinger (Hrsg.): Bundesverfassungsgerichtsgesetz, 2. Auflage 2005, § 34a Rn. 12 ff.

218 Grundlegend der Beschluss des VerfG vom 14.01.1999 Nr. 4-O, VKS 1999, Nr. 2, S. 48 (49 f.), in dem das Russische Verfassungsgericht allerdings eine prinzipielle Wiederaufnahme des Verfahrens kraft neuer Umstände nicht ausschloss; ferner das Urteil vom 18.07.2003 Nr. 13-P, SZ RF 2003, Nr. 30, Pos. 3101, S. 7608 (7619). Kritisch zum Ganzen *Tatarinov* (Fn. 102), S. 47.

219 Umfassend dazu etwa *Ipsen* (Fn. 190), S. 281, m. w. N., *Steiner* (Fn. 209), S. 645.

220 Für das russische Recht vgl. den Beschluss vom 14.01.1999 Nr. 4-O, VKS 1999, Nr. 2, S. 48 (50); ferner *Gadžiev/Mavrin* (Fn. 4), Art. 79, S. 424 f.; *Kravec* (Fn. 26), S. 28. Im deutschen Recht ergibt sich diese Folge bereits aus der ex tunc-Unwirksamkeit der Norm.

Personen beschwerdefähig sein. Zudem sind als russische Besonderheit der Menschenrechtsbeauftragte sowie der Generalstaatsanwalt beschwerdefähig, um dem Einzelnen den Zugang zur verfassungsgerichtlichen Überprüfung sowohl mental als auch praktisch zu erleichtern.

Einer der wohl gravierendsten Unterschiede zwischen beiden Rechtsordnungen liegt in der Ausgestaltung des russischen Verfassungsbeschwerdeverfahrens als konkrete Normenkontrolle. Lediglich formelle Gesetze können damit prinzipiell einen tauglichen Beschwerdegegenstand bilden. Jüngste Entwicklungen in der verfassungsgerichtlichen Judikatur weichen diesen Grundsatz nur punktuell auf.

Im russischen und deutschen Recht setzt die Beschwerdebefugnis die Möglichkeit einer Grundrechtsverletzung voraus. Zudem muss der Beschwerdeführer im russischen Recht durch eine offizielle Bescheinigung – oftmals die Kopie einer bereits ergangenen Gerichtsentscheidung – seine gegenwärtige Betroffenheit geltend machen. Ferner muss im russischen Recht vor der Beschwerdeerhebung der Rechtsweg beschritten, jedoch – im Gegensatz zum deutschen Recht – nach ganz überwiegender Ansicht nicht erschöpft worden sein. Anders als im deutschen Recht ist das verfassungsgerichtliche Verfahren in Russland nicht kostenfrei. Doch dürfte die zu entrichtende Gerichtsgebühr in Höhe von 300 Rubel (ca. 7 Euro) natürliche Personen real wohl kaum von der Erhebung einer Verfassungsbeschwerde abhalten. Als entscheidendes Defizit erweist sich im russischen Recht, dass es keinen vorläufigen Rechtsschutz oder zumindest der Funktion nach vergleichbare Handlungsinstrumente kennt.

Sind die einzelnen Zulässigkeitshürden genommen, entscheidet das Russische Verfassungsgericht – auch unter Berücksichtigung der Rechtsanwendungspraxis der obersten Gerichte – über die Vereinbarkeit der angegriffenen Norm mit dem formellen und materiellen Verfassungsrecht. Aufgrund verschiedenster Durchbrechungen in beiden Vergleichsländern kommt es trotz der unterschiedlichen Entscheidungswirkung – das russische Recht geht von einer ex nunc-Nichtigkeit der verfassungswidrigen Norm aus, das deutsche Recht von einer ex tunc-Nichtigkeit – im Ergebnis zu vergleichbaren Entscheidungsfolgen.

Aus normativen Gesichtspunkten steht dem Einzelnen in Russland also ein Weg zum verfassungsgerichtlichen Schutz offen, der sich in Teilen als steiniger, in anderen Teilen aber auch leichter zugänglich erweist. Ob es sich indes in der Rechtswirklichkeit um einen wirklich lohnenswerten Gang nach St. Petersburg handelt, liegt zum Teil jenseits des Normativen und wird daher noch separat zu untersuchen sein[221].

---

221 Dazu insbesondere noch unter E. III.

II. Grundrechtsschutz durch Subjektsverfassungsgerichte

Russlands und Deutschlands Staatsstrukturen sind gleichermaßen föderal geprägt[222]. Beide Staaten erkennen ihren Subjekten bzw. ihren Bundesländern – als Ausprägung der regionalen Verfassungsautonomie – auch im Bereich der Grundrechte eine gewisse Eigenständigkeit zu[223]. Neben dem föderalen Grundrechtsschutz kann es daher auch einen regionalen Grundrechtsschutz geben. Voraussetzung dafür ist wiederum die Existenz regionaler Grundrechte.

Tatsächlich haben die Regionen in Russland und in Deutschland bislang in vielfältiger Form von ihrer Grundrechtsautonomie Gebrauch gemacht (1.). Diese Grundrechte zu schützen, ist in vielen Regionen beider Staaten vorrangige Aufgabe regionaler Verfassungsgerichte. Sie genießen die ausschließliche Entscheidungshoheit über die Vereinbarkeit einer Norm mit der Regionalverfassung[224]. Doch befindet sich die russische Subjektsverfassungsgerichtsbarkeit[225] im Vergleich zur deutschen Landesverfassungsgerichtsbarkeit bislang im

---

222 Vgl. Art. 1 Abs. 1 Verf RF bzw. Art. 20 Abs. 1 GG.

223 Für das deutsche Recht *Johannes Dietlein*: Die Rezeption von Bundesgrundrechten durch Landesverfassungsrecht, AöR 120 (1995), S. 1 (2), m. w. N.; *Hartmut Maurer*: Landesgrundrechte im Bundesstaat, in: Detlef Merten/Hans-Jürgen Papier (Hrsg.): Handbuch der Grundrechte, Band 3, 2009, § 82 Rn. 56; *Ute Sacksofsky*, in: Wolfgang Kahl/Christian Waldhoff/Christian Walter (Hrsg.): Bonner Kommentar zum Grundgesetz Art. 142 Rn. 53; ähnlich *Rolf Grawert*: Wechselwirkungen zwischen Bundes- und Landesgrundrechten, in: Detlef Merten/Hans-Jürgen Papier (Hrsg.): Handbuch der Grundrechte, Band 3, 2009, § 81 Rn. 87.
Im russischen Recht wird diese Frage im einschlägigen Schrifttum noch wenig diskutiert. Implizit hierzu lediglich *Budaev* (Fn. 75), S. 27; *M. Ju. Kalnina*: Pravozaščitnaja dejatel'nost' v sub"ektach Rossijskoj Federacii [Rechtsschützende Tätigkeit in den Subjekten der Russischen Föderation], IGiP 2008, Nr. 21, S. 9 (10).

224 Vgl. für das russische Recht zu diesem Gedanken *A. N. Golovistikova/L. Ju. Grudcyna*: Konstitucionnoe pravo Rossii [Das Verfassungsrecht Russlands], 2006, S. 828; *A. M. Caliev*: Soveršenstvovanie zakonodatel'stva – važnejšee uslovie organizacii i dejatel'nosti konstitucionnych (ustavnych) sudov [Die Vervollkommnung der Gesetzgebung – wichtigste Bedingung für die Organisation und die Tätigkeit der Verfassungs- (Statuten) Gerichte], GViMS 2006, Nr. 1, S. 12 (12).
Für das deutsche Recht etwa *Helge Sodan*: Schutz der Landesgrundrechte durch die Landesverfassungsgerichtsbarkeit, in: Detlef Merten/Hans-Jürgen Papier (Hrsg.): Handbuch der Grundrechte, Band 3, 2009, § 84 Rn. 1.

225 Zur Unterscheidung im russischen Recht zwischen Verfassungen und Statuten bereits D. I. 2. b) (3), Fn. 76. Der im Nachfolgenden verwandte Begriff der Subjektsverfassung schließt im Interesse der Lesbarkeit Statute der Subjekte ein. Der hier verwandte Begriff der Subjektsverfassungsgerichte meint also jede institutionell

„Embryonalstadium“[226]: Zum einen werden regionale Verfassungsgerichte nur schleppend gegründet (2.). Zum anderen werden aber auch bereits langjährig bestehende Verfassungsgerichte in der Bevölkerung wenig als grundrechtsschützende Instanz wahrgenommen (3.). Dabei gibt es – insbesondere gegenwärtig – gute Gründe, Verfassungsbeschwerde gegen ein regionales Gesetz bei dem jeweiligen Subjektsverfassungsgericht einzulegen (4.).

1. Schutzgut: Die regionalen Grundrechte

a) Bestandsaufnahme

Regionale Grundrechte haben in vielfältiger Weise in die Landesverfassungen Einzug gehalten[227]. Heraus sticht dabei die Verfassung der Freien und Hansestadt Hamburg, die als einzige Landesverfassung keine eigenen Grundrechte formuliert. Es bleibt insofern beim Schutz der Bundesgrundrechte durch das Bundesverfassungsgericht. Andere Landesverfassungen verweisen auf die Grundrechte des Grundgesetzes und ergänzen diese gegebenenfalls durch eigene Landesgrundrechte. Beispielhaft für diese Regelungstechnik ist die Verfassung von Mecklenburg-Vorpommern, die neben eigenen Landesgrundrechten in Art. 5 Abs. 3 Verf Mecklenburg-Vorpommern formuliert: „Die im Grundgesetz für die Bundesrepublik Deutschland festgelegten Grundrechte und staatsbürgerlichen Rechte sind Bestandteil dieser Verfassung und unmittelbar geltendes Recht.“[228] Durch diese Regelungstechnik werden die Bundesgrundrechte in die Landesverfassung inkorporiert[229]; sie werden nach der ganz überwiegenden Meinung dadurch eigenständige Landesgrundrechte[230].

---

verselbstständigte Verfassungsgerichtsbarkeit auf Subjektsebene. Er umfasst insbesondere auch die sogenannten Statutengerichte.

226 *Krjažkov* (Fn. 75), S. 156.

227 Einen umfassenden Überblick über die einzelnen Landesgrundrechte vermittelt *Maurer* (Fn. 223), Rn. 36 ff.

228 Eingehend zur Landesverfassung Mecklenburg-Vorpommern Rainer Litten/Maximilian Wallerath (Hrsg.): Verfassung des Landes Mecklenburg-Vorpommern, 2007. Vergleichbare Regelungen enthalten ferner Art. 2 Abs. 1 Verf Baden-Württemberg, Art. 3 Abs. 2 Satz 1 und 2 Verf Niedersachsen, Art. 4 Abs. 1 Verf Nordrhein-Westfalen sowie Art. 2a Verf Schleswig-Holstein.

229 Zum Begriff der Inkorporation *Grawert* (Fn. 223), Rn. 26, m. w. N.

230 Vgl. etwa *Dietlein* (Fn. 223), S. 4 ff., m. w. N.; *Grawert* (Fn. 223), Rn. 27, m. w. N.; *Maurer* (Fn. 223), Rn. 70; *Sacksofsky* (Fn. 223), Art. 142 Rn. 38, m. w. N., Rn. 70 ff.; *Stern/Sachs* (Fn. 6), Band III/2, S. 1441, 1504; *Axel von Campenhausen/Peter Unruh*, in: Hermann von Mangoldt/Friedrich Klein/Christian Starck (Hrsg.): Kommentar

Zudem finden sich in einigen Landesverfassungen Grundrechte, die mit denen des Grundgesetzes nahezu wortlautgleich sind. Art. 7 Verf Berlin erinnert etwa stark an Art. 2 Abs. 1 GG, indem er formuliert: „Jeder hat das Recht auf freie Entfaltung seiner Persönlichkeit, soweit er nicht die Rechte anderer verletzt und nicht gegen die verfassungsmäßige Ordnung oder das Sittengesetz verstößt."[231] In einigen Landesverfassungen sind Grundrechte verankert, die vom Bundesverfassungsgericht im Wege der Verfassungsfortentwicklung aus den im Grundgesetz niedergeschriebenen Grundrechten abgeleitet worden sind. Beispielsweise kennt die Verfassung von Mecklenburg-Vorpommern als vergleichsweise junge Landesverfassung in Art. 6 Verf Mecklenburg-Vorpommern ein Recht auf Datenschutz und Zugang zu Informationen. Weiterhin finden sich in Landesverfassungen teilweise Landesgrundrechte, die den Schutzbereich eines korrespondierenden Bundesgrundrechts deutlich erweitern[232]. So formuliert etwa Art. 12 Abs. 2 Verf Berlin im Hinblick auf den Schutz von Ehe und Familie: „Andere auf Dauer angelegte Lebensgemeinschaften haben Anspruch auf Schutz vor Diskriminierung."[233]

Die Regelungsintensität regionaler Grundrechte in den russischen Subjektsverfassungen wird maßgeblich von der territorialen Verfasstheit des jeweiligen Subjekts geprägt. Diejenigen Subjekte, die als Republiken verfasst sind, haben

---

zum Grundgesetz, Band 3, 6. Auflage 2010, Art. 142 Rn. 11, m. w. N.; *Horst Dreier*: Grundrechtsschutz durch Landesverfassungsgerichte, 2000, S. 12, m. w. N.; *Stefan Korioth*, in: Theodor Maunz/Günter Dürig (Begr.): Grundgesetz, Art. 142 Rn. 14, m. w. N.; *Wolfgang Rüfner*: Zum Verhältnis von Bundes- und Landesverfassungsgerichtsbarkeit im Bereich der Grundrechte, DÖV 1967, S. 668 (669).
Im Gegensatz dazu steht die sogenannte Identitätslehre. Hiernach kommt diesen Landesgrundrechten keine eigenständige Bedeutung zu, so *Willi Geiger*: Die Bundesverfassungsgerichtsbarkeit in ihrem Verhältnis zur Landesverfassungsgerichtsbarkeit und ihre Einwirkung auf die Verfassungsordnung der Länder, in: Institut für Staatslehre und Politik e. V./Friedrich August Freiherr von der Heydte/Willi Geiger (Hrsg.): Verfassung und Verwaltung in Theorie und Wirklichkeit. Festschrift für Wilhelm Laforet, 1952, S. 251 (259); zu den vorgrundgesetzlichen Landesgrundrechten auch *Ernst Friesenhahn*: Die Verfassungsgerichtsbarkeit in der Bundesrepublik Deutschland, 1963, S. 26.

231 Weiterführend zum Verfassungsrecht des Landes Berlin Hans-Joachim Driehaus (Hrsg.): Verfassung von Berlin, 3. Auflage 2009.

232 Ausführlich zu den verschiedenen Regelungstechniken in den Landesverfassungen *Klaus Lange*: Grundrechtliche Besonderheiten in den Landesverfassungen, in: Detlef Merten/Hans-Jürgen Papier (Hrsg.): Handbuch der Grundrechte, Band 3, 2009, § 83 Rn. 13 ff.

233 Dazu und zu weiteren Beispielen *Lange* (Fn. 232), Rn. 35 f.

ihren Verfassungen – bis auf eine Ausnahme[234] – einen eigenen Grundrechts- und Grundpflichtenkatalog[235] gegeben. Inhaltlich rezipieren sie weit überwiegend[236] die Grundrechte der russischen Verfassung. Im Gegensatz dazu steht die Regelungstechnik in denjenigen Subjekten, die nicht als Republik, sondern etwa als Region oder als Gebiet verfasst sind. Nach Art. 66 Abs. 2 Verf RF geben sie sich keine Verfassung, sondern ein Statut. Ihre Statute enthalten – anders als die Verfassungen der Republiken – überwiegend keinen eigenen Grundrechtskatalog, sondern verweisen auf die Grundrechte der russischen Verfassung[237]. Dadurch integrieren sie die Grundrechte der russischen Verfassung – durchaus vergleichbar mit der eben beschriebenen Verfahrensweise einiger deutscher Landesverfassungen – in ihr Statut, sie werden zu regionalen Grundrechten[238]. Einige dieser Subjekte zählen in einem zweiten Schritt weitere eigene Grundrechte auf, die aber kaum über die Gewährleistungen der russischen Verfassung hinausgehen[239].

---

234 Die Verfassung der Republik Udmurtien beinhaltet keinen eigenen Grundrechtskatalog, sondern verweist in Art. 16 Abs. 1 Verf Udmurtien auf die Grundrechte der russischen Verfassung.

235 Etwa Artt. 18–50 Verf Adygeja; Artt. 17–62 Verf Baschkortostan; Artt. 15–59 Verf Burjatien; Artt. 18–53 Verf Dagestan; Artt. 16–63 Verf Inguschetien; Artt. 17–63 Verf Marij Ėl; Artt. 18–60 Verf Nordossetien-Alanien; Artt. 27–64 Verf Tatarstan. Allgemein zum Ganzen auch *Kalnina* (Fn. 223), S. 10.

236 Abweichungen von den föderalen Grundrechten sind rar. Etwa garantiert Art. 41 Abs. 3 Verf Adygeja die Vereinigungsfreiheit ausdrücklich auch für ethnische Gemeinschaften.

237 Vgl. etwa Art. 3 Abs. 4 Statut der Stadt Moskau; Art. 7 Abs. 1 Statut des Amurer Gebiets; Art. 3 Abs. 1 Statut des Archangel'sker Gebiets; Art. 7 Abs. 1 Statut des Brjansker Gebiets; Art. 15 Abs. 1 Statut des Kaliningrader Gebiets; Art. 13 Abs. 1 Statut des Kemerovo Gebiets; Art. 6 Abs. 1 Statut des Kirovsker Gebiets; Art. 5 Abs. 1 Statut des Kursker Gebiets; Art. 9 Abs. 1 Statut des Magadaner Gebiets; Art. 5 Abs. 1 Statut des Pensensker Gebiets; Art. 3 Abs. 2 Statut des Rostower Gebiets; Art. 12 Abs. 1 Statut des Saratover Gebiets; Art. 2 Abs. 1 Satz 2 Statut des Smolensker Gebiets; Artt. 2, 19 Abs. 1 Statut des Swerdlowsker Gebiets; Art. 2 Abs. 2 Statut des Čeljabinsker Gebiets; Art. 6 Abs. 2 Statut des Woronescher Gebiets.

238 Dazu auch das Urteil des Statutengerichts des Kaliningrader Gebiets vom 26.01.2012, in dem das Gericht über die Verweisung des Art. 15 Abs. 1 des Statuts des Kaliningrader Gebiets die Grundrechte der russischen Verfassung anwendet und zum entscheidenden Maßstab nimmt, http://www.ustavsudklgd.ru/judgement/regulations/post0112.htm.

239 Vgl. Artt. 7, 10–18 Statut der Region Altai; Artt. 13 Abs. 1, 14–24 Statut der Region Chabarovsk; Artt. 18 Abs. 1, 19–21 Statut der Region Primorje; Artt. 14 Abs. 1, 16–21

Trotz dieser unterschiedlichen Regelungstechnik in den Subjektsverfassungen ist ihnen gemeinsam: Bis auf eine Ausnahme – es ist das Statut von St. Petersburg[240] – normieren alle Subjektsverfassungen regionale Grundrechte. Für die Sondersituation der Stadt St. Petersburg leitete das Statutengericht von St. Petersburg 2010 im Übrigen in einem aufwendig begründeten und im Einzelnen dogmatisch zweifelhaften Urteil aus der unmittelbaren Geltung der föderalen Grundrechte aus Art. 18 Verf RF[241] auch die Existenz regionaler Grundrechte in St. Petersburg ab[242].

b) *Inhaltliche Dominanz föderaler Grundrechte*

Auffallend ist bei der Gesamtbetrachtung der regionalen Grundrechte die – in Russland nahezu durchgängige, in Deutschland zumindest starke[243] – inhaltliche Dominanz der föderalen Grundrechte. Diese Dominanz ist zum Teil notwendige Folge der eben beschriebenen Verweisungstechnik auf jeweilige föderale Verfassung. Zudem sind die inhaltlichen Überschneidungen im deutschen Recht Folge struktureller, bundesverfassungsrechtlicher Vorgaben: Zwar stehen die Verfassungsräume des Bundes und der Länder prinzipiell selbstständig nebeneinander[244]. Sie sind gleichwohl voneinander nicht isoliert, da Art. 1 Abs. 3 GG letztlich auch den Landesverfassunggeber im verfassunggebenden Prozess verpflichtet, die Bundesgrundrechte zu achten[245]. Ob das Grundgesetz den Landesverfassunggeber dadurch allerdings tatsächlich in seiner Grundrechtsautonomie

---

Statut des Moskauer Gebiets; Artt. 17 Abs. 1, 19–21 Statut des Murmansker Gebiets; Artt. 2 Abs. 1, 12–25 Statut des Novosibirker Gebiets; Artt. 3 Abs. 2, 16–19 Statut des Omsker Gebiets; Artt. 20 Abs. 2, 24–35 Statut des Tomsker Gebiets; Artt. 43 Abs. 1, 45–51 Statut des Twerer Gebiets.

240 Dessen Statut formuliert dem Wortlaut nach weder eigene Grundrechte noch inkorporiert es die föderalen Grundrechte durch eine entsprechende Verweisung.

241 Zur unmittelbaren Grundrechtsgeltung bereits B. II. 6. a).

242 Urteil des Statutengerichts St. Petersburg vom 25.05.2010 Nr. 010/10-P, http://www.spbustavsud.ru/court/search_act.

243 So für das deutsche Recht auch *Dietlein* (Fn. 223), S. 3; *Stern/Sachs* (Fn. 6), Band III/2, S. 1448.

244 BVerfGE 4, 178 (189); 6, 376 (381 f.); 22, 267 (270); *Maurer* (Fn. 223), Rn. 60; *Klaus Stern*: Das Staatsrecht der Bundesrepublik Deutschland, Band 1, 2. Auflage 1984, S. 13, m. w. N.; *Horst Tilch*: Inhaltsgleiches Bundes- oder Landesverfassungsrecht als Prüfungsmaßstab, in: Christian Starck/Klaus Stern (Hrsg.): Landesverfassungsgerichtsbarkeit, Teilband 2, 1983, S. 551 (552), m. w. N.

245 Vgl. BVerfGE 42, 312 (325); 97, 298 (314 f.); *Dietlein* (Fn. 223), S. 2, m. w. N.; *Grawert* (Fn. 223), Rn. 87; *Maurer* (Fn. 223), Rn. 45, m. w. N.; *Sacksofsky* (Fn. 223), Art. 142

begrenzt, wird in der Literatur lebhaft diskutiert. Noch nicht zufriedenstellend beantwortet ist dabei insbesondere die Frage, ob Landesgrundrechte, die ein *Weniger* als das Grundgesetz gewährleisten, nach Art. 142 GG dennoch prinzipiell in Kraft bleiben[246]. Umstritten ist ferner, ob nicht nur die Grundrechte, sondern zudem die Kompetenzvorschriften der Artt. 72 ff. GG die Regelungskompetenz des Landesverfassunggebers begrenzen[247].

Die russische Literatur sieht in den Kompetenzvorschriften der russischen Verfassung die Grenze der regionalen Grundrechtsautonomie. Zur Begründung wird hier insbesondere Art. 71 c) Verf RF[248] bemüht, der seinem Wortlaut nach der Russischen Föderation die ausschließliche Kompetenz verleiht, Grundrechte zu regeln. Nach der Literatur besitzen Subjekte damit eine deutlich geringere

---

Rn. 64; *Stern* (Fn. 244), Band 1, S. 13 f.; in diese Richtung deutet auch *Dreier* (Fn. 32), Art. 1 III Rn. 37, m. w. N.

246 Für die Verdrängung von Weniger-Gewährleistungen etwa noch *Dietlein* (Fn. 223), S. 2, m. w. N.; *Stern/Sachs* (Fn. 6), Band III/2, S. 1474 ff., m. w. N.; *Tilch* (Fn. 244), S. 557; *Ernst-Wolfgang Böckenförde/Rolf Grawert*: Kollisionsfälle und Geltungsprobleme im Verhältnis von Bundesrecht und Landesverfassung, DÖV 1971, S. 119 (123 ff., 126), m. w. N.; *Josef Isensee*: Fortgeltung des saarländischen Sozialisierungs-Artikels unter dem Grundgesetz, DÖV 1978, S. 233 (235); *Wolfgang Graf Vitzthum*: Die Bedeutung gliedstaatlichen Verfassungsrechts in der Gegenwart, VVDStRL 46 (1988), S. 7 (32); ebenso noch in einer Vorauflage *Axel von Campenhausen*, in: Hermann von Mangoldt/Friedrich Klein/Christian Starck (Hrsg.): Kommentar zum Grundgesetz, Band 3, 5. Auflage 2005, Art. 142 Rn. 8.
Anders hingegen die wohl nunmehr überwiegende Auffassung, vgl. etwa BVerfGE 96, 345 (365); *von Campenhausen/Unruh* (Fn. 230), Art. 142 Rn. 12, m. w. N.; *Korioth* (Fn. 230), § 142 Rn. 14, m. w. N.; *Maurer* (Fn. 223), Rn. 62, m. w. N.; *Rüfner* (Fn. 230), S. 669, m. w. N.; *Thomas Clemens*, in: Dieter C. Umbach/Thomas Clemens (Hrsg.): Grundgesetz, Band 2, 2002, Art. 142 Rn. 20 f., m. w. N.; *Horst Dreier*, in: ders. (Hrsg.): Grundgesetz, Band 3, 2. Auflage 2008, Art. 142 Rn. 48, m. w. N.; *Hans-Ullrich Gallwas*: Konkurrenz von Bundes- und Landesgrundrechten, JA 1981, S. 536 (541); *Jost Pietzcker*: Zuständigkeitsordnung und Kollisionsrecht im Bundesstaat, in: Josef Isensee/Paul Kirchhof (Hrsg.): Handbuch des Staatsrechts der Bundesrepublik Deutschland, Band 6, 3. Auflage 2008, § 134 Rn. 71, m. w. N.; *Michael Sachs*: Die Grundrechte im Grundgesetz und in den Landesverfassungen, DÖV 1985, S. 469 (477); zustimmend auch *Josef Franz Lindner*: Die Grundrechte der Bayerischen Verfassung, BayVBl 2004, S. 641 (645).

247 Detailliert zum Ganzen etwa *Maurer* (Fn. 223), Rn. 65; *Sacksofsky* (Fn. 223), Art. 142 Rn. 57 ff.; jeweils m. w. N.

248 Dem russischen Alphabet folgend handelt es sich um Art. 71 lit v) Verf RF.

Kompetenz zur Verankerung subjektseigener, insbesondere von der Föderalverfassung abweichender Grundrechte[249].

2. Schleppende Institutionalisierung als verfassungsrechtliches Problem?

a) Ist-Stand der Institutionalisierung der Subjektsverfassungsgerichtsbarkeit

Wenn mit dem Vorhandensein regionaler Grundrechte die erste Voraussetzung für einen regionalen Grundrechtsschutz durch regionale Verfassungsgerichte erfüllt ist, müssen in einem zweiten Schritt solche Gerichte existieren. In Deutschland kann die Landesverfassungsgerichtsbarkeit auf eine bis weit in das 19. Jahrhundert zurückreichende Tradition blicken[250]. In allen 16 Bundesländern bestehen heute mit zum Teil sehr unterschiedlichen Kompetenzen ausgestattete Landesverfassungsgerichte. Etwa entscheiden nicht alle über Verfassungsbeschwerden. Hingegen haben ihre unterschiedlichen Bezeichnungen – als Staatsgerichtshof, Verfassungsgerichtshofs, Landesverfassungsgericht oder Verfassungsgericht[251] – keine funktionellen Konsequenzen, sondern sind historisch gewachsen. In der russischen Literatur bildet die Landesverfassungsgerichtsbarkeit stets einen wichtigen Referenzpunkt für eine wirksame regionale Verfassungsgerichtsbarkeit[252].

---

249 So etwa *Budaev* (Fn. 75), S. 27; *Kalnina* (Fn. 223), S. 10.

250 Ausführlich hierzu etwa *Rudolf Hoke*: Verfassungsgerichtsbarkeit in den deutschen Ländern in der Tradition der deutschen Staatsgerichtsbarkeit, in: Christian Starck/Klaus Stern (Hrsg.): Landesverfassungsgerichtsbarkeit, Teilband 1, 1983, S. 25 (56 ff.).

251 Die Bezeichnung *Landesverfassungsgericht* haben unter anderem Mecklenburg-Vorpommern, Artt. 52 ff. Verf Mecklenburg-Vorpommern, sowie Sachsen-Anhalt, Artt. 74 ff. Verf Sachsen-Anhalt, gewählt. Die Bezeichnung *Staatsgerichtshof* findet sich etwa in Hessen, Artt. 130 ff. Verf Hessen, sowie in Niedersachsen, Artt. 54 f. Verf Niedersachsen. Einen *Verfassungsgerichtshof* kennen etwa Bayern, Artt. 60 ff. Verf Bayern, sowie Berlin, Art. 84 Verf Berlin.

252 So auch *Anja Schlage*: Die Verteilung der Staatsmacht zwischen der Russländischen Föderation und ihren Subjekten, 2011, S. 275 f., m. w. N. In der Literatur bildet das deutsche Recht hier einen gern gewählte Referenzpunkt, vgl. insbesondere in den Dissertationen von *E. O. Jusupova*: Zaščita prav čeloveka konstitucionnymi sudami sub"ektov federativnych gosudarstv (na primere Respubliki Baškortostan RF i Zemli Brandenburg FRG) [Der Menschenrechtsschutz durch die regionalen Verfassungsgerichte föderaler Staaten (am Beispiel der Republik Baškortostan RF und des Landes Brandenburg BRD)], 2006 und von *V. V. Krovel'ščikova*: Konstitucionnye sudy zemel' Germanii [Die Verfassungsgerichte der Länder Deutschlands], 2004 sowie die Abhandlungen von *S. A. Avak'jan*: Zakon o Konstitucionnom Sude zemli Meklenburg-Forpommern (FRG) [Das Verfassungsgerichtsgesetz des Landes

Die russische Subjektsverfassungsgerichtsbarkeit steckt noch in ihren Kinderschuhen[253], selbst über zwanzig Jahre nach der Gründung des ersten regionalen Verfassungsgerichts[254], des Verfassungsgerichts der Republik Dagestan am 28. Dezember 1991. Rein normativ betrachtet sehen gegenwärtig zwar insgesamt 56 Subjektsverfassungen bzw. -statute der nach Art. 65 Abs. 1 Verf RF insgesamt 85 Föderationssubjekte die Errichtung einer eigenen Verfassungsgerichtsbarkeit vor[255]. Faktisch haben aber bislang lediglich 17 Verfassungsgerichte ihre Arbeit aufgenommen[256], die sich nahezu ausnahmslos in den Republiken und nicht in den Regionen und Gebieten befinden.

Mecklenburg-Vorpommern (BRD)], VMU 1997, Serie 11, Nr. 6, S. 60–87 und von *V. A. Krjažkov*: Konstitucionnye sudy zemel' Germanii [Die Verfassungsgerichte der Länder Deutschlands], GiP 1995, Nr. 5, S. 117–127 und von *F. A. Tasalov*: Regional'noe konstitucionnoe pravosudie v Rossii i Germanii [Regionale Verfassungsrechtsprechung in Russland und Deutschland], SKO 2010, Nr. 5, S. 147–160. Für einen international ausgerichteten Blick plädiert *E. A. Kovalenko*: Vzaimodejstvie organov konstitucionno-ustavnogo kontrolja [Das Zusammenwirken der Organe der Verfassungs- bzw. Statutenkontrolle], GViMS 2011, Nr. 6, S. 24 (27).

253 Zu den, Die unterschiedlichen Gründungsetappen sind maßgeblich von *M. A. Mitjukov* herausgearbeitet worden, vgl. *ders.*: Konstitucionnye i ustavnye sudy sub"ektov Rossijskoj Federacii [Verfassungs- und Statutengerichte der Subjekte der Russischen Föderation], 1999, S. 2. Weiterführend hierzu ferner *Vitruk* (Fn. 4), S. 47 sowie *S. T. Artemova*: Istoričeskie ėtapy razvitija konstitucionnogo pravosudija v sub"ektach RF [Historische Etappen in der Entwicklung der Verfassungsgerichtsbarkeit in den Subjekten der RF], KiMP 2009, Nr. 2, S. 19–22.

254 Zuvor bestanden in einigen Republiken bereits erste Verfassungskontrollorgane, die allerdings nicht als Gericht, sondern als Kontrollkomitee konzipiert waren, vgl. dazu *Gäßner* (Fn. 75), S. 98 f.

255 *Gošuljak/Chovrina/Gevokjan* (Fn. 75), S. 15, m. w. N.; *M. A. Mitjukov*: Sovremennye tendencii razvitija regional'noj konstitucionnoj justicii (opyt sociologičeskogo osmyslenija) [Gegenwärtige Tendenzen in der Entwicklung einer regionalen Verfassungsjustiz (Erkenntnisse einer soziologischen Betrachtung)], KiMP 2007, Nr. 14, S. 19 (20), m. w. N.; *M. A. Mitjukov* im Interview mit *A. V. Bezrukov*: Problemy konstitucionnoj justicii sub"ektov Rossijskoj Federacii [Probleme der Subjektsverfassungsgerichtsbarkeit der Russischen Föderation], Rossijskij juridičeskij žurnal 2009, Nr. 4, S. 34 (40), m. w. N.; *Tasalov* (Fn. 252), S. 149.

256 Einen weiterführenden Überblick gibt http://www.ksrf.ru/ru/Info/Maintenance/Pages/KS_subjects.aspx. Einen aktuellen Überblick verschaffen auch *A. V. Bezrukov*: O neobchodimosti formirovanija i meste konstitucionnych (ustavnych) sudov sub"ektov RF v mechanizme razdelenija vlastej [Zur Notwendigkeit der Bildung von Verfassungs-(Statuten-)Gerichten in den Subjekten der RF und zu ihrem Platz im Mechanismus der Gewaltenteilung], ŽKP 2013, Nr. 1, S. 9 (9) sowie *E. A. Kovalenko*: Vzaimodejstvie

Die weit überwiegende Zahl der Subjektsverfassungsgerichte bestehen bereits seit zehn bis zwanzig Jahren. Lediglich vereinzelt wurden in der jüngeren Zeit neue Verfassungsgerichte ins Leben gerufen. Die jüngsten Neugründungen sind das Verfassungsgericht der Republik Inguschetien im Dezember 2009 sowie das Verfassungsgericht des Čeljabinsker Gebiets im Dezember 2011, welches allerdings bereits im März 2014 seine Arbeit wieder einstellen musste. Zur Begründung wurde unter anderem angeführt, dass es aufgrund mangelnder Verfahrenszahlen finanziell nicht tragbar sei[257]. Dieses Phänomen, bereits bestehende Verfassungsgerichte wieder aufzulösen, ist kein Einzelfall[258]. Das gleiche Schicksal ereilte schon das Verfassungsgericht der Republik Mordovija sowie die sogenannte Statutenkammer (ustavnaja palata) des Irkutsker Gebiets. Andernorts wurden bereits verabschiedete Verfassungsgerichtsgesetze wieder aufgehoben, sodass der weitere Gründungsprozess von nun an stagniert[259].

Die Gründe für die insgesamt schleppende Institutionalisierung sind vielfältig[260]. In den 1990er Jahren symbolisierte die Errichtung eines Subjektsverfassungsgerichts oftmals regionales Selbstbewusstsein gegenüber dem Zentrum[261]. Ihre Institutionalisierung heute bestimmen hingegen vorrangig finanzielle

---

organov konstitucionno-ustavnogo kontrolja [Das Zusammenwirken der Organe der Verfassungs- bzw. Statutenkontrolle], GViMS 2011, Nr. 6, S. 24 (27 ff.).

257 Weiterführend hierzu *Michail Pinkus*: Roskoš' pravosudija. V Čeljabinskoj oblasti iz ėkonomii likvidirovali Ustavnyj sud regiona [Luxus Rechtsprechung. Im Čeljabinsker Gebiet wurde das Statutengericht der Region aus ökonomischen Gründen abgeschafft], Rossijskaja Gazeta vom 26.02.2014, http://www.rg.ru/2014/02/26/reg-urfo/sud.html.

258 Detailliert zu den Hintergründen dieser Entwicklung *Mitjukov* (Fn. 255), S. 21; ferner *ders.* im Interview mit *A. V. Bezrukov* (Fn. 255), S. 39 sowie *Krjažkov* (Fn. 75), S. 158.

259 Im Irkutsker Gebiet wurde das Verfassungsgerichtsgesetz aus dem Jahr 2006 ersatzlos aufgehoben. Dazu *Mitjukov* (Fn. 255), S. 21. Auch im Kurganer und im Tjumener Gebiet wurde die Geltung des jeweiligen Verfassungsgerichtsgesetzes ausgesetzt, *Krjažkov* (Fn. 75), S. 158.

260 Ausführlich zu den mannigfaltigen Ursachen *Gošuljak/Chovrina/Gevokjan* (Fn. 75), S. 16 ff., m. w. N., S. 200; *Krjažkov* (Fn. 75), S. 158 f.; *V. A. Krjažkov*: Konstitucionnoe pravosudie v sub"ektach Rossijskoj Federacii (Pravovye osnovy i praktika) [Verfassungsgerichtsbarkeit in den Subjekten der Russischen Föderation (Rechtliche Grundlagen und Praxis)], 1999, S. 30 f.; *N. V. Vitruk*: Konstitucionnoe pravosudie v Rossii (1991–2001 gody) [Verfassungsgerichtsbarkeit in Russland (Die Jahre 1991–2001), 2001, S. 50; ferner aus dem deutschsprachigen Schrifttum *Schlage* (Fn. 252), S. 264 sowie *Yustus* (Fn. 4), S. 184 f.; jeweils m. w. N.

261 Dazu *M. A. Mitjukov* im Interview mit *A. V. Bezrukov* (Fn. 255), S. 38 f. sowie *Gäßner* (Fn. 75), S. 97, m. w. N.

Erwägungen[262]. Zum Teil fehlt regionalen Machthabern aber auch schlicht der politische Wille, eine unabhängige Kontrollinstanz zu errichten[263].

b) Verfassungsrechtliche Problemstellung

Dass in einem Subjekt regionale Grundrechte durch Verfassungsbeschwerde verteidigt werden können und in anderen Subjekten nicht, verstößt in den Augen der russischen Literatur gegen die Gleichheit aller Bürger (Art. 19 Verf RF) sowie gegen die Rechtsschutzgarantie (Art. 46 Verf RF)[264]. Auch im deutschen Recht besitzen bei weitem nicht alle Landesverfassungsgerichte die Kompetenz,

---

262 Etwa *A. N. Petrova*: Nužna li sub"ektam Rossijskoj Federacii sudebnaja vetv' gosudarstvennoj vlasti? [Brauchten die Subjekte der Russischen Föderation einen gerichtlichen Zweig der Staatsgewalt], KiMP 2008, Nr. 21, S. 2 (5); *N. V. Grigor'eva/ Ju. S. Polikutin*: Problemy stanovlenija i legitimacii konstitucionnych (ustavnych) sudov v sub"ektach Rossijskoj Federacii [Gründungs- und Legitimationsprobleme der Verfassungs- (Statuten-)Gerichte in den Subjekten der Russischen Föderation], GViMS 2009, Nr. 3, S. 18 (19); *S. Ė. Nesmejanova*: Problemy stanovlenija i razvitija organov konstitucionnogo kontrolja v sub"ektach Rossijskoj Federacii [Gründungs- und Entwicklungsprobleme bei den Organen der Verfassungskontrolle in den Subjekten der Russischen Föderation], 2003, S. 48. Kritisch *Krjažkov* (Fn. 75), S. 159.

263 *Bezrukov* (Fn. 256), S. 10; *Krjažkov* (Fn. 75), S. 158; *Schlage* (Fn. 252), S. 264, m. w. N.; *Caliev* (Fn. 224), S. 13. Zahlreiche anschauliche Beispiele geben *Mitjukov* (Fn. 255), S. 21 f., m. w. N.; *M. A. Mitjukov* im Interview mit *A. V. Bezrukov* (Fn. 255), S. 42 f., m. w. N. Aus dem Rechtsalltag der westlich des Urals liegenden Udmurtischen Republik berichtet *I. Egorov*: Udmurtskaja Respublika (janvar'-mart 2001 g.) [Die udmurtische Republik (Januar-März 2001)], Konstitucionnoe Pravo: Vostočnoevropejskoe obozrenie 2001, Nr. 2, S. 200 (202).

264 *Gošuljak/Chovrina/Gevokjan* (Fn. 75), S. 48 f.; *Krjažkov* (Fn. 75), S. 160; *E. Jusupova*: Konstitucionnoe (ustavnoe) pravosudie sub"ektov RF – neot"emlemyj ėlement v mechanizme zaščity prav čeloveka [Verfassungs- (Statuten-)Gerichtsbarkeit in den Subjekten der RF – unverzichtbares Element im Mechanismus des Menschenrechtsschutzes], PiE 2006, Nr. 11, S. 97 (98), m. w. N. Ähnlich auch der Präsident des Verfassungsgerichts Nordossetien-Alanija *A. M. Caliev*: Konstitucionnye sudy i upolnomočennye po pravam čeloveka: obščie zadači, problemy obrazovanija i vzajmodejstvija [Verfassungsgerichte und Menschenrechtsbeauftragte: gemeinsame Aufgaben, Probleme in der Entstehung und im Zusammenwirken], GViMS 2010, Nr. 4, S. 9 (10).
Zur Parallelen Problematik im Hinblick auf die regionalen Menschenrechtsbeauftragten vgl. noch D. VI. 4. a).

Verfassungsbeschwerden zu entscheiden[265]. Aus dem Blickwinkel des russischen Rechts müsste also auch hier im Grundsatz[266] eine Schieflage zwischen regionalen verfassungsrechtlichen Gewährleistungen und möglichem Individualrechtsschutz bestehen. Dennoch trifft man im deutschen Verfassungsrecht auf keine vergleichbare Diskussion. Die Ursache dafür liegt in einem grundlegend anderen Verständnis von den maßgeblichen Normen. Im deutschen Recht setzt eine Ungleichbehandlung im Sinne des Art. 3 Abs. 1 GG erstens prinzipiell[267] voraus, dass der gleiche Gesetzgeber tätig wurde: Wenn also selbstständige Normsetzungsbefugnisse verschiedener Hoheitsträger nebeneinanderstehen, wird der Anspruch auf Gleichbehandlung des Bürgers beschränkt[268]. Zweitens stellt das Erheben einer Verfassungsbeschwerde – anders als im russischen Recht – nach herrschender Meinung keinen Rechtsweg im Sinne der Rechtsschutzgarantie des Art. 19 Abs. 4 GG dar[269]. Einen Ausgleich einer unterschiedlichen Grundrechtsschutzintensität böte schließlich auch Art. 99 GG, der eine alternative Kompetenzzuweisung an das Bundesverfassungsgericht vorsieht. Eine mit Art. 99 GG vergleichbare Regelung kennt das russische Recht nicht[270].

Nach einer erstarkenden Ansicht sollen die Subjekte auf der Grundlage eines noch zu erlassenden föderalen Gesetzes vielmehr gezwungen werden, Verfassungsgerichte zu gründen[271]. Andere sehen eine derartige Verpflichtung sogar bereits

---

265 So verhält es sich in Baden-Württemberg, Bremen, Hamburg, Niedersachsen, Nordrhein-Westfalen und Schleswig-Holstein.

266 Dies gilt unter Vorbehalt des Art. 99 GG, auf den sogleich noch eingegangen werden soll.

267 Vertiefend zu den Wirkungen der föderalen Struktur auf den Gleichheitsgrundsatz *Günter Dürig/Rupert Scholz*, in: Theodor Maunz/Günter Dürig (Begr.): Grundgesetz, Art. 3 Abs. 1 Rn. 233 ff.; *Christian Starck*, in: Hermann von Mangoldt/Friedrich Klein/ders. (Hrsg.): Kommentar zum Grundgesetz, Band 1, 6. Auflage 2010, Art. 3 Abs. 1 Rn. 247.

268 *Uwe Kischel*, in: Volker Epping/Christian Hillgruber (Hrsg.): Beckscher Online-Kommentar GG, Art. 3 Rn. 96, m. w. N.

269 Dazu bereits C. II. 1. c) (2).

270 Darauf verweist zu Recht *Yustus* (Fn. 4), S. 195.

271 *Jusupova* (Fn. 264), S. 98; *A. R. Chaptaev*: O statuse konstitucionnych (ustavnych) sudov sub"ektov Rossijskoj Federacii [Zum Status der Verfassungs- (Statuten-)Gerichte der Subjekte der Russischen Föderation], KiMP 2010, Nr. 7, S. 56 (57 f.). Zu Recht kritisch dazu *S. G. Pavlikov*: O soveršenstvovanii pravovogo regulirovanija statusa konstitucionnych (ustavnych) sudov sub"ektov Rossijskoj Federacii [Zur Vervollkommnung der Rechtssetzung zum Status der subjektseigenen Verfassungs- (Statuten-)Gerichte der Russischen Föderation], KiMP 2007, Nr. 3, S. 31 (32).

in Art. 27 Abs. 1 GVG RF angelegt[272]. Darin heißt es aber lediglich: „Ein Subjekt der Russischen Föderation kann ein Subjektsverfassungsgericht schaffen, um die Vereinbarkeit von Subjektsgesetzen, Normativakten der Staatsgewalt des Föderationssubjekts, der örtlichen Selbstverwaltung des Föderationssubjekts mit der Subjektsverfassung zu prüfen und die Verfassung des Föderationssubjekts auszulegen".

Aus dem Blickwinkel des deutschen Rechts bestehen zumindest starke Zweifel an der Verfassungsmäßigkeit einer föderalen Regelung, die die Subjekte verpflichten würde, eine eigene Verfassungsgerichtsbarkeit zu gründen. Die Entscheidung, ein Landesverfassungsgericht zu gründen, gehört zum absoluten Kernbereich regionaler Autonomie[273]. Ähnlich sieht es auch eine weitere Ansicht in der russischen Literatur[274]. Sie stellt maßgeblich auf Art. 71 lit n) Verf RF[275] ab. Danach hat die Föderation die Gesetzgebungskompetenz im Bereich der Gerichtsverfassung inne. Nach dieser Ansicht kann die russische Föderation aus der Norm auch die Kompetenz ableiten, Kernkompetenzen eines Subjektsverfassungsgerichts zu normieren[276]. Aus ihr folge aber nicht die Kompetenz, die Subjekte zur Schaffung eines eigenen Verfassungsgerichts zwingen zu können[277].

---

272 *A. Mullanurov*: K voprosu o konstitucionnoj justicii, KiMP 2001, Nr. 2, S. 13 zitiert nach *Yustus* (Fn. 4), S. 183. Anders hingegen *Petrova* (Fn. 262), S. 5. Zum Ganzen auch *Yustus* (Fn. 4), S. 183, m. w. N.

273 In diese Richtung deutet etwa *Dreier* (Fn. 230), S. 9, m. w. N., der die Landesverfassungsgerichte als „‚Krönung' der Verfassungshoheit der Länder" bezeichnet; ähnlich *Häberle* (Fn. 17), S. 104; *Pestalozza* (Fn. 3), § 21 Rn. 4; *Walter Leisner*: Landesverfassungsgerichtsbarkeit als Wesenselement des bundesdeutschen Föderalismus, in: Bayerischer Verfassungsgerichtshof (Hrsg.): Verfassung und Verfassungsrechtsprechung. Festschrift zum 25-jährigen Bestehen des Bayerischen Verfassungsgerichtshofs, 1972, S. 183 (183).

274 Vgl. etwa *Krjažkov* (Fn. 260), S. 26 ff.; *D. G.-R. Gusejnova/D. Š. Pirbudagova*: K probleme ispolnenija rešenij konstitucionnych (ustavnych) sudov sub"ektov Rossijskoj Federacii [Zum Vollzugsproblem der Entscheidungen der Verfassungs- (Statuten-) Gerichte der Subjekte der Russischen Föderation], GViMS 2007, Nr. 9, S. 11 (12).

275 Nach dem russischen Alphabet ist es Art. 71 lit. o) Verf RF.

276 Dabei wäre die auf Art. 71 lit n) Verf RF gestützte föderale Regelung jedoch nicht abschließend. Vielmehr können die Subjekte die gerichtliche Organisation und Tätigkeit eigenständig erweitern, vgl. den Beschluss des VerfG vom 06.03.2003 Nr. 103-O, SZ RF 2003, Nr. 17, Pos. 1658, S. 3804 (3806); *Krjažkov/Lazarev* (Fn. 2), S. 299; *Ju. V. Maranc*: Kommentarij k Federal'nomu zakonu „O sudebnoj sisteme Rossijskoj Federacii" [Kommentar zum föderalen Gesetz „Über das Gerichtssystem der Russischen Föderation"], 2007, Art. 27, S. 92 f.

277 *Golovistikova/Grudcyna* (Fn. 224), S. 830; *Schlage* (Fn. 252), S. 270 sowie *O. V. Brežnev*: Porjadok obrazovanija konstitucionnych (ustavnych) sudov sub"ektov Rossijskoj

3. Fehlende Wahrnehmung als grundrechtsschützende Instanz

Es ist jedoch nicht die schleppende Gründung von Subjektsverfassungsgerichten allein, die einem effektiven Schutz regionaler Grundrechte in Russland entgegensteht. Auch bereits existierende Verfassungsgerichte müssen fortwährend um Akzeptanz und Autorität kämpfen[278]. Obwohl alle bestehenden Subjektsverfassungsgerichte über Verfassungsbeschwerden entscheiden können[279], werden sie in der Bevölkerung bislang kaum als grundrechtsschützende Instanz wahrgenommen. Die Verfassungsgerichte werden damit gerade durch diejenigen, zu dessen Schutz sie bestellt sind, zur Tatenlosigkeit gedrängt. Es ist eine Situation, die ihre Autorität weiter schwächt und – wie am Beispiel des Čeljabinsker Statutengerichts nur allzu anschaulich wird – die regionalen Machthaber dazu bewegt, an ihrer Existenzberechtigung erheblich zu zweifeln.

Die tatsächlichen Verfahrenszahlen illustrieren diese paradoxe Situation: Zwar dominieren Verfassungsbeschwerdeverfahren die Rechtspraxis aller Subjektsverfassungsgerichte[280]. Die Gesamtschau der elektronisch zugänglichen

Federacii: problemy pravovogo regulirovanija [Verfahren bei der Bildung von Verfassungs- (Statuten-)Gerichten der Subjekte der Russischen Föderation: Probleme bei der rechtlichen Regelung], KiMP 2008, Nr. 20, S. 34 (34), der davon spricht, dass die Subjekte Verfassungsgerichte nach eigenem Ermessen bilden.

278 Ähnlich auch *M. A. Mitjukov* im Interview mit *A. V. Bezrukov* (Fn. 255), S. 43, der unter anderem für eine stärkere Unterstützung durch das Russische Verfassungsgericht plädiert; ferner *Krjažkov* (Fn. 75), S. 159, m. w. N.

279 Vgl. Art. 101 Abs. 4 Verf Adygeja, Artt. 3 Abs. 1 Nr. 3, 90 ff. VerfGG Adygeja; Artt. 3 Abs. 1 Nr. 2, 38 ff. VerfGG Baschkortostan; Art. 100 Abs. 3 Verf Burjatien; Art. 34 Abs. 5 StGG Čeljabinsk; Art. 93 Abs. 3 Verf Dagestan, Artt. 3 Abs. 2, 87 ff. VerfGG Dagestan; Art. 96 Abs. 3 Verf Inguschetien, Artt. 3 Nr. 3, 92 ff. VerfGG Inguschetien; Art. 122 Abs. 4 Verf Kabardino-Balkarien, Artt. 3 Nr. 3, 80 ff. VerfGG Kabardino-Balkarien; Artt. 33 ff., 83 ff. VerfGG Karelien; Art. 96 Abs. 3 Verf Komi, Artt. 3 Abs. 1 Nr. 2, 90 ff. VerfGG Komi; Art. 95 Abs. 4 Verf Marij Ėl, Artt. 3 Nr. 2, 92 ff. VerfGG Marij Ėl; Art. 101.1 Abs. 5 Verf Nordossetien-Alanien, Artt. 3 Abs. 2, 80 ff. VerfGG Nordossetien-Alanien; Art. 88 Nr. 3 Verf Sacha, Artt. 3 Abs. 1 Nr. 3, 97 Abs. 2, 98 ff. VerfGG Sacha; Art. 109 Abs. 4 Verf Tatarstan, Artt. 3 Abs. 5, 100 ff. VerfGG Tatarstan; Artt. 36 ff. VerfGG Tyva; Artt. 3 Abs. 1 Nr. 4, 93 ff. VerfGG Tschetschenien; Artt. 83 ff. StGG Kaliningrad; Artt. 83 ff. StGG Swerdlowsk; Art. 50 Abs. 5 Nr. 2 Statut St. Petersburg, Artt. 78 ff. StGG St. Petersburg.

280 Zur Dominanz der Verfassungsbeschwerdeverfahren auch der Präsident des Verfassungsgerichts der Republik Nordossetien-Alanien, *A. M. Caliev* (Fn. 264), S. 9 sowie *Krjažkov* (Fn. 75), S. 157 f.

Judikatur[281] zeigt aber, dass selbst vergleichsweise aktive Verfassungsgerichte wie etwa das Verfassungsgericht der Republik Karelien[282] sowie das Verfassungsgericht der Republik Baschkortostans[283] von 2005 bis einschließlich 2011 durchschnittlich etwa nur neun bzw. sechs erledigte Verfahren im Jahr aufwiesen. Davon waren wiederum im Schnitt knapp fünf Verfassungsbeschwerdeverfahren. Doch selbst diese Zahlen werden gegenwärtig nicht mehr durchgängig erreicht. Es zeichnet sich bislang keine stabile Entwicklung in die eine oder andere Richtung ab. In den Jahren 2012 und 2013 erging durch das Verfassungsgericht Karelien lediglich ein einziges Urteil. Hingegen verzeichnete das Verfassungsgericht Baschkortostan in den Jahren 2012 und 2013 insgesamt 14 Entscheidungen in Verfassungsbeschwerdeverfahren. Insgesamt gesehen bleiben die Verfahrenszahlen jedoch sehr gering[284].

Besonders verwundern die vergleichsweise geringen Verfahrenszahlen vor den russischen Subjektsverfassungsgerichten angesichts der großen Rechtssetzungstätigkeit in den vergangenen zwanzig Jahren. Es wird zum Teil von über 600.000 Rechtsakten auf regionaler Ebene gesprochen[285]. Die Verfassungsmäßigkeit gerade dieser Rechtsakte bleibt jedoch zweifelhaft, da es in den Regionen im Gesetzgebungsprozess oftmals an juristischer Expertise mangelte[286]. In einer aufwendigen Recherche ermittelte *V. A. Krjažkov*, dass bis zum Jahre 2007 von insgesamt 449 Entscheidungen in Verfassungsbeschwerdeverfahren 260 Entscheidungen der Beschwerde stattgaben[287].

---

281 Eine allgemeine Statistik zur Tätigkeit der einzelnen Subjektsverfassungsgerichte ist nicht verfügbar. Einen Überblick über ihre Tätigkeit bis zum 01.01.2007 gibt *D. S. Petrenko*: Konstitucionnaja (ustavnaja) justicija v sub"ektach Rossijskoj Federacii: sovremennye pravovye problemy i perspektivy [Verfassungs- (Statuten-)Justiz in den Subjekten der Russischen Föderation: gegenwärtige Rechtsprobleme und Perspektiven], 2007, S. 220 f.

282 Entscheidungen des Verfassungsgerichts sind verfügbar unter http://ksrk.karelia.ru/?cat=3.

283 Entscheidungen des Verfassungsgerichts sind verfügbar unter http://www.ks-rb.ru/.

284 Zu einem ähnlichen Ergebnis gelangen *Kalnina* (Fn. 223), S. 11; *Krjažkov* (Fn. 260), S. 99.

285 *Gošuljak/Chovrina/Gevokjan* (Fn. 75), S. 13, m. w. N.

286 *A. M. Caliev*: Aktual'nost' dal'nejšego obrazovanija konstitucionnych (ustavnych) sudov: neispol'zovannye rezervy [Aktualität der weiteren Gründung von Verfassungs- (Statuten-)Gerichten: ungenutzte Reserven], PiP 2010, Nr. 7, S. 1208 (1209); *Caliev* (Fn. 224), S. 12; *Gošuljak/Chovrina/Gevokjan* (Fn. 75), S. 13.

287 *Krjažkov* (Fn. 75), S. 158; ähnlich *Budaev* (Fn. 75), S. 27.

Indes ist das Phänomen fehlender Verfahrenszahlen nicht unbedingt ein spezifisch russisches. Was die heutigen Verfahrenszahlen deutscher Landesverfassungsgerichte nicht unbedingt vermuten lassen – auch die deutschen Landesverfassungsgerichte standen lange Zeit im Schatten des Bundesverfassungsgerichts. Geringe Verfahrenszahlen und fehlende verfassungsgerichtliche Zuständigkeiten entfachte auch in Deutschland Fragen nach der Sinnhaftigkeit dieser Institution[288]. Einen wahrhaften und bis heute andauernden Aufschwung erlebten die bereits existierenden Verfassungsgerichte erst durch die Institutionalisierung der Verfassungsgerichte in den neuen Bundesländern[289].

4. Verfassungsbeschwerdeverfahren im Besonderen

a) Vorbildwirkung föderaler Regelungen

Das deutsche Verfassungsprozessrecht ist geprägt von intensiven Wechselwirkungen zwischen regionalem Prozessrecht und Bundesverfassungsgerichtsgesetz. Dem heutigen föderalen Verfassungsbeschwerdeverfahren stand der seinerzeit fortschrittliche § 93 der Bayerischen Verfassung von 1919 Modell[290]. Heute ist die Verfassungsbeschwerde in nahezu allen Landesverfassungen[291]

---

288 So etwa *Otto Bachof*: Der Staatsgerichtshof für das Land Baden-Württemberg, in: Rechtswissenschaftliche Abteilung der Rechts- und Wirtschaftswissenschaftlichen Fakultät der Universität Tübingen (Hrsg.): Tübinger Festschrift für Eduard Kern, 1968, S. 1 (2 f.).

289 Anschaulich dazu *Klaus Stern*: Der Aufschwung der Landesverfassungsbeschwerde im wiedervereinigten Deutschland, in: Bayerischer Verfassungsgerichtshof (Hrsg.): Verfassung als Verantwortung und Verpflichtung. Festschrift zum 50-jährigen Bestehen des Bayerischen Verfassungsgerichtshofs, 1997, S. 241–258 sowie ferner *Jochen Rozek*: Landesgrundrechte als Kontrollmaßstab für die Anwendung von Bundesrecht, in: Detlef Merten/Hans-Jürgen Papier (Hrsg.): Handbuch der Grundrechte, Band 3, 2009, § 84 Rn. 5, m. w. N.

290 Verfassungsurkunde vom 14.08.1919, Gesetz- und Verordnungsblatt für den Freistaat Bayern 1919, S. 531 ff. Zum Ganzen etwa *Schlaich/Korioth* (Fn. 3), Rn. 197, m. w. N.; *Stern/Sachs* (Fn. 6), Band III/2, S. 1271 f., 1420; *Hoke* (Fn. 250), S. 101 f.; *Ekkehard Schumann*: Verfassungsbeschwerde (Grundrechtsklage) zu den Landesverfassungsgerichten, in: Christian Starck/Klaus Stern (Hrsg.): Landesverfassungsgerichtsbarkeit, Teilband 2, 1983, S. 149 (174 ff.).

291 Mit Ausnahme der bereits oben erwähnten Länder Baden-Württemberg, Bremen, Hamburg, Niedersachsen, Nordrhein-Westfalen und Schleswig-Holstein. Für das Saarland ergibt sich das Recht zur Verfassungsbeschwerde aus Art. 97 Nr. 4 Verf Saarland i. V. m. §§ 9 Nr. 13, 55 ff. VerfGHG Saarland.

verankert[292]. Die einzelnen Zulässigkeitsvoraussetzungen, die sich aus der jeweiligen Landesverfassung sowie ihren einfachgesetzlichen Konkretisierungen ergeben, ähneln überwiegend denjenigen des Grundgesetzes bzw. des Bundesverfassungsgerichtsgesetzes[293]. Vor allem die jüngeren Landesverfassungsgerichtsgesetze wurden maßgeblich vom Bundesverfassungsgerichtsgesetz beeinflusst[294].

Richtet man den Blick auf Russland, lassen sich auch hier große Überschneidungen zwischen den einzelnen Subjektsverfassungsgerichtsgesetzen und dem föderalen Verfassungsgerichtsgesetz feststellen[295]. Tatsächlich war das russische Verfassungsgerichtsgesetz Vorbild für eine Vielzahl regionaler Gesetze[296]. Selbst regionale Verfassungsgerichtsgesetze, die bereits vor Inkrafttreten des russischen Verfassungsgerichtsgesetzes bestanden, wurden daraufhin an das föderale Verfassungsgerichtsgesetz angepasst[297].

b) Verfassungswidrige prozessuale Besonderheiten?

Trotz großer Gemeinsamkeiten zwischen regionalem und föderalem Verfassungsprozessrecht lassen sich in den russischen regionalen Verfassungsprozessordnungen punktuell Abweichungen zum föderalen Verfassungsgerichtsgesetz ausmachen (1), die aus dem Blickwinkel des russischen Rechts eine verfassungsrechtliche Konfliktlage heraufbeschwören (2).

(1) Prozessuale Besonderheiten in den Subjektsverfassungsgerichtsgesetzen

Insgesamt gesehen bestehen zwischen dem russischen Verfassungsgerichtsgesetz und den Subjektsverfassungsgerichtsgesetzen inhaltlich mehr Überschneidungen

---

292 Vgl. Artt. 48 Abs. 3, 66, 120 Verf Bayern; Art. 84 Abs. 2 Nr. 5 Verf Berlin; Artt. 6 Abs. 2, 113 Nr. 4 Verf Brandenburg; Art. 131 Abs. 1 und Abs. 3 Verf Hessen; Art. 53 Abs. 1 Nr. 6 und Nr. 7 Verf Mecklenburg-Vorpommern; Art. 130a, 135 Abs. 1 Nr. 4 Verf Rheinland-Pfalz; Art. 81 Abs. 1 Nr. 4 Verf Sachsen; Art. 75 Nr. 6 Verf Sachsen-Anhalt; Art. 80 Abs. 1 Nr. 1 Verf Thüringen.

293 Ausführlich zu den einzelnen Voraussetzungen in den verschiedenen Bundesländern und ihren Besonderheiten *Sodan* (Fn. 224), Rn. 52 ff.

294 *Christian Starck*: Verfassungsgerichtsbarkeit der Länder, in: Josef Isensee/Paul Kirchhof (Hrsg.): Handbuch des Staatsrechts der Bundesrepublik Deutschland, Band 6, 3. Auflage 2008, § 130 Rn. 8.

295 Eingehend zu den Subjektsgesetzen, wenn auch durch die hohe Frequenz der Gesetzesänderungen in Teilen bereits überholt, *Gäßner* (Fn. 75), S. 170 ff.

296 *Gäßner* (Fn. 75), S. 179, m. w. N.; *Gošuljak/Chovrina/Gevokjan* (Fn. 75), S. 23; *Krjažkov* (Fn. 260), S. 59; *Krjažkov/Lazarev* (Fn. 2), S. 320; *Tasalov* (Fn. 252), S. 150.

297 *Gošuljak/Chovrina/Gevokjan* (Fn. 75), S. 24.

als Abweichungen. Gleichwohl sind diese wenigen Abweichungen für den Beschwerdeführer ungemein relevant, da die regionalen Normen seine Beschwerdemöglichkeiten durchweg erweitern. Die Abweichungen betreffen insbesondere die Beschwerdebefugnis (aa), den Beschwerdegegenstand (bb) sowie die Entscheidungswirkungen (cc).

(aa) Beschwerdebefugnis

Wie bereits betrachtet setzt die Beschwerdebefugnis nach der grundlegenden Reform des russischen Verfassungsgerichtsgesetzes ein abgeschlossenes gerichtliches Verfahren voraus[298]. Diese entscheidende Änderung wurde von den Subjekten entgegen der sonstigen Tendenz, sich am föderalen Verfassungsgerichtsgesetz zu orientieren, nicht übernommen[299]. Es besteht also hier – anders als im föderalen Verfassungsprozessrecht – gegenwärtig die Möglichkeit, Verfassungsbeschwerde ohne das Beschreiten irgendeines Rechtswegs zu erheben. Ob die Subjektsparlamente ihre Verfassungsgerichtsgesetze an das russische Verfassungsgerichtsgesetz künftig doch noch angleichen werden, bleibt abzuwarten. Einerseits ist dieser Schritt angesichts des großen Einflusses des föderalen Verfassungsgerichtsgesetzes auch in diesem Fall sehr wahrscheinlich. Andererseits nährt die anhaltende Untätigkeit der regionalen Gesetzgeber berechtigte Zweifel, ob es eine Anpassung geben wird.

(bb) Beschwerdegegenstand

Eine weitere signifikante Besonderheit der Subjektsverfassungsgerichtsgesetze ist die Ausgestaltung des Beschwerdegegenstands. Nach ihrem weit überwiegenden Wortlaut können Normativakte mit einer Verfassungsbeschwerde angegriffen

298 Dazu ausführlich bereits D. I. 2. c) (2).

299 Vgl. etwa Art. 90 Abs. 1 VerfGG Adygeja; Art. 87 Abs. 1 VerfGG Dagestan; Artt. 3 Abs. 1 Nr. 2, 90 Abs. 1 VerfGG Komi; Artt. 3 Nr. 2, 92 Abs. 2 VerfGG Marij Ėl; Artt. 3 Abs. 1 Nr. 3, 100 Abs. 2 VerfGG Sacha; Art. 101 Nr. 2 VerfGG Tatarstan; Art. 3 Abs. 1 Nr. 4, 94 Nr. 2 VerfGG Tschetschenien; Art. 83 StGG Swerdlowsk.
Hingegen kann nach Art. 34 Abs. 5 StGG Čeljabinsk nur noch dann Verfassungsbeschwerde erhoben werden, in denen ein gerichtliches Verfahren begonnen oder abgeschlossen worden ist. Überraschend ist weiterhin die Änderung des Verfassungsgerichtsgesetzes der Republik Karelien im Juni 2013. Der neu eingefügte Art. 83.1 VerfGG Karelien schreibt hinsichtlich der Beschwerdebefugnis vor, dass der Beschwerdeführer das angegriffene Gesetz für verfassungswidrig hält. Damit wird nunmehr die Verfassungsbeschwerde in Gestalt einer abstrakten Normenkontrolle normiert.

werden. Auch wenn mit dem Begriff vorrangig – vergleichbar mit dem föderalen Verfassungsprozessrecht[300] – formelle Gesetze in den Blick genommen werden sollen[301], erschöpft sich hierin nicht sein Gehalt. Erfasst sind damit auch Dekrete, andere Normativakte des Präsidenten oder Gouverneurs, Regierungsbeschlüsse sowie Normativakte der örtlichen Selbstverwaltung[302].

(cc) Entscheidungswirkungen

Der Entscheidungsausspruch eines Subjektsverfassungsgerichts hat – wie im Verfahren vor dem Russischen Verfassungsgericht – auf parallel gelagerte, bereits rechtskräftige Verfahren in der Regel keinen Einfluss[303]. Eine signifikante Abweichung von diesem Grundsatz trifft allerdings das Verfassungsgerichtsgesetz der Republik Tatarstan. Es bestimmt in Art. 104 Abs. 3 VerfGG Tatarstan, dass auch parallel gelagerte, bereits abgeschlossene Fälle auf Antrag des Betroffenen durch die zuständigen Stellen wieder aufgenommen und unter Würdigung des verfassungsgerichtlichen Urteils erneut entschieden werden müssen. In Tatarstan kann eine erfolgreiche Verfassungsbeschwerde damit eine enorme Breitenwirkung entfalten und lässt eine immense Verfahrenslast bei Fachgerichten bzw. Verwaltungsbehörden vermuten. Im Rechtsalltag wirkt sich die Norm indes bislang kaum aus. Wie die anderen Subjektsverfassungsgerichte blickt auch das Verfassungsgericht der Republik Tatarstan auf insgesamt sehr geringe Verfahrenszahlen[304]. Zwischen 2008 und 2013 ergingen insgesamt nur 22 Urteile in Verfassungsbeschwerdeverfahren. Von diesen waren allein zwei Verfahren in Teilen

300 Dazu bereits der Abschnitt D. I. 2. b).

301 Einige Subjektsverfassungen kennen ihrem Wortlaut nach keine Verfassungsbeschwerde gegen „Normativakte"(normativnye akty), sondern ausschließlich gegen „Gesetze" (zakony), vgl. etwa Art. 101.1 Abs. 5 Verf Nordossetien-Alanien; Art. 88 Nr. 3 Verf Sacha. Die Verwendung dieses Begriffs lässt auf den formalen Gesetzesbegriff schließen.

302 Vgl. etwa zur Überprüfbarkeit von Rechtsakten der örtlichen Selbstverwaltung ausdrücklich Art. 100 Abs. 3 Verf Burjatien; Art. 93 Abs. 3 Verf Dagestan; Art. 109 Abs. 4 Verf Tatarstan. Zum Ganzen auch *Gäßner* (Fn. 75), S. 179.

303 Zur Bindungswirkung von subjekts- und föderalverfassungsgerichtlichen Entscheidungen *Yustus* (Fn. 4), S. 192, m. w. N.

304 Vgl. die Tätigkeitsberichte des Verfassungsgerichts der Republik Tatarstan für die Jahre 2009 bis 2013, verfügbar unter http://ksrt.ru/?page_id=141. Zu den geringen Verfahrenszahlen bereits D. II. 3.

erfolgreich[305]. Die Zahl der Urteile, die potentiell überhaupt eine entsprechende Breitenwirkung entfalten könnten, ist also bislang sehr gering.

(2) Verfassungsrechtliche Konfliktlage

Die unterschiedlichen prozessualen Regelungen werden im russischen Recht nicht als Ausprägung regionaler Autonomie verstanden. Vielmehr verstößt die unterschiedliche prozessuale Ausgestaltung des Verfassungsbeschwerdeverfahrens nach der Lesart der russischen Literatur gegen die Gleichheit aller Bürger (Art. 19 Verf RF) sowie gegen die Rechtsschutzgarantie (Art. 46 Verf RF). Dahinter steht der Gedanke, dass allen Betroffenen der gleiche Zugang zu einem Subjektsverfassungsgericht garantiert werden müsse, um ihren regionalen Grundrechten Geltung zu verschaffen. Dieser Gedanke erinnert stark an die bereits dargelegte Problematik hinsichtlich der schleppenden Institutionalisierung[306]. Tatsächlich verläuft auch die Diskussion in der Literatur in ähnlichen Mustern.

Die herrschende Meinung zeigt sich in ihrem Lösungsansatz sehr zentralistisch. Der föderale Gesetzgeber solle ein Subjektsverfassungsgerichtsgesetz erlassen, das allgemeine Organisations- und Verfahrensvorschriften enthielte[307]. Als Kompetenzgrundlage wird entweder Art. 71 n) Verf RF[308], der der Föderation eine Gesetzgebungskompetenz zur Regelung der Gerichtsverfassung zuweist, herangezogen. Alternativ wird auf Art. 72 m) Verf RF verwiesen[309], der eine gemeinsame Kompetenz zur Festlegung allgemeiner Organisationsprinzipien für das System der Organe der Staatsgewalt vorsieht[310]. Hinter der Forderung nach einer föderalen Regelung verbirgt sich nicht zuletzt die Hoffnung, die Verfassungsgerichte –

305 Das ergibt sich aus einer Auswertung der umfassend verfügbaren Judikatur auf den Seiten des Verfassungsgerichts der Republik Tatarstan unter http://ksrt.ru/?cat=6.

306 Hierzu schon D. II. 2. b).

307 Etwa *Caliev* (Fn. 286), S. 1211 f.; *ders.* (Fn. 224), S. 14; *Gošuljak/Chovrina/Gevokjan* (Fn. 75), S. 49; *Kovalenko* (Fn. 256), S. 26; *Nesmejanova* (Fn. 262), S. 53 f., m. w. N.; *A. N. Kokotov*: Zakonodatel'stvo o konstitucionnom (ustavnom) pravosudii v sub"ektach federacii: voprosy soveršenstvovanija [Die Gesetzgebung zur Verfassungs-(Statuten-)Gerichtsbarkeit in den Föderationssubjekten: Frage der Vervollkommnung], Rossijskij juridičeskij žurnal 2001, Nr. 4, S. 3 (4). Eine konkrete Auflistung denkbarer Regelungsbereiche gibt *Krjažkov* (Fn. 75), S. 160. Ebenso befürwortend, aber hinsichtlich der tatsächlichen Wirkungskraft des Gesetzes zweifelnd *Mitjukov* (Fn. 255), S. 21.

308 Nach dem russischen Alphabet ist es Art. 71 o) Verf RF.

309 Nach dem russischen Alphabet ist es Art. 72 n) Verf RF.

310 Vgl. *Nesmejanova* (Fn. 262), S. 53 f.

jedenfalls zum Teil – von ihrer Abhängigkeit von regionalen Machtzentren zu befreien und ihre Institutionalisierung voranzutreiben[311].

Die von der Literatur vorgebrachten Argumente wirken wenig überzeugend. Über die Regelung von Zuständigkeiten hinausgehende umfassende prozessuale Regelungen lassen sich kaum noch unter den Begriff der Gerichtsverfassung im Sinne des Art. 71 n) Verf RF subsumieren. Auch der Verweis auf Art. 72 m) Verf RF überzeugt nicht, da weit über die Festlegung allgemeiner Organisationsprinzipien im Sinne der Norm hinaus konkrete, allgemeinverbindliche Verfahrensregelungen durch das föderale Subjektsverfassungsgerichtsgesetz geschaffen werden sollen. Zudem wäre ein Normerlass – gestützt auf eine gemeinsame Gesetzgebungskompetenz – nur ein vermeintlicher Kompromiss zwischen Regionen und Zentrum, da die Subjekte gemäß Art. 76 Abs. 2 Verf RF Normen des Subjektsverfassungsgerichtsgesetzes nicht durch eine eigene ersetzen könnten. Vielmehr dürften sie zwar eigene Gesetze erlassen, diese aber wiederum im Einklang mit der föderalen Regelung stehen müssten. Eine tatsächliche Autonomie der Subjekte, ihre Verfassungsgerichtsbarkeit prozessual ausgestalten zu können, würde also auch in diesem Fall nicht mehr bestehen. Auch das Russische Verfassungsgericht hat in Fällen, in denen einzelne regionale Bestimmungen vom föderalen Verfassungsgerichtsgesetz abwichen, wiederholt entschieden, dass die Subjekte bei der konkreten Ausgestaltung ihrer Verfassungsgerichtsbarkeit – insbesondere im Hinblick auf Organisation und Kompetenzen – frei sind[312].

c) Verhältnis zur föderalen Verfassungsbeschwerde

Theoretisch betrachtet kann es in Russland und in Deutschland kaum Situationen geben, in denen sowohl eine regionale, als auch eine föderale Verfassungsbeschwerde gleichzeitig als Rechtsschutzmöglichkeit in Betracht kommen. Sowohl das Schutzgut – regionale oder föderale Grundrechte – als auch der Prüfungsmaßstab – die regionale bzw. die föderale Verfassung – sind grundlegend verschieden. Die Entscheidungsräume der regionalen und föderalen Verfassungsgerichtsbarkeit stehen für sich[313]. Gleichwohl kommt es in der Rechtspraxis

---

311 Hierzu bereits D. II. 2. a).

312 Beschlüsse des VerfG vom 09.04.2002 Nr. 71-O, Punkt 2 Abs. 3; vom 07.02.2003 Nr. 46-O, Punkt 2 Abs. 4; vom 27.12.2005 Nr. 491-O, Punkt 4 Abs. 5, jeweils verfügbar unter http://www.ksrf.ru/ru/Decision/Pages/default.aspx.

313 Für das deutsche Recht etwa BVerfGE 4, 178 (189); 6, 376 (381 f.); 22, 267 (270); 36, 342 (357); 96, 231 (242). Im russischen Recht wird dieser Gedanke bislang nicht erwähnt.

beider Vergleichsländer häufig zu faktischen Überschneidungen, da regionale und föderale Grundrechte – wie bereits betrachtet[314] – vielfach inhaltlich kongruent sind.

Im russischen Recht kann sich der Betroffene mit seiner Verfassungsbeschwerde dann in der gleichen Sache sowohl an das Russische Verfassungsgericht als auch an das jeweilige Subjektsverfassungsgericht wenden[315]. Insofern wird in der russischen Literatur zum Teil vom doppelten verfassungsgerichtlichen Rechtsschutz gesprochen[316]. Es ist eine Terminologie, die sich ebenso im deutschen Recht findet. Dort ist von der „Doppelspurigkeit in der verfassungsgerichtlichen Grundrechtssicherung“[317] die Rede. Auch im deutschen Recht ist es prinzipiell zulässig, Verfassungsbeschwerde sowohl zum Landesverfassungsgericht als auch zum Bundesverfassungsgericht zu erheben[318]. Dieser Gedanke kommt normativ zum Ausdruck, indem § 90 Abs. 3 BVerfGG bestimmt, dass das Recht, eine Verfassungsbeschwerde an ein Landesverfassungsgericht zu erheben, vom Recht zur Beschwerde zum Bundesverfassungsgericht unberührt bleibt.

Sollte der Beschwerdeführer in Russland mit seinem Anliegen vor einem Verfassungsgericht unterliegen, kann er sich an das jeweils andere Verfassungsgericht wenden[319]. Diese uneingeschränkte Alternativität besteht im deutschen Recht nur begrenzt, da nach einigen Landesverfassungsgerichtsgesetzen eine Beschwerde nach einer erfolglosen Beschwerde zum Bundesverfassungsgericht ausgeschlossen ist[320]. Anders verhält es sich in der umgekehrten Konstellation. Nach einem erfolglosen landesverfassungsgerichtlichen Verfahren kann

---

314 Hierzu schon der Abschnitt D. II. 1. b).

315 *Krjažkov/Lazarev* (Fn. 2), S. 335 ff.; *Krjažkov* (Fn. 260), S. 84; *Gäßner* (Fn. 75), S. 229 f., m. w. N.

316 *E. V. Boldyreva*: Prednaznačenie sudebnogo konstitucionnogo kontrolja v sub"ektach federativnych gosudarstv (na primere SŠA, FRG i RF) [Der Zweck einer gerichtlichen Verfassungskontrolle in den Regionen föderaler Staaten (am Beispiel der USA, der BRD und der RF)], GViMS 2007, Nr. 11, S. 7 (10), m. w. N.; *Lyskova* (Fn. 55), S. 114; *Yustus* (Fn. 4), S. 184, m. w. N.

317 Begriff entlehnt bei *Stern/Sachs* (Fn. 6), Band III/2, S. 1508.

318 Vgl. etwa *Grawert* (Fn. 223), Rn. 111; *Rüfner* (Fn. 230), S. 671, m. w. N.; *Stern/Sachs* (Fn. 6), Band III/2, S. 1508; *Tilch* (Fn. 244), S. 563.

319 *Gäßner* (Fn. 75), S. 230; *Gošuljak/Chovrina/Gevokjan* (Fn. 75), S. 81 f.

320 Vgl. Art. 84 Abs. 2 Nr. 5 Verf Berlin sowie § 49 Abs. 1 VerfGHG Berlin; § 45 Abs. 1 VerfGG Brandenburg; § 58 Abs. 3 VerfGG Mecklenburg-Vorpommern. Ausführlich zum Ganzen *Sodan* (Fn. 224), Rn. 70, m. w. N.; *Stern/Sachs* (Fn. 6), Band III/2, S. 1508 ff.

uneingeschränkt Beschwerde zum Bundesverfassungsgericht erhoben werden[321]. Darüber hinaus kann die Entscheidung des Landesverfassungsgerichts selbst als Akt der öffentlichen Gewalt i. S. d. Art. 93 Abs. 1 Nr. 4a GG vor dem Bundesverfassungsgericht angegriffen werden[322].

Als Ausfluss des unterschiedlichen Verfahrensgegenstandes ist das zweitangerufene Verfassungsgericht weder im russischen noch im deutschen Recht an die Entscheidung des erstangerufenen Verfassungsgerichts gebunden[323]. Faktisch besteht im russischen Recht gleichwohl eine Bindung des Subjektsverfassungsgerichts, wenn es nach einer Entscheidung des Russischen Verfassungsgerichts angerufen wird. Sie leitet sich aus der Einheitlichkeit des Rechtsraums[324] bzw. aus der Wirkungskraft der Entscheidungen des Russischen Verfassungsgerichts gegenüber allen staatlichen Organen[325] ab.

5. Zwischenergebnis

Über zwanzig Jahre nach der Gründung der ersten Subjektsverfassungsgerichte steht ihre effektive Tätigkeit zum Schutz der regionalen Grundrechte erst am Anfang. Die Gründe dafür sind weniger im Rechtlichen als vielmehr im Tatsächlichen zu suchen. Die Ursachen reichen von mangelndem Interesse bis hin zu Fragen der Finanzierbarkeit. Anhaltende Bestrebungen in der russischen Literatur, kraft föderaler Regelung einen Gründungzwang oder zumindest einheitliche organisatorische sowie prozessuale Mindestanforderungen zu schaffen, stehen im Dienst, den Institutionalisierungsprozess losgelöst von den Befindlichkeiten

---

321 *Christian Pestalozza*: Bundesverfassungsgerichtsbarkeit und Landesverfassungsgerichtsbarkeit, in: Detlef Merten/Hans-Jürgen Papier (Hrsg.): Handbuch der Grundrechte, Band 3, 2009, § 86 Rn. 57.

322 Etwa BVerfGE 6, 445 (449); 13, 132 (140); 85, 148 (157); 96, 231 (242); *Pestalozza* (Fn. 321), Rn. 56.

323 Für das deutsche Recht ähnlich *Stern/Sachs* (Fn. 6), Band III/2, S. 1512; *Tilch* (Fn. 244), S. 564.
Für das russische Recht *Yustus* (Fn. 4), S. 193.

324 Diese Sichtweise legt *S. A. Kažlaev* nahe, *ders.*: Sposoby universalizacii pravovych pozicij Konstitucionnogo Suda RF [Mittel zur Verallgemeinerung von Rechtspositionen des Verfassungsgerichts der Russischen Föderation], GiP 2008, Nr. 1, S. 14 (18).

325 *E. M. Pereplesnina*: O nekotorych problemach vzajmodejstvija konstitucionnych (ustavnych) sudov sub"ektov Rossijskoj Federacii s Konstitucionnym Sudom Rossijskoj Federacii [Zu einigen Problemen der Zusammenarbeit der Verfassungs- (Statuten-) Gerichte der Subjekte der Russischen Föderation mit dem Verfassungsgericht der Russischen Föderation)], GViMS 2007, Nr. 8, S. 28 (28 f.). Zum Ganzen *Yustus* (Fn. 4), S. 193, m. w. N.

regionaler Machthaber voranzutreiben. Dass damit zugleich die regionale Autonomie, die ihre verfassungsrechtliche Verankerung nicht zuletzt im Föderalismusprinzip des Art. 5 Verf RF findet, erheblich geschwächt wird, tritt in der russischen Diskussion den Hintergrund.

Doch selbst wenn Subjektsverfassungsgerichte bestehen sollten, werden sie in der Bevölkerung kaum als grundrechtsschützende Instanz wahrgenommen. Von den möglichen Verfahrensarten dominieren die Verfassungsbeschwerdeverfahren den Gerichtsalltag. Die Fallzahlen sind jedoch – absolut betrachtet – sehr gering.

Die verfassungsprozessuale Ausgestaltung der regionalen Verfassungsbeschwerden ähnelt dem föderalen Verfassungsprozessrecht. Es gibt jedoch eine Reihe von prozessualen, für den Betroffenen günstigen Abweichungen etwa hinsichtlich der Gegenwärtigkeit der Betroffenheit oder hinsichtlich des Beschwerdegegenstandes. Dadurch sind die Regelungen der regionalen Verfassungsgerichtsgesetze – jedenfalls zum gegenwärtigen Zeitpunkt – deutlich grundrechtsschutzfreundlicher als das föderale Verfassungsgerichtsgesetz. Derartige Abweichungen werden in der Literatur vor dem Hintergrund des Gleichbehandlungsgrundsatzes sowie der Rechtsschutzgarantie sehr kritisch betrachtet und eine einheitliche föderale Ausgestaltung verlangt. Diese Sichtweise hält jedoch vor dem Hintergrund des Föderalismusprinzips einer verfassungsgerichtlichen Prüfung nicht stand.

Schließlich kann der Beschwerdeführer in den Fällen, in denen sowohl föderale als auch regionale Grundrechte einschlägig sind, frei wählen, ob er seine Beschwerde zunächst an das Russische Verfassungsgericht oder an sein Subjektsverfassungsgericht richtet. Der Grundrechtsschutz ist hier also wie im deutschen Recht doppelspurig. Dabei verliert der Beschwerdeführer im russischen Recht nicht die Möglichkeit, sich darauf an das jeweils andere Gericht zu wenden. Allerdings ist die tatsächliche Effektivität dieses doppelten Grundrechtsschutz begrenzt, da faktisch eine Bindungswirkung der föderal verfassungsgerichtlichen Entscheidung anerkannt ist.

III. Grundrechtsschutz durch die Fachgerichtsbarkeit

Der Schutz der Verfassung und der in ihr verankerten Grundrechte ist Aufgabe aller Gerichte und aller Instanzen[326]. Doch im Gegensatz zur Verfassungsgerichtsbarkeit, deren grundrechtssichernde Aufgabe in ihrer Rechtsprechung

326 So für das russische Recht *T. Morščakova*: Konstitucionnaja zaščita prav i svobod graždan sudami Rossijskoj Federacii [Der verfassungsrechtliche Schutz der Rechte

nur allzu deutlich zutage tritt, ist die grundrechtsschützende Tätigkeit der Fachgerichte[327] verborgener, da sie in ihrer allgemeinen rechtsprechenden Tätigkeit aufgeht (1.).

Von besonderer Bedeutung sind Grundrechte im strafgerichtlichen Verfahren, nicht zuletzt aufgrund der drohenden Eingriffsintensität. Hierzu existiert in beiden Rechtsordnungen bereits eine Fülle von Literatur[328]. Grundrechtsdurchdrungen sind aber gerade auch verwaltungsgerichtliche Streitigkeiten. Doch gerade hier zeigt sich das russische Recht noch äußerst lückenhaft. Es besteht weder ein durchgängig auf verwaltungsrechtliche Streitigkeiten spezialisierter Gerichtsapparat noch ein eigenständiges Verwaltungsprozessrecht (2.).

1. Grundrechtsschutz als stete Aufgabe der Fachgerichtsbarkeit

a) Bedeutung im Verhältnis zum verfassungsgerichtlichen Grundrechtsschutz

Die Hauptlast, Grundrechtsverletzungen zu erkennen und abzuhelfen, ruht in Russland und Deutschland bei den Fachgerichten[329]. Das gilt für das russische Recht umso mehr, als dass sich eine föderale Verfassungsbeschwerde[330] – anders als im deutschen Recht – prinzipiell nur gegen ein formelles Gesetz richten kann.

---

und Freiheiten des Bürgers durch die Gerichte der Russischen Föderation], SKO 2004, Nr. 4, S. 124 (125).
Für das deutsche Recht *Stern/Sachs* (Fn. 6), Band III/2, S. 1190 f.

327 Zum umstrittenen, aber häufig verwandten Begriff der Fachgerichte bzw. der Fachgerichtsbarkeit im deutschen Recht *Hans-Jürgen Papier*: Grundrechtsschutz durch die Fachgerichtsbarkeit, in: Detlef Merten/ders. (Hrsg.): Handbuch der Grundrechte, Band 3, 2009, § 79, Fn. 4; *Schlaich/Korioth* (Fn. 3), Rn. 22; jeweils m. w. N. In der russischen Rechtswissenschaft besteht kein vergleichbarer Begriff.

328 Vgl. zum russischen Recht insbesondere die deutschsprachigen Monographien von *Manja Hussner*: Die Umsetzung von Art. 6 Abs. 3 EMRK in der neuen Strafprozessordnung Russlands, 2008 sowie von *Peter Lemke*: Probleme des Strafverfahrens in Russland vor dem Hintergrund der Menschenrechte, 2007; ferner etwa *V. M. Savickij*: Sudebnaja zaščita prav i svobod čeloveka i graždanina [Gerichtlicher Schutz der Rechte und Freiheiten des Menschen und des Bürgers], in: E. A. Lukaševa (Hrsg.): Prava čeloveka [Menschenrechte], 2004, S. 331 ff.
Weiterführend zur Thematik im deutschen Recht etwa *Papier* (Fn. 327), Rn. 17 ff.

329 So für das deutsche Recht auch BVerfGE 49, 252 (258); 73, 322 (327); 96, 27 (40); 107, 395 (414).

330 Zu den Besonderheiten des regionalen Verfassungsrechts schon der Abschnitt D. II. 4. b) (1).

Andere Rechtsnormen oder Hoheitsakte sind demgegenüber von einer föderalen verfassungsgerichtlichen Kontrolle ausgenommen[331]. Gleichwohl wird die grundrechtsschützende Tätigkeit der fachgerichtlichen Rechtsprechung in der russischen Literatur nur wenig in den Blick genommen. Selbst Beiträge, die sich ihrem Titel nach dieser Thematik annehmen, erörtern im Kern verfahrensrechtliche Aspekte, etwa der Rechtsschutzgarantie (Art. 46 Verf RF)[332], oder allgemeine organisatorische und statusrechtliche Fragen der richterlichen Tätigkeit[333]. Fragen nach dem Schutz der materiellen Grundrechte durch das gerichtliche Verfahren bleiben unbeantwortet.

b) *Normativer Ausgangspunkt des fachgerichtlichen Grundrechtsschutzes*

Den normativen Ausgangspunkt den fachgerichtlichen Grundrechtsschutz bildet in Russland und Deutschland die unmittelbare Grundrechtsbindung des Richters (Artt. 2 Satz 2, 18 Satz 2 Verf RF bzw. Art. 1 Abs. 3 GG). Diese Grundrechtsbindung gilt in beiden Vergleichsländern prinzipiell unabhängig vom konkreten Prozessinhalt[334]. Hinzu tritt im russischen Recht Art. 120 Abs. 1 Verf RF, der – neben einer mit Art. 97 Abs. 1 GG vergleichbaren richterlichen Gesetzesbindung – zudem die Bindung des Richters an die Verfassung formuliert. Es ist zum einen die Bindung an Verfahrensgrundrechte, etwa die auch in der

331 Ausführlich hierzu bereits der Abschnitt D. I. 2. b).

332 Etwa *L. Ju. Grudcyna*: Sudebnaja zaščita prav i svobod [Gerichtlicher Schutz der Rechte und Freiheiten], RJu 2006, Nr. 2, S. 25–27; *I. O. Nesterovskij*: Sudebnaja zaščita prav i svobod graždan [Gerichtlicher Schutz der Rechte und Freiheiten des Bürgers], ZiP 2009, Nr. 4, S. 32–35.

333 Vgl. etwa *Morščakova* (Fn. 326), S. 125 ff.; *Tat'jana Nešataeva*: Sud i zaščita prav i svobod graždan Rossijskoj Federacii [Das Gericht und der Schutz der Rechte und Freiheiten der Bürger der Russischen Föderation], SKO 2004, Nr. 4, S. 129–133; ähnlich *L. Ju. Grudcyna*: Sudebnaja zaščita prav i svobod ličnosti [Gerichtlicher Schutz der Rechte und Freiheiten der Persönlichkeit], Zakonodatel'stvo i Ėkonomika 2003, Nr. 8, S. 70 (76 f.).

334 Das war für die Zivilrechtsprechung in den jungen Jahren der Bundesrepublik noch umstritten, vgl. dazu etwa *Kauffmann* (Fn. 63), S. 30, m. w. N. Zur Grundrechtsbindung des Richters unabhängig vom konkreten Prozessinhalt heute etwa BVerfGE 42, 143 (148); 73, 261 (268); *Papier* (Fn. 327), Rn. 5; ähnlich *Dreier* (Fn. 32), Art. 1 III Rn. 78.
Für das russische Recht entscheidend dazu die Bestimmung des Plenums des Obersten Gerichtshofs der Russischen Föderation vom 31.10.1995 Nr. 8, Bjulleten' Verchovnogo Suda Rossijskoj Federacii 1996, Nr. 1, S. 3 ff. sowie das Urteil des VerfG vom 16.06.1998 Nr. 19-P, SZ RF 1998, Nr. 25, Pos. 3004, S. 5478 ff. (insbesondere S. 5481).

russischen Literatur in diesem Zusammenhang erörterte Rechtsschutzgarantie[335], aber auch an materielle Grundrechte.

c) *Wirkungsweisen des fachgerichtlichen Grundrechtsschutzes*

Welche Bedeutung materiellen Grundrechten im fachgerichtlichen Verfahren zukommt, hängt im deutschen Recht in entscheidender Weise davon ab, ob sich im Verfahren im Grunde gleichberechtigte Bürger gegenüber stehen – wie es im klassischen zivilgerichtlichen Verfahren der Fall ist – oder unmittelbar grundrechtsgebundenes Staatshandeln zur Prüfung steht. Im zivilgerichtlichen Verfahren vollzieht sich die Grundrechtseinwirkung mangels unmittelbarer Grundrechsbindung der Privatpersonen etwa im Vergleich zu verwaltungsrechtlichen Streitigkeiten subtiler[336].

Nur in wenigen Ausnahmefällen kommt den Zivilgerichten eine Entscheidung in besonders grundrechtsgeprägten Sachverhalten zu, etwa wenn sie über amtshaftungsrechtliche Ansprüche gegen grundrechtsverpflichtete Hoheitsträger nach Art. 34 Satz 3 GG entscheiden. Die in der weit überwiegenden Zahl der Verfahren fehlende Grundrechtsbindung der Parteien hat indes nicht zur Folge, dass Zivilgerichte einen solchen Rechtsstreit gänzlich ohne Berücksichtigung materieller Grundrechte entscheiden könnten. Unabhängig von dem konkret berührten Rechtsgebiet können sie ihre Entscheidung nur auf verfassungsgemäße, also auch grundrechtskonforme Normen stützen. Sollten hieran bei formellen Gesetzen Zweifel bestehen, muss das Verfahren ausgesetzt und die Frage dem Bundesverfassungsgericht vorgelegt werden[337]. Im Falle untergesetzlicher[338] oder vorkonstitutioneller Normen lässt das Fachgericht die verfassungswidrige Norm bei der Fallentscheidung unberücksichtigt. Weiterhin verschaffen die Gerichte Grundrechten auch im Wege der mittelbaren Drittwirkung[339] Geltung, indem Richter ausfüllungsbedürftige Rechtsbegriffe grundrechtsberücksichtigend auslegen[340].

---

335 Vgl. bereits die Nachweise in Fn. 332.

336 Dazu schon B. II. 4. b).

337 Vgl. nur Art. 100 Abs. 1 GG.

338 So die ganz herrschende Ansicht. Zum Meinungsstand vgl. *Klein* (Fn. 198), § 24 Rn. 755 f.

339 Zur Drittwirkungsproblematik bereits B. II. 4. b).

340 Ständige Rechtsprechung seit der Lüth-Entscheidung, BVerfGE 7, 198 (206); nachfolgend BVerfGE 42, 143 (148); 89, 214 (229). Vgl. auch die Nachweise unter B. II. 4. b), Fn. 91.

In der russischen Literatur wird die Einwirkung von materiellen Grundrechten auf klassisch zivilrechtliche Streitigkeiten bislang nicht thematisiert. Aus dem Blickwinkel des russischen Rechts besteht dafür auch keine Notwendigkeit, da die Grundrechte – anders als im deutschen Recht – unstreitig in Privatrechtsbeziehungen wirken. Grundrechte können somit im russischen Zivilprozess aus sich heraus Bedeutung erlangen. So forcierte etwa der Oberste Gerichtshof in den 1990er Jahren die unmittelbare Anwendung der Verfassung und ihrer materiellen Grundrechte in allen fachgerichtlichen Verfahren als Mittel, um transformationsbedingte Regelungslücken zu schließen[341]. Ein Blick in die heutige zivilgerichtliche Rechtsprechungspraxis zeigt, dass die russischen Gerichte Verfassungsnormen in ihrer Urteilsbegründung häufig unmittelbar heranziehen[342]. Insgesamt vermittelt sich allerdings der Eindruck, dass die Verfassungsnormen oftmals[343] eher primär als normative Eckpfeiler der sich anschließenden einfachrechtlichen Prüfung herangezogen werden, als dass ihnen in der rechtlichen Würdigung eine selbstständige Bedeutung zukommt. Grundrechte in den

341 Vgl. die Bestimmung des Plenums des Obersten Gerichtshofs vom 31.10.1995 Nr. 8, Bjulleten' Verchovnogo Suda Rossijskoj Federacii 1996, Nr. 1, S. 3 ff.

342 Exemplarisch das Urteil des Gerichts des Leninskij Bezirks der Stadt Saransk vom 13.03.2012 Nr. 2-449/2012, verfügbar auf der Internetseite des Gerichts unter http://leninsky.mor.sudrf.ru/modules.php?name=bsr&op=show_text&srv_num=1&id=13600231203281030347351000541372. Vgl. ferner etwa die Urteile des Arbitragegerichts des Tomsker Gebiets vom 30.03.2012 Nr. A67-502/2012; des Arbitragegerichts des Saratovsker Gebiets vom 27.03.2012 Nr. A57-2214/2012; des Arbitragegerichts der Stadt Moskau vom 30.12.2011 Nr. A40-129974/11; des Arbitragegerichts des Rostower Gebiets vom 30.12.2011 Nr. A53-14375/2011; des Arbitragegerichts der Republik Karelien vom 28.12.2011 Nr. A26-9004/2011; des Arbitragegerichts des Gebiets Iwanowo vom 30.09.2010, Nr. 17-19/2010; des Arbitragegerichts der Murmansker Gebiets vom 19.07.2006 Nr. A42 -12699/2005; des Arbitragegerichts des Gebiets Tjumen vom 23.08.2005 Nr. A-70-5829/28-2005; alle jeweils verfügbar unter http://ras.arbitr.ru/.
Aus der ordentlichen Gerichtsbarkeit sei etwa verwiesen auf die Entscheidungen des Gerichts des Bezirks Oktjabr'skij der Stadt Archangel'sk vom 15.03.2012 Nr. 2-1891/2012 und des Gerichts des Bezirks Oktjabr'skij der Stadt Rostow am Don vom 09.02.2012 Nr. 2-554/12.

343 Eine Ausnahme bildet etwa eine Entscheidung des Arbitragegerichts von St. Petersburg und des Leningrader Gebiets vom 03.04.2012 Nr. A56-7707/2012, in der die Pflicht, der obsiegenden Partei die entstandenen Anwaltskosten zu zahlen, mit dem Hinweis auf das bereits erwähnte Recht auf qualifizierten juristischen Beistand, Art. 48 Verf RF, begründet wurde, verfügbar unter http://ras.arbitr.ru/.

Entscheidungen zu zitieren ist modern und verspricht zugleich eine breite normative Absicherung.

Wie die deutschen Fachgerichte prüfen die russischen Gerichte zudem, ob die streitentscheidenden Normen an sich verfassungsgemäß sind[344]. Die damit angesprochene Normüberprüfungskompetenz wird in der russischen Literatur häufig – vergleichbar mit der deutschen Terminologie – als inzidente (kosvennyj)[345] oder mittelbare (oposredovannyj)[346] Normenkontrolle bezeichnet. Aus dieser allgemeinen fachgerichtlichen Normüberprüfungskompetenz folgt aber auch im russischen Recht nur hinsichtlich verfassungswidriger Rechtsnormen unterhalb eines formellen Gesetzes eine Normverwerfungskompetenz[347]. Die Verwerfung formeller Gesetze bleibt somit in beiden Vergleichsländern dem Verfassungsgericht vorbehalten[348].

---

344 Für das russische Recht etwa *Gadžiev* (Fn. 55), S. 149; *V. N. Jacenko*: Sudebnyj kontrol' normativnych aktov [Die gerichtliche Kontrolle von Normativakten], GiP 2005, Nr. 11, S. 22 (22 f., 27); *A. A. Gravina*, in: L. A. Okun'kov (Hrsg.): Kommentarij k Konstitucii Rossijskoj Federacii [Kommentar zur Verfassung der Russischen Föderation], 2002, Art. 120, S. 854; *V. Lebedev*: Ot idei sudebnogo normokontrolja k administrativnomu sudoproizvodstvu [Von der Idee einer gerichtlichen Normenkontrolle zum verwaltungsgerichtlichen Verfahren], RJu 2000, Nr. 9, S. 2 (2); *T. Paršina*: Ponjatie i vidy sudebnogo kontrolja za zakonnost'ju pravovych aktov (obščepravovoj aspekt) [Begriff und Arten der gerichtlichen Kontrolle über die Rechtmäßigkeit von Rechtsakten (allgemeinrechtlicher Aspekt)], Rossijskij sud'ja 2006, Nr. 3, S. 21 (24); *R. V. Zajcev*: Vidy sudebnogo normokontrolja [Formen der gerichtlichen Normenkontrolle], Rossijskij sud'ja 2003, Nr. 4, S. 4 (4).

345 Vgl. etwa *Paršina* (Fn. 344), S. 24; *Zajcev* (Fn. 344), S. 6; *O. A. Bek*: K voprosu o ponjatii sudebnogo normokontrolja [Zur Frage des Begriffs der gerichtlichen Normenkontrolle], REGiAP 2007, Nr. 6, S. 221 (223 f.).

346 *Lebedev* (Fn. 344), S. 2.

347 *Bek* (Fn. 345), S. 225; *Jacenko* (Fn. 344), S. 22; ähnlich *Paršina* (Fn. 344), S. 25.

348 Das war im jungen Russland zwischen dem Obersten Gerichtshof und dem Russischen Verfassungsgericht heftig umstritten, vgl. dazu *Jacenko* (Fn. 344), S. 23 f., m. w. N.; *Lebedev* (Fn. 344), S. 3; *Piter G. Solomon*: Sudebnaja vlast' v Rossii: skvoz' prizmu administrativnoj justicii [Die rechtsprechende Gewalt in Russland: durch das Prisma der Verwaltungsjustiz], Konstitucionnoe Pravo: Vostočnoevropejskoe obozrenie 2003, Nr. 3, S. 108 (112); *D. Tumanov*: K voprosu o primenenii Konstitucii Rossijskoj Federacii v slučae probelov v prave, a takže o roli Konstitucionnogo Suda Rossijskoj Federacii v vyjavlenii takich probelov [Zur Frage der Anwendung der Verfassung der Russischen Föderation im Falle von Rechtslücken sowie zur Rolle des Verfassungsgerichts der Russischen Föderation bei der Ermittlung solcher Lücken], AiGP 2009, Nr. 7, S. 5 (5 f.), m. w. N. Deutlich dazu das Urteil des VerfG vom 03.05.1995 Nr. 4-P, SZ RF 1995, Nr. 19, Pos. 1764, S. 3404 (3405 f.) sowie

2. Grundrechtsschutz durch Rechtsprechung in Verwaltungssachen

Dem verwaltungsgerichtlichen Verfahren, in dem das Handeln der unmittelbar grundrechtsgebundenen Exekutive überprüft wird, ist sein grundrechtsschützender Charakter in beiden Rechtsordnungen immanent (a). Der Stand des verwaltungsgerichtlichen Rechtsschutzes wird in der russischen Literatur oftmals als Gradmesser für die Rechtsstaatlichkeit empfunden[349]. Im russischen Rechtsalltag steigt die Zahl der Beschwerden, in denen eine Rechtsverletzung durch die öffentliche Gewalt gerügt wird, stetig an[350]. Gleichwohl ist der verwaltungsgerichtliche Rechtsschutz bislang vergleichsweise wenig entwickelt. Seine gegenwärtige Ausgestaltung zeigt sich als Ausschnitt eines anhaltenden Umwandlungsprozesses, der bei weitem noch nicht abgeschlossen ist. Beispielsweise existiert in Russland bislang keine organisatorisch verselbstständigte Verwaltungsgerichtsbarkeit. Arbitrage- und Zivilgerichte übernehmen diese Aufgabe gemeinsam. Dabei sind jedoch insbesondere die Zivilgerichte kaum auf Entscheidungen in verwaltungsrechtlichen Streitigkeiten spezialisiert (b). Ferner existiert keine einheitliche und umfassende Verwaltungsprozessordnung (c).

a) Immanent grundrechtsschützende Funktion

In beiden Vergleichsländern können Grundrechte im verwaltungsgerichtlichen Verfahren – anders als im deutschen Zivilprozess – zu schützenswerten

vom 16.06.1998 Nr. 19-P, SZ RF 1998, Nr. 25, Pos. 3004, S. 5478 ff. (insbesondere S. 5481 ff.). Heute aber eindeutig für die Zivilgerichtsbarkeit auch Art. 251 Abs. 3 ZPGB RF.

Zur Normverwerfungskompetenz bereits D. I. 2. d).

Anders aber in beiden Rechtsordnungen im Hinblick auf vorkonstitutionelle Gesetze. Hier entfaltet eine fachgerichtliche Normverwerfung keine inter omnes Wirkung. Für das russische Recht etwa *Gravina* (Fn. 344), Art. 120, S. 861; für das deutsche Recht BVerfGE 2, 124 (128 ff.), 10, 129 (131); 16, 343 (346).

349 Vgl. etwa *N. G. Sališčeva/N. Ju. Chamaneva*: Administrativnaja justicija, administrativnoe sudoproizvodstvo [Verwaltungsjustiz, verwaltungsgerichtliches Verfahren], GiP 2002, Nr. 1, S. 5 (5); *P. Serkov*: Vvedenie administrativnogo sudoproizvodstva – konstitucionnyj dolg zakonodatelej [Die Einführung eines verwaltungsgerichtlichen Verfahrens – Verfassungsverpflichtung der Gesetzgeber], RJu 2003, Nr. 12, S. 54 (54).

350 *S. L. Simonjan*: O razvitii administrativnogo sudoproizvodstva na sovremennom ėtape [Zur Entwicklung eines verwaltungsgerichtlichen Verfahrens in der jetzigen Etappe], RJu 2011, Nr. 7, S. 27 (27 f.), m. w. N.; für die Arbitragegerichtsbarkeit im Besonderen *A. V. Absaljamov*, in: V. V. Jarkov (Hrsg.): Arbitražnyj process [Der Arbitrageprozess], 3. Auflage 2008, S. 394.

Rechtspositionen erwachsen und den unmittelbaren Prüfungsmaßstab der gerichtlichen Kontrolle bilden. Jedoch ist diese immanent grundrechtsschützende Funktion gerade im deutschen Recht nicht immer offenkundig, sind es doch vorrangig einfachrechtliche Rechtspositionen, die als subjektiv-öffentliche Rechte etwa die Klagebefugnis nach § 42 Abs. 2 VwGO begründen[351]. Sie haben gegenüber den verfassungsrechtlichen Gewährleistungen Anwendungsvorrang[352]. Damit ist aber keine Verdrängung der Grundrechte aus dem Verfahren verbunden: Bei genauer Betrachtung handelt es sich bei diesen einfachrechtlichen Rechtspositionen oftmals um grundrechtskonkretisierendes Gesetzesrecht[353], sodass die Grundrechte durch ihren Geltungsvorrang (Artt. 1 Abs. 3, 20 Abs. 3 GG) wirken. Ferner ist ein unmittelbarer Rückgriff auf Grundrechte im Rahmen der Klagebefugnis nach § 42 Abs. 2 VwGO in bestimmten Fallkonstellationen möglich[354]. Auch im Normenkontrollverfahren können Grundrechte eine Antragsbefugnis im Sinne des § 47 Abs. 2 VwGO begründen[355].

Der Grundrechtsschutz tritt im russischen verwaltungsgerichtlichen Verfahren – im Vergleich zum deutschen Recht – offensichtlicher zutage. Wesentliche

351 Zum Anwendungsvorrang des einfachen Recht in diesem Zusammenhang *Rainer Wahl/Schütz*, in: Friedrich Schoch/Eberhard Schmidt-Aßmann/Rainer Pietzner (Begr.): Verwaltungsgerichtsordnung, § 42 Abs. 2 Rn. 57, m. w. N.

352 Dazu anschaulich BVerfGE 56, 54 (81); *Rainer Wahl*: Der Vorrang der Verfassung und die Selbstständigkeit des Gesetzesrechts, NVwZ 1984, S. 401 (407 f.); *Peter Badura*: Die Verfassung im Ganzen der Rechtsordnung und die Verfassungskonkretisierung durch Gesetz, in: Josef Isensee/Paul Kirchhof (Hrsg.): Handbuch des Staatsrechts der Bundesrepublik Deutschland, Band 7, 1. Auflage 1992, § 163 Rn. 7 ff. Weiterführend zum Verhältnis zwischen Anwendungsvorrang des einfachen Rechts und Geltungsvorrang der Verfassung *Jutta Limbach*: Vorrang der Verfassung oder Souveränität des Parlaments?, 2001; *Robert Alexy*: Verfassungsrecht und einfaches Recht – Verfassungsgerichtsbarkeit und Fachgerichtsbarkeit, VVDStRL 61 (2002), S. 7–33.

353 Zu diesem Zusammenhang auch *Stern/Sachs* (Fn. 6), Band III/2, S. 1217.

354 Weiterführend *Papier* (Fn. 327), Rn. 22; *Stern/Sachs* (Fn. 6), Band III/2, S. 1217. Zu den Besonderheiten in nachbarschutzrechtlichen Konstellationen unter Berücksichtigung aktueller Entwicklungen etwa *Martin Ibler*: Verwaltungsrechtsschutz des Baunachbarn unmittelbar aus Art. 14 GG versus „Anwendungsvorrang des einfachen Rechts", in: Peter Baumeister/Wolfgang Roth/Josef Ruthig (Hrsg.): Staat, Verwaltung und Rechtsschutz. Festschrift für Wolf-Rüdiger Schenke zum 70. Geburtstag, 2011, S. 837–847.

355 *Michael/Morlok* (Fn. 41), Rn. 915; *Ferdinand Kopp/Wolf-Rüdiger Schenke*: Verwaltungsgerichtsordnung, 19. Auflage 2013, § 47 Rn. 67, 76; *Jan Ziekow*, in: Helge Sodan/ders. (Hrsg.): Verwaltungsgerichtsordnung. Kommentar, 3. Auflage 2010, § 47 Rn. 153, 157 f., m. w. N.

Voraussetzung für die Anrufung eines Gerichts ist nämlich, dass der Beschwerdeführer – sei es im Verfahren gegen einen Einzelakt[356], sei es im Verfahren der prinzipalen Normenkontrolle[357] – die Verletzung seiner „Rechte und Freiheiten" rügt. Ob es sich dabei konkret um einfachrechtliche Rechtspositionen oder um Grundrechte handelt, hat für die Zulässigkeit der Klage keine Bedeutung[358]. Entscheidend ist allein, ob es sich um subjektiv-öffentliche Rechte handelt[359].

b) Institutionelle Defizite

Aus rechtsvergleichender Sicht haben sich international zwei Modelle einer Verwaltungsrechtsprechung etabliert: Das eine ist das Modell einer institutionell verselbstständigten Verwaltungsgerichtsbarkeit, wie sie etwa das deutsche Recht seit dem 19. Jahrhundert[360] kennt. Nach dem anderen Modell hat die allgemeine Gerichtsbarkeit zugleich die Aufgabe, Entscheidungen in öffentlich-rechtlichen Streitigkeiten zu treffen. Dieses Modell steht im Lichte der bei *Albert Venn Diceys* zum Ausdruck kommenden Theorie[361], wonach auch die Rechtsbeziehungen des Staates zum Bürger dem common law unterliegen[362]. Es findet sich heute

---

356 Vgl. Art. 254 Abs. 1 Satz 1 ZPGB RF, Art. 197 Abs. 1 APGB RF.

357 Vgl. Art. 251 Abs. 1 ZPGB RF, Art. 191 Abs. 1 APGB RF.

358 Ähnlich auch *Matthias Hartwig*: Gerichtliche Kontrolle der Verwaltung unter besonderer Berücksichtigung von Ermessensentscheidungen in Rußland, in: Otto Luchterhandt (Hrsg.): Verwaltung und Verwaltungsrecht im Erneuerungsprozeß Osteuropas, 2001, S. 345 (354); für die Arbitragegerichtsbarkeit *R. E. Gukasjan*: Arbitražnyj process [Der Arbitrageprozess], 2. Auflage 2008, S. 204; zum Verfahren gegen einen behördlichen Einzelakt *V. I. Mironov*: Graždanskij process [Der Zivilprozess], 2011, S. 361; zum Normenkontrollverfahren *Absaljamov* (Fn. 350), S. 407.

359 Vgl. *N. Ju. Chamaneva*: Administrativno-pravovye spory [Verwaltungsrechtliche Streitigkeiten], GiP 2006, Nr. 11, S. 5 (10).

360 Zur geschichtlichen Entwicklung der Verwaltungsrechtsprechung etwa *Friedhelm Hufen*: Verwaltungsprozessrecht, 8. Auflage 2011, § 2 sowie *Wolfgang Rüfner*: Verwaltungsrechtsschutz in Preußen im 18. und in der ersten Hälfte des 19. Jahrhunderts, in: Hans-Uwe Erichsen/Werner Hoppe/Albert von Mutius (Hrsg.): System des verwaltungsgerichtlichen Rechtsschutzes. Festschrift für Christian-Friedrich Menger, 1985, S. 3–20.

361 *Guido Kleve/Benjamin Schirmer*: England und Wales, in: Jens-Peter Schneider (Hrsg.): Verwaltungsrecht in Europa, Band 1, 2007, S. 25 (126).

362 *Albert Venn Dicey*: Introduction to the study of the law of the constitution, 8. Auflage 1915, S. 332 ff.

vorrangig in den durch das common law geprägten Staaten, beispielsweise in England[363] und in den USA[364].

Die grundlegende Frage, welches der beiden Modelle sich für das russische Rechtssystem eignet[365], war bereits im späten zaristischen Russland umstritten[366].

---

363 Hierzu weiterführend insbesondere *Kleve/Schirmer* (Fn. 361), S. 126 ff.

364 *Peter Hay*: US-Amerikanisches Recht, 5. Auflage 2011, S. 36, 41 f., m. w. N.

365 Aus der nahezu unerschöpflichen Fülle der gegenwärtigen Literatur sei exemplarisch verwiesen auf *Chamaneva* (Fn. 359), S. 8 ff.; *Starilow* (Fn. 103), S. 83 ff.; *N. G. Kiper*: Sozdanie administrativnych sudov – važnyj ėtap v realizacii sudebnoj reformy [Die Schaffung von Verwaltungsgerichten – eine wichtige Etappe in der Umsetzung der Gerichtsreform], Rossijskij sud'ja 2007, Nr. 10, S. 39 (41); *E. V. Lamonov*: Kodeks administrativnogo sudoproizvodstva – processual'naja forma dejatel'nosti administrativnych sudov [Ein Verwaltungsgerichtsgesetzbuch – prozessuale Handlungsform der Verwaltungsgerichte], RJu 2007, Nr. 9, S. 6 (6); *A. F. Nozdračev/N. V. Sushareva/V. I. Mel'nikova*: Processual'nye pravovye mechanizmy zaščity graždan i ich ob"edinenij vo vzaimootnošenijach s publičnoj vlast'ju [Prozessrechtliche Mechanismen zum Schutz der Bürger und ihrer Vereinigungen in Beziehungen zur öffentlichen Gewalt], Zakonodatel'stvo i Ėkonomika 2005, Nr. 5, S. 17 (22); *A. N. Prižennikova*: Sozdanie administrativnych sudov – nasuščnaja neobchodomost' rossijskoj sudebnoj sistemy [Die Schaffung von Verwaltungsgerichten – eine akute Notwendigkeit im russischen Gerichtssystem], APiP 2010, Nr. 3, S. 13–16; *Vladimir Radčenko*: K voprosu o strategii razvitija administrativnoj justicii v Rossii [Zur Frage der Strategie zur Entwicklung einer Verwaltungsgerichtsbarkeit in Russland], Konstitucionnoe Pravo: Vostočnoevropejskoe obozrenie 2002, Nr. 2, S. 62 (insbesondere S. 62, 66); *O. V. Suprun*: Kompetencija mirovych sudej v ramkach administrativnogo sudoproizvodstva [Kompetenzen der Friedensgerichte im Rahmen von verwaltungsrechtlichen Gerichtsverfahren], PiO 2009, Nr. 2, S. 152 (155); *Ju. A. Tichomirov*: O koncepcii razvitija administrativnogo pravo i processa [Über eine Konzeption zur Entwicklung des Verwaltungsrechts und -prozesses], GiP 1998, Nr. 1, S. 5 (14); *V. D. Zor'kin*: Sovremennyj mir, pravo i Konstitucija [Die heutige Welt, das Recht und die Verfassung], 2010, S. 359 f.

366 Auf eine bis weit in die 1910er Jahre zurückgehende Diskussion blicken etwa *Chamaneva* (Fn. 359), S. 8, m. w. N.; *Elena Abrosimova*: Administrativnaja justicija v Rossii [Verwaltungsjustiz in Russland], Konstitucionnoe Pravo: Vostočnoevropejskoe obozrenie 2002, Nr. 2, S. 67 (68), m. w. N.; *A. V. Badin*: Administrativnaja justicija v dorevljucionnoj Rossii [Verwaltungsjustiz im vorrevolutionären Russland], ZiP 2009, Nr. 9, S. 115–118; *V. Radčenko*: Administrativnye sudy prizvany zaščitit' čeloveka ot proizvola nedobrosovestnych činovnikov [Verwaltungsgerichte sind berufen, den Menschen vor der Willkür unredlicher Beamte zu schutzen], RJu 2004, Nr. 3, S. 2 (2 f.). Aus dem deutschsprachigen Schrifttum auch *Andreas Bilinsky*: Rechtsmittel im sowjetischen Verwaltungsverfahren, JOR 1972, S. 77 (77 f.), m. w. N.

Noch heute spaltet sie die russische Literatur[367]. Die russische Verfassung gibt zu dieser Frage nur partiell Auskunft. Art. 126 Verf RF bestimmt den Obersten Gerichtshof zum höchsten Gerichtsorgan, ausdrücklich auch in Verwaltungssachen. Jedenfalls höchstinstanzlich ist die Verwaltungsgerichtsbarkeit damit in die ordentliche Gerichtsbarkeit integriert. Wie sich die Verwaltungsrechtsprechung indes in den unteren Instanzen vollzieht, lässt die Verfassung offen. Ihre Ausgestaltung liegt in den Händen des Gesetzgebers. Bislang sind jedoch alle Versuche, eine organisatorisch eigenständige Verwaltungsgerichtsbarkeit in den unteren Instanzen zu schaffen, erfolglos geblieben. Ein entsprechender Gesetzentwurf des Obersten Gerichtshofs aus dem Jahr 2000 wurde letztlich nicht verabschiedet[368].

Gegenwärtig entscheiden daher die russischen Zivil- und Arbitragegerichte über sämtliche straf-, zivil- und öffentlich-rechtliche, also auch finanz- oder sozialrechtliche Streitigkeiten. Die konkrete gerichtliche Zuständigkeit in Verwaltungssachen entscheidet sich nicht anhand der jeweils betroffenen Rechtsmaterie, sondern danach, ob der Rechtsstreit einen unternehmerischen oder einen rein privaten Bezug hat[369]. Diese Abgrenzung hat im russischen Recht zur Folge, dass für ein inhaltlich identisches und lediglich von verschiedenen Parteien

---

367 Kritisch zur Schaffung institutionell verselbstständigter Verwaltungsgerichte *Absaljamov* (Fn. 350), S. 397; *D. Bachrach*: Nužna specializacija sudej, a ne sudov [Es bedarf einer Spezialisierung der Richter und nicht der Gerichte], RJu 2003, Nr. 2, S. 10–11; *I. V. Panova*: Sudoproizvodstvo v kontekste rossijskoj pravovoj kul'tury [Rechtsprechung im Kontext der russischen Rechtskultur], VVAS RF 2012, Nr. 1, S. 74 (77 ff.); *E. V. Slepčenko*: Administrativnoe sudoproizvodstvo [Verwaltungsgerichtsverfahren], RJu 2009, Nr. 3, S. 51 (55). Befürwortend hingegen etwa *F. B. Chašieva*: Zaščita prokurorom konstitucionnych prav i svobod graždan ot nezakonnych dejstvij dolžnostnych lic [Der Schutz der verfassungsmäßigen Rechte und Freiheiten des Bürgers gegen gesetzwidrige Handlungen von Amtspersonen durch den Staatsanwalt], 2001, S. 152. Einen Überblick über den Streitstand geben *Ė. R. Achmetzjanova*: Potencial ispol'zovanija opyta specializirovannych sudov Germanii v sudebnoj sisteme Rossijskoj Federacii [Das Nutzungspotential der Erfahrungen zu den Fachgerichten in Deutschland für das Gerichtssystem der Russischen Föderation], MPiČP 2011, Nr. 5, S. 35 (38), m. w. N.; *A. E. Butorin*: Perspektivy razvitija administravtivnoj justicii v Rossijskoj Federacii [Perspektiven der Entwicklung einer Verwaltungsjustiz in der Russischen Föderation], PV 2006, Nr. 3, S. 36 (36), m. w. N.

368 Dazu aus der deutschsprachigen Literatur *Schmidt* (Fn. 103), § 7, S. 81; aus dem russischen Schrifttum *Achmetzjanova* (Fn. 367), S. 38; *Kiper* (Fn. 365), S. 39; *Suprun* (Fn. 365), S. 153 f.; *Sališčeva/Chamaneva* (Fn. 349), S. 7.

369 Vgl. nur Art. 2 APGB RF.

geführtes Verfahren zwei unterschiedliche Gerichtszweige zuständig sind, wobei im Ausgangspunkt keiner der Gerichtszweige sachnäher ist[370].

Zudem besteht auch innerhalb der einzelnen Spruchkörper eines Gerichts keine durchgängige Spezialisierung: Zwar wurden bei den Arbitragegerichten mittlerweile russlandweit Spruchkammern zur Entscheidung über Verwaltungssachen gegründet[371]. Anders verhält es sich jedoch bei den Zivilgerichten. Erst mit Wirkung zum 6. August 2014 wurden für die Obersten Gerichtshöfe der Subjekte spezielle Kammern für verwaltungsrechtliche Verfahren festgeschrieben[372]. Für alle anderen unterinstanzlichen Gerichte bestehen hingegen weiterhin keine spezifischen Spruchkörper für Verwaltungssachen. Ein entsprechender Gesetzentwurf, der die Einführung verwaltungsrechtlicher Kammern für alle unterinstanzlichen Gerichte formulierte und somit zumindest eine gewisse organisatorische Loslösung von Zivil- und Strafsachen vorsah, wurde nicht verabschiedet[373]. In der Rechtspraxis müssen Richter an den erstinstanzlichen Gebiets- bzw. Stadtgerichten gegenwärtig sowohl zivil- als auch sämtliche öffentlich-rechtliche Streitigkeiten entscheiden. Angesichts der stetig wachsenden Komplexität der Rechtsmaterien ist das eine nur schwer zu bewältigende Aufgabe. Die in der Literatur erhobene Forderung, eine in gewisser Form selbstständige Verwaltungsgerichtsbarkeit zu schaffen, ist daher auch mit der Hoffnung verbunden, mit ihr eine sachkundigere und effektivere Rechtsprechung sowohl im zivil- als auch im verwaltungsgerichtlichen Verfahren zu ermöglichen[374].

---

370 *Gadis Gadžiev*: Konstitucionno-pravovye orientiry pri sozdanii sistemy administrativnych sudov v Rossijskoj Federacii [Verfassungsrechtliche Eckpunkte bei der Schaffung eines verwaltungsgerichtlichen Systems in der Russischen Föderation], Konstitucionnoe Pravo: Vostočnoevropejskoe obozrenie 2005, Nr. 3, S. 163 (163).

371 Verbindliche Vorgaben für nahezu alle Instanzen der Arbitragegerichtsbarkeit enthalten Art. 25 Abs. 1, Art. 33.2 Abs. 1 ArbitrageGG RF. Allein für die Arbitragegerichte der Subjekte ist die Bildung von separaten Senaten für öffentlich-rechtliche und zivilrechtliche Streitigkeiten fakultativ, vgl. Art. 35 Abs. 1 Satz 2 ArbitrageGG RF. Zum Ganzen auch *Chamaneva* (Fn. 359), S. 9; *Prižennikova* (Fn. 365), S. 14.

372 Vgl. die entsprechend geänderte Fassung des Art. 10 Abs. 1 Nr. 4 Gesetz über die ordentliche Gerichtsbarkeit.

373 Zum Gesetzesentwurf *L. F. Lesnickaja/B. G. Manov*, in: L. A. Okun'kov (Hrsg.): Kommentarij k Konstitucii Rossijskoj Federacii [Kommentar zur Verfassung der Russischen Föderation], 2002, Art. 46, S. 363 f. Kritisch zur fehlenden Spezialisierung der ordentlichen Gerichte auch *Absaljamov* (Fn. 350), S. 410.

374 Vgl. etwa *Chamaneva* (Fn. 359), S. 9; *Kiper* (Fn. 365), S. 40; *Nozdračev/Suchareva/Mel'nikova* (Fn. 365), S. 22, 26; *Prižennikova* (Fn. 365), S. 16; *Sališčeva/Chamaneva*

Die Gründe für eine fehlende Institutionalisierung – sei es als institutionell verselbstständigte Gerichtsbarkeit, sei es in Form einer Gerichtsbarkeit im Rahmen der ordentlichen Gerichte durch spezielle Spruchkammern – werden nur selten benannt. Einige vermuten dahinter finanzielle Erwägungen[375]. Andere sehen darin einen fehlenden politischen Willen, tatsächliche Kontrollinstanzen für Handlungen der öffentlichen Gewalt zu schaffen[376]. Schließlich ist die grundlegende Frage der Kompetenzverteilung aber zugleich auch eine Frage der Machtverteilung zwischen den Gerichtsbarkeiten untereinander: Gerade für die einflussreiche Arbitragegerichtsbarkeit, die die weit überwiegende Zahl von verwaltungsrechtlichen Streitigkeiten bewältigt, würde die Schaffung einer organisatorisch verselbstständigten Verwaltungsgerichtsbarkeit einen enormen Kompetenz- und damit auch Machtverlust nach sich ziehen[377]. Immerhin betrafen 2013 insgesamt 30,9 % aller arbitragegerichtlichen Verfahren verwaltungsrechtliche Streitigkeiten[378].

c) Normatives Gerüst

(1) Geburtsstunde des russischen Verwaltungsprozessrechts

Zu den eben beschriebenen institutionellen Defiziten tritt erschwerend hinzu, dass im russischen Recht keine einheitliche Verwaltungsprozessordnung besteht, die mit der deutschen Verwaltungsgerichtsordnung vergleichbar wäre. Ein entsprechender Gesetzentwurf aus dem Jahr 2004[379] konnte sich nicht durchsetzen[380]. Daher besteht das verwaltungsgerichtliche Verfahren gegenwärtig aus einer komplexen normativen Gemengelage[381]. Neben einer Fülle von

(Fn. 349), S. 8; *Simonjan* (Fn. 350), S. 29; aus dem deutschsprachigen Schrifttum *Starilow* (Fn. 103), S. 105.

375 So *Radčenko* (Fn. 366), S. 3; *Simonjan* (Fn. 350), S. 28.

376 Dazu *Simonjan* (Fn. 350), S. 28.

377 Zu diesen Befürchtungen auch *Schmidt* (Fn. 103), § 7, S. 81; *Bachrach* (Fn. 367), S. 11.

378 Vgl. die Jahresstatistik aller Arbitragegerichte für das Jahr 2013, S. 3, http://www.arbitr.ru/_upimg/BA56B64409E63370CC611FE1DCC99CB8_an_zap.pdf. Zur Bedeutung verwaltungsgerichtlicher Streitigkeiten vor den Arbitragegerichten ferner *Gukasjan* (Fn. 358), S. 203, m. w. N.

379 Der Gesetzesentwurf ist veröffentlicht in der RJu 2004, Nr. 3, S. 6–45.

380 Ausführlich zum Gesetzesentwurf etwa *Lamonov* (Fn. 365), S. 6–8 sowie einer der Autoren des Gesetzesentwurfs *Radčenko* (Fn. 366), S. 4.

381 Detailliert zu den einzelnen Verfahren jüngst *Christian Reitemeier*: Verwaltungsgerichtlicher Rechtsschutz durch die Wirtschaftsgerichte in der Russischen Föderation, 2013, S. 61 ff.

Spezialregelungen enthalten jeweils das Zivilprozessgesetzbuch (ZPGB RF) für die Zivilgerichte, das Arbitrageprozessgesetzbuch (APGB RF) für die Arbitragegerichte sowie das allgemeine Gerichtsbeschwerdegesetz (GBG RF) entscheidende Regelungen.

Das vorkonstitutionelle, mit seinen insgesamt neun Artikeln knappe Gerichtsbeschwerdegesetz vom 27. April 1993 bildet den Ausgangspunkt für das verwaltungsgerichtliche Verfahren. Richtungsweisend ist in der Retrospektive insbesondere Art. 1 Abs. 1 GBG RF, wonach jeder Bürger befugt ist, „sich mit einer Beschwerde an ein Gericht zu wenden, wenn er der Meinung ist, dass seine Rechte und Freiheiten durch unrechtmäßige Handlungen von Staatsorganen, Organen der örtlichen Selbstverwaltung, Einrichtungen, Unternehmen und ihren Vereinigungen, gesellschaftlichen Vereinigungen sowie Amtspersonen verletzt wurden." Gesehen werden muss diese Regelung, die im Kern einen uneingeschränkten Rechtsschutz gegen Handlungen der öffentlichen Gewalt ermöglicht, im Kontext des sowjetischen Rechts, das zuvor lediglich in Teilbereichen Rechtsschutz gewährte[382].

Insgesamt betrachtet blieb das Gerichtsbeschwerdegesetz dennoch sehr lückenhaft. Es schuf lediglich erste Grundlegungen für ein verwaltungsgerichtliches Verfahren. Bis 2002 wurden die Lücken durch Regelungen des Zivil- oder Arbitrageprozessrechts gefüllt[383]. Dieser Rückgriff auf im Kern zivilprozessuale Regelungen aber war alles andere als glücklich, weil dadurch die Spezifika einer verwaltungsrechtlichen Streitigkeit allenfalls marginal berücksichtigt wurden. Die Vorgehensweise war ursprünglich als Übergangslösung konzipiert, die jedoch letztendlich bis 2002 anhalten sollte. Erst das 2002 neu verabschiedete Zivilprozessgesetzbuch (Artt. 245 ff. ZPGB RF) und das im gleichen Jahr neu verabschiedete Arbitrageprozessgesetzbuch (Artt. 189 ff. APGB RF)[384] enthalten nunmehr spezifische Regelungen für öffentlich-rechtliche Streitigkeiten vor den Zivil- bzw. Arbitragegerichten. Zum Teil wird darin die Geburtsstunde des

---

382 Ähnlich auch *G. V. Dikov*: Problemy sozdanija sistemy administrativnoj justicii v Rossii (v svete zarubežnogo opyta) [Probleme bei der Schaffung eines verwaltungsgerichtlichen Systems in Russland (im Lichte ausländischer Erfahrungen)], GiP 2001, Nr. 5, S. 31 (32). Zur Lückenhaftigkeit des sowjetischen Verwaltungsrechtsschutzes bereits unter C. II. 1. a).

383 Grundlage für diese Vorgehensweise bietet Art. 6 Abs. 1 GBG RF. Zum Ganzen auch *Gukasjan* (Fn. 358), S. 201 f.

384 Detailliert aus dem deutschsprachigen Schrifttum zu den einzelnen Zulässigkeitsvoraussetzungen *Schmidt* (Fn. 103), § 7, S. 82 ff., m. w. N.

russischen Verwaltungsprozessrechts schlechthin erblickt[385]. Heute verdrängen diese Normen als lex posterior weitestgehend die Regelungen des Gerichtsbeschwerdegesetzes[386].

(2) Unbefriedigende verfahrensrechtliche Gemengelage

Man könnte davon ausgehen, dass die verwaltungsprozessualen Regelungen des Zivil- und Arbitrageprozessgesetzbuchs in ihrem Ausgangspunkt überwiegend inhaltlich parallel sind. Das wäre im Sinne der Rechtseinheit und einheitlicher Rechtschutzstandards auch wünschenswert. Im Detail ergibt sich jedoch eine Reihe wesentlicher Unterschiede im Verfahren gegen behördliche Einzelakte (aa). Hingegen sind die verfahrensrechtlichen Regelungen der prinzipalen Normenkontrolle weitestgehend einheitlich, wobei hier nach einer Änderung des APGB RF vom 28. Juni 2014 nunmehr die Hauptzuständigkeit bei den ordentlichen Gerichten liegt (bb). Als problematisch erweist sich schließlich die anhaltende Lückenhaftigkeit beider Prozessordnungen (cc).

(aa) Unterschiede im Verfahren gegen behördliche Einzelakte

Im Verfahren gegen behördliche Einzelakte überschneiden sich eine Reihe prozessualer Regelungen: Klagebefugt ist etwa sowohl nach dem Zivil- und als auch nach dem Arbitrageprozessgesetzbuch derjenige, der eine Verletzung seiner Rechte und Freiheiten behaupten kann[387]. Die Klagefrist beträgt nach beiden Prozessordnungen drei Monate, nachdem der Betroffene von der angegriffenen Rechtsverletzung erfahren hat[388]. Auch muss nach beiden Prozessordnungen kein Vorverfahren durchgeführt werden[389]. Die prozessuale Beweislast, dass die angegriffene Handlung rechtmäßig ist, trifft das jeweilige Organ[390].

---

385 So beispielsweise der bekannte russische Verwaltungsrechtswissenschaftler *D. N. Bachrach*: Ėtapy stanovlenija administrativnogo sudoproizvodstva v Rossii [Gründungsetappen einer Verwaltungsgerichtsbarkeit in Russland], RJuŽ 2008, Nr. 1, S. 119 (119).

386 *S. S. Kupreev*: Administrativnoe pravo i zaščita prav i svobod čeloveka i graždanina v sovremennyj period [Verwaltungsrecht und Schutz der Rechte und Freiheiten des Menschen und des Bürgers in der gegenwärtigen Zeit], APiP 2011, Nr. 9, S. 16 (18). Anders hingegen *Hartwig* (Fn. 358), S. 356, der im Gerichtsbeschwerdegesetz das speziellere Gesetz erblickt.

387 Art. 254 Abs. 1 Satz 1 ZPGB RF bzw. Art. 198 Abs. 1 APGB RF.

388 Art. 256 Abs. 1 ZPGB RF sowie Art. 198 Abs. 4 Satz 1 APGB RF.

389 Ausdrücklich hierzu Art. 254 Abs. 1 Satz 2 ZPGB RF.

390 Art. 249 Abs. 1 ZPGB RF sowie Art. 189 Abs. 3 APGB RF.

Darüber hinaus bestehen jedoch erhebliche prozessuale Unterschiede. Der wohl gravierendste liegt in der Urteilswirkung einer erfolgreichen Beschwerde: Während das Arbitragegericht – vergleichbar mit einem deutschen Verwaltungsgericht[391] – gemäß Art. 201 Abs. 2 APGB RF den rechtswidrigen Einzelakt aufhebt, kann das Zivilgericht die Behörde lediglich verpflichten, den Rechtsverstoß zu beseitigen (Art. 258 Abs. 1 ZPGB RF). Da sich der tatsächliche Urteilsvollzug in Russland oftmals schwierig gestaltet[392], hat der obsiegende Kläger vor den Zivilgerichten also mit dem Urteil nur wenig gewonnen. Der Rechtsschutz bleibt hier ein stumpfes Schwert. Ein weiterer Unterschied betrifft die gerichtliche Bearbeitungszeit. Nach Art. 257 Abs. 1 ZPGB RF soll eine Klage innerhalb von zehn Tagen vom Zivilgericht bearbeitet werden; vor den Arbitragegerichten soll ihre Bearbeitung drei Monate nicht übersteigen (Art. 200 Abs. 1 Satz 1 APGB RF). Warum die ordentlichen Gerichte im Vergleich zu den Arbitragegerichten so unter Zeitdruck gesetzt werden, ist schwer verständlich. Ihr liegt mutmaßlich die abstrakte Annahme zugrunde, dass eine wirtschaftliche Streitigkeit eine erhöhte Komplexität der Materie mit sich bringt.

Eine weitere Schwäche beider russischer Prozessordnungen besteht darin, dass Klagen, in denen ein Einzelakt angegriffen wird, grundsätzlich keine aufschiebende Wirkung entfalten[393]. Anders als prinzipiell[394] nach § 80 Abs. 1 Satz 1 VwGO muss der Betroffene den Vollzug eines möglicherweise grundrechtswidrigen Akts also prinzipiell hinnehmen. Eine aufschiebende Wirkung muss im russischen Recht gerichtlich angeordnet werden. Eine solche Anordnung steht dabei nach beiden Prozessordnungen im Ermessen des Gerichts. Sie kann im arbitragegerichtlichen Verfahren vom Antragssteller beantragt werden (Art. 199 Abs. 3 APBG RF). Im Verfahren vor den Zivilgerichten wird der Erlass der Anordnung hingegen nur von Amts wegen geprüft (Art. 254 Abs. 4 ZPGB RF). Der Einzelne kann hier also nicht initiativ werden.

(bb) Gleichklang im Verfahren der prinzipalen Normenkontrolle

Im deutschen Recht ist eine originäre gerichtliche Normenkontrolle durch einen einzelnen Normbetroffenen nur unter den Voraussetzungen des § 47 VwGO möglich. Die Norm gewährt Rechtsschutz vorrangig gegen baurechtliche Satzungen (§ 47 Abs. 1 Nr. 1 VwGO) sowie – unter Vorbehalt einer entsprechenden

391 Vgl. nur Art. 113 Abs. 1 Satz 1 VwGO.

392 Vertiefend hierzu noch unter E. II. 2.

393 Dazu *Mironov* (Fn. 358), S. 362.

394 Vorbehaltlich des Katalogs des § 80 Abs. 2 VwGO.

landesgesetzlichen Bestimmung[395] – auch gegen untergesetzliche Rechtsnormen, etwa kommunale Satzungen (§ 47 Abs. 1 Nr. 2 VwGO). Rechtschutz gegen Rechtsverordnungen des Bundes, die § 47 Abs. 1 Nr. 2 VwGO nicht erfasst, vermittelt nur das Bundesverfassungsgericht[396].

Den russischen Rechtsalltag bestimmen eine Vielzahl untergesetzlicher Normen, etwa Präsidialdekrete (ukazy), Regierungsbeschlüsse (postanovlenija pravitel'stva) sowie Verfügungen (razporjaženija)[397]. Lange Zeit bestand gegen diese Akte keine Rechtsschutzmöglichkeit[398] – vor den einfachen Gerichten existierte keine normative Grundlage für eine prinzipale Normenkontrolle. So blieb es einzig bei einem direkten – und in der Rechtspraxis seltenen – Rückgriff auf Art. 46 Verf RF. Das Russische Verfassungsgericht kam als Rechtsschutzinstanz nicht in Betracht, da im Verfassungsbeschwerdeverfahren nur *formelle Gesetze* zur Prüfung stehen[399].

Mit dem Neuerlass des Zivil- und Arbitrageprozessgesetzbuchs 2002 wurde indes nicht nur der allgemeine verwaltungsgerichtliche Rechtsschutz, sondern auch die prinzipale Normenkontrolle normativ erheblich aufgewertet[400]. Bis Mitte 2014 waren für die prinzipale Normenkontrolle die Zivil- und Arbitragegerichte zuständig je nachdem, ob wirtschaftliche Belange im Prozess im Vordergrund standen. Zwar können auch noch gegenwärtig beide Gerichte angerufen werden (Art. 251 Abs. 1 ZPGB RF bzw. Art. 192 Abs. 1 APGB RF). In der Arbitragegerichtsbarkeit ist hier seit einer Gesetzesnovelle vom 28. Juni 2014[401] nunmehr jedoch nur noch das neu geschaffene Gerichte für geistiges Eigentum (Sud po intellektual'nym pravam) als spezielle Form der Arbitragegerichtsbarkeit zuständig.

---

395 Einen Überblick über die einzelnen landesgesetzlichen Regelungen geben etwa *Ziekow* (Fn. 355), § 47 Rn. 87 f. sowie *Kopp/Schenke* (Fn. 355), § 47 Rn. 23. Entsprechende Regelungen fehlen indes bislang in den Stadtstaaten Berlin und Hamburg sowie Nordrhein-Westfalen.

396 Vgl. etwa BVerfGE 102, 26 (32 f.); zum Ganzen auch *Schlaich/Korioth* (Fn. 3), Rn. 213, m. w. N.

397 Zur Vielzahl der untergesetzlichen Normen in Russland aus dem deutschsprachigen Schrifttum *Angelika Nußberger*, in: dies. (Hrsg.): Einführung in das russische Recht, 2010, § 2, S. 14.

398 Dazu noch *Krjažkov/Lazarev* (Fn. 2), S. 262 ff.

399 Zu diesem Grundsatz und seinen Durchbrechungen schon der Abschnitt D. I. 2. b).

400 *Bek* (Fn. 345), S. 221.

401 Änderungsgesetz zum Arbitrageprozessgesetzbuchs vom 28.06.2014, SZ RF 2014, Nr. 26, Pos. 3392.

Im Gegensatz zum Verfahren gegen einen behördlichen Einzelakt ist die prinzipale Normenkontrolle in beiden Verfahrensordnungen weitestgehend identisch normiert: Etwa entscheidet der Oberste Gerichtshof[402] erstinstanzlich über Rechtsakte des Präsidenten, der Regierung sowie anderer föderaler Staatsorgane, die jeweils Rechte und gesetzliche Interessen des Bürgers oder von Organisationen berühren. Alle weiteren, nicht formellen Normativakte[403], etwa von Gebietskörperschaften, können gemäß Artt. 26 Abs. 1 Nr. 2, 251 ff. ZPGB RF vor Obersten Gebietsgerichten bzw. gemäß Artt. 34 Abs. 4 Nr. 1, 191 ff. APGB RF vor dem Gericht für geistiges Eigentum mit der Behauptung angegriffen werden, dass sie Rechte und Freiheiten, also auch Grundrechte, verletzen[404]. Der Normenkontrollantrag kann nach beiden Prozessordnungen ohne die Wahrung einer Antragsfrist eingereicht werden. Auffällig ist in beiden Verfahren eine sehr kurze Verfahrensdauer von einem Monat (Art. 252 Abs. 2 Satz 1 ZPBG RF) bzw. drei Monaten (Art. 194 Abs. 1 APGB RF). Zielsetzung war es, dem Betroffenen eine schnelle Rechtsdurchsetzung zu ermöglichen[405]. Abermals sind die Zivilgerichte gehalten, schneller zu entscheiden[406]. Sollte das Gericht zur Auffassung gelangen, dass die angegriffene Rechtsnorm verfassungswidrig ist, verliert sie nachbeiden Prozessordnungen ihre Wirkung (Art. 253 Abs. 2 ZPGB RF bzw. Art. 195 Abs. 2 Nr. 2, Abs. 5 APGB RF)[407]. Noch nicht abschließend geklärt ist indes die Frage, ob diese gerichtliche Normverwerfung ex nunc oder ex tunc wirkt. Mehrheitlich wird jedoch von einer Wirkung ex nunc ausgegangen[408]. Diese Ansicht

402 Art. 2 Abs. 4 Nr. 1 ZPGB RF.

403 Weiterführend zum Begriff des Normativaktes der Beschluss des Plenums des Obersten Gerichtshofs vom 29.11.2007, Punkt 9, Bjulleten' Verchovnogo Suda Rossijskoj Federacii 2008, Nr. 1, S. 5 (8); ferner *Mironov* (Fn. 358), S. 353.

404 Zu den Grundrechten als subjektiven Rechten im Sinne einer Klage- bzw. Antragsbefugnis im russischen Recht bereits der Abschnitt D. III. 2. a).

405 *Christian Schaich*: Exekutive Normsetzung in der Russischen Föderation, 2004, S. 217.

406 Ebenso verhält es sich bei der Prüfung eines Einzelakts, vgl. dazu eben D. III. 2. c) (2) (aa).

407 Art. 253 Abs. 2 ZPGB RF bzw. Art. 195 Abs. 2 Nr. 2, Abs. 5 APGB RF.

408 Vgl. für den Zivilprozess *Mironov* (Fn. 358), S. 360; für den Arbitrageprozess *Gukasjan* (Fn. 358), S. 216 f.; *S. V. Nikitin*, in: D. A. Fursov (Hrsg.): Kommentarij k Arbitražnomu processual'nomu kodeksu RF [Kommentar zum Arbitrageprozessgesetzbuch der RF], 2011, Art. 195, S. 476. Offenlassend *V. Ju. Zajcev*, in: G. A. Žilin (Hrsg.): Kommentarij k Graždanskomu processual'nomu kodeksu RF [Kommentar zum Zivilprozessgesetzbuch RF], 5. Auflage 2011, Art. 253, S. 505. Für eine ex tunc Wirkung im Hinblick auf die Arbitragegerichtsbarkeit aber *Jacenko* (Fn. 344), S. 25.

stützt auch der Wortlaut des Art. 195 Abs. 5 APGB RF, der davon spricht, dass die Norm mit der Rechtskraft der Entscheidung nicht mehr angewendet wird.

(cc) Anhaltende Lückenhaftigkeit – bedenklicher Lückenschluss

Das verwaltungsgerichtliche Verfahren ist weder im Zivilprozessgesetzbuch noch im Arbitrageprozessgesetzbuch abschließend geregelt. Aus der Fülle bestehender Regelungslücken sei hier nur auf ein prägnantes Beispiel näher hinwiesen[409]: Beide Prozessordnungen unterscheiden nur zwischen einer konkreten Normenkontrolle und sonstigen Verfahren[410]. Sie kennen also insbesondere keine spezifische Anfechtungs-, Verpflichtungs-, Leistungs- oder Feststellungsklage, wie sie etwa im deutschen Verwaltungsprozessrecht existieren[411]. Die sich hieraus unweigerlich ergebenden Regelungslücken müssen durch Auslegung verwaltungsprozessrechtlicher oder gar zivil- bzw. arbitrageprozessrechtlicher Regelungen[412] geschlossen werden. Mit dieser Vorgehensweise geht aber zugleich die Gefahr einher, dass der Verwaltungsprozess im zivil- bzw. arbitragegerichtlichen Verfahren auf längere Sicht eine eigenständige Entwicklung nimmt[413]. Zwar wurde dieser Gefahr nunmehr durch die weit überwiegende Zuständigkeit der Zivilgerichte für Normenkontrollverfahren begegnet, sie bleibt aber jedenfalls im Hinblick auf die Verfahren gegen hoheitliche Einzelakte bestehen. Ferner ist der Rückgriff auf allgemeine zivil- bzw. arbitrageprozessuale Regelungen problematisch, weil verwaltungsprozessrechtlichen Besonderheiten möglicherweise nicht ohne weiteres Rechnung getragen werden können – es ist ein Phänomen, das stark an die Zeit vor der Neuregelung der Prozessordnungen im Jahr 2002 erinnert[414].

---

409 Zahlreiche weitere Beispiele nennt *Chamaneva* (Fn. 359), S. 9.

410 Das beanstanden zu Recht *Sališčeva/Chamaneva* (Fn. 349), S. 9.

411 Vgl. für Anfechtungs- und Verpflichtungsklage etwa §§ 42 Abs. 1 1. und 2. Halbsatz, 68 ff. VwGO sowie für die Feststellungsklage § 43 VwGO. Die Leistungsklage wird zwar in der VwGO nicht selbstständig geregelt, gleichwohl aber in §§ 43 Abs. 2, 111, 113 Abs. 3 VwGO erwähnt bzw. vorausgesetzt.

412 Diese Vorgehensweise stützt sich auf entsprechende Ermächtigungen in Art. 246 Abs. 1 ZPGB RF bzw. Art. 189 Abs. 2 APGB RF. Illustrativ zum Ganzen *Prižennikova* (Fn. 365), S. 14, ferner *Kupreev* (Fn. 386), S. 18; *Savickij* (Fn. 328), S. 326 f., 360.

413 Darauf weist zu Recht *Prižennikova* hin, *dies.* (Fn. 365), S. 14.

414 Dazu bereits der Abschnitt D. III. 2. c) (1).

Ganz überwiegend werden die bestehenden verwaltungsprozessrechtlichen Regelungen des Zivil- bzw. Arbitrageprozessgesetzbuchs daher als ungenügend[415] und ineffektiv[416] bewertet. Losgelöst von der Frage einer verselbstständigten Verwaltungsgerichtsbarkeit[417] fordert die russische Literatur zumindest eine eigenständige Verwaltungsgerichtsordnung[418], die in der Lage ist, ein einheitliches, effektives verwaltungsgerichtliches Verfahren sicherzustellen.

(3) Bedeutung des künftigen Verwaltungsgerichtsgesetzbuchs

Am 15. September 2015 tritt das russische Verwaltungsgerichtsgesetzbuch in Kraft[419]. Das 365 Artikel umfassende Gesetz bildet damit in Kürze die „VwGO Russlands". Interessant ist insbesondere der Anwendungsbereich des neuen Gesetzes (aa). Ferner zeigt ein erstes, kursorisches Studium des zukünftigen Regelwerks durchaus positive Entwicklungen für die Effektivität des russischen Verwaltungsprozesses (bb).

(aa) Begrenzter Anwendungsbereich

Das Verwaltungsgerichtsgesetzbuch regelt zukünftig das verwaltungsgerichtliche Verfahren vor den *ordentlichen Gerichten*. Warum gilt es damit aber gerade nicht auch für das arbitragegerichtliche Verfahren, obwohl die Arbitragegerichte ebenfalls verwaltungsrechtliche Streitigkeiten entscheiden? Wäre es nicht die Chance gewesen, eine einheitliche Verwaltungsgerichtsordnung zu schaffen?

Eine denkbare Antwort könnte ein Blick auf die Gesamtheit des russischen Gerichtssystems liefern: Die russische Justiz befindet sich gegenwärtig in einem

---

415 So etwa *Bachrach* (Fn. 385), S. 123; *Kupreev* (Fn. 386), S. 18; *Prižennikova* (Fn. 365), S. 14 f., m. w. N.; *Slepčenko* (Fn. 367), S. 55, m. w. N.; *Zor'kin* (Fn. 365), S. 359 f.; *Ju. A. Tichomirov*: Administrativnoe pravo i process [Verwaltungsrecht und Verwaltungsprozess], 2. Auflage 2008, S. 681.

416 So der ehemalige Verfassungsrichter *V. A. Tumanov* im Interview mit *B. Jamščanov*: Zasudit' bjurokrata [Den Bürokraten verurteilen], RG vom 10.01.2008, http://www.rg.ru/2008/01/10/tumanov.html.

417 Zur Problematik bereits D. III. 2. b).

418 Vgl. etwa *Chamaneva* (Fn. 359), S. 8; *Simonjan* (Fn. 350), S. 29; *M. Ja. Maslennikov*: Rossijskij administrativnyj process [Der russische Verwaltungsprozess], 2009. In diese Richtung deutet auch *Dikov* (Fn. 382), S. 32 ff., der in einem ersten Schritt ein Gesetz über die grundlegendsten verwaltungsverfahrensrechtlichen Regelungen fordert. Anders hingegen *N. I. Klejn*: O razvitii arbitražnogo processual'nogo zakonodatel'stva [Zur Entwicklung der Arbitrageprozessgesetzgebung], ŽRP 2010, Nr. 4, S. 7 (15), die an der prinzipiellen Regelung in ZPGB sowie APGB festhält.

419 Verwaltungsgerichtsgesetzbuch vom 08.03.2015, SZ RF 2015, Nr. 10, Pos. 1391.

enormen Umstrukturierungsprozess. So wurde im Sommer 2014 das Oberste Arbitragegericht aufgelöst und seine Kompetenzen dem Obersten Gerichtshof übertragen[420]. Es lässt sich daher vermuten, dass mittelfristig auch die Kompetenzen der unteren Arbitragegerichte in die ordentliche Gerichtsbarkeit eingegliedert werden. Damit ist eine Anwendbarkeit der neuen Verwaltungsgerichtsordnung für die Arbitragegerichte auf Dauer gesehen überflüssig. Für die Zwischenzeit nimmt man die unterschiedlichen Regelungen wohl in Kauf.

Möglich ist aber auch folgende Lesart: Der Anwendungsbereich des Verwaltungsgerichtsgesetzes verdeutlicht, gerade an den arbitrageprozessrechtlichen Regelungen zum Verwaltungsgerichtsverfahren festzuhalten und so auch in Zukunft den Bedürfnissen des Verfahrens von Wirtschaftunternehmen gerecht zu werden. Vor diesem Hintergrund wäre ein einheitliches Verwaltungsgerichtsverfahren überhaupt nicht das erklärte Ziel des russischen Gesetzgebers.

(bb) Positive Entwicklungen

Ein kursorischer Blick auf die neuen Regelungen gilt unter anderem. folgenden Fragen: Wurden hier möglicherweise eben beschriebene verfahrensrechtlichen Defizite behoben? Differenziert das neue Verwaltungsgerichtsgesetzbuch zukünftig zwischen verschiedenen Klagearten? Wie steht es etwa um die Entscheidungsmacht der ordentlichen Gerichte? Wurde die gerichtliche Bearbeitungsfrist, die nach geltendem Recht bis zur Urteilsverkündung nur zehn Tage betragen durfte, aufgehoben?

Tatsächlich finden sich in Art. 124 Abs. 1 VerwGGB RF erstmals ausdrücklich verschiedene Klagearten. So kann etwa nach Art. 124 Abs. 1 Nr. 1 VerwGGB RF beantragt werden, einen Rechtsakt für unwirksam zu erklären. Gerade diese Normierung ist vor der Folie der bisherigen Rechtslage äußerst ungewöhnlich, denn bislang konnten die ordentlichen Gerichte die Behörde lediglich verpflichten, den mit der Klage angegriffenen Rechtsverstoß zu beseitigen (Art. 258 Abs. 1 ZPGB RF)[421]. Die Notwendigkeit eines weiteren behördlichen Vollzugsakts findet sich nicht mehr in dem neuen Gesetz. Vielmehr treffen die Gerichte nach Art. 178 Abs. 1 Satz 1 VerwGGB RF ihre Entscheidung entsprechend des Antrags. Sie erklären also – im Fall des Art. 124 Abs. 1 Nr. 1 VerwGGB RF als Beispiel – den Verwaltungsakt für unwirksam. Das sollte eine deutliche Verbesserung im verwaltungsgerichtlichen Grundrechtsschutz zur Folge haben.

420 Vgl. hierzu bereits C. II. 1. c) (2).

421 Vgl. hierzu bereits D. III. 2. c) (2) (aa).

Zur Bearbeitungsfrist lässt sich ebenfalls positiv feststellen, dass sie nicht mehr wie bislang nach Art. 257 Abs. 1 ZPGB RF lediglich zehn Tage beträgt, sondern für alle Gerichte bis auf den Obersten Gerichtshof zwei Monate (Art. 141 Abs. 1 VerwGGB). In komplexeren Verfahren darf diese Frist um maximal einen Monat verlängert werden (Art. 141 Abs. 1 VerwGGB). Aus dem Blickwinkel eines deutschen Juristen bleibt es dennoch im Ergebnis bei einer Verfahrensfrist, die die gerichtliche Praxis vor enorme Herausforderungen stellen dürfte. Zum Vergleich: Vor dem Verwaltungsgericht Berlin etwa dauerte 2014 ein Klageverfahren bis zur Entscheidung durchschnittlich etwas länger als zehn Monate. Im vorläufigen Rechtschutz betrug die Verfahrensdauer immerhin noch knapp zwei Monate[422]. Sinnvoller wäre es möglicherweise gewesen, auf eine vergleichsweise starre Bearbeitungsfrist gänzlich zu verzichten, um den Richtern die Zeit zur Verfügung zu stellen, die sie für eine ausgewogene Bearbeitung der Sache tatsächlich benötigen. Die wiederholte Normierung einer solchen Bearbeitungsfrist spricht wenig für ein Vertrauen des Gesetzgebers in die Richterschaft.

3. Zwischenergebnis

Der fachgerichtliche Grundrechtsschutz erstreckt sich in beiden Vergleichsländern auf alle Rechtszweige. Im deutschen Recht ist die konkrete Wirkungsweise der materiellen Grundrechte allerdings davon abhängig, ob sich in dem Rechtsstreit Privatpersonen gegenüber stehen. Im russischen Recht wirken Grundrechte hingegen selbst im zivilgerichtlichen Verfahren unmittelbar. Dabei dienen sie in der Rechtspraxis aber oftmals lediglich als komplementärer Beleg für die

422 So der Bericht zur Geschäftslage 2014 und Ausblick auf 2015 des Verwaltungsgerichts Berlin, S. 2, http://www.berlin.de/imperia/md/content/senatsverwaltungen/justiz/gerichte/vg2/pressestelle/jahresbericht_2015_1.pdf?download.html. Ähnlich hoch ist auch die Verfahrensdauer vor anderen Verwaltungsgerichten. Zur Illustration sei hier exemplarisch auf die Verfahrenszahlen des Verwaltungsgerichts Gera sowie des Verwaltungsgericht Karlsruhe verwiesen: Vor dem Verwaltungsgericht Gera betrug die durchschnittliche Verfahrensdauer im Klageverfahren etwas mehr als zehn Monate; im einstweiligen Rechtsschutz dauerte das Verfahren knapp ein Jahr, vgl. die Bilanz des Geschäftsjahres 2014, Punkt A., http://www.vgwe.thueringen.de/webthfj/webthfj.nsf/1C87ED39A3CF42EFC1257DCF004A5E83/$File/Pressemitteilung%202-2015%20Bilanz%20f%C3%BCr%202014.pdf?OpenElement. Vor dem Verwaltungsgericht Karlsruhe betrug die durchschnittliche Verfahrensdauer im Klageverfahren etwas mehr als elf Monate; im einstweiligen Rechtschutz waren es knapp vier Monate, vgl. den Jahresbericht 2014, Punkt I. 4., http://www.vgkarlsruhe.de/pb/,Lde/Jahrespressekonferenz+2015/?LISTPAGE=1220792.

gerichtliche Argumentation. Ferner wirken materielle Grundrechte in beiden Rechtsordnungen bei prinzipalen Normenkontrollverfahren als Prüfungs- oder jedenfalls Auslegungsmaßstab. Ihre genaue Wirkungsweise wird in der russischen Literatur jedoch bislang nur vereinzelt beleuchtet.

Nur für den Fall, dass der Rechtsstreit gegen einen Hoheitsträger geführt wird, können materielle Grundrechte eine unmittelbare Wirkung entfalten. In seltenen Fällen begründen sie jedoch im deutschen Recht unmittelbar eine Klage- oder Antragsbefugnis. Im russischen Verwaltungsprozessrecht kann sich der Betroffene hingegen – gegebenenfalls ausschließlich – auf Grundrechte stützen. Ein effektiver Grundrechtsschutz wird hier jedoch gegenwärtig durch institutionelle und verfahrensrechtliche Defizite erschwert. Mit einer fehlenden durchgängig organisatorisch getrennten Verwaltungsrechtsprechung sowie zwei anhaltend lückenhaften und in sich nicht kohärenten Prozessordnungen zeigt sich die russische Verwaltungsgerichtsbarkeit insgesamt gesehen – trotz beträchtlicher Fortschritte in den 2000er Jahren – als unausgereift. Deutliche Verbesserungen lässt das neue Verwaltungsgerichtgesetzbuch erwarten.

IV. Administrativer Grundrechtsschutz durch Eingabeverfahren

1. Eingabeverfahren als Form des fakultativen vorgerichtlichen Rechtsschutzes

Neben den bereits betrachteten gerichtlichen Rechtsschutzmöglichkeiten existieren in beiden Vergleichsländern vielfältige außergerichtliche Handlungsinstrumente. Dem gerichtlichen Verwaltungsrechtsschutz ist im deutschen Recht oftmals das Widerspruchsverfahren obligatorisch vorgeschaltet[423]. Es soll eine inneradministrative Kontrolle des strittigen Sachverhalts bewirken. Gegenwärtig wird dieses Erfordernis des Vorverfahrens jedoch in einzelnen Bundesländern auf der Grundlage der Öffnungsklausel des § 68 Abs. 1 Satz 2 1. Halbsatz VwGO gelockert[424] oder nahezu abgeschafft[425].

---

423 Dies gilt insbesondere für Anfechtungs- und Verpflichtungsklagen. Ausnahmen normieren etwa § 68 Abs. 1 Satz 2 Nr. 1, Nr. 2 VwGO.

424 Etwa § 16a AG VwGO Hessen sowie §§ 13a und 13b AG Gerichtsstrukturgesetz Mecklenburg-Vorpommern.

425 Vgl. § 8a AG VwGO Niedersachsen; § 6 AG VwGO Nordrhein-Westfalen sowie Art. 15 AG VwGO Bayern. Zur Rechtslage in den einzelnen Bundesländern etwa *Michael Ahrens*, in: Jürgen Brandt/Michael Sachs (Hrsg.): Handbuch Verwaltungsverfahren und Verwaltungsprozess, 3. Auflage 2009, Abschnitt F Rn. 15a, m. w. N.

Diese aktuellen regionalen Entwicklungen stoßen in der überwiegenden Lehre auf Ablehnung[426]. Eine der Hauptfunktionen des Widerspruchsverfahrens, die zusätzliche Rechtsschutzmöglichkeit des Bürgers[427], würde nicht mit den Gründen seiner weitgehenden Abschaffung – es sind unter anderem Entbürokratisierung sowie Kostenersparnis[428] – aufgewogen[429]. Dieses Argument kann jedoch nur tragen, wenn das Widerspruchsverfahren ebendieser Rechtsschutzfunktion tatsächlich gerecht wird. Hier setzen indes gerade diejenigen an, die eine Lockerung des bisherigen Modells fordern, indem sie seine Effektivität als schnelles und effizientes Rechtsschutzinstrument grundlegend in Frage stellen[430].

---

426 *Hufen* (Fn. 360), § 5 Rn. 4 f., m. w. N.; *Henning Biermann*: Das Widerspruchsverfahren in der Krise, NordÖR 2007, S. 139 (insbesondere S. 148); *Rüdiger Breuer*: Verwaltungsrechtsschutz und Widerspruchsverfahren, in: Gerrit Manssen/Monika Jachmann/Christoph Gröpl (Hrsg.): Nach geltendem Verfassungsrecht. Festschrift für Udo Steiner zum 70. Geburtstag, 2009, S. 93–108. Kritisch unter dem Gesichtspunkt des Abgaben- und Steuerrechts *Jürgen Pelka*: Rechtsbehelfs-Wirrwarr im Abgabenrecht, in: Klaus Tipke/Roman Seer/Johanna Hey/Joachim Englisch (Hrsg.): Gestaltung der Steuerrechtsordnung. Festschrift für Joachim Lang zum 70. Geburtstag, 2010, S. 981–1000; *Jochen Hofmann-Hoeppel*: Statistik als Wille und Vorstellung, BayVBl 2007, S. 73–79.
Reformbefürwortend hingegen etwa *Manuel Kamp*: Reform des Widerspruchsverfahrens in Nordrhein-Westfalen, NWVBl 2008, S. 41 (46 f.). In dieser Tendenz auch *Klaus-Peter Dolde/Winfried Porsch*: Die Abschaffung des Widerspruchsverfahrens – ein bedauernswerter Abbruch eines Grundpfeilers der VwGO?, VBlBW 2008, S. 428–432.

427 Zu den verschiedenen Funktionen des Widerspruchsverfahrens eingehend *Max-Emanuel Geis*, in: Helge Sodan/Jan Ziekow (Hrsg.): Verwaltungsgerichtsordnung, 3. Auflage 2010, Vorbemerkung § 68 Rn. 1, m. w. N.; mit besonderem Augenmerk auf die Rechtsschutzfunktion *Klaus-Peter Dolde/Winfried Porsch*, in: Friedrich Schoch/Eberhard Schmidt-Aßmann/Rainer Pietzner (Begr.): Verwaltungsgerichtsordnung, Vorbemerkungen vor § 68 Rn. 1, m. w. N.; zum Grundrechtsschutz durch das Widerspruchsverfahren *Heike Jochum*: Verwaltungsverfahrensrecht und Verwaltungsprozeßrecht, 2004, S. 56, m. w. N.

428 *Biermann* (Fn. 426), S. 139; *Hufen* (Fn. 360), § 5 Rn. 4; *Dolde/Porsch* (Fn. 426), S. 430 f.

429 *Dolde/Porsch* (Fn. 426), S. 432; ähnlich bereits *Ferdinand O. Kopp*: Die Rechtsschutzfunktion des Widerspruchsverfahrens nach §§ 68 ff. VwGO, in: Bernd Bender/Rüdiger Breuer/Fritz Ossenbühl/Horst Sendler (Hrsg.): Rechtsstaat zwischen Sozialgestaltung und Rechtsschutz. Festschrift für Konrad Redeker zum 70. Geburtstag, 1993, S. 543 (546).

430 In diese Richtung deuten etwa *Dolde/Porsch* (Fn. 427), § 68 Rn. 16 f.; *Ulrike Russel*: Zukunft des Widerspruchsverfahrens, NVwZ 2006, S. 523 (526). Ähnlich unter Berücksichtigung statistischer Daten *Kamp* (Fn. 426), S. 44 ff.; ferner *Dagmar*

Im russischen Recht existiert kein vergleichbares obligatorisches Vorverfahren. Im Gegenteil: Es steht dem Einzelnen hier frei, sich entweder mit seinem Begehren unmittelbar an ein Gericht oder zunächst an die nächsthöhere Behörde zu wenden[431]. Das vorgerichtliche Verfahren ist also fakultativ. Diese Ausgestaltung wird im Übrigen auch in der deutschen Diskussion als Alternative zur vollständigen Abschaffung des Widerspruchsverfahrens erwogen[432].

Im heutigen Russland werden eine Vielzahl verwaltungsrechtlicher Streitigkeiten in außergerichtlichen Verfahren, insbesondere durch Eingaben an höher stehende Behörden, beigelegt[433]. Die gesetzliche Grundlage dafür bietet das 2006 verabschiedete Eingabeverfahrensgesetz, das allgemeine Verfahrensregelungen zu allen Formen der Eingabe enthält[434] und damit das Eingaberecht aus Art. 33 Verf RF einfachrechtlich konkretisiert.

2. Verfahrensrechtliche Ausgestaltung

In einer Beschwerde im Sinne des russischen Eingabeverfahrensgesetzes kann der Beschwerdeführer geltend machen, durch ein hoheitliches Handeln in seinen subjektiven Rechten oder anderen rechtlichen Interessen verletzt zu sein (Art. 4 Nr. 4 1. Halbsatz EVfG RF). Aber auch die Verletzung von Rechten oder rechtlichen Interessen *Dritter* kann tauglicher Beschwerdegegenstand sein (Art. 4 Nr. 4 2. Halbsatz EVfG RF). Durch diese Loslösung vom Erfordernis einer eigenen Beschwer ist der Kreis potentieller Beschwerdeführer hier also sehr weit. Markant ist ferner, dass Art. 6 Abs. 1 EVfG RF dem Beschwerdeführer unter anderem

---

Oppermann: Die Funktionen des verwaltungsgerichtlichen Vorverfahrens (Widerspruchsverfahren) in Baurechtssachen aus rechtlicher und rechtstatsächlicher Sicht, 1997, S. 340 ff. Zu einem anderen Ergebnis kommt hingegen die Untersuchung von *Guy Beaucamp/Petra Ringermuth*: Empfiehlt sich die Beseitigung des Widerspruchsverfahrens?, DVBl 2008, S. 426 (430).

431 Art. 4 Abs. 1 GBG RF.

432 Hierzu etwa *Henning Biermann*: Das Widerspruchsverfahren unter Reformdruck, DÖV 2008, S. 395 (403 f.); *Ines Härtel*: Rettungsanker für das Widerspruchsverfahren?, VerwArch 98 (2007), S. 54 (67 ff.).

433 *Chamaneva* (Fn. 359), S. 6; kritisch zur tatsächlichen Wirksamkeit dieser Verfahren indes *Savickij* (Fn. 328), S. 367 f.

434 Zu den verschiedenen Formen des Eingaberechts schon in der Einführung zum Abschnitt C. II. 2. Kritisch zur äußerst allgemeinen Natur des Gesetzes, das keine speziellen Verfahrensregelungen zu einzelnen Eingabeformen enthält *L. A. Nudenko/N. Ju. Chamaneva*: Novyj zakon ob obraščenijach graždan: dostoinstva i nedostatki [Das neue Gesetz über die Eingaben der Bürger: Vorzüge und Mängel], GiP 2007, Nr. 3, S. 5 (12).

garantiert, dass seine Beschwerde nicht gegen ihn verwendet oder als solche geahndet wird. Eine gesetzliche Regelung, die konkrete Sanktionen eines Verstoßes gegen diesen Grundsatz normiert, besteht indes noch nicht. Denkbar sind bereits heute allerdings disziplinarische Maßnahmen im Sinne der Artt. 56 ff. des Gesetzes über den zivilen Staatsdienst[435].

a) Formale Anforderungen an eine Beschwerde

Insgesamt präsentiert sich das Eingabeverfahrensgesetz als modern und bürgerfreundlich. Da das russische Recht keine Konnexität zwischen gerichtlicher Anfechtungs- oder Verpflichtungsklage und vorheriger Beschwerde kennt, kann sich eine Beschwerde gegen jedes Verwaltungshandeln – also etwa auch gegen Realakte – richten[436].

Betroffene können sich mit ihrer Beschwerde an die jeweils zuständige staatliche Stelle, an Organe der örtlichen Selbstverwaltung sowie an einzelne Amtsträger wenden[437]. Die Frage nach der konkreten Zuständigkeit ist in der Rechtspraxis aber oftmals nur schwer zu beantworten[438], da die Zuständigkeiten häufig wechseln. Abhilfe soll hier Art. 8 Abs. 3 EVfG RF schaffen, der von Amts wegen eine Weiterleitung der Beschwerde an die tatsächlich zuständige Stelle vorsieht. Nicht gerichtet werden darf die Beschwerde allerdings an das Organ, das den (grund-)rechtsverletzenden Akt erlassen hat (Art. 8 Abs. 6 EVfG RF). Diese Regelung mag verwundern, da gemäß § 70 Abs. 1 Satz 1 VwGO der Widerspruch grundsätzlich – in Abhängigkeit von der konkreten Verwaltungsorganisation – bei der Ausgangsbehörde erhoben wird. Erst im Fall fehlender Abhilfe wird die Widerspruchsbehörde mit dem Widerspruch befasst. Im russischen Recht bildet die Regelung über die ausschließliche Zuständigkeit der nächsthöheren Behörde indes eine Vorkehrung, um eine möglichst objektive Überprüfung des Rechtsakts gewährleisten zu können.

Auch weitere formale Anforderungen an eine Eingabe finden sich im deutschen Recht für den Widerspruch nicht wieder: So kann der einzelne Betroffene im russischen Recht Beschwerde erheben, ohne an eine Frist gebunden zu sein.

---

435 *Nudenko/Chamaneva* (Fn. 434), S. 10. Weiterführend aus dem deutschsprachigen Schrifttum *Annemarie Fritzsche*: Der zivile Staatsdienst in der Russischen Föderation, 2006, S. 441 ff.

436 Vgl. auch Art. 8 Abs. 6 EVfG RF.

437 Artt. 2 Abs. 1, 8 Abs. 1 EVfG RF.

438 *Ch. B. Šejnin*, in: L. V. Lazarev (Hrsg.): Kommentarij k Konstitucii Rossijskoj Federacii [Kommentar zur Verfassung der Russischen Föderation], 3. Auflage 2008, Art. 33, S. 197 f.

Das Eingabeverfahrensgesetz kennt also gerade keine Monatsfrist, die mit § 70 Abs. 1 Satz 1 VwGO vergleichbar wäre. Ein weiterer Unterschied ergibt sich hinsichtlich der Beschwerdeform. § 70 Abs. 1 Satz 1 VwGO knüpft an den Widerspruch das Erfordernis der Schriftform. Alternativ kann er zur Niederschrift bei der Behörde eingereicht werden[439]. Dieses Formerfordernis soll – im Interesse der Rechtssicherheit und Rechtsklarheit – eine zuverlässige Grundlage für die weitere Sachbearbeitung bieten[440]. Das russische Recht ist hier großzügiger. Eine Beschwerde kann mündlich, schriftlich oder auch in elektronischer Form eingelegt werden[441].

Ungewöhnlich erscheint indes die Regelung des Art. 11 Abs. 4 EVfG RF. Danach ist die Bearbeitung einer Beschwerde ausgeschlossen, wenn sich der Beschwerdetext als nicht lesbar erweist[442]. Dabei bleibt allerdings offen, wann konkret eine unlesbare Beschwerde vorliegt oder welche Anstrengungen der Sachbearbeiter möglicherweise unternehmen muss, um die Bearbeitung dennoch sicherzustellen. Ohne eine entsprechende Präzisierung der Norm läuft die Regelung gegenwärtig Gefahr, als Einfallstor zu dienen, um unliebsame Beschwerden aus formalistischen Gründen nicht bearbeiten zu müssen.

Finanzielle Erwägungen stehen der Beschwerdeerhebung im russischen Recht – insbesondere bei Zweifeln über die tatsächlichen Erfolgsaussichten – nicht entgegen. Anders als im deutschen Recht, das unter anderem in § 80 VwVfG die Kostentragungspflicht an den Erfolg in der Sache knüpft, ist die Bearbeitung der Beschwerde im russischen Recht unabhängig von ihrem Erfolg für den Beschwerdeführer kostenfrei (Art. 2 Abs. 3 EVfG RF). Aus diesem Grund ist eine Beschwerde im Vergleich zum gerichtlichen Verfahren für den Betroffenen zunächst deutlich attraktiver. Zwar ist auch das gerichtliche Verfahren in öffentlich-rechtlichen Streitigkeiten für natürliche Personen mit 200 Rubel – also etwa fünf Euro – recht kostengünstig[443]. Juristische Personen müssen im Vergleich dazu bei einem Verfahren gegen einen untergesetzlichen Hoheitsakt eine Gebühr in Höhe von 3.000 Rubel – etwa 74 Euro – zahlen. Nicht zu verkennen ist allerdings, dass

---

439 Ob ein Formmangel nur in Gestalt einer fristgerechten Nachholung oder auch durch Sachentscheidung der Behörde geheilt werden kann, ist äußerst umstritten, vgl. nur die Ausführungen bei *Geis* (Fn. 427), § 70 Rn. 20, m. w. N.

440 *Geis* (Fn. 427), § 70 Rn. 20, m. w. N.

441 Art. 4 Nr. 1 EVfG RF.

442 Kritisch zu dieser Regelung auch *S. G. Solov'ev/I. E. Popov*: O soveršenstvovanii zakonodatel'stva ob obraščenijach graždan [Zur Vervollkommnung der Gesetzgebung zu den Bürgereingaben], Rossijskij juridičeskij žurnal 2010, Nr. 2, S. 139 (142).

443 Art. 333.19 Nr. 6 bzw. Nr. 7 SteuerGB RF.

selbst 200 Rubel für einen Teil der ländlichen russischen Bevölkerung fernab größerer Städte viel Geld sein können.

b) Bescheidungsrecht?

Wie rechtsschutzintensiv eine inneradministrative Beschwerde tatsächlich ist, hängt maßgeblich davon ab, ob die Behörde verpflichtet ist, sich mit der Sache zu befassen und zu einem Ergebnis zu gelangen – der Beschwerdeführer also letztlich ein Bescheidungsrecht hat. Im deutschen Recht wird ein Bescheidungsrecht im Hinblick auf das Widerspruchsverfahren von der mittlerweile ganz herrschenden Ansicht bejaht[444]. Eine Nichtbescheidung innerhalb einer angemessenen Frist – jedenfalls drei Monate – ohne zureichenden Grund hindert den Beschwerdeführer nicht daran, auf Antrag nunmehr gerichtlichen Rechtsschutz zu suchen (§ 75 VwGO). Ein gewisser Nachteil ergibt sich für den Beschwerdeführer bei diesem Vorgehen allerdings, da im anschließenden gerichtlichen Verfahren ausschließlich die Rechtmäßigkeit des Verwaltungshandelns geprüft wird; eine Überprüfung der Zweckmäßigkeit, wie sie im Widerspruchsverfahren auch hätte erfolgen müssen, entfällt.

Im russischen Recht hat der Beschwerdeführer grundsätzlich[445] ein *Bearbeitungs*recht (Art. 9 Abs. 1 EVfG RF). Trotz dieser gesetzlichen Verankerung bestehen hier in der Rechtspraxis zum Teil noch erhebliche Probleme[446]. Die

---

444 Etwa BVerwGE 29, 239 (243); *Dolde/Porsch* (Fn. 427), § 68 Rn. 15, m. w. N.; *Geis* (Fn. 427), § 68 Rn. 6 ff., m. w. N.; *Klaus Rennert*, in: Erich Eyermann/Ludwig Fröhler (Begr.): Verwaltungsgerichtordnung, 13. Auflage 2010, § 73 Rn. 16; *Wolf-Rüdiger Schenke*: Der Anspruch des Widerspruchsführers auf Erlaß eines Widerspruchsbescheids und seine gerichtliche Durchsetzung, DÖV 1996, S. 529–541. Anders etwa noch BVerwG MDR 1962, S. 1010; BayVGH BayVBl 1976, 241; *Hans Peter Bull*: „Dienstliche Anweisung" statt Widerspruchsbescheid?, DVBl 1970, S. 243 (244); *Michael Oerder*: Das Widerspruchsverfahren der Verwaltungsgerichtsordnung, 1989, S. 90 ff.

445 Ausnahmen beinhaltet Art. 11 EVfG RF beispielsweise für Fälle anonymer Beschwerden (Art. 11 Abs. 1 Satz 1 EVfG RF) oder für Beschwerden, die konkrete Drohungen enthalten (Art. 11 Abs. 3 EVfG RF).

446 Dazu der Doklad Upolnomočennogo po pravam čeloveka v Rossijskoj Federacii za 2008 god [Bericht des Menschenrechtsbeauftragten der Russischen Föderation für das Jahr 2008], Gliederungspunkt: Konstitucionnye prava i svobody čeloveka [Verfassungsrechte und -freiheiten], Punkt 8, RG vom 17.04.2009, http://www.rg.ru/2009/04/17/doklad-lukin-dok.html, sowie *V. V. Kravčenko*: Pravo graždan Rossijskoj Federacii na obraščenie (pravovoe regulirovanie i praktika realizacii) [Das

Frage nach einem *Bescheidungs*recht ist angesichts dessen nachrangig und wird daher in der russischen Literatur kaum diskutiert[447].

c) Rechtsfolgen der Beschwerde

Über eine schriftliche Beschwerde muss grundsätzlich[448] innerhalb von 30 Tagen entschieden werden (Art. 12 Abs. 1 EVfG RF). Diese vergleichsweise kurze Bearbeitungsfrist - aus § 75 VwGO ergibt sich hier im deutschen Recht eine Frist von jedenfalls drei Monaten - wird in der russischen Literatur teilweise sogar als zu lang angesehen[449]. Diese Auffassung wird nur vor dem Hintergrund der Vorgängerregelung verständlich. Das bis zur Verabschiedung des Eingabeverfahrensgesetzes geltende Dekret - es ist das bereits erwähnte Dekret des Präsidiums des Obersten Sowjets der UdSSR vom 12. April 1968[450] - sah eine Regelbearbeitungsfrist von nur 15 Tagen vor[451]. Dies verspricht einen schnellen Verfahrensgang. In der Rechtspraxis wird die Frist allerdings - unter pauschalem Hinweis auf die Komplexität der Rechtslage - gern stark verlängert[452].

Ein entscheidender Vorteil gegenüber dem gerichtlichen Verfahren ist, dass die angerufene Stelle umfassende Maßnahmen - sei es etwa der Erlass einer zuvor verweigerten Genehmigung, sei es etwa die Aufhebung eines Rechtsaktes - unmittelbar erlassen kann (Art. 10 Abs. 1 Nr. 3 EVfG RF)[453]. Im gerichtlichen

---

Recht der Bürger der Russischen Föderation auf Eingabe (rechtliche Ausgestaltung und praktische Verwirklichung)], GViMS 2010, Nr. 4, S. 6 (8).

447 Ablehnend *S. M. Zubarev*: Učastie graždan v obščestvennom kontrole za dejatel'nost'ju gosudarstvennogo apparata: novye zakonodatel'nye garantii [Die Teilnahme der Bürger an einer öffentlichen Kontrolle des Staatsapparats: neue gesetzgeberische Garantien], Čelovek i Zakon 2007, Nr. 9, S. 75 (83). Anders hingegen zur Frage eines Anspruchs auf Antwort *Caroline von Gall*, in: Bernd Wieser (Hrsg.): Handbuch der russischen Verfassung, 2014, Art. 33 Rn. 8, m. w. N.

448 Art. 12 Abs. 2 EVfG RF ermöglicht in Ausnahmesituationen eine Fristverlängerung von maximal 30 weiteren Tagen.

449 *Solov'ev/Popov* (Fn. 442), S. 141.

450 Hierzu bereits unter C. II. 2. c).

451 Art. 9 Abs. 1 des Dekrets.

452 *Kravčenko* (Fn. 446), S. 8, m. w. N. sowie Doklad Upolnomočennogo po pravam čeloveka v Rossijskoj Federacii za 2008 [Bericht des Menschenrechtsbeauftragten der Russischen Föderation für das Jahr 2008] (Fn. 446), Gliederungspunkt: Konstitucionnye prava i svobody čeloveka [Verfassungsrechte und -freiheiten], Punkt 8.

453 Zu den verschiedenen Handlungsformen ausführlich *Zubarev* (Fn. 447), S. 87 f.

Verfahren könnten hingegen nur Arbitragegerichte einen rechtswidrigen Einzelakt unmittelbar aufheben[454].

d) Zwischenergebnis

Insgesamt gesehen präsentiert sich das Eingabeverfahrensgesetz, das unter anderem ein widerspruchsähnliches Beschwerderecht normiert, als rechtsschutzfreundlich. Anders als das deutsche Widerspruchsverfahren ist das Eingabeverfahren kostenfrei. Es ist frist- und formlos möglich und auch hinsichtlich des potentiellen Beschwerdeinhalts nicht begrenzt. Auch zur gerichtlichen Klage verspricht eine Beschwerde wesentliche Vorteile, etwa hinsichtlich der Möglichkeit, den gerügten Rechtsverstoß unmittelbar zu beseitigen. Gleichwohl können diese Vorteile des Beschwerdeverfahrens nur wirken, wenn eingereichte Beschwerden im Rechtsalltag seriös aufgenommen und bearbeitet werden. Gerade hier bestehen jedoch im russischen Rechtsalltag noch Defizite. Ohne ein Bescheidungsrecht kann das inneradministrative Beschwerderecht im Ergebnis zwar als kostengünstiges, aber keineswegs scharfschneidiges Handlungsinstrument des Einzelnen verstanden werden.

V. Grundrechtsschutz durch Beschwerde an die Staatsanwaltschaft

Der russischen Staatsanwaltschaft (prokuratura) ist im Vergleich ihrem deutschen Pendant nicht nur die primäre Aufgabe der Strafverfolgung und -vollstreckung zugewiesen. Aus der Aufgabe der Strafverfolgung wird die russische Staatsanwaltschaft gegenwärtig sogar zunehmend verdrängt, denn seit Januar 2011 ist dafür das organisatorisch selbstständige Strafermittlungskomitee (Sledstvennyj Komitet) zuständig. Seit ihrer Gründung durch Peter dem Großen im Jahre 1722 ist die russische Staatsanwaltschaft auch Rechtsaufsichtsorgan[455].

---

454 Vgl. zum Ganzen bereits D. III. 2. c) (2) (aa).

455 Sie wurde im Zuge der Oktoberrevolution 1917 als zaristische Institution vollständig aufgelöst, aber bereits 1922 neu gegründet. Zum Ganzen etwa *Alexander Blankenagel*: Zur Funktion der Grundrechte in der UdSSR, 1975, S. 130. Zur Tradition der russischen Staatsanwaltschaft ausführlich und unter Würdigung internationaler Einflüsse etwa *V. N. Galuzo*: Vlast' prokurora v Rossii [Die Macht des Staatsanwalts in Russland], 2008; *Sergei M. Kazantsev*: The Judicial Reform of 1864 and the Procuracy in Russia, in: Peter H. Jr. Solomon (Hrsg.): Reforming Justice in Russia, 1864–1996, 1997, S. 44 (46 ff.); *E. I. Lyskova/O. A. Zagvjazinskaja*: Stanovlenie roli organov prokuratury v zaščite konstitucionnogo prava graždan na obraščenie [Das Herausbilden der Rolle

Vor diesem Hintergrund normierte die heutige russische Verfassung die Staatsanwaltschaft im Abschnitt zur rechtsprechenden Gewalt[456]. Gleichwohl ist sie nach ganz überwiegender Meinung in der Literatur nicht Teil der Judikative[457]. Zur Klarstellung erfuhr dieser Abschnitt nun durch die Verfassungsänderung vom 5. Februar 2014[458] eine neue Überschrift und heißt nun „Rechtsprechende Gewalt und Staatsanwaltschaft". Eine eindeutige Zuordnung der russischen Staatsanwaltschaft zu einer der drei Staatsgewalten hat sich in der russischen Rechtswissenschaft bislang noch nicht herausgebildet: Einige Stimmen betrachten sie als Teil der Exekutive, andere als Teil der Legislative, wiederum andere als eigene, vierte Staatsgewalt[459].

Jüngere Bestrebungen, die bisherige Macht der Staatanwaltschaft als Aufsichtsorgan zu begrenzen und sie auf ihre Funktion einer Anklage- und

der Staatsanwaltschaft im Schutz des Verfassungsrechts des Bürgers auf Eingabe], PiP 2010, Nr. 3, S. 422 (422 ff.); *K. Ju. Jarovikov*: Nadzornaja funkcija prokuratury [Die Aufsichtsfunktion der Staatsanwaltschaft], GiP 1999, Nr. 11, S. 68 (68 ff.); *V. I. Rochlin*: Prokurorskij nadzor i gosudarstvennyj kontrol' [Staatsanwaltschaftliche Aufsicht und staatliche Kontrolle], 2003, S. 124 ff., m. w. N.

456 Sie ist in Art. 129 Verf RF normiert.

457 *Jarovikov* (Fn. 455), S. 71; *Lyskova/Zagvjazinskaja* (Fn. 455), S. 424; *Rochlin* (Fn. 455), S. 146; *M. V. Baglaj*: Konstitucionnoe pravo Rossijskoj Federacii [Das Verfassungsrecht der Russischen Föderation], 7. Auflage 2008, S. 728; *S. G. Byvaľceva*: Konstitucionno-pravovoj status prokuratury [Der verfassungsrechtliche Status der Staatsanwaltschaft], KiMP 2011, Nr. 5, S. 23 (25); *V. E. Čirkin*: Prokuratura RF v sisteme edinstva gosudarstvennoj vlasti i razdelenija ee vetvej [Die Staatsanwaltschaft der RF im System der staatlichen Gewalteneinheit und der Gewaltenteilung], RJuŽ 2009, Nr. 3, S. 48 (48 f.); *V. Ju. Šobuchin*: Prokuratura – osnova nadzorno-kontroľnoj vlasti v Rossii [Die Staatsanwaltschaft – Kernelement der Aufsichts- und Kontrollmacht in Russland], GiP 2007, Nr. 11, S. 89 (89); *I. Viktorov*: Prokuratura: Status na rubeže tysjačeletij [Die Staatsanwaltschaft: Status zur Jahrtausendwende], Zakonnost' 2000, Nr. 12, S. 22 (22).
Ihre genaue Verortung im System der Gewaltenteilung ist bislang umstritten. Zum Meinungsstand *Byvaľceva,* ebenda, S. 25, m. w. N. sowie *Čirkin,* ebenda, S. 49 f.

458 Verfassungänderndes Gesetz „Über den Obersten Gerichtshof der Russischen Föderation und über die Staatsanwaltschaft der Russischen Föderation" vom 05.02.2014, SZ RF 2014, Nr. 6, Pos. 548. Kritisch hierzu *Rainer Arnold/Anastasia Berger*, in: Bernd Wieser (Hrsg.): Handbuch der russischen Verfassung, 2014, Art. 46 Rn. 9.

459 Weiterführend hierzu *Friedrich-Christian Schroeder*, in: Bernd Wieser (Hrsg.); Handbuch der russischen Verfassung, 2014, Art. 129 Rn. 1, m. w. N.

Vollstreckungsbehörde zu beschränken[460], wurden bislang nicht verwirklicht. Bis heute ist die Staatsanwaltschaft ein bedeutendes Rechtsaufsichtsorgan. So formuliert Art. 1 Abs. 1 StAG RF als Kernaufgabe der Staatsanwaltschaft die „[...] Aufsicht über die Achtung der Verfassung und über den Vollzug der auf dem Territorium der Russischen Föderation geltenden Gesetze." Dazu gehört gemäß Art. 1 Abs. 2 Nr. 2 StAG RF auch die Aufsicht über die Beachtung der Grundrechte durch sämtliche Organe der Staatsgewalt. Sie ist damit Wächterin über die Grundrechte sowie ihren einfachgesetzlichen Konkretisierungen.

Den konkreten Anlass für die staatsanwaltschaftliche Aufsichtstätigkeit gibt oftmals eine entsprechende Beschwerde des Betroffenen (1.). Als Reaktion stehen der Staatsanwaltschaft vielfältige Handlungsinstrumente zur Verfügung, um außergerichtlich oder gerichtlich Abhilfe zu erreichen (2.). Für den Grundrechtsbetroffenen ist es aus mancherlei Gesichtspunkten vorteilhaft, die Staatsanwaltschaft mit der Wahrnehmung seiner Interessen zu betrauen, anstatt ohne staatsanwaltschaftliche Hilfe Rechtsschutz zu suchen (3.).

1. Bedeutung der Beschwerde im Rechtsalltag

Die soeben erwähnte Möglichkeit, eine Beschwerde an die Staatsanwaltschaft zu richten, entstammt der sowjetischen Rechtstradition[461]. Gerade in den von Umbrüchen geprägten 1990er Jahren entwickelte sich diese Beschwerdeform zu einem der bedeutendsten Rechtsschutzinstrumente. Sie vermittelte Rechtsschutz, als der durch Personal- und Ressourcenmangel in weiten Teilen überforderte Gerichtsapparat[462] versagte. Auch heute übersteigen die an die Staatsanwaltschaft gerichteten Beschwerden die Zahl der gerichtlichen Klagen bzw. Anträge jedes Jahr um ein Vielfaches[463]. Die gesetzliche Grundlage des Beschwerderechts

---

460 Einen Einblick geben *Kazantsev* (Fn. 455), S. 45, m. w. N.; *Gordon B. Smith*: The Struggle over the Procuracy, in: Peter H. Jr. Solomon (Hrsg.): Reforming Justice in Russia, 1864–1996, 1997, S. 348 (354 ff.), m. w. N.; *Rochlin* (Fn. 455), S. 140 ff.

461 Detailliert zur damaligen Rechtslage aus dem deutschsprachigen Schrifttum *Walter Meder*: Die Kontrolle der Verwaltung in der Sowjetunion, VerwArch 53 (1962), S. 255 (257 ff.).

462 *Smith* (Fn. 460), S. 360 f., m. w. N.

463 *V. N.* Dodonov und *V. E. Krutskich* sprechen von einem Zehnfachen, vgl. *dies.*: Prokuratura v Rossii i za rubežom [Die Staatsanwaltschaft in Russland und im Ausland], 2001, S. 90; ebenso *N. Čepurnova/S. Smol'nikov*: Sudebnyj kontrol' i prokurorskij nadzor [Gerichtliche Kontrolle und staatsanwaltschaftliche Aufsicht], Zakonnost' 2007, Nr. 5, S. 16 (18); ferner zur großen Bedeutung dieser Beschwerdemöglichkeit *A. A. Židkich*: Rol' prokuratury v pravovom razvitii Rossii [Die Rolle der Staatsanwaltschaft

findet sich in Art. 10 StAG RF in Verbindung mit den Verfahrensregelungen des bereits erwähnten Eingabeverfahrensgesetzes[464]. Hinzu tritt ferner die Anweisung der russischen Generalstaatsanwaltschaft zur Bearbeitung von Eingaben[465], die eine einheitliche Bearbeitung russlandweit sicherstellen soll[466]. Im Falle einer erfolglosen Beschwerde an die Staatsanwaltschaft ist es dem Betroffenen unbenommen, den gerichtlichen Rechtsweg zu beschreiten, Art. 10 Abs. 1 Satz 2 StAG RF[467].

2. Kompetenzen der Staatsanwaltschaft

Die maßgeblichen Kompetenzen zur Bearbeitung von Beschwerden ergeben sich aus dem Katalog der Art. 27 und Art. 28 StAG RF. So kann die Staatsanwaltschaft zur weiteren Sachverhaltsaufklärung von Behörden notwendige Unterlagen für die weitere Prüfung anfordern[468] oder Betroffene und Amtspersonen zur Besprechung laden[469].

Sollte die Staatsanwaltschaft die Beschwerde schließlich für begründet halten, ist sie verpflichtet, weitere Maßnahmen zu ergreifen[470]. In der Regel kann sie – mit Ausnahme straf- oder ordnungsrechtlich sanktionierbaren Verhaltens – die festgestellte Grundrechtsverletzung jedoch nicht aus ihrer eigenen Kompetenz heraus beheben. In diesen Fällen richtet sie einen Protest (protest) oder einen sogenannten Vorschlag zur Beseitigung der Rechtsverletzung (predstavlenie

in der rechtsstaatlichen Entwicklung Russlands], KiMP 2010, Nr. 6, S. 64 (66). Anders hingegen *Solomon* (Fn. 348), S. 115, der ein deutliches Übergewicht bei den gerichtlichen Verfahren sieht. Einen beispielreichen Einblick in den Rechtsalltag gibt *G. Gruznova*: Organizacija dejatel'nosti prokuratury po rassmotreniju obraščenij graždan [Tätigkeitsstruktur der Staatsanwaltschaft bei der Bearbeitung der Eingaben von Bürgern], Zakonnost' 2008, Nr. 5, S. 31 (32).

464 Zu den wesentlichen Regelungen des Eingabeverfahrensgesetzes bereits der Abschnitt D. IV. 2.

465 Konkret ist es die Anweisung „Über das Bearbeitungsverfahren von Eingaben und Sprechstunden der Bürger im System der Staatsanwaltschaft der Russischen Föderation" vom 17.12.2007 Nr. 200, Zakonnost' 2008, Nr. 4, S. 48 ff. Weiterführend *F. Kobzarev*: Obraščenija graždan: Novelly pravovogo regulirovanija [Eingaben der Bürger: Novellen der rechtlichen Regulierung], Zakonnost' 2007, Nr. 7, S. 18 (19).

466 Vgl. Art. 1.1. Abs. 2 der Anweisung.

467 Dazu auch *Dodonov/Krutskich* (Fn. 463), S. 91.

468 Art. 27 Abs. 1 Spiegelstrich 4 i. V. m. Art. 22 Abs. 1 Spiegelstrich 2 StAG RF.

469 Art. 27 Abs. 1 Spiegelstrich 4 i. V. m. Art. 22 Abs. 1 Spiegelstrich 3 StAG RF.

470 *V. B. Jastrebov*, in: A. Ja. Sucharev (Hrsg.): Prokurorskij nadzor [Staatsanwaltschaftliche Aufsicht], 3. Auflage 2009, S. 206.

ob ustranenii narušenij prav i svobod) an die Stelle, die für die Beseitigung der Rechtsverletzung verantwortlich ist (a)[471]. Entscheidend ist dabei, dass die rechtliche Würdigung der Beschwerde durch die Staatsanwaltschaft eine eigenständige Prüfung der angerufenen Stelle nicht ersetzt[472]. Sollte daher das angerufene Organ - anders als die Staatsanwaltschaft - zu dem Ergebnis gelangen, es liege keine Grundrechtsverletzung vor, muss der Streit vor Gericht durch den Betroffenen oder - in besonderen Fällen - durch einen Staatsanwalt im Interesse des Betroffenen (b) ausgetragen werden. Weiterhin kann der Generalstaatsanwalt - wie bereits betrachtet - stellvertretend für den Grundrechtsbetroffenen auch Verfassungsbeschwerde zum Russischen Verfassungsgericht erheben[473].

a) Protest und Vorschlag

Eine staatsanwaltschaftliche Handlungsform ist der eben erwähnte Protest, mit dem sich die Staatsanwaltschaft direkt an das rechtswidrig handelnde Organ - in aller Regel die Ausgangsbehörde - wendet[474] und sie etwa auf (Grund-) Rechtsverstöße hinweist. Mit dem Protest können allerdings nur Rechtsakte[475], nicht aber Realakte oder gar ein Unterlassen gerügt werden[476]. Der Protest muss daraufhin von der Behörde innerhalb von zehn Tagen bearbeitet oder bei Kollektivorganen auf der nächsten Sitzung besprochen werden[477]. Anschließend muss der zuständige Staatsanwalt unverzüglich über das Ergebnis unterrichtet werden[478]. Auch wenn der Protest gerade keine rechtliche Verbindlichkeit

471 Vgl. Art. 27 Abs. 2 und Abs. 3 StAG RF.

472 Darauf weist zu Recht *A. V. Bezlepkin* hin, *ders.*: Konstitucionnye osnovy dejatel'nosti prokuratury po zaščite prav i svobod čeloveka i graždanina v Rossijskoj Federacii [Die verfassungsmäßigen Grundlagen der staatsanwaltschaftlichen Tätigkeit zum Schutz der Rechte und Freiheiten des Menschen und des Bürgers in der Russischen Föderation], 2001, S. 24. Zum Ganzen ferner *V. Vyrastajkin*: Kak prokuroru zaščitit' čeloveka, zakon i interesy gosudarstva? [Wie soll ein Staatsanwalt den Menschen, das Gesetz und die Interessen des Staates schützen?], Zakonnost' 2007, Nr. 12, S. 32 (32 f.); für den Protest *Čepurnova/Smol'nikov* (Fn. 463), S. 18.

473 Dazu schon der Abschnitt D. I. 2. a) (3).

474 Art. 28 Abs. 1 1. Halbsatz StAG RF.

475 Vgl. auch *Jastrebov* (Fn. 470), S. 189, 204. Zwar spricht Art. 28 Abs. 1 StAG RF lediglich von einem Akt. Die Norm muss jedoch im Zusammenhang mit Art. 23 StAG RF gelesen werden (Art. 28 Abs. 3 StAG RF), der ausdrücklich von einem Rechtsakt spricht.

476 Kritisch hierzu *Viktorov* (Fn. 457), S. 24.

477 Art. 28 Abs. 3 i. V. m. Art. 23 Abs. 2 Satz 1 1. und 2. Halbsatz StAG RF.

478 Art. 28 Abs. 3 i. V. m. Art. 23 Abs. 2 Satz 3 StAG RF.

gegenüber der zuständigen Behörde entfaltet, wird er in vielen Fällen faktisch befolgt. Nach Angaben in der Literatur reichte die Staatsanwaltschaft in Russland etwa 2009 insgesamt über 420.000 Proteste gegen unrechtmäßige Rechtsakte ein, von denen in der Folge 398.400 entweder verändert oder gänzlich aufgehoben wurden[479].

Anders als der Protest enthält der Vorschlag konkrete Empfehlungen, die über den bloßen Hinweis auf die Rechtswidrigkeit hinaus gehen, etwa wie die festgestellte (Grund-)Rechtsverletzung behoben werden kann. Auch muss der Vorschlag nicht an die Ausgangsbehörde gerichtet werden, sondern kann sich an jedes Organ wenden, das zur Beseitigung der Rechtsverletzung befugt ist. Es handelt sich im Regelfall um die nächsthöhere Behörde. Über den staatsanwaltschaftlichen Vorschlag soll (dolžny byt') unverzüglich entschieden[480] und der jeweilige Staatsanwalt innerhalb eines Monats über konkret ergriffene Maßnahmen unterrichtet werden[481].

Protest und Vorschlag weisen jedoch eine für den Betroffenen gravierende Schwäche auf: Sie lösen keinen Suspensiveffekt aus. Der (grund-)rechtswidrige Akt entfaltet also trotz staatsanwaltschaftlicher Intervention weiterhin Rechtswirkung[482]. Dieses Defizit überrascht indes kaum, wenn man sich vergegenwärtigt, dass im russischen Recht selbst ein anhängiges Gerichtsverfahren die Rechtswirkung des angegriffenen Einzelaktes grundsätzlich nicht suspendiert[483].

b) Facetten der staatsanwaltschaftlichen Vertretung vor Gericht

Als Reaktion auf eine Beschwerde kann die Staatsanwaltschaft in besonderen Fällen die gerichtliche Prozessvertretung im Interesse Einzelner im Zivilverfahren[484] übernehmen. Das Gesetz sieht diese Sonderrolle der Staatsanwaltschaft vor allen Dingen in solchen Fällen vor, in denen der jeweils Betroffene – etwa aufgrund seines Alters – nicht in der Lage ist, seine Rechte geltend zu machen (Art. 27 Abs. 4 1. Halbsatz StAG RF). Aber auch bei *massenhaften* (Grund-) Rechtsverletzungen oder bei Rechtsverletzungen, die eine besondere gesellschaftliche Relevanz aufweisen, kann die Staatsanwaltschaft Klage einreichen und als

479 *Židkich* (Fn. 463), S. 65.
480 Art. 28 Abs. 3 i. V. m. Art. 24 Abs. 1 Satz 1 StAG RF.
481 Art. 28 Abs. 3 i. V. m. Art. 24 Abs. 1 Satz 2 StAG RF.
482 Kritisch auch *Chašieva* (Fn. 367), S. 90; *Schaich* (Fn. 405), S. 202; *Viktorov* (Fn. 457), S. 24.
483 Hierzu bereits der Abschnitt D. III. 2. c) (2) (aa).
484 Eine entsprechende Regelung findet sich in Art. 45 Abs. 1 Satz 2 ZPGB RF.

Prozessvertreter der Betroffenen auftreten (Art. 27 Abs. 4 2. Halbsatz StAG RF). Diese Regelungen gelten allerdings ausschließlich für den Zivilprozess. Den im Arbitrageprozess auftretenden Unternehmern und Wirtschaftsgesellschaften wird hingegen zugetraut, ihre Interessen stets selbst wahrzunehmen[485].

Dass die staatsanwaltschaftliche Vertretung auf die eben beschriebenen Ausnahmefälle beschränkt ist, wurde in der russischen Literatur vielfach kritisiert und mit der Forderung nach einer unbegrenzten Vertretungs- und Beschwerdebefugnis der Staatsanwaltschaft verbunden[486]: Die Staatsanwaltschaft sei in ihren Reaktionsmöglichkeiten stets auf eine Kooperation mit der jeweiligen Behörde angewiesen. Wenn jedoch die formlosen Handlungsformen des staatsanwaltschaftlichen Protests bzw. des Vorschlags ignoriert würden, seien im Regelfall – da oftmals kein Ausnahmefall einer gerichtlichen Vertretung einschlägig sei – auch die staatsanwaltschaftlichen Reaktionsmöglichkeiten faktisch erschöpft[487].

Diese Kritik erscheint auf den ersten Blick zunächst unbegründet: Der russische Gesetzgeber wollte mit der Regelung des Art. 27 Abs. 4 1. und 2. Halbsatz StAG RF augenscheinlich bestimmten Personengruppen, die aus verschiedensten Gründen nicht oder wenig in der Lage sind, ihre Rechte effektiv gerichtlich durchzusetzen, eine besondere staatsanwaltschaftliche Prozessvertretung zur Seite stellen. Alle anderen – so wohl der hinter der Sonderregelung stehende Gedanke – könnten selbst uneingeschränkt initiativ werden. Diese Perspektive wurde allerdings der deutlich komplexeren Realität nicht gerecht, da verkannt wurde, dass die staatsanwaltschaftliche Intervention für den Einzelnen im Prozess eine Reihe von bedeutenden Vorteilen verspricht, die weit über die Prozessvertretung im eigentlichen Sinne hinausgehen[488]. Dies erkannte nun auch der russische Gesetzgeber. Durch eine Änderung des Zivilprozessgesetzbuches 2009 wurde die Möglichkeit der staatsanwaltschaftlichen Vertretung erweitert. Nach Art. 45 Abs. 1 Satz 3 ZPGB RF kann der Staatsanwalt nunmehr auch in besonders

---

485 So auch *Jens Deppe*: Die Teilnahme der Staatsanwaltschaft am Zivilverfahren, in: Alexander Trunk/Rolf Knieper/Andrej G. Svetlanov (Hrsg.): Russland im Kontext der internationalen Entwicklung. Festschrift Mark Moiseevič Boguslavskij, 2004, S. 648 (656).

486 *Caliev/Kačmazov* (Fn. 46), S. 12 f., m. w. N.; *Chašieva* (Fn. 367), S. 136 ff.; *S. Byval'ceva*: Zaščita prav i svobod čeloveka [Der Schutz der Rechte und Freiheiten des Menschen], Zakonnost' 2008, Nr. 9, S. 20–22; *M. Krutikov*: Obščij nadzor i pravosudie [Allgemeine Aufsicht und Justiz], Zakonnost' 2005, Nr. 8, S. 7–8; zustimmend auch *Čepurnova/Smol'nikov* (Fn. 463), S. 18.

487 *Caliev/Kačmazov* (Fn. 46), S. 12.

488 Dazu sogleich der Abschnitt D. V. 3.

grundrechtsrelevanten Streitigkeiten die Prozessführung für den Einzelnen übernehmen; enumerativ werden der Schutz von sozialen (Grund-)Rechten – insbesondere der Schutz der Familie, der Mutter, des Vaters und des Kindes, der Schutz des Rechts auf Wohnung, der Schutz der Gesundheit – sowie der Schutz des Rechts auf eine unversehrte Umwelt und des Rechts auf Bildung erwähnt. Das ursprünglich mit der begrenzten Prozessvertretungsbefugnis verfolgte Ziel, die Staatsanwaltschaft jedenfalls zum Teil aus ihrer Rolle als Aufsichtsorgan zu verdrängen[489], musste damit als verfrüht erkannt werden.

3. Verhältnis zum selbst initiierten Rechtsschutz

Die staatsanwaltschaftlichen Kompetenzen erscheinen auf den ersten Blick vergleichsweise gering. Es bestehen insbesondere keine Befugnisse, die die rechtlichen Handlungsinstrumente des Einzelnen wesentlich übersteigen: Auch die Staatsanwaltschaft bleibt in der Gesamtschau ihrer Befugnisse stets auf die Mitwirkung weiterer staatlicher Stellen – Behörden oder Gerichte – angewiesen. Statt eines Protests oder eines Vorschlags kann auch der einzelne Betroffene – wie bereits gezeigt – auf direktem Wege eine verwaltungsinterne Kontrolle durch eine Beschwerde an die nächsthöhere Behörde erzielen[490]. Sollte die Staatsanwaltschaft überhaupt befugt sein, als Prozessvertretung aufzutreten, genießt sie die gleichen Prozessrechte wie der Betroffene[491]. Aus formalen Gesichtspunkten kann insofern kein Unterschied darin bestehen, ob ein Betroffener tätig wird oder sich mit einer Beschwerde an die Staatsanwaltschaft wendet.

Gleichwohl ist die staatsanwaltschaftliche Aufsichtstätigkeit nicht nur historisch gewachsen und in der russischen Gesellschaft noch fest verankert. In vielen Fällen erscheint die Grundrechtsverteidigung unter Beteiligung der Staatsanwaltschaft gegenüber einer eigenen Initiative auch deutlich attraktiver[492]: Die Staatsanwaltschaft nimmt dem Betroffenen – sei es im behördlichen, sei es im gerichtlichen Verfahren – die Verfahrenslast, verfügt über die nötige juristische Fachkompetenz und besitzt als Aufsichtsorgan eine deutlich größere Autorität gegenüber staatlichen Stellen als ein einfacher Bürger. Sollte die

489 *Caliev/Kačmazov* (Fn. 46), S. 13.

490 Dazu eingehend der Abschnitt D. IV.

491 Zur Entwicklung dieser staatsanwaltschaftlichen Beteiligungsrechte *Deppe* (Fn. 485), S. 648 ff., m. w. N.

492 Hierzu jüngst auch *Reitemeier* (Fn. 381), S. 255 f. Ob die Staatsanwaltschaft indes stets unabhängig von lokalen Strukturen arbeitet, wird indes zum Teil bezweifelt, vgl. *N. Govorkov*: Prokurorskij nadzor: trudnosti praktiki [Die staatsanwaltschaftliche Aufsicht: Probleme der Praxis], Zakonnost' 2007, Nr. 5, S. 14 (15).

Staatsanwaltschaft für einen Betroffenen Klage einreichen, fallen zudem keine Gerichtskosten an (Art. 45 Abs. 2 Satz 1 ZPGB RF)[493]. Nicht zuletzt hat eine Beteiligung der Staatsanwaltschaft im gerichtlichen Verfahren den wesentlichen Vorteil, dass die Staatsanwaltschaft über den Entscheidungsvollzug, der sonst bei weitem noch nicht selbstverständlich ist[494], wacht.

Jedoch stößt die staatsanwaltschaftliche Tätigkeit auf Grenzen: Da Protest und Vorschlag rechtlich nicht bindend sind, ist auch die Staatsanwaltschaft auf eine gerichtliche Entscheidung in der Sache angewiesen[495]. Damit ist der staatsanwaltschaftliche Schutz ebenso wie der konkret Betroffene in einem erheblichen Maße von der Effektivität des gerichtlichen Grundrechtsschutzes abhängig[496]. Doch zeigen sich gerade hier im russischen Recht sowohl normativ als auch rechtspraktisch Defizite[497]. Ungeachtet dessen ist die russische Staatsanwaltschaft in ihrer Funktion als Wächterin über die Grundrechte mehr als ein faktisch „kompetenzloser Papiertiger“[498]. Sie erfüllt im gegenwärtigen Russland eine wesentliche Funktion im System des Grundrechtsschutzes, auch wenn ihre Kompetenzen formal nicht mehr in das heutige System eines individuellen und durch den Grundrechtsbetroffenen initiierten Grundrechtsschutzes passen wollen.

VI. Grundrechtsschutz durch Beschwerde an den Menschenrechtsbeauftragten

Die Möglichkeit, sich mit einer Beschwerde an den russischen Menschenrechtsbeauftragten zu wenden und ihn mit der Konfliktlösung zu beauftragen, ist ein Novum im russischen Recht. Seine grundrechtsschützende Tätigkeit im Interesse Einzelner bildet dabei einen bedeutsamen Teilausschnitt seiner vielfältigen Tätigkeit[499]. Als ideologisch-historisch unbelastete Rechtsinstitution verkörpert

493 *Dodonov/Krutskich* (Fn. 463), S. 90; ähnlich *Gruznova* (Fn. 463), S. 31; *Smith* (Fn. 460), S. 361; *Solomon* (Fn. 348), S. 114.

494 Dazu umfassend noch der Abschnitt E. 2. Vgl. auch *Bezlepkin* (Fn. 472), S. 9; *V. Mačiskij*: Pravozaščitnaja funkcija prokuratury [Die rechtsschützende Funktion der Staatsanwaltschaft], Zakonnost' 2007, Nr. 11, S. 2 (6).

495 Ähnlich *Čepurnova/Smol'nikov* (Fn. 463), S. 18.

496 So auch *Schaich* (Fn. 405), S. 204.

497 Zu den strukturellen und normativen Lücken im verwaltungsgerichtlichen Rechtsschutzes bereits D. III. 2. Zu spezifischen Problemen im Rechtsalltag noch unter E. II.

498 So aber im Ergebnis *Schaich* (Fn. 405), S. 204.

499 Etwa erstattet er jährlich den vielbetrachteten Bericht zur Lage der Grund- und Menschenrechte in Russland (Art. 33 Abs. 1 MenschenRBG RF) und gibt durch

der Menschenrechtsbeauftragte wie kein anderer den Bruch mit dem bisherigen, im Ergebnis unzureichenden Rechtsschutzsystem[500] (1.). Seine wichtigste einfachgesetzliche Normierung findet er im Gesetz über den Menschenrechtsbeauftragten (MenschenRBG RF). Heute erreichen den föderalen Menschenrechtsbeauftragten jährlich weit über 50.000 Beschwerden aus allen Regionen Russlands, denen er in einem kostenfreien Verfahren[501] nachgeht. Er ist damit zu einem festen Bestandteil des russischen grundrechtsschützenden Systems geworden. Gerügt werden vornehmlich Verletzungen der Rechtsschutzgarantie und sozialer Grundrechte[502].

Den Ausgangspunkt einer individuell-grundrechtsschützenden Tätigkeit des Menschenrechtsbeauftragten bildet eine zulässige Beschwerde des Betroffenen (2.). Sollte der Menschenrechtsbeauftragte nach seiner Prüfung zu dem Schluss gelangen, dass das gerügte Verhalten Grundrechte verletzt, kann er verschiedentlich reagieren. Ob seine gegenwärtigen Kompetenzen für eine effektive Tätigkeit aber tatsächlich ausreichend sind, ist in der russischen Literatur stark umstritten (3.).

Nicht verwechselt werden darf der russische föderale Menschenrechtsbeauftragte, der hier im Zentrum der Betrachtung steht, mit den jeweiligen Menschenrechtsbeauftragten in den einzelnen Subjekten (4.). Ferner wurde 2009 in Russland der sogenannte Beauftragte für Kinderrechte ins Leben gerufen[503]. Er ist jedoch – anders als der föderale Menschenrechtsbeauftragte – keine selbstständige Institution, sondern Teil der Präsidialadministration.

Stellungnahmen in den Medien wichtige Impulse für die öffentliche Diskussion, vgl. etwa die Stellungnahme des Menschenrechtsbeauftragten vom 02.04.2013 zu den Haftstrafen für die Mitglieder von Pussy Riot, http://de.ria.ru/politics/20130402/265847920.html.

500 Ähnlich auch *Beljasov* (Fn. 50), S. 86; *Semenova* (Fn. 50), S. 24, m. w. N. sowie *V. V. Bojcova/L. V. Bojcova*: Kommentarij k Federal'nomu konstitucionnomu zakonu „Ob Upolnomočennom po pravam čeloveka v Rossijskoj Federacii" [Kommentar zum föderalen Verfassungsgesetz „Über den Menschenrechtsbeauftragten in der Russischen Föderation"], 1997, Einführung, S. 10 ff.

501 Art. 18 MenschenRBG RF.

502 Vgl. die jährliche Statistik des Menschenrechtsbeauftragten für die Jahre 2004 bis 2012, jeweils verfügbar unter http://www.ombudsmanrf.org/statistika.

503 Dekret „Über den Beauftragten für Kinderrechte" vom 01.09.2009, SZ RF 2009, Nr. 36, Pos. 4312.

1. Vom Rechtsinstitut bourgeoiser Staaten zur grundrechtsschützenden Institution

Russland hat mit der Einführung des Amts des Menschenrechtsbeauftragten einen Weg eingeschlagen, um seiner Bevölkerung einen vergleichsweise unbürokratischen Ansprechpartner für die Lösung ihrer Probleme zur Seite zu stellen, den auch viele andere Staaten gewählt haben[504]. Ihren Ursprung nimmt die Rechtsfigur des Menschenrechtsbeauftragten im schwedischen Recht[505]. Noch in der sowjetischen Rechtswissenschaft wurde sie nur vereinzelt untersucht und vorrangig als Rechtsschutzinstrument „bourgeoiser Staaten" betrachtet[506]. Gleichwohl wurde eine modifizierte Übernahme bereits damals nicht gänzlich ausgeschlossen[507]. Auftrieb bekam die Diskussion um die Einführung eines Menschenrechtsbeauftragten in der 1986 eingeleiteten Perestroika[508]. Es wurde

504 Das erste Land, das das Amt des Ombudsmannes aus dem schwedischen Recht in sein eigenes Rechtssystem übertrug, war Finnland 1919. Ihm folgten Dänemark 1955 sowie Neuseeland 1962; vgl. *Thomas von Hippel*: Der Ombudsmann im Bank- und Versicherungswesen, 2000, S. 2 f., m. w. N. sowie *Michael Mauerer*: Die parlamentarischen Ombudsmann-Einrichtungen in den Mitgliedstaaten des Europarates, in: Franz Matscher (Hrsg.): Ombudsmann in Europa, 1994, S. 123 (127 f.). Einen Gesamtüberblick über seine heutige Verbreitung verschafft etwa *Victor O. Ayeni*: The changing nature and contemporary role of National Ombudsman institutions in the commonwealth and elsewhere, The International Ombudsman Yearbook 2000, Vol. 4, S. 91 (92 f.).

505 Umfassend zum schwedischen Justizombudsmann *Horst Call*: Grundrechtsschutz in Schweden unter rechtsvergleichenden Gesichtspunkten, 2003, S. 343 ff., m. w. N.

506 Etwa *A. S. Avtonomov*: Pravovoe položenie ombudsmana v buržuaznom gosudarstve [Die Rechtsstellung des Ombudsmannes im bourgeoisen Staat], SGiP 1988, Nr. 3, S. 116–122; *Ju. S. Šemušenko/G. A. Muratšin*: Institut Ombudsmena v sovremennom buržuaznom gosudarstve [Das Institut des Ombudsmanns im gegenwärtigen bourgeoisen Staat], SGiP 1971, Nr. 1, S. 139–144.

507 Vgl. *Šemušenko/Muratšin* (Fn. 506), S. 143 f.

508 Für eine Einführung plädierte etwa *N. Ju. Chamaneva*: Rol' ombudsmena v ochrane prav graždan v sfere gosudarstvennogo upravlenija [Die Rolle des Ombudsmannes der Wahrung der Bürgerrechte auf dem Gebiet der staatlichen Verwaltung], SGiP 1990, Nr. 9, S. 138 (147). Zu dieser Entwicklung eingängig *N. F. Lukašova*: Vzaimodejstvie upolnomočennogo po pravam čeloveka v sub"ekte Rossijskoj Federacii s organami gosudarstvennoj vlasti i drugimi strukturami v sfere zaščity prav i svobod čeloveka i graždanina [Die Wechselwirkung des Menschenrechtsbeauftragten im Subjekt der Russischen Föderation mit Organen der Staatsgewalt sowie anderen Strukturen im Bereich des Schutzes der Rechte und Freiheiten des Menschen und des Bürgers], 2011, S. 19 f.; *Ju. L. Korabel'nikova*: Konstitucionno-pravovye osnovy

erkannt, dass die Staatsanwaltschaft – als unabhängige, grundrechtsschützende Instanz konzipiert – oftmals gerade nicht unabhängig auftrat, sondern tendenziell die Interessen des Staates vertrat[509]. Es erschien deshalb als eine notwendige Ergänzung, einen Menschenrechtsbeauftragten als wahrhaft neutrale Institution einzuführen. 1991 wurde schließlich in Art. 40 der bereits erwähnten „Deklaration der Rechte und Freiheiten des Menschen“[510] die Schaffung eines parlamentarischen Menschenrechtsbeauftragten normiert.

Die zwei Jahre später verabschiedete russische Verfassung erwähnt den Menschenrechtsbeauftragten versteckt im Kompetenzkatalog der Staatsduma (Art. 103 Abs. 1 lit. f) Verf RF)[511]. Auch wenn damit die Staatsduma für die Ernennung des Menschenrechtsbeauftragten zuständig ist, bildet der Menschenrechtsbeauftragte keine rein parlamentarische Kontrollinstanz, sondern eine gänzlich unabhängige staatliche Institution[512] mit eigenem Apparat zum Schutz der Grund- und Menschenrechte. Er tritt als unbürokratischer und unparteiischer Mittler zwischen Grundrechtsbetroffenem und dem handelnden staatlichen Organ auf[513]. Als wesentlicher Vorteil im Vergleich zum gerichtlichen Grundrechtsschutz kann er nicht nur die Rechtmäßigkeit, sondern auch die Zweckmäßigkeit der angegriffenen Maßnahme beurteilen[514].

---

vzaimodejstvija Upolnomočennogo po pravam čeloveka v Rossijskoj Federacii i organov ispolnitel'noj vlasti v obespečenii konstitucionnych prav i svobod čeloveka i graždanina [Verfassungsrechtliche Grundlagen der Wechselbeziehung zwischen dem Menschenrechtsbeauftragten der Russischen Föderation und Organen der exekutiven Gewalt bei der Gewährleistung der Verfassungsrechte und -freiheiten des Menschen und des Bürgers], 2007, S. 41 ff.

509 *V. V. Bojcova*: Nužen li Upolnomočennyj parlamenta po pravam čeloveka v Rossii? [Braucht man in Russland einen Parlamentsbeauftragten für Menschenrechtsschutz?], GiP 1993, Nr. 10, S. 112 (114).

510 Zur Bedeutung der russischen Menschenrechtsdeklaration bereits der Abschnitt B. I.

511 Dem russischen Alphabet folgend ist es Art. 103 Abs. 1 lit. e) Verf RF. Kritisch zu dieser rein formalen Erwähnung des Menschenrechtsbeauftragten *N. Ju. Chamaneva*: Zaščita prav i svobod graždan v sfere ispolnitel'noj vlasti v Rossijskoj Federacii [Der Schutz der Bürgerrechte im Bereich der vollziehenden Gewalt], 1997, S. 136; *Semenova* (Fn. 50), S. 91.

512 Vgl. Art. 2 Abs. 1 MenschenRBG RF. Zu den damit verbundenen Problemen, den Menschenrechtsbeauftragten im System der Gewaltenteilung zu verorten, etwa *Semenova* (Fn. 50), S. 87 ff., m. w. N.

513 *Korabel'nikova* (Fn. 508), S. 50; ähnlich *Lukašova* (Fn. 508), S. 69.

514 *Chamaneva* (Fn. 511), S. 150; *Korabel'nikova* (Fn. 508), S. 158, 185; *Semenova* (Fn. 50), S. 47 f. Ähnliche Regelungen finden sich im Übrigen in einigen Bundesländern, etwa § 1 Abs. 2 BürgBG RP sowie § 1 Abs. 2 ThürBüBG.

Blickt man auf das deutsche Recht, besteht auf Bundesebene keine mit dem russischen Menschenrechtsbeauftragten vergleichbare Institution, auch wenn Begrifflichkeiten zunächst Anderes vermuten lassen. So wird etwa der Beauftragte für die Bundesregierung für Menschenrechtspolitik und Humanitäre Hilfe verkürzt als Menschenrechtsbeauftragter der Bundesregierung bezeichnet[515]. Der Menschenrechtsbeauftragte der Bundesregierung wird aber gerade nicht konkret grundrechtsschützend tätig. Er gestaltet vielmehr die Menschenrechtspolitik der Bundesregierung in auswärtigen Angelegenheiten mit, unter anderem als Ansprechpartner für Menschenrechtsfragen, als Kontaktstelle zu anderen Bundesorganen sowie zu Gremien der Europäischen Union[516]. Eine weitere deutsche Institution, die Parallelen zum russischen Menschenrechtsbeauftragten vermuten lassen könnte, ist der beim Bundesministerium der Justiz angesiedelte Beauftragte für Menschenrechtsfragen. Aber auch er vertritt nicht die Interessen eines Einzelnen. Im Gegenteil: er repräsentiert die Bundesrepublik vor internationalen Gremien, die mit der Kontrolle der Einhaltung von internationalen Menschenrechtsverpflichtungen durch Deutschland befasst sind[517].

Lediglich für den Bereich des Grundrechtsschutzes innerhalb Streitkräfte besteht mit dem Wehrbeauftragten des Deutschen Bundestages eine Institution, die jedenfalls in diesem Teilbereich mit dem russischen Menschenrechtsbeauftragten vergleichbar ist. Einen Menschenrechtsbeauftragten als eine spezifisch grundrechtsschützende, außergerichtliche Institution gibt es auf Bundesebene

515 So die gängige Wortwahl in den Pressemitteilungen des Auswärtigen Amts, etwa vom 17.02.2014, http://www.auswaertiges-amt.de/sid_DCFB30B9B07557E928FF5ACEFD0082F1/DE/Aussenpolitik/ Laender/Aktuelle_Artikel/Ukraine/140217_Steinmeier_trifft_%20Klitschko_Jazenjuk.html; vom 09.01.2013, http://www.auswaertiges-amt.de/sid_DCFB30B9B07557E928FF5ACEFD0082F1/DE/ Aussenpolitik/Laender/Aktuelle_Artikel/Bahrain/130108Loening.html; vom 03.04.2012, http://www.auswaertiges-amt.de/sid_DCFB30B9B07557E928FF5ACEFD0082F1/DE/Aussenpolitik /Laender/Aktuelle_Artikel/Myanmar/120402-Nachwahl-MMR.html sowie vom 17.01.2011, http://www.auswaertiges-amt.de/DE/AAmt/Koordinatoren/MR-Koordinator/AktuelleBeitraege/110117-LoeningInMinsk.html.

516 Vgl. die Tätigkeitsbeschreibung des Auswärtigen Amtes, bei dem der Menschenrechtsbeauftragte strukturell angesiedelt ist, http://www.auswaertiges-amt.de/DE/AAmt/Koordinatoren/MR-Koordinator/Uebersicht-MRBeauftragter_node.html.

517 So lautet seine Tätigkeitsbeschreibung auf den Internetseiten des Bundesjustizministeriums, http://www.bmj.de/DE/Ministerium/OeffentlichesRecht/Menschenrechte/_node.html.

also nicht. Dies wird in der Literatur zum Teil stark kritisiert[518]. Befürworter der gegenwärtigen Rechtslage stützen sich indes insbesondere darauf, dass eine vergleichbare Rechtsform bereits durch das Petitionsrecht bestehe[519].

Mit Blick auf die Länderebene vermittelt sich ein anderes Bild. In Mecklenburg-Vorpommern[520], Rheinland-Pfalz[521] und Thüringen[522] können sich Betroffene mit ihrem Anliegen an sogenannte Bürgerbeauftragte wenden, die daraufhin vermittelnd zwischen Betroffenen und Verwaltung nach einer einvernehmlichen Lösung suchen. Schleswig-Holstein kennt schließlich einen Bürgerbeauftragten für soziale Angelegenheiten[523].

2. Zulässige Beschwerde als Handlungsgrundlage

Die grundrechtsschützende Tätigkeit des Menschenrechtsbeauftragten setzt in einem ersten Schritt eine zulässige Beschwerde des Betroffenen voraus. Hierfür maßgebliche Zulässigkeitsregelungen enthält das Menschenrechtsbeauftragtengesetz, das als Spezialgesetz neben dem bereits erwähnten allgemeineren Eingabeverfahrensgesetz[524] steht. Der Menschenrechtsbeauftragte darf unzulässige Beschwerden ablehnen. In der Mehrzahl der Fälle leistet er aber auch hier zumindest kostenfreie Rechtsberatung[525]. Hierin wird die Rolle des Menschenrechtsbeauftragten als unbürokratisch agierendes Organ deutlich, das anders als Gerichte und Staatsanwaltschaften einen vergleichsweise weiten Handlungsspielraum genießt.

---

518 *Markus Franke*: Ein Ombudsmann für Deutschland?, 1999, insbesondere S. 37 ff.; *Hans-Michael Seibert*: Zivilbeauftragte in Deutschland, 1970, insbesondere S. 175.

519 So insbesondere *Julia Kruse*: Der öffentlich-rechtliche Beauftragte, 2007, S. 171, m. w. N.; *Walter Schmitt Glaeser/Rudolf Mackeprang*: Zur Institution des öffentlichrechtlichen Beauftragten, Die Verwaltung 24 (1991), S. 15 (23 f.). Aus rechtspolitischer Sicht grundlegend der Zwischenbericht der Enquete-Kommission für Fragen der Verfassungsreform, BTDrucks. 6/3829, S. 28 (35).

520 Art. 36 Abs. 1 und 2 Verf Mecklenburg-Vorpommern, § 6 PetBüG M-V.

521 §§ 1 Abs. 1, 2 Abs. 1 BürgBG RP.

522 §§ 1 Abs. 1 S. 1–3, 2 Abs. 1 ThürBüBG.

523 §§ 1 Abs. 1, 2 Abs. 1 BüG SH.

524 Hierzu insbesondere bereits der Abschnitt D. IV. 2.

525 Diese Vorgehensweise stützt sich auf Art. 20 Abs. 1 Nr. 2 MenschenRBG RF, wonach der Menschenrechtsbeauftragte dem Beschwerdeführer grundrechtsschützende Vorgehensweisen aufzeigt. Exemplarisch hierzu auf der Internetpräsenz des Menschenrechtsbeauftragten verfügbaren statistischen Daten, http://www.ombudsmanrf.org/statistika.

a) Aspekte der Beschwerdefähigkeit und -befugnis

Nach Art. 15 MenschenRBG RF sind alle russischen Staatsbürger sowie Ausländer und Staatenlose, die sich auf dem Territorium der Russischen Föderation aufhalten, beschwerdefähig. Im Umkehrschluss sind damit weder juristische Personen noch Ausländer, die bereits ausgereist sind, beschwerdefähig. Die Beschwerdebefugnis ist nicht, wie die Bezeichnung als *Menschenrechts*beauftragter vermuten lassen könnte, an die Verletzung von *Menschenrechten* geknüpft. Eine Beschwerde kann sich auf gegen eine *Grundrechts*verletzung richten[526]. Der Menschenrechtsbeauftragte wird damit – in Abgrenzung zur Staatsanwaltschaft als allgemeinem Rechtsaufsichtsorgan – nicht zum Schutz sämtlicher Rechtspositionen, sondern spezifisch zum Schutz von Grund- und Menschenrechten tätig[527].

b) Legislative und judikative Akte als tauglicher Beschwerdegegenstand?

Die Beschwerde kann sich gemäß Art. 16 Abs. 1 MenschenRBG RF gegen eine Entscheidung, Handlung sowie ein Unterlassen[528] von sämtlichen staatlichen Organen, Organen der kommunalen Selbstverwaltung oder Amtsträgern richten. Obwohl es sich um eine Beschwerde zum *föderalen* Menschenrechtsbeauftragten handelt, ist der Beschwerdegegenstand also nicht auf Rechtsverletzungen *föderaler* Organe begrenzt[529]. Vom Beschwerdegegenstand ausgenommen sind gemäß Art. 16 Abs. 2 MenschenRBG RF einzig „Entscheidungen der Kammern der Bundesversammlung sowie von gesetzgebenden Organen (Repräsentativorganen) der Subjekte der Russischen Föderation". Hinter dieser Grundentscheidung, legislative Entscheidungen auszuklammern, steht die Konzeption des Menschenrechtsbeauftragten als Kontrollorgan vorrangig gegenüber der Exekutive.

---

526 Vgl. auch *Bojcova/Bojcova* (Fn. 500), Art. 15, S. 53.

527 Ähnlich *V. A. Zuev*: Vzaimodejstvie prokuratury i obščestvennych priemnych pri Upolnomočennom po pravam čeloveka [Das Zusammenwirken der Staatsanwaltschaft mit den öffentlichen Beratungsstellen des Menschenrechtsbeauftragten], RJuŽ 2009, Nr. 4, S. 219 (220).

528 Im Folgenden wird zusammenfassend im Interesse der Lesbarkeit für die drei Varianten der Begriff Tätigkeit verwendet.

529 Zu den damit verbundenen Abgrenzungsschwierigkeiten zur Tätigkeit der regionalen Menschenrechtsbeauftragten sogleich unter D. VI. 4. b).

Ob sich eine Beschwerde indes gegen gerichtliche Entscheidungen richten kann, ist im russischen Recht unklar[530]. Die Fragestellung ist in der Rechtspraxis von größter Relevanz, da sich eine Vielzahl an Beschwerden auf Verstöße gegen die Rechtsschutzgarantie des Art. 46 Verf RF stützt[531]. Richtet man einen kurzen Blick auf das deutsche Landesrecht, ergibt sich hier eine einheitliche Rechtslage. Bürgerbeauftragte dürfen keine Beschwerden gegen gerichtliche Entscheidungen bearbeiten[532]. Auch im russischen Recht spricht gegen eine solche Prüfungskompetenz des Menschenrechtsbeauftragten die in Art. 120 Abs. 1 1. Halbsatz Verf RF verankerte Garantie der richterlichen Unabhängigkeit, die jeglicher Form von Aufsicht außerhalb des Instanzenzugs entgegensteht. Ein Teil der russischen Literatur befürwortet daher die Einführung einer entsprechenden gesetzlichen Regelung[533].

Für eine Prüfungskompetenz spricht hingegen Art. 29 Abs. 1 Nr. 3 MenschenRBG RF. Hierin heißt es wörtlich, dass „sich der Menschenrechtsbeauftragte mit einem Gesuch (chodatajstvo) an ein Gericht oder an die Staatsanwaltschaft zur Überprüfung einer rechtskräftigen Gerichtsentscheidung, eines Strafurteils, eines Beschlusses oder Urteils eines Gerichts oder mehrere Gerichte“ wenden kann. Ein solches Vorgehen des Menschenrechtsbeauftragten setzt aber in einem ersten Schritt die Kompetenz zur Überprüfung solcher gerichtlicher Entscheidungen voraus. Ferner argumentieren die Befürworter einer solchen Prüfungskompetenz, dass der Menschenrechtsbeauftragte die richterliche Unabhängigkeit in keiner Weise gefährde[534]. Schließlich stoße er allein eine *gerichtsinterne* Kontrolle der angegriffenen Entscheidung an, mische sich aber nicht in deren Ausgang ein.

---

530 Diese Fragestellung ist dem Rechtsinstitut des Menschenrechtsbeauftragten immanent, vgl. etwa für das schwedische Recht *Call* (Fn. 505), S. 348, m. w. N.; *Thomas Bull*: The Original ombudsman, European Public Law 2000, S. 334 (338 f.), m. w. N.; *Georg Hahn*: Die Einrichtung des schwedischen Ombudsmannes mit ergänzenden Hinweisen auf die Verhältnisse in Finnland, Dänemark und Norwegen, in: Werner Thieme (Hrsg.): Mängel im Verhältnis von Bürger und Staat, 1970, S. 74 (81), m. w. N.

531 Dazu die Statistik des Menschenrechtsbeauftragten für jeweils die Jahre 2004 bis 2012, http://ombudsmanrf.org/statistika.

532 Vgl. § 2 Abs. 1 lit. b) PetBüG M-V; § 3 Abs. 1 lit b) 1. Halbsatz BürgBG RP; § 3 Abs. 2 Nr. 1 BüG SH; § 3 Abs. 1 Nr. 1 ThürBüBG.

533 Etwa *Bojcova* (Fn. 509), S. 115, die damit allerdings vorrangig eine Arbeitsentlastung des Menschenrechtsbeauftragten schaffen will.

534 Dazu und zum Nachfolgenden *Ėmich* (Fn. 49), S. 98.

c) *Subsidiarität und Frist als Problem der Rechtspraxis*

Ein Betroffener kann sich mit seiner Beschwerde erst dann an den Menschenrechtsbeauftragen wenden, wenn er gegen die angegriffene Handlung zuvor bereits gerichtlich oder jedenfalls behördlich vorgegangen ist (Art. 16 Abs. 1 MenschenRBG RF). Die Beschwerde zum Menschenrechtsbeauftragten ist damit gegenüber den bestehenden Grundrechtsschutzinstrumenten also prinzipiell subsidiär und ergänzt diese[535]. Zugleich darf eine Beschwerde nicht später als ein Jahr nach der Grundrechtsverletzung bzw. nach der Kenntnis von ihr eingereicht werden (Art. 17 Abs. 1 MenschenRBG RF). Diese Frist zu wahren, bereitet in der Rechtspraxis allerdings erhebliche Probleme, da nicht selten die Entscheidung in der Sache im eigentlichen Verfahren noch aussteht[536]. Die Literatur diskutiert vor diesem Hintergrund, die Frist des Art. 17 Abs. 1 MenschenRBG RF auf drei Jahre anzuheben[537].

3. Handlungsbefugnisse des Menschenrechtsbeauftragten

Hält der Menschenrechtsbeauftragte eine Beschwerde für zulässig, kann er auf verschiedene Weise reagieren. Oftmals ermittelt er zunächst den Sachverhalt, um die Beschwerde unter materiellen Gesichtspunkten konkret zu überprüfen (a). Sollte sich die Beschwerde daraufhin als begründet erweisen, kann der Menschenrechtsbeauftragte eine interne oder externe Überprüfung der gerügten Grundrechtsverletzung durchsetzen (b). In der Gesamtschau seiner Befugnisse wird jedoch deutlich, dass er – ähnlich wie die Staatsanwaltschaft – stets auf die Zusammenarbeit mit anderen staatlichen Stellen angewiesen bleibt. Konkrete Abhilfe kann er nicht verschaffen, sondern sie lediglich anregen.

Um sicherzustellen, dass staatliche Stellen ihre Mitarbeit nicht verweigern oder den Menschenrechtsbeauftragten in seiner Tätigkeit anderweitig behindern,

---

535 Vgl. bereits Art. 3 MenschenRBG RF; *Bojcova/Bojcova* (Fn. 500), Art. 3, S. 27

536 Darauf verweist zu Recht *Beljasov* (Fn. 50), S. 90. Zur Problematik der langen Verfahrensdauer im Rechtsalltag etwa *I. N. Poljakov*: Zakonodatel'stvo o razumnych srokach sudoproizvodstva – popytka bor'by s sudebnoj volokitoj [Die Gesetzgebung zu angemessenen gerichtlichen Verfahrensfristen – Versuch des Kampfes gegen gerichtliche Willkür], Rossijskij Sud'ja 2011, Nr. 4, S. 9 (9 f.), m. w. N.; *A. A. Vlasov*: Sud, prokuratura, advokatura [Gericht, Staatsanwaltschaft, Anwaltschaft], GiP 2004, Nr. 2, S. 13 (13).

537 *Beljasov* (Fn. 50), S. 90. A. A. *Chamaneva* (Fn. 511), S. 142; *Dadaševa* (Fn. 50), S. 72; *M. S. Bašimov*: Stanovlenie i perspektivy instituta Upolnomočennogo po pravam čeloveka v Rossijskoj Federacii [Entstehung und Perspektiven des Instituts des Menschenrechtsbeauftragten in der Russischen Föderation], ŽRP 1998, Nr. 7, S. 3 (6).

enthält das Menschenrechtsbeauftragtengesetz verschiedene Vorkehrungen bis hin zu Ordnungswidrigkeitstatbeständen. Gleichwohl sieht die Literatur das Kooperationserfordernis als Achillesferse, die einem wahrhaft effektiven Grundrechtsschutz durch den Menschenrechtsbeauftragten entgegensteht (c).

a) Kompetenzen zur Sachverhaltsermittlung

Zur Sachverhaltsermittlung räumt Art. 23 Abs. 1 MenschenRBG RF dem Menschenrechtsbeauftragten eine Vielzahl von inquisitiven Befugnissen ein. Dazu zählt etwa das Recht, ungehindert alle Organe der Staatsgewalt und der örtlichen Selbstverwaltung aufzusuchen, Sitzungen von Kollegialorganen beizuwohnen sowie sich ungehindert in Unternehmen, Einrichtungen und Organisationen unabhängig von ihrer organisationsrechtlichen und eigentumsrechtlichen Verfasstheit, in militärische Gruppeneinheiten und in gesellschaftliche Organisationen zu begeben[538]. Ferner besitzt er umfassende Informationsrechte[539]. Mit dem Beschwerdesachverhalt betraute Amtspersonen sind ihrerseits nach Art. 34 Abs. 1 und 2 MenschenRBG RF verpflichtet, im Regelfall innerhalb von 15 Tagen die angeforderte Auskunft zu erteilen sowie Unterlagen und Dokumente zur Verfügung zu stellen.

b) Kompetenzen zur Durchsetzung einer internen oder externen Überprüfung

Sollte sich die Beschwerde als begründet erweisen, muss der Menschenrechtsbeauftragte weitere Maßnahmen ergreifen[540]: Nach Art. 27 MenschenRBG RF legt er dem Organ, dessen Tätigkeit zur Grundrechtsverletzung geführt hat, ein Gutachten (zaključenie) vor. Darin empfiehlt er konkrete Maßnahmen, um einen grundrechtskonformen Zustand wiederherzustellen. Das Organ ist gemäß Art. 35 MenschenRBG RF verpflichtet, das Gutachten innerhalb eines Monats zu prüfen sowie den Menschenrechtsbeauftragten schriftlich über eingeleitete Maßnahmen zu unterrichten. Im Umkehrschluss ergibt sich aus der Norm, dass ein Gutachten des Menschenrechtsbeauftragten weder hinsichtlich der Annahme eines Grundrechtsverstoß noch hinsichtlich der Umsetzung der empfohlenen Maßnahme verpflichtend ist[541]. Das Gutachten führt also lediglich zu einer

538 Art. 23 Abs. 1 Nr. 1 MenschenRBG RF.

539 Art. 23 Abs. 1 Nr. 2–4, Nr. 6 MenschenRBG RF.

540 Vgl. Art. 26 Abs. 2 MenschenRBG RF.

541 *Bojcova/Bojcova* (Fn. 500), Art. 27, S. 91; *Ėmich* (Fn. 49), S. 123, m. w. N.; *Korneeva* (Fn. 50), S. 91.

Innenrevision des gerügten Vorgangs. Es erinnert insofern an den bereits betrachteten staatsanwaltschaftlichen Protest[542]. Ein wirklich scharfschneidiges Schwert zur Grundrechtsverteidigung ist es somit nicht.

Flankiert wird die Gutachtenkompetenz von weiteren Befugnissen, die eine unabhängige, externe Revision anstoßen: So kann der Menschenrechtsbeauftragte etwa gemäß Art. 29 Abs. 1 Nr. 1 MenschenRGB RF ein grundrechtsschützendes Gerichtsverfahren einleiten[543] sowie im Prozess persönlich oder durch einen Vertreter teilnehmen. Gemäß Art. 29 Abs. 1 Nr. 2 MenschenRBG RF kann er sich ferner durch Gesuch (chodatajstvo) an andere Staatsorgane wenden, um ein mit der Grundrechtsverletzung im Zusammenhang stehendes Disziplinar- oder Strafverfahren anzuregen. Weiterhin kann der Menschenrechtsbeauftragte eine kostenfreie Überprüfung einer bereits rechtskräftigen gerichtlichen oder richterlichen Entscheidung durch ein Gericht oder durch die Staatsanwaltschaft erreichen (Art. 29 Abs. 1 Nr. 3 i. V. m. Abs. 2 MenschenRBG RF). Schließlich kann er sich – wie bereits betrachtet[544] – auf der Grundlage von Art. 29 Abs. 1 Nr. 5 MenschenRBG RF mit einer Verfassungsbeschwerde an das Russische Verfassungsgericht wenden.

c) *Kooperationserfordernis als Achillesferse?*

Aus der Gesamtschau der eben beschriebenen Befugnisse wird deutlich, dass der Menschenrechtsbeauftragte von der Sachverhaltsermittlung bis hin zur Beseitigung der Grundrechtsverletzung stets auf die Kooperation anderer Staatsorgane angewiesen ist, ohne die er seine grundrechtsschützende Aufgabe nicht wahrnehmen kann[545]. Dies ist die Schwachstelle seiner Tätigkeit, die auch der russische Gesetzgeber gesehen hat. Gemäß Art. 36 MenschenRBG RF i. V. m. Art. 17.2 OWiG RF werden bestimmte Verhaltensweisen daher als Ordnungswidrigkeit geahndet. Beispielsweise ist es danach eine Ordnungswidrigkeit, auf die Tätigkeit des Menschenrechtsbeauftragten Einfluss zu nehmen oder es als Amtsträger zu verweigern, seinen gesetzlichen Pflichten gegenüber dem Menschenrechtsbeauftragten nachzukommen.

Trotz allem befürchten einige Stimmen in der jüngeren russischen Literatur, dass die Tätigkeit des Menschenrechtsbeauftragten faktisch funktionslos bleibe,

---

542 Dazu bereits der Abschnitt D. V. 2. a).

543 Prozessrechtlich findet diese Regelung ihren Niederschlag in Art. 46 Abs. 1 Satz 1 1. Halbsatz ZPGB RF bzw. Art. 53 Abs. 1 APGB RF.

544 Hierzu schon der Abschnitt D. I. 2. a) (3).

545 So auch *Dadaševa* (Fn. 50), S. 75; *Semenova* (Fn. 50), S. 86, m. w. N.

solange er nicht mit konkreten Machtbefugnissen (vlastnye polnomočie) ausgestattet sei[546]. Insbesondere sollten seine Gutachten gegenüber den staatlichen Stellen, die die angegriffene Handlung erlassen haben, nicht lediglich empfehlenden Charakter besitzen[547]. Gegen diese Auffassung spricht jedoch nicht nur, dass ein solches Auftreten des Menschenrechtsbeauftragten seiner eingangs erwähnten Konzeption als neutralem Mittler zwischen Betroffenem und staatlichem Organ widerspricht[548]: Er ist gerade kein übergeordnetes Organ der Rechtaufsicht, sondern lediglich „Spezialist auf dem Gebiet des Grundrechtsschutzes"[549]. Auch bleibt es vor dem Hintergrund des Gewaltenteilungsprinzips vorrangige Aufgabe der Judikative, letztverbindlich über die Frage der Grundrechtsmäßigkeit exekutiver Handlungen zu entscheiden. Das faktische Kooperationserfordernis zeigt sich daher im Ergebnis nicht als gesetzlich missglückte Kompetenzausstattung des Menschenrechtsbeauftragten, sondern als konzeptionelle Notwendigkeit. Er kann daher gerade nicht durch eine rechtliche Übermacht erfolgreich für den Grundrechtsschutz eintreten, sondern muss allein aufgrund seiner rechtlichen Argumentation sowie aufgrund seiner gesellschaftliche Akzeptanz und Autorität überzeugen[550].

4. Regionale Menschenrechtsbeauftragte

Neben dem föderalen Menschenrechtsbeauftragten sind in einzelnen Föderationssubjekten regionale Menschenrechtsbeauftragte aktiv. Sie sind dem föderalen Menschenrechtsbeauftragten nicht hierarchisch unterstellt, sondern agieren als souveräne Kontrollorgane des jeweiligen Subjekts, die über die Einhaltung der föderalen und der regionalen Grundrechte wachen[551]. So lautet zumindest die

546 *Korneeva* (Fn. 50), S. 15, 95 f. Von der fehlenden Lebensfähigkeit der Institution des Menschenrechtsbeauftragten in Russland spricht in diesem Zusammenhang *Suren Adibekovič Avakjan*: Die Lücken und Defekte im russischen Verfassungsrecht und die Wege zur Abhilfe, Osteuropa Recht 2007, S. 143 (148). Abermals findet sich hier eine vergleichbare Diskussion im schwedischen Recht, vgl. *Bull* (Fn. 530), S. 340 f.

547 *Korneeva* (Fn. 50), S. 96.

548 So zu Recht auch *Korabel'nikova* (Fn. 508), S. 84.

549 *Korabel'nikova* (Fn. 508), S. 85, m. w. N.

550 Ähnlich auch *A. G. Majorov*: Institut ombusmana (Upolnomočennogo po pravam čeloveka) v sisteme zaščity prav i svobod graždan [Das Institut des Ombudsmannes (des Menschenrechtsbeauftragten) im System des Schutzes der Rechte und Freiheiten des Bürgers], Vestnik prav čeloveka 2001, Nr. 1, S. 57 (60).

551 Nicht alle regionalen Menschenrechtsbeauftragtengesetze nennen föderale Grundrechte ausdrücklich als taugliches Schutzgut. Etwa stellt das MenschenRBG

Theorie. In der Rechtspraxis werden nur langsam regionale Menschenrechtsbeauftragte berufen (a). Diese Problematik und erinnert stark an die zögerliche Institutionalisierung der Subjektsverfassungsgerichte[552]. Ferner bestehen bislang keine eindeutigen Kriterien, um die Zuständigkeit des föderalen Menschenrechtsbeauftragten und seinen regionalen Partnern zu bestimmen (b).

a) Schleppende Institutionalisierung

Blickt man allein auf das Zahlenmaterial, erscheint die Lage in den Subjekten vergleichsweise gut. Gegenwärtig existiert das Amt des Menschenrechtsbeauftragten formal in 80 Subjekten[553]. Dabei bleibt jedoch unklar, wie viele regionale Menschenrechtsbeauftragte tatsächlich tätig sind. 2011 waren es schätzungsweise 56[554]. Die Gründe für ihre zögerliche Arbeitsaufnahme ähneln den Problemen, regionale Verfassungsgerichte zu schaffen: Zum einen scheuen die Subjekte die mit den Kosten des Amts verbundene finanzielle Belastung[555]. Zum anderen fehlt es aber auch hier am politischen Willen, eine unabhängige Kontrollinstanz zu schaffen[556].

Wie bei der Subjektsverfassungsgerichtsbarkeit verstößt die nur zögerliche Arbeitsaufnahme regionaler Menschenrechtsbeauftragter in den Augen russischer Juristen gegen den Gleichheitsgrundsatz (Art. 19 Verf RF): Bestimmten Menschen werde allein aufgrund ihres Wohnsitzes Rechtsschutz verwehrt, den andere in derselben Situation erhalten würden[557]. Lösungsvorschläge, die Institutionalisierung voranzutreiben, bestehen reichlich, doch beschwören sie – ähnlich der

---

St. Petersburg ausschließlich „fundamentale bürgerliche und politische Grundrechte" unter Schutz, vgl. Art. 10 Abs. 1 Spiegelstrich 6 MenschenRBG St. Petersburg. Zum Ganzen *Ėmich* (Fn. 49), S. 88.

552 Dazu bereits D. II. 2.

553 Vgl. die Nachweise auf der Internetseite des Menschenrechtsbeauftragten der Russischen Föderation, http://ombudsmanrf.org/upch-v-sub-ektakh-rf.

554 Diese Zahl nennt *Lukašova* (Fn. 508), S. 4, 25.

555 Art. 5 Abs. 2 MenschenRBG RF weist die Kostenlast den einzelnen Subjekten zu.

556 Zum Ganzen anschaulich *Dadaševa* (Fn. 50), S. 79 ff., 131 ff. Weiterführend auch *Korabel'nikova* (Fn. 508), S. 126, 129 f.; *Lukašova* (Fn. 508), S. 26, m. w. N.; *Semenova* (Fn. 50), S. 49 f., 132.

557 So der Menschenrechtsbeauftragte der Russischen Föderation in seinem Jahresbericht für 2008, vgl. Doklad Upolnomočennogo po pravam čeloveka v Rossijskoj Federacii za 2008 (Fn. 446), Gliederungspunkt: Vzaimodejstvie s upolnomočennymi v sub"ektach Rossijskoj Federacii [Zusammenarbeit mit den Menschenrechtsbeauftragten der Subjekte der Russischen Föderation]; ferner *Lukašova* (Fn. 508), S. 25; *Korabel'nikova* (Fn. 508), S. 127, m. w. N.; zustimmend auch *Caliev* (Fn. 264), S. 11.

Lösungsansätze zur Schaffung von Subjektsverfassungsgerichten – einen Konflikt zur föderalen Struktur Russlands herauf. Einige befürworten eine grundlegende Änderung des Art. 5 Abs. 1 MenschenRBG RF. Die Norm solle die Schaffung regionaler Menschenrechtsbeauftragter neben dem russischen Menschenrechtsbeauftragten nicht mehr nur prinzipiell ermöglichen, sondern eine Institutionalisierungspflicht der Subjekte begründen[558]. Ein entsprechendes Änderungsgesetz wurde in die Staatsduma tatsächlich eingebracht. Es wurde aber nicht verabschiedet, da ein Rechtsgutachten der Duma zu dem Ergebnis gelangte, dass das Gesetz gegen die föderale Struktur Russlands verstieße[559]. Überraschenderweise blieb diese Entscheidung bislang für die Diskussion bezüglich der Subjektsverfassungsgerichtsbarkeit ohne Bedeutung, obgleich sie sich auf die Problematik ohne weiteres übertragen ließe.

Wiederum andere befürworten – wie im Übrigen auch im bereits beschriebenen Fall der regionalen Verfassungsgerichtsbarkeit – den Erlass eines föderalen Rahmengesetzes, das seinerseits die Schaffung eines regionalen Menschenrechtsbeauftragten festschreiben und existierende regionale Gesetze prozessual angleichen solle[560].

Aus dem Meinungsspektrum wird deutlich, dass den Regionen nicht zugetraut wird, ihre gesetzgeberische Autonomie verantwortungsvoll wahrzunehmen. Ohne Berechtigung ist diese Bewertung gewiss nicht. Doch die interessante und letztlich entscheidende Frage, auf welche Gesetzgebungskompetenz sich die Föderation zum Gesetzeserlass konkret stützen könnte, beantworten die Befürworter eines föderalen Rahmengesetzes nicht. Denkbar wäre im Grunde genommen – wiederum ähnlich der Problematik bezüglich der

---

558 So unter anderem der Vorschlag des Menschenrechtsbeauftragten in seinem Jahresbericht 2001, Doklad Upolnomočennogo po pravam čeloveka v Rossijskoj Federacii za 2001 god [Bericht des Menschenrechtsbeauftragten der Russischen Föderation für das Jahr 2001], Gliederungspunkt: Razvitie obrazovanija, prosveščenija i sotrudničestva v oblasti prav čeloveka [Die Entwicklung der Institutionalisierung, Aufklärung und Zusammenarbeit auf dem Gebiet der Menschenrechte], http://ombudsmanrf.org/doklady. Aus der jüngeren Literatur etwa *Beljasov* (Fn. 50), S. 92. In diese Richtung deutet auch *Caliev* (Fn. 264), S. 10.

559 Vgl. das Gutachten des Komitees der Staatsduma zum Staatsaufbau, http://asozd2.duma.gov.ru/arhiv/a_dz_4.nsf/ByID/010A8DB0BD198F65432571BB005BAC5F?OpenDocument. Abschließend erging der erwartungsgemäß ablehnende Beschluss der Staatsduma vom 20.02.2004 N 123-IV GD, SZ RF 2004, Nr. 9, Pos. 749, S. 2117. Zustimmend *Dadaševa* (Fn. 50), S. 81; *Semenova* (Fn. 50), S. 26.

560 Etwa *Caliev* (Fn. 264), S. 11, m. w. N.; *Semenova* (Fn. 50), S. 8, 10, 12, 27, 37, 49, 184 ff. sowie *Lukašova* (Fn. 508), S. 38 f., 74. Ablehnend indes *Ėmich* (Fn. 49), S. 161.

Subjektsverfassungsgerichtsbarkeit – eine Gesetzgebungskompetenz aus Art. 72 Abs. 1 lit. b) Verf RF. Die Norm sieht eine gemeinsame Gesetzgebung von Föderation und Subjekten zum Schutz der Grundrechte vor. Ob hiermit jedoch eine so grundlegende Frage, ein subjektseigenes Grundrechtsschutzorgan zu schaffen, durch ein föderales Gesetz entschieden werden kann, erscheint zweifelhaft. Anders als im Fall der Subjektsverfassungsgerichtsbarkeit werden diese Bedenken von der russischen Literatur allerdings bislang nicht geäußert.

b) Abgrenzung zur Tätigkeit des föderalen Menschenrechtsbeauftragten

Aufgaben und Kompetenzen der regionalen Menschenrechtsbeauftragten überschneiden sich weitestgehend mit denen des föderalen Menschenrechtsbeauftragten[561]. Insbesondere wachen die regionalen Menschenrechtsbeauftragten über die Beachtung regionaler *und* föderaler Grundrechte. Damit stellt sich unweigerlich die Frage nach der konkreten Kompetenzabgrenzung, die bislang keine einheitliche Normierung erfahren hat. Art. 16 Abs. 3 MenschenRBG RF bestimmt lediglich, dass der föderale Menschenrechtsbeauftragte eine Beschwerde annehmen kann, auch wenn sie bereits an einen regionalen Menschenrechtsbeauftragten gerichtet worden ist. Eine eindeutige Kompetenzabgrenzung beschreibt die Norm also gerade nicht, sondern erkennt ein gleichberechtigtes Nebeneinander von föderalem und regionalen Menschenrechtsbeauftragten an.

Unzweifelhaft können regionale Menschenrechtsbeauftragte angerufen werden, wenn Grundrechte durch *regionale Organe* verletzt worden sind. Stark umstritten ist hingegen, ob eine Beschwerde an den regionalen Menschenrechtsbeauftragten gerichtet werden kann, wenn die gerügte Grundrechtsverletzung von einem *föderalen Organ* ausgegangen ist[562]. Diese Fragestellung mutet zunächst recht abstrakt an. Sie ist aber für den russischen Rechtsalltag von größter Relevanz, weil nicht nur das gesamte Strafrecht vom Ermittlungsverfahren über die staatsanwaltschaftliche Anklage bis hin zum Strafvollzug von föderalen Organen bestimmt wird. Auch liegt der Vollzug föderaler Gesetze im russischen Recht – anders als im deutschen Recht, in dem die Bundesverwaltung eine seltene Ausnahme ist – in der Hand föderaler Organe[563]. Diese Dominanz föderaler Organe im Gesetzesvollzug spiegelt sich in der täglichen Beschwerdepraxis der

---

561 Zu den regionalen Besonderheiten ausführlich *Dadaševa* (Fn. 50), S. 89 ff.; *Semenova* (Fn. 50), S. 152 ff.; *Lukašova* (Fn. 508), S. 59 ff.

562 Dazu unter Berücksichtigung der Rechtspraxis *Semenova* (Fn. 50), S. 155 ff.; ferner *Lukašova* (Fn. 508), S. 30, 71, 107 ff.; *Ėmich* (Fn. 49), S. 170 ff.

563 *Nußberger* (Fn. 397), § 4, S. 38.

regionalen Menschenrechtsbeauftragten wider: Beschwerden gegen Handlungen föderaler Organe bestimmen die Beschwerdepraxis[564].

Einige Subjekte haben in ihren Gesetzen über den Menschenrechtsbeauftragten eine recht pragmatische Lösung gewählt: Sie normieren eine Beschwerde allgemein gegen Handlungen von „Staatsorganen" (gosudarstvennye organy)[565]. Denkbar ist somit auch eine Beschwerde gegen Handlungen föderaler Organe, solange sie einen territorialen Bezug zum konkreten Subjekt aufweisen. Derartige Regelungen versprechen erhebliche Vorteile: Der regionale Menschenrechtsbeauftragte wäre nicht nur durch seine örtliche Präsenz durch den Betroffenen auf kürzerem Wege zu erreichen[566], sondern könnte auch unmittelbarer agieren als der von Moskau aus tätig werdende föderale Menschenrechtsbeauftragte.

Die weitaus größere Zahl der Subjektsgesetze lassen Beschwerden dagegen nur gegen Akte von subjektseigenen Organe sowie Organen der örtlichen Selbstverwaltung zu[567]. Diese Abgrenzung wird gegenwärtig auch in der russischen Literatur mit einem entscheidenden Argument favorisiert. Regionale Gesetzgeber besäßen schon keine Gesetzgebungskompetenz, in ihren Menschenrechtsbeauftragtengesetzen eine Kontrolle über *föderale* Organe zu schaffen[568]. Nach dieser Konzeption ist also der regionale Menschenrechtsbeauftragte im Kern ein Wächter über die regionale Exekutive, während der föderale Menschenrechtsbeauftragte als föderales Rechtsinstitut über die Einhaltung der Grundrechte durch föderale Organe wacht. Ihre Befürworter wollen regionale Menschenrechtsbeauftragte zugleich gesetzlich verpflichten, prinzipiell unzulässigen Beschwerden an den föderalen Menschenrechtsbeauftragten weiterzuleiten[569].

---

564 Vgl. nur *Lukašova* (Fn. 508), S. 71 f., 107, m. w. N.

565 Mit diesem Wortlaut etwa Art. 14 Abs. 3 MenschenRBG Amur; Art. 12 Abs. 2 MenschenRBG Inguschetien; Art. 9 Abs. 1 MenschenRBG Moskau; Art. 12 Abs. 1 MenschenRBG Nordossetien-Alanien; Art. 10 Abs. 1 MenschenRBG Primorje; Art. 14 Abs. 1 MenschenRBG Sacha. Art. 10 Abs. 2 Satz 3 MenschenRBG Chabarovsk spricht allgemein von Beschwerden „gegen staatliche Organe des Subjekts sowie anderen staatlichen Organen". Art. 9 Abs. 1 Satz 1 MenschenRBG Dagestan spricht von „Organen".

566 Zu diesem Ergebnis gelangt etwa *Semenova* (Fn. 50), S. 156 f.

567 Etwa Art. 13 Abs. 1 MenschenRBG Archangel'sk; Art. 10 Abs. 1 MenschenRBG Kaliningrad; Art. 11 Abs. 2 Satz 1 MenschenRBG Swerdlowsk; Art. 16 Abs. 1 MenschenRBG Tatarstan; Art. 15 Abs. 1 MenschenRBG Čeljabinsk; Art. 11 Abs. 4 MenschenRBG Tomsk; Art. 10 Satz 3 MenschenRBG Wolgograd.

568 Vgl. *Ėmich* (Fn. 49), S. 118 f., 170 f.; *Lukašova* (Fn. 508), S. 4.

569 Diese Ansicht vertritt im Kern *Ėmich* (Fn. 49), S. 170 f.

Trotz dieser juristisch nachvollziehbaren Argumentation stößt der Lösungsansatz auf erhebliche Umsetzungsprobleme. Dem föderalen Menschenrechtsbeauftragten wird dadurch die Bearbeitung der weit überwiegenden Zahl an Beschwerden übertragen - eine Aufgabe, die er nur unter hohem finanziellem und personellem Aufwand effektiv erfüllen kann[570]. Insbesondere dürfte es dem Menschenrechtsbeauftragten und seinem Apparat aber bereits wegen der territorialen Größe Russlands kaum möglich sein, seine Befugnisse vor Ort entsprechend wahrzunehmen, beispielsweise zum Zwecke der Sachverhaltsaufklärung tätig zu werden[571]. Alternativ wird von anderen Stimmen daher vorgeschlagen, dass der föderale Gesetzgeber eine Regelung schaffen sollte, die es den regionalen Menschenrechtsbeauftragten allgemein gestattet, auch Handlungen föderaler Organe zu überprüfen[572]. Gegen diesen Lösungsansatz bestehen jedoch verfassungsrechtlich erhebliche Bedenken: Die bei der Föderation liegende Verantwortung, über das verfassungsmäßige Handeln ihrer Organe zu wachen, würde den Regionen aufgetragen[573]. Eine solche Regelung findet aber in der Kompetenzordnung der russischen Verfassung keine Grundlage.

Die Rechtspraxis ist dazu übergegangen, durch entsprechende Kooperationsvereinbarungen zwischen einzelnen regionalen Menschenrechtsbeauftragten und regional tätigen föderalen Staatsorganen die Kontrolltätigkeit des Menschenrechtsbeauftragten jeweils konkret vertraglich zu verankern[574]. Dadurch wird zwar das Problem einer abstrakten Kompetenzübertragung der Föderation

570 Das klingt an bei *Lukašova* (Fn. 508), S. 113. Die Statistiken des Menschenrechtsbeauftragten selbst geben keine Auskunft darüber, welchen Anteil Beschwerden gegen lokale Staatsorgane ausmachen.

571 So zu Recht auch *Lukašova* (Fn. 508), S. 113.

572 *Semenova* (Fn. 50), S. 157 f.

573 Dazu und zum Weiteren *Ėmich* (Fn. 49), S. 168 f.

574 Vgl. etwa die umfassende Auflistung bestehender Vereinbarungen auf der Internetseite des Menschenrechtsbeauftragten des Archangel'sker Gebiets, verfügbar unter http://www.pomorupolnom.ru/sogl.html; die Ausführungen des Menschenrechtsbeauftragten des Wolgograder Gebiets in seinem Tätigkeitsbericht für 2011, Doklad o dejatel'nosti Upolnomočennogo po pravam čeloveka v Volgogradskoj oblasti za 2011 god [Tätigkeitsbericht des Menschenrechtsbeauftragten des Wolgograder Gebiets für das Jahr 2011], S. 101, auf der Internetseite des Gebietsparlaments verfügbar unter http://volgoduma.ru/images/stories/files/doklad_upolnom_2011.doc; ferner etwa die Vereinbarung zwischen dem Menschenrechtsbeauftragten des Tomsker Gebiets mit dem dort tätigen föderalen Ermittlungskomitee, http://ombudsman.tomsk.ru/f/83/soglasheniesosledstvennimkomitetomrfpoto.pdf. Zustimmend *Lukašova* (Fn. 508), S. 114.

auf die Subjekte jedenfalls formal umgangen. Allerdings bleiben hier Zweifel an der Verfassungsmäßigkeit dieser Vorgehensweise, da sie sich auf keine Kompetenzgrundlage stützen lässt. Eine solche Regelung widerspräche im Grunde nicht zuletzt der Entscheidung des Art. 78 Verf RF, föderale Gesetze auch durch föderale Organe vollziehen zu lassen, denn damit würde einhergehen, dass Subjekte über das verfassungsmäßige Handeln von Organen wachen müssten, auf die sie prinzipiell gerade keinen unmittelbaren Einfluss[575] haben.

Als Kehrseite der gegenwärtigen Praxis wird zudem auf regionaler Ebene ein kompliziertes Vertragsgeflecht heraufbeschworen, das ein einzelner Beschwerdeführer kaum noch überblicken kann. Er müsste vor Beschwerdeerhebung in einem ersten Schritt stets in Erfahrung bringen, ob sein regionaler Menschenrechtsbeauftragter für diesen konkreten Fall auch ein vertraglich verankertes Kontrollrecht besitzt.

Im Ergebnis ist die gegenwärtige Rechtslage an dieser Stelle unbefriedigend und auch der effektiven Grundrechtsverteidigung wenig förderlich. Die bestehenden Lösungsansätze können kaum überzeugen. Es ist jedoch ein Dilemma, das angesichts der gegenwärtigen Rechtslage – insbesondere der weit überwiegend föderale Gesetzesvollzug – nur schwer aufzulösen ist.

5. Zwischenergebnis

Mit der Einführung eines Menschenrechtsbeauftragten in das russische Recht war die Hoffnung verbunden, dem gewandelten System, das den Menschen und seine Rechte in den Vordergrund treten lässt, ein Gesicht zu verleihen. Diese Hoffnung wurde nicht enttäuscht: Gut 20 Jahre nach ihrer Gründung ist die Institution zu einem festen Element des Grundrechtsschutzes geworden. Mit zahlreichen Kompetenzen ausgestattet bleibt der Menschenrechtsbeauftragte jedoch stets von der Kooperation mit weiteren staatlichen Stellen abhängig. Auch wenn sich darin fehlende Machtbefugnisse widerspiegeln, sind diese jedoch nicht Ausdruck einer gesetzlich missglückten Kompetenzausstattung, sondern Ausfluss seiner Stellung als neutraler Mittler zwischen den Akteuren sowie Folge des Gewaltenteilungsprinzips.

Blickt man auf die Tätigkeit der regionalen Menschenrechtsbeauftragten verläuft – wie bei der regionalen Verfassungsgerichtsbarkeit – ihre Institutionalisierung schleppend. Auch hier wird in der russischen Literatur der Gleichheitssatz (Art. 19 Verf RF) bemüht, um finanziell überforderten oder gar kontrollscheuen Regionen kraft föderaler Regelung die Gründung des Amtes aufzutragen. Auf

575 Ein solcher Einfluss könnte sich allenfalls durch die Tätigkeit der regionalen Menschenrechtsbeauftragten ergeben.

welche verfassungsrechtliche Grundlage ein solch tiefgreifender Einschnitt in das Föderalismusprinzip jedoch gestützt werden soll, kann nicht zufriedenstellend beantwortet werden. Unklar bleibt im Schrifttum ferner, wie eine eindeutige Abgrenzung der Tätigkeit der bislang existierenden regionalen Menschenrechtsbeauftragten zur Tätigkeit des föderalen Menschenrechtsbeauftragten erreicht werden und zugleich den Erfordernissen der Rechtspraxis Rechnung getragen werden kann. Zwischen praktischen Erwägungen – der unmittelbaren Präsenz regionaler Menschenrechtsbeauftragter sowie der großen Arbeitsbelastung des föderalen Menschenrechtsbeauftragten – und dem rechtlich Möglichen gelingt bislang keine zufriedenstellende Lösung.

VII. Zusammenfassung

Im heutigen Russland bestehen vielfältige Instrumente, um Grundrechten gerichtlich und außergerichtlich Geltung zu verschaffen. Vollkommen neuartige Schutzmechanismen – es sind insbesondere die Verfassungsbeschwerde zum Verfassungsgericht und die Beschwerde zum Menschenrechtsbeauftragten – treten neben Rechtsschutzformen, die bereits im sowjetischen Recht existierten. Dieses Konglomerat schafft ein für Russland spezifisches System des Grundrechtsschutzes.

Zudem verlässt sich das russische Recht nicht nur auf die Eigeninitiative des Betroffenen. Vielmehr kann dieser die Aufgabe der Grundrechtsverteidigung auch Dritten, nämlich der Staatsanwaltschaft oder dem Menschenrechtsbeauftragten, übertragen. Ob diese Form des Rechtsschutzes lediglich transformationsbedingt ist oder ob sie zu einem selbstständigen und für den russischen Grundrechtsschutz charakteristischen Element wird, bleibt abzuwarten.

Nimmt man den verwaltungsgerichtlichen Grundrechtsschutz in den Blick, lässt sich eine erhebliche Aufwertung im Vergleich zu seinen sowjetischen Vorgängern verzeichnen. Insgesamt gesehen mutet er dennoch aufgrund erheblicher institutioneller Defizite sowie einem anhaltend lückenhaften normativen Gerüst derzeit eher als Stiefkind des Zivil- bzw. Arbitrageprozessrechts denn als selbstständiger Gerichtszweig mit besonderer Grundrechtsrelevanz an. Als Schwachstelle erweist sich schließlich der Grundrechtsschutz in den Subjekten durch regionale Verfassungsgerichte sowie regionale Menschenrechtsbeauftragte, die nur schleppend ins Leben gerufen werden. Praktizierende Subjektsverfassungsgerichte werden in der Bevölkerung nur wenig als grundrechtsschützende Instanz wahrgenommen. Regionale Menschenrechtsbeauftragte können eine Vielzahl von Beschwerden nur aufgrund eines unüberschaubaren Vertragsgeflechts prüfen.

E. Der gerichtliche Grundrechtsschutz im Spiegel der Rechtswirklichkeit

Kernpfeiler des Grundrechtsschutzes bleibt in Russland und in Deutschland trotz vielfältiger außergerichtlicher Grundrechtsschutzinstrumente die Judikative. Nur sie kann eine für alle Beteiligten verbindliche Entscheidung herbeiführen. Ohne eine wahrhaft unabhängige, effektive und auch allseits respektierte Judikative würde der Grundrechtsschutz seiner stärksten Waffe beraubt und bliebe unvollendet.

In Russland wird die potentiell grundrechtsschützende Tätigkeit der Gerichte aber möglicherweise durch rechtskulturelle Phänomene, namentlich den Rechtsnihilismus und den Etatismus, gehemmt. Sie können potentiell einer Klageerhebung entgegen stehen (I.). Zudem befindet sich die russische Judikative in einer anhaltenden Vertrauens- und Autoritätskrise, die sie als dritte Gewalt gegenüber den anderen Gewalten schwächt. Die Krise erfasst dabei nicht nur die allgemeine Gerichtsbarkeit (II.), sondern berührt in besonderer Weise auch das Russische Verfassungsgericht als obersten Grundrechtshüter (III.).

I. Rechtsnihilismus und Etatismus als „Hemmschuh“?

Die Begriffe Recht und Gesetz lösen in der russischen Bevölkerung nur selten durchweg positive Assoziationen aus. Sie waren bereits im zaristischen Russland negativ belegt – nämlich mit Macht, die wiederum im Kern mit Furcht und Schrecken in Verbindung gebracht wurde[1]. Rechtliche Regelungen wurden nicht als verbindliche Ordnungsformen anerkannt, sondern als Mittel zur Unterdrückung. Sie wurden als flexibles Steuerungselement beliebiger Interessen empfunden, die es zu umgehen oder zu ignorieren galt. Die Abkehr von Recht und damit verbunden die Herausbildung von Rechtsnihilismus waren die logischen Folgen. Damit einher ging zugleich die Vorstellung, dass mit zunehmender gesellschaftlicher Macht Gesetze weniger stringent angewendet

---

1 Vgl. *V. A. Tomsinov*: Pravovaja kul'tura [Rechtskultur], in: L. G. Dergačeva/L. V. Košman/D. V. Sarab'janov/E. K. Sysoeva/I. A. Fedosov/V. A. Fedorov/N. I. Cimbaev (Hrsg.): Očerki russkoj kul'tury XIX veka [Überblick über die russische Kultur des 19. Jahrhunderts], Band 2, S. 102 (153) sowie *Uwe Kischel*: Rechtsvergleichung, 2015, insbesondere S. 586 ff.

werden[2]. Der Rechtsnihilismus ist also bei weitem keine spezifisch sowjetische Rechtstradition, sondern deutlich tiefer in der Geschichte des russischen Rechts verwurzelt. So besagt bereits ein altes russisches Sprichwort: „Das Gesetz ist eine Deichsel, wohin Du es lenkst, dorthin geht es."[3] Noch heute wirkt diese Stimmung unterschwellig fort[4]. 2009 gaben in einer Umfrage im Novosibirsker Gebiet, zu dem die größte Stadt Sibiriens, Novosibirsk, gehört, 78% der Befragten an, dass es möglich sei, für Geldzahlungen Gesetze zu umgehen[5]. Bei den unter 30-Jährigen waren es sogar 85%, wobei mehr als die Hälfte von ihnen bereits eigene Erfahrungen darin gemacht hatte[6].

Neben dem Rechtsnihilismus tritt ein seit Generationen tief verwurzelter Etatismus. Unter der Oberfläche des neuen Grundrechtsverständnisses der russischen Verfassung[7] besteht auch heute noch die Furcht, dass durch die Gewährleistung von Grundrechten Einzelinteressen über das Gemeinwohl dominieren und damit dem Staat als solches schaden könnten[8]. Die Prägung durch das sowjetische Rechtsdenken tritt hier nur allzu deutlich zutage.

---

2 *A. N. Mitin*: Počemu v Rossii net stracha narušat' zakon? [Warum hat in Russland niemand Furcht, das Gesetz zu brechen?], PiP 2011, Nr. 4, S. 663 (663).

3 „Zakon, est' dyšlo: kuda vernul, tuda i vyšlo." Eine Fülle weiterer solcher Redewendungen nennt *Tomsinov* (Fn. 1), S. 153.

4 Zum Rechtsnihilismus als prägnantes Merkmal der russischen Rechtskultur vgl. etwa *Margareta Mommsen/Angelika Nußberger*: Das System Putin, 2007, S. 15 ff.; *Mitin* (Fn. 2), S. 663–669; *V. G. Safonov*: Ponjatie pravovogo nigilizma [Der Begriff des Rechtsnihilismus], GiP 2004, Nr. 12, S. 65–69; *V. A. Tumanov*: Pravovoj nigilizm v istoriko-ideologičeskom rakurse [Der Rechtsnihilismus aus historisch-ideologischen Blickwinkel], GiP 1993, Nr. 8, S. 52–58. Dem Rechtsnihilismus selbst widmen sich eine Reihe jüngerer Dissertationen, etwa von *V. V. Popov*: Pravoponimanie i pravovoj nigilizm v rossijskom obščestve [Rechtsverständnis und Rechtsnihilismus in der russischen Gesellschaft], 2004 sowie von *V. B. Tkačenko*: Rossijskij pravovoj nigilizm [Russischer Rechtsnihilismus], 2000.

5 Die Angaben finden sich bei *A. V. Novokreščenov*: Otnošenie k institutam vlasti i pravovoj nigilizm [Beziehung zu Machtinstitutionen und Rechtsnihilismus], Sociologija vlasti 2010, Nr. 4, S. 36 (39).

6 Vgl. *Novokreščenov* (Fn. 5), S. 39 f.

7 Dazu bereits eingehend das Kapitel B.

8 So auch *Angelika Nußberger* im Gespräch mit *Evamaria Bohle* und *Jürgen Wandel*: Potemkinsche Dörfer. Gespräch mit der Juristin und Slawistin Angelika Nußberger über das russische Rechtsempfinden, Zeitzeichen 2009, Nr. 4, S. 39 (39); ähnlich *Marat Mucharovič Utjašev*: Das Rechtsbewusstsein der Bevölkerung Russlands aus soziologischer Sicht, in: Otto Luchterhandt (Hrsg.): Rechtskultur in Russland, 2011, S. 64 (73).

Individuelle Interessen werden in der Tendenz als egoistisch motivierte Positionen wahrgenommen; staatliche Interessen scheinen per se Priorität zu genießen[9]. Als Kehrseite dieser staatstragenden Haltung fühlen sich Bürger mit ihren individuellen Anliegen als Bittsteller, als ob sie vom Gemeinwesen ein besonderes Opfer verlangen würden[10].

Zum Verfassungsgrundsatz des Art. 2 Satz 1 Verf RF, der den Menschen, seine Rechte und Freiheiten als höchste Werte beschreibt, ist es in der Verfassungsrealität daher letztlich oftmals noch ein weiter Weg. Zwischen alten Idealen und den Errungenschaften der neuen russischen Verfassung liegen erhebliche Differenzen, die sich in der Verfassungswirklichkeit überlagern: Alte Ideale sind zwar formal obsolet, wirken real aber fort. Neue Ideale sollen wirken, finden indes oftmals keinen festen Halt. Ebendieser Halt fehlt hinsichtlich der Grundrechte nicht zuletzt auch deshalb, weil Grundrechtsbetroffene häufig keine oder nur eine geringe Kenntnis von ihren Rechten und deren prinzipieller Durchsetzungskraft gegen die staatliche Gewalt haben[11]. So stößt es etwa im Rechtsalltag nicht unbedingt auf Verwunderung oder gar Protest, wenn Arbeitern in den Betrieben aufgegeben wird, für eine konkrete Partei abzustimmen. Hier kommt der Staatsanwaltschaft und dem Menschenrechtsbeauftragten große Bedeutung zu, Betroffenen zur Seite zu stehen und ihre Grundrechte tatsächlich zu verteidigen, die sie möglicherweise sonst allein aus Unkenntnis nicht verteidigen würden[12].

---

9 So auch *Galina Michaleva*: Das politische Potential der Zivilgesellschaft in Russland während der Präsidentschaft von Wladimir Putin und Dmitri Medwedew, 2011, S. 7.

10 Ähnlich *R. S. Bajnijazov*: Pravosoznanie i rossijskij pravovoj mentalitet [Rechtsbewusstsein und die russische Rechtsmentalität], Pravovedenie 2000, Nr. 2, S. 31 (38) sowie *M. B. Smolenskij*: Pravovaja kul'tura i ideja gosudarstvennosti [Rechtskultur und die Idee von der Staatlichkeit], GiP 2009, Nr. 4, S. 15 (15).

11 In der bereits erwähnten Umfrage im Novosibirsker Gebiet gaben lediglich 29% der Befragten an, essentielle rechtliche Regelungen gut bis sehr gut zu kennen, vgl. *Novokreščenov* (Fn. 5), S. 44 f.; zum Ganzen auch *Mommsen/Nußberger* (Fn. 4), S. 15 ff.; *Angelika Nußberger*: Zur Entwicklung der Rechtskultur in Russland, Russland-Analysen Nr. 32 vom 25.06.2004, S. 2 (2 f.); ähnlich *Mitin* (Fn. 2), S. 668; *Ju. A. Tichomirov*: Pravovoe gosudarstvo [Der Rechtsstaat], ŽRP 2011, Nr. 12, S. 5 (10). Ein fehlendes Rechtsbewusstsein wurde im Übrigen bereits in der Sowjetunion bemängelt, dazu *Otto Luchterhandt*: Entwicklung und Schwerpunkte in der sowjetischen Grundrechtsdiskussion, 1977, S. 50 f., m. w. N.

12 Dazu für den Menschenrechtsbeauftragten bereits unter D. I. 2. a) (3) sowie für die Staatsanwaltschaft bereits unter D. V. 3.

Diese kulturelle Bestandsaufnahme – Rechtsnihilismus einerseits und Etatismus andererseits – könnte vermuten lassen, dass in der Rechtswirklichkeit Grundrechte und ihre einfachrechtlichen Verbürgungen kaum gerichtlich eingefordert werden: Wenn Recht und Grundrechte im Besonderen gegenüber den Interessen der Allgemeinheit kaum Wert haben, könnte auch der Schritt, Grundrechte gegebenenfalls gerichtlich einzufordern, nutzlos erscheinen. Sicherlich bleiben diese kulturellen Besonderheiten nicht gänzlich ohne Einfluss. So wird beispielsweise gegenwärtig die Wahrscheinlichkeit in der Arbitragegerichtsbarkeit, einen Prozess gegen den Staat zu gewinnen, als besonders gering eingeschätzt[13]. Gleichwohl scheint selbst diese Einschätzung Betroffene nicht abzuhalten, den Rechtsweg zu beschreiten, denn die Zahlen anhängiger Verfahren gegen die öffentliche Gewalt sind sowohl in der Verfassungs- als auch in der Fachgerichtsbarkeit vergleichsweise hoch[14]. Allein in der Arbitragegerichtsbarkeit ergingen 2013 erstinstanzlich insgesamt 399.930 Entscheidungen in öffentlich-rechtlichen Streitigkeiten.

II. Spezifische Probleme der Judikative

1. Wahrnehmung der Gerichte in der Bevölkerung

Trotz ihrer herausragenden Bedeutung für den Grundrechtsschutz werden die russischen Gerichte in der Bevölkerung nur bedingt als unabhängige, grundrechtsschützende Instanz wahrgenommen[15]. Der russische Menschenrechtsbeauftragte bezeichnete dieses Defizit in seinem Jahresbericht 2012 zu Recht als

---

13 *Andrei Yakovlev/Timothy Frye*: Wie effizient sind die russischen Wirtschaftsgerichte?, Russland-Analysen Nr. 179 vom 13.03.2009, S. 13 (14 f.).

14 Ähnlich *Christian Reitemeier*: Untergesetzliche Rechtsakte, Normenhierarchie und Normenkontrollrechtsschutz in der Russländischen Föderation, in: Otto Luchterhandt (Hrsg.): Rechtskultur in Russland, 2011, S. 133 (164) sowie für die Wirtschaftsgerichtsbarkeit *Yakovlev/Frye* (Fn. 13), S. 14. Vgl. für die Arbitragegerichtsbarkeit die Statistik für die Jahre 2009 bis 2013 http://www.arbitr.ru/_upimg/724306690007BEE7080EE56EAB938A93_1.pdf; für die ordentlichen Gerichte kann dies nicht verifiziert werden, da die offizielle Statistik für die Jahre 2004 bis 2013, verfügbar unter http://www.cdep.ru/index.php?id=80, verwaltungsrechtliche Streitigkeiten nicht gesondert aufführt. Vgl. für das Russische Verfassungsgericht für die Jahre 1995–2013, http://www.ksrf.ru/ru/Petition/Pages/NewReference.aspx.

15 Vgl. auch *L. Ju.Grudcyna*: Sudebnaja zaščita prav i svobod ličnosti [Gerichtlicher Schutz der Rechte und Freiheiten der Persönlichkeit], Zakonodatel'stvo i Ėkonomika 2003, Nr. 8, S. 70 (76 f.).

ungelöstes Kernproblem des gerichtlichen Grundrechtsschutzes[16]. In einer im Juni 2012 durchgeführten, breit angelegten Meinungsumfrage des russischen Levada-Zentrums[17] gaben nur 21% der Befragten an, volles Vertrauen zu den Gerichten zu haben. Weitere 39% gaben an, dass sie den Gerichten teilweise vertrauten; 24% der Befragten hatten hingegen gar kein Vertrauen zu den Gerichten. Größtes Vertrauen genießen diesen Umfrageergebnissen zufolge nach wie vor der russische Präsident (49%), die Kirche bzw. religiöse Organisationen (49%) sowie der Premierminister (42%)[18].

In Russland besteht in der Beurteilung der richterlichen Tätigkeit zudem ein erhebliches Stadt-Land-Gefälle. In einer Umfrage des russischen Meinungsforschungsinstitut WZIOM aus dem Jahr 2007[19] gaben 46% der Befragten in Moskau und St. Petersburg an, dass sie das Gericht für kein wirksames Instrument zur Verteidigung der Rechte der Bürger halten. Hingegen machten die gleiche Angabe auf dem Dorf bzw. in Städten mit weniger als 100.000 Einwohnern lediglich 33% bzw. 36% der Befragten. Zum Vergleich: In Deutschland liegt das Vertrauen der Bevölkerung in die Gerichtsbarkeit nach einer Studie des Instituts für Demoskopie Allensbach vom Mai 2009[20] deutlich höher. Lediglich 5% der Befragten gaben an, kein Vertrauen in Gerichte zu haben. 28% der Befragten hatten wenig Vertrauen, 49% ziemlich viel und 18% sehr viel Vertrauen.

---

16 Doklad Upolnomočennogo po pravam čeloveka v Rossijskoj Federacii za 2012 god [Bericht des Menschenrechtsbeauftragten in der Russischen Föderation für das Jahr 2012], S. 9, http://ombudsmanrf.org/images/stories/word/doc2012.rtf.

17 Die Ergebnisse der im Juni 2012 durchgeführten Umfrage sind verfügbar unter http://www.levada.ru/26-06-2012/instituty-vlasti-teryayut-doverie-grazhdan und auch veröffentlicht in Russland-Analysen Nr. 242 vom 13.07.2012, S. 17. Zu vergleichbaren Ergebnissen gelangt bereits eine im Frühjahr 2010 durchgeführte Umfrage des Levada-Zentrums, veröffentlicht von *Lev Gudkov/Boris Dubin/Natalija Zorkaja*: Rossijskaja sudebnaja sistema v mnenijach obščestva [Das russische Gerichtssystem in der Meinung der Gesellschaft], Vestnik obščestvennogo mnenija 2010, Nr. 4, S. 7–43. Ähnlich ferner *Novokreščenov* (Fn. 5), S. 41.

18 Vergleichbare Zahlen nennt unter Hinweis auf mehrere Umfragen *O. I. Mamina*: Problemy realizacii principov pravosudija kak pokazatel' otnošenija graždan Rossijskoj Federacii k sostojaniju pravosudija v Rossii na sovremennom ėtape [Probleme bei der Realisierung der Justizgrundsätze als Gradmesser für das Verhältnis der Bürger der Russischen Föderation zur Justiz in Russland in der Gegenwart], RJu 2008, Nr. 10, S. 47 (48), m. w. N. Eine ähnliche Einschätzung trifft *Michaleva* (Fn. 9), S. 7.

19 Die Umfrage ist in deutscher Sprache veröffentlicht in Russland-Analysen Nr. 179 vom 13.03.2009, S. 9.

20 *Renate Köcher* (Hrsg.): Allensbacher Jahrbuch der Demoskopie 2003–2009, Band 12, 2009, S. 208.

a) *Richterliche Unabhängigkeit als Novum*

Als Gründe für das fehlende Vertrauen wurden in der Umfrage des WZIOM an erster Stelle Gewissenlosigkeit und Bestechlichkeit der Gerichte (31%) sowie Druck von Seiten der Obrigkeit (23%) genannt[21]. Tatsächlich besteht ein vielfach konstatierter Druck auf die russische Richterschaft[22]. Die Problematik ist tief in der russischen Rechtsgeschichte verwurzelt und steht als fortwirkende Bürde einem tatsächlichen Neuanfang im heutigen Russland erschwerend gegenüber.

In der Zarenzeit konnten Gerichte als grundrechtsschützende Instanz kaum Bedeutung erlangen: Zum einen wurde die öffentliche Gewalt nur ungenügend durch Gesetze kontrolliert[23]. Zum anderen bestanden keine konkreten subjektiv-öffentlichen Rechte des Einzelnen, sei es als Grundrechte, sei es als einfaches Gesetzesrecht[24]. Die Errungenschaften der grundlegenden Justizreform von 1864, deren Kern unter anderem die Schaffung einer von der Verwaltung organisatorisch selbstständigen und jedenfalls zu einem bestimmten Grad unabhängigen Justiz bildete[25], wurden alsbald verwässert – die Gerichte dienten rasch wieder vorrangig den Machthabenden[26].

In der Sowjetunion wurde die Rechtsprechung nicht selten durch Parteibeschlüsse sowie Weisungen höchster Gerichtsorgane beeinflusst[27]. Diese

---

21 Vgl. die Umfrageergebnisse in Russland-Analysen Nr. 179 vom 13.03.2009, S. 9.

22 So *Anton A. Ivanov*, zu der Zeit Präsident des Obersten Arbitragegerichts, in seinem Vortrag auf den 3. Senatslesungen des Russischen Verfassungsgerichts am 19.03.2010 in St. Petersburg, *A. A. Ivanov*: Reč' o precedente [Rede über das Präjudiz], http://www.ksrf.ru/ru/Info/Reading/Pages/PerformanceIvanov.aspx. Aus dem deutschsprachigen Schrifttum *Caroline von Gall*: Macht und Recht in Russland, APuZ 2011, Nr. 49/50, S. 22 (25), m. w. N. Druck besteht aber nicht nur von außen, sondern auch innerhalb des Richterkollegiums, vgl. *Ol'ga Borisovna Kudeškina*: Strukturen und Mechanismen der richterlichen Abhängigkeit im Gerichtswesen Russlands, in: Otto Luchterhandt (Hrsg.): Rechtskultur in Russland, 2011, S. 255 (286 ff.).

23 Dazu auch *Klaus Heller*: Dominante Prägung der Rechtskultur in Russland, in: Otto Luchterhandt (Hrsg.): Rechtskultur in Russland, 2011, S. 37 (50 f.).

24 Vertiefend hierzu *Peter Liessem*: Verwaltungsgerichtsbarkeit im späten Zarenreich. Der Dirigierende Senat und seine Entscheidungen zur russischen Selbstverwaltung (1864–1917), 1996, S. 241 ff, 329.

25 Zum Ganzen ausführlich *Tomsinov* (Fn. 1), S. 102 (139 ff.) sowie *Herbert Küpper*: Einführung in die Rechtsgeschichte Osteuropas, 2005, S. 166 ff.

26 Vgl. *Heller* (Fn. 23), S. 58 f., m. w. N.

27 Zum Zustand der sowjetischen Gerichte aus der Perspektive einer ehemaligen sowjetischen Richterin *Ol'ga Borisovna Kudeškina* (Fn. 22), S. 256 f., m. w. N. Vgl.

Beeinflussung war in der Lesart der damaligen Zeit auch keineswegs bedenklich, da das Prinzip der Gewaltenteilung - damals verstanden als Konzeption bourgeoiser Staaten - nicht als Grundlage des sowjetischen Staatsaufbaus galt. Eine wahrhaft unabhängige Judikative - selbst wenn als solche ausdrücklich in Art. 155 Verf UdSSR 1977 festgehalten - war damit im Grunde mit der sowjetischen Staatslehre nicht vereinbar[28]. Zudem war ihre individualrechtsschützende Aufgabe gegenüber der Staatsmacht bereits aufgrund der bereits erwähnten, nur eingeschränkten Justitiabilität von Verwaltungssachen[29] begrenzt.

b) Verfassungsrealität heute - Strukturen der Abhängigkeit

Auch wenn für das heutige Russland Art. 120 Abs. 1 Verf RF die richterliche Unabhängigkeit verfassungsrechtlich absichert, ist der Einfluss auf die Justiz im Allgemeinen und auf den entscheidenden Richter im Besonderen zum Teil erheblich - oder, um es mit den Worten *Ol'ga Boguslavskajas* auszudrücken: „Der Mythos von der Unabhängigkeit der Richter ist der aufgeblähteste Mythos aus dem letzten Jahrzehnt unseres schwierigen Lebens."[30] Dabei ist es nicht nur das Bild des bestechlichen Richters[31], das einen wesentlichen Imageverlust unweigerlich nach sich zieht. Es treten weitere Abhängigkeitsstrukturen hinzu,

---

ferner die selbstkritischen Schilderungen der damaligen Missstände durch den Obersten Sowjets „O Koncepcii sudebnoj reformy v RSFSR" [„Über die Konzeption der Gerichtsreform in der RSFRS"], http://base.consultant.ru/cons/cgi/online.cgi?req=doc;base=EXP;n=221794.

28 Zu dieser systembedingten Abhängigkeit auch *V. M. Savickij*: Sudebnaja zaščita prav i svobod čeloveka i graždanina [Gerichtlicher Schutz der Rechte und Freiheiten des Menschen und des Bürgers], in: E. A. Lukaševa (Hrsg.): Prava čeloveka [Menschenrechte], 2004, S. 306 f.

29 Dazu bereits der Abschnitt C. II. 1. a).

30 *Ol'ga Boguslavskaja*: A sud'i kto? [Und wer sind schon die Richter?], Novaja gazeta vom 21.02.2002, Nr. 13.

31 Dieses Bild zeichnete mit drastischen Worten auch der Präsident des Russischen Verfassungsgerichts *Valerij D. Zork'in* im Interview mit der Zeitschrift Izvestija am 25.10.2004, in: *Georgij Il'ičev*: Valerij Zor'kin: „Mzdoimstvo v sudach stalo odnim iz samych moščnych korrupcionnych rynkov" [Valerij Zor'kin: „Die Bestechlichkeit in den Gerichten ist zu einem der größten Korruptionsmärkten geworden"], Izvestija vom 25.10.2004, http://izvestia.ru/news/295698; ähnlich ferner *A. Ju. Fedorov*: Rejderstvo i korrupcija v organach sudebnoj vlasti v Rossii [Kaperei und Korruption in den Organen der Judikativen in Russland], PiO 2010, Nr. 7, S. 95 (96 ff.). Gegen dieses Bild hingegen deutlich *Svetlana Barsukova*: Neformal'nye praktiki formal'nogo sudoproizvodstva

die ihren Kern in der Gerichtsorganisation selbst haben. Gegenwärtig bestehen verschiedene Strukturen der Einflussnahme (1). Sie werden durch eine faktische Abhängigkeit von der Exekutive (2) sowie durch die Abhängigkeit der einzelnen Richter vom Gerichtspräsidenten (3) begünstigt. Hinzu treten über Jahrzehnte gewachsene personelle Strukturen (4).

(1) Informale Einflussnahmen

Symptomatisch für eine unzureichende richterliche Unabhängigkeit ist insbesondere das auch von dem damaligen Präsidenten *Medwedew* im Mai 2011 auf der „Konferenz zu Fragen der Vervollkommnung des Gerichtssystems" offen angesprochene Phänomen der sogenannten nicht-prozessualen Eingaben (neprocessual'nye obraščenija)[32]. Dahinter steht folgende Situation: Häufig wenden sich verschiedene Verbände, Vertreter der Exekutive oder auch Parlamentsmitglieder, mit dem Anliegen an Gerichtspräsidenten, sich persönlich um einen konkreten, anhängigen Rechtsstreit kümmern und auf ein bestimmtes Ergebnis hinwirken solle.

Neben diesen Einflüssen sind ferner Absprachen zwischen Staatsanwaltschaft und Gericht sowie zwischen Gerichten der oberen und der unteren Instanz im russischen Rechtsalltag nicht ungewöhnlich[33]. Prominentes Beispiel für eine Anweisungspraxis von oben nach unten ist wohl das Urteil des Chamovniki-Gerichts im zweiten Chodorkovskij-Prozess, das nach Angaben der Mitarbeiterin des entscheidenden Richters, *Natal'ja Vasil'eva*, vom nächstinstanzlichen Moskauer Stadtgericht diktiert worden sei[34].

[Nicht formale Praktiken des formalen Gerichtsverfahrens], Svobodnaja mysl' 2008, Nr. 11, S. 33 (43).

32 *Dmitri A. Medwedew* auf der „Konferenz zu Fragen der Vervollkommnung des Gerichtssystems" am 10.05.2011, auf der Internetseite des Kremls verfügbar unter http://www.kremlin.ru/news/11204. Weiterführend zu diesem Phänomen auch *Barsukova* (Fn. 31), S. 33–48.

33 *Mommsen/Nußberger* (Fn. 4), S. 106 sowie *William Burnham/Peter B. Maggs/Gennady M. Danilenko*: Law and legal system of the Russian Federation, 4. Auflage 2009, S. 69 f., die an dieser Stelle eine unmissverständliche Aussage der stellvertretenden Vorsitzenden Richterin am Obersten Arbitragegerichtshof *Elena Valiavina* aus der russischen Zeitung Kommersant vom 13. Mai 2008 veröffentlichen.

34 Vgl. das Interview mit *Natal'ja Vasil'eva* am 14.02.2011 mit den Journalisten der *Gazeta.ru*, *Roman Badanin* und *Svetlana Bočarova*: „Prigovor byl privezen iz Mosgorsuda, ja točno znaju" [„Das Urteil wurde aus dem Moskauer Stadtgericht eingebracht, das weiß ich sicher"], http://www.gazeta.ru/politics/2011/02/14_a_3524202.shtml. Ein ähnliches Beispiel schildern bereits *Mommsen/Nußberger* (Fn. 4), S. 108 f.

(2) *Faktische Abhängigkeit der Gerichtspräsidenten von der Exekutive*

Eine Befolgung der nicht prozessualen Eingaben wird durch eine anhaltend enge Verflechtung zwischen der Judikative und regionalen Organen begünstigt. Regionale Stellen verwalten faktisch etwa Gerichtsgebäude oder richterliche Wohnungen[35], obwohl diese Aufgabe innerhalb der ordentlichen Gerichtsbarkeit formal dem sogenannten Gerichtsdepartment des Obersten Gerichtshofs (Sudebnyj departament pri Verchovnom Sude) obliegt[36].

Zu dieser organisatorischen Abhängigkeit tritt hinzu, dass die russischen Gerichte unter einer sehr hohen Arbeitsbelastung leiden[37]. In der Literatur besteht daher auch die Befürchtung, dass eine vergleichsweise schnell zu verfassende Entscheidung, die dem Geist der nicht-prozessualen Eingabe entspricht, hier als beschleunigende Arbeitserleichterung willkommen sein kann[38].

(3) *Starker Gerichtspräsident – abhängige Einzelrichter*

Dem Gerichtspräsidenten kommt in Russland im Verhältnis zu den einzelnen Richtern rechtlich und faktisch eine starke Stellung zu[39]. Der Gerichtspräsident legt zum einen die Geschäftsverteilung fest[40]. In Deutschland obliegt diese

---

35 *Barsukova* (Fn. 31), S. 40; ähnlich *A. A. Vlasov*: Sud, prokuratura, advokatura [Gericht, Staatsanwaltschaft, Anwaltschaft], GiP 2004, Nr. 2, S. 13 (17).

36 Vgl. nur Art. 1 Abs. 2 des Departementsgesetzes RF.

37 Aus dem deutschsprachigen Schrifttum *Reitemeier* (Fn. 14), S. 166. Ferner *Barsukova* (Fn. 31), S. 40 f.; *Vlasov* (Fn. 35), S. 14, 17 f.; *I. V. Gubenok*: Povyšenie ėffektivnosti pravosudija – važnejšaja zadača sudebnoj reformy [Die Steigerung der Effektivität der Rechtsprechung – die wichtigste Aufgabe der Gerichtsreform], ZiP 2007, Nr. 2, S. 6 (6); *D. A. Jankovskij*: Pravosudie, kotorogo net [Eine Justiz, die es nicht gibt], Mirovoj sud'ja 2011, Nr. 4, S. 24 (24); der Präsident des Obersten Gerichthofs *V. M. Lebedev*: Vystuplenie na Vserossijskogo s"ezda sudej [Rede auf der Allrussischen Konferenz der Richter], veröffentlicht in Rossijskij sud'ja 2009, Nr. 1, S. 6 (8).

38 Zu diesem Zusammenhang etwa *Barsukova* (Fn. 31), S. 40 f.

39 Zum Ganzen auch *Barsukova* (Fn. 31), S. 39 f.; *Kudeškina* (Fn. 22), S. 260, 279 ff., m. w. N.; *Tamara Morščakova*: Kontrreforma: ugroza i real'nost' [Gegenreform: Bedrohung und Realität], SKO 2005, Nr. 3, S. 61 (64); *A. N. Savčenko*: Princip nezavisimosti sudebnoj vlasti [Das Prinzip der Unabhängigkeit der judikativen Gewalt], Rossijskij Sud'ja 2009, Nr. 3, S. 10 (11 f.); *Burnham/Maggs/Danilenko* (Fn. 33), S. 65 f., m. w. N.

40 Dies gilt für die allgemeine Gerichtsbarkeit, vgl. Artt. 29 Abs. 3 Nr. 9, 35 Abs. 3 Nr. 2 des Gesetzes über die ordentlichen Gerichte der Russischen Föderation. Bei den Arbitragegerichten ist es konkret der Vorsitzende eines *Senats* (kollegija), vgl. Art. 31 der allgemeinen Geschäftsordnung für die Arbitragegerichte, verfügbar auf der gemeinsamen

Aufgabe gemäß § 21e GVG dem Präsidium als gerichtlichem Kollektivorgan. Der russische Geschäftsverteilungsplan entfaltet jedoch im Unterschied zu seinem deutschen Pendant keine verbindliche Wirkung, sodass der Gerichtspräsident im Einzelfall bestimmte Verfahren konkreten Richtern zuweisen kann[41]. Hierin wird deutlich, dass – auch wenn Art. 47 Abs. 1 Verf RF, vergleichbar mit Art. 101 Abs. 1 Satz 2 GG, prinzipiell das Recht auf einen gesetzlichen Richter normiert – es sich im russischen Recht bei der gesetzlichen Zuständigkeitsregelung nicht um eine für den *Einzelfall* im Vorhinein bestimmte abstrakt-generelle Zuständigkeitsregelung handelt[42]. Im Fokus der russischen Garantie steht vielmehr die örtliche, sachliche sowie instanzielle Zuständigkeit im Allgemeinen, nicht aber die konkrete innergerichtliche Zuständigkeit[43]. Die Garantie des gesetzlichen Richters bleibt damit unvollkommen[44].

Zudem entscheidet der Gerichtspräsident über die konkrete Geschäftsverteilung hinaus über vergleichsweise persönliche Angelegenheiten des Richters, etwa die in Russland nach wie vor relevante Frage der Zurverfügungstellung von angemessenem Wohnraum[45].

Beide Gesichtspunkte illustrieren die starke Abhängigkeit russischer Richter zu ihrem Gerichtspräsidenten, die ihren tatsächlichen Entscheidungsspielraum rechtlich und faktisch stark begrenzt.

(4) Zwischen faktischer Kontinuität und Veränderung

Trotz fortlaufender gesetzgeberischer Tätigkeit[46], die dargelegten Einflüsse auf die russische Judikative zu unterbinden, halten sich die über Jahrzehnte

---

Internetseite der Arbitragegerichte unter http://www.arbitr.ru/law/docs/10036230/. Aber auch hier ist es kein Kollegialorgan, das den Geschäftsverteilungsplan in gewisser Weise paritätisch festlegt.

41 Ähnlich auch *Marike Pietrowicz*: Die Umsetzung der zu Art. 6 Abs. 1 EMRK ergangenen Urteile des EGMR in der Russischen Föderation, 2010, S. 105.

42 So aber das deutsche Recht, vgl. nur BVerfGE 17, 294 (299); 82, 286 (296); 97, 1 (10 f.) sowie *Helmuth Schulze-Fielitz*, in: Horst Dreier (Hrsg.): Grundgesetz, Band 3, 2. Auflage 2008, Art. 101 Rn. 18 f., m. w. N.

43 Vgl. etwa die Ausführungen zu Art. 47 Abs. 1 Verf RF bei *P. E. Kondratov*, in: L. V. Lazarev (Hrsg.): Kommentarij k Konstitucii Rossijskoj Federacii [Kommentar zur Verfassung der Russischen Föderation], 3. Auflage 2008, Art. 47, S. 280 ff.

44 *Kudeškina* (Fn. 22), S. 284.

45 Diese Verfahrensweise stützt sich auf die allgemeine Aufgabe des Gerichtspräsidenten zur Gerichtsorganisation (Art. 6.2 Abs. 1 Nr. 7 RiStG RF).

46 Einen ausführlichen Überblick über die grundlegenden Veränderungen gibt etwa *Savickij* (Fn. 28), S. 307 ff.

gewachsenen Strukturen hartnäckig. Ein Grund dafür liegt nicht zuletzt im ausgebliebenen personellen Wechsel in den Reihen der Richterschaft[47], um etwa bereits zu Zeiten der Sowjetunion gewachsene und ideologiebedingt geförderte informelle Kommunikationswege und Praktiken zu durchbrechen. Zudem befindet sich aber auch der russische Gesetzgeber in einem schwer lösbaren Dilemma: So mehren sich die Befürchtungen, dass eine eingeleitete stärkere Kontrolle der Gerichte, die eigentlich ihre Unabhängigkeit sichern soll, sich faktisch in das Gegenteil verkehrt und zusätzliche Abhängigkeiten - nämlich hin zu den kontrollierenden Stellen - schafft.

Stark umstritten ist insbesondere die Wirkung des Ende 2001 in Art. 12.1 RiStG RF eingeführten richterlichen Disziplinarrechts. Danach kann beispielsweise ein Richter wegen einer Handlung, die die allgemeinen moralischen Normen verletzt, entlassen werden[48]. Nunmehr wird jedoch vielfach befürchtet, dass diese unbestimmte Formulierung faktisch gegenüber unbequemen Richtern als Druckmittel gebraucht wird[49].

2. Defizite im Entscheidungsvollzug

a) Problematik

Solange sich die russische Judikative nicht von externen Einflüssen befreien und damit an Glaubwürdigkeit und Autorität gewinnen kann, bleibt sie nur ein schwacher Motor bei der Entwicklung der Rechtsstaatlichkeit. Diese Schwäche kommt nicht zuletzt auch gegenwärtig im gerichtszweig- und instanzübergreifenden fehlenden Vollzug gerichtlicher Entscheidungen[50] zum Ausdruck.

---

47 Darauf weist zu Recht *Kudeškina* hin, *dies.* (Fn. 22), S. 263; ähnlich *Savickij* (Fn. 28), S. 308 f.

48 Vgl. Art. 12.1 Abs. 1 Satz 1 RiStG i. V. m. Art. 1 des Kodex der richterlichen Ethik. Der Kodex ist abgedruckt in VVAS RF 2005, Nr. 2, S. 17 ff.

49 Umfassend dazu *Kudeškina* (Fn. 22), S. 281 ff., m. w. N.; ferner *Mommsen /Nußberger* (Fn. 4), S. 100. Zu einer Fülle von weiteren bedenklichen Gesetzesänderungen und Entwicklungstendenzen auch *Piter G. Solomon*: Ugroza sudebnoj kontrreformy v Rossii [Die Gefahr einer gerichtlichen Gegenreform in Russland], SKO 2005, Nr. 3, S. 50 (52 ff.) sowie *Morščakova* (Fn. 39), S. 62 f. Von der Integration einer „Vertikalen der Macht" in die Justiz spricht *Angelika Nußberger*: Rechtswesen und Rechtskultur, in: Heiko Pleines/Hans-Henning Schröder (Hrsg.): Länderbericht Russland, 2010, S. 131 (135).

50 Zum fehlenden Entscheidungsvollzug insbesondere *I. V. Panova*: Sudoproizvodstvo v kontekste rossijskoj pravovoj kul'tury [Rechtsprechung im Kontext der russischen Rechtskultur], VVAS RF 2012, Nr. 1, S. 74 (79); *V. D. Zor'kin*: Sovremennyj mir, pravo i

Insbesondere betrifft es die Umsetzung der Urteile, in denen ein Bürger gegen den Staat obsiegt – die Parlamentarische Versammlung des Europarates beziffert den fehlenden Urteilsvollzug hier im August 2009 auf 70% der Fälle[51]. Seit dem Beitritt Russlands zur Europäischen Menschenrechtskonvention 1998 bis 2013 waren 53 Beschwerden, die sich gestützt auf Art. 6 Abs. 1 EMRK gegen einen fehlenden Urteilsvollzug zur Wehr setzen, vor dem Europäischen Gerichtshof für Menschenrechte erfolgreich. Übertroffen wird Russland damit lediglich von der Türkei, gegen die insgesamt 60 solcher Entscheidungen ergangen sind[52]. Möglicherweise auch unter dem Eindruck dieser Entscheidungen verzeichnen russische offizielle Stellen eine leichte Verbesserung des Urteilsvollzugs. Der Gerichtsvollzieherdienst (Federal'naja služba sudebnych pristavov) bezifferte den Anteil nicht vollstreckter Urteile etwa für das Jahr 2013 mit 58,6%[53].

Eine Vielzahl der Fälle betrifft die Vollstreckung von Leistungsurteilen gegen die öffentliche Gewalt. Ursächlich seien hierfür jedoch nach Angaben der Regierung nicht fehlende finanzielle Mittel, sondern komplizierte Haushaltsbeziehungen zwischen dem Bundeshaushalt und den Subjektshaushalten[54].

Konstitucija [Die heutige Welt, das Recht und die Verfassung], 2010, S. 363. Zu den vielfältigen Gründen, gerichtliche Entscheidungen nicht zu vollziehen *Pietrowicz* (Fn. 41), S. 136 f., m. w. N.

51 *Parliamentary Assembly*: The state of human rights in Europe and the progress of the Assembly's monitoring procedure, Doc. 11941 vom 08.06.2009, Punkt 21, http://assembly.coe.int/ASP/Doc/XrefView HTML.asp?FileID=12231&Language=EN. Anschaulich zum Ganzen *Mommsen/Nußberger* (Fn. 4), S. 115 f.

52 Vgl. die Statistik des EGMR, http://www.echr.coe.int/Documents/Stats_violation_1959_2013_ENG.pdf. Übertroffen wurde Russland damit lediglich von der Türkei, gegen die bis 2013 insgesamt 60 solcher Entscheidungen ergangen sind.

53 Diese Zahlen sind auf der Seite des Gerichtsvollzieherdienstes verfügbar unter http://fssprus.ru/2033197/.

54 Zum Ganzen *Alexej Laptew*: Das Recht auf ein faires Gerichtsverfahren (Art. 6 Abs. 1 EMRK) und sein Einfluss auf das russische Zivilprozess- und Zwangsvollstreckungsrecht, 2013, S. 262, m. w. N.

b) *Umsetzung verfassungsgerichtlicher Entscheidungen im Besonderen*

(1) *Bestandsaufnahme*

Die eben beschriebene Problematik betrifft auch Entscheidungen der Subjektsverfassungsgerichte[55] sowie des Russischen Verfassungsgerichts[56]. In vielen Fällen wird der Gesetzgeber – trotz einer als solchen vom Verfassungsgericht erkannten Verfassungswidrigkeit einer gesetzlichen Regelung – nicht tätig[57].

Der international wohl bekannteste Fall sind die sogenannten Propiska-Urteile des Russischen Verfassungsgerichts[58]. Mit dem ursprünglich in Russland bestehenden Propiska-System bedurfte ein Umzug innerhalb des Landes einer administrativen, gebührenpflichtigen Genehmigung (propiska). Das Russische

55 Dazu *D. G.-R. Gusejnova/ D. Š. Pirbudagova*: K probleme ispolnenija rešenij konstitucionnych (ustavnych) sudov sub"ektov Rossijskoj Federacii [Zum Vollzugsproblem der Entscheidungen der Verfassungs- (Statuten-)Gerichte der Subjekte der Russischen Föderation], GViMS 2007, Nr. 9, S. 11–15.

56 Vgl. *Zor'kin* (Fn. 50), S. 364 ff.; *Anders Fogelklou*: Constitutional order in Russia, Review of Central and East European Law 2000, Nr. 3, S. 231 (241); *L. V. Lazarev*: Pravovye pozicii Konstitucionnogo Suda Rossii [Rechtspositionen des Verfassungsgerichts Russlands], 2. Auflage 2008, S. 90 ff.; *M. A. Mitjukov*: Kak ispolnjajutsja rešenija Konstitucionnogo Suda Rossijskoj Federacii i konstitucionnych (ustavnych) sudov sub"ektov Federacii [Wie die Entscheidungen des Russischen Verfassungsgerichts und der Verfassungs- (Statuten-)Gerichte der Föderationssubjekte vollzogen werden], ŽRP 2001, Nr. 7, S. 3–14; *Ž. V. Nečaeva*: Voprosy ėffektivnosti ispolnenija rešenij Konstitucionnogo Suda Rossijskoj Federacii [Fragen zum effektiven Vollzug der Entscheidungen des Verfassungsgerichts der Russischen Föderation], ŽKP 2008, Nr. 2, S. 24–30.

57 Etwa dauerte es acht Jahre bis verfassungswidrige Regelungen zur Entschädigung von Tschernobyl-Opfern durch den Gesetzgeber verändert wurden, vgl. *Svetlana Narutto*: Kritisches Nachdenken über aktuelle Tendenzen der Verfassungsgerichtsbarkeit in Russland, in: Carola Schulze (Hrsg.): Aktuelle Probleme des Öffentlichen Rechts in Deutschland und Russland, 2011, S. 201 (212 ff.), die darüber hinaus eine Fülle von weiteren Beispielen nennt.

58 Urteil des VerfG vom 04.04.1996 Nr. 9-P, SZ RF 1996, Nr. 16, Pos. 1909, S. 4195 ff., eine deutsche Übersetzung gibt *D. Marenkov*, in: Angelika Nußberger/Carmen Schmidt/Tamara G. Morščakova (Hrsg.): Verfassungsrechtsprechung in der Russischen Föderation, 2009, S. 251 ff, sowie das Urteil vom 02.02.1998 Nr. 4-P, SZ RF 1998, Nr. 6, Pos. 783, S. 1538 ff. Zu den Urteilen etwa *Angelika Nußberger*, in: Angelika Nußberger/Carmen Schmidt/Tamara G. Morščakova (Hrsg.): Verfassungsrechtsprechung in der Russischen Föderation, 2009, S. 55 f., m. w. N. sowie aus rechtsvergleichendem Blickwinkel auch *Uwe Kischel*: Vorsicht, Rechtsvergleichung!, ZVglRWiss 104 (2005), S. 10 (27 f.), m. w. N.

Verfassungsgericht sah darin unter anderem einen Verstoß gegen das in Art. 27 Abs. 1 Verf RF verankerte Freizügigkeitsrecht und erklärte die bisherige Rechtslage für verfassungswidrig. Doch auch wenn der Begriff Propiska heute offiziell nicht mehr verwendet wird und die verfassungswidrigen Regelungen formal nicht mehr bestehen, erschwert ein kompliziertes Registrierungsverfahren die Möglichkeit, sich dauerhaft an einem bestimmten Ort niederzulassen[59]. Von einer solchen offiziellen, dauerhaften Registrierung hängen wiederum nicht nur soziale Leistungen, sondern nicht zuletzt auch das Wahlrecht ab.

Seit 1995 sind nach jüngsten Zahlen aus dem Jahr 2012 auf föderaler Ebene ca. 50, auf regionaler Ebene gar über 300 Entscheidungen des Russischen Verfassungsgerichts noch nicht durch den jeweiligen Gesetzgeber vollzogen worden[60]. Zudem übergehen aber auch Fachgerichte Entscheidungen des Verfassungsgerichts. Sie ignorieren etwa eine bestimmte verfassungskonforme Auslegung oder weigern sich, das zugrunde liegende fachgerichtliche Verfahren des erfolgreichen Beschwerdeführers nochmals aufzugreifen[61].

(2) Der Vollzug sogenannter ablehnender Beschlüsse mit positivem Inhalt

Besondere Probleme bereitet in der Rechtsanwendungspraxis ferner der Vollzug sogenannter ablehnender Beschlüsse mit positivem Inhalt (otkaznye opredelenija s položitel'nym soderžaniem)[62], die nicht offiziell veröffentlicht werden[63]. Es

59 *Carmen Schmidt*, in: Angelika Nußberger (Hrsg.): Einführung in das russische Recht, 2010, § 8, S. 102, m. w. N.

60 *Konstantin Novikov*: Slyšim, no ne ispolnjaem [Wir hören zu, aber vollziehen nicht], RG vom 09.07.2012, http://www.rg.ru/2012/07/06/sovfed-site.html; vgl. ferner die Auflistung nicht vollzogener Entscheidungen bei *Lazarev* (Fn. 56), S. 102 f.

61 Zum Ganzen anschaulich *Narutto* (Fn. 57), S. 216 ff.; *Christina Maier*: Bindungskraft der Entscheidungen des Verfassungsgerichts der Russischen Föderation und ihre Umsetzung in der Rechtsanwendungspraxis, Osteuropa Recht 2006, S. 84 (91 f.), m. w. N.

62 Weiterführend *Narutto* (Fn. 57), S. 208 f.; *Zor'kin* (Fn. 50), S. 367 f.; *Burnham/Maggs/Danilenko* (Fn. 33), S. 74; *A. L. Snitkova*: Opredelenija Konstitucionnogo Suda Rossijskoj Federacii v dejatel'nosti Upolnomočennogo po pravam čeloveka v Rossijskoj Federacii [Beschlüsse des Verfassungsgerichts der Russischen Föderation in der Tätigkeit des Menschenrechtsbeauftragten der Russischen Föderation], KiMP 2009, Nr. 14, S. 23 (25 f.), m. w. N.; *Alexei Trochev*: Judicial Self-Empowerment under Authoritarian Rule, in: Åke Frändberd/Stefan Hedlund/Torben Spaak (Hrsg.): Festskrift till Anders Fogelklou, 2008, S. 287 (302 f.), m. w. N.

63 Sie sind lediglich auf der Internetseite des Russischen Verfassungsgerichts verfügbar, http://www.ksrf.ru/ru/Decision/Pages/default.aspx.

handelt sich dabei im Kern um Beschlüsse des Russischen Verfassungsgerichts, zu denen inhaltlich bereits eine einschlägige verfassungsgerichtliche Rechtsprechung besteht. Aus diesem Grund muss die Verfassungsbeschwerde abgelehnt werden (Art. 43 Nr. 3 VerfGG RF). Es ergeht damit formal ein ablehnender Beschluss. Gleichwohl sind sie in der Rechtspraxis von höchster Relevanz, da sie neben der formalen Ablehnung die bestehende Rechtsprechung anwenden und dadurch oftmals entscheidende und verbindliche Aussagen zur konkreten Gesetzesauslegung enthalten. Dennoch weigert sich die einfache Gerichtsbarkeit häufig, die zugrunde liegenden Verfahren nochmals aufzunehmen und neu zu verhandeln, obwohl dies in den entsprechenden Beschlüssen oftmals sogar ausdrücklich angeordnet wird[64].

c) *Gesetzgeberische Lösungsansätze*

Der russische Gesetzgeber hat bislang verschiedene Wege beschritten, um den Entscheidungsvollzug in der Rechtspraxis effektiv durchzusetzen. Gemäß Art. 315 StGB RF ist die vorsätzliche Nichterfüllung gerichtlicher Entscheidungen durch eine staatliche Stelle strafbar. Das Strafmaß sieht neben einer Dienststerre von bis zu fünf Jahren unter anderem auch eine Freiheitsstrafe von bis zu zwei Jahren vor. Doch bleibt das scharfschneidige Schwert des Strafrechts an dieser Stelle stumpf. Zu einer tatsächlichen Verurteilung ist es bislang in keinem Fall gekommen[65]. Weiterhin verabschiedete die Staatsduma im April 2010 das bereits angesprochene Kompensationsgesetz, das unter anderem Schadensersatzansprüche im Falle eines nicht fristgerechten Urteilsvollzugs vorsieht[66]. Schließlich wurde das Haushaltsverfahren reformiert, um die benötigten Gelder den zuständigen Behörden zeitnah zuweisen zu können[67].

Trotz derartiger gesetzgeberischer Unternehmungen konnten in Russland bislang grundlegende Defizite im Entscheidungsvollzug nicht nachhaltig behoben werden[68]. Der Kern der Problematik liegt außerhalb dessen, was ausschließlich rechtlich regel- und beeinflussbar ist[69]. Erst ein weitgreifendes Umdenken in

64 *Zor'kin* (Fn. 50), S. 367, m. w. N.; *Snitkova* (Fn. 62), S. 25.
65 *Narutto* (Fn. 57), S. 211.
66 Zum Verfahrens- und Vollstreckungskompensationsgesetz bereits der Abschnitt C. II. 1. d) (2).
67 Ausführlich hierzu *Laptew* (Fn. 54), S. 262 f., m. w. N.
68 Weitere denkbare Reformen benennt *Laptew* (Fn. 54), S. 264 f.
69 Ähnlich im Hinblick auf den Vollzug verfassungsgerichtlicher Entscheidungen *Lazarev* (Fn. 56), S. 90.

den Machtstrukturen, aber auch eine Emanzipation der Judikative hin zu einer starken dritten Gewalt könnten hier eine wirkliche Veränderung bewirken.

III. Probleme der föderalen Verfassungsgerichtsbarkeit im Besonderen

Mit dem Novum einer selbstständigen Verfassungsgerichtsbarkeit war im noch jungen postsowjetischen Russland die große Erwartung verbunden, einen wirkungsmächtigen Verfassungsinterpreten zu etablieren[70], der die neue Verfassungsordnung langfristig sichert[71]. Diesen hohen Anspruch in einer sich grundlegend wandelnden Gesellschaft zu erfüllen, die zudem nur fragmentarisch auf rechtsstaatliche Traditionen zurückblicken kann, ist keine einfache Aufgabe. Für das Russische Verfassungsgericht galt es zunächst, überhaupt elementare Pflöcke der Rechtsstaatlichkeit einzuschlagen. Hier konnte es für die neue Gesetzgebung und Rechtsanwendungspraxis schon früh wichtige Impulse geben, indem es eine Machtausübung – für das russische Recht neuartig – überhaupt einer kritischen richterlichen Kontrolle unterstellte[72].

Doch scheint das Russische Verfassungsgericht gegenwärtig verhaltener und insbesondere gegenüber der Staatsmacht unkritischer zu agieren und damit schrittweise seine Stellung als unabhängigen Verfassungshüter zu schmälern[73]. Zum Teil wird in der Literatur gar von einer (Selbst-)Entmachtung des

70 Vgl. zu diesem Zusammenhang jüngst *Rainer Wahl*: Die praktische Wirksamkeit von Verfassungen in: Michael Sachs/Helmut Siekmann (Hrsg.): Der grundrechtsgeprägte Verfassungsstaat. Festschrift für Klaus Stern zum 80. Geburtstag, 2012, S. 233 (242).

71 Dazu bereits eingehend der Abschnitt D. I. 1.

72 Zu diesem Ergebnis gelangt auch *Angelika Nußberger*: Verfassungsgerichtsbarkeit als Krönung des Rechtsstaats oder als Feigenblatt autoritärer Regime?, JZ 2010, S. 533 (540); ähnlich *Narutto* (Fn. 57), S. 202, 204; *V. A. Krjažkov/M. A. Mitjukov*: Konstitucionnyj Sud Rossijskoj Federacii [Das Verfassungsgericht der Russischen Föderation], GiP 2011, Nr. 10, S. 12 (12); *Tamara G. Morščakova*, in: Angelika Nußberger/Carmen Schmidt/Tamara G. Morščakova (Hrsg.): Verfassungsrechtsprechung in der Russischen Föderation, 2009, S. 9; *S. V. Narutto*: „Za 20 let svoego suščestvovanija Konstitucionnyj Sud kardinal'no izmenil rossijskuju pravovuju sistemu…" [In 20 Jahren seiner Existenz hat das Verfassungsgericht das russische Rechtssystem entscheidend verändert…], ŽKP 2011, Nr. 6, S. 11 (11, 13); *Uwe Steingröver*: Anfänge der Verfassungsgerichtsbarkeit in Rußland, 2000, S. 380; *S. M. Šachraj*: Zaslugi i zadači Konstitucionnogo Suda Rossii [Verdienste und Aufgaben des Verfassungsgerichts Russlands], ŽKP 2011, Nr. 5, S. 17 (17).

73 Diese Entwicklung zeichnen *Margareta Mommsen* und *Angelika Nußberger* nach *dies.* (Fn. 4), S. 121 ff.

Verfassungsgerichts gesprochen[74]. Diese eher finsteren Einschätzungen werden vorrangig durch erhebliche organisatorische Erschwernisse in der verfassungsgerichtlichen Tätigkeit (1.) sowie durch Zweifel an der Unabhängigkeit des Gerichts (2.) getragen. Einen plastischen Einblick in das gegenwärtige Verhältnis zwischen Staatsmacht und Verfassungsgericht vermittelte die faktisch unbegründete Anordnung, den Sitz des Gerichts vom machtnahen Moskau nach St. Petersburg zu verlegen, wo es im Mai 2008 seine Arbeit aufnahm[75].

1. Organisatorische Hindernisse

Die grundlegenden Änderungen des Verfassungsgerichtsgesetzeses vom 3. November 2010 zielen nach dem Willen des Gesetzgebers im Wesentlichen darauf ab, die Effektivität des Verfassungsgerichtsprozesses zu steigern[76]. Auf die Auswirkungen der Reform im Hinblick auf die einzelnen Zulässigkeitsvoraussetzungen des Verfassungsbeschwerdeverfahrens wurde bereits eingegangen[77]. Ferner trifft die Gesetzesnovelle zugleich bedeutende organisatorische Neuerungen. Nach Art. 20 VerfGG RF n. F. werden etwa alle Entscheidungen des Verfassungsgerichts im Plenum getroffen. Damit wurde also die bisher gesetzlich vorgesehene Verteilung der Arbeitslast auf zwei Kammern (palaty), wie sie im Übrigen auch das Bundesverfassungsgericht in Gestalt seiner zwei Senate kennt[78], abgeschafft.

---

74 *Mommsen/Nußberger* (Fn. 4), S. 124; ähnlich zum Bedeutungsverlust des Verfassungsgerichts *Morščakova* (Fn. 72), S. 8.

75 Änderungsgesetz zum Verfassungsgerichtsgesetz vom 05.02.2007, SZ RF 2007, Nr. 7, Pos. 829. Kritisch zum Ganzen *V. A. Krjažkov*: Zakonodatel'naja modernizacija statusa Konstitucionnogo Suda Rossijskoj Federacii [Gesetzgeberische Modernisierung des Status des Verfassungsgerichts der Russischen Föderation], KiMP 2011, Nr. 10, S. 29 (34); *T. G. Morščakova*: Konstitucionnyj Sud, kotoryj my poterjali [Das Verfassungsgericht, das wir verloren haben], http://infosud.ru/judicial_analyst/20101001/250794612.html sowie *dies.* (Fn. 72), S. 8; *Solomon* (Fn. 49), S. 54 f., m. w. N.

76 Pojasnitel'naja zapiska k proektu federal'nogo konstitucionnogo zakona „O vnesenii izmenenij v Federal'nyj konstitucionnyj zakon «O Konstitucionnom Sude Rossijskoj Federacii»" [Gesetzesbegründung zum Projekt des föderalen Verfassungsgesetzes „Über die Einführung von Änderungen in das Föderale Verfassungsgesetz «Über das Verfassungsgericht der Russischen Föderation»"], ŽKP 2010, Nr. 5, S. 20 (20).

77 Dazu insbesondere bereits unter D. I. 2. c) (2) und d).

78 Vgl. nur § 2 Abs. 1 BVerfGG.

Der Gesetzgeber bezweckte damit unter anderem, die Autorität der gerichtlichen Entscheidungen durch die kollektive Entscheidungsfindung zu stärken[79]: Eine Entscheidung des Verfassungsgerichts sei nunmehr tatsächlich eine des gesamten Gerichts und nicht lediglich eines oftmals weniger als seine Hälfte umfassenden Bruchteils[80]. Sicherlich kann es der Glaubwürdigkeit und Autorität des Gerichts dienen, wenn es in seiner Gesamtheit – und nicht wie bisher mit 9 oder 10 von insgesamt 19 Richtern – entscheidet. Dennoch erscheint diese Begründung eher formal, stellt sich doch die Frage, wie das Gericht die damit für alle Richter entstehende Arbeitslast auffangen kann[81]. Bereits zu Zeiten der arbeitsteiligen Vorgehensweise dauerte es zum Teil Jahre, bis Verfassungsbeschwerden verhandelt wurden[82]. Mit der Umstrukturierung werden verfassungsgerichtliche Verfahren nun zusätzlich in die Länge gezogen. Ferner wird eine intensive Auseinandersetzung mit dem Sachverhalt angesichts der Fülle der verschiedenen Verfahren, die nunmehr von allen Richtern bearbeitet und entschieden werden müssen, kaum noch von jedem einzelnen Richter erwartet werden können[83]. Faktisch steigt also die Abhängigkeit vom jeweiligen Berichterstatter. Im Ergebnis bedeutet die Umstrukturierung, dass die Entscheidung durch die Abstimmung aller Richter formal mehr Autorität nach außen erlangt, während eine vertiefte inhaltliche Auseinandersetzung damit aber nicht zwingend einher gehen dürfte.

Gegen die Befürchtungen einer drohenden Arbeitsüberlastung des Verfassungsgerichts spricht indes, dass die Gesetzesänderung vom November 2010 ihrerseits die Anforderungen an eine zulässige Verfassungsbeschwerde deutlich

---

79 Pojasnitel'naja zapiska k proektu federal'nogo konstitucionnogo zakona „O vnesenii izmenenij v Federal'nyj konstitucionnyj zakon «O Konstitucionnom Sude Rossijskoj Federacii»" [Gesetzesbegründung zum Projekt des föderalen Verfassungsgesetzes „Über die Einführung von Änderungen in das Föderale Verfassungsgesetz «Über das Verfassungsgericht der Russischen Föderation»"], ŽKP 2010, Nr. 5, S. 20 (20).

80 Zu dieser Argumentation auch *S. A. Avak'jan*: Konstitucionnyj Sud Rossijskoj Federacii: neodnoznačnye zakonodatel'nye novelly [Das Russische Verfassungsgericht: nichteindeutige Gesetzesnovellen], KiMP 2011, Nr. 1, S. 3 (5).

81 Diese Frage stellt zu Recht *O. V. Brežnev*: Reformirovanie konstitucionnogo pravosudija v Rossii v 2009–2010 godach [Neuerungen in der Verfassungsgerichtsbarkeit in Russland in den Jahren 2009–2010], PiP 2011, Nr. 9, S. 1492 (1494), ohne sie jedoch zu beantworten.

82 Vgl. *A. V. Mazurov*: Kommentarij k federal'nomu konstitucionnomu zakonu „O Konstitucionnom Sude Rossijskoj Federacii" [Kommentar zum föderalen Verfassungsgesetz „Über das Verfassungsgericht der Russischen Föderation"], 2. Auflage 2009, Art. 20, S. 110, der daher eine Erhöhung der Kammern von zwei auf drei fordert.

83 Zum Ganzen *Avak'jan* (Fn. 80), S. 5.

erhöht hat[84]. Die absoluten Verfahrenszahlen könnten – im Ergebnis auf Kosten der Möglichkeit des individuellen Grundrechtsschutzes – also langfristig sinken. Ob die gesetzgeberischen Intentionen, die Autorität des Gerichts zu steigern und das Verfahren effektiver zu gestalten, diese mutmaßliche Beschränkung rechtfertigt, darf bezweifelt werden. Für die Reform spricht, dass kein verfassungsgerichtliches Urteil etwas nützt, wenn es mangels Autorität des Verfassungsgerichts nicht vollzogen wird. Ob die gerichtliche Autorität aber tatsächlich bereits durch diese Umstrukturierung dahingehend gestärkt werden konnte oder es sich – wohl naheliegender – nicht vielmehr um ein weit grundlegenderes Problem in der russischen Gesellschaft handelt, bleibt abzuwarten.

Eine weitere Neuerung, die trotz Abschaffung der Kammerrechtsprechung zur Entlastung des Verfassungsgerichts beitragen könnte, ist die nunmehr bestehende Möglichkeit, in bestimmten Fällen ohne eine mündliche Verhandlung entscheiden zu können[85]. Die Neuregelung betrifft im Kern Sachverhalte, in denen das Gericht in seiner Rechtsprechung bereits analoge Normen oder die Norm für verfassungswidrig erklärt hat[86]. Es ist also im Grunde genommen das russische Pendant zum Kammerverfahren des Bundesverfassungsgerichts. Im entscheidenden Unterschied zum deutschen Recht ist es aber gerade kein Kammerverfahren, sondern es bleibt bei einer Entscheidung durch das Plenum. Somit muss sich – auch ohne eine mündliche Verhandlung durchzuführen – weiterhin jeder Richter des Russischen Verfassungsgerichts mit der Materie auseinandersetzen oder auf die Arbeit des Berichterstatters vertrauen. Von einer wahrhaften Arbeitsentlastung kann hier daher kaum gesprochen werden. Im Ergebnis führt die bezweckte Stärkung verfassungsgerichtlicher Autorität zu Einschränkungen im Zugang zum verfassungsgerichtlichen Grundrechtsschutz sowie zu enormen Belastungen für die konkrete Entscheidungskraft des einzelnen Verfassungsrichters.

Darüber hinaus wird durch die Umstrukturierung die Macht des Gerichtspräsidenten, der durch den Wegfall des Zwei-Kammer-Systems nunmehr gemäß Art. 24 Abs. 1 Nr. 1 VerfGG RF alleinig alle Verhandlungen von der Vorbereitung bis hin zur Sitzung leitet, deutlich erweitert[87]. Dabei ist sein Amt bereits seit einer Gesetzesreform 2009 in besonderem Maße eine mögliche Schnittstelle zu Macht und Politik, da er seit der damaligen Neufassung des Art. 23 Abs. 1

---

84 Dazu insbesondere schon unter D. I. 2. c) und d).

85 Ausführlich zum Ganzen *Krjažkov* (Fn. 75), S. 32 f.

86 Vgl. Art. 47.1 Abs. 1 VerfGG RF.

87 Darauf verweist zu Recht *Brežnev* (Fn. 81), S. 1494; vgl. ferner *Krjažkov* (Fn. 75), S. 31 f., m. w. N.

VerfGG RF – wie im Übrigen alle anderen obersten russischen Richter[88] – auf Vorschlag des Präsidenten vom Föderationsrat ernannt wird. Die prinzipiell dahinterstehende Verfahrensweise, den Gerichtspräsidenten extern zu bestimmen, findet sich auch im deutschen Recht. Hier wird nach § 9 Abs. 1 Satz 1 BVerfGG der Präsident des Bundesverfassungsgerichts und der Vizepräsident abwechselnd vom Bundestag und vom Bundesrat gewählt. Doch wurden der Gerichtspräsident und seine Stellvertreter in Russland bis zur Reform 2009 durch eine Wahl der Verfassungsrichter bestimmt. Das Gericht genoss in dieser Frage also bislang ein hohes Maß an Autonomie. Selbst wenn diese Änderung mit einer Stärkung des russischen Parlamentarismus[89] begründet wurde[90], bedeutet es doch zugleich ein Verlust der verfassungsgerichtlichen Unabhängigkeit[91].

2. Zunehmende Machtlosigkeit des Gerichts

Das Russische Verfassungsgericht droht aber auch aus anderen Gründen in an Unabhängigkeit einzubüßen. Es trägt dabei selbst einen wesentlichen Teil dazu bei, seine in den Anfangsjahren schwer erstrittene Akzeptanz als Verfassungshüter wieder einzubüßen: Als Verfassungsgericht nimmt es in seiner Rechtsprechung den fortlaufenden Auftrag wahr, einen verfassungsgemäßen Interessenausgleich zwischen individuellen und staatlichen Interessen zu finden – den Grundrechten also zur Entfaltung zu verhelfen, ihrer Ausübung jedoch auch Grenzen aufzuzeigen. In der in- und ausländischen Literatur wird jedoch gegenwärtig für das Russische Verfassungsgericht eine Tendenz ausgemacht, in der es von seiner ausgesprochen bürgerfreundlichen Judikatur der Anfangsjahre abweicht und oftmals staatlichen Interessen die Priorität einräumt[92]. Zum Teil wird im Fazit von einer „Ohnmacht des Verfassungsgerichts im starken Staat“[93],

88 Art. 128 Abs. 1 Verf RF.

89 Der Föderationsrat bildet die oberste Parlamentskammer Russlands.

90 Vgl. die Äußerungen des damaligen Präsidenten der Staatsduma, *Boris Gryzlov*, in: *Viktor Petrov*: Sudej na popravku [Zur Neuregelung der Richter], RG vom 14.05.2009, http://www.rg.ru/2009/05/14/ks-rukovodstvo.html.

91 So auch *Narutto* (Fn. 57), S. 205.

92 *Narutto* (Fn. 57), S. 205; *Nußberger* (Fn. 58), S. 67 ff. Vgl. aus der Rechtsprechungspraxis etwa den Fall Markin, vgl. Abschnitt B. III. 5. Allgemein zur Akzeptanz der Figur des „starken Staats“ durch die Judikatur des Russischen Verfassungsgerichts mit zahlreichen Rechtsprechungsbeispielen *Angelika Nußberger*: Das Russische Verfassungsgericht zwischen Recht und Politik, in: Matthes Buhbe/Gabriele Gorzka (Hrsg.): Russland heute, 2007, S. 215 (222 ff.).

93 *Nußberger* (Fn. 58), S. 66.

zum Teil von einer „selbstverschuldeten Unmündigkeit“[94] des Verfassungsgerichts gesprochen.

Bezeichnend für die Zerrissenheit des Verfassungsgerichts sind die Geschehnisse, die mit der Kritik zweier langjähriger Verfassungsrichter an der zunehmenden Machtlosigkeit des Gerichts verbunden sind. Zunächst erklärte der Verfassungsrichter *Vladimir G. Jaroslavcev* am 31.08.2009 in einem Interview mit der spanischen Tageszeitung „El País“[95] unter anderem, dass „sich die Gerichtsmacht in Russland während der Präsidentschaft von Putin und seinem Nachfolger Medwedew in ein Instrument gewandelt hat, das der Vollzugsmacht dient“, „die gesetzgebenden Organe sind gelähmt“, „das Zentrum der Beschlussfassung befindet sich in der Administration des Präsidenten“, „[es] herrscht ein Konformismus, um die Macht nicht zu verärgern“. Er fühle sich „wie zwischen den Ruinen der Rechtsprechung“[96]. Eine Reaktion des Russischen Verfassungsgerichts auf diese Äußerungen ließ nicht lange auf sich warten: In einer nicht öffentlichen Plenarsitzung wurden *Jaroslavcev* die Verletzung der Gerichtsethik und die Schmälerung des Ansehens des Gerichts vorgeworfen[97]. Er wurde gezwungen, eine Selbstablehnung im Richterrat, an dem er als Vertreter des Verfassungsgerichts zu diesem Zeitpunkt teilnahm, zu beantragen. Seine Tätigkeit als Verfassungsrichter übt er allerdings bis heute aus.

Noch harscher reagierte das Verfassungsgericht im Fall des Verfassungsrichters *Anatolij L. Kononov*, der in einem Zeitungsinterview mit der Zeitung Sobesednik[98] für *Jaroslavcev* und seine Äußerungen im Kern Position ergriffen hatte. Darüber hinaus monierte er den Umgang mit *Jaroslavcev*, den „man in unserer Plenarsitzung nach den besten Traditionen ‚über die Bank gelegt‘ hat“. Daraufhin schlug ihm das Russische Verfassungsgericht vor, sein Entlassungsgesuch einzureichen, um ihm nicht im Disziplinarverfahren seine Befugnisse entziehen zu müssen[99]. Auf der Internetseite des Russischen Verfassungsgerichts findet

94 *von Gall* (Fn. 22), S. 25.

95 *Pilar Bonet*: „En Rusia mandan los órganos de seguridad, como en la época soviética“ [In Russland herrschen die Sicherheitsorgane wie zu Sowjetzeiten], El País vom 31.08.2009, http://elpais.com/diario/2009/08/31/internacional/1251669606_850215.html.

96 Übersetzung übernommen von *Narutto* (Fn. 57), S. 206. Einfügungen durch Verfasser.

97 Dazu und zu Nachfolgendem *Narutto* (Fn. 57), S. 206.

98 *A. L. Kononov*: Nezavisimych sudej v Rossii net [Unabhängige Richter gibt es in Russland nicht], Sobesednik vom 27.10.2009, http://sobesednik.ru/politics/kononov_sb_41_09/.

99 *Narutto* (Fn. 57), S. 206.

sich bei den Informationen zu seiner Person als letzter Punkt der nüchterne Eintrag: „Seit dem 01.01.2010 im Ruhestand.“[100]

IV. Zusammenfassung

Die russische Justiz befindet sich auch zwanzig Jahre nach dem Systemwechsel in einer tiefen Krise. Unter anderem durch die Praxis sogenannter nicht prozessualer Eingaben wird seitens der Exekutive sowie anderer staatlicher Stellen Einfluss auf die richterliche Tätigkeit ausgeübt; Entscheidungen gegen die öffentliche Gewalt werden nur zu häufig ignoriert. Selbst das Russische Verfassungsgericht sieht sich nicht selten gezwungen, auf die Umsetzung seiner Entscheidungen zu drängen. Insbesondere sogenannte ablehnende Beschlüsse mit positivem Inhalt werden von den Fachgerichten bislang nur wenig vollzogen.

Der Schwäche seiner Judikative kann Russland – wie zwanzig Jahre verschiedenster gesetzgeberischer Tätigkeit zeigen – nicht allein normativ Herr werden. Zu stark erscheinen hier die Wirkungen des in Russland tief verankerten Rechtsnihilismus, die sich in mehrfacher Weise zeigen: Wenn Recht nur ein geringer Wert beigemessen wird, ist es zum einen leichter für einen abhängigen Richter, seine Entscheidung faktisch am Gesetz vorbei zu treffen. Zum anderen ist es aber auch einfacher für staatliche Behörden, eine interessengelenkte Entscheidung einzufordern sowie gegebenenfalls gegen sie gerichtete gerichtliche Urteile zu ignorieren oder den Urteilsvollzug jedenfalls mit aller Kraft zu verzögern. Besondere Sorge bereiten zudem die gegenwärtigen Entwicklungen in der russischen Verfassungsgerichtsbarkeit: Das Russische Verfassungsgericht sieht sich nicht nur zunehmend mit organisatorischen Arbeitserschwernissen konfrontiert, sondern scheint auch selbst zunehmend staatstragend zu handeln, Kritik zu verbannen und damit im Ergebnis seine Rolle als unabhängiger Verfassungshüter, für die es in seiner Anfangszeit noch so vehement eintrat, schrittweise einzubüßen.

Zur Lösung dieser Krise bedarf es eines langfristigen Umdenkens aller Beteiligten, um die russische Judikative zu einer wirklichen dritten Gewalt im Staate erstarken zu lassen. Eine große Chance liegt dabei nicht zuletzt in dem Verhalten vieler russischer Bürger, die sich trotz ihrer tiefen und nicht unberechtigten Zweifel an der Unabhängigkeit der Gerichte sowie an der tatsächlichen Wirksamkeit von Recht zunehmend an ebendiese zur Verteidigung ihrer Rechte wenden und somit die Hoffnung auf eine gerechte, unabhängige Entscheidung noch nicht verloren haben.

---

100 Zu lesen unter http://www.ksrf.ru/ru/info/Judges/pages/judge.aspx?Param=10.

F. Schlussfolgerungen

Allein die Existenz einer Verfassungsurkunde schafft noch keinen Verfassungsstaat. Ebenso wenig führt die verfassungsrechtliche Verankerung von modernen Grundrechten sowie von Grundrechtsschutzmechanismen unweigerlich zu einer effektiven Grundrechtssicherung und -durchsetzung im gelebten Recht. Ohne eine tatsächliche, gesamtgesellschaftliche Wertschätzung der Grundrechte als elementarer Normen der staatlichen Ordnung sowie ohne die Bereitschaft des Einzelnen, seine Grundrechte gegebenenfalls einzufordern, drohen sie, in Bedeutungslosigkeit zu verfallen. Dieser Zusammenhang zeigt sich gegenwärtig anschaulich in der Bedeutung der russischen Grundrechte und ihrer tatsächlichen Durchsetzung, ist es doch im Rechtsalltag nicht immer selbstverständlich, dass Grundrechte mehr sind als formale Garantien, als in die Zukunft gedachte Idealvorstellungen. Unzweifelhaft besteht in Russland gegenwärtig noch eine zu überwindende Diskrepanz zwischen den modernen Garantien seiner Verfassung und dem gelebten Verfassungsrecht. Diese Beurteilung erscheint gleichwohl zu einfach und stereotyp, denn sie blendet aus, aus welchem Ist-Zustand heraus das noch junge russische Grundrechtsverständnis und korrespondierende grundrechtsschützende Mechanismen entwickelt wurden, welche ungemein große Aufgabe dem Gesetzgeber gestellt wurde, in möglichst kurzer Zeit auch entsprechende einfachrechtliche Regelungen folgen zu lassen, sowie welche kulturspezifischen Prägungen und Denkweisen noch heute auf die Rezeption von Grundrechten in Russland einwirken. Die nähere Untersuchung ebendieser Spezifika aus rechtsvergleichend-rechtskultureller Betrachtungsweise hatte sich die vorliegende Arbeit zur Aufgabe gestellt.

Anders als das deutsche Recht, das auf eine lange Tradition des Liberalismus zurückblicken kann, sind in der russischen Rechtsgeschichte liberale Gedanken nur punktuell aufspürbar, insbesondere in der Zeit der großen russischen Reformer, Peter dem Großen und Katharina der Großen. Hingegen sind Formen des Kollektivismus in der russischen Geschichte tief verwurzelt. Sie rückten mit der Oktoberrevolution 1917 zunehmend wieder in den Vordergrund und beeinflussten entscheidend auch die Rolle des Einzelnen im sowjetischen Staat. Bis zum in den 1960er Jahren einsetzenden Entideologisierungsprozess bestimmte in der sowjetischen Grundrechtslehre eine prinzipielle Interessenharmonie zwischen Individuum, Staat und Gesellschaft das Denken, wobei der Staat nicht als potentielle Bedrohung, sondern als Förderer und Gestalter einer Persönlichkeitsentwicklung in der Gemeinschaft, für die Gemeinschaft verstanden wurde. Eine

Dualität zwischen dem Einzelnen und der Gesellschaft einerseits sowie dem Staat andererseits wurde als ein zu überwindender Zustand angesehen. Mit diesen ideologischen Grundlegungen war ein Grundrechtsverständnis unvereinbar, dem zufolge Grundrechte als subjektive, unabhängig von gesellschaftlichen Einflüssen bestehende Abwehrrechte gegen den Staat galten. Erst mit der zunehmenden Entideologisierung in der Sowjetunion änderte sich diese Sichtweise. Wenn auch weiterhin eine naturrechtliche Grundrechtskonzeption abgelehnt wurde, was in der Formulierung der Grundrechte als Bürgerrechte in der Verfassung der UdSSR von 1977 deutlich wird, wurden Grundrechte schließlich als dem Einzelnen zustehende subjektive Rechte anerkannt. Dieses Umdenken hielt schließlich auch Einzug in die Verfassung von 1977, die erstmals grundrechtssichernde Mechanismen – etwa die Rechtsschutzgarantie oder das Eingaberecht – verfassungsrechtlich verankerte.

Das heutige russische Grundrechtsverständnis kann an diesen grundrechtstheoretischen Wandel anknüpfen. Doch wird es durch die geltende russische Verfassung in bedeutendem Maße fortentwickelt, indem sich die Verfassung nunmehr endgültig von der Ideologie der bisherigen Grundrechtslehre lossagt. Als Ergebnis des Ringens um Macht im zukünftigen Russland entstanden, darf sie dennoch nicht als vorschnelle Übergangsverfassung verstanden werden. Vielmehr ist die russische Verfassung als Ergebnis umfassender Beratungen und unter Einbeziehung verschiedenster gesellschaftlicher Gruppen entstanden. Sie verankert ein Grundrechtsverständnis, das große Gemeinsamkeiten mit der deutschen Grundrechtskonzeption aufweist: In beiden Rechtsordnungen bestimmen und begrenzen Grundrechte staatliche Macht. Den wehrhaften Gehalt dieser Funktion erlangen sie durch ihren Charakter als subjektive und damit verteidigungsfähige Rechte. Grundrechte vermitteln in Russland und Deutschland abwehrrechtliche sowie – in bestimmtem Maße – auch leistungs- und schutzrechtliche Ansprüche. Spürbar bleibt die sowjetische Rechtstradition in einigen Teilaspekten, etwa in einer fehlenden Unterscheidung zwischen der staatlichen Grundrechtsbindung einerseits und der Wirkung von Grundrechten in Privatrechtsverhältnissen andererseits sowie in der verfassungsrechtlichen Verankerung sozialer Grundrechte. Eine weitere Besonderheit im Vergleich zum Grundgesetz liegt in der großen Bedeutung von Grundpflichten. Auch hierbei handelt es sich um eine bereits im sowjetischen Verfassungsrecht anzutreffende Spezifik. Ihr lag im sowjetischen Recht der Gedanke zu Grunde, dass keine Rechte ohne Pflichten bestehen könnten. Gleichwohl zeigt eine genaue Untersuchung der heutigen russischen Grundpflichten, dass sie entweder denjenigen vergleichbar sind, die das Grundgesetz ausdrücklich normiert oder die im Grundgesetz jedenfalls als solche angelegt sind oder die im Wesentlichen der deutschen Schrankensystematik nahekommen.

Im Vergleich zum Grundgesetz nimmt sich die russische Verfassung ausführlich verschiedenster grundrechtssichernder Mechanismen an. Dabei vereint sie bereits im sowjetischen Recht anzutreffende Rechtsschutzinstrumente mit Leihgaben aus anderen Rechtsordnungen. Dadurch entsteht im Ergebnis ein spezifisch russisches Grundrechtsschutzsystem: So überträgt die Verfassung im russischen Recht erstmalig konkreten Institutionen eine besondere Verantwortlichkeit für den Grundrechtsschutz. Allein die rechtsschützende Tätigkeit der Staatsanwaltschaft als Organ der allgemeinen Rechtsaufsicht fand sich bereits im sowjetischen Recht wieder. Über diese Funktion der Staatsanwaltschaft schweigt die russische Verfassung jedoch, um einen möglichen Paradigmenwechsel hin zu einer reinen Ermittlungs- und Strafverfolgungsbehörde nicht zu blockieren. Als Novum im russischen Recht räumt die Verfassung – insbesondere in Anlehnung an die Konzeption der deutschen Verfassungsgerichtsbarkeit – dem neu geschaffenen Verfassungsgericht weitreichende Kompetenzen zur Verfassungssicherung ein, unter anderem auch die Kompetenz zur Überprüfung von Verfassungsbeschwerden. Weiterhin betraut die russische Verfassung den Menschenrechtsbeauftragten, einer aus dem schwedischen Recht stammenden Rechtsschutzinstitution, mit der Aufgabe der Grundrechtssicherung. Schließlich beschreibt sie den Präsidenten unter anderem als „Garanten für die Rechte und Freiheiten des Menschen und des Bürgers“ (Art. 80 Abs. 2 Satz 1 Verf RF). Diese in ähnlicher Form auch in der französischen Verfassung anzutreffende Formulierung führte in der Vergangenheit zu erheblichen Kompetenzkonflikten mit der Legislative. Retrospektiv können diese Konflikte als Momentaufnahme eines Transformationsprozesses gewertet werden, die im heutigen Russland in dieser Form nicht mehr bestehen. Überwiegend ungebrochen anerkannt ist dennoch die Macht des Präsidenten als einer zentralen, die Geschicke des Landes maßgeblich bestimmenden Institution.

Zu dieser Verantwortlichkeit bestimmter Institutionen für den Grundrechtsschutz lässt die russische Verfassung verschiedenste grundrechtsflankierende Garantien treten, die dem Einzelnen eine aktive Rolle bei der Grundrechtsverteidigung ermöglichen. Diese schließen wiederum zum Teil an sowjetische Vorgänger an, die aber in den geänderten gesellschaftlichen Verhältnissen entsprechend weiterentwickelt wurden. Das gilt insbesondere für das Eingaberecht (Art. 33 Verf RF) sowie die Rechtsschutzgarantie (Art. 46 Verf RF). Mit der Aufnahme des Rechts auf Grundrechtsverteidigung (Art. 45 Abs. 2 Verf RF) sowie des Rechts auf juristischen Beistand (Art. 48 Verf RF) enthält die russische

Verfassung weitere, dem Grundgesetz seinem Wortlaut nach fremde Verbürgungen, die indes auf vergleichbare Regelungen in anderen europäischen Verfassungen zurückblicken können. Aus dem Blickwinkel der verfassungsrechtlichen Grundlegungen für einen individuellen Grundrechtsschutz zeigt sich die russische Verfassung insgesamt gesehen sehr modern und ausgesprochen grundrechtsfreundlich.

Entsprechend der Vielgestaltigkeit der verfassungsrechtlich verankerten Grundrechtssicherungsmechanismen erweisen sich auch die konkreten individualrechtsschützenden Instrumente des einfachen Rechts in Russland als sehr komplex. Maßgeblich beeinflusst durch die Konzeption der deutschen Verfassungsbeschwerde verwundert es nicht, dass zum Teil große Überschneidungen zwischen beiden Rechtsordnungen bestehen. Gleichwohl ist die russische Verfassungsbeschwerde mehr als nur ein Abbild ihres deutschen Vorbilds: Beispielsweise wurde durch die Schaffung einer besonderen Beschwerdefähigkeit des Menschenrechtsbeauftragten (Art. 96 Abs. 1 VerfGG RF i. V. m. Art. 29 Abs. 1 Nr. 5 MenschenRBG RF) sowie des Generalstaatsanwalts (Art. 96 Abs. 1 VerfGG RF i. V. m. Art. 35 Abs. 6 StAG RF) der prinzipiell individuelle Grundrechtsschutz vor dem Russischen Verfassungsgericht mit der Zielsetzung institutionalisiert, dem Beschwerdeführer einen wesentlichen Teil der Verfahrenslast abzunehmen und ihn damit überhaupt zur Wahrnehmung seiner Rechte zu ermutigen. Tatsächlich wird diese Zielstellung allerdings nur partiell erreicht.

Eine wesentliche Beschränkung erfährt der verfassungsgerichtliche Individualrechtsschutz in Russland durch seinen eng gefassten Beschwerdegegenstand. Beruhend auf den Erfahrungen aus der ersten Phase der Verfassungsgerichtsbarkeit – sie währte von 1991 bis 1993 – kann im russischen Recht heute nur gegen ein formelles Gesetz Verfassungsbeschwerde erhoben werden. Von diesem Grundsatz weicht das Russische Verfassungsgericht in seiner Judikatur nur in wenigen Ausnahmefällen, etwa im Fall delegierter Gesetzgebung, ab. Als entscheidendes Defizit im russischen Verfassungsprozessrecht erweist sich weiterhin die fehlende Möglichkeit, vorläufigen Rechtsschutz zu erlangen. Erleichtert wird der Zugang zum verfassungsgerichtlichen Rechtsschutz im Vergleich zum deutschen Recht allerdings dadurch, dass eine zulässige Verfassungsbeschwerde zwar prinzipiell das vorherige Beschreiten des Rechtswegs verlangt, nicht aber seine Erschöpfung.

Vergleichbar mit den Landesverfassungsgerichten sind auch in Russland Subjektsverfassungsgerichte zum Schutz regionaler Grundrechte berufen. Ihre tatsächliche Tätigkeit befindet sich allerdings noch stark in der Entwicklung. Zum einen verläuft die Institutionalisierung subjektseigener Verfassungsgerichte insgesamt gesehen nur schleppend, zum anderen werden sie in der Bevölkerung – anders als das Russische Verfassungsgericht – kaum als grundrechtsschützende Institution wahrgenommen. Die Lösungsansätze der russischen Rechtswissenschaft, kraft föderaler Regelungen einen Gründungszwang oder zumindest einheitliche prozessuale Mindestanforderungen zu schaffen, erscheinen kaum mit der Anerkennung regionaler Autonomie vereinbar. Doch sind sie Ausdruck einer gewissen Machtlosigkeit gegenüber gewachsenen regionalen Strukturen, die an der Existenz einer wahrhaftigen Kontrollinstanz wenig Interesse zeigen. Für einen russischen Juristen erscheint daher das im deutschen Recht schlagende Argument der regionalen Autonomie als ein Luxus, den man sich unter den gegenwärtigen Bedingungen in Russland kaum erlauben kann, ohne sich der Gefahr auszusetzen, dass regionale Machthaber dauerhaft ohne die Kontrolle einer unabhängigen Instanz übermäßig starken Einfluss ausüben.

Durch die Konzeption der Verfassungsbeschwerde als außerordentlicher Rechtsbehelf in beiden Rechtsordnungen kommt die Hauptaufgabe, gerichtlichen Grundrechtsschutz zu gewährleisten, in Russland und Deutschland den Fachgerichten zu. Diese spezifisch grundrechtsschützende Tätigkeit der Fachgerichte wird indes in der russischen Literatur nur selten beleuchtet. Die autonome Bedeutung der Grundrechte als Prüfungs- bzw. Auslegungsmaßstab ist sowohl in der Rechtspraxis als auch in der Rechtswissenschaft noch stark in der Entwicklung begriffen. Zwar können Grundrechte im russischen Recht unproblematisch eine Klage- bzw. Antragsbefugnis im verwaltungsgerichtlichen Verfahren bilden und somit prinzipiell wesentlich vordergründiger für den Ausgang des Prozesses Bedeutung erlangen als im deutschen Recht. Ebendieser Bedeutung kann gegenwärtig jedoch nur teilweise Rechnung getragen werden, da es nicht nur an einer organisatorisch im gewissem Grade selbstständigen Verwaltungsgerichtsbarkeit, sondern – trotz Fortschritten in den 2000er Jahren – nach wie vor an einer den Besonderheiten des Verwaltungsprozesses gerecht werdender Verwaltungsprozessordnung mangelt. Darunter leidet die Qualität des verwaltungsgerichtlichen Rechtsschutzes erheblich.

Ein Großteil verwaltungsrechtlicher Streitigkeiten wird in Russland gegenwärtig im Wege einer sogenannten Eingabe entschieden, die funktionell in weiten Teilen dem deutschen Widerspruchsverfahren ähnelt. Das dem Verfahren zugrundeliegende Eingabeverfahrensgesetz aus dem Jahr 2006 zeigt sich als Konkretisierung des Eingaberechts aus Art. 33 Verf RF vergleichsweise modern und bürgerfreundlich. Gleichwohl kann das Eingaberecht als Mittel einer inneradministrativen Überprüfung einen unabhängigen verwaltungsgerichtlichen Rechtsschutz nicht ersetzen.

Ähnlich verhält es sich mit der grundrechtsschützenden Tätigkeit der Staatsanwaltschaft, der seit ihrer Gründung durch Peter dem Großen 1722 unter anderem die Aufgabe als Rechtsaufsichtsorgan zukommt. Zwar übersteigt auch heute noch die Zahl der an die Staatsanwaltschaft gerichteten Beschwerden die der gerichtlichen Beschwerden um ein Vielfaches. Aus rechtlichen Gesichtspunkten sind hingegen ihre Möglichkeiten, auf eine Rechtsverletzung zu reagieren, durch die fehlende Kompetenz, verbindliche Anordnungen gegenüber der den grundrechtsverletzenden Akt erlassenden Stelle zu treffen, begrenzt. Diese Kompetenz bleibt im Kern – wie auch im deutschen Recht – den Gerichten vorbehalten. Faktisch kann diese in der russischen Literatur zum Teil als „Kompetenzdefizit" wahrgenommene Aufgabenstruktur zwischen Gerichten und Staatsanwaltschaft jedoch in einem bedeutenden Maße durch ihre hohe Autorität und ihrer – in bestimmten Fällen bestehenden – Befugnis, selbst im Interesse des Betroffenen ein gerichtliches Verfahren einzuleiten, kompensieren.

Eine weitere Facette des außergerichtlichen Grundrechtsschutzes in Russland bildet der Grundrechtsschutz durch eine Beschwerde an den russischen Menschenrechtsbeauftragten, der die an ihn geknüpfte Hoffnung nicht enttäuscht, als weiteres Novum neben dem Verfassungsgericht auf eine tatsächliche Grundrechtsdurchsetzung hinzuwirken. Auch wenn er – vergleichbar mit der Problematik des „Kompetenzdefizits" der Staatsanwaltschaft – nicht mit konkreten Machtbefugnissen ausgestattet ist, spiegelt sich hierin lediglich eine durch seine Funktion als neutraler Mittler bedingte Kompetenzbegrenzung wider. Hingegen befindet sich die Schaffung regionaler Menschenrechtsbeauftragter in den russischen Subjekten überwiegend noch in ihren Anfängen und steht vor einer ähnlichen Problematik, wie sie sich bereits bei der Institutionalisierung der Subjektsverfassungsgerichtsbarkeit gezeigt hat: Auch hier sollte nach der herrschenden Ansicht in der russischen Literatur ein föderales Gesetz zur beschleunigten Institutionalisierung regionaler Menschenrechtsbeauftragter beitragen.

In der Gesamtbetrachtung der Instrumente des individuellen Grundrechtsschutzes in Russland fällt auf, dass neben die Möglichkeit des Einzelnen, sich gegen einen Grundrechtsverstoß zur Wehr zu setzen – im deutschen Recht der Regelfall – auch die Möglichkeit tritt, Dritte, etwa die Staatsanwaltschaft oder den Menschenrechtsbeauftragten, mit der Wahrnehmung seiner Interessen gegenüber staatlichen Stellen zu beauftragten. Diese Konzeption des Grundrechtsschutzes trägt nicht nur generell der transformationsbedingten Besonderheit Rechnung, dem Einzelnen einen erleichterten Zugang zu neuartigen Rechtsschutzmöglichkeiten zu verschaffen. Möglicherweise kann sie zudem aus der Zeit der Sowjetunion in der Bevölkerung nachklingende Bedenken, eigene Interessen voranzustellen und sich bei der Wahrnehmung seiner Interessen nicht als Bittsteller gegenüber staatlichen Stellen zu verstehen, überwinden.

Die im Vergleich zum deutschen Recht große Vielfalt grundrechtsschützender Instrumente führt jedoch nicht dazu, dass die Judikative aus ihrer zentralen Verantwortung für die Grundrechtssicherung gedrängt werden würde. Auch in Russland kann nur durch die Anrufung eines Gerichts eine unabhängige und verbindliche Entscheidung in der Sache ergehen. Zwar wirken sich ein in der russischen Gesellschaft anhaltender Etatismus sowie Rechtsnihilismus nicht negativ auf die Klagebereitschaft in der Bevölkerung aus. Vielmehr steigt die Zahl der gegen die öffentliche Gewalt geführten Verfahren nach wie vor an. Doch befindet sich gerade die russische Judikative nachhaltig in einer tiefen Vertrauens- und Autoritätskrise. In der Bevölkerung werden Gerichte kaum als unabhängige Instanz wahrgenommen. Tatsächlich bestehen in der russischen Judikative verschiedenste Strukturen der Abhängigkeit: Zum einen genießt der Gerichtspräsident anhaltend große Machtbefugnisse, die er gegenüber einzelnen Richtern gegebenenfalls ausüben kann. Zum anderen steht jedoch der Gerichtspräsident selbst in einem engen Abhängigkeitsverhältnis, insbesondere zur Exekutive, aber auch zu anderen staatlichen Stellen. Diese Strukturen ermöglichen informelle Absprachen; in Russland spricht man verklausuliert auch von der Praxis sogenannter nicht prozessualer Eingaben. Eine Mentalität des Rechtsnihilismus erleichtert es anderen staatlichen Stellen, eine interessengelenkte Entscheidung einzufordern; sie erleichtert es aber auch dem abhängigen Richter, eine ebensolche Entscheidung zu treffen. Bei alledem darf aber nicht aus dem Blick verloren werden, dass diese Abhängigkeitsstrukturen in Russland auf eine lange, zum Teil vorsowjetische und in der Sowjetunion ideologiebedingt sogar geförderte Tradition zurückblicken, die erst jetzt im neuen Russland durchbrochen werden soll. Gesetzgeberische Reformen allein konnten bislang diese gewachsenen Strukturen nicht bewältigen, solange sie nicht einhergehen mit einem tiefgreifenden personellen, aber auch mentalen Wandel in der Richterschaft, die sich selbst als autoritative, unabhängige und damit ausschließlich dem Gesetz verpflichtete dritte Gewalt verstehen müsste. Doch sind es nicht allein diese Abhängigkeitsstrukturen, die die russische Judikative schwächen. Hinzu treten große Defizite im tatsächlichen Entscheidungsvollzug, insbesondere im Vollzug von Entscheidungen gegen die öffentliche Gewalt. Diese Ignoranz staatlicher Stellen macht auch vor dem Russischen Verfassungsgericht nicht halt. Zudem scheinen sich die glanzvollen Jahre des Russischen Verfassungsgerichts, in denen es ihm gelang, grundlegende Elemente der Rechtsstaatlichkeit zu verteidigen und in der neuen Rechtsordnung nachhaltig zu verankern, gegenwärtig zu trüben. Es sieht sich zunehmenden organisatorischen Arbeitserschwernissen, vor allen Dingen durch die Abschaffung der Entscheidungsfindung durch zwei Senate hin zu einer Entscheidungsfindung im Plenum, ausgesetzt. Zudem scheint es sich vermehrt durch eine im Vergleich zu seinen Anfangsjahren staatstragende, unkritische Rechtsprechung selbst zu entmachten.

Angesichts dieser Spezifika und aktuellen Entwicklungen wäre eine Erwartungshaltung, die zwanzig Jahre nach dem grundlegenden Systemwechsel in Russland einen lückenlosen und tatsächlich wehrhaften individuellen Grundrechtsschutz zu finden sucht, vermessen, wenn nicht gar unrealistisch. Russland befindet sich nach wie vor in einer Entwicklungsphase, die längst noch nicht als abgeschlossen betrachtet werden kann. Diese Entwicklung betrifft zum einen eine weitergehende gesetzgeberische Tätigkeit, insbesondere auf der Ebene der Subjekte hinsichtlich der Schaffung einer Subjektsverfassungsgerichtsbarkeit sowie regionaler Menschenrechtsbeauftragter, aber auch hinsichtlich der Schaffung eines wirksamen verwaltungsgerichtlichen Rechtsschutzes auf föderaler Ebene. Zum anderen betrifft sie aber auch die Fortsetzung des bereits eingesetzten Umdenkens in der Bevölkerung, Grundrechte tatsächlich als jedem Einzelnen zustehende Werte und wehrhafte Rechtspositionen wahrzunehmen und entsprechend entschlossen zu verteidigen.

Literaturverzeichnis*

Abrosimova, E. B.: Besplatnaja juridičeskaja pomošč' i dostup k pravosudiju: rossijskaja model' [Kostenloser juristischer Beistand und Zugang zur Rechtsprechung: das russische Modell], SKO 2011, Nr. 3, S. 115–126

Abrosimova, Elena: Administrativnaja justicija v Rossii: paradoksal'noe razvitie [Verwaltungsjustiz in Russland: eine paradoxe Entwicklung], Konstitucionnoe Pravo: Vostočnoevropejskoe obozrenie 2002, Nr. 2, S. 67–76

Achmetzjanova, Ė. R.: Potencial ispol'zovanija opyta specializirovannych sudov Germanii v sudebnoj sisteme Rossijskoj Federacii [Das Nutzungspotential der Erfahrungen zu den Fachgerichten in Deutschland für das Gerichtssystem der Russischen Föderation], MPiČP 2011, Nr. 5, S. 35–38

Alejnikov, B. N.: Social'noe gosudarstvo i sobstvennost', GiP 2008, Nr. 1, S. 5–13

Alekseev, S. S. (Hrsg.): Prava čeloveka. Ėnciklopedičeskij slovar' [Menschenrechte. Enzyklopädisches Wörterbuch], 2009

Alekseev, S. S.: Probleme und Perspektiven eines Verfassungsgerichts in der UdSSR, Osteuropa Recht 1991, S. 196–205

Alekseev, S./Sobčak, A.: Die Verfassung Rußlands: Konzeption und Perspektiven, Osteuropa Recht 1994, S. 374–382

Alexander, Manfred/Stökl, Günther: Russische Geschichte. Von den Anfängen bis zur Gegenwart, 7. Auflage 2009

Alexy, Robert: Grundrechte als subjektive Rechte und als objektive Normen, Der Staat 29 (1990), S. 49–68

Alexy, Robert: Verfassungsrecht und einfaches Recht – Verfassungsgerichtsbarkeit und Fachgerichtsbarkeit, VVDStRL 61 (2002), S. 7–33

Anišina, V.: Pravovye pozicii Konstitucionnogo Suda Rossii [Die Rechtspositionen des Verfassungsgerichts Russlands], RJu 2000, Nr. 7, S. 11–12

Anschütz, Gerhard: Die Verfassung des Deutschen Reiches vom 11. August 1919, 12. Auflage 1930

Arabuli, B. B.: Samozaščita kak forma zaščity graždanskich prav v graždanskom kodekse Rossijskoj Federacii [Selbstverteidigung als Form des Schutzes

* Auf eine separate Auflistung der zitierten Einzelbeiträge wurde bei Kommentierungen allgemein verzichtet. Der russischen Literatur ist eine Übersetzung des Verfassers in eckigen Klammern beigefügt. Die bei russischen Quellen typische Angabe der Initialen von Vor- und Vatersnamen wurde beibehalten, sofern sie als solche vollständig in der Publikation selbst angegeben waren.

bürgerlicher Rechte nach dem Zivilgesetzbuch der Russischen Föderation], PiO 2010, Nr. 7, S. 104–113

Aristov, Evgenij Vjačeslavovič: Social'nye prava čeloveka i graždanina v Rossijskoj Federacii: Konstitucionnoe issledovanie [Soziale Rechte der Menschen und des Bürgers in der Russischen Föderation: Eine verfassungsrechtliche Untersuchung], 2005

Artemova, S. T.: Istoričeskie ėtapy razvitija konstitucionnogo pravosudija v sub"ektach RF [Historische Etappen in der Entwicklung der Verfassungsgerichtsbarkeit in den Subjekten der RF], KiMP 2009, Nr. 2, S. 19–22

Arutjunjan, G. G./Baglaj, M. V.: Konstitucionnoe Pravo. Ėnciklopedičeskij slovar' [Verfassungsrecht. Enzyklopädisches Wörterbuch], 2006

Avak'jan, S. A.: Prezident Rossijskoj Federacii: Ėvoljucija konstitucionnopravovogo statusa [Der Präsident der Russischen Föderation: Evolution des verfassungsrechtlichen Status], VMU 1998, Serie 11, Nr. 1, S. 8–40

Avak'jan, S. A.: Konstitucionnoe pravo Rossii [Das Verfassungsrecht Russlands], Bände 1–2, 4. Auflage 2011

Avak'jan, S. A.: Konstitucionnoe pravo. Ėnciklopedičeskij slovar' [Verfassungsrecht. Enzyklopädisches Wörterbuch], 2001

Avak'jan, S. A.: Konstitucionnyj Sud Rossijskoj Federacii: neodnoznačnye zakonodatel'nye novelly [Das Russische Verfassungsgericht: nichteindeutige Gesetzesnovellen], KiMP 2011, Nr. 1, S. 3–7

Avak'jan, S. A.: Zakon o Konstitucionnom Sude zemli Meklenburg-Forpommern (FRG): pojasnenija, perevod, kommentarii [Das Verfassungsgerichtsgesetz des Landes Mecklenburg-Vorpommern (BRD): Erläuterungen, Übersetzung, Kommentare], VMU 1997, Serie 11, Nr. 6, S. 60–87

Avakjan, Suren Adibekovič: Die Lücken und Defekte im russischen Verfassungsrecht und die Wege zur Abhilfe, Osteuropa Recht 2007, S. 143–160

Avtonomov, A. S.: Pravovoe položenie ombudsmana v buržuaznom gosudarstve [Die Rechtsstellung des Ombudsmannes im bourgeoisen Staat], SGiP 1988, Nr. 3, S. 116–122

Ayeni, Victor O.: The changing nature and contemporary role of National Ombudsman institutions in the commonwealth and elsewhere: lessons of experience, The International Ombudsman Yearbook 2000, Vol. 4, S. 91–108

Bachof, Otto: Der Staatsgerichtshof für das Land Baden-Württemberg, in: Rechtswissenschaftliche Abteilung der Rechts- und Wirtschaftswissenschaftlichen Fakultät der Universität Tübingen (Hrsg.): Tübinger Festschrift für Eduard Kern, 1968, S. 1–19

Bachof, Otto: Verfassungswidrige Verfassungsnormen?, 1951

Bachrach, D. N.: Ėtapy stanovlenija administrativnogo sudoproizvodstva v Rossii [Gründungsetappen einer Verwaltungsgerichtsbarkeit in Russland], RJuŽ 2008, Nr. 1, S. 119–123

Bachrach, D.: Nužna specializacija sudej, a ne sudov [Es bedarf einer Spezialisierung der Richter und nicht der Gerichte], RJu 2003, Nr. 2, S. 10–11

Badanin, Roman/Bočarova, Svetlana: „Prigovor byl privezen iz Mosgorsuda, ja točno znaju". Otkrovennoe interv'ju o dele JUKOSa pomoščnika sud'i Chamovničeskogo suda [„Das Urteil wurde aus dem Moskauer Stadtgericht eingebracht, das weiß ich sicher". Offenes Interview zur Sache Jukos mit einer Mitarbeiterin des Chamovniki-Gerichts], http://www.gazeta.ru/politics/2011/02/14_a_3524202.shtml

Badin, A. V.: Administrativnaja justicija v dorevljucionnoj Rossii [Verwaltungsjustiz im vorrevolutionären Russland], ZiP 2009, Nr. 9, S. 115–118

Badirjan, G. M.: Prava ličnosti: Istoričeskie i teoretičeskie aspekty obosnovanija i priznanija [Persönlichkeitsrechte: Historische und theoretische Aspekte der Begründung und der Anerkennung], GiP 2006, Nr. 8, S. 54–61

Badura, Peter: Die Verfassung im Ganzen der Rechtsordnung und die Verfassungskonkretisierung durch Gesetz, in: Isensee, Josef/Kirchhof, Paul (Hrsg.): Handbuch des Staatsrechts der Bundesrepublik Deutschland, Band 7, 1. Auflage 1992, § 163

Badura, Peter: Grundpflichten als verfassungsrechtliche Dimension, DVBl 1982, S. 862–872

Badura, Peter: Verfassungsänderung, Verfassungswandel, Verfassungsgewohnheitsrecht, in: Isensee, Josef/Kirchhof, Paul (Hrsg.): Handbuch des Staatsrechts, Band 7, 1. Auflage 1992, § 160

Baglai, M.: Verfassungsgerichtsbarkeit und Gewaltenteilung in Rußland, in: Traut, Johannes Ch. (Hrsg.): Föderalismus und Verfassungsgerichtsbarkeit in Rußland, 1997, S. 13–25

Baglaj, M. V.: Konstitucionnoe pravo Rossijskoj Federacii [Das Verfassungsrecht der Russischen Föderation], 7. Auflage 2008

Bajnijazov, R. S.: Pravosoznanie i rossijskij pravovoj mentalitet [Rechtsbewusstsein und die russische Rechtsmentalität], Pravovedenie 2000, Nr. 2, S. 31–40

Barichin, A. B.: Bol'šaja juridičeskaja ėnciklopedija [Große juristische Enzyklopädie], 2010

Barsukova, Svetlana: Neformal'nye praktiki formal'nogo sudoproizvodstva. Na primere arbitražnoj sistemy Rossii [Nicht formale Praktiken des formalen Gerichtsverfahrens. Am Beispiel des Arbitragesystems Russlands], Svobodnaja mysl' 2008, Nr. 11, S. 33–48

Basik, V. P.: Ėvoljucija pravovogo statusa ličnosti i ego otražanie v rossijskoj pravovoj nauke [Die Evolution des rechtlichen Status der Persönlichkeit und seine Widerspiegelung in der russischen Rechtswissenschaft], Pravovedenie 2005, Nr. 1, S. 21–35

Bašimov, M. S.: Stanovlenie i perspektivy instituta Upolnomočennogo po pravam čeloveka v Rossijskoj Federacii [Entstehung und Perspektiven des Instituts des Menschenrechtsbeauftragten in der Russischen Föderation], ŽRP 1998, Nr. 7, S. 3–11

Bauer, Horst: Gerichtsschutz als Verfassungsgarantie. Zur Auslegung des Art. 19 Abs. 4 GG, 1973

Beaucamp, Guy/Ringermuth, Petra: Empfiehlt sich die Beseitigung des Widerspruchsverfahrens?, DVBl 2008, S. 426–432

Bek, O. A.: K voprosu o ponjatii sudebnogo normokontrolja [Zur Frage des Begriffs der gerichtlichen Normenkontrolle], REGiAP 2007, Nr. 6, S. 221–227

Beknazar, Tigran: Übergesetzliches Notstandsrecht in Rußland: Staatsnotstand und Notstandsbefugnisse der Exekutive. Zum Tschetschenien-Urteil des russischen Verfassungsgerichts vom 31. Juli 1995, ZaöRV 57 (1997), S. 161–193

Beljasov, S. N.: Institut Upolnomočennogo po pravam čeloveka: perspektivy razvitija i soveršenstvovanija [Das Institut des Menschenrechtsbeauftragten: Entwicklungs- und Vervollkommnungsperspektiven], Graždanin i Pravo 2010, Nr. 10, S. 86–94

Benda, Ernst/Klein, Eckart/Klein, Oliver: Verfassungsprozessrecht, 3. Auflage 2012

Benda, Ernst: Der soziale Rechtsstaat, in: ders./Werner Maihofer/Hans-Jochen Vogel (Hrsg): Handbuch des Verfassungsrechts der Bundesrepublik Deutschland, 2. Auflage 1994, § 17

Berger, Anastasia: Das Konzept des russischen Konstitutionalismus im Sinne des Art. 2 der Verfassung der Russländischen Föderation, Osteuropa Recht 2013, S. 326–342

Berger, Anastasia: Die Bindung der Bürger an die Grundrechte. Ein Rechtsvergleich zwischen Deutschland und Russland, 2014

Bethge, Herbert: Aktuelle Probleme der Grundrechtsdogmatik, Der Staat 24 (1985), S. 351–382

Bethge, Herbert: Die materielle Verfassungsstreitigkeit zwischen Verfassungsgerichtsbarkeit und Fachgerichtsbarkeit, in: Baumeister, Peter/Roth, Wolfgang/ Ruthig, Josef (Hrsg.): Staat, Verwaltung und Rechtsschutz. Festschrift für Wolf-Rüdiger Schenke zum 70. Geburtstag, 2011, S. 61–79

Bethge, Herbert: Die verfassungsrechtliche Problematik der Grundpflichten, JA 1985, S. 249–259

Bettermann, Karl August: Die verfassungskonforme Auslegung, 1986

Bettermann, Karl August: Juristische Personen des öffentlichen Rechts als Grundrechtsträger, NJW 1969, 1321–1328

Bettermann, Karl August: Richterliche Normenkontrolle als negative Gesetzgebung?, DVBl 1982, S. 91–95

Beyme, Klaus von: Russland zwischen Anarchie und Autokratie, 2001

Bezlepkin, A. V.: Konstitucionnye osnovy dejatel'nosti prokuratury po zaščite prav i svobod čeloveka i graždanina v Rossijskoj Federacii [Die verfassungsmäßigen Grundlagen der staatsanwaltschaftlichen Tätigkeit zum Schutz der Rechte und Freiheiten des Menschen und des Bürgers in der Russischen Föderation], 2001

Bezrukov, A. V: O neobchodimosti formirovanija i meste konstitucionnych (ustavnych) sudov sub"ektov RF v mechanizme razdelenija vlastej [Zur Notwendigkeit der Bildung von Verfassungs- (Statuten-)Gerichten in den Subjekten der RF und zu ihrem Platz im Mechanismus der Gewaltenteilung], ŽKP 2013, Nr. 1, S. 9–13

Bezuglov, A. A./Soldatov, S. A.: Konstitucionnoe pravo Rossii [Das Verfassungsrecht Russlands], Bände 1–3, 2001

Biermann, Henning: Das Widerspruchsverfahren in der Krise – Überflüssige Hürde auf dem Weg zum Verwaltungsgericht oder bürgerfreundliches Verfahren mit Zukunftsperspektive?, NordÖR 2007, S. 139–148

Biermann, Henning: Das Widerspruchsverfahren unter Reformdruck – Förmliche verwaltungsinterne Kontrolle als nutzloses und kostenintensives Auslaufmodell?, DÖV 2008, S. 395–404

Bilinsky, Andreas: Rechtsmittel im sowjetischen Verwaltungsverfahren. Das Beschwerderecht der Bürger als Ersatz der Verwaltungsgerichtsbarkeit?, JOR 1972, S. 77–106

Blankenagel, Alexander: Sowjetische Grundrechtstheorie im Fluß, JOR 1976, Heft 2, S. 27–50

Blankenagel, Alexander: Verfassungskontrolle in der UdSSR. Das kurze Leben und der schnelle Tod des Komitees für Verfassungsaufsicht, Der Staat 32 (1993), S. 448–468

Blankenagel, Alexander: Vollzugsprobleme einer neuen Rechtsordnung, in: Nußberger, Angelika/Mommsen, Margareta (Hrsg.): Krise in Rußland. Politische und sozialrechtliche Lösungsansätze, 1999, S. 99–117

Blankenagel, Alexander: Zur Funktion der Grundrechte in der UdSSR. Eine Darstellung am Beispiel des Rechts auf Arbeit und des Rechts auf freie Meinungsäußerung, 1975

Blankenagel', Alexandr: „Detstvo, otročestvo i junost'" Rossijskogo Konstitucionnogo Suda [„Die Kindheit, Pubertät und Jugend" des Russischen Verfassungsgerichts], 1996

Bleckmann, Albert (Hrsg.): Staatsrecht II – Die Grundrechte, 4. Auflage 1997

Böckenförde, Ernst-Wolfgang/Grawert, Rolf: Kollisionsfälle und Geltungsprobleme im Verhältnis von Bundesrecht und Landesverfassung, DÖV 1971, 119–127

Böckenförde, Ernst-Wolfgang: Die sozialen Grundrechte im Verfassungsgefüge (1975), in: ders.: Staat, Verfassung, Demokratie. Studien zur Verfassungstheorie und zum Verfassungsrecht, 2. Auflage 1992, S. 146–158

Böckenförde, Ernst-Wolfgang: Zur Kritik der Wertbegründung des Rechts (1987), in: ders.: Recht, Staat, Freiheit, 1991, S. 67–91

Böckenförde, Ernst-Wolfgang: Zur Lage der Grundrechtsdogmatik nach 40 Jahren Grundgesetz, 1990

Boguslavskaja, Ol'ga: A sud'i kto? [Und wer sind schon die Richter?], Novaja gazeta vom 21.02.2002, Nr. 13

Bohle, Evamaria/Wandel, Jürgen: Potemkinsche Dörfer. Gespräch mit der Juristin und Slawistin Angelika Nußberger über das russische Rechtsempfinden, Zeitzeichen 2009, Nr. 4, S. 39–42

Bojcova, V. V./Bojcova, L. V.: Kommentarij k Federal'nomu konstitucionnomu zakonu „Ob Upolnomočennom po pravam čeloveka v Rossijskoj Federacii" [Kommentar zum föderalen Verfassungsgesetz „Über den Menschenrechtsbeauftragten in der Russischen Föderation"], 1997

Bojcova, V. V.: Nužen li Upolnomočennyj parlamenta po pravam čeloveka v Rossii? [Braucht man in Russland einen Parlamentsbeauftragten für Menschenrechtsschutz?], GiP 1993, Nr. 10, S. 112–120

Boldyreva, E. V.: Prednaznačenie sudebnogo konstitucionnogo kontrolja v sub"ektach federativnych gosudarstv (na primere SŠA, FRG i RF) [Der Zweck einer gerichtlichen Verfassungskontrolle in den Regionen föderaler Staaten (am Beispiel der USA, der BRD und der RF)], GViMS 2007, Nr. 11, S. 7–15

Bondar', N. S.: Mestnoe samoupravlenie i konstitucionnoe pravosudie. Konstitucionalizacija municipal'noj demokratii v Rossii [Örtliche Selbstverwaltung und Verfassungsgerichtsbarkeit. Konstitutionalisierung der kommunalen Demokratie in Russland], 2008

Bondar', N. S.: Sudebnyj konstitucionalizm v Rossii [Gerichtlicher Konstitutionalismus in Russland], 2011

Bondar', N. S.: Vlast' i svoboda na vesach konstitucionnogo pravosudija. Zaščita prav čeloveka Konstitucionnym Sudom Rossijskoj Federacii [Macht und Freiheit auf der Waagschale der Verfassungsgerichtsbarkeit. Der Schutz der

Menschenrechte durch das Verfassungsgericht der Russischen Föderation], 2005

Bondarčuk, R. Č./Prokop'ev, E. V.: Kommentarij k Federal'nomu zakonu „O porjadke rassmotrenija obraščenij graždan Rossijskoj Federacii“ [Kommentar zum föderalen Gesetz „Über das Verfahren der Bearbeitung der Eingaben der Bürger der Russischen Föderation“], 2007

Bonet, Pilar: „En Rusia mandan los órganos de seguridad, como en la época soviética“ [In Russland herrschen die Sicherheitsorgane wie zu Sowjetzeiten], El País vom 31.08.2009, http://elpais.com/diario/2009/08/31/internacional/1251669606_850215.html

Brandt, Hartwig: Urrechte und Bürgerrechte im politischen System vor 1848, in: Birtsch, Günter (Hrsg.): Grund- und Freiheitsrechte im Wandel von Gesellschaft und Geschichte. Beiträge zur Geschichte der Grund- und Freiheitsrechte vom Ausgang des Mittelalters bis zur Revolution von 1848, 1981, S. 460–482

Brandt, Jürgen/Sachs, Michael (Hrsg.): Handbuch Verwaltungsverfahren und Verwaltungsprozess, 3. Auflage 2009

Bratus', S. N.: Juridičeskaja otvetstvennost' i zakonnost' [Juristische Verantwortlichkeit und Gesetzlichkeit], 1976

Breuer, Marten: Karlsruhe und die Gretchenfrage: Wie hast du's mit Straßburg?, NVwZ 2005, S. 412–414

Breuer, Rüdiger: Verwaltungsrechtsschutz und Widerspruchsverfahren, in: Manssen, Gerrit/Jachmann, Monika/Gröpl, Christoph (Hrsg.): Nach geltendem Verfassungsrecht. Festschrift für Udo Steiner zum 70. Geburtstag, 2009, S. 93–108

Brežnev, O. V.: Porjadok obrazovanija konstitucionnych (ustavnych) sudov sub"ektov Rossijskoj Federacii: problemy pravovogo regulirovanija [Verfahren bei der Bildung von Verfassungs- (Statuten-)Gerichten der Subjekte der Russischen Föderation: Probleme bei der rechtlichen Regelung], KiMP 2008, Nr. 20, S. 34–37

Brežnev, O. V.: Reformirovanie konstitucionnogo pravosudija v Rossii v 2009–2010 godach: nekotorye itogi i perspektivy [Neuerungen in der Verfassungsgerichtsbarkeit in Russland in den Jahren 2009–2010: einige Bilanzen und Perspektiven], PiP 2011, Nr. 9, S. 1492–1499

Brunner, Georg: Die Grundrechte, Osteuropa Recht 1978, S. 70–80

Brunner, Georg: Die Sowjetunion: ein „sozialistischer Rechtsstaat“?, in: Schlüchter, Ellen/Laubenthal, Klaus (Hrsg.): Recht und Kriminalität. Festschrift für Friedrich-Wilhelm Krause zum 70. Geburtstag, 1990, S. 177–196

Brunner, Georg: Grundrechtsschutz durch Verfassungsgerichtsbarkeit in Osteuropa, in: Burmeister, Joachim (Hrsg.): Verfassungsstaatlichkeit. Festschrift für Klaus Stern zum 65. Geburtstag, 1997, S. 1041–1058

Brunner, Georg: Grundrechtstheorie im Marxismus-Leninismus, in: Merten, Detlef/Papier, Hans-Jürgen (Hrsg.): Handbuch der Grundrechte, Band 1, 2004, § 13

Brunner, Georg: Naturrecht und Sowjetideologie, 1966

Brunner, Georg: Verfassunggebung in Osteuropa, Osteuropa Recht 1995, S. 258–279

Brunner, Georg: Vier Jahre ungarische Verfassungsgerichtsbarkeit, in: Brunner, Georg/Sólyom, László (Hrsg.): Verfassungsgerichtsbarkeit in Ungarn. Analysen und Entscheidungssammlung 1990–1993, 1995, S. 13–58

Budaev, K. A.: Zaščita prav i svobod čeloveka i graždanina – odna iz glavnych zadač konstitucionnych (ustavnych) sudov sub"ektov Rossijskoj Federacii [Der Schutz der Rechte und Freiheiten des Menschen und des Bürgers – eine der Hauptaufgaben der Verfassungs- (Statuten-)Gerichte der Subjekte der Russischen Föderation], KiMP 2009, Nr. 5, S. 26–29

Budde, Dirk: Die Rechtsstellung des Ausländers in der Sowjetunion, 1981

Buermeyer, Ulf: Die Subsidiarität der Verfassungsbeschwerde in Strafsachen, in: Rensen, Hartmut/Brink, Stefan (Hrsg.): Linien der Rechtsprechung des Bundesverfassungsgerichts – erörtert von den wissenschaftlichen Mitarbeitern, 2009, S. 35–57

Bull, Hans Peter: „Dienstliche Anweisung" statt Widerspruchsbescheid? Ein Diskussionsbeitrag zu den Grenzen der Fachaufsicht, DVBl 1970, S. 243–250

Bull, Thomas: The Original ombudsman: Blueprint in Need of Revision or a Concept with More to Offer?, European Public Law 2000, S. 334–344

Bundesverfassungsgericht: Denkschrift des Bundesverfassungsgerichts. Die Stellung des Bundesverfassungsgerichts, abgedruckt in: JöR n. F. 6 (1957), S. 144–148

Burkov, Anton: Das russische Verfassungsgericht und das Völkerrecht: 1992 bis heute, Osteuropa Recht 2011, S. 248–252

Burnham, William/Maggs, Peter B./Danilenko, Gennady M.: Law and legal system of the Russian Federation, 4. Auflage 2009

Butorin, A. E.: Perspektivy razvitija administravtivnoj justicii v Rossijskoj Federacii [Perspektiven der Entwicklung einer Verwaltungsjustiz in der Russischen Föderation], PV 2006, Nr. 3, S. 36–37

Byvaľceva, S. G.: Konstitucionno-pravovoj status prokuratury: problemy i perspektivy [Der verfassungsrechtliche Status der Staatsanwaltschaft: Probleme und Perspektiven], KiMP 2011, Nr. 5, S. 23–26

Byvaľceva, S.: Zaščita prav i svobod čeloveka [Der Schutz der Rechte und Freiheiten des Menschen], Zakonnost' 2008, Nr. 9, S. 20–22

Caliev, A. M.: Aktuaľnost' daľnejšego obrazovanija konstitucionnych (ustavnych) sudov: neispoľzovannye rezervy [Aktualität der weiteren Gründung von Verfassungs- (Statuten-)Gerichten: ungenutzte Reserven], PiP 2010, Nr. 7, S. 1208–1213

Caliev, A. M.: Konstitucionnye sudy i upolnomočennye po pravam čeloveka: obščie zadači, problemy obrazovanija i vzajmodejstvija [Verfassungsgerichte und Menschenrechtsbeauftragte: gemeinsame Aufgaben, Probleme in der Entstehung und im Zusammenwirken], GViMS 2010, Nr. 4, S. 9–12

Caliev, A. M.: Soveršenstvovanie zakonodateľstva – važnejšee uslovie organizacii i dejateľnosti konstitucionnych (ustavnych) sudov [Die Vervollkommnung der Gesetzgebung – wichtigste Bedingung für die Organisation und die Tätigkeit der Verfassungs- (Statuten) Gerichte], GViMS 2006, Nr. 1, S. 12–14

Caliev, A./Kačmazov, O.: Pravozaščitnaja funkcija organov konstitucionnoj justicii i prokuratury [Die Rechtsschutzfunktion der Verfassungsgerichtsorgane und der Staatsanwaltschaft], Zakonnost' 2010, Nr. 7, S. 12–15

Call, Horst: Grundrechtsschutz in Schweden unter rechtsvergleichenden Gesichtspunkten, 2003

Calliess, Christian: Schutzpflichten, in: Merten, Detlef/Papier, Hans-Jürgen (Hrsg.): Handbuch der Grundrechte, Band 2, 2006, § 44

Canaris, Claus-Wilhelm: Grundrechte und Privatrecht, AcP 184 (1984), S. 201–246

Cárdenas Paulsen, Aura María: Über die Rechtsvergleichung in der Rechtsprechung des Bundesverfassungsgerichts. Analyse der Heranziehung ausländischer Judikatur, 2009

Čchikvadze, V. M.: Ličnost' i gosudarstvo: vzaimnaja otvetstvennost' [Die Persönlichkeit und der Staat: gegenseitige Verantwortung], SGiP 1971, Nr. 1, S. 19–26

Čepurnova, N./Smoľnikov, S.: Sudebnyj kontroľ i prokurorskij nadzor [Gerichtliche Kontrolle und staatsanwaltschaftliche Aufsicht], Zakonnost' 2007, Nr. 5, S. 16–18

Chamaneva, N. Ju.: Administrativno-pravovye spory: problemy i sposoby ich razrešenija [Verwaltungsrechtliche Streitigkeiten: Probleme und Lösungsansätze], GiP 2006, Nr. 11, S. 5–13

Chamaneva, N. Ju.: Roľ ombudsmena v ochrane prav graždan v sfere gosudarstvennogo upravlenija [Die Rolle des Ombudsmannes der Wahrung der

Bürgerrechte auf dem Gebiet der staatlichen Verwaltung], SGiP 1990, Nr. 9, S. 138–147

Chamaneva, N. Ju.: Zaščita prav i svobod graždan v sfere ispolnitel'noj vlasti v Rossijskoj Federacii [Der Schutz der Bürgerrechte im Bereich der vollziehenden Gewalt], 1997

Chaptaev, A. R.: O statuse konstitucionnych (ustavnych) sudov sub"ektov Rossijskoj Federacii [Zum Status der Verfassungs- (Statuten-)Gerichte der Subjekte der Russischen Föderation], KiMP 2010, Nr. 7, S. 56–58

Chašieva, F. B.: Zaščita prokurorom konstitucionnych prav i svobod graždan ot nezakonnych dejstvij dolžnostnych lic [Der Schutz der verfassungsmäßigen Rechte und Freiheiten des Bürgers gegen gesetzwidrige Handlungen von Amtspersonen durch den Staatsanwalt], 2001

Chorošil'cev, A. I.: Konstitucionnyj Sud Rossijskoj Federacii kak organ gosudarstvennoj konstituirujuščej vlasti [Das Verfassungsgericht der Russischen Föderation als Organ der staatskonstituierenden Macht], KiMP 2011, Nr. 7, S. 44–46

Čirkin, V. E.: Konstitucionnoe pravo Rossii [Das Verfassungsrecht Russlands], 6. Auflage 2009

Čirkin, V. E.: Konstitucionnye social'no-ėkonomičeskie prava čeloveka i graždanina: Rossija i zarubežnye strany [Die verfassungsmäßigen sozio-ökonomischen Rechte des Menschen und des Bürger: Russland und Ausland], Graždanin i Pravo 2010, Nr. 10, S. 3–18

Čirkin, V. E.: Obščečelovečeskie cennosti i sovremennoe gosudarstvo [Menschheitliche Werte und der moderne Staat], GiP 2002, Nr. 2, S. 5–13

Čirkin, V. E.: Prokuratura RF v sisteme edinstva gosudarstvennoj vlasti i razdelenija ee vetvej [Die Staatsanwaltschaft der RF im System der staatlichen Gewalteneinheit und der Gewaltenteilung], RJuŽ 2009, Nr. 3, S. 48–55

Classen, Claus Dieter: Die Ableitung von Schutzpflichten des Gesetzgebers aus den Freiheitsrechten – ein Vergleich von deutschem und französischem Verfassungsrecht sowie der Europäischen Menschenrechtskonvention, JöR n. F. 36 (1987), S. 29–48

Classen, Claus Dieter: Drittwirkung der Grundrechte in der Rechtsprechung des Bundesverfassungsgerichts, AöR 122 (1997), S. 65–107

Cohendet, Marie-Anne: Droit constitutionnel, 4. Auflage 2008

Constantinesco, Vlad/Pierré-Caps, Stéphane: Droit constitutionnel, 2004

Cremer, Wolfram: Freiheitsgrundrechte. Funktionen und Strukturen, 2003

Dadaševa, M. D.: Stanovlenie i razvitie instituta Upolnomočennogo po pravam čeloveka v sub"ektach Rossijskoj Federacii [Entstehung und Entwicklung des

Instituts des Menschenrechtsbeauftragten in den Subjekten der Russischen Föderation], 2006

Dëgtev, G. V.: Stanovlenie i razvitie instituta prezidentstva v Rossii. Teoretiko-pravovye i konstitucionnye osnovy [Die Entstehung und Entwicklung des Instituts der Präsidentschaft in Russland. Theoretisch-rechtliche und verfassungsmäßige Grundlagen], 2006

Denninger, Erhard: Die Wirksamkeit der Menschenrechte in der deutschen Verfassungsrechtsprechung. Zur Geltung der Menschenrechte jenseits von Naturrecht und Positivismus, JZ 1998, S. 1129–1135

Deppe, Jens: Das „Tschetschenien-Urteil" des Verfassungsgerichts der Russischen Föderation und das Sondervotum des Verfassungsrichters Lučin, Osteuropa Recht 1999, S. 109–135

Deppe, Jens: Die Teilnahme der Staatsanwaltschaft am Zivilverfahren. Anmerkungen zur neuen Regelung des Zivilprozesskodex der RF, in: Trunk, Alexander/Knieper, Rolf/Svetlanov, Andrej G. (Hrsg.): Russland im Kontext der internationalen Entwicklung: Internationales Privatrecht, Kulturgüterschutz, geistiges Eigentum, Rechtsvereinheitlichung. Festschrift für Mark Moiseevič Boguslavskij, 2004, S. 648–661

Detterbeck, Steffen: Der allgemeine Grundsatz der Subsidiarität der Rechtssatzverfassungsbeschwerde nach Art. 93 Abs. 1 Nr. 4a GG, DÖV 1990, S. 558–564

Di Fabio, Udo: Das Recht offener Staaten. Grundlinien einer Staats- und Rechtstheorie, 1998

Dicey, Albert Venn: Introduction to the study of the law of the constitution, 8. Auflage 1915

Dietlein, Johannes: Die Lehre von den grundrechtlichen Schutzpflichten, 2. Auflage 2005

Dietlein, Johannes: Die Rezeption von Bundesgrundrechten durch Landesverfassungsrecht. Zum Verhältnis der Bundesgrundrechte zu den durch Rezeption geschaffenen Grundrechten der Länder, AöR 120 (1995), S. 1–31

Dietz, Martin: Verfassungsgerichtliche Unvereinbarerklärungen: Zulässigkeit, Voraussetzungen und Rechtsfolgen, 2011

Dikov, G. V.: Problemy sozdanija sistemy administrativnoj justicii v Rossii (v svete zarubežnogo opyta) [Probleme bei der Schaffung eines verwaltungsgerichtlichen Systems in Russland (im Lichte ausländischer Erfahrungen)], GiP 2001, Nr. 5, S. 31–41

Dirnberger, Franz: Recht auf Naturgenuß und Eingriffsregelung. Zugleich ein Beitrag zur Bedeutung grundrechtlicher Achtungs- und Schutzpflichten für das subjektiv-öffentliche Recht, 1991

Dodonov, V. N./Krutskich, V. E.: Prokuratura v Rossii i za rubežom [Die Staatsanwaltschaft in Russland und im Ausland], 2001

Doklad o dejatel'nosti Upolnomočennogo po pravam čeloveka v Volgogradskoj oblasti za 2011 god [Tätigkeitsbericht des Menschenrechtsbeauftragten des Wolgograder Gebiets für das Jahr 2011], auf der Internetseite des Gebietsparlaments verfügbar unter http://volgoduma.ru/images/stories/files/doklad_upolnom_2011.doc

Doklad Upolnomočennogo po pravam čeloveka v Rossijskoj Federacii za 2001 god [Bericht des Menschenrechtsbeauftragten der Russischen Föderation für das Jahr 2001], http://ombudsmanrf.org/doklady

Doklad Upolnomočennogo po pravam čeloveka v Rossijskoj Federacii za 2008 god [Bericht des Menschenrechtsbeauftragten der Russischen Föderation für das Jahr 2008], RG vom 17. 04.2009, http://www.rg.ru/2009/04/17/doklad-lukin-dok.html

Doklad Upolnomočennogo po pravam čeloveka v Rossijskoj Federacii za 2011 god [Bericht des Menschenrechtsbeauftragten in der Russischen Föderation für das Jahr 2011], http://www.ombudsmanrf.org/doklady/717–2011#1

Dolde, Klaus-Peter/Porsch, Winfried: Die Abschaffung des Widerspruchsverfahrens – ein bedauernswerter Abbruch eines Grundpfeilers der VwGO?, VBlBW 2008, S. 428- 432

Dolderer, Michael: Objektive Grundrechtsgehalte, 2000

Doronina, O. N.: Sudebnaja zaščita osnovnych prav i svobod čeloveka i graždanina v sisteme gosudarstvennoj zaščity prav i svobod čeloveka i graždanina v Rossii i postsocialističeskich gosudarstvach Evropy [Gerichtlicher Schutz der Grundrechte und -freiheiten des Menschen und des Bürgers im System des staatlichen Schutzes der Rechte und Freiheiten des Menschen und des Bürgers in Russland und in postsozialistischen Staaten Europas], PiOb 2011, Nr. 7, S. 99–108

Dreier, Horst (Hrsg.): Grundgesetz, Band 1, 3. Auflage 2013, Band 2, 2. Auflage 2006, Band 3, 2. Auflage 2008

Dreier, Horst: Dimensionen der Grundrechte. Von der Wertordnungsjudikatur zu den objektiv-rechtlichen Grundrechtsgehalten, 1993

Dreier, Horst: Grundrechtsschutz durch Landesverfassungsgerichte, 2000

Driehaus, Hans-Joachim (Hrsg.): Verfassung von Berlin, 3. Auflage 2009

Dühr, Florian: Prinzip und System der Grundpflichten, 2002

Dürig, Günter: Grundrechte und Zivilrechtsprechung, in: Maunz, Theodor (Hrsg.): Vom Bonner Grundgesetz zur gesamtdeutschen Verfassung. Festschrift zum 75. Geburtstag von Hans Nawiasky, 1956, S. 157–190

Džavachjan, R. M.: Proverka Konstitucionnym Sudom Rossijskoj Federacii konstitucionnosti zakona, primenennogo ili podležaščego primeneniju v konkretnom dele: tendencii i perspektivy [Die Überprüfung der Verfassungsmäßigkeit eines Gesetzes, das angewandt wurde oder der Anwendung im konkreten Sachverhalt unterliegt, durch das Verfassungsgericht der Russischen Föderation: Tendenzen und Perspektiven], KiMP 2011, Nr. 6, S. 40–43

Ėbzeev, B. S.: Čelovek, narod, gosudarstvo v konstitucionnom stroe Rossijskoj Federacii [Der Mensch, das Volk, der Staat im Verfassungsaufbau der Russischen Föderation], 2005

Ėbzeev, B. S.: Konstitucija Rossijskoj Federacii: Prjamoe dejstvie i uslovy realizacii [Die Verfassung der Russischen Föderation: Unmittelbare Geltung und Realisierungsbedingungen], GiP 2008, Nr. 7, S. 5–15

Ėbzeev, B. S.: Ličnost' i gosudarstvo v Rossii: vzaimnaja otvetstvennost' i konstitucionnye objazannosti [Individuum und Staat in Russland: gegenseitige Verantwortung und verfassungsrechtliche Pflichten], 2007

Ėbzeev, B. S.: Čelovek, narod, gosudarstvo v konstitucionnom stroe Rossijskoj Federacii [Mensch, Volk, Staat in der verfassungsrechtlichen Ordnung der Russischen Föderation], 2. Auflage 2013

Eckardt, Wolf-Dieter: Die verfassungskonforme Gesetzesauslegung, 1964

Egorov, I.: Udmurtskaja Respublika (janvar'-mart 2001 g.) [Die udmurtische Republik (Januar-März 2001)], Konstitucionnoe Pravo: Vostočnoevropejskoe obozrenie 2001, Nr. 2, S. 200–202

Eichenhofer, Eberhard: Sozialrecht, 8. Auflage 2012

Ėmich, V. V.: Kompetencija upolnomočennych po pravam čeloveka v Rossijskoj Federacii: konstitucionno-pravovoe issledovanie [Die Kompetenz der Menschenrechtsbeauftragten in der Russischen Föderation: eine verfassungsrechtliche Untersuchung], 2008

Engels, Friedrich: Der Ursprung der Familie, des Privateigentums und des Staats, MEW, Band 21, 1962, S. 25–173

Epping, Volker/Hillgruber, Christian (Hrsg.): Beckscher Online-Kommentar GG, Stand: 19. Edition (01.11.2013)

Epping, Volker: Grundrechte, 5. Auflage 2012

Erichsen, Hans-Uwe: Die einstweilige Anordnung, in: Starck, Christian (Hrsg.): Bundesverfassungsgericht und Grundgesetz. Festgabe aus Anlaß des 25jährigen Bestehens des Bundesverfassungsgerichts, Band 1, 1976, S. 170–193

Erichsen, Hans-Uwe: Staatsrecht und Verfassungsgerichtsbarkeit, Band 1, 3. Auflage 1982

Eyermann, Erich/Fröhler, Ludwig (Begr.): Verwaltungsgerichtordnung. Kommentar, 13. Auflage 2010

Fabbrini, Federico: Kelsen in Paris: France's Constitutional Reform and the introduction of *A Posteriori* Constitutional Review of Legislation, German Law Journal 2008, S. 1297–1312

Faberow, N. P. (Red.): Marxistisch-leninistische allgemeine Theorie des Staates und des Rechts, Band 3, 1975

Faller, Hans Joachim: Das Ringen um Entlastung des Bundesverfassungsgerichts, in: Eckart Klein (Hrsg.): Grundrechte, soziale Ordnung und Verfassungsgerichtsbarkeit. Festschrift für Ernst Benda zum 70. Geburtstag, 1995, S. 43–66

Farber, I. E.: Svoboda i prava čeloveka i sovetskom gosudarstve [Freiheit und Recht des Menschen im sowjetischen Staat], 1974

Favoreu, Louis/Gaïa, Patrick/Ghevontian, Richard/Mestre, Jean-Louis/Pfersmann, Otto/ Roux, André/ Scoffoni, Guy: Droit constitutionnel, 12. Auflage 2009

Fedorov, A. Ju.: Rejderstvo i korrupcija v organach sudebnoj vlasti v Rossii [Kaperei und Korruption in den Organen der Judikativen in Russland], PiO 2010, Nr. 7, S. 95–103

Feldbrugge, Ferdinand: Law in Medieval Russia, 2009

Fincke, Martin (Red.): Handbuch der Sowjetverfassung, Band 1, 1983

Fogelklou, Anders: Constitutional order in Russia: A new territory for constitutionalism? Review of Central and East European Law 2000, Nr. 3, S. 231–257

Fogel'son, Ju. B.: O konstitucionnoj zaščite prav juridičeskich lic [Über den verfassungsmäßigen Schutz der Rechte von juristischen Personen], GiP 1996, Nr. 6, S. 37–42

Fond Konstitucionnych reform (Hrsg.): Iz istorii sozdanija Konstitucii Rossijskoj Federacii: Stenogrammy, materialy, dokumenty (1990–1993 gg.) v 6 t. (10 kn.) [Fond der Verfassungsreformen (Hrsg.): Aus der Geschichte der Entstehung der Verfassung der Russischen Föderation: Stenogramme, Materialien, Dokumente (1990–1993) in sechs Bänden (10 Bücher)], 2007–2010, unter allgemeiner Redaktion von Rumjancev, O. G

Forsthoff, Ernst: Die Umbildung des Verfassungsgesetzes (1959/1976), in: Friedrich, Manfred (Hrsg.): Verfassung. Beiträge zur Verfassungstheorie, 1978, S. 117–152

Franke, Markus: Ein Ombudsmann für Deutschland? Einführungsmöglichkeit einer Ombudsmann-Institution in das deutsche Verfassungsleben unter Berücksichtigung der dänischen und europäischen Einrichtungen, 1999

Franzke, Hans-Georg: Die französische Verfassungsreform 2008, insbesondere die 2010 eingeführte gerichtliche Normenkontrolle, EuGRZ 2010, S. 414–417

Frenzke, Dietrich: Die russischen Verfassungen von 1978 und 1993, 1995

Friauf, Karl Heinrich/Höfling, Wolfram (Hrsg.): Berliner Kommentar zum Grundgesetz, Stand: 42. Ergänzungslieferung (August 2013)

Friesenhahn, Ernst: Die Verfassungsgerichtsbarkeit in der Bundesrepublik Deutschland, 1963

Fritzsche, Annemarie: Der zivile Staatsdienst in der Russischen Föderation, 2006

Frowein, Jochen: Die traurigen Missverständnisse. Bundesverfassungsgericht und Europäischer Gerichtshof für Menschenrechte, in: Dicke, Klaus/Hobe, Stephan/Meyn, Karl-Ulrich/Peters, Anne/Riedel, Eibe/Schütz, Hans-Joachim/Tietje, Christian (Hrsg.): Weltinnenrecht. Liber amicorum Jost Delbrück, 2005, S. 279–287

Fursov, D. A. (Hrsg.): Kommentarij k Arbitražnomu processual'nomu kodeksu RF [Kommentar zum Arbitrageprozessgesetzbuch der RF], 2011

Gadžiev, Anvar: Sudebnyj kontrol' za zakonnost'ju normativnych aktov po žalobam častnych lic: konstitucionnye osnovy, stanovlenie, perspektivy [Gerichtliche Kontrolle über die Gesetzmäßigkeit von Normativakten auf Beschwerden von Privatpersonen: verfassungsmäßige Grundlagen, Werdegang, Perspektiven], Konstitucionnoe Pravo: Vostočnoevropejskoe obozrenie 2003, Nr. 4, S. 149–152

Gadžiev, G. A. (Hrsg.): Kommentarij k Federal'nomu konstitucionnomu zakonu „O Konstitucionnom Sude Rossijskoj Federacii" [Kommentierung zum föderalen Verfassungsgesetz „Über das Verfassungsgericht der Russischen Föderation"], 2012

Gadžiev, G. A.: Celi, zadači i prednaznačenie Konstitucionnogo Suda Rossijskoj Federacii – čast' 2 [Ziele, Aufgaben und Bestimmung des Verfassungsgerichts der Russischen Föderation, Teil 2], Žurnal konstitucionnogo pravosudija 2008, Nr. 2, S. 8–12

Gadžiev, Gadis: Konstitucionno-pravovye orientiry pri sozdanii sistemy administrativnych sudov v Rossijskoj Federacii [Verfassungsrechtliche Eckpunkte bei der Schaffung eines verwaltungsgerichtlichen Systems in der Russischen Föderation], Konstitucionnoe Pravo: Vostočnoevropejskoe obozrenie 2005, Nr. 3, S. 163–167

Gaeta, Paola: The Armed Conflict in Chechnya before the Russian Constitutional Court, European Journal of International Law 1996, S. 563–570

Gafurov, Z. Š.: Social'no-pravovoe gosudarstvo i pravo na dostojnoe suščestvovanie [Sozialstaat und das Recht auf eine würdevolle Existenz], GiP 2008, Nr. 5, S. 11–20

Galenskaja, L. N.: K voprosu o pravovom položenii inostrancev v SSSR [Zur Frage der Rechtsstellung von Ausländern in der UdSSR], VLU 1968, Nr. 11, S. 112–118

Gall, Caroline von: Macht und Recht in Russland: Das sowjetische Erbe, APuZ 2011, Nr. 49/50, S. 22–28

Gall, Caroline von: Russland und der Europäische Gerichtshof für Menschenrechte – Wer hat das letzte Wort?, Osteuropa Recht 2012, S. 40–54

Gall, Caroline von: Vaterland oder Familie? Unterschiedliche Rechtspositionen in Straßburg und Russland, Osteuropa Recht 2010, S. 457–461

Gallwas, Hans-Ullrich: Konkurrenz von Bundes- und Landesgrundrechten, JA 1981, S. 536–541

Galuzo, V. N.: Vlast' prokurora v Rossii (Istoriko-pravovoe issledovanie) [Die Macht des Staatsanwalts in Russland (rechtshistorische Untersuchung)], 2008

Gäßner, Barbara: Zur Verfassungsgerichtsbarkeit in den Subjekten der Russischen Föderation unter besonderer Berücksichtigung der Normenhierarchie, 2004

Gavrjusov, Ju. V.: O nekotorych vzgljadach na pravovuju prirodu rešenij organov konstitucionnoj justicii [Über einige Ansichten zur Natur der Entscheidungen von Verfassungsgerichtsorganen], KiMP 2010, Nr. 7, S. 51–55

Geesmann, Rainer: Soziale Grundrechte im deutschen und französischen Verfassungsrecht und in der Charta der Grundrechte der Europäischen Union, 2005

Geiger, Willi: Die Bundesverfassungsgerichtsbarkeit in ihrem Verhältnis zur Landesverfassungsgerichtsbarkeit und ihre Einwirkung auf die Verfassungsordnung der Länder, in: Institut für Staatslehre und Politik e. V./Freiherr von der Heydte, Friedrich August/Geiger, Willi (Hrsg.): Verfassung und Verwaltung in Theorie und Wirklichkeit. Festschrift für Wilhelm Laforet, 1952, S. 251–267

Geistlinger, Michael: Die Rechtswissenschaft: institutionelle Strukturen und typische Züge ihrer Literatur, in: Luchterhandt, Otto (Hrsg.): Rechtskultur in Russland: Tradition und Wandel, 2011, S. 349–386

Gerasimova, E. V.: Konstitucionnaja žaloba kak polnomočie Konstitucionnogo Suda Rossii i Federal'nogo konstitucionnogo suda Germanii: sravnitel'no-pravovoj analiz [Die Verfassungsbeschwerde als Kompetenz des Verfassungsgerichts Russlands und des Bundesverfassungsgerichts Deutschlands: eine rechtsvergleichende Analyse], SKO 2010, Nr. 4, S. 87–101

Gerasimova, I. C.: Nekotorye voprosy zaščity konstitucionnych prav i svobod graždan Rossii v Evropejskom Sude po Pravam Čeloveka [Einige Aspekte des Schutzes der Grundrechte und -freiheiten der Bürger Russlands durch den Europäischen Gerichtshof für Menschenrechte], KiMP 2010, Nr. 4, S. 22–27

Gerontas, Apostolos: Zur Subsidiarität der Verfassungsbeschwerde gegen ein Gesetz, DÖV 1982, S. 440–447

Gersdorf, Hubertus: Der Grundsatz der Subsidiarität der Rechtssatzverfassungsbeschwerde, Jura 1994, S. 398–411

Gessen, M. V.: O pravovom gosudarstve [Über den Rechtsstaat], ca. 1905

Gluchareva, L. I.: Objazannosti čeloveka i graždanina v kontekste teorii prav čeloveka [Die Pflichten des Menschen und des Bürgers im Kontext der Menschenrechtstheorie], IGiP 2009, Nr. 7, S. 25–27

Gluškova, S. I.: Prava čeloveka v Rossii. Teorija, istorija, praktika [Menschenrechte in Russland. Theorie, Geschichte, Praxis], 2003

Goerlich, Helmut: Wertordnung und Grundgesetz, 1973

Golovistikova, A. N./Grudcyna, L. Ju.: Konstitucionnoe pravo Rossii [Das Verfassungsrecht Russlands], 2006

Golovistikova, A. N./Grudcyna, L. Ju.: Prava čeloveka [Menschenrechte], 2006

Gošuljak, V. V./Chovrina, L. E./Gevokjan, T. I.: Konstitucionnoe pravosudie v sub"ektach Rossijskoj Federacii [Verfassungsgerichtsbarkeit in den Subjekten der Russischen Föderation], 2006

Götz, Volkmar: Grundpflichten als verfassungsrechtliche Dimension, VVDStRL 41 (1983), S. 7–37

Govorkov, N.: Prokurorskij nadzor: trudnosti praktiki [Die staatsanwaltschaftliche Aufsicht: Probleme der Praxis], Zakonnost' 2007, Nr. 5, S. 14–16

Grawert, Rolf: Wechselwirkungen zwischen Bundes- und Landesgrundrechten, in: Merten, Detlef/Papier, Hans-Jürgen (Hrsg.): Handbuch der Grundrechte, Band 3, 2009, § 81

Gricenko, E. V.: Rol' konstitucionnogo suda v obespečenii prjamogo dejstvija Konstitucii v Germanii i Rossii [Die Rolle des Verfassungsgerichts bei der Sicherung der unmittelbaren Verfassungsgeltung in Deutschland und Russland], ŽKP 2013, Nr. 1, S. 14–29

Grigor'eva, N. V./Ju. S. Polikutin: Problemy stanovlenija i legitimacii konstitucionnych (ustavnych) sudov v sub"ektach Rossijskoj Federacii [Gründungs- und Legitimationsprobleme der Verfassungs- (Statuten-)Gerichte in den Subjekten der Russischen Föderation], GViMS 2009, Nr. 3, S. 18–20

Grimm, Dieter: Hütet die Grundrechte!, Die Zeit vom 18.04.1997, http://www.zeit.de/1997/17/Huetet_die_Grundrechte_

Gritčina, N. I.: Sootnošenie realizacii prava na obraščenie graždan v organy vlasti i k juridičeskim licam [Wechselbeziehung in der Verwirklichung des Eingaberechts des Bürgers an Organe der Staatsgewalt und an juristische Personen], VNGU, Serija: Pravo 2011, Band 7, Nr. 2, S. 30–35

Grudcyna, L. Ju.: Sudebnaja zaščita prav i svobod [Gerichtlicher Schutz der Rechte und Freiheiten], RJu 2006, Nr. 2, S. 25–27

Grudcyna, L. Ju.: Sudebnaja zaščita prav i svobod ličnosti: teoretičeskij aspekt [Gerichtlicher Schutz der Rechte und Freiheiten der Persönlichkeit: theoretischer Aspekt], Zakonodatel'stvo i Ėkonomika 2003, Nr. 8, S. 70–77

Gruznova, G.: Organizacija dejatel'nosti prokuratury po rassmotreniju obraščenij graždan [Tätigkeitsstruktur der Staatsanwaltschaft bei der Bearbeitung der Eingaben von Bürgern], Zakonnost' 2008, Nr. 5, S. 31–34

Gubenok, I. V.: Povyšenie ėffektivnosti pravosudija – važnejšaja zadača sudebnoj reformy [Die Steigerung der Effektivität der Rechtsprechung – die wichtigste Aufgabe der Gerichtsreform], ZiP 2007, Nr. 2, S. 6–7

Gucenko, K. F./Kovalev, M. A.: Pravoochranitel'nye organy [Rechtsschützende Organe], 2009

Gudkov, Lev/Dubin, Boris/Zorkaja, Natalija: Rossijskaja sudebnaja sistema v mnenijach obščestva [Das russische Gerichtssystem in der Meinung der Gesellschaft], Vestnik obščestvennogo mnenija 2010, Nr. 4, S. 7–43

Gukasjan, R. E.: Arbitražnyj process [Der Arbitrageprozess], 2. Auflage 2008

Gusejnova, D. G.-R./Pirbudagova, D. Š.: K probleme ispolnenija rešenij konstitucionnych (ustavnych) sudov sub"ektov Rossijskoj Federacii [Zum Vollzugsproblem der Entscheidungen der Verfassungs- (Statuten-)Gerichte der Subjekte der Russischen Föderation], GViMS 2007, Nr. 9, S. 11–15

Gusy, Christoph: Die Verfassungsbeschwerde, in: Badura, Peter/Dreier, Horst (Hrsg.): Festschrift 50 Jahre Bundesverfassungsgericht, Band 1, 2001, S. 641–671

Gusy, Christoph: Die Weimarer Reichsverfassung, 1997

Gusy, Christoph: Grundpflichten und Grundgesetz, JZ 1982, S. 657–663

Gvozdeva, O. M.: K voprosu o konstitucionno-pravovom mechanizme obespečenija social'no-ėkonomičeskich prav čeloveka vo vnutrigosudarstvennoj sfere [Zur Frage des verfassungsrechtlichen Gewährleistungsmechanismus sozio-ökonomischer Menschenrechte im innerstaatlichen Bereich], KiMP 2011, Nr. 6, S. 25–27

Häberle, Peter: Die Verfassungsbeschwerde im System der bundesdeutschen Verfassungsgerichtsbarkeit, JöR 45 (1997), S. 89–135

Häberle, Peter: Grundrechte im Leistungsstaat, VVDStRL 30 (1972), S. 43–141

Häberle, Peter: Grundrechtsgeltung und Grundrechtsinterpretation im Verfassungsstaat. Zugleich zur Rechtsvergleichung als „fünfter" Auslegungsmethode, JZ 1989, S. 913–919

Häberle, Peter: Verfassungsentwicklungen in Osteuropa – aus Sicht der Rechtsphilosophie und der Verfassungslehre, AöR 117 (1992), S. 169–211

Häberle, Peter: Verfassungsentwürfe und Verfassungen ehemals sozialistischer Staaten, JöR n. F. 43 (1995), S. 105–325

Häberle, Peter: Verfassungslehre als Kulturwissenschaft, 2. Auflage, 1998

Hahn, Georg: Die Einrichtung des schwedischen Ombudsmannes mit ergänzenden Hinweisen auf die Verhältnisse in Finnland, Dänemark und Norwegen, in: Thieme, Werner (Hrsg.): Mängel im Verhältnis von Bürger und Staat, 1970, S. 74–122

Hain, Sabine: Die Individualverfassungsbeschwerde nach Bundesrecht. Von den Vorarbeiten zu einer deutschen Verfassung bis zur Aufnahme der Verfassungsbeschwerde ins Grundgesetz, 2002

Härtel, Ines: Rettungsanker für das Widerspruchsverfahren?, VerwArch 98 (2007), S. 54–77

Hartwig, Matthias: Die Legitimation des Staates durch Verfassungsrezeption in Mittel- und Osteuropa, ZaöRV 59 (1999), S. 919–939

Hartwig, Matthias: Gerichtliche Kontrolle der Verwaltung unter besonderer Berücksichtigung von Ermessensentscheidungen in Rußland, in: Luchterhandt, Otto (Hrsg.): Verwaltung und Verwaltungsrecht im Erneuerungsprozeß Osteuropas, 2001, S. 345–370

Hartwig, Matthias: Verfassungsgerichtsbarkeit in Rußland. Der dritte Anlauf, EuGRZ 1996, S. 177–191

Hatschek, Julius: Deutsches und preußisches Staatsrecht, 1922, Band 1

Haugg, Rudolf: Die Anwendung des Art. 48 WRV. Verfassungsgeschichtliche Betrachtung der Anwendungsfälle des Art. 48 der Weimarer Reichsverfassung und seiner Bedeutung für die Machtergreifung Hitlers, 1976

Hay, Peter: US-Amerikanisches Recht, 5. Auflage 2011

Heinig, Hans Michael: Der Sozialstaat im Dienst der Freiheit. Zur Formel vom „sozialen" Staat in Art. 20 Abs. 1 GG, 2008

Heller, Klaus: Dominante Prägung der Rechtskultur in Russland: Der Blick des Historikers, in: Luchterhandt, Otto (Hrsg.): Rechtskultur in Russland: Tradition und Wandel, 2011, S. 37–64

Henning, Siegward: Die besonderen Zulässigkeitsvoraussetzungen der Rechtssatz-Verfassungsbeschwerde in der Rechtsprechung des Bundesverfassungsgerichts, 1981

Herdegen, Matthias: Verfassungsinterpretation als methodische Disziplin, JZ 2004, S. 873–879

Herzog, Roman: Hierarchie der Verfassungsnormen und ihre Funktion beim Schutz der Grundrechte, EuGRZ 1990, S. 483–486

Hesse, Konrad: Bedeutung der Grundrechte, in: Benda, Ernst/Maihofer, Werner/Vogel, Hans-Jochen (Hrsg.): Handbuch des Verfassungsrechts der Bundesrepublik Deutschland, 2. Auflage 1994, § 5

Hesse, Konrad: Grundzüge des Verfassungsrechts der Bundesrepublik Deutschland, 20. Auflage 1999

Hippel, Thomas von: Der Ombudsmann im Bank- und Versicherungswesen, 2000

Hoffmann-Riem, Wolfgang: Versammlungsfreiheit, in: Merten, Detlef/Papier, Hans-Jürgen (Hrsg.): Handbuch der Grundrechte, Band 4, 2011, § 106

Hofmann, Hasso: Grundpflichten als verfassungsrechtliche Dimension, VVDStRL 41 (1983), S. 42–83

Hofmann, Hasso: Grundpflichten und Grundrechte, in: Isensee, Josef/Kirchhof, Paul (Hrsg.): Handbuch des Staatsrechts der Bundesrepublik Deutschland, Band 9, 3. Auflage 2011, § 195

Hofmann-Hoeppel, Jochen: Statistik als Wille und Vorstellung. Zu den rechtstatsächlichen Grundlagen der Veränderung des Modellversuchs zur Abschaffung des Widerspruchsverfahrens im Regierungsbezirk Mittelfranken, BayVBl 2007, S. 73–79

Hoke, Rudolf: Verfassungsgerichtsbarkeit in den deutschen Ländern in der Tradition der deutschen Staatsgerichtsbarkeit, in: Starck, Christian/Stern, Klaus (Hrsg.): Landesverfassungsgerichtsbarkeit, Teilband 1, 1983, S. 25–102

Holzinger, Gerhart/Hiesel, Martin: Verfahren vor den Gerichtshöfen des öffentlichen Rechts, Band 1: Verfassungsgerichtsbarkeit, 3. Auflage 2009

Honnefelder, Anja: Staatliche Souveränität vs. Völkerrechtsoffenheit in der Russischen Föderation, 2012

Horrer, Veronika/Maguta, Pavel: Anwaltschaft und anwaltliches Berufsrecht der Russischen Föderation, BRAK-Mitteilungen 2013, S. 106–112

Huber, Ernst Rudolf (unter dem Pseudonym Manfred Wild): Der Hüter der Verfassung, Der Ring 1931, S. 328–330

Hufen, Friedhelm: Verwaltungsprozessrecht, 8. Auflage 2011

Hussner, Manja: Die Umsetzung von Art. 6 Abs. 3 EMRK in der neuen Strafprozessordnung Russlands, 2008

Ibler, Martin: Verwaltungsrechtsschutz des Baunachbarn unmittelbar aus Art. 14 GG versus „Anwendungsvorrang des einfachen Rechts“, in: Baumeister, Peter/Roth, Wolfgang/Ruthig, Josef (Hrsg.): Staat, Verwaltung und Rechtsschutz. Festschrift für Wolf-Rüdiger Schenke zum 70. Geburtstag, 2011, S. 837–847

Il'ičev, Georgij: Valerij Zor'kin: „Mzdoimstvo v sudach stalo odnim iz samych moščnych korrupcionnych rynkov" [Valerij Zor'kin: „Die Bestechlichkeit in den Gerichten ist zu einem der größten Korruptionsmärkten geworden"], Izvestija vom 25.10.2004, http://izvestia.ru/news/295698

Ipsen, Jörn: Rechtsfolgen der Verfassungswidrigkeit von Norm und Einzelakt, 1980

Ipsen, Jörn: Staatsrecht II. Grundrechte, 15. Auflage 2012

Isensee, Josef: Das Grundrecht als Abwehrrecht und staatliche Schutzpflicht, in: ders./Kirchhof, Paul (Hrsg.): Handbuch des Staatsrechts der Bundesrepublik Deutschland, 3. Auflage 2011, Band 9, § 191

Isensee, Josef: Die verdrängten Grundpflichten des Bürgers. Ein grundgesetzliches Interpretationsvakuum, DÖV 1982, S. 609–618

Isensee, Josef: Fortgeltung des saarländischen Sozialisierungs-Artikels unter dem Grundgesetz, DÖV 1978, 233–238

Isensee, Josef: Positivität und Überpositivität der Grundrechte, in: Merten, Detlef/Papier, Hans-Jürgen (Hrsg.): Handbuch der Grundrechte, Band 2, 2006, § 26

Isensee, Josef: Verfassung ohne soziale Grundrechte, Der Staat 19 (1980), S. 367–384

Ivanov, A. A.: Reč' o precedente [Rede über das Präjudiz], http://www.ksrf.ru/ru/Info/Reading/Pages/PerformanceIvanov.aspx

Jacenko, V. N.: Sudebnyj kontrol' normativnych aktov [Die gerichtliche Kontrolle von Normativakten], GiP 2005, Nr. 11, S. 22–29

Jakunin, V. I.: Gosudarstvennaja ideologija i nacional'naja ideja: konstitucionno-cennostnyj podchod [Staatliche Ideologie und nationale Idee: ein verfassungsrechtlich-wertorientierter Ansatz], GiP 2007, Nr. 5, S. 5–12

Jankovskij, D. A.: Pravosudie, kotorogo net [Eine Justiz, die es nicht gibt], Mirovoj sud'ja 2011, Nr. 4, S. 24–25

Jarass, Hans D./Beljin, Saša: Die Bedeutung von Vorrang und Durchführung des EG-Rechts für die nationale Rechtsetzung und Rechtsanwendung, NVwZ 2004, S. 1–11

Jarass, Hans D./Pieroth, Bodo: Grundgesetz für die Bundesrepublik Deutschland. Kommentar, 12. Auflage 2012

Jarass, Hans D.: Funktionen und Dimensionen der Grundrechte, in: Merten, Detlef/Papier, Hans-Jürgen (Hrsg.): Handbuch der Grundrechte, Band 2, 2006, § 38

Jarkov, V. V. (Hrsg.): Arbitražnyj process [Der Arbitrageprozess], 3. Auflage 2008

Jarovikov, K. Ju.: Nadzornaja funkcija prokuratury: Istorija i problemy razvitija [Die Aufsichtsfunktion der Staatsanwaltschaft: Geschichte und Probleme der Entwicklung], GiP 1999, Nr. 11, S. 68–72

Jellinek, Georg: System der subjektiven öffentlichen Rechte, 2. Auflage 1919 (2. Neudruck 1979)

Jochum, Heike: Verwaltungsverfahrensrecht und Verwaltungsprozeßrecht, 2004

Jugov, A. A.: Mechanizm realizacii konstitucionnych (osnovnych) prav, svobod i objazannostej – ključevoj komponent podlinnogo narodovlastija [Mechanismus zur Verwirklichung der verfassungsmäßigen (Grund-)Rechte, -Freiheiten und -Pflichten – Schlüsselkomponente einer wahrhaftigen Volksherrschaft], KiMP 2008, Nr. 7, S. 2–6

Jugov, A. A.: Konstitucionnyj status ličnosti – jadro pravovoj svobody ličnosti [Der verfassungsmäßige Status der Persönlichkeit – Herzstück der rechtlichen Freiheit der Persönlichkeit], KiMP 2011, Nr. 5, S. 2–8

Jusupova, E. O.: Zaščita prav čeloveka konstitucionnymi sudami sub"ektov federativnych gosudarstv (na primere Respubliki Baškortostan RF i Zemli Brandenburg FRG) [Der Menschenrechtsschutz durch die regionalen Verfassungsgerichte föderaler Staaten (am Beispiel der Republik Baškortostan RF und des Landes Brandenburg BRD)], 2006

Jusupova, E.: Konstitucionnoe (ustavnoe) pravosudie sub"ektov RF – neot"emlemyj ėlement v mechanizme zaščity prav čeloveka [Verfassungs- (Statuten-)Gerichtsbarkeit in den Subjekten der RF – unverzichtbares Element im Mechanismus des Menschenrechtsschutzes], PiE 2006, Nr. 11, S. 97–98

Kabakova, O. V.: Konstitucionnye objazannosti graždan v Rossii: ėvoljucija pravovoj reglamentacii i praktika realizacii [Grundpflichten der Bürger in Russland: Evolution der rechtlichen Regelung und Verwirklichungspraxis], 2006

Kahl, Wolfgang/Waldhoff, Christian/Walter, Christian (Hrsg.): Bonner Kommentar zum Grundgesetz, Stand : 159. Ergänzungslieferung (Dezember 2012)

Kahl, Wolfgang: Das Grundrechtsverständnis der postsozialistischen Verfassungen Osteuropas. Eine Studie am Beispiel von Polen, Ungarn, Tschechien, Slowakei und Rußland, 1994

Kal'jak, A. M.: O sfere dejstvija rešenij Konstitucionnogo Suda Rossii po delam o normokontrole [Über den Wirkungsbereich der Entscheidungen des Verfassungsgerichts Russlands in Normenkontrollangelegenheiten], Gosudarstvennaja vlast' i mestnoe samoupravlenie 2006, Nr. 6, S. 25–28

Kalnina, M. Ju.: Pravozaščitnaja dejatel'nost' v sub"ektach Rossijskoj Federacii: osnovnye formy i metody [Rechtsschützende Tätigkeit in den Subjekten der Russischen Föderation: grundlegende Gestalt und Methoden], IGiP 2008, Nr. 21, S. 9–12

Kamp, Manuel: Reform des Widerspruchsverfahrens in Nordrhein-Westfalen, NWVBl 2008, S. 41–47

Karraß, Jan D./Wedde, Rainer: Das Berufsrecht der Anwälte in der Russischen Föderation. Einführung und Textsammlung, 2005

Kauffmann, Peter: Die Abschaffung der Urteilsverfassungsbeschwerde, RuP 1998, S. 29–39

Kazantsev, Sergei M.: The Judicial Reform of 1864 and the Procuracy in Russia, in: Solomon, Peter H. Jr. (Hrsg.): Reforming Justice in Russia, 1864–1996, 1997, S. 44–60

Kažlaev, S. A.: Genezis pravovych pozicij Konstitucionnogo Suda Rossijskoj Federacii [Die Genese von Rechtspositionen des Verfassungsgerichts der Russischen Föderation], ŽRP 2007, Nr. 3, S. 8–15

Kažlaev, S. A.: Sposoby universalizacii pravovych pozicij Konstitucionnogo Suda RF [Mittel zur Verallgemeinerung von Rechtspositionen des Verfassungsgerichts der Russischen Föderation], GiP 2008, Nr. 1, S. 14–22

Kelsen, Hans: Reine Rechtslehre, 2. Auflage 1960

Kelsen, Hans: Wer soll der Hüter der Verfassung sein?, Die Justiz 6 (1930/31), S. 576–628

Kettler, Stefan Hans: Eigentumsvorbehalt und Sicherungsübereignung an beweglichen Sachen im Recht der Russischen Föderation, 2008

Kiper, N. G.: Sozdanie administrativnych sudov – važnyj ėtap v realizacii sudebnoj reformy [Die Schaffung von Verwaltungsgerichten – eine wichtige Etappe in der Umsetzung der Gerichtsreform], Rossijskij sud'ja 2007, Nr. 10, S. 39–41

Kirilin, A. V.: Obraščenija graždan v gosudarstvennye organy i organy mestnogo samoupravlenija: Pravovaja osnova, porjadok i sroki rassmotrenija zajavlenij, opredelennye federal'nym zakonom Nr. 59-FZ ot 2.05.2006 g. [Eingaben der Bürger zu Staatsorganen und Organen der örtlichen Selbstverwaltung: Rechtliche Grundlage, Verfahren und Bearbeitungsfristen der Anträge nach dem föderalen Gesetz Nr. 59-FZ vom 2.05.2006], 2006

Kischel, Uwe: Darf der Gesetzgeber das Bundesverfassungsgericht ignorieren? Zum erneuten Erlaß für nichtig erklärter Gesetze, AöR 131 (2006), S. 219–254

Kischel, Uwe: Die Begründung. Zur Erläuterung staatlicher Entscheidungen gegenüber dem Bürger, 2003

Kischel, Uwe: Rechtsvergleichung, 2015

Kischel, Uwe: Vorsicht, Rechtsvergleichung!, ZVglRWiss 104 (2005), S. 10–30

Kiselev, R. V.: Sub"ektivnye prava i ich garantii v traktovke predstavitelej školy vozroždennogo estestvennogo prava v Rossii v načale XX v. [Subjektive Rechte und ihre Sicherung im Verständnis der Vertreter der wiederauferstandenen

Naturrechtsschule in Russland zu Beginn des 20. Jahrhunderts], IGiP 2009, Nr. 13, S. 45–46

Klein, Eckart: Die Zukunft der Verfassungsbeschwerde, in: Piazolo, Michael (Hrsg.): Das Bundesverfassungsgericht. Ein Gericht im Schnittpunkt von Recht und Politik, 1995, S. 227–242

Klein, Eckart: Grundrechtliche Schutzpflicht des Staates, NJW 1989, S. 1633–1640

Klein, Eckart: Stufen der Verfassungsverletzung?, in: Depenheuer, Otto/Heintzen, Markus/Jestaedt, Matthias/Axer, Peter (Hrsg.): Staat im Wort. Festschrift für Josef Isensee, 2007, S. 169–182

Klein, Eckart: Verfahrensgestaltung durch Gesetz und Richterspruch: Das „Prozeßrecht" des Bundesverfassungsgerichts, in: Badura, Peter/Dreier, Horst (Hrsg.): Festschrift 50 Jahre Bundesverfassungsgericht, Band 1, 2001, S. 507–531

Klein, Friedrich: Gleichheitssatz und föderative Struktur der Bundesrepublik Deutschland, in: Achterberg, Norbert (Hrsg.): Öffentliches Recht und Politik. Festschrift für Hans Ulrich Scupin zum 70. Geburtstag, 1973, S. 165–185

Klein, Hans H.: Über Grundpflichten, Der Staat 14 (1975), S. 153–168

Klein, Harald: Funktionell- und verfahrensrechtliche Probleme der Rechtssatzverfassungsbeschwerde, in: Fürst, Walther/Herzog, Roman/Umbach, Dieter C. (Hrsg.): Festschrift für Wolfgang Zeidler, Band 2, 1987, S. 1325–1342

Kleinheyer, Gerd: Stichwort: Grundrechte, Menschen- und Bürgerrechte, Volksrechte, in: Brunner, Otto/Conze, Werner/Koselleck, Reinhart (Hrsg.): Geschichtliche Grundbegriffe, Band 2, 1975, S. 1047–1082

Klejn, N. I.: O razvitii arbitražnogo processual'nogo zakonodatel'stva [Zur Entwicklung der Arbitrageprozessgesetzgebung], ŽRP 2010, Nr. 4, S. 7–20

Klenner, Hermann: Marxismus und Menschenrechte. Studien zur Rechtsphilosophie, 1982

Kleve, Guido/Schirmer, Benjamin: England und Wales, in: Schneider, Jens-Peter (Hrsg.): Verwaltungsrecht in Europa, Band 1, 2007, S. 25–180

Kloepfer, Michael: Ist die Verfassungsbeschwerde unentbehrlich?, DVBl 2004, 676–680

Knjazev, S. D.: Konstitucionnaja žaloba v Rossijskoj Federacii: zakonodatel'naja model' i sudebnaja interpretacija [Die Verfassungsbeschwerde in der Russischen Föderation: gesetzgeberisches Model und gerichtliche Interpretation], Žurnal konstitucionnogo pravosudija 2011, Nr. 1, S. 25–32

Kobzarev, F.: Obraščenija graždan: Novelly pravovogo regulirovanija [Eingaben der Bürger: Novellen der rechtlichen Regulierung], Zakonnost' 2007, Nr. 7, S. 18–21

Koch, Thorsten: Der Grundrechtsschutz des Drittbetroffenen. Zur Rekonstruktion der Grundrechte als Abwehrrechte, 2000

Kokotov, A. N.: Zakonodatel'stvo o konstitucionnom (ustavnom) pravosudii v sub"ektach federacii: voprosy soveršenstvovanija [Die Gesetzgebung zur Verfassungs- (Statuten-)Gerichtsbarkeit in den Föderationssubjekten: Frage der Vervollkommnung], Rossijskij juridičeskij žurnal 2001, Nr. 4, S. 3–8

Koljušin, E. I.: Konstitucionnoe (gosudarstvennoe) pravo Rossii [Das Verfassungsrecht (Staatsrecht) Russlands], 1999

Kononov, A. L.: Nezavisimych sudej v Rossii net [Unabhängige Richter gibt es in Russland nicht], Sobesednik vom 27.10.2009, http://sobesednik.ru/politics/kononov_sb_41_09/

Kopp, Ferdinand O.: Die Rechtsschutzfunktion des Widerspruchsverfahrens nach §§ 68 ff. VwGO, in: Bender, Bernd/Breuer, Rüdiger/Ossenbühl, Fritz/Sendler, Horst (Hrsg.): Rechtsstaat zwischen Sozialgestaltung und Rechtsschutz. Festschrift für Konrad Redeker zum 70. Geburtstag, 1993, S. 543–556

Kopp, Ferdinand/Schenke, Wolf-Rüdiger: Verwaltungsgerichtsordnung, 19. Auflage 2013

Korabel'nikova, Ju. L.: Konstitucionno-pravovye osnovy vzaimodejstvija Upolnomočennogo po pravam čeloveka v Rossijskoj Federacii i organov ispolnitel'noj vlasti v obespečenii konstitucionnych prav i svobod čeloveka i graždanina [Verfassungsrechtliche Grundlagen der Wechselbeziehung zwischen dem Menschenrechtsbeauftragten der Russischen Föderation und Organen der exekutiven Gewalt bei der Gewährleistung der Verfassungsrechte und -freiheiten des Menschen und des Bürgers], 2007

Korb, Axel-Johannes: Kelsens Kritiker. Ein Beitrag zur Geschichte der Rechts- und Staatstheorie (1911–1934), 2010

Korkeakivi, Antti: The Russian Constitutional Court and Human Rights, Parker School Journal of East European Law 1994, Nr. 5/6, S. 591–617

Korneeva, N. V.: Konstitucionno-pravovye osnovy dejatel'nosti Upolnomočennogo po pravam čeloveka v Rossijskoj Federacii [Verfassungsrechtliche Grundlagen der Tätigkeit des Menschenrechtsbeauftragten der Russischen Föderation], 2002

Koroteev, K. N.: Opredelenie Konstitucionnogo Suda RF ot 11 nojabrja 2008 goda Nr. 556-O-R. Neodnoznačnoe raz"jasnenie juridičeskoj sily postanovlenij Konstitucionnogo Suda RF [Beschluss des Verfassungsgerichts der RF vom 11. November 2008 Nr. 556-O-R. Eine mehrdeutige Erläuterung zur Rechtskraft der Entscheidungen des Verfassungsgerichts RF], SKO 2009, Nr. 3, S. 173–180

Kosing, Alfred: Wörterbuch der marxistisch-leninistischen Philosophie, 3. Auflage 1987

Kovalenko, E. A.: Vzaimodejstvie organov konstitucionno-ustavnogo kontrolja [Das Zusammenwirken der Organe der Verfassungs- bzw. Statutenkontrolle], GViMS 2011, Nr. 6, S. 24–30

Koževnikov, O. A.: Juridičeskaja sila rešenij Konstitucionnogo Suda Rossijskoj Federacii [Die Rechtskraft der Entscheidungen des Verfassungsgerichts der Russischen Föderation], PiO 2008, Nr. 8, S. 74–81

Kozlova, E. I./Kutafin, O. E.: Konstitucionnoe pravo Rossii [Das Verfassungsrecht Russlands], 4. Auflage 2008

Kravčenko, V. V.: Pravo graždan Rossijskoj Federacii na obraščenie (pravovoe regulirovanie i praktika realizacii) [Das Recht der Bürger der Russischen Föderation auf Eingabe (rechtliche Ausgestaltung und praktische Verwirklichung)], GViMS 2010, Nr. 4, S. 6–8

Kravec, I. A.: Konstitucionnaja žaloba: tradicii i novacii v mechanizme garantij prav i svobod ličnosti [Die Verfassungsbeschwerde: Traditionen und Erneuerungen im Mechanismus zum Schutz der Persönlichkeitsrechte und -freiheiten], ŽRP 2003, Nr. 8, S. 19–29

Kravec, I. A.: Rossijskaja Konstitucija i problemy ėffektivnosti ee realizacii, [Die russische Verfassung und Effektivitätsprobleme bei ihrer Verwirklichung], Konstitucionnoe pravo: vostočnoevropejskoe obozrenie 2003, Nr. 4, S. 65–78

Krings, Günter: Die subjektiv-rechtliche Rekonstruktion der Schutzpflichten aus dem grundrechtlichen Freiheitsbegriff, in: Sachs, Michael/Siekmann, Helmut (Hrsg.): Der grundrechtsgeprägte Verfassungsstaat. Festschrift für Klaus Stern zum 80. Geburtstag, 2012, S. 424–443

Krivonosova, O. Ju.: Finansovoe obespečenie konstitucionnogo prava na besplatnuju juridičeskuju pomošč' [Finanzielle Deckung des Verfassungsrechts auf einen kostenlosen juristischen Beistand], KiMP 2007, Nr. 11, S. 13–15

Krjažkov, V. A./Lazarev, L. V.: Konstitucionnaja justicija v Rossijskoj Federacii [Verfassungsgerichtsbarkeit in der Russischen Föderation], 1998

Krjažkov, V. A./Lazarev, L. V.: Verfassungsgerichtsbarkeit in der Russischen Föderation, 2001

Krjažkov, V. A./Mitjukov, M. A.: Konstitucionnyj Sud Rossijskoj Federacii: Razvitie konstitucionno-pravovogo statusa [Das Verfassungsgericht der Russischen Föderation: Entwicklung des verfassungsrechtlichen Status], GiP 2011, Nr. 10, S. 12–28

Krjažkov, V. A.: Konstitucionnoe pravosudie v sub"ektach Rossijskoj Federacii (Pravovye osnovy i praktika) [Verfassungsgerichtsbarkeit in den Subjekten der Russischen Föderation (Rechtliche Grundlagen und Praxis)], 1999

Krjažkov, V. A.: Konstitucionnye sudy zemel' Germanii [Die Verfassungsgerichte der Länder Deutschlands], GiP 1995, Nr. 5, S. 117–127

Krjažkov, V. A.: Zakonodatel'naja modernizacija statusa Konstitucionnogo Suda Rossijskoj Federacii [Gesetzgeberische Modernisierung des Status des Verfassungsgerichts der Russischen Föderation], KiMP 2011, Nr. 10, S. 29–34

Krjažkov, V.: Regional'naja konstitucionnaja justicija v Rossijskoj Federacii: sostojanie i puti razvitija [Regionale Verfassungsjustiz in der Russischen Föderation: Stand und Entwicklungswege], SKO 2007, Nr. 3, S. 156–162

Krovel'ščikova, V. V.: Konstitucionnye sudy zemel' Germanii [Die Verfassungsgerichte der Länder Deutschlands], 2004

Krüger, Herbert: Die Einschränkung von Grundrechten nach dem Grundgesetz, DVBl 1950, S. 625–629

Kruse, Julia: Der öffentlich-rechtliche Beauftragte. Ein Beitrag zur Systematisierung der deutschen Variante des Ombudsmannes, 2007

Krutikov, M.: Obščij nadzor i pravosudie [Allgemeine Aufsicht und Justiz], Zakonnost' 2005, Nr. 8, S. 7–8

Kubataev, M. G.: Pravotvorčeskaja dejatel'nost' Presidenta Rossijskoj Federacii [Die gesetzgeberische Tätigkeit des Präsidenten der Russischen Föderation], Jurist 2000, Nr. 5, S. 2–6

Kučerena, A. G.: Advokatura v uslovijach sudebno-pravovoj reformy v Rossii [Die Rechtsanwaltschaft unter den Bedingungen der Gerichtsreform in Russland], 2009

Kudeškina, Ol'ga Borisovna: Strukturen und Mechanismen der richterlichen Abhängigkeit im Gerichtswesen Russlands, in: Luchterhandt, Otto (Hrsg.): Rechtskultur in Russland: Tradition und Wandel, 2011, S. 255–290

Kunicyn, A. S.: Problema estestvennych prav čeloveka v otečestvennoj pravovoj mysli [Das Problem der natürlichen Rechte des Menschen in der vaterländischen Rechtskonzeption], PiO 2011, Nr. 1, S. 84–89

Kunig, Philip: Völkerrecht und Staatsrecht, in: Vitzthum, Wolfgang Graf (Hrsg.): Völkerrecht, 5. Auflage 2010

Küpper, Herbert: Einführung in die Rechtsgeschichte Osteuropas, 2005

Kupreev, S. S.: Administrativnoe pravo i zaščita prav i svobod čeloveka i graždanina v sovremennyj period [Verwaltungsrecht und Schutz der Rechte und Freiheiten des Menschen und des Bürgers in der gegenwärtigen Zeit], APiP 2011, Nr. 9, S. 16–18

Kuss, Klaus-Jürgen: Das Beschwerde- und Antragsrecht in der sowjetischen Verwaltungspraxis. Unter rechtsvergleichender Berücksichtigung der anderen sozialistischen Staaten, ROW 1985, S. 128–141

Kuss, Klaus-Jürgen: Gerichtliche Verwaltungskontrolle in der Sowjetunion: Eine überfällige Reform, JOR 1987, S. 271–293

Kuss, Klaus-Jürgen: Rechtsstaatliche Wurzeln in den osteuropäischen Staaten, JöR n. F. 34 (1985), S. 589–658

Kutafin, O. E.: Rossijskij konstitucionalizm [Russischer Konstitutionalismus], 2008

Kutter, J. Vivika/Schröder, Tim: Die Rechtsprechung des russischen Verfassungsgerichts 1995–1999. Ausgewählte Entscheidungen zum Zivil-, Wirtschafts- und Verfahrensrecht, 2000

Lamonov, E. V.: Kodeks administrativnogo sudoproizvodstva – processual'naja forma dejatel'nosti administrativnych sudov [Ein Verwaltungsgerichtsgesetzbuch – prozessuale Handlungsform der Verwaltungsgerichte], RJu 2007, Nr. 9, S. 6–8

Lange, Friederike Valerie: Grundrechtsbindung des Gesetzgebers. Eine rechtsvergleichende Studie zu Deutschland, Frankreich und den USA, 2010

Lange, Klaus: Grundrechtliche Besonderheiten in den Landesverfassungen, in: Merten, Detlef/Papier, Hans-Jürgen (Hrsg.): Handbuch der Grundrechte, Band 3, 2009, § 83

Langenfeld, Christine: Das Petitionsrecht, in: Isensee, Josef/Kirchhof, Paul (Hrsg.): Handbuch des Staatsrechts der Bundesrepublik Deutschland, Band 3, 3. Auflage 2005, § 39

Lapp, Thomas: Vorbeugender Rechtsschutz gegen Normen, 1994

Laptew, Alexej: Das Recht auf ein faires Gerichtsverfahren (Art. 6 Abs. 1 EMRK) und sein Einfluss auf das russische Zivilprozess- und Zwangsvollstreckungsrecht, 2013

Lazarev, L. V. (Hrsg.): Kommentarij k Konstitucii Rossijskoj Federacii [Kommentar zur Verfassung der Russischen Föderation], 3. Auflage 2008

Lazarev, L. V.: Konstitucionno-pravovye osnovyj organizacii i dejatel'nosti Konstitucionnogo Suda Rossijskoj Federacii [Verfassungsrechtliche Grundlagen der Organisation und der Tätigkeit des Verfassungsgerichts der Russischen Föderation],GiP 1996, Nr. 6, S. 3–12

Lazarev, L. V.: Pravovye pozicii Konstitucionnogo Suda Rossii [Rechtspositionen des Verfassungsgerichts Russlands], 2. Auflage 2008

Lebedev, V. M.: Vystuplenie na Vserossijskogo s"ezda sudej [Rede auf der Allrussischen Konferenz der Richter], veröffentlicht in Rossijskij sud'ja 2009, Nr. 1, S. 6–13

Lebedev, V.: Ot idei sudebnogo normokontrolja k administrativnomu sudoproizvodstvu [Von der Idee einer gerichtlichen Normenkontrolle zum verwaltungsgerichtlichen Verfahren], RJu 2000, Nr. 9, S. 2–4

Lebreton, Gilles: Un legs de l'U.R.S.S. à la C. E. I.: La Déclaration soviétique des droits de l'homme du 5 septembre 1991, Revue du droit public et de la science politique en France et à l'étranger 1992, S. 281–306

Lechner, Hans/Zuck, Rüdiger: Bundesverfassungsgerichtsgesetz. Kommentar, 6. Auflage 2011

Leisner, Walter: Landesverfassungsgerichtsbarkeit als Wesenselement des bundesdeutschen Föderalismus. Zur Theorie der Eigenstaatlichkeit der Länder, in: Bayerischer Verfassungsgerichtshof (Hrsg.): Verfassung und Verfassungsrechtsprechung. Festschrift zum 25-jährigen Bestehen des Bayerischen Verfassungsgerichtshofs, 1972, S. 183–193

Lejbo, J. I.: Semipräsidialpolitik in Rußland: Theorie und Praxis, Osteuropa Recht 1997, S. 33–44

Lembke, Ulrike: Einheit aus Erkenntnis? Zur Unzulässigkeit der verfassungskonformen Gesetzesauslegung als Methode der Normkompatibilisierung durch Interpretation, 2009

Lemke, Peter: Probleme des Strafverfahrens in Russland vor dem Hintergrund der Menschenrechte, 2007

Lerche, Peter: Aspekte verfassungsgerichtlicher Subsidiarität in Deutschland und Österreich, in: Wilke, Dieter (Hrsg.): Festschrift zum 125jährigen Bestehen der Juristischen Gesellschaft zu Berlin, 1984, S. 369–380

Liessem, Peter: Verwaltungsgerichtsbarkeit im späten Zarenreich. Der Dirigierende Senat und seine Entscheidungen zur russischen Selbstverwaltung (1864–1917), 1996

Limbach, Jutta: Vorrang der Verfassung oder Souveränität des Parlaments?, 2001

Lindner, Josef Franz: Die Grundrechte der Bayerischen Verfassung – Eine dogmatische Bestandsaufnahme –, BayVBl 2004, S. 641–652

Litten, Rainer/Wallerath, Maximilian (Hrsg.): Verfassung des Landes Mecklenburg-Vorpommern, 2007

Lorenz, Dieter: Der Rechtsschutz des Bürgers und die Rechtweggarantie, 1973

Löwer, Wolfgang: Zuständigkeiten und Verfahren des Bundesverfassungsgerichts, in: Isensee, Josef/Kirchhof, Paul (Hrsg.): Handbuch des Staatsrechts der Bundesrepublik Deutschland, Band 3, 3. Auflage 2005, § 70

Lübbe-Wolff, Gertrude: Substantiierung und Subsidiarität der Verfassungsbeschwerde. Die Zulässigkeitsrechtsprechung des Bundesverfassungsgerichts EuGRZ 2004, S. 669–682

Luchterhandt, Otto: Die Sowjetunion auf dem Weg zum Rechtsstaat?, JöR n. F. 39 (1990), S. 157–234

Luchterhandt, Otto: Entwicklung und Schwerpunkte in der sowjetischen Grundrechtsdiskussion, 1977

Luchterhandt, Otto: Grundpflichten als Verfassungsproblem in Deutschland, 1988

Luchterhandt, Otto: Grundpflichten und Grundrechte, in: Nohlen, Dieter (Hrsg.): Pipers Wörterbuch zur Politik, Band 4, Sozialistische Systeme, 1986

Luchterhandt, Otto: Verfassungsgerichtsgesetz von 1991, JOR 1992, S. 169–216

Luchterhandt, Otto: Verhöhnung des Rechts. Der zweite Strafprozess gegen Chodorkovskij und Lebedev, Osteuropa 2011, S. 3–42

Luchterhandt, Otto: Vom Verfassungskomitee der UdSSR zum Verfassungsgericht Rußlands, AöR 118 (1993), S. 237–288

Lučin, V. O.: Konstitucija Rossijskoj Federacii. Problemy realizacii [Die Verfassung der Russischen Föderation. Umsetzungsprobleme], 2002

Lukaševa, E. A. (Hrsg.): Prava čeloveka [Menschenrechte], 2004

Lukaševa, E. A.: Predislovie [Vorwort], in: dies. (Hrsg.): Social'noe gosudarstvo i zaščita prav čeloveka [Sozialstaat und der Schutz der Menschenrechte], 1994, S. 3–4

Lukašova, N. F.: Vzaimodejstvie upolnomočennogo po pravam čeloveka v sub"ekte Rossijskoj Federacii s organami gosudarstvennoj vlasti i drugimi strukturami v sfere zaščity prav i svobod čeloveka i graždanina [Die Wechselwirkung des Menschenrechtsbeauftragten im Subjekt der Russischen Föderation mit Organen der Staatsgewalt sowie anderen Strukturen im Bereich des Schutzes der Rechte und Freiheiten des Menschen und des Bürgers], 2011

Luk'janova, E. A.: Krušenie konstitucionnych osnov? [Untergang der verfassungsmäßigen Grundfesten?], PiP 2011, Nr. 1, S. 106–113

Lukovskaja, D. I.: Garantii prav ličnosti [Garantien der Rechte der Persönlichkeit], IGiP 2007, Nr. 16, S. 35–37

Lyskova, E. I./Zagvjazinskaja, O. A.: Stanovlenie roli organov prokuratury v zaščite konstitucionnogo prava graždan na obraščenie [Das Herausbilden der Rolle der Staatsanwaltschaft im Schutz des Verfassungsrechts des Bürgers auf Eingabe], PiP 2010, Nr. 3, S. 422–428

Lyskova, E. I.: Pravo graždan na obraščenie v organy publičnoj vlasti: teorija i praktika [Das Eingaberecht des Bürgers zu Organen der öffentlichen Gewalt: Theorie und Praxis], GiP 2009, Nr. 9, S. 105–110

Lyskova, E. I.: Pravo graždan na obraščenie v sud i juridičeskie metody ego zaščity [Das Recht der Bürger zur gerichtlichen Eingabe und juristische Methoden seines Schutzes], GiP 2008, Nr. 11, S. 109–115

Mačiskij, V.: Pravozaščitnaja funkcija prokuratury [Die rechtsschützende Funktion der Staatsanwaltschaft], Zakonnost' 2007, Nr. 11, S. 2–6

Mahrenholz, Ernst Gottfried: Zur Funktionsfähigkeit des BVerfG, ZRP 1997, S. 129–134

Maier, Christina: Bindungskraft der Entscheidungen des Verfassungsgerichts der Russischen Föderation und ihre Umsetzung in der Rechtsanwendungspraxis. Sind die Entscheidungen nur dazu da, gebrochen zu werden?, Osteuropa Recht 2006, S. 84–94

Majorov, A. G.: Institut ombusmana (Upolnomočennogo po pravam čeloveka) v sisteme zaščity prav i svobod graždan [Das Institut des Ombudsmannes (des Menschenrechtsbeauftragten) im System des Schutzes der Rechte und Freiheiten des Bürgers], Vestnik prav čeloveka 2001, Nr. 1, S. 57–61

Malein, N. S.: Graždansko-pravovoe položenie ličnosti v SSSR [Die zivilrechtliche Stellung der Persönlichkeit in der UdSSR], 1975

Mamina, O. I.: Problemy realizacii principov pravosudija kak pokazatel' otnošenija graždan Rossijskoj Federacii k sostojaniju pravosudija v Rossii na sovremennom ėtape [Probleme bei der Realisierung der Justizgrundsätze als Gradmesser für das Verhältnis der Bürger der Russischen Föderation zur Justiz in Russland in der Gegenwart], RJu 2008, Nr. 10, S. 47–51

Mamut, L. S.: Social'noe gosudarstvo s točki zrenija prava [Der Sozialstaat aus rechtlicher Sicht], GiP 2001, Nr. 7, S. 5–14

Manafov, A. G.: Konstitucionnoe pravo graždan na kvalificirovannuju juridičeskuju pomošč' v Rossijskoj Federacii [Das Verfassungsrecht des Bürgers auf qualifizierten juristischen Beistand in der Russischen Föderation], 2002

Mangoldt, Hermann von/Klein, Friedrich/Starck, Christian (Hrsg.): Kommentar zum Grundgesetz, Bände 1–3, 6. Auflage 2010

Mangoldt, Hermann von/Klein, Friedrich/Starck, Christian (Hrsg.): Kommentar zum Grundgesetz, Band 3, 5. Auflage 2005

Maranc, Ju. V.: Kommentarij k Federal'nomu zakonu „O sudebnoj sisteme Rossijskoj Federacii" [Kommentar zum föderalen Gesetz „Über das Gerichtssystem der Russischen Föderation"], 2007

Marauhn, Thilo: Wirtschaftliche und soziale Rechte im Spiegel der Verfassungsrechtsprechung mittel- und osteuropäischer Staaten unter vergleichender Berücksichtigung der deutschen Verfassungsgerichtsbarkeit, in: Frowein, Jochen

Abr./Marauhn, Thilo (Hrsg.): Grundfragen der Verfassungsgerichtsbarkeit in Mittel- und Osteuropa, 1998, S. 135–200

Martyšin, O. V.: Nravstvennye osnovy teorii gosudarstva i prava [Moralische Grundlagen der Theorie von Staat und Recht], GiP 2005, Nr. 7, S. 5–12

Marx, Karl: Thesen über Feuerbach, in: MEW, Band 3, 1969

Maslennikov, M. Ja.: Rossijskij administrativnyj process. Perspektivy, legitimacii, centralizacii i sistematizacii [Der russische Verwaltungsprozess. Perspektiven, Legitimation, Zentralisierung und Systematisierung], 2009

Matuzov, N. I.: O kategorijach „sub"ektivnoe pravo" i „juridičeskaja objazannost'" v svete sovremennogo pravovogo razvitija [Über die Kategorien „subjektives Recht" und „juristische Verantwortung" im Lichte der gegenwärtigen Rechtsentwicklung], in: Eremenko, Ju. P./Kabyšev, V. T. (Hrsg.): Ličnost' i vlast' [Persönlichkeit und Macht], 1995, S. 25–45

Matuzov, N. I.: Socialističeskaja demokratija i sub"ektivnye prava graždan [Die sozialistische Demokratie und die subjektiven Rechte der Bürger], SGiP 1972, Nr. 6, S. 19–25

Mauerer, Michael: Die parlamentarischen Ombudsmann-Einrichtungen in den Mitgliedstaaten des Europatrates, in: Matscher, Franz (Hrsg.): Ombudsmann in Europa. Institutioneller Vergleich, 1994, S. 123–152

Maunz, Theodor/Dürig, Günter (Begr.): Grundgesetz. Kommentar, Stand: 69. Ergänzungslieferung (Mai 2013)

Maunz, Theodor/Schmidt-Bleibtreu, Bruno/Klein, Franz/Bethge, Herbert (Hrsg.): Bundesverfassungsgerichtsgesetz. Kommentar, Stand: 42. Ergänzungslieferung (Oktober 2013)

Maurer, Hartmut: Landesgrundrechte im Bundesstaat, in: Merten, Detlef/Papier, Hans-Jürgen (Hrsg.): Handbuch der Grundrechte, Band 3, 2009, § 82

Maurer, Hartmut: Rechtsstaatliches Prozessrecht, in: Badura, Peter/Dreier, Horst (Hrsg.): Festschrift 50 Jahre Bundesverfassungsgericht, Band 2, 2001, S. 467–503

Mayer, Franz C.: Die Bedeutung von Rechts- und Verfassungsvergleichung im europäischen Verfassungsverbund, in: Calliess, Christian (Hrsg.): Verfassungswandel im europäischen Staaten- und Verfassungsverbund, 2007, S. 167–185

Mayer, Heinz: Das österreichische Bundes-Verfassungsrecht, 4. Auflage 2007

Mazurov, A. V.: Kommentarij k federal'nomu konstitucionnomu zakonu „O Konstitucionnom Sude Rossijskoj Federacii" [Kommentar zum föderalen Verfassungsgesetz „Über das Verfassungsgericht der Russischen Föderation"], 2. Auflage 2009

Meder, Walter: Die Kontrolle der Verwaltung in der Sowjetunion, VerwArch 53 (1962), S. 255–274

Medwedew, Dmitri: Protokoll der „Konferenz zu Fragen der Vervollkommnung des Gerichtssystems" am 10.05.2011, http://www.kremlin.ru/news/11204

Medwedew, Dmitri: Protokoll des Treffens mit Verfassungsrichtern am 11.12.2010 in Gorki, http://eng.kremlin.ru/news/1464

Meissner, Boris: Die neue Bundesverfassung der UdSSR, JöR n. F. 27 (1978), S. 321–430

Mel'nikov, A. A.: Pravovoe položenie ličnosti v sovetskom graždanskom processe [Die Rechtslage der Persönlichkeit im sowjetischen Zivilprozess], 1969

Merten, Detlef: Begriff und Abgrenzung der Grundrechte, in: ders./Papier, Hans-Jürgen (Hrsg.): Handbuch der Grundrechte, Band 1, 2004, § 35

Merten, Detlef: Negative Grundrechte, in: ders./Papier, Hans-Jürgen (Hrsg.): Handbuch der Grundrechte, Band 2, 2006, § 42

Michael, Lothar/Morlok, Martin: Grundrechte, 3. Auflage 2012

Michajlov, S. M.: Normativno-pravovaja zaščita prav i svobod čeloveka i graždanina [Normativ-rechtlicher Schutz der Rechte und Freiheiten des Menschen und des Bürgers], 2005

Michaleva, Galina: Das politische Potential der Zivilgesellschaft in Russland während der Präsidentschaft von Wladimir Putin und Dmitri Medwedew, 2011

Mironov, A. L.: Vzaimodejstvie prava na polučenie kvalificirovannoj juridičeskoj pomošči s inymi konstitucionnymi pravami i svobodami čeloveka i graždanina [Die Wechselwirkungen des Rechts auf qualifizierten juristischen Beistand mit anderen Verfassungsrechten und -freiheiten des Menschen und des Bürgers], ZiP 2008, Nr. 9, S. 21–24

Mironov, D. N.: Interpretacionnaja dejatel'nost' Konstitucionnogo Suda Rossijskoj Federacii [Die interpretative Tätigkeit des Verfassungsgerichts der Russischen Föderation], PiP 2011, Nr. 6, S. 974–979

Mironov, M. A.: Obraščenija graždan kak ėlement sistemy zaščity prav čeloveka i osnovnych svobod: pravo i politika [Eingaben der Bürger als Element des Schutzsystems der Menschenrechte und Grundfreiheiten: Recht und Politik], 2001

Mironov, M./Surkov, A./Popov, S.: Naučno-praktičeskij kommentarij k Federal'nomu zakonu „O porjadke rassmotrenija obraščenij graždan Rossijskoj Federacii" [Praktisch-wissenschaftlicher Kommentar zum föderalen Gesetz „Über das Verfahren der Bearbeitung der Eingaben der Bürger der Russischen Föderation"], 2006

Mironov, V. I.: Graždanskij process [Der Zivilprozess], 2011

Mitin, A. N.: Počemu v Rossii net stracha narušat‘ zakon? [Warum hat in Russland niemand Furcht, das Gesetz zu brechen?], PiP 2011, Nr. 4, S. 663–669

Mitjukov, M. A./Bezrukov, A. V.: Problemy konstitucionnoj justicii sub“ektov Rossijskoj Federacii [Probleme der Subjektsverfassungsgerichtsbarkeit der Russischen Föderation], Rossijskij juridičeskij žurnal 2009, Nr. 4, S. 34–46

Mitjukov, M. A.: Kak ispolnjajutsja rešenija Konstitucionnogo Suda Rossijskoj Federacii i konstitucionnych (ustavnych) sudov sub“ektov Federacii [Wie die Entscheidungen des Russischen Verfassungsgerichts und der Verfassungs-(Statuten-)Gerichte der Föderationssubjekte vollzogen werden], ŽRP 2001, Nr. 7, S. 3–14

Mitjukov, M. A.: Konstitucija RF 1993 g. i razvitie polnomočij Konstitucionnogo Suda Rossii [Die Verfassung der RF von 1993 und die Entwicklung der Befugnisse des Verfassungsgerichts Russlands], GViMS 2004, Nr. 6, S. 36–41

Mitjukov, M. A.: Konstitucionnye i ustavnye sudy sub“ektov Rossijskoj Federacii [Verfassungs- und Statutengerichte der Subjekte der Russischen Föderation], 1999

Mitjukov, M. A.: Sovremennye tendencii razvitija regional‘noj konstitucionnoj justicii (opyt sociologičeskogo osmyslenija) [Gegenwärtige Tendenzen in der Entwicklung einer regionalen Verfassungsjustiz (Erkenntnisse einer soziologischen Betrachtung)], KiMP 2007, Nr. 14, S. 19–23

Mitjukov, M. A.: Zarubežnye ocenki zakonodatel‘nogo regulirovanija konstitucionnogo pravosudija Rossii (po ėkspertnym zaključenijam Venecianskoj komissii Soveta Evropy i inostrannych specialistov po konstitucionnomu pravu) [Ausländische Einschätzungen zur gesetzlichen Normierung der Verfassungsgerichtsbarkeit Russlands (nach den Sachverständigengutachten der Venedig-Kommission des Europarates und ausländischer Experten zum Verfassungsrecht)], GViMS 2007, Nr. 1, S. 10–13

Mitjukov, M. A.: O nekotorych aspektach diskusii o polnomočijach Konstitucionnogo Suda Rossii (po materialam podgotovki i prinjatija proekta FKZoKS) [Zu einigen Aspekten in der Diskussion über die Kompetenzen des Verfassungsgerichts Russlands (nach Materialien der Ausarbeitung und der Verabschiedung des FKZoKS)], KiMP 2011, Nr. 5, S. 50–58

Mommsen, Margareta/Nußberger, Angelika: Das System Putin. Gelenkte Demokratie und politische Justiz in Russland, 2007

Morščakova, T. G.: Konstitucionnyj Sud, kotoryj my poterjali [Das Verfassungsgericht, das wir verloren haben], http://infosud.ru/judicial_analyst/20101001/250794612.html

Morščakova, T.: Konstitucionnaja zaščita prav i svobod graždan sudami Rossijskoj Federacii [Der verfassungsrechtliche Schutz der Rechte und Freiheiten des Bürgers durch die Gerichte der Russischen Föderation], SKO 2004, Nr. 4, S. 124–128

Morščakova, Tamara: Kontrreforma: ugroza i real'nost' [Gegenreform: Bedrohung und Realität], SKO 2005, Nr. 3, S. 61–68

Morschtschakowa, Tamara G.: Das Verfassungsgericht der Russländischen Föderation, in: Luchterhandt, Otto/Starck, Christian/Weber, Albrecht (Hrsg.): Verfassungsgerichtsbarkeit in Mittel- und Osteuropa, Teilband 1: Berichte, 2007, S. 129–151

Morschtschakowa, Tamara: Das Verfassungsgericht in Rußland, DVBl 1992, S. 818–820

Morstschakowa, T.: Das Verfassungsgericht der Russischen Föderation. Neue Tendenzen in der Entwicklung der Verfassungsgerichtsbarkeit, in: Traut, Johannes Ch. (Hrsg.): Föderalismus und Verfassungsgerichtsbarkeit in Rußland, 1997, S. 26–53

Moskalenko, K. A.: Ėvolucija Zor'kina možet zakončit'sja podryvom konstitucionnych osnov Rossii [Die Evolution Zor'kins kann mit der Aushöhlung der verfassungsmäßigen Grundfesten Russlands enden], Eždnevnyj Žurnal vom 02.12.2010, http://www.ej.ru/?a=note&id=10609

Müller-Franken, Sebastian: Bindung Privater an Grundrechte? Zur Wirkung der Grundrechte auf Privatrechtsbeziehungen, in: Detterbeck, Steffen/Rozek, Jochen/von Coelln, Christian (Hrgs.): Recht als Medium der Staatlichkeit. Festschrift für Herbert Bethge zum 70. Geburtstag, 2009, S. 223–250

Münch, Ingo von/Kunig, Philip (Begr./Hrsg.): Grundgesetz-Kommentar, Band 1 und 2, 6. Auflage 2012

Murswiek, Dietrich: Grundrechte als Teilhaberechte, soziale Grundrechte, in: Isensee, Josef/Kirchhof, Paul (Hrsg.): Handbuch des Staatsrechts der Bundesrepublik Deutschland, Band 9, 3. Auflage 2011, § 192

Murswiek, Dietrich: Zu den Grenzen der Abänderbarkeit von Grundrechten, in: Merten, Detlef/Papier, Hans-Jürgen (Hrsg.): Handbuch der Grundrechte, Band 2, 2006, § 28

Narutto, S. V.: „Za 20 let svoego suščestvovanija Konstitucionnyj Sud kardinal'no izmenil rossijskuju pravovuju sistemu…" [In 20 Jahren seiner Existenz hat das Verfassungsgericht das russische Rechtssystem entscheidend verändert…], ŽKP 2011, Nr. 6, S. 11–13

Narutto, S. V.: Obraščenie graždan v Konstitucionnyj Sud Rossijskoj Federacii [Die Eingabe von Bürgern zum Verfassungsgericht der Russischen Föderation], 2011

Narutto, Svetlana: Kritisches Nachdenken über aktuelle Tendenzen der Verfassungsgerichtsbarkeit in Russland, in: Schulze, Carola (Hrsg.): Aktuelle Probleme des Öffentlichen Rechts in Deutschland und Russland, 2011, S. 201–219

Nečaeva, Ž. V.: Voprosy ėffektivnosti ispolnenija rešenij Konstitucionnogo Suda Rossijskoj Federacii [Fragen zum effektiven Vollzug der Entscheidungen des Verfassungsgerichts der Russischen Föderation], ŽKP 2008, Nr. 2, S. 24–30

Nešataeva, Tat'jana: Sud i zaščita prav i svobod graždan Rossijskoj Federacii [Das Gericht und der Schutz der Rechte und Freiheiten der Bürger der Russischen Föderation], SKO 2004, Nr. 4, S. 129–133

Nesmejanova, S. Ė.: Problemy stanovlenija i razvitija organov konstitucionnogo kontrolja v sub"ektach Rossijskoj Federacii [Gründungs- und Entwicklungsprobleme bei den Organen der Verfassungskontrolle in den Subjekten der Russischen Föderation], 2003

Nesterovskij, I. O.: Sudebnaja zaščita prav i svobod graždan [Gerichtlicher Schutz der Rechte und Freiheiten des Bürgers], ZiP 2009, Nr. 4, S. 32–35

Nipperdey, Hans Carl (Hrsg.): Die Grundrechte und Grundpflichten der Reichsverfassung, Band 1, 1929

Nipperdey, Hans Carl: Grundrechte und Privatrecht, 1961

Novikov, A. V.: Obraščenija graždan [Bürgereingaben], 2007

Novikov, Konstantin: Slyšim, no ne ispolnjaem. Regiony ignorirujut rešenija KS [Wir hören zu, aber vollziehen nicht. Die Regionen ignorieren die Entscheidungen des Verfassungsgerichts], RG vom 09.07.2012, http://www.rg.ru/2012/07/06/sovfed-site.html

Novokreščenov, A. V.: Otnošenie k institutam vlasti i pravovoj nigilizm [Beziehung zu Machtinstitutionen und Rechtsnihilismus], Sociologija vlasti 2010, Nr. 4, S. 36–47

Nozdračev, A. F./Suchareva, N. V./Mel'nikova, V. I.: Processual'nye pravovye mechanizmy zaščity graždan i ich ob"edinenij vo vzaimootnošenijach s publičnoj vlast'ju [Prozessrechtliche Mechanismen zum Schutz der Bürger und ihrer Vereinigungen in Beziehungen zur öffentlichen Gewalt], Zakonodatel'stvo i Ėkonomika 2005, Nr. 5, S. 17–34

Nudenko, L. A./Chamaneva, N. Ju.: Novyj zakon ob obraščenijach graždan: dostoinstva i nedostatki [Das neue Gesetz über die Eingaben der Bürger: Vorzüge und Mängel], GiP 2007, Nr. 3, S. 5–12

Nußberger, Angelika (Hrsg.): Einführung in das russische Recht, 2010

Nußberger, Angelika/Schmidt, Carmen/Morščakova, Tamara G. (Hrsg.): Verfassungsrechtsprechung in der Russischen Föderation: Dokumentation und Analyse der Entscheidungen des Russischen Verfassungsgerichts 1992–2007, 2009

Nußberger, Angelika: Das Russische Verfassungsgericht zwischen Recht und Politik, in: Buhbe, Matthes/Gorzka, Gabriele (Hrsg.): Russland heute. Rezentralisierung des Staates unter Putin, 2007, S. 215–233

Nußberger, Angelika: Ende des Rechtsstaats in Russland? Probleme der rechtsstaatlichen Entwicklung im Spiegel der Rechtsprechung des Russischen Verfassungsgerichts und des Europäischen Gerichtshofs für Menschenrechte, 2007

Nußberger, Angelika: Rechts- und Verfassungskultur in der Russischen Föderation, JöR n. F. 54 (2006), S. 35–55

Nußberger, Angelika: Rechtswesen und Rechtskultur, in: Pleines, Heiko/Schröder, Hans-Henning (Hrsg.): Länderbericht Russland, 2010, S. 131–152

Nußberger, Angelika: Revoljucionnaja filosofija evropejskoj Konvencii o zaščite prav čeloveka [Die revolutionäre Philosophie der Europäischen Menschenrechtskonvention], SKO 2011, Nr. 1, S. 86–93

Nußberger, Angelika: Verfassungsgerichtsbarkeit als Krönung des Rechtsstaats oder als Feigenblatt autoritärer Regime?, JZ 2010, S. 533–540

Nußberger, Angelika: Verfassungskontrolle in der Sowjetunion und in Deutschland. Eine rechtsvergleichende Gegenüberstellung des Komitet Konstitucionnogo Nadzora und des Bundesverfassungsgerichts, 1994

Nußberger, Angelika: Zur Entwicklung der Rechtskultur in Russland, Russlandanalysen Nr. 32 vom 25.06.2004, S. 2–5

Oerder, Michael: Das Widerspruchsverfahren der Verwaltungsgerichtsordnung. Einordnung zwischen Verwaltungsverfahrens- und Verwaltungsprozeßrecht, 1989

Okun'kov, L. A. (Hrsg.): Kommentarij k Konstitucii Rossijskoj Federacii [Kommentar zur Verfassung der Russischen Föderation], 2002

Oppermann, Dagmar: Die Funktionen des verwaltungsgerichtlichen Vorverfahrens (Widerspruchsverfahren) in Baurechtssachen aus rechtlicher und rechtstatsächlicher Sicht, 1997

Orobinskij, A. Ju.: Konstitucionnoe pravo čeloveka i graždanina Rossijskoj Federacii na samozaščitu prav i svobod [Das Verfassungsrecht des Menschen und des Bürgers der Russischen Föderation zum Selbstschutz der Rechte und Freiheiten], 2009

Orzich, M. F.: Ličnost' i pravo [Persönlichkeit und Recht], 1975

Osipjan, B. A.: Nekotorye važnye problemy ukreplenija pravovych osnov Rossijskogo gosudarstva organami konstitucionnogo pravosudija [Einige wichtige Probleme bei der Festigung der russischen Staatlichkeit durch die Verfassungsrechtsprechung], KiMP 2008, Nr. 10, S. 18–22

Osterloh, Lerke, in: Bundesministerium des Innern (Hrsg.), Bewährung und Herausforderung. Die Verfassung vor der Zukunft. Dokumentation zum Verfassungskongreß „50 Jahre Grundgesetz/50 Jahre Bundesrepublik Deutschland" vom 6. bis 8. Mai 1999 in Bonn, 1999, S. 79–89

Ovsepijan, Ž. I.: Razvitie učenija o sub"ektivnom charaktere osnovnych (konstitucionnych) prav i svobod v klassičeskoj naučnoj teorii [Die Entwicklung der Lehre vom subjektiven Charakter der Grund- (Verfassungs-)Rechte und -freiheiten in der klassischen wissenschaftlichen Theorie], KiMP 2009, Nr. 13, S. 2–8

Panova, I. V.: Sudoproizvodstvo v kontekste rossijskoj pravovoj kul'tury [Rechtsprechung im Kontext der russischen Rechtskultur], VVAS RF 2012, Nr. 1, S. 74–84

Papier, Hans-Jürgen: Drittwirkung der Grundrechte, in: Merten, Detlef/Papier, Hans-Jürgen (Hrsg.): Handbuch der Grundrechte, Band 2, 2006, § 55

Papier, Hans-Jürgen: Grundrechtsschutz durch die Fachgerichtsbarkeit, in: Merten, Detlef/Papier, Hans-Jürgen (Hrsg.): Handbuch der Grundrechte, Band 3, 2009,§ 79

Papier, Hans-Jürgen: Umsetzung und Wirkung der Entscheidungen des Europäischen Gerichtshofes für Menschenrechte aus der Perspektive der nationalen deutschen Gerichte, EuGRZ 2006, S. 1–3

Paršina, T.: Ponjatie i vidy sudebnogo kontrolja za zakonnost'ju pravovych aktov (obščepravovoj aspekt) [Begriff und Arten der gerichtlichen Kontrolle über die Rechtmäßigkeit von Rechtsakten (allgemeinrechtlicher Aspekt)], Rossijskij sud'ja 2006, Nr. 3, S. 21–25

Pašin, S.: Konstitucionnyj Sud Rossii: Obraščat'sja mogut vse [Das Verfassungsgericht Russlands: Es können sich alle daran wenden], Sovetskaja Justicija 1992, Nr. 2, S. 11–12

Pašin, Sergej: Konstitucionnyj Sud v „novoj redakcii" [Das Verfassungsgericht in „neuer Fassung"], Konstitucionnoe pravo: vostočnoevropejskoe obozrenie 1994, S. 27–29

Patjulin, V. A.: Vsemernoe rasširenie prav i svobod sovetskich graždan – zakonomernost' razvitija sovetskogo obščestva i gosudarstva [Größtmögliche Erweiterung der Rechte und Freiheiten der sowjetischen Bürger – Gesetzmäßigkeit der Entwicklung der sowjetischen Gesellschaft und des sowjetischen Staates], in: Akademija Nauk SSSR – Institut gosudarstva i prava [Akademie der Wissenschaften der UdSSR – Institut für Staat und Recht] (Hrsg.): Ličnost', obščestvo i gosudarstvo [Persönlichkeit, Gesellschaft und Staat], 1966, S. 231–247

Patjulin, V. A.: Sub"ektivnye prava graždan: Osnovnye čerty, stadii, garantii realizacii [Subjektive Rechte des Bürgers: Grundlagen, Stadien, Garantien der Realisierung], SGiP 1971, Nr. 6, S. 24–32

Pavlikov, S. G.: O soveršenstvovanii pravovogo regulirovanija statusa konstitucionnych (ustavnych) sudov sub"ektov Rossijskoj Federacii [Zur Vervollkommnung der Rechtssetzung zum Status der subjektseigenen Verfassungs- (Statuten-)Gerichte der Russischen Föderation], KiMP 2007, Nr. 3, S. 31–35

Pelka, Jürgen: Rechtsbehelfs-Wirrwarr im Abgabenrecht – Zur Abschaffung des Widerspruchsverfahrens nach der VwGO, in: Tipke, Klaus/Seer, Roman/Hey, Johanna/Englisch, Joachim (Hrsg.): Gestaltung der Steuerrechtsordnung. Festschrift für Joachim Lang zum 70. Geburtstag, 2010, S. 981–1000

Pereplesnina, E. M.: O nekotorych problemach vzajmodejstvija konstitucionnych (ustavnych) sudov sub"ektov Rossijskoj Federacii s Konstitucionnym Sudom Rossijskoj Federacii [Zu einigen Problemen der Zusammenarbeit der Verfassungs- (Statuten-)Gerichte der Subjekte der Russischen Föderation mit dem Verfassungsgericht der Russischen Föderation)], GViMS 2007, Nr. 8, S. 28–30

Pestalozza, Christian: Bundesverfassungsgerichtsbarkeit und Landesverfassungsgerichtsbarkeit, in: Merten, Detlef/Papier, Hans-Jürgen (Hrsg.): Handbuch der Grundrechte, Band 3, 2009, § 86

Pestalozza, Christian: Die echte Verfassungsbeschwerde, 2007

Pestalozza, Christian: Verfassungsprozeßrecht, 3. Auflage 1991

Petrenko, D. S.: Konstitucionnaja (ustavnaja) justicija v sub"ektach Rossijskoj Federacii: sovremennye pravovye problemy i perspektivy [Verfassungs- (Statuten-)Justiz in den Subjekten der Russischen Föderation: gegenwärtige Rechtsprobleme und Perspektiven], 2007

Petrov, Viktor: Sudej na popravku. Reforma Konstitucionnogo Suda prizvana ukrepit' rossijskuju pravovuju sistemu [Zur Neuregelung der Richter. Die Reform des Verfassungsgerichts soll das russische Rechtssystem stärken], RG vom 14.05.2009, http://www.rg.ru/2009/05/14/ks-rukovodstvo.html

Petrov, Vitalij: Pravosudie bez vozrasta [Rechtsprechung ohne Altersbegrenzung], RG vom 27.10.2010, http://www.rg.ru/2010/10/27/sud.html

Petrova, N. A.: Nužna li sub"ektam Rossijskoj Federacii sudebnaja vetv' gosudarstvennoj vlasti? [Brauchten die Subjekte der Russischen Föderation einen gerichtlichen Zweig der Staatsgewalt], KiMP 2008, Nr. 21, S. 2–7

Pfaff, Dieter/Märkl, Petra: Neueste Entwicklungen im russischen Wirtschaftsrecht – Versuch einer Zwischenbilanz, WiRO 1995, S. 281–286

Pfennig, Gero/Neumann, Manfred J. (Hrsg.): Verfassung von Berlin, 3. Auflage 2000

Pieroth, Bodo/Schlink, Bernhard/Kingreen, Thorsten/Poscher, Ralf: Grundrechte. Staatsrecht II, 29. Auflage 2013

Pietrowicz, Marike: Die Umsetzung der zu Art. 6 Abs. 1 EMRK ergangenen Urteile des EGMR in der Russischen Föderation, 2010

Pietzcker, Jost: Zuständigkeitsordnung und Kollisionsrecht im Bundesstaat, in: Isensee, Josef/Kirchhof, Paul (Hrsg.): Handbuch des Staatsrechts der Bundesrepublik Deutschland, Band 6, 3. Auflage 2008, § 134

Pinkus, Michail: Roskoš' pravosudija. V Čeljabinskoj oblasti iz ėkonomii likvidirovali Ustavnyj sud regiona [Luxus Rechtsprechung. Im Čeljabinsker Gebiet wurde das Statutengericht der Region aus ökonomischen Gründen abgeschafft], Rossijskaja Gazeta vom 26.02.2014, http://www.rg.ru/2014/02/26/reg-urfo/sud.html

Poljakov, A. V.: Peterburgskaja škola filosofii prava i zadači sovremennogo pravovedenija [Die Petersburger Schule der Rechtsphilosophie und Aufgaben der heutigen Rechtskunde], Pravovedenie 2000, Nr. 2, S. 4–23

Poljakov, I. N.: Zakonodatel'stvo o razumnych srokach sudoproizvodstva – popytka bor'by s sudebnoj volokitoj [Die Gesetzgebung zu angemessenen gerichtlichen Verfahrensfristen – Versuch des Kampfes gegen gerichtliche Willkür], Rossijskij Sud'ja 2011, Nr. 4, S. 9–12

Pomeranz, William E.: Judicial review and the Russian Constitutional Court: The Chechen Case, Review of Central and East European Law 1997, S. 9–48

Ponomarenko, E. V.: Koncepcija estestvennogo prava v konstitucionno-pravovoj nauke i estestvennye prava i svobody čeloveka [Die Konzeption des Naturrechts in der Verfassungsrechtswissenschaft und naturrechtliche Rechte und Freiheiten des Menschen], KiMP 2006, Nr. 4, S. 26–29

Ponomarev, B. N. (Hrsg.): Konstitucija SSSR. Politiko-pravovoj kommentar [Die Verfassung der UdSSR. Ein politisch-rechtlicher Kommentar], 1982

Popov, V. V.: Pravoponimanie i pravovoj nigilizm v rossijskom obščestve [Rechtsverständnis und Rechtsnihilismus in der russischen Gesellschaft], 2004

Poscher, Ralf: Grundrechte als Abwehrrechte. Reflexive Regelung rechtlich geordneter Freiheit, 2000

Posser, Herbert: Die Subsidiarität der Verfassungsbeschwerde, 1993

Potanina, M. P.: Advokatura kak garant realizacii konstitucionnogo prava čeloveka i graždanina na juridičeskuju pomošč' v Rossijskoj Federacii [Die Rechtsanwaltschaft als Garant zur Verwirklichung des Verfassungsrechts des Menschen und des Bürgers auf juristischen Beistand in der Russischen Föderation], 2009

Prižennikova, A. N.: Sozdanie administrativnych sudov – nasuščnaja neobchodomost' rossijskoj sudebnoj sistemy [Die Schaffung von Verwaltungsgerichten – eine akute Notwendigkeit im russischen Gerichtssystem], APiP 2010, Nr. 3, S. 13–16

Radčenko, V.: Administrativnye sudy prizvany zaščitit' čeloveka ot proizvola nedobrosovestnych činovnikov [Verwaltungsgerichte sind berufen, den Menschen vor der Willkür unredlicher Beamte zu schützen], RJu 2004, Nr. 3, S. 2–5

Radčenko, Vladimir: K voprosu o strategii razvitija administrativnoj justicii v Rossii [Zur Frage der Strategie zur Entwicklung einer Verwaltungsgerichtsbarkeit in Russland], Konstitucionnoe Pravo: Vostočnoevropejskoe obozrenie 2002, Nr. 2, S. 62–66

Ragimov, A. T.: Osobennosti juridičeskoj prirody prav čeloveka [Besonderheiten der juristischen Natur der Menschenrechte], KiMP 2011, Nr. 8, S. 15–21

Randelzhofer, Albrecht: Grundrechte und Grundpflichten, in: Merten, Detlef/Papier, Hans-Jürgen (Hrsg.): Handbuch der Grundrechte, Band 2, 2006, § 37

Rassolov, M. M./Malachov, V. P./Ivanov, A. A.: Aktual'nye problemy teorii gosudarstva i prava [Aktuelle Probleme der Theorie von Staat und Recht], 2. Auflage 2010

Reitemeier, Christian: Untergesetzliche Rechtsakte, Normenhierarchie und Normenkontrollrechtsschutz in der Russländischen Föderation, in: Luchterhandt, Otto (Hrsg.): Rechtskultur in Russland: Tradition und Wandel, 2011, S. 133–169

Reitemeier, Christian: Verwaltungsgerichtlicher Rechtsschutz durch die Wirtschaftsgerichte in der Russischen Föderation, 2013

Remnev, V. I.: Pravo žaloby i administrativnaja justicija v SSSR [Beschwerderecht und die Verwaltungsgerichtsbarkeit in der UdSSR], SGiP 1986, Nr. 6, S. 22–32

Renoux, Thierry S./Villiers, Michel de: Code constitutionnel, 2004

Rinken, Alfred: Ist das Bundesverfassungsgericht „Herr seines Verfahrens"?, in: Faber, Heiko/Frank, Götz (Hrsg.): Demokratie in Staat und Wirtschaft. Festschrift für Ekkehart Stein zum 70. Geburtstag am 24.9.2002, 2002, S. 411–426

Rochlin, V. I.: Prokurorskij nadzor i gosudarstvennyj kontrol' [Staatsanwaltschaftliche Aufsicht und staatliche Kontrolle], 2003

Roellecke, Gerd: Aufgaben und Stellung des Bundesverfassungsgerichts im Verfassungsgefüge, in: Isensee, Josef/Kirchhof, Paul (Hrsg.): Handbuch des Staatsrechts der Bundesrepublik Deutschland, Band 3, 3. Auflage 2005, § 67

Romanovskaja, O. V.: Ponjatie „ob"edinenie graždan" v rešenijach Konstitucionnogo Suda Rossijskoj Federacii [Der Begriff der „Bürgervereinigungen" in den Entscheidungen des Verfassungsgerichts der Russischen Föderation], RJuŽ 2009, Nr. 5, S. 196–204

Romashov, Roman: Das Verhältnis der Begriffe Verfassungsrecht und Staatsrecht im Kontext des Westens und Russlands, in: Schulze, Carola (Hrsg.): Aktuelle Probleme des Öffentlichen Rechts in Deutschland und Russland, 2011, S. 221–241

Romašov, R. A. (Hrsg.): Istorija Konstitucii Rossii: Chrestomatija [Die Geschichte der Verfassung Russlands: Reader], 2010

Rostovščikov, I. V./Usanova, V. A.: Pravo čeloveka na samozaščitu: istorija i sovremennost' [Das Menschenrecht auf Selbstschutz: Geschichte und Gegenwart], 2006

Rückert, Wiebke: Das Völkerrecht in der Rechtsprechung des Russischen Verfassungsgerichts, 2005

Ruffert, Matthias: Vorrang der Verfassung und Eigenständigkeit des Privatrechts. Eine verfassungsrechtliche Untersuchung zur Privatrechtswirkung des Grundgesetzes, 2001

Rüfner, Wolfgang: Der personale Grundzug der Grundrechte und der Grundrechtsschutz juristischer Personen, in: Badura, Peter/Dreier, Horst (Hrsg.): Festschrift 50 Jahre Bundesverfassungsgericht, Band 2, 2001, 55–76

Rüfner, Wolfgang: Grundrechtsadressaten, in: Isensee, Josef/Kirchhof, Paul (Hrsg.): Handbuch des Staatsrechts der Bundesrepublik Deutschland, Band 9, 3. Auflage 2011, § 197

Rüfner, Wolfgang: Leistungsrechte, in: Merten, Detlef/Papier, Hans-Jürgen (Hrsg.): Handbuch der Grundrechte, Band 2, 2006, § 40

Rüfner, Wolfgang: Verwaltungsrechtsschutz in Preußen im 18. und in der ersten Hälfte des 19. Jahrhunderts, in: Erichsen, Hans-Uwe/Hoppe, Werner/von Mutius, Albert (Hrsg.): System des verwaltungsgerichtlichen Rechtsschutzes. Festschrift für Christian-Friedrich Menger, 1985, S. 3–20

Rüfner, Wolfgang: Zum Verhältnis von Bundes- und Landesverfassungsgerichtsbarkeit im Bereich der Grundrechte, DÖV 1967, 668–672

Rupp, Hans Heinrich: Einteilung und Gewichtung der Grundrechte, in: Merten, Detlef/Papier, Hans-Jürgen (Hrsg.): Handbuch der Grundrechte, Band 2, 2006, § 36

Rüssel, Ulrike: Zukunft des Widerspruchsverfahrens, NVwZ 2006, S. 523–528

Šachbanova, Ju. A.: Samozaščita konstitucionnych prav i svobod čeloveka i graždanina v Respublike Dagestan [Selbstverteidigung der verfassungsrechtlichen Rechte und Freiheiten des Menschen und des Bürgers in der Republik Dagestan], ZiP 2011, Nr. 3, S. 30–32

Šachraj, S. M.: Zaslugi i zadači Konstitucionnogo Suda Rossii [Verdienste und Aufgaben des Verfassungsgerichts Russlands], ŽKP 2011, Nr. 5, S. 17–18

Sachs, Michael (Hrsg.): Grundgesetz Kommentar, 6. Auflage 2011

Sachs, Michael: Die Grundrechte im Grundgesetz und in den Landesverfassungen. Zur Voraussetzung des Normwiderspruchs im Bereich der Art. 31 und 142 GG, DÖV 1985, S. 469–479

Sachs, Michael: Verfassungsprozessrecht, 3. Auflage 2010

Säcker, Franz Jürgen/Rixecker, Roland (Hrsg.): Münchener Kommentar zum Bürgerlichen Gesetzbuch, Band 1, 6. Auflage 2012

Sadovnikova, G. D.: Kommentarij k Konstitucii Rossijskoj Federacii [Kommentar zur Verfassung der Russischen Föderation], 2001

Safonov, V. G.: Ponjatie pravovogo nigilizma [Der Begriff des Rechtsnihilismus], GiP 2004, Nr. 12, S. 65–69

Salikov, M. S. (Hrsg.): Konstitucionnyj sudebnyj process [Der Verfassungsgerichtsprozess], 2003

Sališčeva, N. G./Chamaneva, N. Ju.: Administrativnaja justicija, administrativnoe sudoproizvodstvo [Verwaltungsjustiz, verwaltungsgerichtliches Verfahren], GiP 2002, Nr. 1, S. 5–11

Sališčeva, N. G./Chamaneva, N. Ju.: Ispolnitel'naja i sudebnaja vetvi vlasti: sootnošenie i vzaimodejstvie[Exekutiver und judikativer Gewaltenzweig: Wechselbeziehungen und Zusammenwirken], GiP 2000, Nr. 1, S. 5–11

Sauer, Heiko: Staatsrecht III. Auswärtige Gewalt. Bezüge des Grundgesetzes zu Völker- und Europarecht, 2. Auflage 2013

Savčenko, A. N.: Princip nezavisimosti sudebnoj vlasti [Das Prinzip der Unabhängigkeit der judikativen Gewalt], Rossijskij Sud'ja 2009, Nr. 3, S. 10–12

Savigny, Friedrich Carl von: System des heutigen Römischen Rechts, Band 1, 1840

Schachtschneider, Karl Albrecht: Prinzipien des Rechtsstaates, 2006

Schaich, Christian: Exekutive Normsetzung in der Russischen Föderation, 2004

Schenke, Wolf-Rüdiger: Der Anspruch des Widerspruchsführers auf Erlaß eines Widerspruchsbescheids und seine gerichtliche Durchsetzung, DÖV 1996, S. 529–541

Schenke, Wolf-Rüdiger: Die Subsidiarität der Verfassungsbeschwerde gegen Gesetze, NJW 1986, S. 1451–1461

Schenke, Wolf-Rüdiger: Zulässigkeitsprobleme der Rechtssatzverfassungsbeschwerde – Unmittelbare Betroffenheit, Subsidiarität, Rechtswegerschöpfung, Verfassungsbeschwerdefrist, in: Manssen, Gerrit/Jachmann, Monika/Gröpl, Christoph (Hrsg.): Nach geltendem Verfassungsrecht. Festschrift für Udo Steiner zum 70. Geburtstag, 2009, S. 683–732

Scherzberg, Arno: „Objektiver" Grundrechtsschutz und subjektives Grundrecht – Überlegungen zur Neukonzeption des grundrechtlichen Abwehrrechts, DVBl 1989, S. 1128–1136

Schilling, Jan Moritz: Deutscher Grundrechtsschutz zwischen staatlicher Souveränität und menschenrechtlicher Europäisierung. Zum Verhältnis zwischen Bundesverfassungsgericht und Europäischem Gerichtshof für Menschenrechte, 2010

Schlage, Anja: Die Verteilung der Staatsmacht zwischen der Russländischen Föderation und ihren Subjekten. Darstellung des Föderalismus in Russland aus deutscher Sicht, 2011

Schlaich, Klaus/Korioth, Stefan: Das Bundesverfassungsgericht. Stellung, Verfahren, Entscheidungen, 9. Auflage 2012

Schmidt, Thorsten Ingo: Grundpflichten, 1999

Schmidt-Bleibtreu, Bruno/Klein, Franz (Begr.): Kommentar zum Grundgesetz, 12. Auflage 2011

Schmitt Glaeser, Walter/Mackeprang, Rudolf: Zur Institution des öffentlich-rechtlichen Beauftragten, Die Verwaltung 24 (1991), S. 15–31

Schmitt, Carl: Der Hüter der Verfassung, AöR 55 (1929), S. 161–237

Schmitt, Carl: Inhalt und Bedeutung des zweiten Hauptteils der Reichsverfassung, in: Anschütz, Gerhard/Thoma, Richard (Hrsg.): Handbuch des Deutschen Staatsrechts, Band 2, 1932, § 101, S. 572–606

Schmoll, Matthias: Die Dekretmacht des russischen Präsidenten, 2003

Schneider, Hans: Die Reichsverfassung vom 11. August 1919, in: Isensee, Josef/Kirchhof, Paul (Hrsg.): Handbuch des Staatsrechts der Bundesrepublik Deutschland, Band 1, 3. Auflage 2003, § 5

Schoch, Friedrich/Schmidt-Aßmann, Eberhard/Pietzner, Rainer (Begr.): Verwaltungsgerichtsordnung, Stand: 25. Ergänzungslieferung (April 2013)

Schoch, Friedrich: Einstweilige Anordnung, in: Badura, Peter/Dreier, Horst (Hrsg.): Festschrift 50 Jahre Bundesverfassungsgericht, Band 1, 2001, S. 695–723

Schroeder, Friedrich-Christian: Überlebenskampf der „Staats- und Rechtstheorie" in Russland, JZ 2008, S. 882–884

Schulze-Fielitz, Helmuth: Wirkung und Befolgung verfassungsgerichtlicher Entscheidungen, in: Badura, Peter/Dreier, Horst (Hrsg.): Festschrift 50 Jahre Bundesverfassungsgericht, Band 1, 2001, S. 385–420

Schumann, Ekkehard: Verfassungsbeschwerde (Grundrechtsklage) zu den Landesverfassungsgerichten, in: Starck, Christian/Stern, Klaus (Hrsg.): Landesverfassungsgerichtsbarkeit, Teilband 2, 1983, S. 149–230

Schwabe, Jürgen: Die sogenannte Drittwirkung der Grundrechte, 1971

Schwabe, Jürgen: Grundkurs Staatsrecht, 5. Auflage 1995

Schwabe, Jürgen: Probleme der Grundrechtsdogmatik, 2. Auflage 1997

Schwäble, Ulrich: Das Grundrecht der Versammlungsfreiheit (Art. 8 GG), 1975

Schwartz, Herman: The Struggle for Constitutional Justice in Post-Communist Europe, 2000

Schwartz, Olga: The Creation of an Independent Judiciary and the Changing Nature of Courts and the Courtroom, in: Pridemore, William Alex (Hrsg.): Ruling Russia. Law, Crime, and Justice in a Changing Society, 2005, S. 59–76

Schweisfurth, Theodor/Alleweldt, Ralf: Die neuen Verfassungsstrukturen in Osteuropa, in: Brunner, Georg (Hrsg.): Politische und ökonomische Transformation in Osteuropa, 2. Auflage 1997, S. 41–90

Schweisfurth, Theodor: Der Start der Verfassungsgerichtsbarkeit in Rußland, EuGRZ 1992, S. 281–297

Schweisfurth, Theodor: Die Sowjetunion im Aufbruch zum sozialistischen Rechtsstaat, in: Hailbronner, Kay/Ress, Georg/Stein, Torsten (Hrsg.), Staat und Völkerrechtsordnung. Festschrift für Karl Doehring, 1989, S. 903–921

Schweisfurth, Theodor: Die Verfassung Rußlands vom 12. Dezember 1993: Entstehungsgeschichte und Grundzüge, EuGRZ 1994, S. 473–491

Schweisfurth, Theodor: Moskau nach dem Putsch-Debakel: Die Deklaration der Rechte und Freiheiten des Menschen vom 5. September 1991, EuGRZ 1991, S. 409–414

Schweitzer, Michael: Staatsrecht III. Staatsrecht, Völkerrecht, Europarecht, 10. Auflage 2010

Seibert, Hans-Michael: Zivilbeauftragte in Deutschland, 1970

Šejnin, Ch. B.: Novye aspekty sudebnoj zaščity prav i svobod graždan [Neue Aspekte des gerichtlichen Rechtsschutzes der Rechte und Freiheiten des Bürgers], Rossijskaja Justicija 1996, Nr. 8, S. 48–50

Semenjakov, E. V.: Pravovaja priroda dejatel'nosti advokata: Teorija „svobodnogo“ samoupravlenija i soveršenstvovanie mechanizma obespečenija prav i svobod čeloveka kvalificirovannoj juridičeskoj pomošč'ju [Die Rechtsnatur der anwaltlichen Tätigkeit: Die Theorie der „freien“ Selbstverwaltung und die Vervollkommnung des grundrechtssichernden Mechanismus durch einen qualifizierten juristischen Beistand], GiP 2009, Nr. 9, S. 38–43

Semenova, A. Ju.: Upolnomočennyj po pravam čeloveka v mechanizme obespečenija prav i svobod čeloveka i graždanina v Rossijskoj Federacii [Der Menschenrechtsbeauftragte im Mechanismus der Gewährleistung der Rechte und Freiheiten des Menschen und des Bürgers in der Russischen Föderation], 2006

Šemušenko, Ju. S./Muratšin, G. A.: Institut Ombudsmena v sovremennom buržuaznom gosudarstve [Das Institut des Ombudsmanns im gegenwärtigen bourgeoisen Staat], SGiP 1971, Nr. 1, S. 139–144

Serkov, P.: Vvedenie administrativnogo sudoproizvodstva – konstitucionnyj dolg zakonodatelej [Die Einführung eines verwaltungsgerichtlichen Verfahrens – Verfassungsverpflichtung der Gesetzgeber], RJu 2003, Nr. 12, S. 54

Silnizki, Michael: Geschichte des gelehrten Rechts in Rußland. *Jurisprudencija* an den Universitäten des Russischen Reiches 1700–1835, 1997

Simonjan, S. L.: O razvitii administrativnogo sudoproizvodstva na sovremennom ėtape [Zur Entwicklung eines verwaltungsgerichtlichen Verfahrens in der jetzigen Etappe], RJu 2011, Nr. 7, S. 27–30

Slepčenko, E. V.: Administrativnoe sudoproizvodstvo: ponjatie, edinstvo i differenciacija [Verwaltungsgerichtsverfahren: Begriff, Einheit und Differenzierung], RJu 2009, Nr. 3, S. 51–56

Smith, Gordon B.: The Struggle over the Procuracy, in: Solomon, Peter H. Jr. (Hrsg.): Reforming Justice in Russia, 1864–1996, 1997, S. 348–373

Smolenskij, M. B.: Pravovaja kul'tura i ideja gosudarstvennosti [Rechtskultur und die Idee der Staatlichkeit], GiP 2009, Nr. 4, S. 15–21

Smol'janov, M. S.: Juridičeskaja procedura kak garantija prav čeloveka [Juristische Verfahrensweisen als Garantie der Menschenrechte], PiP 2011, Nr. 5, S. 849–856

Snitkova, A. L.: Opredelenija Konstitucionnogo Suda Rossijskoj Federacii v dejatel'nosti Upolnomočennogo po pravam čeloveka v Rossijskoj Federacii: konflikt interesov [Beschlüsse des Verfassungsgerichts der Russischen Föderation in der Tätigkeit des Menschenrechtsbeauftragten der Russischen Föderation: Konflikt der Interessen], KiMP 2009, Nr. 14, S. 23–27

Šobuchin, V. Ju.: Prokuratura – osnova nadzorno-kontrol'noj vlasti v Rossii [Die Staatsanwaltschaft – Kernelement der Aufsichts- und Kontrollmacht in Russland], GiP 2007, Nr. 11, S. 89–94

Sodan, Helge/Ziekow, Jan (Hrsg.): Verwaltungsgerichtsordnung. Kommentar, 3. Auflage 2010

Sodan, Helge: Der Grundsatz der Subsidiarität der Verfassungsbeschwerde, DÖV 2002, S. 925–935

Sodan, Helge: Schutz der Landesgrundrechte durch die Landesverfassungsgerichtsbarkeit, in: Merten, Detlef/Papier, Hans-Jürgen (Hrsg.): Handbuch der Grundrechte, Band 3, 2009, § 84

Solomon, Peter H.: Das unerwartete Ende des Obersten Arbitrage-Gerichts in Russland und die Politisierung der Justizreform, Russland-Analysen Nr. 280 vom 04.07.2014, S. 2–5

Solomon, Piter G.: Sudebnaja vlast' v Rossii: skvoz' prizmu administrativnoj justicii [Die rechtsprechende Gewalt in Russland: durch das Prisma der Verwaltungsjustiz], Konstitucionnoe Pravo: Vostočnoevropejskoe obozrenie 2003, Nr. 3, S. 108–124

Solomon, Piter G.: Ugroza sudebnoj kontrreformy v Rossii [Die Gefahr einer gerichtlichen Gegenreform in Russland], SKO 2005, Nr. 3, S. 50–60

Solov'ev, S. G./Popov, I. E.: O soveršenstvovanii zakonodatel'stva ob obraščenijach graždan [Zur Vervollkommnung der Gesetzgebung zu den Bürgereingaben], Rossijskij juridičeskij žurnal 2010, Nr. 2, S. 139–144

Sonnenberger, Hans Jürgen/Classen, Claus Dieter (Hrsg.): Einführung in das französische Recht, 4. Auflage 2012

Starck, Christian: Grundrechte und Gesetz. Eine Entwicklungsgeschichte, in: Sachs, Michael/Siekmann, Helmut (Hrsg.): Der grundrechtsgeprägte Verfassungsstaat. Festschrift für Klaus Stern zum 80. Geburtstag, 2012, S. 197–216

Starck, Christian: Rechtsvergleichung im öffentlichen Recht, JZ 1997, S. 1021–1030

Starilow, Jurij: Gerichtliche Verwaltungskontrolle im System des russischen Staats- und Verwaltungsrechts, 1999

Steiner, Udo: Wirkung der Entscheidungen des Bundesverfassungsgerichts auf rechtskräftige und unanfechtbare Entscheidungen (§ 79 BVerfGG), in: Starck, Christian (Hrsg.): Bundesverfassungsgericht und Grundgesetz. Festgabe aus Anlaß des 25jährigen Bestehens des Bundesverfassungsgerichts, Band 1, 1976, S. 628–662

Steingröver, Uwe: Anfänge der Verfassungsgerichtsbarkeit in Rußland. Die erste Phase des Verfassungsgerichts der Rußländischen Föderation 1991–1993: Erfahrungen und Konsequenzen, 2000

Steininger, Andreas: Der Gerichtsaufbau der Russischen Föderation unter besonderer Berücksichtigung der Wirtschafts- und Schiedsgerichtsbarkeit, Osteuropa Recht 1997, S. 281–304

Steinsdorff, Sylvia von: Die Verfassungsgenese der Zweiten Russischen und der Fünften Französischen Republik im Vergleich, ZParl 26 (1995), S. 486–504

Stern, Klaus/Sachs, Michael: Handbuch des Staatsrechts der Bundesrepublik Deutschland, Band III/1: Allgemeine Lehren der Grundrechte, 1988

Stern, Klaus/Sachs, Michael: Handbuch des Staatsrechts der Bundesrepublik Deutschland, Band III/2: Allgemeine Lehren der Grundrechte, 1994

Stern, Klaus: Anwaltschaft und Verfassungsstaat, 1980

Stern, Klaus: Ausstrahlungswirklichkeit des Grundgesetzes auf ausländische Verfassungen, in: Bundesministerium des Innern (Hrsg.): Bewährung und Herausforderung. Die Verfassung vor der Zukunft, 1999, S. 247–276

Stern, Klaus: Das Staatsrecht der Bundesrepublik Deutschland, Band 1, 2. Auflage 1984

Stern, Klaus: Der Aufschwung der Landesverfassungsbeschwerde im wiedervereinigten Deutschland, in: Bayerischer Verfassungsgerichtshof (Hrsg.): Verfassung als Verantwortung und Verpflichtung. Festschrift zum 50-jährigen Bestehen des Bayerischen Verfassungsgerichtshofs, 1997, S. 241–258

Stern, Klaus: Die Schutzpflichtenfunktion der Grundrechte: Eine juristische Entdeckung, DÖV 2010, S. 241–249

Stober, Rolf: Grundpflichten und Grundgesetz, 1979

Stolleis, Michael: Geschichte des öffentlichen Rechts in Deutschland, Band 3, 1999

Sucharev, A. Ja. (Hrsg.): Prokurorskij nadzor [Staatsanwaltschaftliche Aufsicht], 3. Auflage 2009

Sucharev, A. Ja./Krutskich, V. E. (Hrsg.): Bol'šoj juridičeskij slovar' [Großes juristisches Wörterbuch], 2. Auflage 2004

Šugrina, E. S.: Praktika obraščenij v Konstitucionnyj Sud RF: aktual'nye problemy [Beschwerdepraxis zum Verfassungsgericht der RF: aktuelle Probleme], PiP 2004, Nr. 3, S. 133–135

Šul'ženko, Ju. L.: Zakon o Konstitucionnom Sude Rossijskoj Federacii 1994 g. [Das Gesetz über das Verfassungsgericht der Russischen Föderation aus dem Jahre 1994], GiP 1995, Nr. 7, S. 3–10

Šul'ženko, Ju. L.: Konstitucionnyj kontrol' v Rossii [Verfassungskontrolle in Russland], 1995

Suprun, O. V.: Kompetencija mirovych sudej v ramkach administrativnogo sudoproizvodstva [Kompetenzen der Friedensgerichte im Rahmen von verwaltungsrechtlichen Gerichtsverfahren], PiO 2009, Nr. 2, S. 152–155

Taradonov, S. V./Petrenko, D. S.: Nekotorye aspekty meždunarodnogo i zarubežnogo vlijanija na konstitucionnoe pravosudie Rossijskoj Federacii [Einige Aspekte des internationalen und ausländischen Einflusses auf die Verfassungsgerichtsbarkeit der Russischen Föderation], GiP 2007, Nr. 3, S. 57–69

Tarasova, A. E./Vlasenko, D. K.: Publičnyj kontrol' za konstitucionnost'ju pravoprimenenija: kompetencija Konstitucionnogo Suda RF [Die öffentliche Kontrolle der verfassungsmäßigen Rechtsanwendung: Kompetenz des Verfassungsgerichts RF], ŽRP 2012, Nr. 3, S. 70–76

Tasalov, F. A.: Regional'noe konstitucionnoe pravosudie v Rossii i Germanii [Regionale Verfassungsrechtsprechung in Russland und Deutschland], SKO 2010, Nr. 5, S. 147–160

Tatarinov, S. A.: K voprosu o rasširenii polnomočij Konstitucionnogo Suda Rossijskoj Federacii po rassmotreniju i razrešeniju del v svjazi s žalobami graždan [Zur Frage der Kompetenzerweiterung des Verfassungsgerichts der Russischen Föderation bei der Überprüfung und bei der Entscheidung von Verfassungsbeschwerdeverfahren], KiMP 2011, Nr. 6, S. 44–48

Tchetvernin, W. A.: Menschenrechtsideologie und Prinzipien der Rechtsstaatlichkeit in dem ehemaligen russischen Grundgesetz, den letzten drei Verfassungsentwürfen und der neuen Verfassung, in: Tomuschat, Christian/Kötz, Hein/Maydell, Bernd von (Hrsg.): Europäische Integration und nationale Rechtskulturen, 1995, S. 159–167

Tereščenko, N. D.: Konstitucionnye social'nye prava ličnosti: istorija razvitija i sovremennoe sostojanie v Rossijskoj Federacii [Die verfassungsmäßigen sozialen Rechte der Persönlichkeit: Entwicklungsgeschichte und gegenwärtige Lage in der Russischen Föderation], 2004

Tettinger, Peter J.: Fairness als Rechtsbegriff im deutschen Recht, Der Staat 36 (1997), 575–595

Tichomirov, Ju. A./Kotelevskaja, I. V.: Pravovye akty [Rechtsakte], 1999

Tichomirov, Ju. A.: Administrativnoe pravo i process [Verwaltungsrecht und Verwaltungsprozess], 2. Auflage 2008

Tichomirov, Ju. A.: O koncepcii razvitija administrativnogo pravo i processa [Über eine Konzeption zur Entwicklung des Verwaltungsrechts und -prozesses], GiP 1998, Nr. 1, S. 5–14

Tichomirov, Ju. A.: Pravovoe gosudarstvo: modeli i real'nost' [Der Rechtsstaat: Modelle und Realität], ŽRP 2011, Nr. 12, S. 5–20

Tichon, E. A.: Prezident Rossijskoj Federacii – garant prav i svobod čeloveka i graždanina [Der Präsident der Russischen Föderation – Garant der Rechte und Freiheiten des Menschen und des Bürgers], 2006

Tilch, Horst: Inhaltsgleiches Bundes- oder Landesverfassungsrecht als Prüfungsmaßstab, in: Starck, Christian/Stern, Klaus (Hrsg.): Landesverfassungsgerichtsbarkeit, Teilband 2, 1983, S. 551–568

Tkačenko, V. B.: Rossijskij pravovoj nigilizm [Russischer Rechtsnihilismus], 2000

Tomsinov, V. A.: Pravovaja kul'tura [Rechtskultur], in: Dergačeva, L. G./Košman, L. V./Sarab'janov, D. V./Sysoeva, E. K./Fedosov, I. A./Fedorov, V. A./Cimbaev, N. I. (Hrsg.): Očerki russkoj kul'tury XIX veka [Überblick über die russische Kultur des 19. Jahrhunderts], Band 2, S. 102–166

Topornin, B. N. (Hrsg.): Juridičeskaja Ėnciklopedija [Juristische Enzyklopädie], 2001

Topornin, B. N. (Hrsg.): Konstitucija Rossijskoj Federacii. Naučno-praktičeskij kommentarij [Die Verfassung der Russischen Föderation. Wissenschaftlich-praktischer Kommentar], 3. Auflage 2003

Traut, Johannes Ch. (Hrsg.): Verfassungsentwürfe der Russischen Föderation, 1994

Trochev, Alexei: Judicial Self-Empowerment under Authoritarian Rule: The Case of the Russian Constitutional Court, in: Frändberd, Åke/Hedlund, Stefan/Spaak, Torben (Hrsg.): Festskrift till Anders Fogelklou, 2008, S. 287–311

Tumanov, D.: K voprosu o primenenii Konstitucii Rossijskoj Federacii v slučae probelov v prave, a takže o roli Konstitucionnogo Suda Rossijskoj Federacii v vyjavlenii takich probelov [Zur Frage der Anwendung der Verfassung der Russischen Föderation im Falle von Rechtslücken sowie zur Rolle des Verfassungsgerichts der Russischen Föderation bei der Ermittlung solcher Lücken], AiGP 2009, Nr. 6, S. 6–10, Nr. 7, S. 5–9

Tumanov, V. A.: Pravovoj nigilizm v istoriko-ideologičeskom rakurse [Der Rechtsnihilismus aus historisch-ideologischen Blickwinkel], GiP 1993, Nr. 8, S. 52–58

Tumanov, V. A. im Interview mit *Jamščanov, B.*: Zasudit' bjurokrata [Den Bürokraten verurteilen], RG vom 10.01.2008, http://www.rg.ru/2008/01/10/tumanov.html.

Učenyj Sovet Instituta gosudarstva i prava Akademii Nauk SSSR [Gelehrtenrat des Instituts für Staat und Recht der Akademie der Wissenschaften der UdSSR]: Konstitucija SSSR i rasširenie sudebnoj zaščity prav graždan [Die Verfassung der UdSSR und die Erweiterung des gerichtlichen Rechtsschutzes des Bürgers], SGiP 1978, Nr. 11, S. 63–67

Uhl, Manfred: Verfassungen in den politischen Systemtransformationen Osteuropas: Die postsozialistischen Verfassungsordnungen in der Russischen Föderation, Belarus und Lettland, 1999

Umbach, Dieter C./Clemens, Thomas (Hrsg.): Grundgesetz. Mitarbeiterkommentar und Handbuch, Band 1 und 2, 2002

Umbach, Dieter C./Clemens, Thomas/Dollinger, Franz-Wilhelm (Hrsg.): Bundesverfassungsgerichtsgesetz, 2. Auflage 2005

Usanova, V. A.: Konstitucionnoe pravo čeloveka na samozaščitu v Rossijskoj Federacii [Das Verfassungsrecht des Menschen auf Selbstschutz in der Russischen Föderation], 2003

Utjašev, Marat Mucharovič: Das Rechtsbewusstsein der Bevölkerung Russlands aus soziologischer Sicht, in: Luchterhandt, Otto (Hrsg.): Rechtskultur in Russland: Tradition und Wandel, 2011, S. 64–78

Valueva, O.: Pravo graždan na obraščenie: Konstitucionnye i administrativnye aspekty soderžanija i realizacii [Das Recht des Bürgers auf Eingabe: Verfassungs- und verwaltungsrechtliche Aspekte zum Inhalt und zur Verwirklichung], SKO 2007, Nr. 4, S. 26–35

Vengerov, A. B.: O primenenii konstitucionnych norm sudebnymi organami [Über die Anwendung der Verfassungsnormen durch die Gerichtsorgane], SGiP 1969, Nr. 10, S. 42–51

Viktorov, I.: Prokuratura: Status na rubeže tysjačeletij [Die Staatsanwaltschaft: Status zur Jahrtausendwende], Zakonnost' 2000, Nr. 12, S. 22–25

Vinokurov, A. Ju.: Učastie prokurora v konstitucionnom sudoproizvodstve [Die Beteiligung des Staatsanwalts am verfassungsgerichtlichen Verfahren], ZiĖ 2007, Nr. 1, S. 19–21

Vitruk, N. V./Lazarev, L. V./Ėbzeev, B. S. (Hrsg.): Federal'nyj konstitucionnyj zakon o Konstitucionnom Sude Rossijskoj Federacii. Kommentarij [Föderales Verfassungsgesetz über das Verfassungsgericht der Russischen Föderation. Kommentar], 1996

Vitruk, N. V.: Konstitucionnoe pravosudie [Verfassungsgerichtsbarkeit], 1998

Vitruk, N. V.: Konstitucionnoe pravosudie v Rossii (1991-2001 gody). Očerki teorii i praktiki [Verfassungsgerichtsbarkeit in Russland (Die Jahre 1991-2001). Überblick über Theorie und Praxis], 2001

Vitruk, N. V.: Neobchodimo prinjatie novogo Federal'nogo konstitucionnogo zakona „O Konstitucionnom Sude Rossijskoj Federacii“ [Es ist geboten, ein neues Föderales Verfassungsgesetz „Über das Verfassungsgericht der Russischen Föderation“ zu verabschieden], ŽKP 2011, Nr. 6, S. 5–6

Vitruk, N. V.: Obščaja teorija pravovogo položenija ličnosti [Allgemeine Theorie der Rechtsstellung des Individuums], 2008

Vitruk, N. V.: Pravovoj status ličnosti v SSSR [Der Rechtsstatut der Persönlichkeit in der UdSSR], 1985

Vitzthum, Wolfgang Graf: Die Bedeutung gliedstaatlichen Verfassungsrechts in der Gegenwart, VVDStRL 46 (1988), S. 7–56

Vlasov, A. A.: Sud, prokuratura, advokatura. Problemy ėffektivnosti i dostupnosti pravosudija v Rossii [Gericht, Staatsanwaltschaft, Anwaltschaft. Probleme der Effektivität und Erreichbarkeit in der Rechtsprechung in Russland], GiP 2004, Nr. 2, S. 13–20

Voevodin, L. D (Hrsg.): Juridičeskie garantii konstitucionnyj prav i svobod ličnosti v socialističeskom obščestve, 1987

Voevodin, L. D.: Juridičeskij status ličnosti v Rossii [Der juristische Status der Persönlichkeit in Russland], 1997

Voevodin, L. D.: Konstitucionnye prava i objazannosti sovetskich graždan [Die Verfassungsrechte und -pflichten der sowjetischen Bürger], 1972

Volkmann, Uwe: Grundrechte und Sozialismus, in: Merten, Detlef/Papier, Hans-Jürgen (Hrsg.): Handbuch der Grundrechte, Band 1, 2004, § 12

Vollkommer, Max: Die Stellung des Anwalts im Zivilprozess. Anwaltszwang, Anwaltsverschulden, Anwaltsfunktion, 1984

Voronenko, D. N./Komarov, S. A.: Konstitucionnyj kontrol‘ kak sredstvo demokratizacii rossijskoj gosudarstvennosti [Verfassungskontrolle als Mittel zur Demokratisierung der russischen Staatlichkeit], in: Konstitucionnyj Sud Rossijskoj Federacii [Verfassungsgericht der Russischen Föderation] (Hrsg.): Konstitucija Rossijskoj Federacii: doktrina i praktika: materialy naučno-praktičeskoj konferencii, posvjaščennoj 15-letiju Konstitucii Rossijskoj Federacii i 60-letiju Vseobščej deklaracii prav čeloveka Sankt-Peterburg, 13–14 nojabrja 2008 g. [Die Verfassung der Russischen Föderation: Doktrin und Praxis: Materialien zur wissenschaftlichen Konferenz zum 15-jährigen Bestehen der Verfassung der Russischen Föderation sowie dem 60-jährigen Bestehen der Allgemeinen Menschenrechtserklärung in Sankt-Petersburg am 13./14. November 2008], S. 302–319

Voßkuhle, Andreas: Der europäische Verfassungsgerichtsverbund, NVwZ 2010, S. 1–8

Voßkuhle, Andreas: Rechtsschutz gegen den Richter. Zur Integration der Dritten Gewalt in das verfassungsrechtliche Kontrollsystem vor dem Hintergrund des Art. 19 Abs. 4 GG, 1993

Voßkuhle, Andreas: Stabilität, Zukunftsoffenheit und Vielfaltsicherung – Die Pflege des verfassungsrechtlichen Quellcodes durch das Bundesverfassungsgericht, JZ 2009, S. 917–924

Voßkuhle, Andreas: Theorie und Praxis der verfassungskonformen Auslegung von Gesetzen durch Fachgerichte. Kritische Bestandsaufnahme und Versuch einer Neubestimmung, AöR 125 (2000), S. 177–201

Vyrastajkin, V.: Kak prokuroru zaščitit‘ čeloveka, zakon i interesy gosudarstva? [Wie soll ein Staatsanwalt den Menschen, das Gesetz und die Interessen des Staates schützen?], Zakonnost‘ 2007, Nr. 12, S. 32–34

Wahl, Rainer: Der Vorrang der Verfassung und die Selbstständigkeit des Gesetzesrechts, NVwZ 1984, S. 401–409

Wahl, Rainer: Die objektiv-rechtliche Dimension der Grundrechte im internationalen Vergleich, in: Merten, Detlef/Papier, Hans-Jürgen (Hrsg.): Handbuch der Grundrechte, Band 1, 2004, § 19

Wahl, Rainer: Die praktische Wirksamkeit von Verfassungen: Der Fall des Grundgesetzes, in: in: Sachs, Michael/Siekmann, Helmut (Hrsg.): Der grundrechtsgeprägte Verfassungsstaat. Festschrift für Klaus Stern zum 80. Geburtstag, 2012, S. 233–255

Walicki, Andrzej: Intellektual'naja tradicija dorevoljucionnoj Rossii [Die intellektuelle Tradition des vorrevolutionären Russlands], Obščestvennye nauki i sovremennost' 1991, Nr. 10, S. 145–159

Walicki, Andrzej: Legal Philosophies of Russian Liberalism, 1987

Walkenhaus, Ralf: Konservatives Staatsdenken. Eine wissenssoziologische Studie zu Ernst Rudolf Huber, 1997

Walter, Robert/Mayer, Heinz/Kucsko-Stadlmayer, Gabriele: Grundriss des österreichischen Bundesverfassungsrechts, 10. Auflage 2007

Warmke, Reinhard: Die Subsidiarität der Verfassungsbeschwerde, 1993

Wassermann, Rudolf (Hrsg.): Kommentar zum Grundgesetz für die Bundesrepublik Deutschland, Reihe Alternativkommentare, 2. Band, 1989

Watson, Alan: Legal transplants. An approach to Comparative Law, 1974

Wieser, Bernd: Das Komitee für Verfassungsaufsicht in der UdSSR, Osteuropa Recht 1991, S. 174–195

Wieser, Bernd: Der russische Staatspräsident als Garant der Verfassung, ZaöRV 69 (2009), S. 195–215

Wieser, Bernd (Hrsg.): Handbuch der russischen Verfassung, 2014

Wieser, Bernd: Normenkontrolle unter der sowjetischen Unionsverfassung von 1924, ROW 1991, S. 372–379

Wieser, Bernd: Rezension zu V. D. Zor'kin, /L. V. Lazarev (Red.): Kommentarij j Konstitucii Rossijskoj Federacii (Kommentar zur Verfassung der Russländischen Föderation), 2009, Osteuropa Recht 2011, S. 97–99

Wieser, Bernd: Vergleichendes Verfassungsrecht, 2005

Wortman, Richard S.: The Development of a Russian Legal Consciousness, 1976

Yakovlev, Andrei/Frye, Timothy: Wie effizient sind die russischen Wirtschaftsgerichte? Ergebnisse zweier Unternehmensumfragen 2000 und 2007, Russland-Analysen Nr. 179 vom 13.03.2009, S. 13–15

Yustus, Ekaterina: Verfassungsgerichtsbarkeit in Russland und Deutschland, 2011

Zajcev, R. V.: Vidy sudebnogo normokontrolja [Formen der gerichtlichen Normenkontrolle], Rossijskij sud'ja 2003, Nr. 4, S. 4–8

Žerebcova, E. E.: Rol' Konstitucionnogo Suda Rossijskoj Federacii v implementacii rešenij Evropejskogo Suda po Pravam Čeloveka [Die Rolle des

Verfassungsgerichts der Russischen Föderation bei der Implementierung der Entscheidungen des Europäischen Gerichtshofs für Menschenrechte], PiP 2011, Nr. 1, S. 61–68

Židkich, A. A.: Rol' prokuratury v pravovom razvitii Rossii [Die Rolle der Staatsanwaltschaft in der rechtsstaatlichen Entwicklung Russlands], KiMP 2010, Nr. 6, S. 64–67

Žilin, G. A. (Hrsg.): Kommentarij k Graždanskomu processual'nomu kodeksu RF [Kommentar zum Zivilprozessgesetzbuch RF], 5. Auflage 2011

Zimnenko, B. L.: Rešenija Evropejskogo Suda po Pravam Čeloveka i pravovaja sistema Rossijskoj Federacii [Die Entscheidungen des Europäischen Gerichtshofs für Menschenrechte und das Rechtssystem der Russischen Föderation], GiP 2008, Nr. 7, S. 32–38

Zinov'ev, A. V.: Status Konstitucionnogo Suda Rossii i ego dejatel'nost' nuždajutsja v soveršenstvovanija [Der Status des Verfassungsgerichts Russlands und die Notwendigkeit der Vervollkommnung seiner Tätigkeit], Pravovedenie 2007, Nr. 5, S. 4–13

Zippelius, Reinhold: Verfassungskonforme Auslegung von Gesetzen, in: Starck, Christian (Hrsg.): Bundesverfassungsgericht und Grundgesetz. Festgabe aus Anlaß des 25jährigen Bestehens des Bundesverfassungsgerichts, Band 2, 1976, S. 108–124

Zor'kin, V. D. im Interview organisiert von den Rechtsdatenbank ConsultantPlus und Kadis am 15.06.2009: Interv'ju s Predsedatelem Konstitucionnogo Suda RF [Interview mit dem Präsidenten des Verfassungsgerichts der RF], http://www.kadis.ru/columns/column.php?id=67597

Zor'kin, V. D.: Dialog Konstitucionnogo Suda Rossijskoj Federacii i Evropejskogo Suda po pravam čeloveka v kontekste konstitucionnogo pravosudija [Der Dialog von Russischem Verfassungsgericht und Europäischen Gerichtshof für Menschenrechte im Kontext der Verfassungsrechtsprechung], SKO 2011, Nr. 1, S. 105–114

Zor'kin, V. D.: Predel ustupčivosti [Grenze der Willfährigkeit], RG vom 29.10.2010, http://www.rg.ru/2010/10/29/zorkin.html

Zor'kin, V. D. (Hrsg.): Kommentarij k Konstitucii Rossijskoj Federacii [Kommentar zur Verfassung der Russischen Föderation], 2. Auflage 2011

Zor'kin, V. D.: Konstituciju nado menjat' liš' togda, kogda ee uže nel'zja ne menjat' [Die Verfassung darf man nur dann ändern, wenn man sie bereits nicht nicht ändern kann], Zakon 2006, Nr. 11, S. 5–9

Zor'kin, V. D.: Sovremennyj mir, pravo i Konstitucija [Die heutige Welt, das Recht und die Verfassung], 2010

Zorkin, Valery: Axiological Aspects of the Russian Constitution, in: Sajó, András/ Uitz, Renáta (Hrsg.): Constitutional Topography: Values and Constitutions, 2010, S. 169–185

Zorkin, Valery: Rule of law and legal awareness: Russia in contemporary world. Challenges and perspectives, in: Dijk, Pieter van/Granata-Menghini, Simona (Hrsg.): Liber amicorum Antonio La Pergola, 2. Auflage 2009, S. 331–345

Zubarev, S. M.: Učastie graždan v obščestvennom kontrole za dejatel'nost'ju gosudarstvennogo apparata: novye zakonodatel'nye garantii [Die Teilnahme der Bürger an einer öffentlichen Kontrolle des Staatsapparats: neue gesetzgeberische Garantien], Čelovek i Zakon 2007, Nr. 9, S. 75–89

Zuck, Rüdiger: Das Bundesverfassungsgericht zwischen Macht und Ohnmacht, MDR 1984, S. 800–803

Zuck, Rüdiger: Das Recht der Verfassungsbeschwerde, 4. Auflage 2013

Zuck, Rüdiger: Die Stellung des Bundesverfassungsgerichts im Verfassungsgefüge, DVBl 1979, 383–388

Zuev, V. A.: Vzaimodejstvie prokuratury i obščestvennych priemnych pri Upolnomočennom po pravam čeloveka [Das Zusammenwirken der Staatsanwaltschaft mit den öffentlichen Beratungsstellen des Menschenrechtsbeauftragten], RJuŽ 2009, Nr. 4, S. 219–221

Zujkov, V. M.: Sudebnaja zaščita prav graždan i juridičeskich lic [Gerichtlicher Schutz der Rechte der Bürger und der juristischen Personen], 1997

Verzeichnis zitierter russischer Rechtsnormen*

a) Rechtsakte der Russischen Föderation

Rechtsakt	Abk.	Datum	Fundstelle	Übersetzung
Arbitragegerichtsgesetz Föderales Verfassungsgesetz „Über die Arbitragegerichte in der Russischen Föderation"	ArbitrageGG RF	28.04.1995	SZ RF 1995, Nr. 18, Pos. 1589	
Arbitrageprozessgesetzbuch der Russischen Föderation	APGB RF	24.07.2002	SZ RF 2002, Nr. 30, Pos. 3012	
Änderungsgesetz zum Arbitrageprozessgesetzbuchs		28.06.2014	SZ RF 2014, Nr. 26, Pos. 3392	
Baugesetzbuch Städtebaugesetzbuch	BauGB RF	29.12.2004	SZ RF 2005, Nr. 1, Pos. 16	
Beschäftigungsgesetz Gesetz „Über die Beschäftigung der Bevölkerung in der Russischen Föderation"		19.04.1991	SZ RF 1996, Nr. 17, Pos. 1915 (in der Fassung vom 20.04.1996)	
Departementsgesetz Gesetz „Über das Gerichtsdepartement des Obersten Gerichtshofs der Russischen Föderation"		08.01.1998	SZ RF 1998, Nr. 2, Pos. 223	
Eingabeverfahrensgesetz Föderales Gesetz „Über das Verfahren der Bearbeitung von Eingaben von Bürgern der Russischen Föderation"	EVfG RF	02.06.2006	SZ RF 2006, Nr. 19, Pos. 2060	in englischer Sprache auf der offiziellen Internetseite des russischen Präsidenten unter http://eng.news.kremlin.ru/media/letters/acts/eng/41d2fda6769f936ccc44.doc

* Die in der Arbeit zitierten Gesetze beruhen auf dem Stand der Gesetzgebung vom 15. August 2014.

Rechtsakt	Abk.	Datum	Fundstelle	Übersetzung
Gerichtsbeschwerdegesetz Gesetz „Über die Beschwerde zum Gericht gegen Handlungen und Entscheidungen, die die Rechte und Freiheiten des Bürgers verletzen“	GBG RF	27.04.1993	RG vom 12.05.1993	von *I. und H. van Schyndel* in WiRO 1994, S. 212–213
Gerichtsverfassungsgesetz Föderales Verfassungsgesetz „Über das Gerichtssystem der Russischen Föderation“	GVG RF	31.12.1996	SZ RF 1997, Nr. 1, Pos. 1	
Gesetz „Über die bäuerliche (und farmische) Wirtschaft“		11.06.2003	SZ RF 2003, Nr. 24, Pos. 2249	
Gesetz über den Obersten Gerichtshof Föderales Verfassungsgesetz „Über den Obersten Gerichtshof der Russischen Föderation“		05.02.2014	SZ RF 2014, Nr. 6, Pos. 550	
Gesetz über den zivilen Staatsdienst Föderales Gesetz „Über den zivilen Staatsdienst der Russischen Föderation“		27.07.2004	SZ RF 2004, Nr. 31, Pos. 3215	
Gesetz über die ordentliche Gerichtsbarkeit Föderales Verfassungsgesetz „Über die ordentliche Gerichtsbarkeit in der Russischen Föderation“		07.02.2011	SZ RF 2011, Nr. 7, Pos. 898	
Gesetz über kostenlose juristische Hilfe Föderales Gesetz „Über kostenlose juristische Hilfe in der Russischen Föderation“		21.11.2011	SZ RF 2011, Nr. 48, Pos. 6725	

Rechtsakt	Abk.	Datum	Fundstelle	Übersetzung
Menschenrechtsbeauftragtengesetz Föderales Verfassungsgesetz „Über den Menschenrechtsbeauftragten in der Russischen Föderation"	MenschenRBG RF	26.02.1997	SZ RF 1997, Nr. 9, Pos. 1011	von *B. Wieser/J. Buder* in WGO-MfOR 1998, S. 257–267
Militärgerichtsgesetz Föderales Verfassungsgesetz „Über die Militärgerichte in der Russischen Föderation"		23.06.1999	SZ RF 1999, Nr. 26, Pos. 3170	
Ordnungswidrigkeitengesetz Kodeks „Über Ordnungswidrigkeiten"	OWiG RF	30.12.2001	SZ RF 2002, Nr. 1 (Teil 1), Pos. 1	
Parteiengesetz Föderales Gesetz „Über die politischen Parteien"		11.07.2001	SZ RF 2001, Nr. 29, Pos. 2950	
Richterstatusgesetz Gesetz „Über den Status der Richter in der Russischen Föderation"	RiStG RF	26.06.1992	RJu 1995, Nr. 11, S. 56 ff.	
Soldatenstatusgesetz Föderales Gesetz „Über den Status der Armeeangehörigen"		27.05.1998	SZ RF 1998, Nr. 22, Pos. 2331	
Staatsanwaltschaftsgesetz Föderales Gesetz „Über die Staatsanwaltschaft in der Russischen Föderation"	StAG RF	17.01.1992	Vedomosti S"ezda Narodnych Deputatov Rossijskoj Federacii i Verchovnogo Soveta Rossijskoj Federacii 1992, Nr. 8, Pos. 366	von *F.-Chr. Schroeder* in JOR 1993, S. 166–182
Staatsbürgerschaftsgesetz Föderales Gesetz „Über die Staatsbürgerschaft der Russischen Föderation"		31.05.2002	SZ RF 2002, Nr. 22, Pos. 2031	

Rechtsakt	Abk.	Datum	Fundstelle	Übersetzung
Strafgesetzbuch Strafgesetzbuch der Russischen Föderation	StGB RF	13.06.1996	SZ RF 1996, Nr. 25, Pos. 2954	von *F.-Chr. Schroeder*: Strafgesetzbuch der Russischen Föderation, 2. Auflage 2007
Verfahrens- und Vollstreckungskompensationsgesetz Föderales Gesetz „Über die Kompensation für die Verletzung des Rechts auf ein Gerichtsverfahren innerhalb einer angemessenen Frist oder des Rechts auf Vollstreckung eines gerichtlichen Aktes innerhalb einer angemessenen Frist“		30.04.2010	SZ RF 2010, Nr. 18, Pos. 2144	
Verfassung der Russischen Föderation	Verf RF	12.12.1993	SZ RF 2009, Nr. 4, Pos. 445 (in der Fassung vom 30.12.2008)	u. a. von *T. Oertner* in EuGRZ 1994, S. 519 ff. (ursprüngliche Fassung)
Verfassungsänderndes Gesetz „Über den Obersten Gerichtshof der Russischen Föderation und über die Staatsanwaltschaft der Russischen Föderation“		05.02.2014	SZ RF 2014, Nr. 6, Pos. 548	
Verfassungsgerichtsgesetz Föderales Verfassungsgesetz „Über das Verfassungsgericht der Russischen Föderation“	VerfGG RF	21.07.1994	SZ RF 1994, Nr. 13, Pos. 1447	*M. Hartwig*, in EuGRZ 1996, S. 219–233
Änderungsgesetz zum Verfassungsgerichtsgesetz		05.02.2007	SZ RF 2007, Nr. 7, Pos. 829	
Änderungsgesetz zum Verfassungsgerichtsgesetz		03.11.2010	SZ RF 2010, Nr. 45, Pos. 5742	
Änderungsgesetz zum Verfassungsgerichtsgesetz		04.06.2014	SZ RF 2014, Nr. 23, Pos. 2922	

Rechtsakt	Abk.	Datum	Fundstelle	Übersetzung
Verwaltungsgerichtsgesetzbuch Kodex des Verwaltungsgerichtsverfahrens der Russischen Föderation	VerwGGB RF	08.03.2015	SZ RF 2015, Nr. 10, Pos. 1391	
Zivildienstgesetz Föderales Gesetz „Über den Zivildienst"		25.07.2002	SZ RF 2002, Nr. 30, Pos. 3030	
Zivilprozessgesetzbuch	ZPGB RF	14.11.2002	SZ RF 2002, Nr. 46, Pos. 4532	

b) Rechtsakte des Präsidenten

Rechtsakt	Datum	Fundstelle
Dekret „Über den Beauftragten für Kinderrechte"	01.09.2009	SZ RF 2009, Nr. 36, Pos. 4312
Dekret „Über die etappenweise Verfassungsreform in der Russischen Föderation"	21.09.1993	RG vom 23.09.1993
Dekret „Über die Präsidialadministration zur Bearbeitung von Beschwerden von Bürgern und Organisationen"	17.02.2010	SZ RF 2010, Nr. 8, Pos. 838
Dekret „Über Maßnahmen zur Unterbindung der illegalen Milizen auf dem Territorium der Tschetschenischen Republik und in der Zone des ossetisch-inguschetischen Konflikts"	09.12.1994	SZ RF 1994, Nr. 33, Pos. 3422

c) Rechtsakte der Föderationssubjekte

Rechtsakt	Abk.	Datum	Digitale Fundstelle
Verfassung der Republik Adygeja	Verf Adygeja	10.03.1995	http://constitution.garant.ru/region/cons_adig/
Verfassungsgerichtsgesetz der Republik Adygeja	VerfGG Adygeja	08.10.1997	http://ksra.ru/index.php/zakonodatelstvo/15-zakon-respubliki-adygeya-o-ksra
Verfassung der Republik Baschkortostan	Verf Baschkortostan	24.12.1993	http://constitution.garant.ru/region/cons_bashkor/
Verfassungsgerichtsgesetz der Republik Baschkortostan	VerfGG Baschkortostan	14.01.1997	http://www.ks-rb.ru/normative/kslaw/

Rechtsakt	Abk.	Datum	Digitale Fundstelle
Verfassung der Republik Burjatien	Verf Burjatien	22.02.1994	http://constitution.garant.ru/region/cons_buryat/
Verfassung der Republik Dagestan	Verf Dagestan	10.07.2003	http://constitution.garant.ru/region/cons_dagest/
Verfassungsgerichtsgesetz der Republik Dagestan	VerfGG Dagestan	21.01.2010	http://www.ksrd.ru/about/legal-information/legislation.html
Menschenrechtsbeauftragtengesetz der Republik Dagestan	MenschenRBG Dagestan	17.03.2006	http://www.dagombu.ru/pravovaya_osnova_deyatelnosti.php
Verfassung der Republik Inguschetien	Verf Inguschetien	27.02.1994	http://constitution.garant.ru/region/cons_ingush/
Verfassungsgerichtsgesetz der Republik Inguschetien	VerfGG Inguschetien	15.11.2001	http://www.ks-ri.ru/index.php?option=com_content&view=article&id=60&Itemid=93
Menschenrechtsbeauftragtengesetz der Republik Inguschetien	MenschenRBG Inguschetien	24.03.2003	http://ingushombudsman.ru/legal_basis
Verfassung der Kabardino-Balkarische Republik	Verf Kabardino-Balkarien	01.09.1997	http://constitution.garant.ru/region/cons_kabardin/
Verfassungsgerichtsgesetz der Kabardino-Balkarische Republik	VerfGG Kabardino-Balkarien	19.11.1997	http://kskbr.ru/2011-02-25-06-24-04/29-2011-02-24-12-34-06
Verfassungsgerichtsgesetz der Republik Karelien	VerfGG Karelien	17.06.2004	http://ksrk.karelia.ru/?page_id=133
Verfassung der Republik Komi	Verf Komi	17.02.1994	http://constitution.garant.ru/region/cons_komi/
Verfassungsgerichtsgesetz der Republik Komi	VerfGG Komi	12.10.1994	http://ksrk.rkomi.ru/left/about/norm_osnovi/
Verfassung der Republik Marij Ėl	Verf Marij Ėl	24.06.1995	http://constitution.garant.ru/region/cons_mariy/
Verfassungsgerichtsgesetz Marij Ėl	VerfGG Marij Ėl	11.03.1997	http://www.ksrme.ru/?page_id=18
Verfassung der Republik Nordossetien-Alanien	Verf Nordossetien-Alanien	12.11.1994	http://constitution.garant.ru/region/cons_osetiya/
Verfassungsgerichtsgesetz der Republik Nordossetien-Alanien	VerfGG Nordossetien-Alanien	15.06.2001	http://www.ksrso.ru/docs/laws/

Rechtsakt	Abk.	Datum	Digitale Fundstelle
Menschenrechtsbeauftragtengesetz der Republik Nordossetien-Alanien	MenschenRBG Nordossetien-Alanien	15.07.2009	http://base.consultant.ru/regbase/cgi/online.cgi?req=doc;base=RLAW430;n=8773;dst=4294967295;rnd=0.9733855301422963
Verfassung der Republik Sacha (Jakutien)	Verf Sacha	04.04.1992	http://constitution.garant.ru/region/cons_saha/
Verfassungsgerichtsgesetz der Republik Sacha (Jakutien)	VerfGG Sacha	15.06.2002	http://sakha.gov.ru/sites/default/files/45/files/закон_КС.pdf
Menschenrechtsbeauftragtengesetz der Republik Sacha (Jakutien)	MenschenRBG Sacha	17.10.2002	http://www.sakha.gov.ru/node/62087
Verfassung der Republik Tatarstan	Verf Tatarstan	06.11.1992	http://constitution.garant.ru/region/cons_tatar/
Verfassungsgerichtsgesetz der Republik Tatarstan	VerfGG Tatarstan	22.12.1992	http://ksrt.ru/?page_id=56
Menschenrechtsbeauftragtengesetz der Republik Tatarstan	MenschenRBG Tatarstan	03.03.2000	http://upch.tatarstan.ru/rus/file/pub/pub_67687.doc
Verfassungsgerichtsgesetz der Republik Tschetschenien	VerfGG Tschetschenien	20.04.2006	http://www.parlamentchr.ru/legislation/2006/151-2-rkz-ot-24-05-2006-goda-o-konstitutsionnom-sude-chr
Verfassungsgerichtsgesetz der Republik Tyva	VerfGG Tyva	04.01.2003	http://www.ksrtuva.ru/zakon.html
Verfassung der Republik Udmurtien	Verf Udmurtien	07.12.1994	http://constitution.garant.ru/region/cons_udmurt/
Statut des Archangel'sker Gebiets		23.05.1995	http://constitution.garant.ru/region/ustav_arhangel/
Menschenrechtsbeauftragtengesetz des Archangel'sker Gebiets	MenschenRBG Archangel'sk	15.07.1997	http://www.pomorupolnom.ru/doki/doki0.html
Statut des Amurer Gebiets		13.12.1995	http://constitution.garant.ru/region/ustav_amur/

Rechtsakt	Abk.	Datum	Digitale Fundstelle
Menschenrechtsbeauftragtengesetz des Amurer Gebiets	MenschenRBG Amur	28.04.2008	http://amurupch.ru/index.php/deyatelnost-upolnomochennogo/zakon-ob-upolnomochennom
Statut des Brjansker Gebiets		26.01.1996	http://constitution.garant.ru/region/ustav_bryans/
Statut des Čeljabinsker Gebiets		25.05.2006	http://constitution.garant.ru/region/ustav_chelyab/
Statutengerichtsgesetz des Čeljabinsker Gebiets	StGG Čeljabinsk	27.10.2011	http://www.ustavsud74.ru/informatsija/normativnaja-osnova/
Menschenrechtsbeauftragtengesetz des Čeljabinsker Gebiets	MenschenRBG Čeljabinsk	26.08.2010	http://ombudsman74.ru/xcat/46
Statutengerichtsgesetz des Kaliningrader Gebiet	StGG Kaliningrad	07.09.2000	http://www.ustavsudklgd.ru/laws/law.htm
Menschenrechtsbeauftragtengesetz des Kaliningrader Gebiets	MenschenRBG Kaliningrad	02.07.2010	http://ombudsman39.ru/laws
Statut des Kemerovo Gebiets		09.04.1997	http://constitution.garant.ru/region/ustav_kemer/
Statut des Kirovsker Gebiets		27.03.1996	http://constitution.garant.ru/region/ustav_kirov/
Statut des Kursker Gebiets		02.10.2001	http://constitution.garant.ru/region/ustav_kursk/
Statut des Magadaner Gebiets		28.12.2001	http://constitution.garant.ru/region/ustav_magadan/
Statut des Moskauer Gebiets		11.12.1996	http://constitution.garant.ru/region/ustav_mosobl/
Statut des Murmansker Gebiets		26.11.1997	http://constitution.garant.ru/region/ustav_murman/
Statut des Novosibirsker Gebiets		18.04.2005	http://constitution.garant.ru/region/ustav_novosib/
Statut des Omsker Gebiets		26.12.1995	http://constitution.garant.ru/region/ustav_omsk/
Statut des Pensensker Gebiets		10.09.1996	http://constitution.garant.ru/region/ustav_penz/

Rechtsakt	Abk.	Datum	Digitale Fundstelle
Statut des Rostower Gebiets		29.05.1996	http://constitution.garant.ru/region/ustav_rostov/
Statut des Saratovsker Gebiets		02.06.2005	http://constitution.garant.ru/region/ustav_sarat/
Statut des Smolensker Gebiets		15.05.2001	http://constitution.garant.ru/region/ustav_smolensk/
Statut des Swerdlowsker Gebiets		23.12.2010	http://ustavsud.ur.ru/index.php/?ind=document&catalog=document
Statutengerichtsgesetz des Swerdlowsker Gebiets	StGG Swerlowsk	06.05.1997	http://ustavsud.ur.ru/index.php/index.php?ind=document&catalog=document&id=4
Menschenrechtsbeauftragtengesetz des Swerdlowsker Gebiets	MenschenRBG Swerdlowsk	18.10.2010	http://ombudsman.midural.ru/files/4d0ef9f6cdc5f.doc
Statut des Tomsker Gebiets		26.07.1995	http://constitution.garant.ru/region/ustav_tomsk/
Menschenrechtsbeauftragtengesetz des Tomsker Gebiets	MenschenRBG Tomsk	09.08.2005	http://ombudsman.tomsk.ru/f/50/118-ozot09.08.2005upolnomochenniypopravamchel..docx
Statut des Twerer Gebiets		05.11.1996	http://constitution.garant.ru/region/ustav_tver/
Menschenrechtsbeauftragtengesetz des Wolgograder Gebiets	MenschenRBG Wolgograd	31.03.2000	http://upch.volganet.ru/norm_acts/index_00.html
Statut des Woronescher Gebiets		07.06.2006	http://constitution.garant.ru/region/ustav_voroneg/
Statut von St. Petersburg		14.01.1998	http://constitution.garant.ru/region/ustav_spb/
Statutengerichtsgesetz von St. Petersburg	StGG St. Petersburg	05.06.2000	http://www.spbustavsud.ru/about/foundation/25052011
Menschenrechtsbeauftragtengesetz von St. Petersburg	MenschenRBG St. Petersburg	30.12.1997	http://www.ombudsmanspb.ru/zakonodatelstvo/)
Statut der Stadt Moskau		28.06.1995	http://constitution.garant.ru/region/ustav_moskv/

Rechtsakt	Abk.	Datum	Digitale Fundstelle
Menschenrechtsbeauftragtengesetz der Stadt Moskau	MenschenRBG Moskau	15.04.2009	http://www.ombudsman.mos.ru/node/28
Statut der Region Altai		05.06.1995	http://constitution.garant.ru/region/ustav_altai/
Statut der Region Chabarovsk		30.11.1995	http://constitution.garant.ru/region/ustav_habar/
Menschenrechtsbeauftragtengesetz der Region Chabarovsk	MenschenRBG Chabarovsk	31.07.2006	http://www.pravo.khv.ru/ombudsman/law
Statut der Region Primorje		06.10.1995	http://constitution.garant.ru/region/ustav_primor/
Menschenrechtsbeauftragtengesetz der Region Primorje	MenschenRBG Primorje	11.12.1997	http://ombu.primorsky.ru/articles.php?id=32

Studien zum Internationalen, Europäischen und Öffentlichen Recht

Herausgegeben von Eibe Riedel

Band 1 Christian Jutzi: Das Brandwaffenprotokoll. Regelungen und Verbindlichkeit. 1997.

Band 2 Jutta Schumann: Faktische Gleichberechtigung. Die Grundgesetzerweiterung des Art. 3 II S. 2. 1997.

Band 3 Christian Keim: Der institutionelle Rahmen im Wettbewerbsrecht der Europäischen Union und mögliche Reformmodelle. Eine Darstellung des europäischen institutionellen Gefüges und eine Entwicklung eines neuen Modells durch Vergleich mit dem institutionellen Rahmen in den USA, Deutschland, Großbritannien und Frankreich. 1998.

Band 4 Andreas Torka: Nichtnavigatorische Wassernutzungen. Mechanismen der Internationalen Zusammenarbeit. Von der Konfrontation über die Kooperation zu koadministrativen Formen der Zusammenarbeit. 1999.

Band 5 Markus Reimann: Die nicht-navigatorische Nutzung internationaler Süßwasserressourcen im Umweltvölkerrecht. 1999.

Band 6 Felix William Stoecker: NGOs und die UNO. Die Einbindung von Nichtregierungsorganisationen (NGOs) in die Strukturen der Vereinten Nationen. 2000.

Band 7 Torsten Weigt: Die ökologische Aktion zur Vermeidung und Bekämpfung transnationaler Umweltkatastrophen. Ein Beitrag zu Möglichkeiten und Problemen der Durchsetzung umweltschützender Verpflichtungen im Völkerrecht. 2000.

Band 8 Markus Tjaden: Genanalyse als Verfassungsproblem. Zulässigkeit genanalytischer Anwendungen im Lichte von Menschenwürde und genetischem Selbstbestimmungsrecht. 2001.

Band 9 Thorsten Wagner: Funktion und praktische Auswirkungen der richterlichen Vorlagen an den Gerichtshof der Europäischen Gemeinschaften. Dargestellt an Beispielen aus der Rechtsprechung zur Anwendung und Auslegung der Richtlinie 77/187/EWG und deren Einfluss auf das deutsche Recht. 2001.

Band 10 Thomas F. Kremer: Die "wissenschaftliche Rechtsphilosophie" Carl Magnus Bergbohms. Versuch einer analytisch-kritischen Rekonstruktion. 2001.

Band 11 Hüseyin Özcan: Rundfunkfreiheit in Deutschland und in der Türkei. Unter Berücksichtigung der Staatsferne des Rundfunks. 2002.

Band 12 Valentin Aichele: Nationale Menschenrechtsinstitutionen. Ein Beitrag zur nationalen Implementierung von Menschenrechten. 2003.

Band 13 Seong-Woo Ji: Die Ausgestaltung der Rundfunkfreiheit im dualen System. Eine rechtsvergleichende Untersuchung zum deutschen und koreanischen Verfassungsrecht. 2004.

Band 14 Andreas Blüthner: Welthandel und Menschenrechte in der Arbeit. The Compatibility of Human Rights at Work with the WTO-System. 2004.

Band 15 Christoph Steiner: Das Recht auf soziale Gesundheitsversorgung. Unter besonderer Berücksichtigung des Artikel 9 ICESCR. 2004.

Band 16 Joachim Spalcke: Arzneimittelzulassungsverfahren in der Europäischen Union und den Vereinigten Staaten von Amerika. Entwicklung und Harmonisierung. 2004.

Band 17 Bernd Neumann: Zeugnisverweigerungsrechte und strafprozessuale Ermittlungsmaßnahmen. 2005.

Band 18 Randolf Straky: Das Privatleben Prominenter als Verfassungsproblem. Ein Rechtsvergleich mit Frankreich und England unter Einbezug von Internetpublikationen. 2006.

Band 19 Fabian Böhm: Strukturen internationalen Subventionsrechts. EG-Beihilfenrecht und WTO- Subventionsrecht aus rechtsvergleichender Perspektive. 2007.

Band 20 Katharina Engbruch: Das Menschenrecht auf einen angemessenen Lebensstandard. Ernährung, Wasser, Bekleidung, Unterbringung und Energie als Elemente des Art. 11 (1) IPWSKR. 2008.

Band 21 Sandra Reinheimer: Das Verbindungskonzept der Bundeswasserstraßenverwaltung. 2008.

Band 22 Danny Reinhold: Der Schutz der Umwelt in der Binnenschifffahrt unter besonderer Berücksichtigung ausgewählter zukünftiger Handlungsansätze auf dem Weg zu einer ökologischen Binnenschifffahrtspolitik. 2009.

Band 23 Katrin Träbert: Sanktionen der Europäischen Union gegen ihre Mitgliedstaaten. Die Sanktionsverfahren nach Art. 228 Abs. 2 EGV und Art. 7 EUV. 2010.

Band 24 Ana Maria Suárez Franco: Die Justiziabilität wirtschaftlicher, sozialer und kultureller Menschenrechte. Eine Untersuchung über den aktuellen Zustand in Lateinamerika, unter Beachtung der völkerrechtlichen Menschenrechtsstandards. Kolumbien als Beispiel. 2010.

Band 25 Robert Kessel: Die Kontrolldichte der Normenkontrolle in Skandinavien aus deutscher Sicht. Eine rechtsvergleichende Untersuchung der richterlichen Überprüfung der Verfassungsmäßigkeit von Gesetzen in Dänemark, Norwegen und Schweden. 2011.

Band 26 Stephan Fehrentz: Rechtliche Grenzen von Privatisierungen im Strafvollzug. Unter besonderer Beachtung des Gesetzes über elektronische Aufsicht im Vollzug der Freiheitsstrafe. 2013.

Band 27 Anne-Kathrin Rühr: Instrumente des individuellen Grundrechtsschutzes in der Russischen Föderation. Eine rechtsvergleichende Betrachtung. 2016.

www.peterlang.com

www.ingramcontent.com/pod-product-compliance
Ingram Content Group UK Ltd.
Pitfield, Milton Keynes, MK11 3LW, UK
UKHW021831290926
8980IPUK00004B/389

9 783631 671177